»Richtig reisen«
Australien

In der vorderen Umschlagklappe: Übersichtskarte Australien

In der hinteren Umschlagklappe: Der Südosten Australiens (›Fertile Crescent‹)

»Richtig reisen«

Australien

Reise-Handbuch

Johannes Schultz-Tesmar

DuMont Buchverlag Köln

Abbildung Umschlagvorderseite: Katatjuta (Mt. Olga) im ›Roten Herzen‹ Australiens (Nordterritorium)

Abbildung Umschlagrückseite: Sydney Opera House, das Wahrzeichen der australischen Metropole

Abbildung Umschlaginnenklappe: Solche Warnschilder finden sich im menschenleeren ›Outback‹ des Fünften Kontinents häufig

Vignette S. 1: Darstellung eines Känguruhs von 1790

Frontispiz S. 2: Baum am Sydney Harbour Park

CIP-Kurztitelaufnahme der Deutschen Bibliothek

Schultz-Tesmar, Johannes
Australien / Johannes Schultz-Tesmar, – Köln: DuMont 1983
   (Richtig reisen / Reise-Handbuch)
   ISBN 3–7701–1437.X

© 1983 DuMont Buchverlag, Köln
Alle Rechte vorbehalten
Satz, Druck und buchbinderische Verarbeitung: Boss-Druck, Kleve

Printed in Germany   ISBN 3–7701–1437.X

Inhalt

Im Gelben Info-Teil

Vorbemerkungen

Australien, das einzige Land der Erde, das einen ganzen Kontinent umfaßt, ist ein altes und junges Land zugleich, ein Kontinent der Kontraste. Ein hohes Alter weisen die geologischen Formationen, die Vegetation und die Tierwelt auf; viele der hier vorkommenden Tier- und Pflanzenarten sind endemisch (z.B. die Känguruhs, die Koalas und die Schnabeltiere). Die Jahreszeiten unterscheiden sich – wie in allen Gebieten der südlichen Halbkugel – ebenfalls von den unsrigen: Sie liegen genau umgekehrt wie in Europa. Alt ist auch die Kultur der australischen Eingeborenen, von den Weißen Aborigines (Ureinwohner) genannt. Sie selbst nennen sich heute lieber Kurri (in New South Wales), Murri (Queensland) oder Arrilla (Westaustralien). Das bedeutet ›Menschen‹. Australien wird von ihnen als Murilag bezeichnet, als ›Land der Traumzeitwesen‹. Als die Europäer sich vor 200 Jahren in Australien niederließen, lebten die Eingeborenen hier bereits seit mindestens 40 000 Jahren (nach neuesten Forschungen möglicherweise sogar schon weitaus länger). Aufsehenerregende Entdeckungen im Südwesten Tasmaniens (Gordon-Franklin-Flußsystem) haben die bisher ältesten menschlichen Siedlungen auf der Südhalbkugel zu Tage gebracht; ihr Alter wird auf 25 000 Jahre geschätzt. Die moderne Entdeckungsgeschichte des Fünften Kontinents reicht ebenfalls weiter zurück als bisher angenommen. So weisen jüngste Forschungsergebnisse darauf hin, daß lange vor den Holländern und James Cook bereits Chinesen, Malayen und Portugiesen den Südkontinent besucht haben. Jung dagegen – gerade 200 Jahre zurückrei-

chend – sind die staatliche Geschichte und die Kultur der weißen Australier.

Lange Zeit war Australien in Europa nur als Auswanderungsziel bekannt. Die ›Tyranny of Distance‹ isolierte diese größte Insel der Welt von allen anderen Kontinenten. Bis vor nicht allzulanger Zeit konnte man Australien nur mit dem Schiff erreichen; für die 20 000-km-Reise von Europa benötigte man sechs Wochen. Das machte das Land ›Down Under‹ für den Touristen fast unerreichbar. Erst in den letzten Jahren haben moderne Jets die Distanz auf 20 bis 30 Stunden Flugzeit schrumpfen lassen, so daß ein Urlaub im Land der Känguruhs und Koalas auch für Mitteleuropäer in den Bereich des Möglichen gerückt ist.

Allerdings: Man muß sich davor hüten, den Kontinent, der nur wenig kleiner ist als Europa, auf einer dreiwöchigen Urlaubsreise ›abhaken‹ zu wollen. Das machen die riesigen Entfernungen im Lande unmöglich (die Ausdehnung von Nord nach Süd entspricht der Entfernung Nordkap – Nordafrika, die von West nach Ost derjenigen Lissabon – Moskau!). Deshalb sind gerade bei einer Australienreise eine gründliche Vorbereitung und eine Beschränkung auf bestimmte Ziele erforderlich. Für den Europäer sind die meisten Städte relativ uninteressant und lohnen alleine nicht eine so weite und verhältnismäßig teure Reise. Die größten Sehenswürdigkeiten des Landes stellen die schier endlosen Wüstengebiete des Inneren mit ihren oft bizarren Felsschluchten dar, die dichten Urwälder im tropischen Norden und auf Tasmanien, die grandiosen Gebirgslandschaften des Südostens, die Koralleninseln vor der queensländischen Küste und nicht zuletzt die Kultur der Aborigines, die sich besonders in der Felskunst manifestiert.

Die meisten der weißen Australier leben in einer amerikanisch-britischen Mischkultur, die von mittel- und südeuropäischen sowie asiatischen ›Tupfern‹ bereichert wird. Neben den typisch englischen Pubs und Anredeformen fallen die amerikanischen Hamburger-Restaurants besonders ins Auge. Europäische und asiatische Einwanderer haben die Eßgewohnheiten in den Großstädten allerdings verfeinert, so daß man dort außer den australischen ›Meat Pies‹ (Fleischpasteten) auch chinesische ›Dim Sum‹ oder ungarischen Gulasch erhält. Typisch australisch sind weiter die Vorliebe für das Surfen (Wellenreiten) und der legere Umgangston. Bus- und Taxifahrer reden ihre Fahrgäste mit ›Mate‹ (Kumpel) an, und auch unter nur entfernten Bekannten ist die Anrede mit dem Vornamen üblich. Dies darf allerdings nicht zu der Annahme verleiten, es herrsche eine egalitäre und klassenlose Gesellschaft: In Australien zählen Herkunft, Wohnviertel, Schule und Club mehr als in den meisten europäischen Ländern! Australien ist weitgehend eine Männergesellschaft; sowohl beim Sport als auch beim Zusammensitzen in den zahlreichen Kneipen bleiben die ›Ocker‹ zumeist unter sich. Desgleichen sondern sie sich bei Parties ab. Ihre Interessen konzentrieren sich häufig auf Bier, Sport und Wetten – Diskussionen über Politik, Kultur und Gesellschaft kann man oft eher mit Frauen führen! Richtet sich der Besucher nach diesen Bräuchen, so hat er bald Anschluß an das Leben in Australien gefunden. Kontaktprobleme gibt es hier im allgemeinen nicht!

Das vorliegende Reise-Handbuch ist in einen allgemeinen Überblick, einen Teil mit detaillierten Ortsbeschreibungen und einen ›Gelben Teil‹ gegliedert. Im allgemeinen Teil finden Sie Angaben zur Geographie und Geschichte, zu Bevölkerung und Kultur. Der Hauptteil stellt die wichtigsten Orte, Landschaften und Sehenswürdigkeiten vor, ergänzt durch Stadtpläne und Regionskarten. Im ›Gelben Teil‹ schließlich sind alle für eine Australienreise wichtigen praktischen Informationen zusammengefaßt. Ein ausführliches Register erleichtert die Benutzung des Reise-Handbuches. Soweit Preise angegeben sind, beziehen sie sich auf Mitte/Ende 1982. Für 1984 ist mit einem ca. 20% höheren Preisniveau zu rechnen.

Obwohl alle Angaben mit Sorgfalt zusammengestellt wurden, sind angesichts der Fülle von Informationen Fehler unvermeidlich. Autor und Verlag bedanken sich deshalb im voraus für alle Hinweise, die zur Korrektur etwaiger Mängel und zur Aktualisierung künftiger Auflagen beitragen.

Mein besonderer Dank gilt meiner Mutter und Veronika Kopf für die Hilfe beim Tippen des Manuskriptes sowie Alison Dolling (Burnside, Südaustralien), Barbara Shaw und Father Pat Dobson (Alice Springs), Eva Geia (Wulguru), der Australian Tourist Commission (Frankfurt/M.), der Australischen Botschaft (Bonn), Ansett-Pioneer (Sydney), Singapore Airlines, der Mitchell Library (Sydney), dem Staatsarchiv Hamburg, der Commerzbibliothek Hamburg, der Biblioteca Nacional (Lissabon), der University of Hong Kong, der Deutschen Botschaft (Peking), dem Nederlands Scheepvaart Museum (Amsterdam), dem Algemeen Rijksarchief (Den Haag), der Bibliothèque Nationale (Paris), der Public Library of New York, dem Central Australian Aboriginal Council (Alice Springs), dem Institute of Aboriginal Studies (Canberra), Professor Wei Chu-hsien (Taipai), der Familie Trezise (Laura) und allen Murri und Kurri aus dem ›Land der Traumzeitwesen‹.

Der Verlag möchte darüber hinaus Edgar Hoff (Aachen) danken, der eine kritische Durchsicht des Manuskripts vornahm. Gudrun Merkle (Bochum) gab wertvolle Hinweise zum allgemeinen Teil.

Australien im Überblick

Allgemeine Landeskunde

Geographie

Australien erstreckt sich zwischen dem westlichen Pazifik und dem östlichen Indischen Ozean; im Norden wird es begrenzt von der Timor-See und der Arafura-See. Der Inselkontinent hat (mit Tasmanien und vorgelagerten Inseln) eine Fläche von 7 686 420 km², hinzu kommen die Außenbesitzungen Norfolk Island (36,2 km²), Lord Howe Island mit Ball's Pyramid (13 km²), das Coral Sea Island Territory (Meeresfläche 1 035 960 km²), Macquarie Island (176 km²), die Heard- and Macdonald Islands (258 km²), Christmas Island (135 km²), die Cocos (Keeling) Islands (14,2 km²), die Ashmore and Cartier Islands (1,89 km²) und schließlich das (international nicht anerkannte) Australian Antarctic Territory (4 500 000 km²). Der Kontinent, der etwa die Größe der Vereinigten Staaten ohne Alaska und Hawaii bzw. etwa die Europas hat, dehnt sich von Ost nach West über 4005 km aus und von Nord nach Süd über 3283 km (Festland) bzw. 3975 km (mit Tasmanien). Die Küstenlänge beträgt 36 735 km.

Geologisch ist der Fünfte Kontinent sehr einfach aufgebaut. Seine Form erinnert an den Kopf eines Rhinozerosses, dessen Horn nach Neuguinea zeigt. Fast drei Viertel des Erdteils bestehen aus einem ausgedehnten Flachland, das durchschnittlich 300 m über dem Meeresspiegel liegt. Australien gehörte bis in das mittlere Mesozoikum zum Gondwanaland, einem der Urkontinente des Erdaltertums. Der Zerfall dieses Urkontinents ging ›in Raten‹ vor sich; Australien trennte sich vor ca. 50 Millionen Jahren ab, Tasmanien als letzter Teil vor 27 Millionen Jahren. Anfang 1983 fanden Geologen am Mt. Narryer am oberen Murchison River (Westaustralien) die mit 4,2 Milliarden Jahren ältesten irdischen Minerale (Zirkonsilikat).

Man unterscheidet in Australien folgende Großlandschaften: das ostaustralische Hochland, die mittelaustralische Senke und das westaustralische Tafelland. Das ostaustralische Hochland (Eastern Highlands) wird von der rund 3000 km langen Great Dividing Range mit den Australischen Alpen gebildet. Es zieht sich entlang der Küste vom nördlichen Queensland bis nach Tasmanien. In den Australischen Alpen (auch Snowy Mountains genannt) ragen die höchsten Berge bis zu 2234 m auf (Mt. Kosciusko), im nördlichen Queensland erreichen sie dagegen nur knapp 1100 m. Während das ›Große Scheidegebirge‹ nach Westen hin allmählich in eine Tiefebene übergeht, fällt es nach Osten hin steil ab zu einer Küstenebene unterschiedlicher Breite (zwischen 161 km im Süden Queenslands und 1,5 km im Süden von New South Wales). Im östlichen Teil dieser Küstenebene, dem 3218 km langen ›fruchtbaren Halbmond‹ (Fertile Crescent), liegen die wichtigsten australischen Städte (Brisbane, Sydney, Melbourne, Adelaide). Vor der Küste des ›fruchtbaren Halbmonds‹ fließt der warme East Australian Current (60 km breit, 60 Knoten schnell) aus den Tropen nach Süden. In dem von ihm durchflossenen Meeresgebiet werden reiche Gold- und andere Mineralvorkommen vermutet, die vor Jahrtausenden aus der Great Dividing Range über die Küstenflüsse ins Meer gelangten. Im Norden Ostaustraliens wachsen an der Küste tropische Regenwälder und Mangroven, im Inneren der Cape York-Halbinsel vor allem Eukalypten. Im Süden von Queensland und im Norden von New South Wales findet man an der Küste vorwiegend subtropische Regenwälder, weiter südlich herrschen Lorbeer- und Eukalyptuswälder vor. In den Hochlagen der Snowy Mountains dominiert subalpine Vegetation. Auf dem stark gegliederten Tasmanien (Mt. Ossa 1617 m) gedeihen im Westen Regenwälder und im Osten Eukalypten; im Süden der

Insel gibt es auch weite, mit Gras bedeckte Moore.

Die *mittelaustralische Senke* (Central Eastern Lowlands) durchzieht Australien vom Golf von Carpentaria im Norden bis

zum Spencer Gulf an der Südküste. Sie ist in mehrere Becken gegliedert, darunter die Carpentaria-Tieflandbucht, das des Eyre-Sees (der 13 m unter dem Meeresspiegel liegt und nur selten Wasser führt) und das des Murray-Darling-Flußsystems. Unterbrochen werden die einzelnen Becken von bis zu 300 m aufragenden Bergrücken wie der Selwyn Range bei Mount Isa (Queensland), der Beal Range bei Windorah (Queensland), der Grey Range zwischen Queensland und New South Wales sowie den Flinders Ranges in Südaustralien. In dieser Region, die vom 1 571 000 km² großen Great Artesian Basin bewässert wird, befindet sich das beste Vieh- und Schafzuchtgebiet Australiens. Außerdem gibt es hier weite, mit Eukalypten bestandene Savannen.

Das *Westaustralische Tafelland* (Great Western Plateau) besteht zum größten Teil aus dem sogenannten Australischen Schild, der bis ins Zentrum Australiens (Macdonald Range im Mt. Zeil 1510 m) reicht und etwa eine Milliarde Jahre alt ist. Er beginnt etwa 20 km hinter der westaustralischen Küstenebene mit einem bis

zu 200 m hohen Steilabfall. Im Südwesten herrschen subtropische Regen- und Eukalyptuswälder vor, der größte Teil besteht aber aus Steppen, Mulga Scrub (niedrigem Gebüsch) und Savannen. Das Tafelland ist im Durchschnitt zwischen 200 und 800 m hoch, es gibt an den Rändern aber auch mehrere höhere Bergzüge wie die King Leopold Range im Kimberley-Gebiet, die Hamersley Range (mit dem 1227 m hohen Mt. Bruce), die Robinson Range und die Stirling Range (im Süden Westaustraliens). Im Osten wird das Tafelland unterbrochen von der Petermann Range, der Tomkinson Range, den Musgrave Ranges (1513 m) sowie den Inselbergen Katatjuta (Mt. Olga) und Uluru (Ayer's Rock). Von West nach Ost erstrecken sich mehrere große Wüsten, die 20% der gesamten australischen Landfläche einnehmen: die Great Sandy Desert südlich des Kimberley-Plateaus in Westaustralien, die nach Süden hin anschließende Gibson Desert und an der Grenze zu Südaustralien die Great Victoria Desert sowie die Arunta Desert (Simpson-Wüste). Im Norden der Großen Australischen Bucht (Great Australian Bight) schließlich dehnt sich die baumlose Halbwüste Nullarbor aus.

Gewässer

Die durchschnittliche jährliche Wassermenge aller australischen Flüsse beträgt nur 3 496 640 000 m³ – erheblich weniger als etwa die des St. Lawrence River in Nordamerika (4 745 440 m³). Australien besitzt kein ausgedehntes Flußsystem; das größte ist noch das des 2574 km langen Murray, der in den Australischen Alpen entspringt und in Richtung Westen fließt. Seen gibt es kaum. Bei den meisten auf der Landkarte eingezeichneten blauen Flächen handelt es sich um trockene Salzseen (Dry Lakes), deren größter der Lake Eyre ist. Die großen unterirdischen Wasservorräte (artesisches Wasser) eignen sich wegen ihres hohen Salz- und Mineralgehaltes nur zum Tränken der Tiere. Übers ganze Land verteilt findet man deshalb Staudämme.

Buschfeuer in den Grampians

Buschfeuer und Überschwemmungen

Regelmäßig zerstören Buschfeuer und Überschwemmungen große Teile des Kontinents. Es gibt dabei in etwa einen Sieben-Jahres-Rhythmus, wie Forscher herausgefunden haben. Das Buschfeuer vom Aschermittwoch 1983 war das schwerste der letzten 200 Jahre. Es forderte 80 Tote und mehr als 500 Verletzte. 70 Ortschaften und 2000 Häuser wurden zerstört, Zehntausende von Tieren kamen um. Im April und Mai 1983 wurden große Teile des tropischen Nordens von verheerenden Überschwemmungen heimgesucht.

Feuerwarntafel

Klima

Der größte Teil des australischen Kontinents liegt im Sommer im Einflußbereich des Nordwestmonsuns und im Winter in

Queensland und von Westaustralien sowie 81% des Nordterritoriums. Der Süden und das Zentrum Queenslands gehören zu den Subtropen, während New South Wales, Victoria, Südaustralien, der Süden Westaustraliens und Tasmanien der gemäßigten Klimazone zugerechnet werden. Die Macquarie-Insel südlich von Tasmanien befindet sich bereits in der Sub-Antarktis. Nach Meinung der Experten haben Perth und Adelaide mit ihren milden Wintern, kühlen Sommerbrisen und langanhaltendem Sonnenschein das für Menschen angenehmste Klima, während in Darwin die lange, heiße und regenreiche Sommersaison mit hoher Luftfeuchtigkeit am schwersten erträglich ist.

Die heißeste Region des Kontinents befindet sich im Pilbara (nördlich von Perth). Hier steigen die Sommertemperaturen häufig auf mehr als 50 °C an. Bei Charlotte Pass in den Snowy Mountains (New South Wales) wurden dagegen −22 °C registriert. Während an der Küste die durchschnittliche Tagestemperatur nur zwischen 2 °C und 5 °C variiert, beträgt der Unterschied im Binnenland häufig 40 °C und mehr. In Alice Springs kann es nachts eiskalt (mit Frost) und am Tage sehr heiß (über 40 °C) sein.

Niederschläge: Australien ist der trockenste aller Kontinente (außer der Antarktis). Der Regenfall nimmt von der Küste zum Binnenland hin rapide ab. Nur 7% Australiens erhalten einen Jahresniederschlag von mehr als 100 mm, 70% müssen sich mit weniger als 50 mm begnügen. Im Zentrum des Landes fällt auf einer Fläche von mehr als 1,6 Millionen km² sogar weniger als 25 mm Niederschlag im Jahr. Den meisten Regen erhält die Nordostküste (bis zu 1950 mm).

Vegetation

Die lange Isolation Australiens von den anderen Kontinenten hat dazu geführt,

dem des südöstlichen Trade Wind (der Süden wird im Winter durch zumeist niederschlagsreiche westliche Luftströmungen beeinflußt). Zwischen diesen beiden Wetterlagen dominiert der subtropische Hochdruckgürtel, der für die große Trockenheit des Kontinents verantwortlich ist. Mit mehr als 2500 Sonnenstunden im Jahr (Bundesrepublik Deutschland: 1400) gehört Australien zu den sonnenscheinreichsten Gebieten der Erde. Da der Kontinent auf der Südhalbkugel der Erde liegt, sind die Jahreszeiten denen Europas entgegengesetzt, Weihnachten und Neujahr fallen also in den Hochsommer. Der australische Sommer dauert von Dezember bis Februar, der Herbst von März bis Mai, der Winter von Juni bis August, der Frühling von September bis November. Im Norden treten zwischen Dezember und März die heftigsten Niederschläge auf.

Rund 40% des Kontinents liegen im Bereich der Tropen – der Nordteil von

daß sich die Pflanzen- und Tierwelt seit 50 Millionen Jahren eigenständig entwickelt hat (die Faunagrenze zwischen Asien und Australien wird Wallace-Linie genannt, die Floragrenze Weber-Linie). Insgesamt gibt es etwa 15 000 Pflanzenarten in 150 Familien. Die verbreitetsten sind die Eukalypten (84% des Baumbestandes) und die Akazien. Die bekanntesten der 603 Eukalyptenarten, in Australien ›Gum Trees‹ genannt, sind die Snow Gums (Eucalyptus pauciflora), die bis zu 110 m hohen Mountain Ash (Eucalyptus regnans; gehören zu den höchsten Hartholzbäumen der Erde), die Red River Gums (Eucalyptus camaldulensis), der Yellow Box Tree (Eucalyptus melliodora), der als bester Honigbaum angesehen wird, der Manna Gum (Eucalyptus viminalis), dessen süße Blätter bei Eingeborenen wie bei Koalas beliebt sind, der Ghost Gum (Eucalyptus papuana) und der Coolabah (Eucalyptus microtheca), der ›Baum der Dichter‹. In Westaustralien wachsen die gewaltigen Karri (Eucalyptus diversicolor)

und die Jarrah (Eucalyptus marginata). Von den 1200 auf der Erde vorkommenden Akazienarten (›Wattles‹) sind 630 in Australien beheimatet. In den Städten, besonders aber in Canberra, wurden daneben zahlreiche überseeische Bäume angepflanzt. Bemerkenswerte Bäume sind weiter die Grasbäume (Yacca oder ›Blackboy‹), die Affenbrotbäume (Baobab), die Flaschenbäume (die Wasser speichern) und schließlich die Kasuarienbäume. Reich ist Australien auch an Wildblumen (mehr als 7000 Arten). Die bekanntesten sind die rot blühenden Waratahs, die weiß blühenden Christmas Bushes, die zahlreichen Wachsblumenarten, die goldgelbe Wattle, die tiefrote Sturt Desert Pea, die 60 Banksia-Arten, die vielfarbigen Everlastings, die Kangaroo Paw, die Blue Leschenaultia und viele Orchideen.

Tierwelt

Australien ist ein zoologisches Museum; die meisten der hier vorkommenden Tier-

arten haben keine Verwandten in anderen Weltteilen. In Europa dürften die Beuteltiere am bekanntesten sein, bei denen die weiblichen Tiere ihre Jungen in einer beutelartigen Hautfalte tragen und ernähren. Ein Beuteltier wird in einem noch sehr wenig entwickelten Stadium – gewöhnlich 35 Tage nach der Befruchtung – geboren. Bei den meisten Arten gibt es nämlich keine placentale Verbindung zwischen der Mutter und dem Embryo. Wenn die Nahrung im Ei verbraucht ist, verläßt das Junge den Mutterleib und kriecht in den Beutel, wo es bis zu einem dreiviertel Jahr bleibt. In dem Beutel befinden sich die Zitzen, an denen das Junge saugt. Insgesamt gibt es etwa 150 Beuteltierarten in acht Familien.

Die am weitesten entwickelten Beuteltiere sind die Känguruhs (von den meisten Eingeborenen ›Arinya‹ genannt). Man kennt 52 Arten in 17 Gattungen; ihre Größte reicht vom 2,60 m hohen ›Boomer‹ bis zum 23 cm großen Wüstenkänguruh. Sie werden in drei Hauptgruppen unterteilt: Euro oder Wallaroo, Großes Graues Känguruh und Rotes oder Plains-Känguruh. Die Wallabies, oft fälschlich als Felsenkänguruhs bezeichnet, bilden eine Sondergruppe. Das bis zu 3 m hohe Rote Känguruh (Megaleia rufa) lebt in Rudeln von bis zu 100 Tieren unter der Führung eines alten Männchens. Auf der Flucht erreicht es Geschwindigkeiten bis zu 30 km/h. Bei Trockenheit kann ein ›Big Red‹ auf der Nahrungssuche bis zu 300 km zurücklegen, gewöhnlich halten sich die Tiere jedoch in einem enger begrenzten Areal auf. 1983 schätzte man die Gesamtzahl der Känguruhs auf 19,2 Millionen. Nach offiziellen Angaben wurden 1982 rund 3,3 Millionen Tiere von 2000 lizensierten Känguruh-Jägern erschossen (die Australian Conservation Foundation schätzt die Zahl sogar auf 6 Millionen). Grund für diese hohe Abschußzahl ist die Behauptung von Farmern und Viehzüchtern, daß die Känguruhs den Rindern und Schafen das Futter wegfressen würden. Wissenschaftler haben dieses Argument jedoch schon seit langem ad absurdum

geführt. Im Gegenteil, so sagen sie, Boden-zerstörer seien nicht die Känguruhs, son-dern die Rinder und Schafe, die die Wur-zeln ausrissen und so der Bodenerosion Vorschub leisteten. Die Känguruhs da-gegen weideten nur die oberen Halme ab. Die Australian Conservation Foundation befürchtet, daß einige Känguruharten aus-sterben könnten, wenn dem Morden nicht bald Einhalt geboten wird. Die brutale Ausrottung von Tieren hat auf dem Fünf-ten Kontinent übrigens eine 200jährige Tradition. Ein australisches Sprichwort lautet: »Wenn es sich bewegt, erschieße es. Wenn es sich nicht bewegt, mache es nieder«.

Neben dem Känguruh sind die Koalas (Phascolarctos cinereus bzw. Cullawine oder Bangoran bei den Eingeborenen) die bekanntesten australischen Tiere. Bei die-sem Vorbild unseres Teddybären handelt es sich um keinen Bären, sondern um ein waschechtes Beuteltier. Der Koala frißt ausschließlich die Blätter von zwölf Euka-lyptusarten, wobei er die des Manna Euca-lyptus, des Blue Gum und des Forest Red Gum bevorzugt. Er verbringt fast den gan-

zen Tag auf seinem Baum. Die 8 (Weib-chen) – 10 (Männchen) kg schweren Tiere trinken selten (vor allem Wasser, in Zoos aber auch Milch). Dafür verzehren sie täg-lich etwa 1,25 kg grüne Eukalyptusblätter, deren ätherische Öle sie schläfrig machen. Begeben sie sich aber auf Futtersuche, so können sich die Teddies mit großer Ge-schwindigkeit fortbewegen. Die Koala-mütter tragen ihre Jungen bis zu einem Jahr nach dem Verlassen des Beutels auf dem Rücken, oder, wenn es kalt ist, in den Armen.

Weitere Beuteltiere sind die Possums (Flugbeutler) – sie sind nicht mit den ame-rikanischen Opossums verwandt! –, der Bandicoot, die Native Cats, der Tasmani-sche Teufel, der Numbat, der Wombat, die winzige Beutelmaus und die Beutel-ratte. Der Beutelwolf gilt seit langem als ausgestorben.

Australien ist auch die Heimat von zwei der ältesten Säugetierarten, des Schnabel-tiers (Ornithorynchus anaticus) und des Ameisenigels (Tachyglossus aculeatus). Beide Tiere werden zu den Kloakentieren (Monotremata) gezählt. Obwohl sie ihre Jungen mit Muttermilch ernähren, haben sie keine Zitzen. (Die Jungen sind bei der Geburt etwa 1 cm lang und bleiben einige Tage eng an die Haut der Mutter ge-preßt. Dabei reiben sie deren Brust so lange, bis aus den dadurch vergrößerten Brustporen Milch kommt.) Das Schnabel-tier kommt nur im östlichen Australien und auf Tasmanien vor. Es lebt in ständig fließenden Flüssen und jagt des Nachts nach Würmern, Insekten und Muscheltie-ren (täglich verzehrt es mehr als 1000 Erd-würmer, 50 Krebse und eine Unzahl von Insekten). Ein ausgewachsenes Schnabel-tier wird bis zu 60 cm groß. Wenn sich ein männliches Tier bedroht fühlt, kann es sich hervorragend wehren, denn an den Hinterfüßen hat es Sporne, die mit einem giftgefüllten Beutel verbunden sind. Der Ameisenigel (auch Schnabeligel genannt) ernährt sich – wie sein Name sagt – vor-wiegend von Ameisen. Er hat einen röh-

Australische Vögel: von links nach rechts Emu, Mutton Bird (unten), Kookaburra-Eisvogel, Kakadu und Lyrebird

renförmigen Schnabel, den er jedoch nicht öffnen kann. An der Spitze befindet sich vielmehr ein Loch, durch das er seine sehr lange und klebrige Zuge steckt. An den Füßen hat er enorm große Krallen, mit denen er sich bei Gefahr schnell eingraben kann, so daß er seinen Feinden nur den stachelbewehrten Rücken zuwendet. Übrigens hat der Ameisenigel mit 32,2 °C die niedrigste Bluttemperatur aller Säugetiere!

In Australien kommen fast alle Vogelarten der Erde vor. Bisher wurden 736 Arten registriert, von denen 530 nur in Australien beheimatet sind. Der bekannteste australische Vogel ist der Emu (Dromaius novaehollandia), mit 1,80 m Höhe der zweitgrößte Vogel der Erde nach dem Strauß. Er besitzt nur Stummelflügel und kann daher nicht fliegen, läuft aber bis zu 50 km/h schnell. Emus leben in Gruppen von fünf bis sieben Tieren, wobei sich die bis zu 60 kg schweren Männchen um den Nestbau, das Ausbrüten der Eier (bis zu neun) und das Aufziehen der Jungen kümmern. Jedes Jahr wechselt das Emu-Weibchen seinen Partner. Weitere typische australische Vogelarten sind die Kakadus, die seltenen Kasuare (bis zu 1,5 m groß; leben im nördlichen Queensland), die ge-

waltigen Keilschwanzadler, die Schwarzen Schwäne, die schwarzflügeligen Pelikane, die Brolgas, die Habichte (Mullian), die Brutöfen bauenden Lowan (Mallee Birds), die Laubenvögel (Bower Birds – die Männchen legen kunstvolle Lauben oder Alleen an, in denen sie tanzen) und die Leiervögel (Lyrebirds), die wie der ebenfalls nur in Australien vorkommende Kookaburra (Eisvogelart) Meister in der Stimmimitation sind.

Die Reptilien sind in Australien mit 140 Schlangenarten, 240 Eidechsenarten, zwei Krokodilarten, zehn Süßwasser- und fünf Salzwasser-Schildkrötenarten vertreten. Es gibt 20 für den Menschen tödliche Giftnattern, dazu 60 weitere gefährliche.

Die Gewässer rund um den Fünften Kontinent sind sehr fischreich. Es gibt mehr als 2200 Fischarten, darunter 100 Hai- und 50 Rochen-, aber nur 180 Süßwasserfischarten. Der berüchtigtste Hai ist der ›Große Weiße Hai‹, der vor der südaustralischen Küste auf seine Opfer lauert. Gleichfalls sehr gefährlich ist der Steinfisch (Stone Fish). Wer auf seine 30 cm langen Stacheln tritt, stirbt innerhalb von zwei Stunden, falls keine sofortige ärztliche Hilfe erfolgt. Lebende Fossilien sind der Lungenfisch (Queensland) und die krabbenähnlichen Anaspiden (Tasmanien). Weitere in australischen Gewässern vorkommende Meerestiere sind Wale, Seehunde, Robben, Delphine und Seekühe (Dugongs).

Insekten: Unter den Spinnen gibt es einige sehr gefährliche Arten, darunter die Funnel Web Spider und die Redback Spider, die auch in den Großstädten auftreten. Schmetterlinge leben insbesondere im tropischen Norden. Der Cairns Birdwing mit seinen grünschwarzen, vogelartigen Flügeln, der blaue Ulysses und der Imperial Blue gehören zu den schönsten. Die Termiten sind die Architekten unter den australischen Insekten. Im tropischen Norden bauen sie bis zu 10 m hohe ›Wolkenkratzer‹.

Der älteste Einwanderer unter den australischen Tieren ist der Wildhund Dingo, von den Eingeborenen Warrigal genannt. Er stammt von asiatischen Haushunden

ab und kam wahrscheinlich vor etwa 10 000 Jahren mit einer Welle von Einwanderern nach Australien. Als die Europäer nach Australien kamen, importierten sie nicht nur Haustiere, sondern auch Füchse, Wasserbüffel, Esel und Dromedare. Letztere stammen aus dem Nordwesten des heutigen Pakistan und wurden Ende des 19. Jhs. zusammen mit ihren Treibern hierher gebracht. Bis in die 30er Jahre unseres Jahrhunderts dienten die Tiere als Transportmittel in unwegsamen Gebieten. Als man keinen Bedarf mehr für sie hatte, ließ man sie frei. Heute bevölkern riesige Herden verwilderter Dromedare das Binnenland. In jüngster Zeit werden sie wieder gezüchtet und entweder nach Arabien exportiert oder für Safaris abgerichtet. Zur größten Plage des Kontinents haben sich die 1859 eingeführten Wildkaninchen entwickelt. Trotz aller Bekämpfungsversuche (Gift, Zäune) vermehren sie sich auch heute noch stark und fressen Schafen und Rindern das Gras weg.

Wasserbüffel

Staat und Gesellschaft

Regierungssystem

Der amtliche Name Australiens lautet ›The Commonwealth of Australia‹ (Australischer Bund). Nach der Verfassung von 1901 ist Australien eine parlamentarisch-demokratische Monarchie und ein unabhängiges Mitglied des britischen Commonwealth of Nations. Als Staatsoberhaupt fungiert die britische Königin Elizabeth II., die seit 1953 regiert. Sie wird in Australien durch einen Generalgouverneur (1983: Sir Ninian Martin Stephen), die sechs Gouverneure der Staaten und den Gouverneur des Nordterritoriums vertreten. Die politischen Institutionen Australiens gründen sich sowohl auf britische als auch auf amerikanische und Schweizer Erfahrungen.

Das australische Bundesparlament (Federal Parliament) mit Sitz in Canberra setzt sich zusammen aus der Krone (Crown), repräsentiert durch den Generalgouverneur (Governor-General), dem Oberhaus (Senate), in dem je zehn Senatoren aus jedem der Bundesstaaten und je zwei aus den Bundesterritorien vertreten sind (zusammen 64), und dem Abgeordnetenhaus (House of Representatives) mit 127 Mitgliedern. Gewählt wird alle drei Jahre. Nach den Wahlen vom 5. 3. 1983 (Zahlen in Klammern: Wahlen vom Oktober 1980) hat die sozialdemokratische Australian Labour Party (ALP, gegründet 1891) im Abgeordnetenhaus 75 (51) Sitze bei 49% (45,4%) der Stimmen, die konservative Liberal Party (LP, gegründet 1944) 33 (54) Sitze bei 34% (37%) und die Landwirtepartei National Country Party (NCP, gegründet 1918) 17 (20) Sitze bei 9,2% der Stimmen. Auf die antimarxistische Democratic Labour Party (DLP, gegründet 1955) entfielen 5%, auf sonstige 1,9%. Seit dem 5. 3. 1983 ist Robert James (›Bob‹) Lee Hawke von der ALP Ministerpräsident. In Australien muß seit 1913 jeder über 18 Jahre alte Bürger wählen (widrigenfalls Geldstrafen). Die Wahlbeteiligung liegt regelmäßig zwischen 90 und 95%.

Unterteilt ist Australien in die sechs Bundesstaaten New South Wales, Victoria, South Australia, West Australia, Queensland, Tasmania (jeweils unter einem Premier Minister) sowie in das Northern Territory (seit 1978 mit beschränkter Selbstverwaltung unter einem Chief Minister) und das Australian Capital Territory (A.C.T.) mit der Bundeshauptstadt Canberra. Außerdem verwaltet Australien mehrere Außenbesitzungen (vgl. S. 11).

Die australische Staatsflagge hat als Grundlage die britische Blaue Dienstflagge (Blue Ensign) mit dem Union Jack im linken oberen Feld, der man auf der Flugseite die fünf Sterne aus dem ›Kreuz des Südens‹ und unter der Oberecke einen größeren sechsten Stern (Commonwealth Star) hinzugefügt hat. Die sieben Zacken des letzteren repräsentieren die australischen Teilstaaten. Das Staatswappen (Coat of Arms) enthält die Wappen der australischen Bundesstaaten in einem Schild sowie einen goldenen Stern mit sieben Zacken. Die australischen Eingeborenen (Aboriginal Australians) besitzen ihre eigene Nationalflagge in den Farben Schwarz (die Menschen), Rot (das Land und das dafür vergossene Blut) und Gold (die Sonne und das Leben).

Bevölkerung

Die Einwohnerzahl Australiens betrug am 31.3.1983 15 336 100. Rund 95% davon sind britischer Abstammung (Iren, Waliser und Schotten überwiegen). Am 30. 6. 1978 wurden 144 381 Aborigines (Ureinwohner) sowie 16 351 Torres Strait Islanders gezählt, heute sind es zusammen offiziell 1,2% der Gesamtbevölkerung (ca. 180 000). Nach anderen Angaben soll es 1982 sogar mehr als 320 000 Eingeborene gegeben haben. Die Zuwachsrate der Eingeborenen liegt mit 2,18% erheblich über der der Weißen (1,5%).

Die Besiedlungsdichte in Australien liegt bei etwa 2 Einwohnern pro km² (zum Vergleich: Bundesrepublik Deutschland 248). Die Bevölkerung konzentriert sich zu zwei Dritteln im fruchtbaren Halbmond oder ›Bumerang‹ zwischen Brisbane und Adelaide, der Anteil der städtischen Bevölkerung liegt insgesamt bei 85,6%. Die höchste Besiedlungsdichte hat das A.C.T. mit Canberra (92,5), die geringste das ›Outback‹ im westlichen Queensland, im nördlichen Südaustralien, im östlichen Westaustralien und im Nordterritorium. In den Tropen (40% der Landesfläche) leben nur eine Million Menschen, auf dem flachen Land sind dort davon 50–70% Eingeborene.

Zeitungsverkäuferin in Melbourne

Bevölkerungszahlen der größten Städte (1982)

Sidney	3 310 500
Melbourne	2 836 800
Brisbane	1 124 200
Adelaide	960 000
Perth	948 900
Newcastle	410 300
Canberry (mit Queanbeyan)	251 000
Wollongong	233 700
Gold Coast	178 800
Hobart	172 500
Geelong	142 900
u. a. Darwin	60 900

Religion

Über 50% der Bevölkerung sind Protestanten (36% Anglikaner, 6,7% Presbyterianer, 8,6% Methodisten, 1,8% Lutheraner, 1,6% Baptisten) und 33% Katholiken. Die Methodisten, Presbyterianer und Kongregationalisten haben sich zur Uniting Church zusammengeschlossen. Daneben gibt es rund 80 000 Juden, größere Gruppen von Griechisch-Orthodoxen, libanesischen und russischen Christen sowie Moslems (Türken), Konfuzianer, Taoisten und Buddhisten (Asiaten). Zahlreiche Eingeborene in Zentralaustralien, Queensland und Westaustralien sind wieder zum Glauben ihrer Väter zurückgekehrt.

Sprachen

In Australien wird als Staatssprache Englisch gesprochen. Das australische Englisch, auch ›Strine‹ oder ›Slanguage‹ genannt, ist eine Einheitssprache mit rund 3000 eigenständigen Wortschöpfungen und einer vom Oxford-Englisch stark abweichenden Phonetik (so wird beispielsweise ›a‹ wie ›ei‹ ausgesprochen). Neben diesem ›Austrylian‹ existieren noch über 150 (von einst 250) Eingeborenendialekte, die 29 verschiedenen Gruppen angehören und eine isolierte Sprachfamilie bilden. Sie haben eine sehr komplizierte Gram-

matik und z. T. bis zu 30 000 Wörter. Die größte Gruppe ist die der Pama Nyungan Languages. Auf der Norfolk-Insel wird das ›Norfolkese‹, eine Mischsprache aus Englisch und den polynesischen Idiomen von Tahiti und Tuamotou, gesprochen, und im Barossa Valley kann man von älteren Leuten noch das altertümliche Barossadeutsch hören. Die Torres Strait-Insulaner schließlich sprechen eine melanesisch-polynesische Mischsprache.
Vgl. das australisch-deutsche Wörterverzeichnis im Gelben Teil (S. 361ff.).

Bildungs- und Gesundheitswesen

In Australien besteht Schulpflicht vom 6. bis zum 16. Lebensjahr. Neben den nach britischem Vorbild organisierten und den Bundesstaaten unterstellten staatlichen Schulen (ca. 3 Millionen Schüler) gibt es vorwiegend von den Kirchen getragene Privatschulen (ca. 50 000 Schüler), deren Niveau zumeist über dem der staatlichen liegt. 1982 zählte Australien 19 Universitäten und ein University College. In der ›School of the Air‹ werden Kinder in abgelegenen Gebieten des Outback über ›Pedal Radio‹ unterrichtet. Die australischen Eingeborenen, die im weißen Schulsystem benachteiligt sind (nur 1% erreichen das 9. Schuljahr), bauen jetzt ihre eigenen Schulen auf (Noonkanbah und Strelley in Westaustralien sowie Alice Springs sind die besten Beispiele). Hier lernen die Kinder sowohl das traditionelle Wissen ihrer Ahnen als auch von weißen Lehrern ›moderne‹ Fächer.

Wirtschaft

Vom Beginn der europäischen Besiedlung an war Australien ein vorwiegend landwirtschaftlich strukturiertes Land. Erst die japanische Bedrohung im Zweiten Weltkrieg gab den Anstoß zum Aufbau einer eigenen leistungsfähigen Industrie. In den 60er Jahren lösten dann auch der Bergbau und der Dienstleistungssektor die Landwirtschaft als führenden Wirtschaftszweig ab. Heute hat der Agrarsektor nur noch einen Anteil von 10% an der Gesamtproduktion des Landes.

Seit Mitte 1982 erlebt das Land die schlimmste Wirtschaftskrise seiner Geschichte. Ursachen sind sowohl die weltweite Rezession als auch binnenwirtschaftliche Gründe. Der australische Dollar wurde Anfang 1983 um 10% abgewertet, die Inflationsrate kletterte auf 9,2%, die Arbeitslosigkeit auf 10,4% (September 1983), das Wirtschaftswachstum sank unter 1%. Das Bruttosozialprodukt pro Kopf der Bevölkerung lag 1980 bei jährlich 9820 US-$, was nur noch die 22. Stelle in der Welt-Wohlstandsskala einbrachte (1950 lag Australien noch an fünfter Stelle).

Landwirtschaft und Viehzucht

Die 113 000 Schafzuchtbetriebe (Sheep Stations) mit 135 Millionen Schafen (1980) bilden das Rückgrat der Landwirtschaft. Rund 79% der Schafe sind Merinos, Nachkommen von im 19. Jh. aus Sachsen eingeführten Tieren, die eine besonders feine Wolle liefern. 1981 wurden 701 000 Tonnen Wolle exportiert, womit Australien als wichtigster Produzent 27% des Wollbedarfs der Welt stellte. Die wichtigsten Märkte sind Japan, die EG und die Sowjetunion. Nach den Schafen bilden die Rinder mit 22 Millionen Tieren (1983) die größten Nutztierherden. Rund 70% des Rindfleisches (1980/81 wurden 1,5 Millionen Tonnen produziert) landen in heimischen Töpfen, von den restlichen 30% werden 70% in die USA und 10% nach Japan exportiert. Nach mehreren ›Fleischskandalen‹ haben die USA 1982 den Import von australischem Fleisch allerdings drastisch eingeschränkt.

Schaffarm bei Hamilton (Victoria)

In Australien sind mehr als 139 Millionen ha Fläche kultiviert, ⅔ davon als Weizenland. 1981/82 und 1982/83 ging die Ernte infolge einer vierjährigen Dürreperiode um 50% auf jeweils 8–9 Millionen Tonnen zurück, das schlechteste Ergebnis seit 40 Jahren, was erstmals seit 150 Jahren Weizenimporte notwendig machte. Für 1983/84 rechnet man jedoch wieder mit einem Ertrag von 19 Millionen Tonnen. Nach dem Weizen ist Zuckerrohr die wichtigste agrarische Einkommensquelle (Queensland lieferte 1981/82 95% der insgesamt 3,43 Millionen Tonnen). An dritter Stelle liegt das Obst (vor allem Trockenfrüchte, Äpfel, Pfirsiche, Birnen, Zitrusfrüchte), gefolgt von Wein.

Fischerei

Die fischreichen australischen Gewässer werden von der heimischen Wirtschaft bislang kaum genutzt, 1980 lag der Ertrag gerade bei 123 000 Tonnen. Die wichtigsten angelandeten Fischarten sind Thunfisch, Lachs, Schnapper und Haie. Exportiert werden vor allem Hummer und Langusten, und zwar überwiegend in die USA. Da die australische Fischereiflotte nur klein ist und lediglich über eine kleine Zahl hochseetüchtiger Boote verfügt, beuten vorwiegend taiwanische, südkoreanische, japanische und britische Kutter die Fischgründe rings um den Fünften Kontinent aus.

Bergbau

Der Fünfte Kontinent verfügt über einen großen Reichtum an einer Vielzahl von Bodenschätzen. Besonders in Westaustralien, dem Nordterritorium, in Queensland und in Südaustralien wurden in den vergangenen 20 Jahren neue große Lagerstätten von Eisenerz, Mineralsänden, Nikkel, Kohle, Erdöl, Erdgas, Bauxit, Uran und Diamanten entdeckt. Daneben beutet man größere Lager von Blei, Zink, Zinn und Kupfer aus. Der australische Bergbau, der zumeist eine ›Raubbau-Industrie‹ ist, mußte Mitte 1983 allerdings stark zurückstecken. Geringe Nachfrage beim Hauptkunden Japan, hohe Lohnkosten und zahlreiche Streiks führten zum Abbau der Belegschaften in vielen Firmen. Da die meisten Bodenschätze in unzugänglichen Regionen liegen, ist der Aufbau einer Infrastruktur sehr kostspielig.

Die Eisenreserven des Landes (Hauptlagerstätten sind die Middleback Ranges in Südaustralien, der Savage River in Tasmanien sowie besonders das Pilbara-Gebiet, der Yampy Sound und Koolyanobbing bei Kalgoorlie in Westaustralien) werden auf 35 Milliarden Tonnen geschätzt. Dem Eisenerz, das zum größten Teil (85%) nach Japan exportiert wird, war es vor allem zu verdanken, daß sich die Handelsbilanz der letzten Jahre entscheidend zum Positiven verändert hat. In jüngster Zeit ist allerdings Brasilien als ernstzunehmender Konkurrent auf den Markt getreten. (1982/83 importierte Japan erstmals weniger Eisenerz aus Westaustralien als aus Brasilien.)

Seit der Entdeckung von großen Nickelvorkommen bei Kalgoorlie (Westaustralien) und bei Greenvale (Queensland) avancierte Australien auch zu einem der bedeutendsten Nickelproduzenten (1980

lag es mit 69 800 Tonnen an vierter Stelle in der Welt). Die Reserven machen derzeit ein Drittel der Weltvorkommen aus.

Die australischen Kohlereserven werden auf 250 Milliarden Tonnen geschätzt, 200 Milliarden davon sind Braunkohle. Die wichtigsten Lagerstätten befinden sich im Latrobe Valley (Victoria), wo die größten Braunkohlevorkommen der Erde liegen, bei Willingong und Newcastle (New South Wales) sowie in Queensland. Hauptabnehmer sind Südkorea, Japan und die Bundesrepublik Deutschland. Während sich die Ruhrkohle AG in eine queensländischen Steinkohlenmine (German Creek) einkaufte, haben andere deutsche und japanische Firmen Anlagen zur Kohleverflüssigung in Victoria installiert.

Größere Erdöllager gibt es bei Moonie (Queensland), vor der Barrow Island (Westaustralien), im Browse Basin (Timor Sea) und vor allem auf dem Gippsland Shelf in der Bass Strait. Australien deckt 70% seines Inlandbedarfs an Leichtöl selbst, die Reserven werden auf 304 Millio-

nen Tonnen geschätzt. Erdgas kommt vor allem bei Roma (Queensland), bei Mereenie (Nordterritorium) sowie bei Gidgealpa-Moomba (Südaustralien) und im Norden von Westaustralien vor.

1980 nahm Australien mit einer Ausfuhr von 2718 Millionen Tonnen den ersten Platz in der Welt unter den Bauxitexporteuren ein. Die wichtigsten Lagerstätten befinden sich bei Weipa (Queensland), wo die größten Vorkommen der Erde liegen, bei Yirrkale (Nordterritorium), bei Kalumburu und in den Darling Ranges (Westaustralien).

Die australischen Uranreserven beliefen sich 1982 auf 317 000 Tonnen (fast ein Siebtel der Weltreserven), weitere reiche Lager wurden 1983 in Südaustralien entdeckt (schätzungsweise 1 Million Tonnen!). Seit der Übernahme der Regierungsgewalt durch die Labour-Partei (Anfang 1983) sind Abbau und Export allerdings stark reduziert, gegen Frankreich verhängte man im Juni 1983 wegen dessen Atomversuchen in der Südsee sogar ein Uranem-

bargo. Die Bundesrepublik Deutschland bezieht derzeit 20% ihres Uranbedarfs aus Australien, an mehreren Bergwerken bestehen bundesdeutsche Beteiligungen.

Obwohl die Tage des großen Goldrausches lange vorbei sind, rangiert Australien auch heute noch mit 18 497 kg (1979) an 7. Stelle der Goldförderländer.

Die 1981 entdeckten Diamantenvorkommen bei Kununurra (Nordwestaustralien) sollen zu den größten der Erde gehören. Die zu erwartende jährliche Ausbeute wird auf 20 bis 25 Millionen Karat geschätzt, was praktisch die Hälfte der derzeitigen Weltdiamantenförderung wäre. Die australischen Diamanten (zu 90% Industriediamanten) sollen ab 1985 überwiegend von der südafrikanischen de Beers-Gruppe auf den Markt gebracht werden.

Industrie

Die australische Industrie hat in den vergangenen 30 Jahren einen gewaltigen Aufschwung genommen. 1982 waren mehr als 33% der arbeitenden Bevölkerung in Indu-

Oben: vom Kohle-Tagebau umgewühlte Landschaft bei Newcastle (New South Wales); unten: Kohleverladung im Hafen von Wollongong (New South Wales)

Holzverarbeitendes Werk in Victoria

striebetrieben beschäftigt, die Industrie stellte 37% des Bruttosozialproduktes. Auf vielen Sektoren des Konsumgüterbedarfs ist Australien inzwischen autark. Ältester Industriezweig ist die Stahlherstellung mit Werken in Newcastle, Wollongong/Pt. Kembla (beide New South Wales), Whyalla (Südaustralien) und Kwinana (Westaustralien). Im und nach dem Zweiten Weltkrieg wurden vor allem die Textil-, Maschinenbau-, Nahrungsmittel-, Chemie- und Fahrzeugindustrie aufgebaut. Die wichtigsten Industriezentren sind heute Sydney, Melbourne, Adelaide, Perth, Brisbane, Wollongong, Newcastle, Whyalla und Hobart. Die australische Industrie kann allerdings nur dank hoher Schutzzölle existieren, die Wachstumsraten bleiben seit Jahren hinter denen benachbarter asiatischer Länder zurück.

Gewerkschaften

In Australien gab es 1982 nicht weniger als 279 Gewerkschaften mit einer Mitgliederzahl von wenigen Hundert (die der Schirmgestellmacher zählt sogar nur sieben Mitglieder!) bis zu mehreren 100 000 Personen, zusammengeschlossen in vier Dachverbänden. Ende 1982 waren 2 775 000 Australier (49% der Arbeitnehmer) gewerkschaftlich organisiert (in der Bundesrepublik Deutschland 40%), davon 1,8 Millionen im ACTU (Australian Council of Trade Unions), der größten Zentralgewerkschaft, die 150 Einzelgewerkschaften vereint. Wie in Großbritannien gehört in Australien der Arbeitnehmer der Gewerkschaft seines Berufsstandes an und nicht der seines Industriezweiges (wie in der Bundesrepublik Deutschland); vielfach herrscht Mitgliedszwang (Closed Shop; die einflußreichen Vertrauensmänner der Gewerkschaften heißen Shop Stewards). Da in einem Betrieb nicht selten bis zu 20 verschiedene Gewerkschaften arbeiten, gestalten sich Verhandlungen äußerst kompliziert, zumal es häufig zu Rivalitäten zwischen den verschiedenen Gewerkschaften kommt (so waren z. B. 27% der Streiks in den Häfen die Folge von Dis-

Streikende Hafenarbeiter

puten über die Abgrenzung von Arbeitsgängen). Streiks sind entsprechend häufig, brechen oft über Nacht aus und lähmen ganze Regionen. 1982 gab es 2062 Streiks mit einem Ausfall von 2,2 Millionen Tagen (Bundesrepublik Deutschland: nur ein Zehntel bei 2½mal so vielen Beschäftigten). Die wöchentliche Durchschnittsarbeitszeit betrug im Herbst 1983 37,8 Stunden.

Handel

Das australische Handelsvolumen machte 1981 etwa 30% des Bruttoinlandproduktes aus. Wichtigste Exportgüter sind Wolle, Rindfleisch, Aluminium, Eisenerz, Blei, Mineralsände, Zucker, Weizen, Kohle, Nickel und Zink. Japan (28%) ist der wichtigste Handelspartner, gefolgt von den USA, Großbritannien und der Bundesrepublik Deutschland. Bei dem Beitritt Großbritanniens zur EG versäumte es das mit dem ehemaligen Mutterland eng verbundene Australien, ein Präferenzsystem

mit dieser auszuhandeln. Erfolg: Die Farmer verloren über Nacht 85% ihrer Absatzmärkte, denn ⅓ des Außenhandels Australiens entfällt auf Agrargüter, und Europa ist der attraktivste Markt dafür. Seitdem fordert Australien von der EG einen verbesserten Zugang zum europäischen Markt. Im Finanzjahr 1980/81 stieg der australische Export um nur 2,2%, während die Importe um 21% zunahmen.

Tourismus

Die Globetrotter haben seit einigen Jahren Australien als neues Reiseziel entdeckt. Von 1976 bis 1982 nahm die Zahl der überseeischen Besucher um mehr als 60% auf knapp eine Million zu. Die meisten kamen aus den USA, Neuseeland, Großbritannien und Südostasien, aber auch die Zahl der Mitteleuropäer ist stark im Anwachsen begriffen. 1978 kamen erst 12710 Deutsche nach Australien, 1982 waren es schon 40000. Das Einkommen aus dem

Tourismus betrug 1982 3% des Bruttoinlandproduktes, ca. 150 000 Arbeitnehmer (2,5% der Beschäftigten) sind in diesem Sektor tätig. Damit kommt dem Tourismus immerhin die gleiche wirtschaftliche Bedeutung zu wie der Automobilindustrie. Wichtigste Touristenzentren sind Sydney, Canberra, Alice Springs, der Uluru (Ayers Rock), das Great Barrier Reef und die Gold Coast sowie im Winter die Schneefelder der Australischen Alpen. Alle diese Gebiete sind verkehrsmäßig sehr gut erschlossen. Während es die Australier im Urlaub zumeist an die Küste zieht (im Sommer sind hier Vorausbuchungen unbedingt erforderlich), zeigen die überseeischen Touristen mehr Interesse für das menschenleere Binnenland mit seinen bizarren Felsen, Schluchten und Wüsten. Auch die zahlreichen Nationalparks, die inzwischen in allen Landesteilen eingerichtet wurden, erfreuen sich zunehmender Beliebtheit.

Sonnenhungrige an der Gold Coast

Camping im Kakadu National Park (Nordterritorium)

Die Bevölkerungsgruppen und ihre Kultur

Die Aborigines (Ureinwohner)

Als sich vor 200 Jahren die ersten weißen Siedler auf dem australischen Kontinent niederließen, stießen sie auf zahlreiche Gruppen von Ureinwohnern, die sie ›Aborigines‹ (von lateinisch ›ab origine‹ = von Anfang an) nannten. Diese Aboriginal Australians besaßen schon lange eine durchaus entwickelte Kultur. Ihre Wirtschaft war hervorragend an die natürlichen Gegebenheiten des Fünften Kontinents angepaßt, ihr Sozialsystem zeigte eine außerordentlich komplizierte Ordnung, und auf künstlerischem Gebiet brachten sie einige großartige Leistungen hervor. Sie waren die Herren des Kontinents und nicht, wie die eindringenden weißen Australier, seine Ausbeuter.

Die meisten Eingeborenen kamen und kommen mit wenigen Geräten aus. So genügen noch heute den Pitjantjara (Zentralaustralien) ein Speer mit Speerschleuder und ein Bumerang für den Mann (es gibt zurückkehrende Spielbumerangs und nicht zurückkehrende Jagdbumerangs) sowie ein Coolamun (Holzschale mit vielfältigen Verwendungsmöglichkeiten, u. a. als Schüssel oder Babytrage) und ein Grabstock für die Frau. Bereits seit langer Zeit kannten die Aboriginal Australians die Pflanzenkultivierung auf der Basis von Brandrodung (begrenzte Savannenstücke wurden in regelmäßigen Abständen abgebrannt, um den Boden bebauen zu können). Die Anthropologin Mervyn Meggitt entdeckte jüngst bei den Walbiri, daß bis zu 80% der Eingeborenennahrung früher

pflanzlicher Herkunft war (bisher hatte man angenommen, daß das Fleisch der Beutetiere die wichtigste Nahrungsquelle gewesen sei). Der ›grüne‹ Speisezettel bestand aus einer reichhaltigeren Palette als der der heutigen weißen Australier, obwohl den Eingeborenen täglich nur zwei bis vier Stunden Sammeln oder Jagen genügten, um ihre Familie zu ernähren. Nicht weniger als 124 Pflanzen wurden medizinisch verwendet. Die Eingeborenen kannten auch Haustiere, darunter den Dingo (das Wort bedeutet Haushund; der Wildhund wird eigentlich Warrigal genannt), Mallee Fowls, Scrub Turkeys (zwei Hühnerarten) und sogar Känguruhs. Die Küsten- und Flußvölker besaßen seetüchtige Boote und fischten mit Netzen oder Fallen.

Die Aboriginal Australians wanderten in einem festgelegten jahreszeitlichen Rhythmus, der sich nach der jeweils verfügbaren Nahrung richtete, durch ein streng abgegrenztes Territorium (Durchschnittsbevölkerung 450 Personen; Größe je nach Fruchtbarkeit zwischen 100 und 40 000 km²). Manche Stämme unterschieden dabei sogar sechs oder acht Jahreszeiten. Gab es in einem Gebiet für längere Zeit ausreichende Nahrung, so ließ sich der Clan dort auch häuslich nieder. Dörfer mit mehr als 300 Einwohnern gab es vor der weißen Invasion z. B. beim heutigen Cairns, am Hutt River (Westaustralien) und in Victoria. Im kühleren Süden des Kontinents fand man sogar die Reste von Steinhäusern. Außerdem gruben die Eingeborenen tiefe Brunnen (Gnamma Holes), bauten bis 350 m lange Erddämme

(Victoria) und stauten Bäche. Um gegen die Unbilden der Natur gewappnet zu sein, praktizierten sie eine strikte Geburtenkontrolle durch Abtreibung, Infantizid oder Verhütungsmittel.

Seit Urzeiten wurde der australische Kontinent von kultischen Handelsstraßen durchzogen. Die berühmteste, ›Mura Mura‹ genannt, führte von Südaustralien aus zur Torres Strait und weiter zum Sepik in Neuguinea sowie in die Kimberleys. Große Handelsstationen gab es u. a. in Kopperamann (Südaustralien) und Birdsville (Queensland). Wichtigste zeremonielle Handelsgüter waren Ocker, Pituri (eine Droge, die man bei Wanderungen gegen den Durst kaute), Speerspitzen, Muscheln und Mühlsteine, aber auch Gesänge und Tänze. Bei jährlichen Festen (u. a. Bunya Pine Festival in Queensland, Aal-Festival in den Grampians und Bogong-Motten-Festival in den Victorian Alps) trafen sich Tausende von Eingeborenen zum geselligen Beisammensein.

Die kleinste soziale Einheit der Aboriginal Australians war bzw. ist die Familiengruppe, die gewöhnlich aus einem kleinen Kreis enger Verwandter besteht (Männer und Frauen sind dabei auf fast allen Gebieten gleichgestellt). Mehrere Familiengruppen bilden einen Clan, der bis zu 50 Individuen umfaßt, mehrere Clans wiederum einen Stamm. Bei den meisten Völkern hatte jede Familiengruppe ein genau begrenztes Jagdgebiet, das von anderen Gruppen ohne Voranmeldung nicht betreten werden durfte (beim Besuch eines fremden Territoriums nahm man einen ›Purunkita‹ genannten Botenstab mit, der dem Boten des Nachbarn übergeben wurde. Dann wartete man auf eine förmliche Einladung). Einige Stämme jagten aber auch zusammen oder nach Clans wie die der Hamersley Ranges (Westaustralien) oder der Bentinck Island (Queensland). Bis vor 200 Jahren gab es in Australien 500 bis 680 verschiedene Clangruppen (Stämme), die z. T. in Völkern oder Stammesföderationen lose zusammengeschlossen waren.

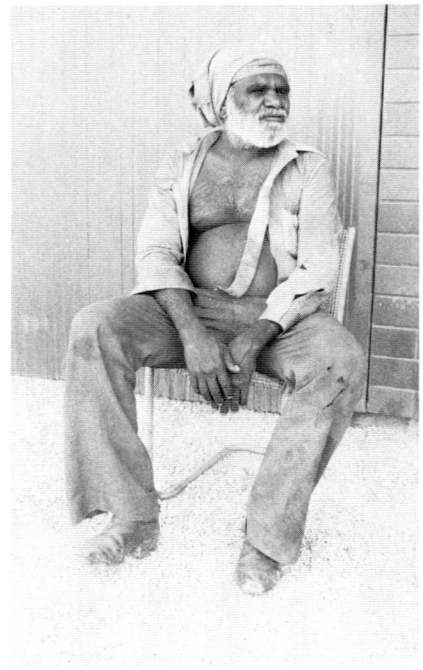

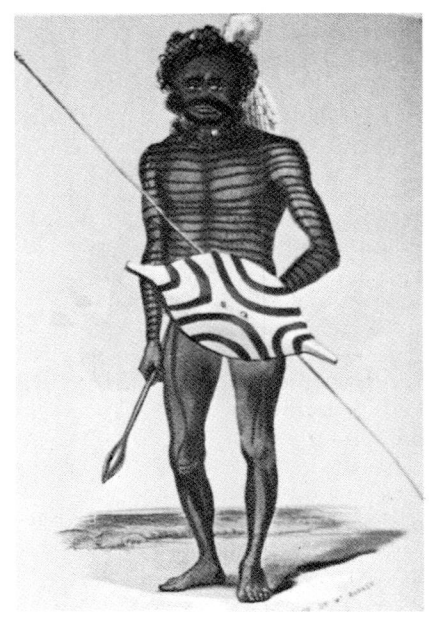

Oben: Darstellungen von Aborigines aus dem
19. Jh.; unten: Aborigines in Alice Springs

33

Die ›Regierung‹ lag in den Händen der Ältestenräte mit dem Häuptling an der Spitze; großen Einfluß hatten auch die Nulungery (Medizinmänner, die u.a. auch schwere Untaten durch Magie ahndeten). Mehrere Völker waren in übergreifenden Verbänden organisiert, wie etwa die Mitglieder der Kulin-Föderation (Victoria). In jüngster Zeit gewinnen die Ältestenräte (so bei den Aranda, den Pitjantjara und im Arnhem Land) wieder an Bedeutung.

Jeder Eingeborene besitzt sein eigenes Totem, ein Tier, eine Pflanze oder einen Stein, mit dem er sich blutsverwandt fühlt (Totemtiere und -pflanzen dürfen nicht getötet bzw. verspeist werden). In jedem Clan gibt es zwei Gruppentotems (›Moieties‹; oft handelt es sich dabei um Tierpaare wie helle und dunkle Dingos). Jeder Totemclan eines Stammes ist mit den entsprechenden seiner Nachbarstämme verbunden, so etwa der Honigameisen-Clan der westlichen Aranda mit den Honigameisen-Clans der Popanja, Korula, Ilbmanopuntja und Arambea. Dieses ›Totemsystem‹ ist von besonderer Bedeutung für die Heiratsvorschriften. Stellvertretend für die anderen Völker sei das System der Gruppentotems (Moieties) der Kalkadunga von Mt. Isa genannt. Dieses Volk ist in zwei Moieties (Utaru und Malyara) mit je zwei ›Skins‹ (Utaru: Patingu und Kanggilangu; Malyara: Marinangu und Tunpuyangu) gegliedert. Will ein Kalkadunga heiraten, muß er sich einen Partner aus der anderen Moiety, aber in der korrespondierenden ›Skin‹-(Haut-)Gruppe suchen. So kann ein Patingu-Mann nur ein Marinangu-Mädchen heiraten; die Kinder aus dieser Ehe gehören dann zu den Tunpuyangu. Ein Tunpuyangu-Junge muß wiederum ein Kanggilangu-Mädchen ehelichen; die Kinder aus dieser Verbindung gelten dann als Patingu. Ein Tunpuyangu-Mädchen sucht seinen Partner zwar auch bei den Kanggilangu, die Kinder aus dieser Ehe sind aber Marinangu. Dementsprechend gibt es bei den Kalkadunga – wie auch bei anderen Völkern – vier Bezeichnungen für Großeltern: Mudyu (Mutters Mutter), Dyadyi (Mutters Vater), Bubi (Vaters Mutter) und Ngadyi (Vaters Vater). Jeder australische Eingeborene ist durch sein Totem und seine eheliche Verbindung nicht nur mit den Angehörigen seines Clans, sondern auch mit denen anderer Stämme und Völker verbunden; die ganze Gesellschaft ist für ihn nach Verwandtschaftsgraden ›klassifiziert‹. Auch wenn sich zwei Eingeborene sprachlich nicht verständigen können, so erkennen sie doch durch eine hoch entwickelte Gestensprache, inwiefern sie klassifikatorisch miteinander verwandt sind. Dieses klassifikatorische Verwandtschaftssystem ist dem der Blutsverwandtschaft gleichgestellt.

Der Schritt vom Kind zum Erwachsenen, die Initiation, vollzieht sich bei den jungen männlichen Eingeborenen in einer Reihe von Zeremonien (Auswendiglernen der Mythen, Beschneidung). Am Ende erhält der nun Erwachsene seinen Tjurunga, einen mit Einkerbungen versehenen Stein oder Holzstab, der ihn sein ganzes Leben lang begleitet. Durch ihn kann er die Stimme seines Totemvorfahren (Atnatu) hören, wenn er den Tjurunga an einem Band durch die Luft schwirren läßt.

Die Religion der Aboriginal Australians ist eine lebende Kosmologie. Viele Stämme glauben, daß sie von Schöpferwesen (Baiame, Wallaganda, Kiama oder Bundjil) geschaffen wurden. Während Baiame die ersten zwei Männer aus Lehm formte, zog sein Bruder (die Fledermaus) die erste Frau aus dem Wasser. Nach anderen Vorstellungen ließen die aus dem Boden kommenden Traumzeitwesen (Bugari oder Palana) in der anfangslosen Urzeit (Lalai) das Land und die darin lebenden Wesen entstehen. Nachdem diese in Tier- und Menschengestalt erschienenen Kulturbringer ihre Arbeit beendet hatten, verschwanden sie wieder in der Erde oder stiegen in den Himmel auf. Die von ihnen in Höhlen, an Flüssen oder auf Bäumen zurückgelassenen schöpferischen Kräfte

(Dajlu oder Djalgne) werden bei Zeremo-nien (Gunabini in Zentralaustralien) von den Eingeborenen beschworen, da sie den Fortbestand des Volkes und seiner wirt-schaftlichen Grundlage sichern. Der Him-mel, das ›Land der hellen Wolkenkno-chen‹, wird, so viele Legenden, von Bergen oder Eukalypten gehalten. In Victoria (bei den Wotjobaluk) stützt eine Elster den Himmel mit einem Stock ab. Auch die Ge-stirne werden von den Eingeborenen seit Urzeiten in ihre Kulthandlungen einbezo-gen. Als wichtigste Nahrungsbringerin (in den Kimberleys bringt sie auch die Kin-der) gilt die Regenbogenschlange, die un-ter verschiedenen Namen (Wanambi, Mindi, Yurlunggur) bekannt ist und der zu Ehren große Regenzeremonien veranstal-tet werden. Das Land bedeutet dem austra-lischen Eingeborenen weit mehr als dem Europäer, es ist der Mittelpunkt seines Universums, nimmt man es ihm weg, so wird er entwurzelt. Denn der Aboriginal Australian fühlt sich als Treuhänder der Urzeitwesen und muß das Land in deren Auftrag behüten. Nach seinem Tode steigt er in den Himmel auf oder kehrt zur Hei-mat der Totemvorfahren zurück.

Als James Cook im Jahre 1770 auf der Insel Tuined (Possession Island) Besitz nahm von der Osthälfte des Kontinents, da »be-gann die Vergewaltigung unserer Seelen« (so der Schriftsteller Kevin Gilbert). Seit 1938 wird der Tag der Landung von Cap-tain Phillip (26.1.1788) von den Kurri und Murri als ›Day of Mourning‹ begangen. Phillip behandelte die Eingeborenen im Gegensatz zu den meisten Europäern zwar mit Achtung (er wurde von den Eora in Sydney ›Be-anga‹ = Vater genannt), doch war er machtlos gegen rassistische Militärs und Verbrecher. Als er 1792 nach England zurückkehrte, nahmen die Massaker ihren Anfang. Am 20.7.1816 erließ Gouverneur Lachlan Macquarie seine ›Proclamation of Native Outlawry‹, nach der jeder Weiße ungestraft jeden Eingeborenen umbringen durfte. In allen Teilen des Kontinents be-gann nun eine Jagd auf Eingeborene (›Abo-Hunting‹). In 100 Jahren wurden mehr als 200 000 von ihnen ermordet, viele weitere, die entkommen konnten, starben an eingeschleppten Krankheiten. Auf Tas-manien metzelte man die meisten im ›Black War‹ nieder, die Überlebenden lockte man mit einem Trick auf die Flin-ders Island, wo viele weitere umkamen (vgl. S. 308). Bis in die 1930er Jahre war das ›Shooting of Abos‹ ein beliebter ›Sonn-tagssport‹, regelrechte Konzentrations-lager, die bereits 1814 eingeführt wurden (und den britischen im Burenkrieg später als Vorbild dienten), gab es bis in die 70er Jahre dieses Jahrhunderts, und der Abori-ginal and Torres Strait Islander Act von 1897 wurde später von Südafrika als Apart-heid-Gesetz übernommen. Auch heute noch werden die Eingeborenen im ›tiefen Norden‹ Australiens (Queensland, Nord-

Das Verhältnis zwischen Schwarz und Weiß ist nicht immer so gut wie bei diesen Schulkindern in Alice Springs

territorium, Westaustralien) vielfach wie unmündige Kinder, Geisteskranke oder Verbrecher behandelt. Die meisten Aborigines müssen von Sozialhilfe oder Arbeitslosenunterstützung leben, viele suchen Zuflucht im Alkohol.

Der Rassismus der Weißen geht in Australien durch alle Bevölkerungsschichten. Im tropischen Norden Australiens ist der Besucher erstaunt, wenn sich sein weißer Gesprächspartner nicht als Rassist entpuppt. Auch Prominente wie Ex-Premierminister Malcolm Fraser (»schickt sie alle nach Tasmanien und laßt die Insel in die Antarktis abtreiben«, 1981), der Millionär Lan Hancock (»kastriert die Männer«) und sogar der Nobelpreisträger Burnet (»streicht die Sozialunterstützung für die Mischlinge«, Februar 1983) geben häufig rassistische Äußerungen von sich. Im Nordterritorium gibt es ein Schutzhaftgesetz (Police Protection Act), nach dem jeder Eingeborene willkürlich verhaftet und festgehalten werden kann, brutales Vorgehen der Polizei gegen Aborigines ist an der Tagesordnung (und wurde in den letzten Jahren auch wiederholt mit ›rätselhaften Todesfällen‹ in Verbindung gebracht). Bezeichnungen wie ›Coon‹ und ›Boong‹ für Eingeborene gehören in Australien zur Alltagssprache, in vielen Restaurants herrscht Apartheid (verbrämt durch das Schild: ›only decently dressed people welcome‹). 1982 trat in Queensland und im Nordterritorium sogar ein Ku

Klux Klan auf. Während der Commonwealth Games in Brisbane (September 1982) wurden Hunderte von Eingeborenen aus ihren Betten oder von der Straße verhaftet. Einziger Verhaftungsgrund: Sie trugen T-shirts oder Plaketten mit der schwarz-rot-goldenen Eingeborenenflagge. ›Newsweek‹ verglich die ›Games‹ mit Hitlers Olympiade.

Eine der verfälschendsten Legenden des an (weißen) Legenden reichen Australien ist die von der ›friedlichen Kolonisation‹. Tatsächlich wehrten sich die Eingeborenen erbittert gegen die weißen Eindringlinge. Berühmte ›Guerillaführer‹ waren Pemulway und Carnanbigal (1795 bei Sydney), Winnaberrie (1840 in Victoria) und Sandamara (1894 in den Kimberleys), und auch die Gunditj-Mara, die Kulin-Föderation (Victoria) und viele Völker in Zentralaustralien, Tasmanien (Guerillaführer Mosquito) und Queensland kämpften zäh um ihr Land.

Heute wehren sich immer mehr Aborigines gegen die Bevormundung durch die Weißen, Forderungen nach eigenem Land werden immer lauter (die Eingeborenen fordern insgesamt 1 Million km²!), überall bilden sich Selbsthilfeorganisationen (Alice Springs, die ›Hauptstadt des rassistischen Nordens‹, ist Sitz der Zentralorganisation der eingeborenen Land Councils). Ex-Senator Neville Bonner – neben Charles Perkins, Eva Geia und Sir Douglas Ralph Nicholls (Ex-Gouverneur von Südaustralien) einer der prominentesten Eingeborenenführer –, der seine Landsleute bislang zur Mäßigung aufgerufen hatte, sprach Anfang 1983 sogar von einer unabhängigen Eingeborenennation als einziger Lösung des australischen Rassenproblems. Dort, wo inzwischen lokale Selbstverwaltung und eigenes Land zugestanden wurden (z. B. bei den Pitjantjara), zeigt sich deutlich, daß die Eingeborenen sehr wohl in der Lage sind, ihre Geschicke selbst zu bestimmen. Um eine künftige wirtschaftliche Besserstellung zu garantieren, müßte man ihnen allerdings fruchtbare Gebiete

Gegen Aborigines gerichtetes Schild an einer Bar im Nordterritorium

Signet des Black Protest Commitee, Brisbane

zugestehen und nicht nur unwirtliche Wüsten, in die sie zumeist erst von den weißen Siedlern verdrängt wurden. Selbst die 46% Land, die den Aborigines des Nordterritoriums versprochen worden sind, bestehen aus den unfruchtbarsten Landstrichen des Gebiets – und selbst diese will man ihnen neuerdings vorenthalten: Seitdem man dort Bodenschätze entdeckte, interessieren sich die Weißen wieder dafür. Experten prophezeien Australien, dessen wirtschaftliche Entwicklung seit 1982 rapide bergab geht, für die Zukunft eine Eskalation des ›Rassenkampfes‹.

Die Kultur der Eingeborenen

Die meisten Formen künstlerischen Ausdrucks der australischen Ureinwohner sind mit Mythen, dem Totemglauben und den Traumzeitvorfahren verbunden. Es gibt keine professionellen Künstler, jeder nutzt seine künstlerischen Fähigkeiten. Die bildende Kunst der Eingeborenen läßt sich in vier Gruppen einteilen: Ritzungen, Malereien, Schnitzereien und Flechtarbeiten. Die Felsritzungen (Petroglyphen bzw. Ideogramme) finden sich ebenso wie die Felsmalereien über den ganzen Kontinent verteilt – Australien beherbergt wohl die größte Sammlung prähistorischer Felskunst überhaupt. Die Ritzungen, die ältesten überlieferten Belege künstlerischen Schaffens der Aborigines, bestehen meist aus Kreuzen, Kreisen, Linien und Quadraten. Die heutigen Ureinwohner ritzen nicht mehr in Felsen, und viele glauben sogar, daß die Bilder von Sydney, Mootwingee (New South Wales) oder Zentralaustralien von den Traumzeitvorfahren oder Geistern geschaffen wurden. Noch häufiger sind Felsmalereien zu finden, die in erster Linie keine Jagdsymbolik, sondern die Grundprinzipien der Weltordnung darstellen und vielfach mit einer Legende in Verbindung stehen.

An Motiven dominieren im allgemeinen Tiere und Hände, in den Kimberleys dagegen die sogenannten Wandjina- und Giro-Giro-Figuren. Die ersteren, bis zu fünf Meter lang, haben weiße, mundlose Gesichter, die von hufeisenförmigen ›Heiligenscheinen‹ umrahmt werden. Sie sollen von den Traumzeitvorfahren stammen, die bestimmten, daß die Menschen sie vor jeder Regenzeit erneuern müßten. Die oft winzigen, rotfarbenen Giro-Giro sollen dagegen von Feen gemalt worden sein; sie stellen immer Frauen und Männer in Aktion dar. Auch im Arnhemland findet man zwei besondere Malereiformen: die von Menschen geschaffenen ›Röntgenbilder‹, die recht genau Details von Menschen, Tieren und Dingen zeigen, und die angeblich von Feen gemalten Mimi, die den Giro-Giro ähneln – harmlose Geister, die wie die Trolls gerne Menschen necken. Zu den ältesten und schönsten Malereien gehören weiter die Quinkin-(Geistermenschen-)Bilder von Laura bei Cairns. In Zentralaustralien trifft man auch heute noch auf Bodenmalereien. Die Pintubi bei Alice Springs malen mit modernen Acrylfarben prächtige Bilder, die uralten Moti-

Rechts: Rindenmalerei in der Aboriginal Art Gallery, Sydney; oben: der bekannte Rindenmaler Lindsay Roughsey von der Mornington Island (Queensland)

ven nachempfunden sind. Die Eingeborenen verstehen es auch, auf Rinden großartige Malereien zu schaffen, und für rituelle Handlungen bemalen sie ihre Körper mit vielfältigen Mustern. Verwendet werden dafür meist natürliche Erdfarbstoffe wie roter und gelber Ocker, Holzkohle und weißer Pfeifenton, als Pinsel dienen zerkaute Zweige, Federn und Menschenhaar. Ocker wurde früher als wertvolles Handelsgut aus oft weit entfernten Minen geholt.

Die eindrucksvollsten Schnitzkunstwerke findet man bei den Tiwi auf den Darwin vorgelagerten Melville- und Bathurst-Inseln. Die Tiwi schnitzen Vogel- und Geisterfiguren auf Begräbnispfähle. In anderen Regionen findet man neben Tierdarstellungen auch geometrische Muster auf Bumerangs und Coolamun-Schalen. Die Einwohner von Yirrkala (Arnhem Land) sind für ihre Bienenwachskunst

(Kamoukorugi) und die zentralaustralischen Pitjantjara für ihre Holztiere bekannt, während die Mowanjum (Westaustralien) Emu-Eier und Baobab-Nüsse bemalen.

Die wichtigsten aus Fasern hergestellten Gegenstände sind die zeremoniellen Rangas und heilige Embleme. In einigen Gegenden werden kunstvolle, bis fünf Meter hohe Fasergebilde, die sogenannten Woniga, hergestellt, die man bei Feiern auf den Schultern oder als Kopfschmuck trägt. Aus getrocknetem Gras fertigen die Aborigines Matten, Taschen und Körbe.

Ebenso wie die bildenden Künste haben auch der Tanz (Korrobori) und die Musik ihren Ursprung in religiösen Riten. Die meisten Tänzer imitieren Tiere oder Totemvorfahren. Ein Chor singt dabei uralte, mündlich überlieferte Verse, die die Geschichte des Volkes oder des Clans erzählen. Manche Völker in Arnhemland und in Zentralaustralien besitzen einen Schatz von Tausenden von Versen. Die Lieder oder Chöre werden begleitet von Musikstöcken und Trommeln wie der bis zu 2 m langen Urbar (eine Baumtrommel) oder im Norden von der Yidangi (populär Didjeridu), einer bis zu 3 m langen Holztrompete. Neben rituellen Tänzen kennen die australischen Ureinwohner auch ›Gesellschaftstänze‹, die dem Vergnügen dienen. Sie werden bei geselligen Zusammenkünften aufgeführt und von lustigen Liedern untermalt. Berühmt sind die Gesänge der zentralaustralischen Warramunge. In jüngster Zeit haben sich die Tänzer von der Mornington-Insel, das Aboriginal and Islander Dance Theatre, das National Black Theatre (Sydney) sowie die Ballett-Tänzer David Gulpilil und Roslyn Watson auch außerhalb Australiens einen Namen gemacht. Aus Australien stammt auch die dunkelhäutige Sängerin Marcia Hines.

Die uralte orale Tradition der eingeborenen Australier – es gibt u. a. Legenden, in denen der Ausbruch von Vulkanen vor ca. 20 000 Jahren geschildert wird! – setzen heute Dichter und Schriftsteller wie Kath Walker (›The Dawn is at Hand‹) und Goobalathaldin (Dick Roughsey) mit seinen Märchen und Erzählungen (›The Rainbow Serpent‹ und ›Moon and Rainbow‹) fort. In jüngster Zeit sind die ›zornigen jungen Männer und Frauen‹ wie Hannah Middleton und Kevin Gilbert mit sozialkritischen Werken in den Vordergrund getreten.

Tanz, bei dem ein Vogel imitiert wird

Korrobori-Tanz

Aborigines-Legenden

Eine der schönsten Legenden der australischen Eingeborenen erzählt, wie die Tiere nach Australien kamen. Danach hatten Vögel auf ihren Erkundungsflügen den Fünften Kontinent entdeckt und nach ihrer Rückkehr den anderen Tieren begeistert von der großen Insel erzählt: »Dort gibt es weite Ebenen, große Wälder, Gebirge, Seen, Flüsse und Steinwüsten. In dem Land ist Platz für jedes Tier: Es gibt Bäume für Possums und Koalas, Wüsten- und Grasländer für Känguruhs und Wallabies, weiche Erde zum Eingraben für Wombats und Flüsse für Schnabeltiere.« Da veranstalteten die Tiere ein Korrobori (Versammlung), auf dem beschlossen wurde, in das neue Land auszuwandern. Es gab nur ein Problem: Wie kam man dorthin? Die Tiere besaßen nämlich keine Kanus und konnten auch nicht fliegen wie die Vögel. Da erinnerte sich das Possum an

den Wal, der ein großes Kanu hatte, in dem alle Tiere Platz finden konnten. Aber der Wal lehnte ab. Er liebte seine Mittiere nicht, da sie, um zu atmen, nicht immer an die Wasseroberfläche kommen mußten wie er. Da hatte der Seestern eine Idee. Er überredete den Wal, sich hinzulegen, damit er ihm die Entenmuscheln von der Haut abkratzen könne. Der Wal fühlte sich dabei so wohl, daß er einschlief. Daraufhin nahmen die Tiere sein Kanu und paddelten davon. Als der Wal aufwachte und sein Kanu vermißte, wurde er sehr ärgerlich. Er nahm den Seestern und zerriß ihn (deshalb sieht dieses Tier heute so zerzaust aus). Dann verfolgte er die Tiere. Der Koala aber paddelte schneller, so daß das Kanu kurz vor dem Wal am IllawarraSee (bei Wollongong, New South Wales) ankam. Rasch verteilten sich die Tiere auf dem Kontinent. Noch heute versucht der Wal, die Tiere zu erreichen, indem er ständig an der Küste entlangschwimmt.

Die weißen Einwanderer

Die ersten weißen ›Pioniere‹ kamen am 18.1.1788 mit elf Schiffen der sogenannten ›First Fleet‹ unter der Führung von Captain Arthur Phillip an die Botany Bay. Bis 1867 sollten mehr als 160000 Sträflinge aus Großbritannien folgen, die meisten wegen schwerer Verbrechen verurteilt. Ab Ende des 18. Jahrhunderts ließen sich auch freie Siedler in Australien nieder, und als um 1850 Gold gefunden wurde, strömten zahlreiche Abenteurer aus aller Welt ins Land, darunter auch viele Chinesen (zunächst als Arbeiter angeworbene, später auch freie Siedler). Ende des 19. Jhs. litt Australien dann unter einer Rezession; viele weiße Goldgräber und besonders die Gewerkschaften protestierten nun gegen die Einwanderung von Nichteuropäern. Als Folge trat 1901 die ›White Australia Policy‹ in Kraft. Bis zum Zweiten Weltkrieg kamen aber nur kleinere neue Einwanderergruppen aus Europa. Im Zweiten Weltkrieg mußten die Australier mit Schrecken feststellen, daß sie sich mit ihrer geringen Bevölkerungszahl gegen einen Gegner wie Japan nicht ohne fremde Hilfe behaupten konnten. Deshalb hieß gleich nach dem Krieg die Parole ›Bevölkern oder untergehen‹. Die Regierung verabschiedete ein Einwanderungsprogramm, durch das bis 1980 mehr als 3,5 Millionen Neubürger mit 90 verschiedenen Sprachen ins Land gebracht wurden (die ersten waren übrigens 18000 italienische Kriegsgefangene). Die meisten der Neubürger kamen aus Großbritannien (900000), Osteuropa, Italien, den Niederlanden (darunter viele aus dem seit 1948 unabhängigen Indonesien), Deutschland (etwa 500000 Australier haben deutsche Vorfahren), Skandinavien und Griechenland. In den letzten Jahren folgten auch Türken, Malteser, Jugoslawen und Libanesen. 1966 lockerte die damalige konservativ-liberale Regierung die Einwanderungsbestimmungen für Nichteuropäer, so daß bis 1982 rund 100000 Asiaten (Inder, Ceylonesen, Anglo-Burmesen, Vietnamesen, Kambodschaner, Laoten, Chinesen) ins Land kamen. Allerdings schränkte die neue ALP-Regierung angesichts der Wirtschaftskrise im Mai 1983 nicht nur die Einwanderung weißer, sondern auch asiatischer Neubürger drastisch ein. Nur noch 80000 bis 90000 Neubürger jährlich aus acht (vorher 53) Berufsgruppen (darunter Konditoren und Computerfachleute) sind willkommen (1970 kamen noch 185000), die Bevorzugung von wohlhabenden Rentnern bei der Einwanderung wurde abgeschafft. Vielen weißen Australiern sind die ›Reffos‹ unheimlich, denn diese arbeiten meist sehr hart und bringen es häufig nach kurzer Zeit zu etwas (Einwandererhaushalte haben durchschnittlich 10% mehr Geld zur Verfügung als geborene Australier).

Die Kultur der weißen Australier

Architektur

Bis in die 50er Jahre unseres Jahrhunderts war die australische Architektur durch europäische Baustile (Neogotik, Neoklassizismus) geprägt. Markante Bauwerke dieser Stilepochen sind u. a. die St. Andrew's Cathedral und die Universität in Sydney sowie die St. Peter's Cathedral und das Parlamentsgebäude in Adelaide. In den 1920er Jahren entstand die Sydney Harbour Bridge, eines der Wahrzeichen Australiens. Einen eigenständigen australischen Charakter zeigen die Häuser von Sydney, Melbourne, Adelaide und Brisbane mit ihren gußeisernen Verzierungen und umlaufenden Balkonen. Der Österreicher Harry Seidler schuf dann mit dem Olympia-Stadion von Melbourne (1956) und

41

Szenen aus dem Leben der weißen Australier: im Pub (links und oben), Wandmalerei an der Sydney Harbour Bridge (unten links), bei einem Gesangswettbewerb in Brisbane (linke Seite unten und oben Mitte), Pferdezüchter (unten)

43

dem Australia Square von Sydney einen inzwischen für weite Teile des Landes vorbildlichen Stil. Das wohl bekannteste australische Bauwerk ist das von dem Dänen Jörn Utzon begonnene und 1973 von drei australischen Architekten fertiggestellte Sydney Opera House, eigentlich ein Kunstzentrum.

einen international anerkannten Platz verschafft. Zu den bekanntesten Dichtern dieses Genres gehört Nancy Sheppart, die u. a. ›Alitjinya Ngura Tjukurtjarangka‹ (Alitji in der Traumzeit) schrieb, eine Umformung von ›Alice im Wunderland‹ in der Sprache der Pitjantjara (mit englischer Übersetzung).

Bildende Künste

Lange Zeit orientierten sich die australischen Künstler am Mutterland Großbritannien. Der erste bedeutende weiße Maler des Landes war Conrad Martens (1818–78), der erste Landschaftsmaler Sir Hans Heysen. Bekannte australische Maler sind ferner Russell Drysdale (geb. 1912), Sidney Nolan (geb. 1917), Arthur Boyd (geb. 1920) und Albert Tucker (geb. 1914).

Literatur

Auch in der Literatur wirkte das britische Mutterland bis in unsere Tage als Vorbild, nur allmählich gingen die Dichter des Fünften Kontinents eigene Wege. Der erste bedeutende Dichter war Henry Kendall (1841–82) mit seinen ›Songs from the Mountain‹. Bekannt sind ferner Andres Barton (›Banjo‹) Paterson (1864–1914) mit den Balladen ›Waltzing Matilda‹ (vgl. S. 303) und ›The Man from Snowy River‹ sowie Henry Handel Richardson (1870–1964) mit den Romanen ›Australia Felix‹ und ›Ultima Thule‹. Für seine Romane ›Voss‹ und ›Zur Ruhe kam der Baum des Menschen nie‹ erhielt Patrick Victor Martindale White den Literatur-Nobelpreis. Einen Namen machten sich ferner Morris West (geb. 1916), John Cleary und Arthur Upfields. Der Dichter A. D. Hope wurde von der ›New York Times‹ als einer der bedeutendsten konservativen Poeten der englischen Sprache in unserem Jahrhundert bezeichnet. Auch die australische Kinderliteratur hat sich

Theater

Australien kennt seit Mitte des 19. Jhs. ein reges Theaterleben. Heute gibt es mehr als 30 ›Little Theatres‹ (Theatergruppen) und feste Ensembles in den Staatshauptstädten. Neben dem Opera House (Sydney) und dem Festival Theatre (Adelaide) entstand 1982 als drittes großes Theaterzentrum, das Victorian Arts Centre in Melbourne. Weltweite Beachtung findet das ›Adelaide Festival‹ (alle zwei Jahre). Zu den bekanntesten Bühnenautoren Australiens gehören Patrick White (›The Ham Funeral‹), Ray Lawler (›The Summer of the Seventeenth Doll‹) und David Williamson (›The Club‹).

Ballett: Unter der Leitung des Choreographen Sir Robert Helpman und der Holländerin Peggy van Praag ist die Australian Ballet Company weltberühmt geworden. Helpman war lange am Royal Ballet of London (Covent Garden), wo ein Viertel der Tänzer in den 70er Jahren aus Australien stammte. Jüngst machte sich auch der Choreograph Rex Reid mit seinem auf Eingeborenentänzen basierenden Ballett ›Corroboree‹ einen Namen.

Film

Australien kann sich rühmen, die frühesten beweglichen Bilder hergestellt zu haben. Als erster Film wurde 1896 ›Melbourne Cup‹ produziert, ein Jahr später folgte ›Early Christian Martyrs‹, 1904 der Buschräuberfilm ›John Vane‹, danach in rascher Folge mehr als 200 Stummfilme. In den 20er Jahren überwogen anti-asiatische Streifen wie ›The Birth of White Australia‹ (1928). Bekannte australische Filme der letzten 20 Jahre sind u. a. ›Picnic at Hanging Rock‹, ›The Last Wave‹ und ›Ned Kelly‹ (Hauptrolle: Mick Jagger). Der Autokult der weißen Australier wurde von George Miller in den Filmen ›Mad Max‹ (I und II) dargestellt. 1982 und 1983 konnte man Peter Weirs preisgekrönte Filme ›Ein Jahr in der Hölle‹ und ›Gallipoli‹ auch in Deutschland sehen. Zu den wichtigsten Streifen der letzten Jahre zählen ›Edge of the City‹ von dem eingeborenen Regisseur Robert Merritt und ›Women of the Sun‹ von Bob Weis, die das Leben der Eingeborenen in der weißen Apartheid-Gesellschaft Australien schildern. Der Hollywood-Schauspieler Erroll Flynn stammt übrigens aus Tasmanien.

Musik

Berühmte Sängerinnen und Sänger Australiens sind u. a. die Koloratursopranistin Dame Nellie Melba (1861–1931), die Sopranistin Joan Sutherland (geb. 1928) und Harold Williams, bekannte Komponisten Phillip Deane (1796–1849), Vincent Nallace, Arthur Benjamin (1893–1960), Percy Grainger (1882–1961) und Peter Sculthorpe. Auch australische Pop-Stars wie die Bee Gees, AC/DC, Man at Work und Marcia Hines, die ›First Lady of Song‹, haben sich international einen Namen gemacht.

Ein architektonisches Meisterwerk: das Sydney Opera House

Geschichte

Vor- und Frühgeschichte

Bis vor wenigen Jahren nahm man an, daß die ersten Australier vor 40 000 bis 100 000 Jahren über eine Landbrücke aus Indonesien und Neuguinea eingewandert seien (vor gar nicht allzu langer Zeit sprach man sogar von nur 10 000 Jahren). Diese Theorie ist 1982 ins Wanken geraten. Nach Allan Wilson und Becky Cann (Institute of Human Origins, Berkeley University, USA) sollen die ersten Einwanderer, Nachfahren des ›Pekingmenschen‹, bereits vor 200 000–400 000 Jahren über das offene Meer aus China gekommen sein! Wie John Gribbin und Jeremy Cherfas (›The Monkey Puzzle‹, 1982) darlegen, soll sich in Australien aus diesem Zweig des Homo erectus der Homo sapiens entwickelt und von hier aus vor etwa 50 000 bis 100 000 Jahren über die Erde verbreitet haben (es gibt allerdings auch zahlreiche andere Vermutungen über den ›Geburtsort‹ des Homo sapiens). Genährt werden diese Theorien von sensationellen Skelettfunden. So entdeckte der Geologe Jim Bowler 1969 am Lake Mungo die sterblichen Überreste der grazilen ›Miss Lake Mungo‹, die vor etwa 30 000 Jahren eingeäschert wurde (es handelt sich dabei um die bisher älteste bekannte Einäscherung), und Graeme Pretty (Adelaide) fand vor einigen Jahren in Roonka 180 Gräber auf einem seit über 18 000 Jahren bis in die jüngste Zeit genutzten Friedhof. Die Grabbeigaben (u. a.

Ocker) dieses vermutlich ältesten ›modernen‹ Friedhofes weisen auf eine sehr statusbewußte Gesellschaft hin. Die Menschengruppe, die in der Eiszeit am weitesten nach Süden vorstieß, war die der Tasmanier. In zwei Wohnhöhlen am Franklin-Gordon-Flußsystem im Südwesten der Insel fand man zwischen 1981 und 1983 bis zu 25 000 Jahre alte Siedlungsspuren.

Die ersten Entdecker

Chinesen, Juden, Araber, Inder und Malayen wußten schon früh von der Existenz eines Südkontinents. Chinesische Seeleute sollen auf der Suche nach Lebenselixieren zwischen 592 v. Chr. und 1432 n. Chr. zahlreiche Fahrten nach Australien unternommen haben (Münzfunde und chinesische Weltkarten legen dies nahe), wobei ihnen vielleicht auch die erste Umseglung des Kontinents gelang (1520). Durch sie sollen auch Känguruhs und Bumerangs nach China gelangt sein. Erste Kontakte der Araber mit Australien gab es möglicherweise schon im 11. Jh. (oder sogar früher), und im 15. Jh., als sich zahlreiche arabische und jüdische Händler auf den indonesischen Inseln niedergelassen hatten, durchstreiften ihre Dhaus wohl öfters die hiesigen Gewässer. Zwischen 900 und 1900 kamen auch regelmäßig malayische Prahus und Kora-Kora-Flotten aus Makassar zum Trepangfischen ins Land Marege (Arnhem Land).

Die Kolonisierung Australiens

Die europäischen Entdecker

Lange bevor James Cook die Ostküste Australiens bereiste, hatten bereits andere Europäer den Kontinent gesehen und betreten. Der erste, der dies behauptete, war der Italiener Ludovico di Varthema aus Bologna, der u. a. als erster Nicht-Moslem Mekka besuchte. Er will 1506 von den Molukken aus den Südkontinent besucht haben. Ab 1512 befuhren dann portugiesische Schiffe die Gewässer um die begehrten Gewürzinseln (Molukken), wobei sie von den Insulanern, mit denen sie Handel trieben, zweifellos von der Existenz des großen Landes im Süden erfuhren. 1522 sah Admiral Cristóvao de Mendonça wahrscheinlich die australische Ostküste, 1525 fuhr Gomez de Sequeira durch die Torres Strait und landete auf der Insel Mabuiag, 1536 verzeichneten die wohl nach portugiesischen Unterlagen erstellten französischen ›Dieppe-Karten‹ bereits den Nordosten Australiens sowie die Botany Bay und das heutige Cooktown. Verschiedene weitere Fahrten folgten, u. a. 1606 die von Luis Vaez de Torres und Diego de Prado y Tovar durch die Torres Strait.

Den Portugiesen folgten die Holländer. Der erste Nachfahre der Meergeusen, der Australien erreichte, war Wilhelm Janszoon. Er betrat im März 1606 ein Vorland (Kap Keer Weer auf der Cape-York-Halbinsel), wurde jedoch von den Eingeborenen vertrieben. 1602 wurde die Vereenigde

Französische Australienkarte von 1756

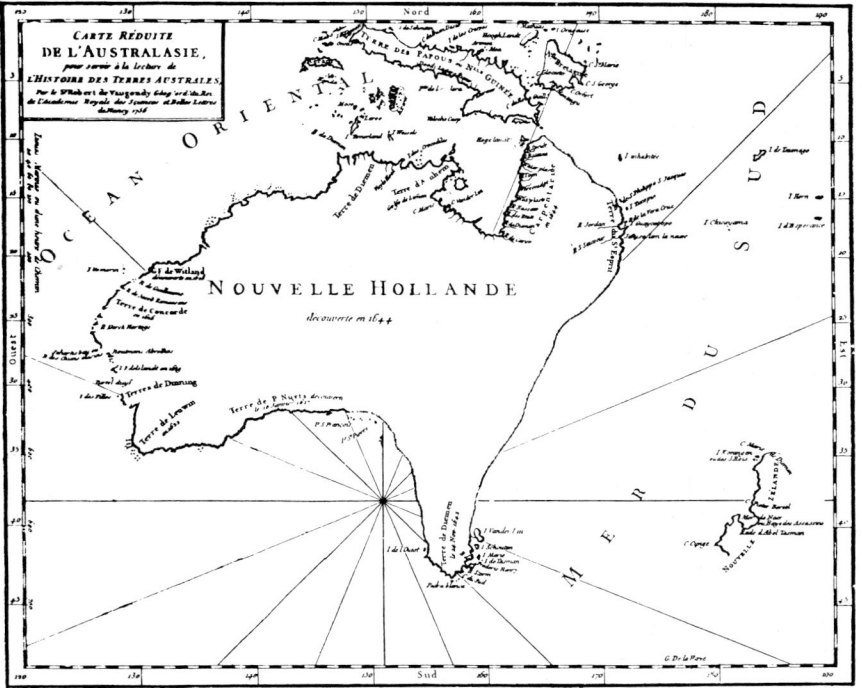

Oost-Indische Compagnie gegründet, die den Portugiesen den Handel mit den Molukken entriß. Zunächst fuhren die Schiffe der Gesellschaft auf einer nördlich an Australien vorbeiführenden Route nach Inselindien, nachdem man aber 1611 herausgefunden hatte, daß man auf einem Südkurs am 40. Breitengrad mit der Westwind-Drift schneller vorankam (die Zeitersparnis betrug bis zu acht Monate), stießen die Holländer verschiedentlich auf die bis 1802 als Nova Hollandia (Nieuw Holland) bekannte westaustralische Küste (1616 landete etwa Dirk Hartog an der Shark Bay). Die erhofften Handelspartner fanden sie jedoch nicht; viele von ihnen strandeten wie vorher bereits manche Portugiesen an den Abrolhos-Riffen. 1642 entdeckte Abel Janszoon Tasman das von ihm Antoony von Diemens Landt genannte heutige Tasmanien, 1697 erreichte Willem de Vlamingh den Swan River beim heutigen Perth.

Der erste Engländer in australischen Gewässern war 1622 Kapitän Brooke mit der ›Tryal‹, der vor den Montebello-Inseln (Westaustralien) strandete. 1688 und 1699 besuchte der Freibeuter William Dampier die westaustralische Küste. Seine Beschreibung der australischen Eingeborenen als »die miserabelsten und abscheulichsten Menschen, die wie Tiere leben« wird heute noch gerne von australischen Rassisten zitiert. (Jonathan Swift verarbeitete Dampiers Erlebnisse in den Kimberleys 1726 satirisch in seinen ›Gullivers Reisen‹.) 1767 durchfuhr der Franzose Louis Antoine de Bougainville das Great Barrier Reef.

Die Entdeckungsreise von James Cook

Der am 27. 10. 1728 im englischen Yorkshire geborene englische Marineleutnant (Kapitän wurde er erst später) James Cook wird in Australien als der Entdecker des Fünften Kontinents verehrt, obgleich er nur der letzte in einer langen Reihe war. Cook erreichte am 28. 4. 1770 mit der Bark ›Endeavour‹ die Botany Bay. Er war im Besitz portugiesischer und spanischer Unterlagen und wußte zweifellos auch von der Existenz der französischen Dieppe-Karten. Als Cook nämlich auf einem Riff strandete, fuhr er entgegen aller seemännischen Praxis in angeblich unbekannte Gewässer und ›entdeckte‹ dabei den Endeavour River beim heutigen Cooktown, der auf der betreffenden Karte eingezeichnet ist. Der Lieutenant-in-Command (so Cooks offizieller Titel) drückte gegenüber dem mitreisenden Joseph Banks sein Erstaunen darüber aus, daß »die Bucht so klein ist, viel kleiner, als ich erwartet habe«. Am 22. 8. 1770 um 18 Uhr ergriff Cook auf der Insel Tuined (Possession Island) vor dem Cape York Besitz von dem ›spanischen Sektor des Kontinents‹ (mit Spanien lag Großbritannien damals im Krieg) und nannte das Land New South Wales. Verträge mit den Eingeborenen wurden – anders als in Cooks Anweisungen vorgesehen – übrigens nicht ausgehandelt.

James Cook, der in Australien als Entdecker des Fünften Kontinents verehrt wird

Arthur Phillip läßt am 26. 1. 1788 in der Sydney Cove die britische Flagge hissen

Arthur Phillip und die ersten europäischen Siedlungen

Nachdem Großbritannien den Verlust der 13 amerikanischen Kolonien 1783 anerkannt hatte, mußten sich die Briten nach einem neuen Exil für die zunehmende Zahl von Sträflingen umsehen. Bis zur ›Boston Tea Party‹ (1773) waren insgesamt 120 000 Verbrecher nach Maryland, Georgia und Virginia an Landbesitzer verkauft worden. Nun bevölkerten die Sträflinge verrottete Schiffe in den englischen Flußmündungen und stellten eine stetige Gefahr für die Anliegersiedlungen dar. Da Banks und der Amerikaner Mantra die australische Botany Bay als idealen Platz für eine Sträflingskolonie gelobt hatten und man zudem die Gefahr einer französischen Annexion von New South Wales fürchtete, beschloß der Innenminister Lord Sydney, die Gefangenen dorthin zu schicken. Am 13. 5. 1787 verließ die First Fleet unter dem Kommando des Captain General Arthur Phillip mit ihren elf Schiffen England. An Bord befanden sich 1487 Personen, darunter 759 Sträflinge (davon 188 Frauen) und 13 Sträflingskinder. Am 18. 1. 1788 erreichten sie die Botany Bay. Dank der Umsicht Phillips waren unterwegs nur 32 Personen gestorben (auf der zweiten und dritten Flotte überstiegen die Verluste jeweils mehr als 25%). Da sich die Botany Bay als ungeeignet für eine Ansiedlung erwies (es fehlte u. a. an Trinkwasser), fuhr die Flotte weiter gen Norden und entdeckte dabei die Einfahrt in den Naturhafen Port Jackson, wo sie in der zu Ehren des britischen Innenministers ›Sydney Cove‹ genannten Bucht vor Anker ging. Neben den Besatzungsmitgliedern, Soldaten und Sträflingen verließen ein Bulle, vier Kühe, drei Ziegen, ein Kalb, sieben Pferde, 44 Schafe sowie fünf Kaninchen die Schiffe. Nun ging man daran, eine Siedlung (das spätere Sydney) zu errichten. Die ersten Jahre waren hart, da die städtischen Sträflinge weder landwirtschaftliche

Kenntnisse noch besonderes Interesse an schwerer Arbeit hatten. Allmählich gelang es Phillip, dem ›Vater der weißen Australier‹, Ordnung in das Chaos zu bringen. Als er am 11. 12. 1792 die Kolonie aus Gesundheitsgründen verließ, hinterließ er ein wohlgeordnetes Gemeindewesen.

Nach Phillips Abreise begann in der Sträflingskolonie die Herrschaft des 300 Mann starken New South Wales Corps unter Major Francis Grose, das bald nur noch unter dem Namen ›Rum Corps‹ bekannt war. Die Offiziere kontrollierten nämlich den Handel, bei dem Rum als Währung fungierte. Sie teilten sich die den Eingeborenen gestohlenen Ländereien zu und beraubten freie Siedler. Einer ihrer Rädelsführer war Captain John Macarthur, der Regiments-Schatzmeister, den ein Zeitgenosse als »scharf wie ein Rasiermesser und raubgierig wie ein Hai« beschrieb (er wird oft fälschlich als ›Vater der australischen Schafzucht‹ bezeichnet). Die Gouverneure Hunter, King und Bligh wurden mit dem ›Rum Corps‹ nicht fertig; erst Generalmajor Lachlan Macquarie konnte 1809 das Corps auflösen und für Ordnung sorgen. Er gab entlassenen Häftlingen (den ›Emancipists‹) das Bürgerrecht, proklamierte aber gleichzeitig den Mord an Eingeborenen. Zwischen 1820 und 1836 gründete man aus Furcht vor französischen, holländischen und amerikanischen Interventionen an allen Küsten des Kontinents Siedlungen, der Zustrom von Sträflingen hielt an (bis 1868 sollten es 160 633 sein, darunter nur sehr wenige politische Häftlinge). Es gab übrigens damals Pläne, das Nordterritorium an Japan zu verkaufen (vgl. S. 235).

Die Erforschung des Binnenlandes

Der erste Weiße, der die nähere Umgebung von Sydney erforschte, war Gouverneur Phillip. Es dauerte aber bis 1813, ehe der Übergang über die Barriere der Blue

Die ›Sirius‹, Flaggschiff der First Fleet

Mountains westlich der Stadt gelang und das Hinterland für die Besiedlung geöffnet wurde. Bis 1841 waren auch Victoria, Südaustralien sowie Teile von Queensland erkundet, 1844–45 gelang dem Preußen Ludwig Leichhardt als erstem Weißen die Durchquerung Australiens von Süd nach Nord (bei dem Versuch einer Ost-West-Durchquerung verschwand er 1848 spurlos). 1860 erreichte John McDouall Stuart das Zentrum des Kontinents. Teile der übrigen Regionen, insbesondere in Zentralaustralien, zählten noch bis in die 30er Jahre dieses Jahrhunderts zu den weißen Flecken auf der Landkarte.

Die Zeit des ›Goldrush‹

Zwischen der Ankunft der Ersten Flotte (1788) und 1850 kamen neben den Sträflingen und ihren Bewachern nur wenige freie

rausches die Arbeit. Schäfer verließen ihre Herden, Hauspersonal ließ Betten und Kochtöpfe im Stich, Beamte warfen die Federhalter hin und liefen zu den ›Diggings‹. Die meisten blieben jedoch arm, nur wenige machten ihr Glück. Zu Wohlstand gelangten auch viele Chinesen (mehr als 40 000, darunter nur sechs Frauen, waren ins Land gekommen), da sie oft genügsamer und fleißiger waren als die Weißen. Aus Neid wurden viele von ihnen ermordet, ohne daß man die Schul-

GOLD DIGGINGS AT OPHIR.

Goldgräbercamp Mitte des 19. Jhs.

Siedler (zwischen 1792 und 1810 gerade 700). Das änderte sich schlagartig, als Edward Hargraves am 22. 2. 1851 bei Orange (New South Wales) und wenig später ein englischer Angler bei Bendigo (Victoria) Gold entdeckten. Innerhalb von zehn Jahren wuchs nun die Bevölkerung Australiens von 405 000 auf 1 154 000 Köpfe an. Diesem Ansturm waren die Behörden nicht gewachsen. Sie stellten neue Militäreinheiten auf, um die Kriminalität im ›Wilden Westen und Süden‹ Australiens unter Kontrolle zu bekommen. Zur Finanzierung wurde eine Steuer von 30 Schilling im Monat für Schürflizenzen erhoben. Wer nicht zahlte, wurde vertrieben (die Jagd auf illegale Goldsucher nannte man ›Digger Hunt‹). Am 29. 11. 1854 kam es zu einem Aufstand zahlreicher Goldgräber gegen die Steuer, der jedoch nach vier Tagen niedergeschlagen wurde (vgl. S. 139). Überall im Lande ruhte zur Zeit des Gold-

digen vor Gericht stellte. Der Chinesenhaß mündete schließlich in der ›White Australia Policy‹ (vgl. S. 41). Leidtragende des Goldrausches waren auch die Eingeborenen: Um 1840 lebten 15 500 Aborigines in Victoria, 1861 nur noch 2341! Am Goldrausch verdienten auch Verbrecher, die, wie etwa die Familie des Ned Kelly, die Cobb & Co-Kutschen überfielen und sogar ganze Siedlungen in ihre Gewalt brachten. Jeder, der ihnen Widerstand entgegensetzte, wurde erschossen. Das hinderte Dichter allerdings nicht daran, diese ›Heldentaten‹ der ›Wild Colonial Boys‹ in Balladen zu verherrlichen. Die Charakterisierung ›Game as Kelly‹ (mutig wie Kelly) ist noch heute das größte Lob für einen Australier.

Als das leicht zugängliche Gold abgebaut war, erlosch auch das Interesse der meisten ›Digger‹. Viele zog es nach Klondyke (Alaska) und zu anderen Goldfeldern. Zwischen 1851 und 1871 hatte man in Australien Gold im Werte von heute umgerechnet mehr als 21 Milliarden A$ gefördert. Neue Funde wie vor allem der von Coolgardie und Kalgoorlie (1892/93) führten zu einem neuen Goldrausch, der jedoch ebenfalls rasch wieder verebbte. Die ›Digger‹ hinterließen zahlreiche leerstehende ›Ghost Towns‹ und verwüstete, umgepflügte Landschaften, nur wenige siedelten sich als Bauern an.

Das moderne Australien

Australien als Commonwealth

Die australischen Kolonien, die aus der ›Mutterkolonie‹ New South Wales hervorgegangen waren, orientierten sich lange Zeit mehr nach London als zueinander hin. Erst ab 1893, als Australien eine schwere Rezession durchlebte, wuchs das Interesse an der Gründung eines einheitlichen Staatsgebildes. Zwar stimmten 1899 in einem Referendum nur 43% der Wahlberechtigten für die Bildung eines Commonwealth, doch am 9. 7. 1900 schloß die Regierung in London die sechs Kolonien zusammen. Am 1. 1. 1901 erblickte das Federal Commonwealth of Australia offiziell das Licht der Welt.

Australien im Ersten Weltkrieg

Bei Ausbruch des Ersten Weltkriegs griff Australien auf der Seite Großbritanniens zu den Waffen. Es war sogar noch schneller: Noch vor der offiziellen Kriegserklärung beschoß die Küstenbatterie von Sorrento bei Melbourne den unbewaffneten Hapag-Frachter ›Pfalz‹. Die ersten vier australischen Soldaten starben am 11. 9. 1914 im damaligen Deutsch-Neuguinea gegen eine von deutschen Offizieren geführte papuanische Schutztruppe. Am 25. 4. 1915 landete das Australian and New Zealand Army Corps (ANZAC) in Gaba Tepe (Anzac Cove) bei Gallipoli an den türkischen Dardanellen. In acht Monaten verloren sie dort 71 818 Mann. An ihre vernichtende Niederlage erinnert alljährlich der ›Anzac Day‹ (25. 4.). Erfolgreicher als die Gallipoli-Anzacs war General John Monash. Die von ihm geführte alliierte Offensive an der Westfront, in der erstmals in großem Maßstab Panzer eingesetzt wurden, führte zum kriegsentscheidenden ›Schwarzen Freitag‹ (8. 8. 1918) an der Hindenburg-Linie. Als Kriegsbeute erhielt Australien Deutsch-Neuguinea.

Australien zwischen den Kriegen

Bis 1929 entwickelten sich Landwirtschaft und Industrie sehr zufriedenstellend, dann jedoch brach die Weltwirtschaftskrise auch über Australien herein. Zwischen 1929 und 1932 sank das Nationaleinkommen um 30%, es herrschte große Arbeitslosigkeit. 1931 erklärte die in London tagende Imperial Conference Australien zum souveränen Staat (das sogenannte Westminster Status wurde allerdings erst 1942 von Canberra ratifiziert). Bis 1932 regierte die ALP, dann kam die United Australian Party (Nachfolgerin: Liberal Party) unter Robert G. Menzies ans Ruder. 1938 verhängte Menzies gegen Japan ein totales Eisen- und Mangan-Embargo – wie die amerikanischen Boykottmaßnahmen sicherlich einer der Gründe für den Kriegseintritt Japans, das sich nun die dringend benötigten Rohstoffe gewaltsam besorgte.

Australien im Zweiten Weltkrieg

Am 3. 9. 1939 erklärte Australien dem Deutschen Reich den Krieg. Australische Truppen kämpften bald in Europa, Nordafrika und Malaya, wobei vor allem die von Monash ausgebildeten ›Tobruk Rats‹

in Nordafrika zu Ruhm gelangten. Weniger erfolgreich zeigte sich der Kommandeur der Australian Imperial Force in Malaya, der hinter dem Rücken des britischen Oberbefehlshabers den Rückzug seiner Truppen vor den Japanern ankündigte. Ergebnis: An der Front herrschte Chaos, viele Australier und Briten gerieten in die Gefangenschaft der japanischen Eroberer Singapurs. Bald darauf bombardierten die Japaner Darwin, die Fähre ›Kuttabul‹ (20 Tote) und den Sydneyer Vorort Rose Bay. Auf ihrem Vormarsch gegen Port Moresby (Neuguinea) trieben sie die schlecht ausgebildeten australischen Truppen wie Schafe vor sich her. Die ALP-Regierung (seit 1941 im Amt) bereitete sich bereits auf einen Rückzug auf die Linie Brisbane–Melbourne vor, gegen den Willen Churchills wurden die ›Tobruk Rats‹ aus Afrika heimgeholt und Bewohner aus dem tropischen Norden evakuiert. Erst dem US-General Douglas MacArthur gelang es, die Wende herbeizuführen. In der ›Battle of the Coral Sea‹ vernichteten amerikanische Flugzeuge große Teile der japanischen Flotte, US-Truppen stoppten dann an der Imieta Range (vier Wegstunden vor Port Moresby) zusammen mit den ›Tobruk Rats‹ den japanischen Vormarsch. (Die 900 Aborigines, vor allem Torres Strait Islanders, die für Australien gekämpft hatten, erhielten übrigens nur halben Sold).

Australien seit 1945

Die wichtigste Erfahrung, die Australien im Zweiten Weltkrieg gemacht hatte, war das Bewußtsein seiner zu geringen Einwohnerzahl. Parolen wie ›Asia ante Portas‹ erwachten zu neuem Leben. Unter dem ›Assisted Migrant Scheme‹ wurden nun Hunderttausende von Einwanderern aus Europa geholt (von 1948 bis 1972 wuchs die Bevölkerung von 7,9 auf 11,5 Millionen!). Bis 1949 blieb die Labour Party im Amt, dann wurde Menzies wiedergewählt, dessen Liberal Party bis 1972 regierte. In dieser Zeit erlebte das Land sein ›Wirtschaftswunder‹, das Nationaleinkommen stieg von 4,4 auf 20,8 Milliarden A$. Durch Pakte (ANZUS, SEATO) band sich Australien militärisch an den Westen; australische Soldaten kämpften im Korea- und im Vietnamkrieg sowie in Sarawak (Malaysia). Die Beziehungen zum Nachbarn Indonesien waren seit der Machtübernahme Sukarnos gespannt, besserten sich aber nach dessen Sturz (1963). Nachfolger des Premiers Menzies waren Harold Holt, der am 17. 12. 1967 beim Baden wahrscheinlich von einem Hai verschlungen wurde, John C. Gordon, der den Eingeborenen das Wahlrecht gab, und ab dem 9. 3. 1971 schließlich William (›Billy‹) Mac Mahon, der die ›White Australia Policy‹ lockerte.

Die Wahlen vom 2. 12. 1972 brachten nach 23 Jahren Opposition die ALP unter Edward Gough Whitlam an die Macht, der innerhalb eines Jahres 240 Reformgesetze durchsetzte und 1974 wiedergewählt wurde. Zahlreiche Skandale und eigenmächtige Handlungen machten ihn jedoch zunehmend unbeliebt. Als Whitlam sich schließlich weigerte, zurückzutreten oder Neuwahlen auszuschreiben, wurde er am 11. 11. 1975 von Generalgouverneur Sir John Kerr des Amtes enthoben. Die im Dezember folgenden Wahlen gewann die Liberal Party unter Malcolm Fraser mit überwältigender Mehrheit. Bis Mitte 1982 gelang es Fraser, den wirtschaftlichen Aufschwung weiterzuführen, dann jedoch erreichte die weltweite Rezession auch Australien. Arbeitslosigkeit und Inflation stiegen drastisch, ein Streik folgte dem anderen. Die Farmer stöhnten unter der größten Dürrekatastrophe seit 200 Jahren. Buschfeuer und Überschwemmungen verheerten weite Landstriche. Auch eine Reihe von Skandalen erschütterte das Land. Neben einem Ärzte-Betrugsskandal (›Medifraud‹) und einem Fleischskandal (statt hochwertiges Rindfleisch erhielt der Hauptimporteur USA minderwertiges

Fleisch von kranken Tieren oder Känguruhs) wurde Mitte 1982 eine Affäre aufgedeckt, die Watergate winzig erscheinen läßt. Sie erhielt den Namen ›Bottom-of-the-Harbour-Tax-Scandal‹ (wegen der Steuerhinterziehungen, die die Hauptrolle spielten). Darin verstrickt waren u. a. Politiker aller Parteien, Gewerkschaftler, Rauschgifthändler, Kronanwälte, angesehene Geschäftsleute, Polizisten, Bordell-Besitzer und Mädchenhändler. Besonders ›erfolgreich‹ arbeitete die Schiffsanstreicher- und Hafenarbeitergewerkschaft, die zwecks Steuerhinterziehung Scheinfirmen (bis zu 50 pro Mitglied!) gründete, einen Callgirl- und einen Rauschgiftring unterhielt und mindestens 39 Personen ermorden ließ.

Als Premierminister Fraser wegen des Skandals vorzeitig Neuwahlen ausschrieb, siegte die ALP am 6. 3. 1983 wider Erwarten unter ihrem neuen Vorsitzenden Robert ›Bob‹ James Lee Hawke, dem Ex-Präsidenten des Australian Council of Trade Unions (ACTU), der größten Gewerkschaft des Landes. Hawke (den das Guinness-Buch verewigte, weil er 1½ Maß Bier in zwölf Sekunden trank), tritt für eine neutralistische Politik ein, die auf Distanz zu den USA zielt. Innerhalb weniger Monate legte er zahlreiche Gesetzesänderungen und Verordnungen vor. So wurde eine Bill of Rights eingeführt (die u. a. erstmals Pressefreiheit garantiert), die Wahlperiode soll von drei auf vier Jahre verlängert werden und das Australian Capital Territory die Selbstverwaltung erhalten. Der Export von Uran wurde eingeschränkt bzw. (im Falle Frankreichs) unterbunden; Firmen sollen ihre Geschäftsbücher offenlegen, ein Krankenversicherungssystem (Medicare Scheme) ist vorgesehen. Die Regierung legte ferner ein Arbeitsbeschaffungsprogramm vor (Kosten: 6 Milliarden A$). Seit dem Wahlsieg der ALP wurden große Mengen ausländischen Kapitals aus Australien abgezogen.

Zeittafel

Bis 40 000 v. Chr.	Einwanderung der ersten Aborigines aus dem Norden (nach einer neuen Theorie kam der Homo erectus bereits vor 400 000–200 000 Jahren aus China, nach den bislang gängigen vor 40 000–100 000 Jahren).
38 000 v. Chr.	Knochenwerkzeuge am Devil's Lair (Südaustralien).
30 000 v. Chr.	Siedlungsspuren am Lake Mungo, am Kow Swamp und am Lake Nitchie; älteste Feuerbestattung der Erde (Lake Mungo).
25 000 v. Chr.	Südlichste Wohnhöhlen der Erde während der Eiszeit (Gordon River, Tasmanien).
22 000 v. Chr.	Älteste Feuersteinwerkzeuge (Oenpelli, Nordterritorium).
10 000 v. Chr.	Tasmanien trennt sich endgültig vom Festland ab; der Dingo kommt mit einer neuen Einwandererwelle nach Australien.
592 v. Chr.–1432 n. Chr.	Chinesische Berichte über Reisen nach Australien.
900 n. Chr.	Erste malayische Trepangfischer in australischen Gewässern.
1506	Der Italiener Ludovico di Varthema berichtet von einer Reise zum Südkontinent.
1512	Der Portugiese António d'Abreu in australischen Gewässern.
1521–24	Der Portugiese Cristóvao de Mendonça an der australischen Ostküste.
1606	Der Holländer Willem Janszoon erreicht das Kap Keer Weer (Queensland), der Portugiese Luiz de Torres durchfährt im Juni die Torres Strait.

1616	Der Holländer Dirk Hartog landet an der westaustralischen Küste.
1628	Die ersten Deutschen in Westaustralien.
1642	Der Holländer Abel Tasman entdeckt Tasmanien.
1688	Der englische Freibeuter Dampier landet in Westaustralien.
1768	Der französische Admiral Louis de Bougainville durchfährt das Great Barrier Reef.
1770	James Cook segelt an der Ostküste Australiens entlang und annektiert den Ostteil des Kontinents.
1788	Captain General Arthur Phillip landet mit den ersten Sträflingen in Sydney.
1802–1803	Captain Matthew Flinders umsegelt den Kontinent und gibt ihm den Namen ›Australien‹.
1813	Überwindung der Blue Mountains.
1828	Erste weiße Siedler in Victoria.
1829	Friedrich Bracker begründet mit sächsischen Schafen die australische Merinozucht.
1834	Die ›sträflingsfreie‹ Kolonie Südaustralien wird gegründet.
1835	Gründung von Melbourne.
1840	Stop der Sträflingstransporte nach New South Wales.
1844–1845	Erste Süd-Nord-Durchquerung Australiens durch Ludwig Leichhardt.
1850	Gründung der Kolonie Victoria.
1851	Beginn des Goldrausches in Victoria und New South Wales.
1860	Australier kämpfen gegen Maoris auf Neuseeland.
1868	Letzter Sträflingstransport nach Westaustralien.
1892–1893	Goldrausch von Coolgardie und Kalgoorlie (Westaustralien).
1899	Australische Truppen im Burenkrieg.
1901	Australien wird am 1. 1. offiziell Bundesstaat (erste Hauptstadt: Melbourne), Beginn der ›White Australia Policy‹.
1914–1918	Australische Freiwillige kämpfen im 1. Weltkrieg gegen die Mittelmächte.
1927	Canberra wird Bundeshauptstadt.
1939–1945	Australien nimmt am 2. Weltkrieg teil.
1945–1960	Der größte Einwanderungsboom Australiens bringt mehr als drei Millionen Neusiedler ins Land.
1950–1953	Australien nimmt am Korea-Krieg teil.
1951	ANZUS-Vertrag zwischen Australien, Neuseeland und den USA abgeschlossen.
1956	Olympische Spiele in Melbourne.
1962	Australien schickt Truppen nach Vietnam.
1963	Spannungen mit Indonesien wegen Irian Jaya (westliches Neuguinea).
1966–1967	White Australia Policy wird weitgehend aufgehoben; statt der Pfund-Währung wird die Dollar-Währung eingeführt.
1967	Eingeborene dürfen erstmals wählen und werden gezählt.
1970	Durchgehende Eisenbahnverbindung Sydney – Perth.
1972	Wahlsieg der Labour Party unter Gough Whitlam.
1975	Whitlam wird wegen Mißachtung der Verfassung entlassen; Wahlsieg der Liberal Party unter Malcolm Fraser.
1983	Wahlsieg der ALP unter Bob Hawke (März). Buschfeuer und Überschwemmungen in Victoria und Südaustralien (Februar/März) sowie im Nordterritorium, Queensland und Westaustralien (April/Mai).

Städte und Landschaften Australiens

New South Wales

Allgemeines

New South Wales (N.S.W.) ist der älteste (1788 gegründet) und bevölkerungsreichste Staat Australiens. Auf 801 428 km² (10,43% der Landesfläche) leben hier ca. 5 350 000 Menschen (36,5% der australischen Gesamtbevölkerung), die Hälfte davon in der Region Sydney. Die Bevölkerungsdichte liegt bei 6,2 Einwohner pro km². Geographisch zerfällt New South Wales in vier Regionen: in die schmale und fruchtbare Küstenebene (Coastal Lowlands), die sich von der queensländischen Grenze im Norden bis zur Grenze Victorias im Süden erstreckt und zwischen 30 und 80 km breit ist; die Tafelländer der Great Dividing Range, eine fast ununterbrochene Reihe von steil nach Osten abfallenden, zwischen 760 m und 1500 m hohen Plateaus (höchster Berg: Mt. Kosciusko, 2234 m); die westlichen Abhänge (Western Slopes) der Great Dividing Range, die verhältnismäßig gut bewässert sind; die halbtrockenen Ebenen des ›Far West‹, die weniger als 178 mm Regen im Jahr erhalten und zwei Drittel des Staatsgebietes einnehmen. Die längsten Flüsse sind der Murray (1925 km in New South Wales) und seine Nebenflüsse Darling (2601 km) und Murrumbidgee (1568 km). Das Klima des Staates variiert von Norden nach Süden beträchtlich. An der Küste

nördlich von Sydney ist es subtropisch, im Süden gemäßigt. In den Gebirgen gibt es warme und sonnige Sommer bei kühlen bis kalten Winter mit häufigem Frost (in den höchsten Lagen der Australischen Alpen auch Schnee). Westlich der Great Dividing Range sind die Sommer oft sehr heiß (40 °C und mehr) und trocken, die Winter häufig kalt, aber sonnig.

Das Gebiet des heutigen New South Wales wurde schon sehr früh von Menschen besiedelt. Sensationelle Funde am Lake Mungo reichen bis zu 30 000 Jahre zurück, die Felszeichnungen von Mootwingee bei Broken Hill sollen sogar 50 000 Jahre alt sein. Auch die Gegend um Sydney ist seit wenigstens 30 000 Jahren dauernd bewohnt. Als die ersten Weißen 1788 bei Sydney an Land gingen, wehrten sich die Eingeborenen erbittert, doch der Übermacht der Europäer waren sie nicht gewachsen (heute gibt es in New South Wales nur noch 800 Vollblut-Eingeborene, dazu einige Zehntausend Mischlinge). Nachdem im Herbst 1813 der Übergang über die Barriere der Blue Mountains bei Sydney bewältigt war, besiedelten die europäischen Einwanderer den Staat in verhältnismäßig kurzer Zeit. Goldfunde bei Bathurst brachten Scharen von Neuankömmlingen ins Land. Nach der Gründung des Commonwealth of Australia (1901) entwickelte sich auch die

Industrie in dem vorher vorwiegend von der Schaf- und Viehzucht lebenden Staat.

Es gibt heute in New South Wales drei industrielle Zentren: Sydney und Umgebung, Newcastle und Wollongong-Port Kembla. Allein in der Region um Sydney werden 40% der Industriegüter Australiens produziert. Dank der riesigen Kohlevorkommen (Hunter Valley, Wollongong und Blue Mountains) gibt es genügend billige Energie, auf deren Basis eine bedeutende Stahl- und Eisenindustrie entstand (Newcastle, Wollongong). Broken Hill im äußersten Westen des Staates ist eine der bedeutendsten Bergbaustädte Australiens (Silber, Blei, Zink). Die Agrarproduktion reicht vom Anbau tropischer Früchte, von Zucker und Bananen im Norden bis zur Milch- und Holzwirtschaft des Südens. Im Südwesten (Riverina) werden u. a. Wein, Zitrusfrüchte und Reis kultiviert. Für den Touristen bietet der Staat neben der Metropole Sydney vor allem gute Strände, eindrucksvolle Gebirge und Wüstenlandschaften. Zahlreiche Nationalparks laden zum Wandern ein.

Sydney

3 310 500 Einwohner (1982), Hauptstadt des Staates New South Wales, älteste,

größte und schönstgelegene Stadt des Fünften Kontinents zwischen dem Pittwater im Norden, der Botany Bay im Süden und den Blue Mountains im Westen; wird wegen seiner malerischen Lage am 54 km² großen Port Jackson (36 Buchten) häufig mit Neapel, Hongkong, San Francisco oder Rio de Janeiro verglichen. Sydney präsentiert sich dem Besucher als muntere, kosmopolitische und faszinierende Weltstadt mit zahlreichen Sehenswürdigkeiten, ist außerdem die bedeutendste Industrie-, Handels-, Finanz- und Gewerbestadt Australiens und besitzt den größten Hafen im Südpazifikraum. Die Stadt und ihre 450 Vororte erstrecken sich über eine Fläche von 4074 km² (siebenmal so groß wie London).

Geschichte

Bei Sydney, in Mulgoa (Penrith) und im Land der Dharuk (nordwestlich der heutigen Stadt) fand man 30 000 Jahre alte Werkzeuge, in der näheren Umgebung (Ku-ring-gai Chase, Royal National Park) gibt es ca. 500 Plätze mit je 200 Felszeichnungen. Der früher ›Warrane‹ genannte Platz war eines der bedeutendsten Kulturzentren der australischen Eingeborenen; zu den ›Yulahng erah-badiahng‹ genann-

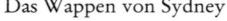

Das Wappen von Sydney

Sydney um 1803

ten Initiationsfesten der hiesigen Eora kamen auf dem Gelände an der Woccannagully (Farm Grove, heute Botanischer Garten) jährlich Tausende von Menschen zusammen. Mit der Ankunft der First Fleet unter Gouverneur Arthur Phillip (1788) beginnt die moderne Geschichte der Stadt. Der Ort sollte eigentlich Albion heißen, aber dieser Name wurde nicht gebräuchlich, und allmählich bürgerte sich die Bezeichnung für die Bucht, Sydney Cove (benannt nach dem damaligen britischen Innenminister), auch für die Siedlung ein. Die ersten Häuser entstanden im heutigen Viertel The Rocks. Am 26. 11. 1791 lebten hier 4059 Weiße. Die Jahre nach der Abreise Phillips waren von dem Schreckensregime des ›Rum Corps‹ geprägt, das bis 1809 andauerte. In der Folgezeit entstanden viele der heute noch erhaltenen stattlichen öffentlichen Gebäude. Aber erst mit den Goldfunden bei Bathurst (1851) nahm Sydney einen gewaltigen Aufschwung; 1865 lebten hier schon 267000 Menschen. Anfang des 20. Jh. überholte dann Sydney Melbourne als führendes Industriezentrum. Heute ist es Australiens größte Handels- und Indu-

striestadt, die 30% der gesamtaustralischen Produktion stellt. Es gibt hier über 7300 Fabriken und Fertigungsbetriebe, in denen mehr als 320000 Menschen beschäftigt sind. Bedeutendster Industriezweig ist die Nahrungsmittelverarbeitung, es folgen Maschinen-, Werkzeug-, Textil-, Leder-, Chemie-, Plastik- und Holzindustrie sowie Elektronik und Erdölverarbeitung. Die beiden Häfen der Stadt, Sydney Harbour und Port Botany, erreichen einen jährlichen Gesamtumschlag von mehr als 31 Millionen Tonnen (u. a. Wolle, Weizen, Fleisch, Kohle). Sydney besitzt auch den größten Flughafen Australiens (angeflogen von 21 internationalen Fluggesellschaften; jährlich über 7 Millionen Passagiere).

Stadtgliederung und -besichtigung

Das Zentrum der Stadt – die City of Sydney – ist nur ein Verwaltungsbezirk von 435 im County of Cumberland, der Metropolitan Area Sydneys. Es erstreckt sich vom Circular Quay im Norden bis zur Central Railway Station im Süden. Vier Hauptstraßen (George St., Pitt Str.,

son. Sie diente zunächst als Zuchthaus, dann als Festung gegen die Russen (1857), deren Angriff man im Zuge des Krimkrieges befürchtete (Besichtigung möglich). Weitere Ziele von Bootsfahrten sind die weiter östlich gelegenen Picknick-Inseln Shark Island und Clarke. Beim Circular Quay (gegenüber der Pier No. 2) steht das alte *Customs House* (Zollhaus), das heute hinter Wolkenkratzern (AMP Building, Gold Fields House) verschwindet. Hier, an der Ecke Alfred St. und Phillip St., hißte Gouverneur Arthur Phillip am 26. 1. 1788 die Queen Anne Flag. Vom Circular Quay sind es nur wenige hundert Meter zum nördlich gelegenen *Bennelong Point* (benannt nach Phillips eingeborenem ›Verbindungsoffizier‹ zu den Eora). Früher lag dort die Insel Jubughali, auf der die Eora ihre Muschelfeste feierten. Nach 1788 wurden hier die ersten Rinder ausgeladen, und die inzwischen mit dem Festland verbundene Landspitze erhielt den Namen Cattle Point. 1802 entstand das Fort Macquarie, es folgten ein Müllplatz und ein Straßenbahndepot.

Heute erhebt sich an dieser Stelle das 183 m lange und 118 m breite *Sydney Opera House,* das Wahrzeichen der Stadt und – neben dem Uluru (Ayer's Rock) im Zentrum des Landes – die wohl meistfotografierte Attraktion Australiens. Der imposante Bau mit seinen zehn perlenfarbenen, segelartigen Dächern war seit dem ersten Spatenstich umstritten. Während die Londoner ›Times‹ ihn als ›Bauwerk des Jahrhunderts‹ feierte, gaben andere ihm respektlos Namen wie ›Heuhaufen mit Segeltuch‹ oder ›Gruppe französischer Nonnen beim Fußballspiel‹. Den Vorschlag zum Bau eines Opernhauses in Sydney machte der Dirigent Sir Eugene Gossens. Die Regierung von New South Wales schrieb daraufhin 1954 einen Wettbewerb aus, an dem sich 233 Architekten aus 62 Ländern beteiligten. Den ersten Preis erhielt der Däne Jörn Utzon, der die Idee für seinen Plan beim Schälen einer Apfelsine gehabt haben soll. Vom Baube-

Castlereagh St. und Elizabeth St.), die für den dichten Verkehr zu eng sind, führen in nordsüdlicher Richtung durch die Stadt. Rings um das Zentrum erstrecken sich die Vororte, die im Norden bis zur Broken Bay und im Süden bis zur Botany Bay reichen. Die besten Wohnviertel findet man am Südufer des Port Jackson und an der North Shore.

Erster Rundgang: Hafen, Oper und ›The Rocks‹: Das Zentrum Sydneys kann man mühelos zu Fuß erforschen. Für den Besuch der übrigen Vororte steht ein gut ausgebautes Netz öffentlicher Verkehrsmittel (Busse, Fähren, Vorortzüge) zur Verfügung. Nachdem man sich im New South Wales *Government Travel Centre* (Ecke Pitt und Spring St.) mit Broschüren und Plänen eingedeckt hat, sollte man seinen Rundgang beim *Circular Quay* an der Sydney Cove beginnen, wo die Fähren und Ausflugsdampfer abfahren (nach Mitte 1983 veröffentlichten Plänen soll dieser ›Gateway to Australia‹ bis 1988 umgestaltet werden; vorgesehen sind u. a. zwei 167 m hohe Türme). In der Bucht liegt die Insel Muttagunga mit dem *Fort Deni-*

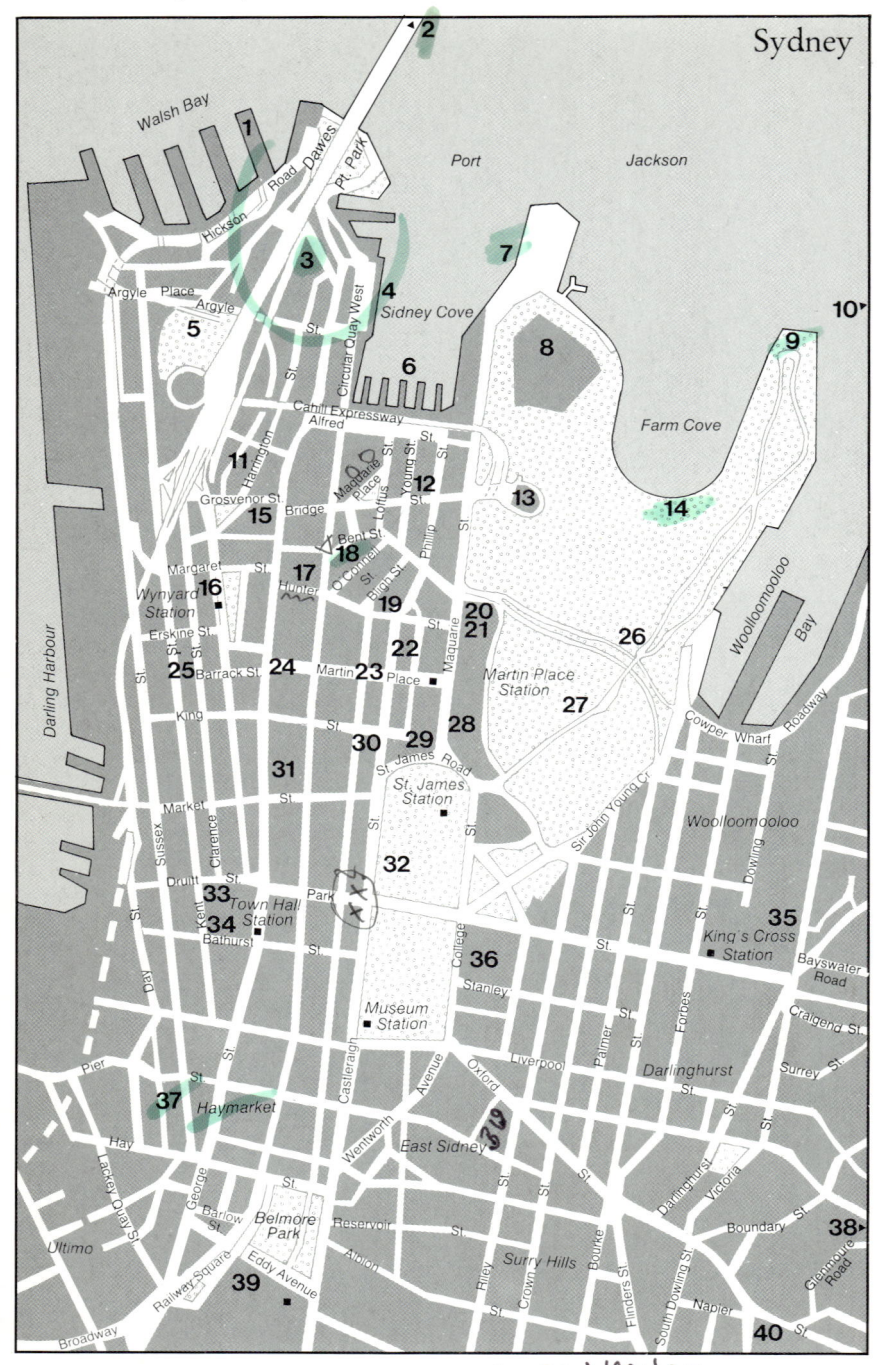

Sydney

BW - Jael Uestein

Wandmalerei am Sydney Opera House

ginn am 2. 3. 1959 bis zur Einweihung im Jahre 1973 gab es Probleme über Probleme: Der Untergrund des Platzes gab nach (wegen des angehäuften Mülls der alten Deponie), die Dachmuscheln paßten nicht, die Kosten stiegen von 7,2 auf 103 Millionen A$ (zur Finanzierung wurde die ›Opera House Lottery‹ kreiert, in die jeder Australier 15 A$ zahlte). Schließlich überwarf man sich mit dem Architekten, der im Februar 1966 das Handtuch warf (er kam auch nicht zur Einweihung). Ein australisches Architekten-Kleeblatt übernahm den Weiterbau. Inoffiziell wurde das Opera House im

August 1973 eingeweiht, offiziell durch Queen Elizabeth II. am 20. 10. 1973. Die besten Ausblicke auf den Bau hat man von der Hafenbrücke, von einer Fähre, vom Cremorne Point am gegenüberliegenden Ufer oder von den Tarpaian Steps gleich unterhalb, besichtigen kann man ihn täglich von 9–16 Uhr. Das Opernhaus (der Name ist mißverständlich, da es auch Theater- und Konzertsäle gibt und der Opernsaal kleiner als die Konzerthalle ist) bietet insgesamt 6000 Personen Platz. Im Opera Theatre (1547 Sitze, nur 12 m breite Bühne) hängt der rot-gelb-rosa-goldene ›Curtain of the Sun‹ aus Felletin bei

1 Pier One 2 Sydney Harbour Bridge 3 The Rocks 4 Rocks Visitors Centre 5 Observatory Park 6 Circular Quay (Fähren nach Nord-Sydney und Manly) 7 Sydney Opera House 8 Government House 9 Mrs. Macquarie's Point (Panoramablick) 10 Garden Island 11 St. Patrick's Church 12 AMP Centre 13 Conservatory of Music (Konzerthalle) 14 Royal Botanic Gardens 15 Qantas Centre 16 Wynyard Travel and Tours Centre der Eisenbahnen 17 Australia Square 18 New South Wales Government Travel Centre 19 Qantas 20 State Library (Mitchell Library) 21 Parlament 22 TAA-Terminal 23 Martin Place 24 Hauptpostamt (GPO) 25 Automobilclub (NRMA) 26 Art Gallery of N.S.W. (Kunsthalle) 27 The Domain 28 Law Courts 29 St. James' Church 30 East West Airlines 31 Centrepoint Tower 32 Hyde Park 33 Town Hall 34 St. Andrew's Cathedral 35 King's Cross 36 Australian Museum 37 Chinatown und Paddy's Market 38 Paddington 39 Central Station 40 Victoria Barracks

Aubusson, in der Concert Hall (2690 Sitze) befindet sich die größte mechanische Orgel der Erde (15 m hoch, 127 Register, 10 500 Pfeifen). 1982 wurde der Orchesterraum vergrößert, so daß hier jetzt auch Mozart-, Verdi- und Wagner-Opern aufgeführt werden können. Weiter gibt es den Music Room (419 Sitze, blau-grün-brauner ›Curtain of the Moon‹ mit silbernem Mond), ein Experimentaltheater und zahlreiche kleinere Räume. Die aus 2194 Einzelteilen bestehenden Dachmuscheln der Oper – die höchste ragt 67 m empor – sind mit 105 600 weißen und crèmefarbenen Majolikaplatten aus Schweden bedeckt; sie werden von 580 Betonsäulen getragen. Die Fenster (2000 Scheiben aus topasfarbenem Glas, insgesamt 6223 m² Fläche) stammen aus Frankreich.

Das zweite Wahrzeichen von Sydney, die 1932 eingeweihte *Harbour Bridge* (liebevoll ›Coathanger‹, d. h. Kleiderbügel, genannt) verbindet die City mit den nördlichen Vororten. Die von 1400 Arbeitern aus 60 960 Tonnen Stahl gefertigte Brücke

Rechts: die Skyline von Sydney; unten: die Harbour Bridge

ist 1148 m lang und erhebt sich 59 m über dem Port Jackson. Über sie führen acht Autofahrbahnen, zwei Eisenbahntrassen und zwei Fußwege mit Radspuren. Autos (jährlich 58 Millionen) haben eine Gebühr zu entrichten, denn die Brücke wurde von einer Privatfirma finanziert. Vom Fußweg (Zugang von der Cumberland St. auf ›The Rocks‹) bietet sich ein hervorragender Blick auf das Opera House und den Port Jackson.

Südlich der Brücke liegt zwischen der Sydney Cove und der Walsh Bay die Sydneyer Altstadt ›*The Rocks*‹, ein bis in die 60er Jahre hinein verwahrlostes Vier-

tel, das seit 1971 restauriert wird. Auf 23 ha entstehen hier attraktive Läden, Arkaden, Restaurants und Gärten, die von alten Gaslaternen beleuchtet werden. Die ›Rocks‹ können als Musterbeispiel für eine erfolgreiche Stadtsanierung gelten. Vom Argyle Arts Centre (Playfair St.) starten täglich 10.45, 11.45, 12.45 und 14 Uhr Führungen, Kutschen der Hansom Cab Company fahren ab George St. 101 durch das Viertel. Im Buchhandel ist ein ›Rock Guide Book‹ erhältlich (sehr empfehlenswert!). Einen (etwa zwei Stunden dauernden) Rundgang durch die ›Rocks‹ beginnt man am besten am Rocks Visitors Centre, 104 George St. (Informationsmaterial, Filme, Modelle; geöffnet montags bis freitags 8.30–16.30 Uhr, an Wochenenden und Feiertagen 10–17 Uhr). Das Gebäude gehörte früher dem Leichenbeschauer. Von hier aus kann man die wichtigsten Attraktionen des Viertels leicht erreichen. Sehenswert sind besonders: das Campbells Storehouse am Circular Quay West (in der Weinprobierstube kann man mit einer Vielzahl australischer Weine Bekanntschaft machen); die Metcalfe Stores (Läden, Restaurant); die Lower Fort Street (ehemals als ›High Rocks‹ vornehmstes Stadtviertel; guterhaltene alte Häuser, u. a.

Bligh House, Colonial House Museum); das Young Princess Hotel (heute ›Tante-Emma-Laden‹); das Hero of Waterloo Hotel (mit Zellen und dem Dukes Room; hier verkehrten u. a. Jack London und Joseph Conrad); die Holy Trinity Church (mit Regimentsfahnen) und davor Noah's Ark (1834); der Observatory Hill (Ausblick, alte Moreton-Feigenbäume); der nahe Argyle Cut (hier trieben sich im 19. Jh. berüchtigte Banden herum); die Suez Canal genannte schmale Gasse (einst Hauptquartier der ›Rocks Push Larrikins‹, einer berüchtigten Kinderbande); der Rocks Square mit der Skulptur ›First Impression‹ (angeketteter Sträfling); die Argyle Terrace (schöner Innenhof, Argyle Centre mit kleinen Läden; einst Lager von Mary Reiby, Ex-Pferdediebin und später reichste Frau Sydneys); das Cadman's Cottage mit 11 000 Holzschindeln auf dem Dach (1816 gebaut, heute interessantes Maritime Museum). Von hier kann man über die George St. (sie wurde im 18. Jh. als erste Straße Australiens angelegt) und die nördlich anschließende Hickson Road zum Dawes Point wandern, von wo man einen ausgezeichneten Rundblick genießt. Unter dem Bradfield Highway (Brückenauffahrt) führen die Hickson Steps zu den Piers an der Walsh Bay. Auf dem Pier One (bis vor einigen Jahren Landeplatz Zigtausender von Einwanderer) wurde jüngst ein Laden- und Restaurantzentrum eingerichtet. In der 1. Etage befindet sich ein ›Colonial Village‹ (vom Restaurant großartiger Ausblick).

Zweiter Rundgang: Botanischer Garten, südliche Stadtteile, Innenstadt: Von den ›Rocks‹ kann man nun wieder zum Circular Quay zurückkehren und einen zweiten Rundgang beginnen. Über die Albert St. und die östlich anschließende Macquarie St. gelangen wir zu den 24 ha großen Royal Botanical Gardens, die nördlich (in Richtung Opera House) von dem burgartigen Government House (Sitz des Gouverneurs) begrenzt werden. Der Eingang befindet sich bei dem weißen Conservatory of Music (1819, ehemals Pferdestall, heute Musikakademie – häufig gute Konzerte). Sehenswert: die Gewächshäuser und die zwischen 1881 und 1913 angelegten Gärten mit ihrem uralten Baumbestand, die ›I Wish‹-Statue von A. J. Fleischmann und der Mrs. Macquarie's Chair, von wo man über den Port Jackson blicken kann. Südlich des Parks (Ecke Cahill Expressway/Macquarie St.) steht die State Library of New South Wales mit der Mitchell und der Dixon Library (alte Karten, Bücher, Bilder; täglich geöffnet). Über die Hospital Road gelangt man durch die Domain (Parkanlagen, sonntags ›Soap Box Orators‹, wo jedermann seine Meinung öffentlich verkünden kann) zur ca. 400 m südöstlich gelegenen Art Gallery of New South Wales (u. a. Kunst der Eingeborenen und der Südseeinsulaner, Totempfähle, Bilder von Sir Hans Heysen und Conrad Martens; geöffnet montags bis samstags 10–17 Uhr). Von hier ist über den Cowper Wharf Roadway und entlang der Wooloomooloo Bay ein Abstecher zur Garden Island Naval Base möglich (Marinehafen, portugiesische Kanone; Besichtigung am ersten Sonntag im Monat von 10.30–13.30 und 14–17 Uhr).

Nun geht es wieder zur State Library zurück. Folgt man der Macquarie St. von dort nach Süden, passiert man das Parliament House und das anschließende Sydney Hospital (Spitzname ›Rum Hospital‹, weil man hier Anfang des 19. Jhs. mit Rum bezahlen mußte). Vor dem Gebäude steht ›Il Porcellino‹, die Replik einer von dem Florentiner Pietro Tacca geschaffenen Wildschweinplastik, gegenüber beginnt die Fußgängerzone Martin Place. Weiter südlich folgen das Old Mint Building (alte Münze) und, beiderseits der Macquarie St., die Law Courts (Gericht), die auf der Südwestseite (Ecke King St.) in die Supreme Court Buildings (Staatsgerichtshof) übergehen. An diese schließt die anglikanische St. James Church aus dem frühen 19. Jh. an. Gegenüber erstreckt sich der bis zur Liverpool St. reichende, 16 ha große *Hyde Park* mit dem Archibald Memorial Fountain (Erinnerung an die australisch-französische Waffenbrüderschaft im Ersten Weltkrieg; Statuen von Apollo, Diana, Pan und Minotaurus) im Norden und dem Anzac War Memorial (donnerstags 13.30 Uhr ›Changing of the Guard‹-Zeremonie) im Süden. An der Nordostseite des Parks steht an der College St. die katholische *St. Mary's Cathedral* (schöner Mosaikfußboden). Folgt man dieser Straße in südlicher Richtung, so erreicht man nach 300 m das *Australische Museum* (naturhistorische Sammlung, Eingeborenenkunst, gutes Geschäft; geöffnet montags und sonntags 12–17 Uhr, dienstags bis samstags und feiertags 10–17 Uhr).

Nun kann man durch den Hyde Park zur 250 m südwestlich des Museums gelegenen Station gehen und von dort mit der Stadtbahn zur *Central Station* im Süden der Stadt fahren. 2 km südlich (Bus- und Bahnverbindung) erstreckt sich das Slum-Viertel *Redfern,* die ›Dritte Welt‹ von Sydney mit 20 000 Eingeborenen (zumeist Mischlinge). 30% der erwachsenen Einwohner leiden an Diabetes (Weiße: 2%), ein Viertel der 6000 Kleinkinder sind ›Biafra Babies‹ (d. h. in hohem Maße unterernährt), die Säuglingssterblichkeit liegt fünfmal höher als bei den weißen Sydneysidern. In jüngster Zeit entstanden in Redfern mehrere Selbsthilfeorganisationen (u. a. eine Klinik und ein Black Supermarket). Lohnend ein Besuch des Black Theatre mit dem Arts and Cultural Centre der Murri (31 Botany St.).

Zur Central Station zurückgekehrt, wenden wir uns nun wieder dem Stadtzentrum zu. Auf dem Wege dorthin sollte man unbedingt das *Chinatown* (400 m nordwestlich) besuchen (vom Railway Square erreichbar über die George St. und die Hay St.). Besonders an der Dixon St. reiht sich dort ein Restaurant an das andere. Geplant sind in Chinatown ein malaiisches Dorf, ein Badehaus, eine chinesische Siedlung, ein schwimmendes Restaurant und eine Freilichtbühne für Peking-

Schachspieler im Hyde Park

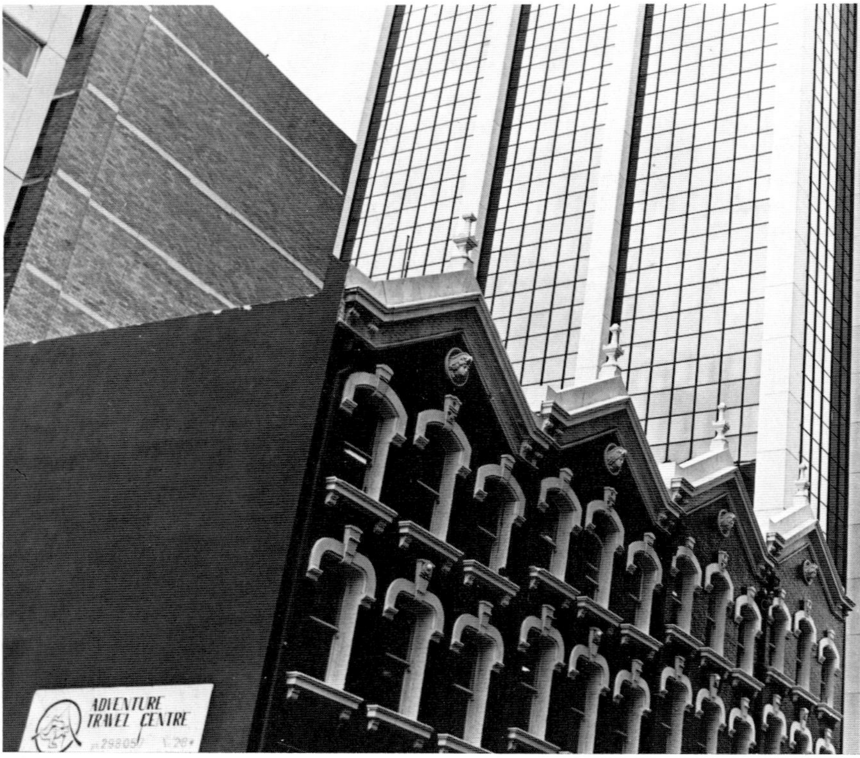
ADVENTURE
TRAVEL CENTRE

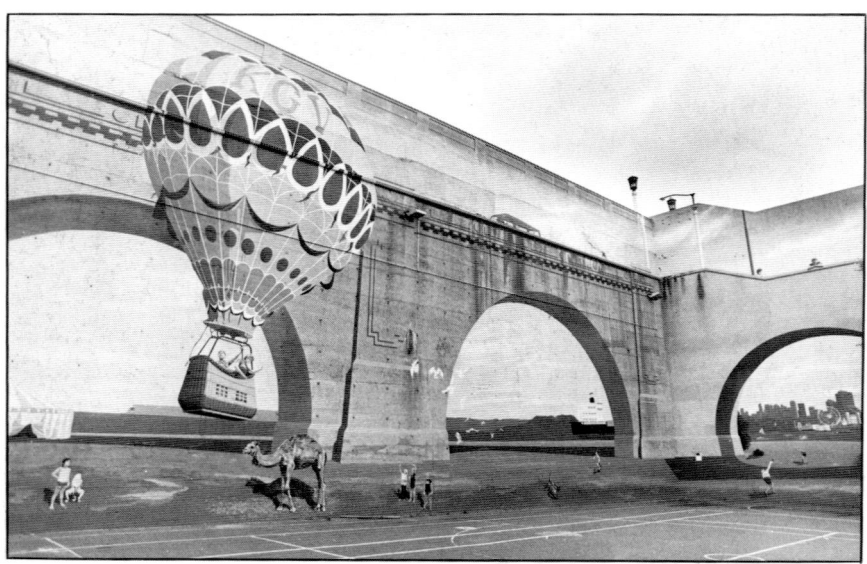

Opern und balinesische Legong-Tänze. (Kosten: ca. 900 Millionen DM). Einige Straßen westlich der Dixon St. wurde im Mai 1983 das *Haymarket Entertainment Centre* (große Veranstaltungsräume) eröffnet, in der Nähe entsteht die *Simon Townsend's Wonder World* (australisches Disneyland; Baubeginn 1984).

Biegt man von der Dixon St. in die Liverpool St. (spanisches Viertel) ein, so stößt man nach 250 m auf die George St. Folgen Sie dieser nach links. An der nächsten Kreuzung (Bathurst St.) erhebt sich linker Hand die kürzlich renovierte *St. Andrew's Cathedral.* Über den anschließenden Sydney Square geht es weiter zur *Town Hall* (Rathaus, 60 m hohe Kuppel; Konzerthalle mit Orgel aus 8672 Pfeifen, 2500 Sitze; unter dem Gebäude Einkaufspassage) und dann, vorbei am 183 m langen *Queen Victoria Building* (neobyzantinischer Stil, 60 m hohe Kupferkuppel, kleine Läden), auf der George St. zur Market St., in die man nach rechts einbiegt. An der Kreuzung Market/Pitt St. erhebt sich über der Centrepoint Arcade (200 Läden und Restaurants) das neue Wahrzeichen der Stadt, der 324,8 m hohe, 85stöckige *Sydney Tower.* Per Lift (in 40 Sekunden) oder über 1200 Treppenstufen gelangt man zur Aussichtsplattform in 304,8 m Höhe (phantastischer Blick bis zum Pazifik und zu den Blue Mountains). Der Turm, das höchste zugängliche Bauwerk Australiens und das fünfthöchste der Erde (in Australien ist nur der Omega Tower in Victoria höher), ist montags bis samstags 9.30–21.30 Uhr sowie sonntags und feiertags 10.30–18.30 Uhr für Besucher geöffnet. Im Volksmund heißt er ›Golden Swizzle Stick‹ oder ›Golden Pidgeon Coop‹.

◁ In der Innenstadt von Sydney: Sydney Tower (links oben), Wandmalerei an der Harbour Bridge (links unten), Wynyard Complex, George St. (rechts unten), historisches Wohnhaus zwischen modernen Bürogebäuden (rechts oben)

Gehen Sie nun die Pitt St. weiter gen Norden, vorbei an mehreren Arkaden (Imperial Arcade, Strand Arcade, Tankstream Arcade), bis Sie auf den *Martin Place,* das eigentliche Zentrum der Stadt stoßen. Hier steht linker Hand das General Post Office (Hauptpostamt; venezianischer Baustil; historischer Postraum) und davor der Cenotaph (Ehrenmal; donnerstags 12.30 Uhr – außer Weihnachten und Januar – Wachablösungszeremonie). Der obere Teil des Martin Place wurde zur Fußgängerzone umfunktioniert (mittags Konzerte; Wasserfall, Ruhebänke). Folgt man der Pitt St. weiter in nördlicher Richtung, erreicht man nach 300 m die Kreuzung mit der Hunter St. Halbrechts mündet die O'Connel St. ein, wo sich die *Sydney Stock Exchange* befindet, die Börse (werktags 10–12 Uhr ist die Public Gallery geöffnet). Ein Stück weiter in Richtung Circular Quay steht an der Pitt St. linker Hand der 180 m hohe, zylinderförmige *Australia Square Tower* (im 47. Stock in 163 m Höhe rotierendes Restaurant mit Weitblick; im 48. Stock Aussichtsplattform ›Skywalk‹, täglich außer 25. 12. von 10–22 Uhr zugänglich). Auf dem Weg zurück zum Circular Quay lohnt ein kurzer Stop an dem altertümlichen *Macquarie Place.*

King's Cross und Paddington: Von der Martin Place Station fährt die Eastern Suburbs Railway in wenigen Minuten zum Vergnügungsviertel *King's Cross* östlich des Zentrums. King's Cross, das vor 100 Jahren von Künstlern und Juden bewohnt war, ist heute ein Mini-St. Pauli mit Restaurants, Cafés, Hotels, Kinos und Nachtlokalen; in jüngster Zeit genießt es zudem den Ruf, San Francisco als Homosexuellen-Kapitale der westlichen Welt abgelöst zu haben. Von der King's Cross Station kann man über die Darlinghurst Road und vorbei an den Fitzroy Gardens (pittoresker El Alamein-Brunnen) die nördlich und östlich anschließenden ›besseren‹ Wohnviertel *Pott's Point, Elizabeth*

Die Einkaufspassage Wynyard Complex (George St.)

Bay und *Rushcutter's Bay* (mit Park und Yachthafen) besuchen. Südöstlich von King's Cross (Bus über die Victoria St. zur Oxford St. oder aber Zug von der Museum Station in der City) liegt das Künstlerviertel *Paddington* (›Paddo‹) mit seinen bezaubernden alten Häusern, die vor einigen Jahren vor dem Abriß gerettet werden konnten. Samstags (7–17.30 Uhr) findet an der Oxford St. ein sehenswerter Flohmarkt statt. Südöstlich von Paddington erstreckt sich der 220 ha große *Centennial Park* (Radwege, Reitgelegenheit).

Die Vororte von Sydney

… südlich des Port Jackson: Auf keinen Fall sollte man eine Bus- oder Autofahrt entlang der Südküste des Port Jackson über die ›Elbchaussee‹ von Sydney versäumen. Hinter dem *Darling Point* (östlich des King's Cross; Carthona House von 1834 und Swift House von 1880) reiht sich an schönen Buchten ein vornehmer Vor-

ort an den anderen. Sehenswert sind besonders *Double Bay* (elegante Boutiquen), *Pt. Piper* (idyllischer Strand), *Rose Bay,* *Watson's Bay* (Doyle's Fischrestaurant an der Bucht ist weltberühmt), *Vaucluse* (Vaucluse House Museum; vom nahen Nielson Park großartiger Blick auf Sydney) und die *Parsley Bay.* Von der Watson's Bay führt ein Weg zum *South Head* (Kapelle St. Peter, Macquarie Lighthouse, weiter Blick; unterhalb die Selbstmörderklippen ›The Gap‹). 1857 zerschellte hier die ›Dunbar‹, wobei 121 Menschen ertranken. An der nahen *Lady Jane Beach* (Gay-Strand) fanden bis 1979 Razzien gegen Nudisten statt (vor dem Strand die Riffe Sow and Pig), an der *Camp Cove* erinnert ein Obelisk an die Landung von Arthur Phillip (21. 1. 1788). Vom South Head fährt ein Bus zum Strand von *Bondi.* Weitere Strände sind *Tamara* (ruhig), *Bronte, Clovelly, Cogee, Malabar.* 20 km südlich der City liegt die *Botany Bay,* wo am 29. 4. 1770 Cook landete (Museum in Kurnell, Fähre). Auf der *Bare Island* ein Fort, in *La Pérouse* Museum und an Wochenen-

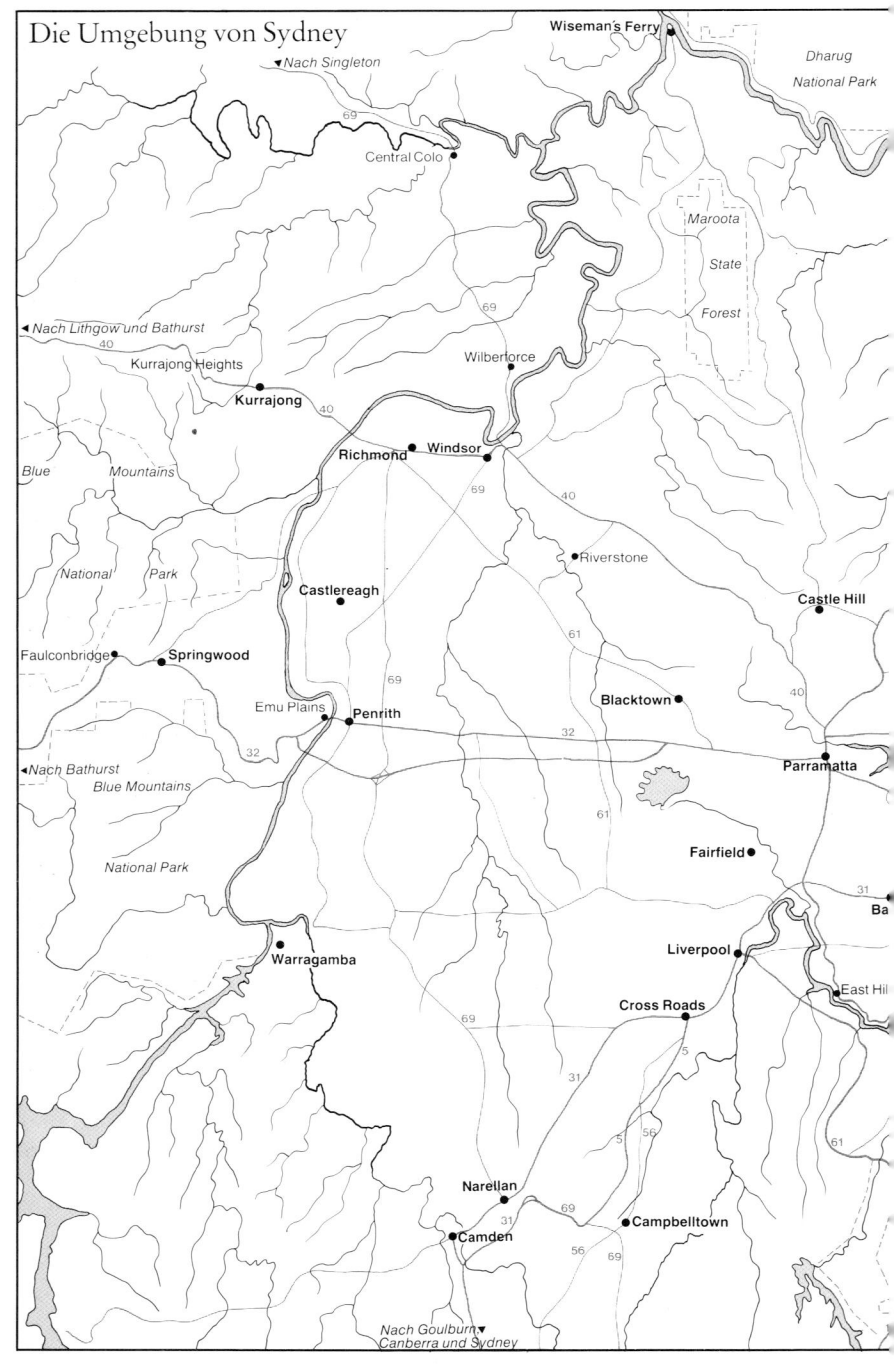

Die Umgebung von Sydney

Wiseman's Ferry

Nach Singleton

Dharug
National Park

Central Colo

Maroota

State

Nach Lithgow und Bathurst
40

Forest

Kurrajong Heights

Wilberforce

Kurrajong
40

Blue   Mountains

Windsor
Richmond

69

40

Riverstone

National   Park

Castlereagh

Castle Hill

Faulconbridge   Springwood

61

Emu Plains

69

Blacktown

40

Penrith

32

Nach Bathurst
Blue Mountains

32

Parramatta

61

National Park

Fairfield

31

Ba

Warragamba

Liverpool

East Hil

Cross Roads

69

5

31

5   56

Narellan

69

61

31

Camden

Campbelltown

56   69

Nach Goulburn
Canberra und Sydney

den eingeborene Bumerangwerfer. Ruhige Strände: *Cape Solander, Cronulla* und *Brighton-Le-Sands.*

… nördlich des Port Jackson: Eine zweite Fahrt sollte man entlang dem Nordufer des Port Jackson unternehmen, am besten mit der Fähre vom Circular Quay (auch Bus über die Harbour Bridge, nach Manly auch Hydrofoil = Tragflügelboot). Im Vorort *North Sydney* (an der Brücke) befinden sich der Sydney Harbour Amusement Park (Karussells, Buden), die Studios des multikulturellen Fernsehens Channel 0/28 (4 Cliff St.), das Aboriginal Arts Board (168 Walker St., Kunst der Eingeborenen), die St. Xavier Church und die St. Thomas Church, im nächsten Vorort *Kirribilli* das Admirality House (1845, Residenz des Generalgouverneurs in Sydney) und das Kirribilli House (1845, Sitz des Premierministers in Sydney). Durch den *Sydney Harbour National Park* (73 ha) kann man von hier – fast immer am Wasser entlang – bis nach Manly wandern (ganztägiger Ausflug, es gibt aber auch Busse). Sehenswerte Orte: *Neutral Bay* (Hafen der Royal Yacht Squadron), *Cremorne Point* (herrlicher kleiner Park mit kleinem Swimmingpool und phantastischem Blick auf das Opernhaus), *Mosman* (sehr schöne Bucht, Jacaranda-Bäume an der Iluka Street) und schließlich der *Taronga Zoological Park,* einer der schönstgelegenen Tiergärten der Erde (Öffnungszeiten: täglich 9.30–17 Uhr, deutschsprachige Führer und Broschüren. Fähre alle 15 Minuten vom Circular Quay, Jetty No. 5, Busse von Wynyard, City). Über *Sirius Cove* (Bucht), *Bradley's Head* (›Fighting Mast‹ der 1914 von dem deutschen Hilfskreuzer ›Emden‹ schwer getroffenen ›Sydney‹), *Clifton Gardens, Middle Head, Balmoral* (ruhiger Strand, Bootsvermietung am Middle Harbour), *The Spit* (schmale Landzunge, gutes Restaurant, Segelrevier) und *Clontarf* gelangt man nach *Manly* (15 km von der City, Bus oder Fähre bzw. Hydrofoil). Sehenswert:

schöner Strand (Norfolk Pines, gute Fischrestaurants), Manly Marineland (Seehundbabys bzw. ›Heuler‹; 8–17 Uhr geöffnet), Manly Shark Aquarium (Haie; 10–17 Uhr geöffnet), Manly Arts and Crafts Centre (Sydney Road; Kunsthandwerk), Reef Beach und Obelisk Beach (zwei FKK-Strände), North Head (herrlicher Blick), Grotto Point und Dobroyd Head (Felszeichnungen von Tieren und ›Mundowes‹, d. h. Geisterfußspuren) und Manly Cove (hier verwundete 1790 der Eingeborene Willemering den Gouverneur Phillip).

Busse (Linien 142 und 146 von Manly Wharf oder Linie 190 direkt von der City, Abfahrt Wynyard) fahren bis zum 43 km nördlich gelegenen Strand von *Palm Beach*. Unterwegs passiert man zahlreiche schöne Badeorte. Die wichtigsten: *North Steyne Beach*, *Narrabeen* (Lagune, Jurrawandabell-Reitschule), *Bungan Head* und *Newport* (Newport Arms Hotel mit ›Single Bar‹, vornehmes Wohnviertel am Pittwater, Seglerparadies mit Royal Prince Albert Yacht Club); am westlich der Straße gelegenen Pittwater *Church Point* (hübsche Häuser, tropische Vegetation, Anglerrevier), *Bayview* (schöne Häuser, vorgelagert die Scotland Island) und verschiedene per Boot erreichbare Badebuchten (Towler's Bay, Coasters Retreat, The Basin, Soldier's Beach; auch Kreuzfahrten auf dem Pittwater). Vom *Barrenjoey Lighthouse* an der Palm Beach großartiger Blick auf die Broken Bay mit der Lion Island.

Auf der Rückfahrt können Sie in Narrabeen in den Wakehurst Parkway einbiegen. Durch *Oxford Falls* (schöner Picknickplatz am Oxford Creek) gelangt man nach *French's Forest,* von wo ein Abstecher zum einige Kilometer nördlich gelegenen Vorort *Belrose* mit seinem sehenswerten Lin-sun-Orchideengarten lohnt. Von French's Forest geht es dann weiter über die Warringah Road nach Roseville und von dort über den Eastern Valley Highway in südlicher Richtung nach Crow's Nest und zur Harbour Bridge. Auf dem Weg kann man die beiden östlich der

Straße auf zwei Halbinseln am Middle Harbour gelegenen Vororte *Castle Cove* und *Castle Crag* besuchen. (Häuser des Canberra-Architekten Walter B. Griffin, Amphitheater.)

Die westlichen Vororte: Interessant ist auch ein Ausflug mit der Fähre (vom Circular Quay) in die westlichen Vororte. Unter der Hafenbrücke hindurch geht es, vorbei an der *Lavender Bay,* der *Goat Island* und der *Cockatoo Island* (Erdölraffinerie, bis 1871 Gefängnis) ins ›französische Dorf‹ *Hunter's Hill.* Die ersten hiesigen Siedler waren Franzosen, und noch heute leben hier zwischen dem Parramatta River und dem Lane Cove River zahlreiche wohlhabende Pflanzer aus Neukaledonien und den Neuen Hebriden in alten Villen. Sehenswert: in der Alfred St. das Woodstock House (ältestes Haus des Vorortes), weitere schöne Häuser rechts und links der Woolwich Road und ihrer

In der Umgebung von Sydney: wohlhabendes Farmhaus

Nebenstraßen, an der Kreuzung Woolwich Road/Alexandra St. das Garibaldi Inn (1861), das Museum in der Town Hall (Alexandra St.) und das Innisfree House. Baumeister waren zumeist Italiener und Tessiner.

Ein gutes Wohnviertel ist auch *Lane Cove* auf der Nordseite des gleichnamigen Flusses (dienstags, donnerstags, an Wochenenden und feiertags Raddampferkreuzfahrten; das hiesige katholische St. Ignatius College zählt zu den angesehensten Internatsschulen Australiens). Von Hunter's Hill kann man mit dem Bus ins 4 km westlich gelegene *Ryde* fahren (Addington Cottage von 1794, drittältestes erhaltenes Wohnhaus Australiens, Halvordsen-Werft). Ein weiterer Ausflug führt per Fähre vom Circular Quay (täglich außer montags, 25.12. und Karfreitag) zum Sydney Maritime and Fishing Museum am *Birkenhead Point* (Drummoyne; historische Schiffe).

Die weitere Umgebung von Sydney

Ku-ring-gai Chase National Park und Hawkesbury River: Nördlich des Ballungsraumes Sydney erstreckt sich der herrliche Ku-ring-gai Chase National Park mit seinem felsigen Buschland, zahlreichen Bächen, verschwiegenen Badebuchten und alten Felszeichnungen. Er eignet sich hervorragend als Wandergebiet (Broschüren und Karten im Travel Centre, City, oder beim Ranger im Visitor Centre am West Head im Park). Über die Hafenbrücke fährt man zunächst auf dem Pacific Highway durch die vornehmen Wohnviertel Lindfield und *Killara* (Swain Nature Reserve mit Wildblumen) nach *Pymble* (teuerster Vorort Sydneys), wo man in die nach Nordosten führende Mona Vale Road einbiegt. 6 km hinter *St. Ives* (grüner Dorfplatz, Ku-ring-gai Wildflower Garden, alte Bäume im Davidson Park) folgt *Terrey Hills* (4 km östlich an der Mona Vale Road ein Bahai-Tempel, 4 km westlich der *Waratah Park* mit Koalas und Känguruhs). Wenige Kilometer nördlich beginnt dann die *Ku-ring-gai Chase*. Vom 18 km entfernten West Head bietet sich ein wunderschöner Blick über die Broken Bay, am Cottage Point sind Boote (auch Hausboote) zu mieten. Nun muß man wieder bis St. Ives zurückkehren. Über die Killeaton St., den Vorort *Wahroonga* (Häuser im typisch englischen Landhausstil) und die Bobbin Head Road (in nördlicher Richtung) geht es von dort nach *Bobbin Head* (Visitors Centre, Bootsvermietung, Schwimmgelegenheit, Kreuzfahrten bis zur Broken Bay und zum Hawkesbury River).

Nun kann man auf der Ku-ring-gai Chase Road in südwestlicher Richtung bis zum Pacific Highway (4 km) fahren. 16 km nördlich fließt der malerische Hawkesbury River. 3 km östlich liegt der kleine Ort *Brooklyn* (Hausboote, Fähre zum Brisbane Water National Park und nach Patonga), westlich des Highways erstreckt sich die *Muogamarra Nature Reserve* (Wanderwege, Wildblumen, Aussicht). Die Peat Ferry Bridge führt hinüber zum Nordufer des Hawkesbury River, wo sich rechter Hand der reizvolle *Brisbane Water National Park* erstreckt. Über den Pacific Highway fährt man nun 20 km weiter gen Norden (bei Calga Abzweigung nach Gosford, vgl. S. 80) und biegt bei *Peats Ridge* nach Südwesten ab (rechts führt eine Straße zum Museumsdorf Old Sydney Town, vgl. S. 80). Nun geht es 25 km am Mangrove Creek entlang bis *Spencer,* wo die Straße wiederum den Hawkesbury River erreicht. Hier biegt man nach Westen ab und folgt dem Fluß bis *Wiseman's Ferry* (24 km, Restaurants, Hausboote, Hotel). Nördlich der Straße liegt der ausgedehnte *Dharug National Park* (Sandsteinfelsen, große Wälder, Hunderte von Felszeichnungen, Courthouse Caves und Joey Orphanage, ein ›Waisenhaus‹ für Känguruh-Babys). 21 km nördlich von Wiseman's Ferry folgt im verwunschenen Macdonald Valley (›Forgotten Valley‹) die Siedlung *St. Alban's* mit Settler's Arms Inn (1840) und Old Cemetery. Die Straße führt nach Norden weiter ins Hunter River Valley (vgl. S. 81).

Rückfahrt nach Sydney: Von Wiseman's Ferry verläuft die Old Northern Road über *Dural* (32 km, hübsche St. Jude's Church) nach *Castle Hill* (weitere 7 km südlich; am 4. 3. 1804 Schauplatz der ›Battle of Vinegar Hill‹, einer Rebellion irischer Häftlinge). 2 km südöstlich (Castle Hill Road) liegt der Koala Park von *Pennant Hills* (geöffnet täglich 9–17 Uhr; Bahnverbindung von Sydney-City bis Pennant Hills, dann Bus No. 184 oder No. 101 von der Parramatta Station, auch Touren ab Sydney).

Rundfahrt nach Parramatta und zu den Blue Mountains: Westlich von Sydney liegen mehrere historische Orte und die unbedingt sehenswerten Blue Mountains (Züge, Busse, Touren ab Sydney). Der erste Ort ist *Parramatta* (22 km), 1788 von Gouverneur Phillip unter dem Namen Rose Hill als 'zweite europäische Siedlung Australiens gegründet. Der weiße Händler William Shelley etablierte hier um 1800 eine Schule für Eingeborene, die 1826 von weißen Rassisten wieder geschlossen wurde. Sehenswert sind das Roseneath Cottage (1830/37, einer der ersten Plätze der Merinoschafzucht), das Old Government House (1790/96, ältestes öffentliches Gebäude Australiens), die St. John's Church (1803, mit dem zweitältesten europäischen Friedhof des Kontinents), das Elizabeth Farm House (1793), das Hambledon Cottage (1824/25) und das Experimental Farm Cottage (1798). Im 4 km nordwestlich gelegenen *Toongabbi* bestand im 18. Jh. ein berüchtigtes Zuchthaus. Von Parramatta aus kann man auf einer 250 km langen Rundreise die historischen Orte am Nepean River und die Blue Mountains erkunden. Die Windsor Road führt in nordwestlicher Richtung zunächst nach *Windsor* (30 km), wo u. a. das Hospital (1820), das Claremont Cottage (1822), die sehr schöne St. Matthew's Church (1817), das Macquarie Arms Hotel (1815), die Doctor's Terrace (1844), das Toll House (1814) und der Thompson Square mit seinen attraktiven Kolonialhäusern und einem Museum zu besichtigen sind. 4 km nördlich von Windsor lohnt das Australian Pioneer Village (Freilichtmuseum mit alten Bauernhäusern) in *Wilberforce* einen Besuch (geöffnet dienstags bis sonntags und feiertags 10–15.30 Uhr, während der Schulferien auch montags). In *Ebenezer* (4 km weiter nördlich) steht die älteste Kirche Australiens (1809); in der Tizzana Winery gibt es Weinproben (mittwochs bis freitags 12–18 Uhr, samstags 9–18 Uhr).

Von Windsor gelangt man über *Richmond* (8 km) mit seinen historischen Häusern (u. a. Hobartville House von 1828, Toxana House von 1841, St. Peter's Church von 1841, Woolpack Inn, Belmont Church) in die Blue Mountains, und zwar ab Richmond entweder über Castlereagh,

Penrith (s. u.) und Springwood, über Yarramundi und den Hawkesbury Lookout und Springwood oder über die Bells Line of Road via *Kurrajong Heights* (13 km, Panorama Point Lookout, Opal Museum). 18 km südwestlich von Kurrajong Heights zweigt eine Straße zum 13 km entfernten *Mt. Wilson* ab (Pheasants Cave, Gärten mit englischen Bäumen). Von dort gelangt man nach 8 km wieder auf die Bells Line of Road, der man nun 7 km in westlicher Richtung bis *Bell* folgt. Lohnend ist eine Fahrt mit der 19 km langen Zig Zag Railway zur Kohlenstadt *Lithgow* (im Südwesten). Kurz vor Lithgow liegen linker Hand das Vale of Clwydd und das *Hartley Vale,* wo Graf Edmund von Strzelecki 1839 das erste Gold fand. Auf der Little Hartley Farm kann man übernachten, vom nahen Hassan's Wall Lookout (1135 m) ausgezeichneter Rundblick. Etwa 50 km südlich von Hartley erstrecken sich die *Jenolan Caves,* 319 weitverzweigte Kalksteinhöhlen, von denen acht besichtigt werden können (Führungen täglich zwischen 10 und 20 Uhr, Fotos nur um 11 und 16 Uhr gestattet, Sondertouren für Fotografen; im Caves House Hotel). Südlich der Höhlen liegt der schöne *Kanangra Boyd National Park* (Wasserfälle, Bäche, Höhlen, Klippen, Schluchten). Von den Jenolan Caves kann man nun via Harley (Great Western Highway) zum 11 km weiter östlich gelegenen *Mt. Victoria* fahren (nach 4,5 km in Blackheath Abzweig zum 8 km südlich beginnenden Megalong Valley und zum Grand Canyon). 10 km südöstlich von Blackheath erreicht man *Katoomba,* die Hauptstadt der City of the Blue Mountains, die aus über 20 Gemeinden besteht. Sehenswert: Echo Point (Ausblick; über die 916stufige Giant's Stairway gelangt man ins 320 m tiefe Jamieson Valley mit Wildblumen und Regenwäldern); Three Sisters (drei steil emporragende Felsen, der Legende nach die drei Schwestern Meenhi, Wimlah und Gunedoo, die von einem Zauberer in Steine verwandelt wurden, weil sie sich mit drei jungen Männern

eingelassen hatten); Mount Solitary; Fairy Dell (›Feenschlucht‹, Farne); Cliff Drive. Beste Wanderwege: Henry Cliff Walk (10 km); Federal Pass Walk (6 km durch dichten Regenwald); 2200 Stufen zu den Gordon Falls (Wasserfälle). Sehr schöner Blick vom Scenic Skyway (Kabelbahn) und von der Scenic Railway (in 45°-Steigung auf 230 m; ehemaliger Minentunnel). Im Nachbarort *Leura* (3 km östlich) lohnen die Everglades mit ihren Gärten einen Besuch. Über *Wentworth Falls* (National Pass – Wanderweg, u. a. zum Weeping Rock, Valley of the Waters, Queen's Cascades, zu den 270 m hohen Wentworth Falls und dem südlich gelegenen King's Tableland mit alten Felszeichnungen) führt der Great Western Highway nach *Lawson* (7 km, Fredericia Falls), *Hazlebrook* (3 km, in der Umgebung leben Lyrebirds), *Linden* (8 km, King's Cave) und *Faulconbridge* (6 km, Eichenallee ›Prime Ministers Avenue of Oak Trees‹). 3 km nördlich des Ortes befindet sich die sehr sehenswerte Norman Lindsay Gallery mit Museum (Bilder und Marionetten; geöffnet freitags bis sonntags 11–17 Uhr). Von Faulconbridge sind es 12 km (östlich, über Springwood) nach *Glenbrook* mit der Red Hand Cave (Felsmalereien) und der Lennox Bridge (1833, älteste Brücke des australischen Festlandes). Fährt man den Great Western Highway in östlicher Richtung weiter, so überquert man nach 4 km bei *Emu Plains* den Nepean River (Brücke). Östlich des Flusses liegt der kleine Ort *Penrith* (St. Thomas Church von 1836), von wo aus eine 24 km lange Straße zum *Warragamba Dam* führt (124 m hoher Damm; der Stausee liefert den größten Teil des Trinkwassers für Sydney). Sehenswert sind dort ferner der African Safari Park (Löwen, Tiger, Delphine, Känguruhs, Papageien-Zirkus, Helikopter-Rundflüge; täglich 10–17 Uhr geöffnet) und die Warragamba Winery (Weingut). Über *St. Mary's* (St. Magdalena Church von 1837 mit schöner Glasmalerei; Marsden House, vom ersten Pfarrer

Australiens gebaut) gelangt man nach Sydney zurück.

Südlich von Sydney: Südlich von Sydney sollte man unbedingt dem 14 944 ha großen *Royal National Park* (1879 eröffnet, ältester Nationalpark Australiens) einen Besuch abstatten. Er liegt 36 km vom Stadtzentrum entfernt und ist über den entlang der Küste nach Melbourne führenden Princes Highway erreichbar, der das Strandbad *Brighton-Le-Sands* (vgl. S. 71) passiert und hinter *Sans souci* auf der Captain Cook Bridge den St. George's River überquert (dahinter bei Caringbah Abzweig nach Kurnell). 3 km südlich von Sutherland stößt man auf den Eingang des Nationalparks, wo sich gleich an der Kreuzung das Tramway Museum befindet (alte Straßenbahnen, geöffnet sonntags und feiertags 10–16.30 Uhr). Sehr gute Strände bei Garie und Wattamolla (Jugendherbergen).

Vom Royal National Park kann man nun über Heathcote (6 km südlich des Parkeingangs am Princes Highway) und die von dort nach Nordwesten abzweigenden Heathcote Road ins etwa 20 km entfernte *Liverpool* (St. Luke's Church, Asylum, Lansdowne Bridge) fahren. 27 km südwestlich liegt *Camden* mit der Macarthur's Farm (noch im Besitz der Familie von John Macarthur, vgl. S. 50) und der John's Church (1840/49). Im nahen *Cobbitty* (11 km nördlich) sind die St. Paul's Church (1840), die Heber Chapel (1828) und die Weingüter zu besuchen. 21 km südlich von Camden beherbergt *Picton* (Appin-Picton Road) die größte Fallschirmspringerschule Australiens, im 5 km südwestlich gelegenen *Thirlmere* (Siedlung von estnischen Einwanderern) kann man ein Railway Museum besichtigen (geöffnet an Wochenenden und feiertags 9–17 Uhr). Auf dem Rückweg nach Sydney lohnt ein Stop in *Campbelltown* (10 km östlich von Camden) mit der St. Peter's Church, dem Glenalvon House und dem Denham Court House.

Verkehr

Ortsverkehr: Das Büro der Urban Transit Authority (Ecke York und Margaret St., Tel. 2 90 29 88 bzw. 2 05 43) hält Karten bereit, auf denen alle Verkehrsverbindungen in der Sydney Metropolitan Area verzeichnet sind. Mit dem ›Day Rover Ticket‹ kann man in Sydney alle Busse, Vorortzüge (bis Richmond, Windsor, Parramatta, Liverpool, Campbelltown) und Fähren (außer dem Manly Hydrofoil) einen Tag lang benutzen. Für Züge gibt es auch ›Weekly Rover Tickets‹. Für Ausflüge in die weitere Umgebung lohnt sich der Kauf eines ›Awayday Tickets‹. Außerdem gibt es verschiedene ›Multi Use Tickets‹ für bestimmte Bus- bzw. Fährlinien. Auskunft: State Rail Authority, Travel and Tours Centre, 11 York St., City (Tel. 29 76 14), und bei den Fähren am Circular Quay.

Wichtige Buslinien: kostenloser ›Blue Circle Bus‹ No. 777 (montags bis freitags 9.30–16 Uhr) und kostenloser Bus No. 666 (10.10–16.40 Uhr) durch das Zentrum bzw. zur Art Gallery.

Vorortzüge: Sydney Rail Transport System (12 Linien), Ausgangspunkt: Central Railway Station. Außerdem: City Circle Line (Central Station – Circular Quay) und Eastern Suburbs Line (Central Station – Martin Place – King's Cross – Bondi Junction). Westliche Routen (Richtung Liverpool) abends meiden!

Fähren: vom Circular Quay nach Manly Fähren (Jetty No. 3, 40 Min., alle 45 Min.) und Hydrofoil (Jetty No. 2, 15 Min., alle 20 Min.), außerdem Fähren nach Mosman via Cremorne Point, Taonga Zoo, Neutral Bay, Milson's Point, Hunter's Hill. Kreuzfahrten: mit Stannard Launches (montags bis freitags, nur nachmittags, von Jetty No. 6) nach Rose Bay.

Überlandverkehr: Mit *Bussen* von Ansett-Pioneer (Oxford St., Tel. 2 06 51), Greyhound (49 Mc Lachlan Ave., Rushcutters Bay, Tel. 33 42 03), Continental Trailways (22 Wesley Arcade, 210 Pitt St., Tel. 2 64 78 55), New Coach Service und Across Australia Coachlines (48 George St., Parramatta, Tel. 68 91 00 00 und c.o. Vikings of London, Shop 8, Sydney Square Arcade, Tel. 29 22 01) täglich nach Adelaide (via Melbourne oder Broken Hill, 24–25½ Std.), Canberra (4¾ Std.), Melbourne (via Hume Hwy., Princes Hwy. oder Dubbo, 14½–23 Std.), Perth (72¼ Std.), Darwin (via Adelaide oder Brisbane,

›Road Train‹ auf einem Highway in New South Wales

93 Std.), Hobart (19½ Std.), Cooma (8¼ Std.), Alice Springs (via Brisbane oder Adelaide, 56 Std.) und zu zahlreichen weiteren Orten.

Eisenbahn: Von der Central Railway Station (Tel. 2 09 42) fahren sowohl die Vorortzüge als auch die Züge nach New South Wales und in die anderen Staaten. Alle Züge zu Orten außerhalb Sydneys sollte man vorausbuchen, da die meisten nur reservierte Plätze haben und besonders an Wochenenden und in den Ferien voll belegt sind. Innerhalb von New South Wales: Verbindungen (z. T. mit modernen XPT-Schnellzügen) u. a. nach Newcastle, Wollongong, Hunter Valley, Katoomba, Broken Hill, Murrwillumbah, Kempsey, Armidale, Dubbo, Morree, Nowra, Orange, Richmond, Albury, Griffith, Tamworth, Bathurst, Grafton, Gosford, Windsor, Port Stephens, Penrith, Wellington, Tumut, Bourke, Cowra, Glen Innes und Richmond. Mit dem ›Nurail Ticket‹ kann man 14 Tage lang preiswert durch ganz New South Wales fahren. Interstate: mit ›Indian Pacific‹ nach Perth (Do und Sa; Mahlzeiten im Fahrpreis enthalten), mit ›Southern Aurora‹ (nur 1. Klasse), ›Spirit of Progress‹ und ›Intercapital Daylight‹ täglich nach Melbourne, mit ›Canberra Monaro Express‹ nach Canberra (werktags), mit ›Brisbane Limited Express‹ nach Brisbane (täglich), mit ›Pacific Ghan‹ nach Alice Springs (Mo); nach Adelaide mit Umsteigen in Port Pirie oder via Melbourne.

Flugzeug: Kingsford Smith Airport (Tel. 6 67 05 44) in Mascot südlich der City. Es gibt zwei Terminals: International (Auslandsflüge) und Domestic (Inlandflüge, ein Ansett- und ein TAA-Flügel). Zwischen beiden verkehren Busse und Taxen. Zum International Terminal Minibusse des Kingsford Smith Airport Service (25 Min., zwischen 6.00 und 17.00 Uhr ab Qantas House und Wentworth Hotel) und Buslinie No. 300 vom Circular Quay via Wynyard und Central Station/Eddy Av. (alle 30 Min.). Zum Domestic Terminal Busse 300, 302 und 303 (vom Circular Quay), 385 (Wynyard), 044 (Sydenham Station) und 064 (Bondi Junction). Auslandsflüge: u. a. Direktverbindungen nach Auckland, Bangkok, Belgrad, Denpasar, Frankfurt, Hongkong, Honolulu, Jakarta, London, Los Angeles, Nouméa, Nadi/Fidschi, New York, Port Moresby, Papeete/Tahiti, San Francisco, Singapur, Tokio, Vanuatu, Wellington, Zürich. Inlandsflüge: Ansett, TAA und East-West Airlines u.a. nach Adelaide, Alice Springs, Brisbane, Coolangatta, Canberra, Cairns, Darwin, Devonport, Hobart, Launceston (Tasmanien), Maryborough/Qld., Melbourne, Perth, Norfolk Island und Toowoomba/Qld., außerdem zahlreiche Verbindungen zu Orten in New South Wales. Verschiedene Gesellschaften bieten auch Rundflüge über Sydney und Umgebung an.

Touren: Gut ist der ›Sydney Explorer-Bus‹ (Public Transport Comission), der täglich zwischen 9.30 und 17.00 Uhr alle 15 Min. vom Circular Quay fährt und 20 Sehenswürdigkeiten besucht. Daneben gibt es u. a. zahlreiche Ausflugsboote ab Circular Quay (u. a. zum Hawkesbury River, zur Broken Bay, zum Pittwater und zum Lane Cove River).

Sonstiges: Wohnmobile bei Comfort Campervan (Tel. 2 11 29 09); Al Rent a Campervan, 301 Bourke St., King's Cross. Motorräder bei John Dunns, 129 Willoughby Road, Crow's Nest. Fahrräder bei Centennial Park Cycles, 50 Clovelley Road, Randwick; Seaforth Cycles, 569 Seaforth Road; Park Renta-Bike, 416 Oxford St., Paddington.

Wichtige Adressen

Information: New South Wales Government Travel Centre, 16 Spring St. (Tel. 23 14 44; geöffnet Mo bis Fr 9.00–17.00 Uhr, Sa 9.00–12.00 Uhr); Tourist Information Service (Sydney Convention and Visitors Bureau), 291 George St. (Tel. 6 69 51 11), Informationspavillon Martin Place (tgl. 8.00–18.00 Uhr geöffnet) und Büro 95 York St. (Tel. 29 53 11), Informationsschalter am International Airport; Australian Tourist Commission (ATC), 5 Elizabeth St. (Tel. 2 33 72 33); Tourist Newsfront, 22 Playfair St., The Rocks (Tel. 27 71 97; umfangreiches Informationsmaterial und Karten, Buchungen); National Parks and Wildlife Service, 189 Kent St.; NRMA (Automobilclub), 151 Clarence St. (Tel. 2 36 92 11); Deutsche Zeitung: Die Woche, 3 Seddon St. (Tel. 7 07 49 99).

... *über Eingeborene:* Aboriginal Development Commission (ADC), 9. Floor, ADC Bldg., Ecke Elizabeth und King St. (Tel. 2 33 70 82).

... *über andere australische Staaten:* Queensland, 149 King St. (Tel. 2 32 17 88); Südaustralien, 402 George St. (Tel. 2 32 83 88); Tasmanien, 129 King St. (Tel. 2 33 25 00); Victoria,

150 Pitt St. (Tel. 2 33 54 99); Westaustralien, 92 Pitt St. (Tel. 2 33 44 00); Nordterritorium, 145 King St. (Tel. 27 18 12); Canberra (ACT), 9 Elizabeth St. (Tel. 23 30 60).

Öffentliche Einrichtungen und Notadressen: Hauptpost an der Martin Place (zwischen Pitt und George St., Mo–Fr 9.00–17.00 Uhr, 24 Std. Dienst am Telegramme Counter in der Pitt St.); Polizei (Headquarters): College St. (Tel. 3 39 02 77, Notruf 0 00 und 2 09 66); deutschsprachiger Arzt: Dr. Leon Gries, 24 Forest Road, Double Bay (Tel. 36 47 37); Krankenhäuser: Sydney Hospital, Macquarie St. (Tel. 2 30 01 11) und Crisis Centre, Wayside Chapel (Tel. 3 58 65 77); Notzahnarzt: Dental Hospital, 14 Chalmers St. (Tel. 2 11 55 46) sowie Dental Emergency Information (Tel. 2 67 59 19 und 6 92 03 33); Nachtapotheke: Tel. 4 38 33 33 und 4 39 40 55 (Auskunft) oder Blakes Pharmacy, 28 Darlinghurst Road, King's Cross (Tel. 3 58 67 12); Traveler's Aid Society, 358 Elizabeth St. (Tel. 2 11 22 75); Women's Amenities Centre, Park and Elizabeth Streets (Tel. 2 64 20 61); Dolmetscher Tel. 2 21 11 11 und 2 31 71 00, Straßennotdienst des NRMA Tel. 6 32 05 00.

Konsulate: u. a. Bundesrepublik Deutschland, 13 Trewlaney St., Woollahra (Tel. 3 28 77 33); Österreich, 352 Kent St. (Tel. 29 53 43); Schweiz, 203 New South Head Road, Edgecliff (Tel. 3 28 75 11); Neuseeland, 60 Park St. (Tel. 2 67 37 00); USA, Ecke Elizabeth St. und Park St. (Tel. 2 64 70 44); Indonesien, 222 Pitt St. (Tel. 2 64 29 76); Papua Neuguinea, 225 Clarence St. (Tel. 29 51 51); Thailand, 56 Pitt St. (Tel. 27 52 42).

Weitere ausländische Einrichtungen: Deutscher Club Concordia, 231 Stanmore Road, Stanmore; German-Austrian Society, 73 Curtin St., Cabramatta; Swiss Club of N.S.W., G.P.O. Box 3713, Sydney 2001; Goethe Institut, 90 Ocean St., Wollahra (Tel. 3 28 74 11).

Unterkunft

Klassifizierte Hotels: *in der City* ***** Menzies, 14 Carrington St.; ***** Sydney Hilton, 259 Pitt St.; ***** The Boulevard, 90 William St.; ***** Wentworth, 61–101 Phillip St.; ***** The Regent, 199 George St. (1983); ***** The Rocks Gateway, George St. (Eröffnung 1986);

**** Motel Cambridge Inn, 212 Riley St.; **** The York Motel, 5 York St.; *** Hyde Park Plaza Motor Inn, 38 College St.; *** A The Koala, Oxford Square, Pelican Street; *** A Wynyard Travelodge, 7–9 York St.; *** A Zebra Hyde Park Motel, 271 Elizabeth St.; *** Carrington, 57 York St.; *** Koala Park Regis Motel, Ecke Castlereagh und Park St.; *** Old Sydney Inn, The Rocks (1983); *** Central Plaza, Central Railway Station (1983); ** A Coronation, 7 Park St.; ** A Flying Angel Lodge, 11 Macquarie Place; ** A Grand, 30 Hunter St.; ** A Westend, 412 Pitt St.; ** Great Southern, 717 George St.; ** Gresham, 149 York St.; ** Hyde Park, 231 Elizabeth St.; * A Criterion, Ecke Pitt und Park Streets; * A Peoples' Palace Budget Travel, 400 Pitt St.

. . . in den Vororten ***** Manly Pacific International, 55 North Steyne (1983); **** Shore Inn Motel, 450 Pacific Hwy., Artarmon; **** Auburn Travelodge Motel, 95 Station Road; **** Camperdown Travelodge, 9 Missenden Road, Camperdown; **** Hilton Sydney Airport, 20 Levey St.; **** A Sebel Town House, 23 Elizabeth Bay Road, King's Cross; **** Hyatt Kingsgate, Ecke Victoria St. und King's Cross Road, King's Cross; **** Noah's Northside Gardens Motel, 54 Mc Laren St., North Sydney; **** North Sydney Travelodge, Blue St., North Sydney; *** A Artarmon Inn Motel, 472 Pacific Highway, Artamon; *** Bankstown Motel, 217 Hume Hwy., Bankstown; *** A Strata Motor Inn, Cremorne Centre, 287 Military Road; *** A New Crest, 111 Darlinghurst Road, King's Cross; ** A Berowra Heights Motel, Turner Road, Berowra; ** A The Blacktown Inn, 80 Blacktown Road East, Blacktown; ** Bondi, 178 Campbell Parade, Bondi Beach; ** Canberra Oriental, 223 Victoria St., King's Cross.

Einfache Hotels: *in der City* York, 46 King St.; Aranui Private, 75 Wentworth Ave.; C.B. Private, 417 Pitt St., nahe Central Station; Ritz, 233 Elizabeth St.

. . . in den Vororten: Bayline Motor Inn, Bondi Jct.; Adlon, 354 Edgecliff Road; Captain Cook, 162 Flinders St., Paddington; Olympic, 308 Moore Park Road, Paddington; Bernley, 15 Springfield Ave., King's Cross; Thelellen Beach Inn, 2 Campbell Parade, 223 Victoria St., King's Cross; Springfield Lodge, Beauregarde, 16 Billyard Ave., Elizabeth St.; Astra, 34 Campbell Parade; Plaza, 23 Darlinghurst Road, King's

Cross; Sharon Guesthouse, 264 Bondi Road, Bondi Beach; Waldorf Private, 3 Milson Road, Cremorne Point.

... in der weiteren Umgebung (Katoomba): Blue Danube Motel, Ecke Lurline und Waratah Streets; St. Elmo Private Hotel, 224 Katoomba St.; The Clarendon Guest House, Lurline St.

Jugendherbergen: YMCA, 325 Pitt St.; YWCA, 189 Liverpool St.; YHA State Office, 155 Kent St.; YHA Hostel, 28 Ross St.; Forest Lodge (2,5 km von der Central Station, Bus 412, 438, 440); mehrere Herbergen in der Umgebung (besonders schön: Towler's Bay).

Camping: La Mancha Cara-Park, 9 Pacific Hwy., Berowra; Lakeside Caravan Park, Ocean Parade, Narrabeen; Prospect Caravan Park, Great Western Hwy.

Sonstiges: Auskunft über *Privatunterkünfte* bei Australian Homestay, 18 Oxford St., und Tourex, 49 Darlinghurst Road (Tel. 3 57 39 39). *Apartments:* Sydney Visitors Apartments, 57 York St. (Tel. 2 90 11 66); *Farmurlaub:* Australian Holiday Farm, 309 Pitt St. (Listen im Verkehrsbüro).

Unterhaltung

Sydney ist die einzige Stadt Australiens, die Tag und Nacht eine Vielzahl von Unterhaltungsmöglichkeiten bietet. Die beste ›Single Bar‹ ist The Newport Arms am Pittwater im Norden der City, elegant die Marble Bar (Hilton Hotel). Es gibt mehrere gute Discos, Jazz- und Folklokale sowie Nachtclubs (u. a. Bull'n'Bush, 113 William Road, King's Cross, und im neuen Manly Pacific Hotel). King's Cross, das Zentrum des Nachtlebens, ist in jüngster Zeit stark in Verruf geraten. Weitere Auskünfte im ›Sydney City Monthly‹ (an Kiosken erhältlich), in ›This Week in Sydney‹ (im Verkehrsbüro) und im ›Sydney Morning Herald‹.

Central Coast mit Hawkesbury River und Hunter River Valley

Beliebte Ferienregion nördlich von Sydney mit guten Stränden, Lagunen und Weingütern sowie Großindustrie (Newcastle) und Kohlenbergbau.

Gosford: 38 205 Einwohner, Touristenzentrum am Brisbane Water, 80 km nördlich von Sydney. Besuchenswert: Eric Worell's Reptile Park (Schlangenmelken, täglich 9 Uhr – Sonnenuntergang geöffnet) und Freilichtmuseum *Old Sydney Town* (10 km östlich, gut rekonstruierte erste Siedlung von Sydney um 1810; Straßentheater, nachgestellte Gerichtsverhandlungen, mittwochs bis sonntags 10–17 Uhr geöffnet). An der Küste und am Brisbane Water südlich und westlich der Stadt schöne Strände, Sandsteinklippen und Wildblumen sowie ›Unterwasser-Wanderweg‹ im Marine National Park. Auf dem Hawkesbury River, der Broken Bay und dem Brisbane Water verkehren Schiffe.

Information: Tourist Information Centre, 200 Mann St.; **Unterkunft:** **** The Willows, *** Gosford Motel, ** Niagara Motel; an der Küste in Ettalong Ettalong Hotel, in Woy Woy *** Glades Colonial Motel.

Zwischen Gosford und Newcastle: Malerische Küstenlandschaft mit ausgezeichneten Stränden (besonders bei *Terrigal*, 11 km östlich von Gosford, dort auch 100 m hohe Klippe The Skillion) und mehreren Seen (Tuggerah Lake, 24 km nordöstlich von Gosford bei *The Entrance*; zwischen *Swansea*, *Belmont* und *Toronto* weiter nördlich Budgewoi Lake, Munmorah Lake und Lake Macquarie. Auf letzterem verkehrt das Showboat ›Wangi Wangi‹).

Unterkunft: in Wyong Central Coast Motel, in The Entrance The Lakes Hotel, Jugendherberge Camp Yondaio (5,6 km südlich von Swansea), mehrere Campingplätze.

Newcastle: 410 300 Einwohner, zweitgrößte Stadt von New South Wales, bedeutende Industriestadt (Eisen- und Stahlindustrie, Werften) und Exporthafen (Kohle), 85 km nördlich von Gosford am Pacific Highway. Im westlich gelegenen ›Black Coal Belt‹, dem ›australischen Ruhrgebiet‹, finden sich große Steinkohlenvorkommen. Von 1801 bis 1820 fungierte Newcastle als Strafkolonie (›Hölle von New South Wales‹). Ab 1841 Kohle-

Industrieanlagen bei Newcastle

export und Entwicklung zur Hafen- und Industriestadt. Im Cultural Centre moderne Kunst, vom Obelisk am Hafen weiter Blick. Der Besuch verschiedener Industrieanlagen (BHP Steelworks, State Docks) ist möglich. Auf dem Hunter River Riverboat-Fahrten.

Information: City Council, Administration Centre. **Unterkunft:** *** Novocastrian Motel (21 Parnell Place), ** Great Northern Hotel (Scott St.), * Beach Hotel (Merewether), mehrere Campingplätze.

Hunter River Valley: Fruchtbares Flußtal nordwestlich von Newcastle (Milchvieh, Wein, Kohlenbergbau). Südwestlich von *Maitland* (28 km) liegen die Weingüter von Cessnock und Pokolbin (sehr guter Rotwein), u. a. Tyrrell's Rothbury, Quedlinburg, Rosemount, Dr. Max Lang Winery und Windermere Winery. Bei *Singletown* (46 km nordnordwestlich von Maitland) beginnt der zerklüfte *Wollombi (Wollemi) National Park* (Felsmalereien im Tupa Valley und im Howes Valley), 48 km weiter nordwestlich kann man in *Muswell-brook* die koreanisch-australische Drayton Coal Mine besichtigen. Über *Scone* (26 km, berühmter Viehmarkt) und *Wingen* (20 km weiter nördlich; der Mt. Wingen, ein Kohleflöz, brennt seit 2000 Jahren) geht es zu einem pittoresken, von steilen Bergen umgebenen Tal mit dem kleinen Ort *Murrundi* (20 km, interessante italienische Kirche).

Verkehr: u. a. Batterhams Coaches täglich 9 Uhr von Sydney (Circular Quay) zu den Weingütern, Hunter River Winetaster-Zug Sa 8.12 Uhr ab Sydney (Central Station). **Information:** Cessnock Wine Society, Wollombie Road (Karten); **Unterkunft:** in Pokolbin *** Brockenback Lodge und *** Wine Village Inn, Hotels auch in Maitland, Singleton, Muswellbrook, Scone und Murrurundi.

New England Tableland

Mit 32725 km² Fläche bildet dieses bis 1600 m hohe Plateau das größte Hochland Australiens. Einst lebten hier die Anaiwan und die Kamilaroi, die bis zu 1,20 m breite Steinstraßen (Reste bei Tunstable Falls, Tamworth) anlegten. Heute wird hier vor allem Milchvieh gezüchtet. Eine Baumkrankheit zerstört derzeit weite Teile der hiesigen Eukalyptusbestände. Das New England Tableland durchschneidet der gleichnamige Highway, der bis nach Warwick (Queensland, vgl. S. 272) führt. 20 km hinter Murrundi (s. o.) gelangt man nach *Willow Tree* (Abzweig nach Gunnedah-Moree, s. u.) und nach weiteren 30 km (einige km nördlich von Wallabadah) zu einer nach Osten führenden Nebenstraße, die nach 20 km die Geisterstadt *Nundle* erreicht (ehemalige Goldmine, zahlreiche Schächte und Ruinen). Von hier sind es 50 km bis *Tamworth* (34 500 Einwohner, Agrarzentrum im Peel River Valley). Sehenswert: Folk Museum, City Art Gallery, gepflegte Parks und Gärten.

40 km nordöstlich zweigt bei Bendemeer der Oxley Highway nach Südosten ab, der nach 25 km die Kleinstadt *Walcha* passiert (Folk Museum). In der Umgebung der *Apsley Gorge National Park* (20 km südöstlich; 300 m hohe Klippen, Wasserfälle, Forellen). Von Walcha kann man in nordwestlicher Richtung zum New England Highway bei *Uralla* (67 km) zurückkehren. Im Frühling blühen in dieser Gegend (u. a. Arding Lanes) viele Obstbäume. Nach 23 km in nordöstlicher Richtung ist *Armidale* erreicht (19 210 Einwohner; Hauptstadt der New England Region, Universität und Teacher's College. Sehenswert: Howard Hinton Art Gallery). Beiderseits der von dort nach Grafton (207 km) führenden Straße finden sich mehrere schöne Wasserfälle (*Wollomombi Falls,* 481 m hoch, 42 km von Armidale, und *Ebor Falls,* 300 m hoch, 41 km weiter). Südöstlich der Ebor Falls dehnt sich der *New England National Park* mit seiner subtropischen Vegetation, Wildblumen, Wasserfällen und Aussichtspunkten aus. Fährt man auf dem New England Highway weiter gen Norden, gelangt man über *Guyra* (39 km, Panoramablick vom Chandler's Peak, 1447 m) und *Ben Lomond* (1200 m, höchste Eisenbahnstation Australiens) nach *Glen Innes,* einer pittoresken Bergstadt 99 km nördlich von Armidale (im nahen *Dunvegan* Saphire). Von Glen Innes lohnt ein Ausflug auf dem Gwydir Highway zum 70 km entfernten *Gibraltar Range National Park* mit seinen Baumorchideen und anderen Wildblumen. 92 km nördlich von Glen Innes liegt in einer ausgesprochen schönen Landschaft die Kleinstadt *Tenterfield* (Apfelplantagen). Umgebung: Boonoo Boonoo Falls, Bald Rock National Park (Granit-Monolithen), im Long Gully seltene Palmen und Baumfarne, bei Steinbrook Fossilienfunde. Von Tenterfield kann man weiter nach Warwick (113 km nördlich) oder Casino (129 km östlich) fahren.

Folgt man von Glen Innes dem Gwydir Highway dagegen in westlicher Richtung, erreicht man nach 69 km das Agrarzentrum *Inverell* am Macintyre River (Getreide-, Kartoffel- und Obstanbau, Schaf- und Rinderzucht). In der 10 000-Einwohner-Stadt sind das Pioneer Village (Museum) und der Gilgai Red Vineyard (guter Rotwein) sehenswert. 40 km westlich (Abzweigung vom Gwydir Highway bei Delungra) liegt der *Myall Creek,* wo im Juni 1838 zahlreiche eingeborene Kinder, Frauen und Männer von weißer Grenzpolizei ermordet wurden. Bei *Bingara* (20 km südwestlich von Inverell bzw. 42 km nördlich von Bingara) werden Diamanten, Turmaline und Saphire gefördert, in *Tingha* (20 km südöstlich von Inverell) gibt es eine alte Zinnmine (Museum; in der Nähe berühmte Gestüte).

North West

Rinderzucht- und Weizenanbaugebiet, in jüngster Zeit auch Baumwollpflanzungen. Wichtigster Ort ist *Moree,* wo die Overseas Telecommunications Station (Besichtigung montags bis freitags möglich) und die Artesian Bore Baths (Mineralthermen, 43 °C) einen Besuch lohnen. Die Stadt wird seit Jahren von Rassenunruhen erschüttert, denn ⅓ der 9490 Einwohner sind Eingeborene, von denen 90% keine Arbeit haben. 20 km südlich von Moree liegt eine große Eingeborenensiedlung (zumeist Kamilaroi und Wirajarai). Von Moree kann man weiter gen Westen zu den Opalfeldern von Lightning Ridge fahren. Der direkte Weg dorthin führt über den Gwydir Highway (250 km). Etwas länger (280 km) ist ein Abstecher über *Mungindi* (124 km nordwestlich von Moree am Carnarvon Highway), wo es eine sehr interessante ›Aboriginal Shearing School‹ gibt (die einzige Schafschererschule für Eingeborene in Australien). Von hier sind es 97 km in südwestlicher Richtung nach *Collarenebri* (Angler- und Wildblumenparadies am Barwon River) und ca. weitere 60 km (westlich) bis zu dem berühmten Opalzentrum *Lightning Ridge* (3500 Einwohner). ›The Ridge‹, 765 km nordwestlich von Sydney gelegen (von dort auch via Dubbo und Walgett zu erreichen), ist berühmt wegen des hier gefundenen schwarzen Opals, des teuersten der Erde, der im Gegensatz zu anderen Opalen nicht nach Unzen verkauft wird, sondern nach Karat. Für den wertvollsten und größten bisher gefundenen Stein, die ›Queen of Earth‹ (der Finder hatte ihn für 200 A$ verkauft), zahlte John D. Rockefeller 1,5 Millionen A$. Versehen mit einem ›Miner's Right‹ (im Mining Office erhältlich) und ›Puddlers‹ (Metallsieben), in denen die ›Nobbies‹ (opalhaltige Klumpen) zurückbleiben, kann man sein Glück versuchen. Kaufen sollte man Opale nur in ›Showrooms‹ oder (billiger) in Sydney, nicht bei Straßenhändlern. An Ostern wird ein Opal-Festival veranstaltet.

Von Lightning Ridge kann man nun direkt nach Sydney zurückkehren oder ab *Walgett* (74 km südlich) auf einer ungepflasterten Straße durch den *Phillip Scrub* (seltene Pflanzen und Tiere, Baumwollfelder)

und durch das nur acht Einwohner zählende Dorf *Come by Chance* in die 200 km östlich gelegene Stadt *Narrabri* fahren. Dort sind das Radio Heliograph and Solar Observatory (Messung von Sterngrößen) und die Cotton Ginnery (Baumwollspinnerei) zu besichtigen. 120 km südwestlich liegt der *Warrumbungle National Park,* eines der schönsten Wandergebiete Australiens (tiefe Schluchten, vulkanische Berge wie der Crater Bluff mit 300 m senkrechter Felswand; der ›The Breadknife‹ genannte Felsen ist 90 m hoch, aber nur 1,5 m breit). 90 km südöstlich von Coonabarabran kommt man durch den Ort *Coolah* mit seiner berühmten Weinbar (Black Stump Motel). Von hier sind es 90 km bis Muswellbrook (s. o.).

Verkehr: ab Sydney nach Lightning Ridge Sondertouren (u. a. dreitägige Flugreisen von Ansett). **Information:** in Tamworth Tourist Centre (445 Peel St.), in Armidale Tourist Authority (135 Rusden St.), in Inverell Aboriginal Development Commission (22, Evans St., Byron Arcade).

Unterkunft: in Tamworth *** Colonial Motor Inn, ** Motel Marion, * Central Hotel, in Walcha New England Motel, in Armidale *** Armidale Acres Motel, ** Rose Villa Motel (beide am New England Hwy.), * Barbatos Hotel (Marsh St.) und Jugendherberge (Grafton St., eine weitere am Styx River, südlich der Wollomombi Falls, 55 km), in Guyra Motel Guyra, in Glen Innes *** Alpha Motel und ** Boomerang Motel, in Tenterfield *** Jumbuck Motor Inn, ** Royal Motel und * Telegraph Hotel, in Inverell *** Cousins Motor Inn und ** Royal Hotel, in Bingara Fossickers Way Motel, in Moree Maria Motel, in Mungindi Jolly Swagman Motel, in Lightning Ridge Hotel, in Walgett Imperial Motel, in Narrabri Kaputar Motel, in Coonabarabran Country Comfort Hotel und Jugendherberge, in Coolah Motel.

North Coast

Zwischen Newcastle und Tweed Heads an der queensländischen Grenze erstreckt sich eine sehr fruchtbare Region (Obst, Gemüse, Weizen und Milchviehzucht, im nördlichen Teil Zucker und Bananen), die vom Pacific Highway und der Eisenbahnlinie Sydney–Brisbane durchzogen wird. Nördlich von Newcastle folgen zunächst *Raymond Terrace* (30 km, Irrawang House von 1830) und – abseits des Pacific Highway – die Strände am Port Stephens (Lagune) und bei *Nelson Bay* (die besten sind Fingal Bay, Zenith Beach und Box Beach; durch das pittoreske Tomaree Headland kann man wandern). 27 km nördlich von Raymond Terrace zweigt eine Straße nach Nordwesten zum 50 km entfernten *Dungog* ab, von wo aus man nach weiteren 50 km den *Barrington National Park* erreicht (Barrington Tops, 1585 m; zerklüftetes Plateau, Regenwald, Forellenbäche, Wandergebiet). Über *Stroud* geht es von dort wieder zum Pacific Highway bei *Bulahdelah*. Östlich von Bulahdelah erstreckt sich entlang der Küste der *Myall Lakes National Park* (mittwochs Ausflüge mit der ›Tambo Queen‹), dahinter folgt eine Nebenstraße zu den Badeorten *Forster* und *Tuncurry* am fischreichen Wallis Lake, die vor *Taree* wieder auf den Pacific Highway (50 km) trifft. Nördlich von Taree zweigt links eine Straße zum *Comboyne Highland* ab (schöne Wasserfälle, Regenwälder) und nach rechts eine zum pittoresken *Camden Haven* (ausgezeichnetes Angelrevier), bevor man nach weiteren 25 km auf die Hafenstadt *Port Macquarie* stößt (10 600 Einwohner; guterhaltene historische Gebäude wie St. Thomas Church und Historical Museum; 22 km westlich das Holzfäller-Freilichtmuseum *Timbertown*). Weiter an der Küste entlang gelangt man nach 30 km zum *Crescent Head Beach*, einem der drei besten Surfstrände Australiens. 19 km weiter liegt die Stadt *Kempsey* (beachtenswert der Aboriginal Camera Club; 35 km nordöstlich die Trial Bay mit den Ruinen eines Zuchthauses, wo 1914–1920 mehr als 500 deutsche Zivilisten interniert waren). Über *Macksville*

Auf dem Highway No. 1

Farm bei Lismore

(53 km nördlich von Kempsey; Abzweig zum ausgezeichneten Strand *Scotts Head*), *Nambucca Heads* und *Urunga* (von hier 50 km lange Straße in nordwestlicher Richtung zum Dorigo National Park) erreicht man den Strand *Sawtell* (28 km von Urunga) und schließlich den Ort *Coff's Harbour*, ›Bananen-Hauptstadt‹ und größter Holzexporthafen des Landes. Die Besichtigung der Mc Cauley's Head Plantation (kenntlich durch die ›Big Banana‹, eine riesige Attrappe) ist wochentags möglich. Gute Strände finden sich bei *Moone* (11 km nördlich) und *Woolgoolga* (14 km nördlich). Von dort sind es 84 km bis *Grafton* (16 560 Einwohner), Hauptstadt des fruchtbaren Clarence River District, die für ihre herrlichen Jacaranda-Bäume berühmt ist (während der Blütezeit im September großes Festival mit Umzügen). Sehenswertes Schaeffer House Museum. In der Nähe des oberen *Clarence River*, so bei Copmanhurst im Nobby's Bully, bei Wombah und bei Seeland, gibt es großartige Felszeichnungen, bei Blaxland's Flat einen 1100 Jahre alten Eingeborenenfriedhof. 125 km nordwestlich von Grafton (an der Straße nach Glen Innes) liegt der *Gibraltar Range National Park*, 60 km nordöstlich (bei Yamba und Angourie) der *Yuraygir National Park*, eine der schönsten Küstenlandschaften Australiens (Blue Lake, Angourie Beach, Susan Island mit Regenwald). Dahinter überquert der Pacific Highway den Clarence River (rechter Hand führt auf dem Nordufer eine Nebenstraße zum *Iluka Rainforest*), passiert dann den *Bundjalung National Park* und erreicht *Woodburn* (hier Abzweig zum guten Strand beim Hochseeanglerzentrum *Evans Head*, gute Fischrestaurants). 37 km weiter nordöstlich liegt der Badeort *Ballina* (sehenswert die 1800 Jahre alten, von den Badjalang angelegten Muschelhaufen. Beste Strände: Shelley Beach, Shaws Bay, Lighthouse Surf Beach und etwas weiter nördlich Lennox Heads Beach). 34 km westlich von Ballina liegt die Stadt *Lismore*, das mit 32 600 Einwohnern

größte Zentrum an der Nordküste von New South Wales. In dem sehr fruchtbaren Gebiet am Richmond River wachsen Zucker, Südfrüchte und Getreide; außerdem werden Milchkühe gezüchtet. Sehenswert: im Historical Museum und in der Lismore Art Gallery sehr gute Sammlungen eingeborener Kunstgegenstände, in der nahen Tucki Tuckurimba Reserve leben Koalas. 48 km südlich der Stadt liegt bei Woodburn (Richmond River) die kleine Siedlung *New Italy*, wo sich 1881 zahlreiche Lothringer, Elsässer und Italiener niederließen, 30 km südwestlich besitzt *Casino* ein interessantes Folk Museum. Am *Mt. Lindsay* (westlich von Lismore) leben im Toonumbar Star Forest bis zu 1,80 m lange Digasterlongmani-Regenwürmer (Wurmfarm), einige Kilometer nördlich davon gibt es bei *Kyogle* schöne Wasserfälle. 20 km nördlich von Lismore befindet sich an den *Nimbin Rocks* das größte Hippie-Zentrum des Kontinents, wo die australische ›Back to the Land‹ – Bewegung ihren Ursprung hatte. Über *Bangalow* (36 km) am Pacific Highway kann man nun in das 5 km weiter nordöstlich gelegene *Byron Bay* fahren. Das vorgelagerte Cape Byron ist die östlichste Landspitze Australiens. (25 m hoher Leuchtturm, Aussicht. Unterhalb des Leuchtturms der Watego Beach, einer der besten Brandungsstrände Australiens). Über *Brunswick Heads* (20 km nördlich) führt der Pacific Highway weiter nach *Murwillumbah* am Tweed River (ausgedehnte Bananen- und Zuckerplantagen; einige Kilometer westlich der 1156 m hohe Mt. Warning und die Madura Tea Estate). 31 km nordöstlich folgt der Ferienort *Tweed Heads* kurz vor der Grenze zum Staat Queensland (im Sommer Zeitgrenze, dann Uhr eine Stunde zurückstellen). In dem einstigen Nationalgebiet der Baubai und der Kalibal werden heute Bananenanbau und Fischfang betrieben; viele Einwohner sind Nachkommen der einst von Sklavenjägern nach Australien entführten Melanesier und Polynesier, die die australische Zuk-

kerindustrie aufbauten. Sehenswert ist das Marineland Aquarium (Haie, Delphine). Von den nahen Terranora Lakes bei *Bilimbil*, dem ›Dach der Goldcoast‹, hat man einen großartigen Ausblick bis zum Meer und zu den westlich gelegenen Mc Person Ranges, die zusammen mit den Tweed Ranges den *Border Ranges National Park* bilden (ausgedehnte Regenwälder, Klippen, 40 m hohe Hoop Pines auf dem Levers Plateau).

Information: Tourist Bureaus in Nelson Bay, Port Stephens, Port Macquarie (Horton St.), Kempsey (1 Smith St.), Nambucca Heads, Coff's Harbour, (Fitzroy House), Grafton (Prince St.), Lismore, Ballina (North St.), Murwillumbah (Alma St.), Tweed Heads (Pacific Hwy.); Büros der Aboriginal Development Commission in Port Macquarie (31 Short St.) und Lismore (216 Molesworth St.).

Unterkunft: in Nelson Bay *** Aloha Villa (Raymond Terrace) und ** Spinning Wheel Hotel, in Forster ** Casita Motel, in Dungog Tall Timbers Motel, in Port Macquarie *** Beachfront Motel, ** Bell Air Motel und * Port Macquarie Hotel, in Kempsey *** All Nations Motor Inn und ** Fairway Lodge, in Nambucca Heads *** Blue Dolphin Motel und ** Nirvana Village, in Coff's Harbour *** Big Windmill Lodge, ** Arosa Motel und * Plantation Hotel, in Moonee Beach Elizabeth Lodge, in Grafton *** Camden Lodge, **Crown Hotel und * Abbey Motor Inn, in Yamba Moby Dick Motel, in Casino *** Casino Motor Inn, ** Sunset Motel und * Tattersalls Hotel, in Lismore *** Centre Point Motel, ** Canberra Hotel, in Ballina *** All Seasons Motor Inn und ** Cubana Motel, in Evans Head Illawong Hotel, in Lennox Head *** Lennox Head Motel, in Byron Bay *** Faymist Motel, ** Beacon Motel und * Surfside Motel, in Bangalow Palm Holiday Health Farm (10 km südlich von Cape Byron), in Brunswick Heads *** Heidelberg Inn, ** Casa Blanca Inn und * Brunswick Hotel, in Murwillumbah *** Murwillumbah Inn, ** Tweed River Hotel und * Imperial Hotel, in Tweed Heads *** Cooks Endeavour Inn, ** Fisherman's Bend Motel und ** Golden Wanderer Motel. Außerdem *Privatunterkünfte* und *Hausboote* (Myall Lakes, Port Macquarie, Grafton, Tweed Heads). *Jugendherbergen* u.a. in Carrington bei Newcastle, Girvan (weiter nördlich), Wauchope bei Pt.

Macquarie, Nelson Bay, Byron Bay, Murwillumbah. *Farmurlaub* in Grafton, Kyogle, Nimbin und Murwillumbah. *Campingplätze* in allen genannten Orten (z. T. Mietcaravans, Kabinen).

Illawarra Coast und Far South Coast

Südlich des Royal National Park bei Sydney (vgl. S. 76) beginnt eine ausgesprochen reizvolle Küstenlandschaft mit ausgezeichneten Stränden, steilen Klippen und ausgedehnten Wäldern. An zahlreichen Stellen (Currarong, Burrill Lakes, Durras North, Sassafras u. a.) fanden Archäologen bis zu 20 000 Jahre alte Werkzeuge, die die einst dichte Besiedlung des Gebiets belegen. Man verläßt Sydney in südlicher Richtung auf dem Princes Highway, von dem man nach 41 km zum *Stanwell Park* an der Küste abbiegen kann (herrlicher Ausblick). Das nahe Lawrence Hargrave Memorial erinnert an einen Flugpionier, der hier 1894 seine Flugapparate ausprobierte (der einzige erhaltene befindet sich im Deutschen Museum, München). Über den *Sublime Point Lookout* (Ausblick), den *Bulli Lookout* und den kleinen Ort *Thirroul* (hier schrieb der englische Dichter D. H. Lawrence seinen bekannten Roman ›Kangaroo‹) gelangt man nach Wollongong (10 km weiter).

Wollongong: 226 300 Einwohner, drittgrößte Stadt von New South Wales und siebtgrößte Australiens, bedeutendes Industriezentrum (Stahlwerke) am Princes Highway, 82 km südlich von Sydney. In der Nähe dehnen sich einige der größten Steinkohlenflöze des Kontinents aus. Besuchenswert sind das Folk Museum am Market Square (mittwochs bis sonntags 14.00–17.00 Uhr geöffnet), die Botanical Gardens am Mt. Keira, die Gärten der University of Wollongong, der Fishmarket (täglich 7.30–17.00 Uhr) und die Steelworks (Führungen montags bis freitags 9.30; Dauer 6 Stunden, geschlossene Schu-

Wellenbrecher bei Wollongong

he Vorschrift; Kinder unter 10 Jahren haben keinen Zutritt).

Information: Travel Bureau, 176 Keira St. **Unterkunft:** *** Boat Harbour Motel (7 Wilson St.), *** Crown Hotel (Crown St.), ** Piccadilly Motel (349 Crown St.), ** Harp Hotel (124 Corrimal St.), * Hotel North Wollongong (Flinders St.). Camping im Bulli Holiday Park (Farrell Road).

Zwischen Wollongong und dem Cape Howe (Grenze zu Victoria): 5 km südlich von Wollongong liegt östlich des Princes Highway der idyllische *Lake Illawarra.* 14 km südlich zweigt der Illawarra Highway in westlicher Richtung nach Moss Vale ab (53 km, vgl. S. 93), nach 18 km folgt *Kiama*, eine kleine Feriensiedlung am Minnamurra River. Sehenswert: Blowhole (Naturspringbrunnen), Cathedral Rocks (hektagonale Säulen), 10 km westlich die ›hängenden Gärten‹ von Jameroo und die Minnamurra Falls (Zedernwald, Museum). Vorbei am Saddleback Mountain (Regenwald, Wildblumen, Vögel) führt der Princes Highway weiter über *Gerringong* (10 km, guter Strand, 10 km weiter Seven Mile Beach National Park) nach *Nowra* am Shoalhaven River. 11 km östlich kann man in *Coolangatta* an der Flußmündung Glasbläser und Töpfer bei der Arbeit beobachten. Am Oberlauf des Shoalhaven River entsteht ein großes Elektrizitätswerk (Besichtigung möglich; Auskunft im Verkehrsbüro). An der *Jervis Bay* (21 km südöstlich von Nowra), einem der besten Naturhäfen Australiens, liegen die Badeorte Huskisson und Currarong (Angelwettbewerbe) sowie das Naval College des Australian Capital Territory. An der nahen *Wreck Bay* leben 120 Eingeborene, deren Siedlung durch Ferienhausbauten der Weißen immer weiter zurückgedrängt wird. 47 km südlich von Jervis Bay folgt der beliebte Ferienort und Fischereihafen *Ulladulla* (im Mai ›Fleet Festival‹, in der Nähe mehrere schöne Seen wie Lake Burrill und Lake Conjola). 54 km südlich von Ulladulla befindet sich an der Mündung des idyllischen Clyde River der Bade-

ort *Bateman's Bay,* wegen seiner Nähe zu Canberra (150 km westlich) der beliebteste Ferien- und Wochenendort der Hauptstädter (auf der vorgelagerten Tollgate Island leben Pinguine). Auch das Milchzentrum *Moruya* (27 km südlich) ist bei Urlaubern beliebt (guter Strand an den Moruya Heads, einige Kilometer westlich die Geisterstädte *Araluen* und *Merrigundah*). Vorbei am *Tuross Lake* (25 km) und der hübschen All Saints Church von *Bodalla* gelangt man nach weiteren 23 km in das berühmte Hochseeanglerzentrum *Narooma*, woher besonders schmackhafte ›Mud Oysters‹ (Schlammaustern) stammen (westlich des Ortes der einsame Wadbilliga National Park mit dem Brogo River). Dann folgen der *Lake Cohunna* (Wassersport), die *Mystery Bay* und schließlich nach 20 km der ruhige Badeort *Bermagui* (im Oktober Tuna Festival mit Horse Show). Vom Mt. Dromedary (797 m) bietet sich ein ausgezeichneter Ausblick bis zur vorgelagerten *Montague Island* (beschränkter Zutritt, da Nistplatz von Zwergpinguinen, Seemöwen und Sooty Terns; vor der Insel werden bis zu 700 Pfund schwere Black Marlins gefangen. 50 km weiter südlich liegt *Bega,* die Hauptstadt der Far South Coast und Zentrum der Milchviehzucht in New South Wales. Sehenswert: Kameruka Cheese Factory, Bega Valley Lookout (Rundblick), Tathra Beach (18 km, Bootsfahrten auf dem Bega River nach Tathra). Über den Snowy Mountains Highway gelangt man von Bega nach Cooma (116 km nordwestlich, s. u.) Der Princes Highway führt weiter über *Merimbula* (32 km, guter Strand, Ausblick vom Myrtle Mountain) nach Eden (26 km weiter, s. u.).

Information in Kiama Tourist Committee (Manning St.), ferner Tourist Bureaus in Ulladulla, Bateman's Bay und Bega. **Unterkunft** in Kiama *** Briggdale Seaside Motel, ** Beachfront Hotel, * Grand Hotel und Jugendherberge (in Gerringong), in Huskisson *** Jervis Bay Motel und ** Sportsman's Lodge, in Currarong Ferien- und Gästehäuser, in Ulladulla *** Albacore Motel, ** Quiet Garden Motel und ** Marlin Hotel, in Burrill Lake Edgewater Motel, in Mollymook Beachpoint Motel, in Bateman's Bay *** Clyderiver Lodge, ** Hanging Rock Motel und * Bayside Motel, in Moruya ** Luthana Motel und The Oaks Ranch, in Narooma *** Whale Motor Inn, ** Montague Motel und * Hylands Hotel, in Bermagui *** Beachview Motel und * Bermagui Hotel, in Bega *** Bega Motel, * Commercial Hotel und einfaches Central Hotel, in Merimbula *** Black Dolphin Motel und ** Norfolk Pines Motel. Zahlreiche Campingplätze (z. T. Mietcaravans und Kabinen).

Eden: 2210 Einwohner, Kleinstadt an der pittoresken Twofold Bay, 489 km südlich von Sydney und 61 km von Bega, Urlaubs- und Angelzentrum. 1842 gründete hier der schottische ›Blackbirder‹ (Sklavenhändler), Bankier, Walfänger, Viehzüchter und Parlamentarier Benjamin Boyd die Siedlungen Boydtown und East Boyd. Boyd stieg rasch zu einem der einflußreichsten Männer der Kolonie auf; ihm gehörten schließlich 8 Millionen ha Land, auf dem zwangsrekrutierte Insulaner von den Neuen Hebriden und den Salomonen gegen geringstes Entgelt schuften mußten. Boydtown sollte zum Konkurrenten von Sydney und sogar zur Hauptstadt ganz Australiens werden. 1850 geriet Boyd aber in finanzielle Schwierigkeiten; er segelte nach Kalifornien, um Gold zu suchen, und fiel bei seiner Rückfahrt auf den Salomonen Kannibalen zum Opfer. Die Glocke seiner Yacht ›Wanderer‹ hängt heute im Foyer der Royal Sydney Yacht Squadron am Wudyong Point (unweit des ehemaligen Boydschen Wollagers an der Neutral Bay). Sehenswert: Im Eden Whaling Museum sind Skelette von ›Killer Whales‹, 70 Millionen Jahre alte Fossilien und eine ›Portuguese Vase‹ zu sehen, in *Boydtown* (10 km südöstlich) stehen das restaurierte Sea Horse Inn und eine neogotische Kirche. Vor der Küste ausgezeichnete Tauchreviere. 50 km südlich des *Ben Boyd National Park* erstreckt sich an der Desaster Bay die *Nadgee Fauna Reserve* (nur mit Permit des Local Council in Eden

zu betreten), wo 3000 schwarze Schwäne leben (herrliche Dünen-, Heide-, Seen- und Waldlandschaften sowie große Muschelhaufen von Eingeborenenfesten). An der 20 km weiter südlich gelegenen *Bittangabee Bay* finden sich die Ruinen eines Blockhauses und einer Umzäunung. Sie stammen angeblich von dem portugiesischen Admiral Cristóvão de Mendoça, der möglicherweise 1524 hier überwinterte (vgl. S. 47).

Verkehr: montags, mittwochs und freitags 10.00, 13.00 und 15.00 Uhr mit Historical Bay Tours von Eden in die Umgebung. **Unterkunft:** *** Bayview Motor Inn, *** Blue Barlin Motel, ** Sapphire Coast Motel, ** Australiasia Hotel, Campingplätze (Eden Tourist Park, Ben Boyd National Park, Saltwater Creek).

Snowy Mountains (›Australische Alpen‹)

Die Schneeberge im Süden von New South Wales mit ihren 7000 km² großen Schneefeldern, auf denen der Schnee sechs Monate lang liegen bleibt, mit den höchsten Bergen des Kontinents (Mt. Kosciusko, Mt. Twynham, Mt. Townsend, Mt. North Ramshead und Mt. Carruthers erreichen über 2100 m), den weiten Hochebenen und dem schnellfließenden Snowy River werden offiziell ›Australian Alps‹ genannt. Mitten in dem landschaftlich außerordentlich reizvollen Gebiet erstreckt sich der 6122 km² große Kosciusko National Park mit einem ausgezeichneten Skigebiet (Saison November bis Dezember), am Rande ist eines der größten Erschließungsprojekte Australiens entstanden: Das Snowy Mountains Irrigation and Hydroelectric Scheme, gebaut zwischen 1949 und 1972, ist eines der kühnsten Ingenieurprojekte der Erde. Seine 16 großen Staudämme (darunter der Lake Eucumbene als größter Erddamm der Welt), 34 km Tunnel und 80 km Aquädukte leiten die von Schneewasser gespeisten Bergflüsse (Eucumbene, Snowy u. a.) nach Westen um, wo 2500 km² Landes bewässert werden; sieben Turbinen-Kraftwerke erzeugen jährlich 3740 Megawatt Strom. Verwaltungssitz ist Cooma (dort auch Führungen).

Cooma: 8000 Einwohner. Der ›Gateway‹ zu den Snowy Mountains liegt in 811 m Höhe 418 km südwestlich von Sydney, 111 km südlich von Canberra und 483 km nordöstlich von Melbourne. An der Avenue of Flags hängen die Flaggen der Länder, aus denen die Erbauer des Snowy Montains Scheme stammten (über 50). Außerdem sehenswert: Clogs Cabin (Herstellung von Holzschuhen) und Cooma Monaro Folk Museum (5 km), Mt. Gladstone (2 km, sehr guter Blick auf die Schneeberge). Im Februar findet ein Festival (mit Rodeo und Froschweitsprung-Wettbewerb) statt.

Umgebung: 37 km südlich liegt die hübsche kleine Stadt *Nimmitabel* und 43 km

weiter (in Richtung Bega) der Ort *Bemboba* (beide in einer herrlichen Berglandschaft mit großen Wäldern; besonders sehenswert das Bibbenluke Valley). Über *Bombala* (50 km südlich von Nimmitabel) führt eine landschaftlich sehr reizvolle Straße (nicht asphaltiert) nach Orbost und Mallacoota in Victoria (vgl. S. 133). In *Adaminaby* (1021 m hoch, 50 km nordwestlich von Cooma) kann man Boote mieten, auf dem Lake Eucumbene (145 km²) Forellen angeln und auf der Hallstrom-Insel Emus, Känguruhs und Vögel besichtigen. Via *Berridale* (33 km südlich) geht es nach *Dalgetty* (Forellenzucht). In *Jindabyne* (25 km weiter) steht ein Wegweiser nach europäischen Städten (u. a. Innsbruck 11 154 Meilen). Von dort führt eine landschaftlich sehr schöne Strecke (Barry Highway) nach Victoria.

Information: Tourist Bureau (158 Sharp St.), Cooma Visitors Centre (Centennial Park). **Unterkunft:** in Cooma *** Alkira Motel (213 Sharp St.), *** Marlborough Motel (Monaro Hwy.) ** Cooma Motor Lodge (6 Sharp St.), **

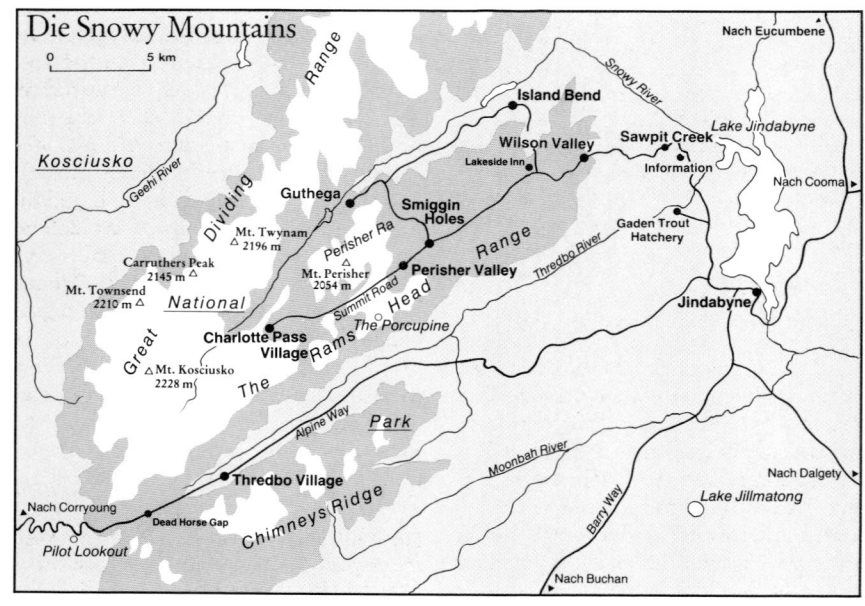

Die Snowy Mountains

Landschaft bei Cooma am Fuß der Snowy Mountains

Holiday Motel (196 Sharp St.), ** Sunset Summit Motel, ** Swiss Motel (34 Massie St.), * Family Motel (Massie St.), * Happy Pine Hill Lodge (Snowy Mountains Hwy.), Ivy Lodge (17 Amos St.), Monaro Hotel (122 Sharp St.), Farmurlaub (Litchfield). In Adaminaby *** Country Club, ** Snow Goose Motel, Providence Lodge und Farmurlaub (San Michele Farm, 15 km südlich), in Jindabyne *** Lake Jindabyne Motel, ** Snowy Valley Motel, Vikes Lodge, Adelboden und Sommerblick Lodge sowie Troldbaugen Hotel, in Bibbenluke Valley Lodge, in Berridale *** Southern Cross Inn und * Peels Inn, in Bombala ** Maneroo Motel und ** Southern Gateway Motel, in Nimmitabel Motel und Hotel Tudor. Camping in Cooma, Adaminaby, Jindabyne, Berridale, Bombala und Nimmitable.

Kosciusko National Park: Man kann den Park von Cooma auf einer Rundreise über den Snowy Mountains Highway und den Alpine Way durchfahren, auch von Tumut (Zufahrt vom Hume Highway Sydney – Melbourne) ist er erreichbar. Das beliebte Skizentrum *Kiandra* (1392 m hoch, 86 km westlich von Cooma) ging aus einer Goldgräbersiedlung hervor (1859 Funde

am Bullock Head Creek in einem ehemaligen Steinbruch der Eingeborenen). 22 km nördlich von Kiandra liegen die *Yarrangobilly Caves* (Besichtigung, Thermalbad), der Mt. Selwyn ist ein gutes Skigebiet. In *Cabramurra* (20 km südlich), der höchstgelegenen Dauersiedlung Australiens (1464 m), befindet sich das 300 m lange unterirdische Tumut 1-Kraftwerk (320 Megawatt Strom, französischer Hersteller). *Tumut* (90 km nordwestlich von Kiandra), wo viele aus Europa importierte Bäume stehen, feiert im Mai das Festival of the Falling Leaves. 34 km südlich von Tumut liegt *Batlow* (Kieferwald, Obstplantagen, Chinese Dam von 1853, Trout Farm; im Oktober Apple Blossom Festival). Von *Khancoban* (102 km westlich von Cooma) bietet sich der beste Blick auf den Mt. Kosciusko.

Information: Tourist Association, Tumut. **Unterkunft:** in Yarrangobilly Caves House Hotel, in Tumut *** The Creek Motel, ** Amaroo Motel, * Commercial Hotel, einfaches Oriental Hotel und Farmurlaub (Little River

Log Cabins), in Batlow *** Diggers Rest Motel und * Hotel Batlow, in Khancoban Alpine Inn und Caravan Park. Camping in Tumut.

Thredbo: 506 Einwohner, bekanntester und größter Skiort Australiens, 92 km südwestlich von Cooma, 80 km nordöstlich von Khancoban und 526 km südwestlich von Sydney am Crackenback River. Die kleine Siedlung in 1335 m Höhe am Südostabhang des Mt. Kosciusko verfügt über drei Sessellifts, einen ›Rope Tow‹ und vier T-bars (Schlepplifte), die zu einigen der besten Pisten der südlichen Hemisphäre führen (bis zu 40 km lang). Im August werden hier internationale Skimeisterschaften ausgetragen. Im Sommer kann man reiten, Tennis spielen oder Forellen angeln; auch Skilaufen ist zwischen Dezember und Januar zumeist noch möglich, und zwar auf der per Sessellift erreichbaren Crackenback Range (1904 m). In Thredbo haben sich viele deutsche, schweizer und österreichische Einwanderer niedergelassen, die dem Ort das Gepräge eines mitteleuropäischen Bergdorfes geben. Es gibt deutsche Straßen- und Hotelnamen und europäische Skilehrer. Umgebung: Auf dem pittoresken Alpine Way nach Khancoban kommt man am *Dead Horse Gap* vorbei (1582 m hoch gelegener Paß mit herrlichem Ausblick).

Verkehr: Alle größeren australischen Veranstalter (u. a. Ansett-Pioneer) haben Touren von den größeren Städten nach Thredbo und anderen Zentren in den Snowy Mountains im Programm, darunter auch Wochenendausflüge von Canberra. **Information:** Thredbo Village Reservation Centre. In Sydney Kosciusko-Thredbo Pty. (Level 21, Australia Square), Sydney Snow Centre (100 King St.), Ski Rider (North Ryde), New South Wales Ski Association (157 Gloucester St.) und Australian Ski Federation (32 George St., Avalon). **Unterkunft:** *** Thredbo Alpine Hotel, Berntis Mountain Inn, (Mowamba Place), House of Ullr, Kases Lodge, Sashas (alle Banjo Drive), Thredbo Alpine Apartments, Tyrola Lodge (Alpine Way), Black Bear Inn Ski Lodge, Rudi's

Lodge and Motor Inn, Silver Brumby Inn, Alpenhorn Lodge, Winterhaus Lodge, Lietetlina Lodge, Sonnenblick Apartments, einfaches Alpenhorn Mountain Lodge. In Little Thredbo (16 km östlich) Homestead. Jugendherbergen in Thredbo (Jack Adams Path) und Geehi (Benson's Hut).

Smiggin's Holes: 88 km von Cooma auf 1650 m Höhe gelegener Skiort an der von Jindabyne zum Mt. Kosciusko führenden Straße. Hier gibt es sieben Lifts und eine Skischule; weitere Lifts finden sich am Piper's Gap und am Guthega Dam. Man kann ein kombiniertes Ski-Ticket für Smiggin's Holes und Perisher Valley (s. u.) kaufen. Im Sommer gutes Wandergebiet! In *Blue Cow* zwischen Smiggin's Holes und Guthega soll 1985 ein Skizentrum mit 6000 Betten eröffnet werden, es wird damit der größte Skiort der Snowys sein (Thredbo 4800, Perisher 2500, Smiggin's Holes 866 und Guthega 250 Betten).

Verkehr: mehrtägige Touren werden von Travelscene und Sydney Snow Centre (beide in Sydney) veranstaltet. **Unterkunft:** in Smigging's Holes Smiggin's Hotel, Smiggin's Chalet, Heidi Lodge, Lodge 21, Royal Coachman Lodge, The Lodge und The Wildhaus Ski Inn, in Piper's Gap ein Motel und eine Lodge, in Guthega Lodge.

Hotel- und Skilift im winterlichen Thredbo

Perisher Valley: Auf 1650 m Höhe gelegenes Skizentrum, 1 km südwestlich von Smiggin's Holes, mit 19 Lifts und einer Skischule. Das höchste Skigebiet liegt auf 2030 m. Der in einer Senke errichtete Ort wird im Volksmund ›St. Moritz der südlichen Hemisphäre‹ genannt.

Unterkunft: ** A Hotel the Man from Snowy River, Eiger Chalet, Barrakee Lodge (3 km nördlich), Marritz Chalet, Per Gynt Lodge, Ben Bullen Lodge, Corroborree Lodge, Jolly Swagman Lodge, Matterhorn Lodge, Perisher View Motel, The Valley Inn, Sonnenhof und Sundeck Lodge.

Charlotte's Pass: Skiort 10 km südwestlich von Perisher Valley am Fuß des Mt. Kosciusko in 1722 m Höhe, mit Skischule und vier Lifts. Hier hält sich der bis sieben Meter hohe Schnee länger als an anderen Stellen, dafür kann es im Ort bitter kalt werden.

Unterkunft: ** The Chalet (Main Road).

Mount Kosciusko: Rund um das ›Dach Australiens‹, populär › Mount Kozzi‹ genannt, liegt im Winter sechs Monate lang Schnee, die Temperaturen können bis auf −20 °C absinken. Im Sommer blühen hier zahllose Wildblumen zwischen pittoresken Snow Gums. Bemerkenswert sind weiter die Moränen, mehrere Granitblöcke (Ram's Head, Lot's Wife und David Menhir) und besonders die Gletscherseen Cutapatamba, Albina, Blue und Club Lake. Graf Edmund von Strzelecki benannte den Berg nach dem polnischen Freiheitskämpfer Tadeusz Kósciuzko.

Unterkunft: Hotels Summit, United Tops und Salomon.

Weitere Skiorte in den Snowy Mountains sind *Wilson's Valley* (1440 m hoch, 77 km westlich von Cooma; Skischule, Motor Hotel Ski Rider) und *Digger's Creek* (1502 m hoch, 80 km westlich von Cooma; Wildhaus Hotel, Sponars Lakeside Inn). Im Sommer kann man auch in *Sawpit Creek* (74 km westlich von Cooma; Kabinen, Caravan Park des Kosciusko State Park Trust) und in *Buckanderra* (43 km nordwestlich von Cooma am Lake Eucumbene; Caravanpark, Bootsverleih, Angeln) wohnen.

Southern Highlands und Southern Tableland

Die Landschaft südlich von Sydney mit ihren grünen Tälern, in denen Schafe und Rinder weiden, hat überwiegend Mittelgebirgscharakter und erinnert an mitteldeutsche Regionen wie etwa Hessen. Zwischen Sydney und Gundagai liegen hier beiderseits des Hume Highway, der weiter nach Melbourne führt, zahlreiche landschaftlich und historisch interessante Orte. Über Liverpool, Campbelltown, Camden und Picton (vgl. S. 76) erreicht man zunächst das Ferienzentrum *Mittagong* (122 km südwestlich von Sydney bzw. 38 km von Picton). Auf dem Lake Alexandra kann man Wassersport betreiben (32 km westlich die Kalksteinhöhlen der *Wombeyan Caves*, 20 km südwestlich die Geisterstadt Joadja). 5 km südlich von Mittagong, an einer Nebenstraße, ist der an sein spanisches Gegenstück erinnernde Mt. Gibraltar zu sehen, an dessen Fuß sich die Stadt *Bowral* erstreckt (Tulpenzucht). 9 km weiter südlich folgt *Moss Vale*, bekannt für sein Rodeo am 1. Januar (sehenswertes Throsby Park House von 1834). Einen Ausflug von hier lohnen die an der Straße nach Nowra (54 km südöstlich) gelegenen *Fitzroy Falls* (18 km, 180 m hoch, tiefe Schluchten) mit dem südlich anschließenden *Morton National Park* (Regenwald, Wasserfälle, Wanderwege) und das *Kangaroo Valley* (15 km weiter, Wander- und Reitgelegenheit, Museum). 10 km nordwestlich von Moss Vale liegt am Hume Highway die historische Stadt *Berrima* mit alten Gebäuden (u. a. Surveyor General Inn von 1835, Church of the Holy

Trinity, Historical Museum, Court House und Berrima Gaol).

Unterkunft: Hotels und Campingplätze u. a. in Mittagong, Bowral, Moss Vale, Berrima, Bundanoon, Kangaroo Valley und Robertson, Jugendherberge in Bundanoon (Railway Av.).

Goulburn: 23 000 Einwohner, Rinder- und Schafzuchtzentrum 29 km von Marulan, 208 km von Sydney und 96 km nordöstlich von Canberra. Sehenswerte Parks, alte Gebäude (Court House von 1887, Riverdale House von 1840 mit schönem Park, Garroorigang Homestead). Am nahen Echo Point natürliches Amphitheater. Im 37 km südlich gelegenen *Lake Bathurst* (er trocknet oft aus) soll der Bunyip, das Loch-Ness-Ungeheuer der Ngunawal-Eingeborenen hausen.

Information: Tourist Information Centre (4 Montague St.). **Unterkunft:** *** Posthouse Motel (1 Lagon St.), ** The Willows Motel (Hume Hwy.), * Exchange Hotel (9 Bradley St.), Pelican Sheep Station, Campingplätze.

Yass und Umgebung: 4300 Einwohner, Agrarzentrum (feine Wolle, Weizen, Obst) am Hume Highway, 84 km südwestlich von Goulburn und 61 km nordwestlich von Canberra. 10 km südwestlich der Stadt dehnt sich der große Burrinjuck-Stausee aus (Angeln, Wassersport).

Rund 100 km nordwestlich von Yass liegt das Kirsch- und Backpflaumenzentrum *Young* (6140 Einwohner), wo jährlich mehr als 2,5 Millionen Kirschen und Pflaumen geerntet werden (die Plantage The Grange ist zu besichtigen). Bei der Lambino Flat (Lämmerweide) unweit des Ortszentrums wurde 1860 Gold gefunden. Unter den Goldgräbern befanden sich zahlreiche Chinesen, deren Genügsamkeit und Fleiß den Neid der weißen ›Digger‹ erregte. Viele wurden deshalb vertrieben oder ermordet. Als sich einige Chinesen wehrten, nahm man diese ›Unruhen‹ (zusammen mit ähnlichen Vorkommnissen

in anderen Teilen Australiens) zum Anlaß für die Einführung der ›White Australia Policy‹.

Unterkunft: in Yass *** Hamilton Hume Motor Inn, ** Club House Hotel, * Australian Hotel und einfaches Commercial Hotel, in Young *** Cherry Blossom Motel und ** Young Town House. Camping in beiden Orten.

Riverina

Die 63 522 km² große Riverina im Südwesten des Staates zwischen dem Murray

Landschaft zwischen Goulbourn und Canberra ▷

River und dem Lachlan River zählt zu den fruchtbarsten Gebieten Australiens. Hier gedeihen Weizen, Gemüse, Obst, Wein und Reis, außerdem werden Wollschafe gezüchtet. Das Herz der Region bildet die Murrumbidgee Irrigation Area (MIA). Früher lebten hier in einer Halbwüste die Wiradjuri, deren bis zu 30 m hohe ›Mirrnyongs‹ (Begräbnishügel) noch heute zu sehen sind. 1847 ließ sich der Sklavenhändler Ben Boyd (vgl. S. 89) in der Gegend nieder, um Schafe zu züchten, zwischen 1851 und 1866 folgten rheinische und sorbische Siedler. Man kann die Riverina auf einer Rundreise von Young (s. o.) oder auf dem Wege von Sydney nach Adelaide besuchen. Man fährt zunächst von Young 32 km nach Süden und biegt bei *Wallenbeed* (Abzweigung nach Yass und Cootamundra) in westlicher Richtung nach *Temora* (58 km weiter) ab. Über *West Wyalong* (69 km nordwestlich) wird das 119 km weiter nordwestlich gelegene *Lake Cargelligo* erreicht (Wassersport, Vogelparadies). Von hier führt eine Straße über den Lachlan River weiter gen Norden ins Outback von New South Wales, nach Cobar (vgl. S. 106). Sehenswert sind an dieser Strecke der *Merrimerriwa Tank*, wo der berühmte ›Black Stump‹ steht (›Beyond the Black Stump‹,

d. h. jenseits des schwarzen Baumstumpfes, wo einst die Viehtreiber ihre Mahlzeiten kochten, beginnt die Wildnis des Outback), und die kleine Viehstation *Thule* 20 km westlich von Gilgunnia. Vom Lake Cargelligo kann man nun das 95 km südwestlich gelegene *Hillston* am Lachlan River besuchen (Kanufahrten). 50 km nordwestlich des Ortes erstreckt sich der große *Willandra National Park* (ausgedehnte Grasländer, zahlreiche Wasservögel). Von Hillston führt eine 113 km lange Straße in südöstlicher Richtung nach Griffith, dem Herz der Riverina (s. u.), es lohnt sich aber, die Tour etwas auszudehnen und zunächst über Booligal (79 km südwestlich von Hillston) nach Hay (77 km weiter südlich) zu fahren.

Unterkunft: am Lake Cargelligo ** Lake View Motel, in den übrigen Orten kleinere Hotels, zahlreiche Campingplätze (z. T. Mietcaravans).

Hay: 3206 Einwohner, Viehzuchtzentrum 175 km westlich von Narrandera am Murrumbidgee River. 1877 legten hier deutsche Siedler die ersten Bewässerungsanlagen der Gegend an. Während des Zweiten Weltkriegs befand sich hier ein berüchtigtes Internierungslager für Auswanderer aus Deutschland und Österreich.

Unterkunft: *** A Cobb Highway Inlander Motor Inn, *** Cross Place Motel (beide Lachlan St.), ** Hay Motel (Cobb St.), Camping im Caravan Park Hay (Sturt St.).

Von Hay nach Wagga Wagga: Über *Darlington Park* (114 km östlich von Hay am Sturt Highway) gelangt man von Hay ins 39 km weiter nördlich gelegene *Griffith*, das Zentrum der Riverina, wo man eine Reismühle, mehrere Obstkonservenfabriken, die Viticultural Research Station (Weininstitut) und den Seppelt Wineyard bei Bilbul (einige Kilometer südlich des Ortes) besichtigen kann. 58 km südlich von Griffith liegt *Leeton*, die ›Reis-Hauptstadt‹ Australiens. In jüngster Zeit wurde der Reisanbau allerdings eingeschränkt, da er zu viel Wasser (pro Tonne Reis 2000 Tonnen) benötigt, das wiederum den Obstbauern fehlt. Sehenswert: die Letona Cannery (Obstkonservenfabrik). Über *Narrandera* (29 km südöstlich; Koala Regeneration Centre – hier werden Koalas gezüchtet) gelangt man auf dem Sturt Highway nach *Wagga Wagga* (96 km weiter) mit der Murray Cod Hatchery (Kabeljau-Zucht) und schönen Parks. 33 km nördlich liegt *Junee*, die ›Eier-Hauptstadt‹ Australiens, wo vom New South Wales Egg Board jährlich drei Millionen Eier verpackt werden. Von Wagga Wagga kann man weiter nach Albury (132 km südlich) oder über Tumut (97 km östlich) in die Snowy Mountains fahren.

Information: Tourist Bureau in Wagga Wagga (72, Morgan St.), Narrandera (Newell Hwy.), Leeton, Griffith (Jondaryan St., Touren durch das Bewässerungsgebiet). **Unterkunft:** in Wagga Wagga *** Garden City Motor Inn, ** Zebra Club Motel, * Victoria Hotel und Jugendherberge, in Narrandera *** Country Comfort Motel, ** New Criterion Hotel, * Narrandera Hotel und einfaches Tourist Cabin, in Leeton *** Garden Motel und * Wade Hotel, in Griffith *** Irrigana Motor Inn und ** Acacia Motel. Campingplätze in allen Orten (z. T. Mietcaravans).

Murray River Region

Mit 90 005 km² viertgrößte Region von New South Wales und dank der umfangreichen Bewässerungsanlagen eines der fruchtbarsten Agrargebiete Australiens. Bis vor 140 Jahren lebten an den Ufern des Murray River und seiner Nebenflüsse verschiedene wohlhabende Eingeborenenvölker vom Fischfang, der Jagd und vom Sammeln. Sie besaßen hochentwickelte Rindenkanus (an den Flüssen kann man noch heute ›Canoe Trees‹ sehen, aus deren Rinde sie ihre Boote herstellten) und hat ten an zahlreichen Stellen ausgeklügelte Fischfallen aus Steinen gebaut. Um 1840 wurden sie von weißen Eindringlingen, die hier große Schaf- und Viehstationen anlegten, ermordet oder vertrieben. 1853 fand dann auf dem Murray River ein Raddampferrennen zwischen der ›Lady Augusta‹ und der ›Mary Ann‹ über eine Strecke von 891 km statt. Mit dem von der südaustralischen Regierung ausgesetzten Preis von 2000 Pfund Sterling gründete Captain Cadell von der siegreichen ›Lady Augusta‹ die Murray River Navigation Company und gab damit den Startschuß für den Beginn der Murray-Schiffahrt. Über den Murray und seine Nebenflüsse wurden Vieh- und Schafstationen sowie die Goldfelder von Victoria versorgt. Wolle bildete aber die wichtigste Einkommensquelle der mehr als 100 Raddampfer und 200 Leichter, die in den 1870er Jahren die Flüsse befuhren. Nach einer längeren Trockenperiode und dem Bau von Eisenbahnen mußten die meisten Dampfer ihren Betrieb einstellen. Heute erlebt die Schiffahrt wieder eine Renaissance (Touristen-Raddampfer, Hausboote).

Albury: 37 000 Einwohner, eine der größten Landstädte von New South Wales am Murray River, 584 km südwestlich von Sydney und 306 km nordöstlich von Melbourne inmitten eines anmutigen Hügellandes am Fuß der Australischen Alpen. Die Stadt auf dem alten Territorium der Wiradjuri wurde 1838 rund um eine Polizeistation angelegt, die die Furt über den Murray River (damals die einzige Landverbindung zwischen Sydney und Melbourne) vor Überfällen der Eingeborenen und von weißen Buschräubern schützen sollte. 1840 siedelten sich in der Umgebung zahlreiche deutsche Winzer an, die den Weinbau im südlichen New South Wales und im nördlichen Victoria begründeten. Zwischen 1850 und 1870 war Albury Endpunkt der Murray-Raddampfer. 1883 wurde eine Eisenbahnbrücke über den Fluß gebaut und somit die Bahn-

verbindung zwischen Sydney und Melbourne hergestellt. Heute bildet Albury zusammen mit der gegenüberliegenden Stadt Wodonga in Victoria die erste dezentralisierte City Australiens (Albury-Wodonga Growth Centre).

Sehenswert: Monumental Hill (90 m, ausgezeichneter Rundblick), Art Gallery (im Civic Centre). Auf dem 15 km östlich gelegenen Lake Hunt kann man segeln, Wasserski laufen und Forellen angeln. Umgebung: An der in östlicher Richtung in die Snowy Mountains führenden Straße steht in *Talmalmo* (80 km) die malerische alte Kneipe Dora Dora. 53 km nördlich von Albury liegt das Rinderzuchtzentrum *Holbrook* (bis 1915 ›Germantown‹).

Information: Tourist Bureau (Wodonga Place, Hume Hwy., täglich 9–17 Uhr), NRMA-Autoclub (Dean St.), Albury-Hume Tourist Association (546 Dean St., Mo bis Fr 9–17 Uhr, Sa 9–12 Uhr). **Unterkunft:** in Albury **** Travelodge Motel (Dean St.), *** A Ellis Townhouse Motel (Wilson St.), ** A Astor Hotel (Hume Hwy.), ** Clifton Motel (Young St.), einfache Lancaster Travel Lodge (473 Young St.), in Holbrook *** Byer Flag Motor Inn und ** A Cheryl Ann Motel (beide Hume Hwy.). Camping in Albury (Tourist Haven, Hume Hwy.), Holbrook und Walla Walla (40 km nordöstlich von Albury).

Von Albury nach Balranald: Über den Riverina Highway gelangt man (zumeist am Murray River entlang) nach Balranald (400 km nordwestlich) und weiter über Wentworth nach Adelaide bzw. Broken Hill (vgl. S. 103). 56 km flußabwärts von Albury liegt die hübsche Kleinstadt *Corowa* (seit 1860 Anbau des berühmten Rotweins von Lindeman's, bekanntes Fallschirmspringerzentrum). Über *Mulwala* und *Tocumwal* geht es weiter nach *Finley* (100 km nordwestlich). 37 km nördlich davon liegt *Jerilderie*, Zentrum der größten Merinozucht des Staates. 1879 besetzte der Outlaw Ned Kelly den Ort und raubte die Bank (heute Royal Mail Hotel) aus. Kleines Museum. 60 km westlich von Finley bzw. 92 km südwestlich von Jerilderie erreicht man die Stadt *Deniliquin*, Mittelpunkt eines großen Bewässerungsgebietes am Edward River. 1845 legte Benjamin Boyd (vgl. S. 86) hier eine Viehstation an, 1861 züchtete George Peppin Hall in der Umgebung seine später als ›Peppin-Merinos‹ berühmt gewordenen Wollschafe. Sehenswert sind das Island Sanctuary (größter Red Gum Forest Australiens) und die im Umkreis von 50 km gelegenen berühmten Merino-Farmen Wanganella, Boonoke und Peppin.

Information: Tourist Information Centres in Corowra und Deniliquin. **Unterkunft:** in Corowa *** Golfers Lodge (Hume Hwy.) und ** Westons Motel (Edward St.), in Deniliquin *** Peppin Motor Inn (Cobb Hwy.) und ** Sportsman's Motel (Davidson St.), in Jerilderie *** Jerilderie Flag Motor Inn (Newell Hwy.) und ** Jerilderie Lodge (Jerilderie St.). Campingplätze u. a. in Corowa, Tocumwal, Deniliquin und Jerilderie.

Balranald: 1425 Einwohner, Agrarstadt (Obst, Wein) am Murrumbidgee River, 191 km nordwestlich von Deniliquin und 132 km südwestlich von Hay. 1851 als Flußhafen gegründet, der bald zu einem der wichtigsten Verkehrszentren der Region avancierte. Einen Besuch lohnen die Weingüter.

Unterkunft: *** Capri Motel (Market St.), *** Sturt Motel (River St.), Camping im Caravan Park (Court St.).

Wentworth: 1031 Einwohner, historische Stadt inmitten eines ausgedehnten Bewässerungsgebietes (Zitrusfrüchte, Wein, Schafzucht) an der Mündung des Darling River in den Murray River, 189 km westlich von Balranald, 31 km westlich von Mildura (Victoria) und 1046 km südwestlich von Sydney. Einst lebten hier die Maraura-Eingeborenen, die am Darling River kunstvolle Fischfallen anlegten. Als 1859 die River Murray Steam Navigation Company ein Depot anlegte, kam es zu heftigen Kämpfen mit den Maraura und den in der Nähe siedelnden Bagundji. Zwischen 1890 und 1900 war Wentworth einer der größten Flußhäfen Australiens (jährlich legten hier 400 Schiffe an).

Besichtigung: Im Folk Museum kann man sich über die Geschichte des Flußhafens informieren, im Old Gaol (Gefängnis) Folterwerkzeuge ›bewundern‹. Auf der Lock Island leben Koalas, und im Fotherby Park liegt der alte Raddampfer ›Ruby‹ auf dem Trockenen. Von Wentworth werden Kreuzfahrten mit Raddampfern angeboten.

Umgebung: An der *Mündung des Darling River* in den Murray River gibt es ein tiefes Loch, in dem einer alten Eingeborenenlegende zufolge das Gurangatch-Monster (halb Eidechse, halb Fisch) haust. Weitere Löcher in der nahen *Whambeyan Cave* sollen von dem Speer des Jägers Mirragen herrühren, der vergeblich versucht hatte, das Ungeheuer zu erlegen. Rund 130 km nordöstlich von Wentworth (Abzweigung nach Norden 30 km östlich des Ortes bei Buronga) liegt der *Mungo*

Bahnlinie im Hinterland von New South Wales

National Park mit dem seit 15 000 Jahren ausgetrockneten Lake Mungo, der einst eine Fläche von 30 km² bedeckte. Zwischen 1968 und 1975 fanden Archäologen hier mehrere bis zu 30 000 Jahre alte Skelette und Schädel sowie 50 000 Jahre alte Werkzeuge und 30 000 Jahre alte Keramiken, die zu den ältesten der Erde gehören. Am Rande des alten Flußbettes kann man die Reste der Lagerplätze der Mungo-Menschen noch heute sehen. Sehenswert sind auch die bis zu 33 000 Jahre alten Muschelhaufen am Lake Mungo, am nahen Lake Nitchie und den Arumpo und Leaghur Lakes sowie die uralten Felsmalereien bei Oenberra.

Unterkunft: *** Two Rivers Motel (Silver City Hwy.), ** A Royal Motel (41 Darling St.), ** Captain Sturt Motel (Adams St.), Farmurlaub (Avoca Station); in Pooncarrie Telegraph Hotel (124 km nördlich, von hier Straße zum Mungo National Park). In Wentworth Hausboote (Aquavilla Houseboats, Wentworth) und Camping (Willow Bend Caravan Park).

Der Westen
(Golden West und Far West)

Golden West

Westlich der Great Dividing Range gelegenes Hügelland mit Weizenanbau und Wollschafzucht, das durch große Staudämme (Burrendong Dam, Wyangala Dam) bewässert wird. Beste Jahreszeit für einen Besuch sind Herbst und Frühling (im Sommer ist es sehr heiß und staubig, im Winter grimmig kalt). Ihren Namen erhielt die Region vom ›Goldenen Vlies‹ der Schafe und von dem Mitte des 19. Jhs. hier gefundenen Gold. Man erreicht den ›Golden West‹ von Sydney nach Durchquerung der Blue Mountains (vgl. S. 74 f.).

Bathurst: 17 680 Einwohner, älteste Binnenstadt Australiens nach Parramatta bei Sydney und viertälteste Stadt Australiens, 211 km westlich von Sydney am Macquarie River, Zentrum eines sehr fruchtbaren Gebietes (Weizen, Obst, Gemüse, Wollschafe). Die »gesetzte Stadt aus roten Ziegelsteinen und blauem Granit zwischen wohlgeordneten Plantagen, Gärten und Parks« (so der Prospekt des Fremdenverkehrsamtes) zählt zu den attraktivsten Städten Australiens. In dem Gebiet um das heutige Bathurst ließen sich 1815 die ersten Weißen nieder. Um 1820 erhoben sich die hier ansässigen Wiradjuri und bedrängten die Invasoren so, daß die Regierung 1824 das Kriegsrecht verhängte. Um die Krieger in die Knie zu zwingen, trieben die weißen Soldaten Männer, Frauen und Kinder in einen Sumpf und erschossen sie alle. 1851 wurde dann am Summer Hill bei Orange (48 km nordwestlich) Gold gefunden, Tausende von Prospektoren und Buschräubern strömten in die Gegend. Viele der ›Digger‹ blieben als Farmer und Handwerker in Bathurst hängen.

Sehenswert sind in Bathurst die alten Kolonialgebäude um die King's Parade. Das Court House (Gericht) hat eine originelle Geschichte: Es wurde nach einem Plan gebaut, der eigentlich für Bathurst (heute Banjul) in Gambia bestimmt war, jedoch versehentlich vertauscht wurde. Interesse verdienen ferner die Holy Trinity Church (1835), das Macquarie House (1817, Folk Museum), der Singing Tower (30 m hoher Turm, mittwochs und freitags erklingen zwischen 16.30 und 17 Uhr 35 Glocken) und das South African War Memorial (Dank von Lord Kitchener an die australischen Freiwilligen, die am Burenkrieg teilgenommen hatten).

Umgebung: Rund 80 km südlich von Bathurst kann man die *Abercrombie Caves* (Kalksteinhöhlen, Steinbogen, langer Turm) besichtigen und 20 km weiter die alte Goldgräbersiedlung *Tuena* (Gold Fields Museum, 1850). Von dort führt eine Straße nach Goulburn (112 km südöstlich, vgl. S. 94).

Information: Tourist Centre (im Civic Centre). **Unterkunft:** *** Atlas Motel (272 Stewart St.), ** Park Hotel (George St.), * Victoria Hotel (Keppel St.), einfaches Turn Inn Motel und Mitchell Guest House (beide Brillant St.). Mehrere Campingplätze in Bathurst und Abercrombie.

Von Bathurst zu den Goldgräbersiedlungen des ›Golden West‹:

Von Bathurst aus kann man eine etwa 700 km lange Rundreise durch den ›Golden West‹ unternehmen. Zunächst geht die Fahrt nach *Sofala* (47 km nördlich), einer alten Goldgräbersiedlung (verlassene Schächte, Ruinen). 37 km westlich liegt das ›National Historical Village‹ *Hill End,* ebenfalls ein altes Goldzentrum. Um 1855 lebten hier 30 000 Menschen, und es gab 52 Hotels! Am 19. 10. 1872 fand der Hamburger Bernhard Otto Holtermann am Holtermann Reef in der ›Star of Hope Mine‹ den 450 Pfund schweren ›Holtermann Nugget‹, den schwersten bisher gefundenen Goldklumpen überhaupt (er enthielt 415 Pfund reines Gold). Holtermann kaufte sich von dem Erlös (13 000 Pfund Sterling) Hotels, eine Eisenbahnlinie und ein Fotolabor in Sydney (seine 3000 auf den Goldfeldern geknipsten Bilder stellen die umfangreichste Dokumentation Australiens aus dieser Zeit dar). Sehenswert sind in Hill End das Museum und das Old Royal Hotel (1873).

Von Hill End sind es 69 km in nördlicher Richtung nach *Mudgee* am Cudgegong River, das für seine guten Weine bekannt ist (besichtigen kann man u. a. die Weinkellereien Craigmoor und Serriel van Heist). 29 km nordwestlich lohnt das ehemalige Goldminenzentrum *Gulgong* mit seinen verlassenen Schächten einen Besuch. In der Main Street gibt es zahlreiche guterhaltene Kolonialgebäude (u. a. Opera House). Der Ort ist übrigens auf der Zehn-Dollar-Note abgebildet.

Verkehr: jeden Samstag Sonderzüge von der Central Station von Sydney (ab 7.55 Uhr) nach Bathurst mit Besuch von Sofala und Hill End. **Information:** in Mudgee Tourist Information

Centre. **Unterkunft:** in Sofala Chesleigh Guest Ranch, in Hill End Hotel, in Mudgee *** Winning Post Motor Inn, ** Central Motel und * Federal Hotel, in Gulgong *** Ten Dollar Town Motel und ** Commercial Hotel. Campingplätze in Sofala, Hill End, Mudgee, Gulgong.

Wellington: 5534 Einwohner, wohlhabende Stadt inmitten eines hübschen Hügellandes 98 km nördlich von Orange am Macquarie River. Vom Mt. Arthur Rundblick, im Cameron Park ›versunkene Gärten‹. Einige Kilometer südlich der Stadt liegen die Wellington Limestone Caves (Tropfsteinhöhlen; täglich geöffnet). 27 km östlich von Wellington erstreckt sich der 440 km² große Stausee *Burrendong Dam.* Besuchenswert sind ferner die nahegelegenen Weinkellereien Glenfinlass und Marketa sowie die *Noola Cave* (Fossilienfunde).

Information: Tourist Information Centre. **Unterkunft:** *** Macquarie River Motel (32 Mitchell Hwy.), ** Sommer Garden Sunset Motel (9 Lee St.), * Central Hotel (Nanima Crescent), mehrere Campingplätze.

Dubbo: 18 430 Einwohner, bedeutendes Agrarzentrum am Macquarie River, 51 km nordwestlich von Wellington. Von Dubbo aus zogen während der Großen Depression (1929) zahlreiche Arbeitslose auf dem berühmten, in Balladen verewigten ›Wallaby Track‹ gen Westen und Norden, um auf Schaf- oder Viehstationen Arbeit zu finden. Der 300 ha große Western Plains Zoo (größter Freilandzoo des Kontinents) mit Tieren aus allen Erdteilen zählt zu den größten Attraktionen Australiens (geöffnet täglich 9–17 Uhr, während der Sommerzeit bis 18 Uhr).

Umgebung: Das Tourist Bureau von Dubbo veranstaltet Touren zu umliegenden Schaf- und Viehstationen (es gibt auch Touren ab Sydney). Vom *Narriomine Soaring Centre* (40 km westlich) kann man Rundflüge mit Segelflugzeugen unternehmen. Einen Ausflug lohnen ferner die

200 km nordwestlich von Narromine gelegenen *Macquarie Marshes* mit ihren 120
Vogelarten (Enten, Pelikane, Ibisse, Rei-
her, Schwäne).

Verkehr: Von Sydney bietet Ansett Airlines
eine 14tägige ›Jolly Swagman Tour‹ zu einer
Sheep Station bei Dubbo an. **Information:**
Tourist Bureau (Carrington St.), Aboriginal
Development Commission (34, Church St.).
Unterkunft: *** Country Comfort Motel
(Peak Hill Road), ** Amaroo Hotel (Macqua-
rie St.), ** Motel Dubbo (Mitchel St.), ** Royal
Hotel (Macquarie St.), * Castlereagh Hotel
(Brisbane St.), mehrere Campingplätze.

Zwischen Dubbo und Parkes: Auf dem
Newell Highway gelangt man von Dubbo
in südlicher Richtung nach *Peak Hill*
(71 km), einer ehemaligen Goldgräbersiedlung. Sehenswert: Museum, Old Phoe-
nix-Tagebaumine (270 m tiefer Schacht),
Bumerangfabrik von Eingeborenen. In
der Umgebung: farbige Felsen, im 40 km
westlich gelegenen *Top Valley* große Vieh-
und Schafstationen. 27 km weiter liegt
Alectown, Standort des National Radio
Astronomy Observatory mit seinem riesigen Parabol-Spiegel (64 m Durchmesser),
der auf einem 18stöckigen Betonturm
steht (Besichtigung sonntags 14–16 Uhr,
an anderen Tagen nur nach vorheriger
Anmeldung).

Unterkunft: in Peak Hill *** Golden Peak
Motel und * Carrington Hotel, in Alectown
Kurrajong Valley Holiday Farm, mehrere
Campingplätze.

Parkes: 10 000 Einwohner, Landwirt-
schaftszentrum (Weizen, Obst, Wolle)
24 km südlich von Alectown und 75 km
westlich von Orange. 1982 fand man in
der Nähe große Kupfervorkommen (sie
werden auf 250 Millionen Tonnen geschätzt). Sehenswert: Historical Museum
(umfangreiche Bibliothek).

Information: Lachlan Region Tourist Centre
(155 Clarinda St.). **Unterkunft:** *** Bushman's
Motor Inn (11 Currajong Road), ** Court
Street Motel (10 Court St.), ** Parkes Hotel
(1 Welcome St.), * Broadway Hotel (277 Clarinda St.), * Commercial Hotel (Clarinda St.),
Farmurlaub in Castle Hill.

Forbes: 8300 Einwohner, typische Landstadt im Westen von New South Wales,
35 km südlich von Parkes. 1861 (Goldrausch) zählte der Ort 28 000 Einwohner. Heute ist Forbes ein bedeutendes
Schaf- und Viehzuchtzentrum. Sehenswert: Lachlan Vintage (rekonstruierte
Goldgräbersiedlung), Weingüter (Sand-
hills Vinyard, Lachlan Wineries).

Information: Tourist Information Centre
(Kendall St.). **Unterkunft:** *** Adrian Motel
(3 Dowling St.), * Vandenberg Hotel (Court St.),
* Victoria Hotel (Templar St.), Camping (Country Club, Sam St.).

Zwischen Forbes und Cowra: Es gibt
zwei Straßen, die ins südöstlich von Forbes
gelegene Cowra führen, eine direkte über
Gooloogong (90 km) und eine 10 km
längere, weiter nördlich parallel dazu verlaufende. Auf letzterer gelangt man nach
36 km in die ehemalige Goldgräbersiedlung *Eugowra*, die bekannt wurde durch
einen Überfall der Buschräuber Ben Hall
und Frank Gardiner auf eine Goldkutsche
am 6. 6. 1862. Die Beute (3700 Pfund
Sterling und 2719 Unzen Gold) soll noch
heute in den nahen Weddin Mountains
vergraben sein. 32 km südöstlich von
Eugowra liegt der Ort *Canowindra*, die
›Balloon Capital of Australia‹, von wo
man Flüge mit Heißluftballons in den
Westen des Staates unternehmen kann
(kleine Hotels in beiden Orten).

Cowra: 8200 Einwohner, Agrarstadt
(Wolle, Weizen, Obst, Spargel), wichtiger
Verkehrsknotenpunkt am Lachlan River,
111 km südwestlich von Bathurst und
200 km nordwestlich von Canberra. Im
Zweiten Weltkrieg befand sich in Cowra
ein berüchtigtes ›Concentration Camp‹ für
japanische Kriegsgefangene und Zivilisten.
Bei einem Ausbruchsversuch in der Nacht
zum 4. August 1944 kamen 239 Japaner
und drei Australier ums Leben. Japanese

War Cemetery (1964 von der japanischen Regierung angelegt), in der Nähe japanisches Cultural Centre mit sehr schönen Gärten. Von Cowra kann man nun über *Woodstock* (20 km nordöstlich, seit dem 19. Jh. unverändert) nach Bathurst zurückkehren oder den bei Grenfell (56 km südwestlich) gelegenen *Wyangala National Park* besuchen.

Information: Tourist Information Centre (Kendall St.). **Unterkunft:** *** Alabaster Motel (Lynch St.), ** Lachlan Valley Hotel (162 Kendall St.), mehrere Campingplätze. Im Wyangala National Park Kabinen.

Far West

Der ›Ferne Westen‹ des Staates New South Wales reicht im Norden bis zu der queensländischen Grenze, im Süden bis zum Murray River, im Westen bis zur südaustralischen Grenze und im Osten bis an die Linie Lightning Ridge – Walgett – Nyngan – Dubbo – Forbes – Hay – Balranald. Er ist ein Land der endlosen Ebenen, in denen nur wenige Menschen von der Schaf- und Viehzucht leben. Seine größten Orte sind Broken Hill, Bourke und Cobar.

Über Bourke nach Broken Hill: Man kann das riesige Gebiet des ›Far West‹ entweder von Sydney auf dem Wege nach Adelaide erkunden oder aber von Dubbo aus eine etwa 2000 km lange Rundreise unternehmen. Im letzteren Falle fährt man zunächst auf dem Mitchell Highway in nordwestlicher Richtung bis *Nyngan* (165 km), wo der Barrier Highway nach Broken Hill (579 km) beginnt. Wir biegen aber nach Nordwesten ab und fahren 127 km weiter bis *Byrock,* von wo aus eine 100 km lange Piste in nordöstlicher Richtung nach *Brewarrina* am fischreichen Barwon River führt. Hier kann man uralte, 400 m lange steinerne Fischfallen der Baranbija-Eingeborenen bewundern. 96 km westlich liegt die Stadt *Bourke,* ›Gateway

to the Real Outback‹ und Zentrum eines ausgedehnten Schafzuchtgebietes. In ganz Australien ist der Begriff ›Back o’Bourke‹ identisch mit Wildnis. Um 1880 war Bourke ein pulsierender Raddampferhafen, über den Wolle nach Südaustralien verschifft wurde. Südlich der Stadt liegen in einem Umkreis von 100 km mehrere Plätze mit guterhaltenen Felsmalereien der Eingeborenen (u. a. bei Iona, Mulgowan und Gunderbooka).

Von Bourke führt eine sehr einsame, 380 km lange Piste (Proviant, Benzin etc. mitnehmen!) in westlicher Richtung bis in die Geisterstadt *Milparinka,* wo im 19. Jh. 7000 weiße Abenteurer nach Gold schürften. Hinter *Tibooburra* (41 km weiter nördlich) beginnt der 189 000 ha große *Sturt National Park* (phantastische rote Wanderdünen, viele Wildtiere), der sich nach Regenfällen in ein Wildblumenmeer verwandelt. Am Mt. Browne findet man Felszeichnungen und verlassene Goldgräberschächte. Die nach Südaustralien und Queensland weiterführenden Pisten (vgl. S. 194 und S. 300) können nur mit allradgetriebenen Fahrzeugen befahren werden. Von Milparinka geht es nun auf dem Silver City Highway in südlicher Richtung über *Cobham* (60 km südöstlich), die Forschungsstation *Fowler’s Gap* (137 km), *Sturt’s Meadow* (30 km, östlich der Straße, Felszeichnungen), *Euriowie* (30 km weiter, sehr gute Felsmalereien) und *Yanco Glen* (43 km, im Hotel ausgezeichnete Sammlung von Eingeborenenkunstwerken) nach Broken Hill (31 km).

Verkehr: Brewarrina ist mit dem Postwagen von Bourke aus erreichbar, die Strecke Bourke–Milparinka nur mit Mietwagen oder Versorgungs-LKWs zu bereisen. Milparinka, Tibooburra und der Sturt National Park werden von Broken Hill mit Postwagen bzw. Flugzeugen bedient. **Information:** in Bourke Widjeri Co-op (Eingeborenenfragen). **Unterkunft:** in Brewarrina Royal Hotel, in Bourke *** Major Mitchell Motel, ** The Outback Motel und einfaches Central Australian Hotel, im nahen Prairie Stony Point Fishing Lodge. Hotels ferner in Milparinka, Tibooburra und Yanco.

Broken Hill: 26 913 Einwohner, moderne Bergbaustadt am Barrier Highway, 1173 km westlich von Sydney und 503 km nordöstlich von Adelaide an der Grenze zu Südaustralien. Jährlich werden hier mehr als zwei Millionen Tonnen Silber, Zink und Blei produziert, die Vorräte sollen noch 50 Jahre lang reichen. Die Umgebung der Stadt gehört zu den trockensten Gebieten Australiens (jährlich 175 mm Niederschlag). Seit 1925, nach einem langen Streik, wird die ›Silver City‹, auch ›The Hill‹ genannt, vom Barrier Industrial Council (BIC) beherrscht, dem Zusammenschluß aller Gewerkschaften der Stadt (alle Beschäftigten der Stadt sind automatisch Mitglied der Gewerkschaft).

1883 fand der Grenzreiter Charles Rasp an dem 45 m hohen, buckligen Broken Hill einen erzhaltigen Steinbrocken, der einen außerordentlich hohen Silbergehalt aufwies. Zusammen mit sechs Kollegen gründete Rasp die Broken Hill Proprietary Company (BHP), deren Gewinn bald jenen aus den Goldvorkommen des Landes übertraf. Bis 1982 wurden mehr als 140 Millionen Tonnen Erz im Wert von 3,5 Milliarden A$ gefördert. In jüngster Zeit steckt Broken Hill infolge der weltweiten Rezession, hoher Frachtraten für den Erzexport und steigender Staatsabgaben in einer schweren Krise. Wie der ›Australian‹ schrieb, könnte die Stadt sich in einigen Jahren in die Schar der australischen ›Geisterstädte‹ einreihen. Einige Zeitungen sprechen vom ›Altersheim‹ Broken Hill, das in einer wasserlosen, staubigen Wüste zurückbleiben werde. Großkunden wie Japan haben sich bereits auf die Suche nach preiswerteren Quellen (Brasilien, Kanada) gemacht.

Sehenswert: Neben 35 Pubs und 13 Clubs die Royal Flying Doctor Base (täglich 16 Uhr Führungen), die School of the Air (Einzugsbereich: 800 000 km²), die Cathedral of the Sacred Heart (schöne Glasmalereien, Marmoraltar, Kupferdach), die Afghan Mosque (einst lebten hier viele Pashtunen aus dem heutigen Nordwestpakistan), das Museum, die

In Silverton bei Broken Hill werden Dromedarritte für Touristen angeboten

In der Opalgräbersiedlung White Cliffs: Blicke auf die unterirdischen ›Dug Outs‹ (oben), Außen-
und Innenansicht eines ›Dug Outs‹ (unten), alter Opalgräber (rechts oben)

Charles Rasp Memorial Library und die Delprat's Mine (Untertage-Bergwerk).

Umgebung: Rund 20 km westlich von Broken Hill liegt die Geisterstadt *Silverton* (Ruinen, Felszeichnungen), von wo aus man in die *Couturandee Nature Reserve* gelangt, eines der schönsten Naturschutzgebiete von New South Wales (seltene gelbfüßige Felsen-Wallabies). 132 km nordöstlich von Broken Hill sind bei *Mootwingee* zahlreiche bis zu 50 000 Jahre alte Felszeichnungen und -malereien der Eingeborenen zu bewundern (besonders interessant die acht Meter lange Zeichnung einer Regenbogenschlange in der Snake Cave), weitere auch bei *Koonowarra* (31 km nördlich). 112 km südöstlich von Broken Hill befinden sich die *Menindee Lakes,* die zahlreiche Wassersportmöglichkeiten bieten (Wasserski, Schwimmen, Segeln, Angeln, Kanufahren). Der Lake Pamamaroo nördlich von Menindee ist für den Broken Hill Speed Boat Club (Rennboote) reserviert. Südlich des Ortes erstreckt sich der malerische *Kinchega National Park* mit seinen roten Wanderdünen und Sandsteinhügeln, grauen ›Gibber Plains‹ (Steinwüsten), Red River Gums und zahllosen Wasservögeln; hier stieß man auf die Spuren von 30 000 Jahre alten Eingeborenencamps.

Verkehr: Von Broken Hill mit West Darling Tours Ausflüge nach Silverton (Mi), den Menindee Lakes (Sa) und Mootwingee (Do); von der Thorndale Station siebentägige Pferdesafaris (So). Information: in Broken Hill Tourist Bureau (32 Sulphide St.) und RAA-Autoclub (261 Argent St.). Unterkunft: in Broken Hill *** Daydream Motel (77 Argent St.), *** Hilltop Motel (Kaolin St.), *** Broken Hill Inn (142 Iodide St.), ** Royal Exchange Hotel, ** The Palace Hotel, * Hotel Argent (347 Argent St.), * West Darling Motor Hotel und einfaches The Tourist Lodge (alle Argent St.), in Menindee Maidens Hotel.

Achtung: in Broken Hill gilt die Central Australian Time (Uhr 1 Stunde zurückstellen)!

Zwischen Broken Hill und Dubbo: Auf dem Barrier Highway fährt man in östlicher Richtung zunächst ins 206 km nordöstlich gelegene *Wilcannia,* im 19. Jh. drittgrößter Flußhafen Australiens (Sehenswert: Drehbrücke, ehemalige Raddampferwerft). In der Umgebung leben zahlreiche Eingeborene. Von Wilcannia führt eine 105 km lange Straße in Richtung Norden zum Opalgräberdorf *White Cliffs,* wo man nach roten Feueropalen, Fossilien und versteinertem Holz suchen kann. 241 km östlich von Wilcannia liegt die Stadt *Cobar* mit der Mt. Boppy Goldmine (240 m tief) und einer Kupfermine (freitags 14 Uhr Besichtigung).

Unterkunft: in Wilcannia mehrere Hotels, in White Cliff Hotel, in Cobar *** New Barrier Homestead und ** Cross Roads Motel, Campingplätze in allen Orten.

Das Hotel Hilton in White Cliffs

Australian Capital Territory (Canberra)

251 000 Einwohner (1982, mit Queanbeyan in New South Wales), nach einheitlichem Plan entstandene Hauptstadt Australiens, in 551 m Höhe in der Art eines Amphitheaters gelegen: Im Norden bilden der Mt. Ainslie, der Mt. Pleasant und der Black Mountain die ›obere Galerie‹ und ihre Abhänge das ›Auditorium‹, die Ebene des Molongolo River (heute zum Lake Burley Griffin gestaut) ist die ›Arena‹ und das Südufer des Flusses die Terrassenbühne, die sich bis zu dem bewaldeten Capital Hill erstreckt. Canberra wirkt mit seinen zahlreichen Grünanlagen und breiten, baumbestandenen Alleen wie eine große Parklandschaft, in der sich die Häuser fast verlieren (hier stehen ca. 8 Millionen Bäume!). Unmittelbar am Stadtrand beginnt der Busch, schon unweit der City sieht man an der Straße Verkehrszeichen wie ›Vorsicht Koalas‹ oder ›Känguruhs überqueren die Straße‹. Der durchaus attraktiven Gartenstadt fehlt es allerdings an echter Urbanität (Kritiker nennen Canberry »eine Schaffarm voller Menschen« oder einen »Friedhof mit Lichtern«, denn besonders am Wochenende wirkt die Stadt recht verlassen). Über die Aussprache des Namens Canberra hat man sich bis heute nicht einigen können. Manche sagen ›Can-bra‹, viele ›Can-bear-a‹, während die Eingeborenen das Wort auf der ersten Silbe betonen.

Geschichte

Bis vor 150 Jahren lebten am Molongolo River die Ngarijo und die Ngunawal. Sie nannten den Platz Kanbara, Kambarra oder Canberry, was entweder ›Treffpunkt‹ bedeutet oder – wegen zweier kegelförmiger Hügel, die die Ebene überragen – ›Brüste‹. 1825 gründete dann der erste weiße Siedler, der Bankier und Viehzüchter Robert Campbell, die Duntroon Station (an der Stelle des heutigen Royal Military College), der bis zu Beginn dieses Jahrhunderts die beiden Dörfer Hall und Tharwa sowie elf Schafzuchtstationen folgten. Daß in dieser entlegenen Gegend die australische Bundeshauptstadt entstehen sollte, liegt in der alten Rivalität der Metropolen Sydney und Melbourne begründet. Ab 1901, als sich die britischen Kolonien auf dem Fünften Kontinent zu einem Commonwealth zusammengeschlossen hatten, fungierte Melbourne als provisorischer Regierungssitz. Die Wähler in New South Wales hatten allerdings 1899 der Gründung des Bundesstaates und der Verfassung erst zugestimmt, als ihnen zugesagt worden war, daß eine neuzugründende Bundeshauptstadt auf ihrem Territorium liegen würde. Die anderen Staaten akzeptierten dies wiederum nur mit der Auflage, daß die Hauptstadt wenigstens 160 km von Sydney entfernt sein müsse. 1909 einigte sich die Bundesregierung auf den jetzigen Standort und kaufte das Land. Am 13. 3. 1913 erfolgte die offizielle Stadtgründung und die Namensgebung, um die es zuvor übrigens Streitigkeiten gegeben hatte. Einige Politiker schlugen Bezeichnungen wie ›Sydmeladperbrisho‹ (eine Zusammensetzung aus den Anfangsbuchstaben der australischen Staatshauptstädte), ›Wheatwoolgold‹, ›Borrpah‹ (Treffpunkt), ›Democratica‹, ›Marsupalia‹ (Stadt der Beuteltiere) oder sogar ›Shakespeare‹ vor.

Architekt der neuen Siedlung wurde der aus Chicago stammende Walter Burley Griffin (1876–1937). Der damals 36jährige hatte 1912 gegen 135 Wettbewerbsteilnehmer (alles Nichtaustralier) die mit 3500 US-Dollars dotierte Ausschreibung gewonnen. Sein Entwurf lehnte sich eng an den Plan von Washington D.C. an. Sieben Jahre lang arbeitete Griffin als Federal Capital Director, dann resignierte er, da die australischen Bürokraten seine Arbeit fortwährend behinderten (er hatte nur die Hauptstraßen und die Eisenbahnlinie fertigstellen können). Seine Nachfolger (der Engländer Sir William Holford und der Australier John Overall) hielten sich leider nicht an die ursprünglichen Pläne einer ›Capital Splendid‹, so daß viele Gebäude die architektonische Größe vermissen lassen. Der Weltkrieg und die anschließende Wirtschaftskrise verzögerten den Umzug des australischen Parlaments in die neue Stadt bis 1927 (offizielle Eröffnung des neuen Parlamentsgebäudes am 9. 5. 1927). Damals lebten gerade 5000 Menschen in Canberra. Es sollten noch weitere 30 Jahre vergehen, bis die große Expansion der Stadt begann. Seit 1950 hat sich die Einwohnerzahl von Canberra verfünffacht, ein weiteres starkes Wachstum ist geplant: Im Jahre 2000 sollen hier 500 000 Menschen wohnen.

Stadtgliederung und -besichtigung

Die Innenstadt von Canberra wird durch den künstlichen Lake Burley Griffin in zwei fast gleich große Hälften geteilt, die durch die Commonwealth Avenue und die King's Avenue miteinander verbunden sind. Jeder dieser ›Stadtteile‹ besitzt sein eigenes Zentrum, von dem aus alle bedeutenden Straßen abzweigen. In der nördlichen Hälfte liegt das Zentrum auf dem City Hill, in der südlichen auf dem Capital Hill. Während sich im Norden die wichtigsten Dienstleistungsbetriebe wie Läden, Post, Hotels, Universität, Theater und Kirchen befinden, bildet die südliche das politische und verwaltungstechnische Herz der Stadt mit dem Parlament, den Ministerien, dem Sitz des Generalgouver-

neurs und der Mehrzahl der Botschaften. Rund um diese beiden Zentren erstrecken sich die Vororte und Satellitenstädte, die voneinander durch weitläufige Parkanlagen getrennt sind. Die Verbindung stellen verschiedene Radialstraßensysteme her.

Nördlich des Lake Burley Griffin: Einen Rundgang durch die Stadt beginnt man am besten beim *Regatta Point Planning Exhibition Pavillon* am Lake Burley Griffin. In diesem Informationszentrum (täglich von 9.00–17.00 Uhr geöffnet) kann man sich über den Aufbau der Stadt unterrichten (Broschüren, Filme, Fotos, Modelle). Unterhalb des Pavillons befindet sich am Central Basin des Sees die eindrucksvolle Fontäne des *Captain Cook Memorial Water Jet* (137 m, zweithöchste Fontäne der Erde nach dem Jet d'Eau in Genf; ›arbeitet‹ täglich von 10.00–12.00 Uhr und von 14.00–16.00 Uhr). Unweit davon steht das *Cook Memorial* (Globus mit eingezeichneten Entdeckungsfahrten). Auf dem 7 km² großen Lake Burley Griffin kann man segeln, ohne Permit angeln (jährlich werden hier 25 000 Forellen ausgesetzt), rudern oder Kreuzfahrten unternehmen. Durch die hübschen *Commonwealth Gardens* (Spielskulpturen von David Tolley) gelangt man zum südöstlich gelegenen *Blundell's Cottage* am Parkes Way, dem ältesten Haus Canberras aus dem Jahre 1858 (täglich 14.00–16.00 Uhr sowie mittwochs 10.00–12.00 Uhr geöffnet, im Winter montags geschlossen). Auf der nahen *Aspen Island* (Damm zum ›Festland‹) erhebt sich der Canberra Carillon,

1 Visitors Information Centre   2 All Saints' Church   3 Mt. Ainslie Lookout   4 Black Mountain Lookout und Fernsehturm   5 Botanischer Garten   6 Australian National University (ANU)   7 Fremdenverkehrsbüro des A.C.T. und Hauptpost   8 Bundesgerichtshof (Law Courts)   9 Civic Square   10 Australian War Memorial   11 Institute of Anatomy   12 Academy of Science   13 Fähren und Bootsvermietung   14 Desert Mounted Corps Memorial   15 Planning Exhibition (Stadtplanungspavillon)   16 Captain Cook Memorial   17 Blundell's Farmhouse   18 Government Nursery (Baumschule)   19 Nationalbibliothek (National Library)   20 Scrivener-Staudamm   21 Government House   22 Parliament House   23 High Court (im Bau)   24 National Gallery   25 Carillon (Fontäne)   26 Mt. Pleasant Lookout   27 Royal Military College Duntroon   28 Parlament (im Bau)   29 Prime Minister's Lodge   30 Serbische Kirche   31 Mt. Stromlo und Tidbinbilla   32 Royal Australian Mint   33 Hauptbahnhof   34 Red Hill Lookout

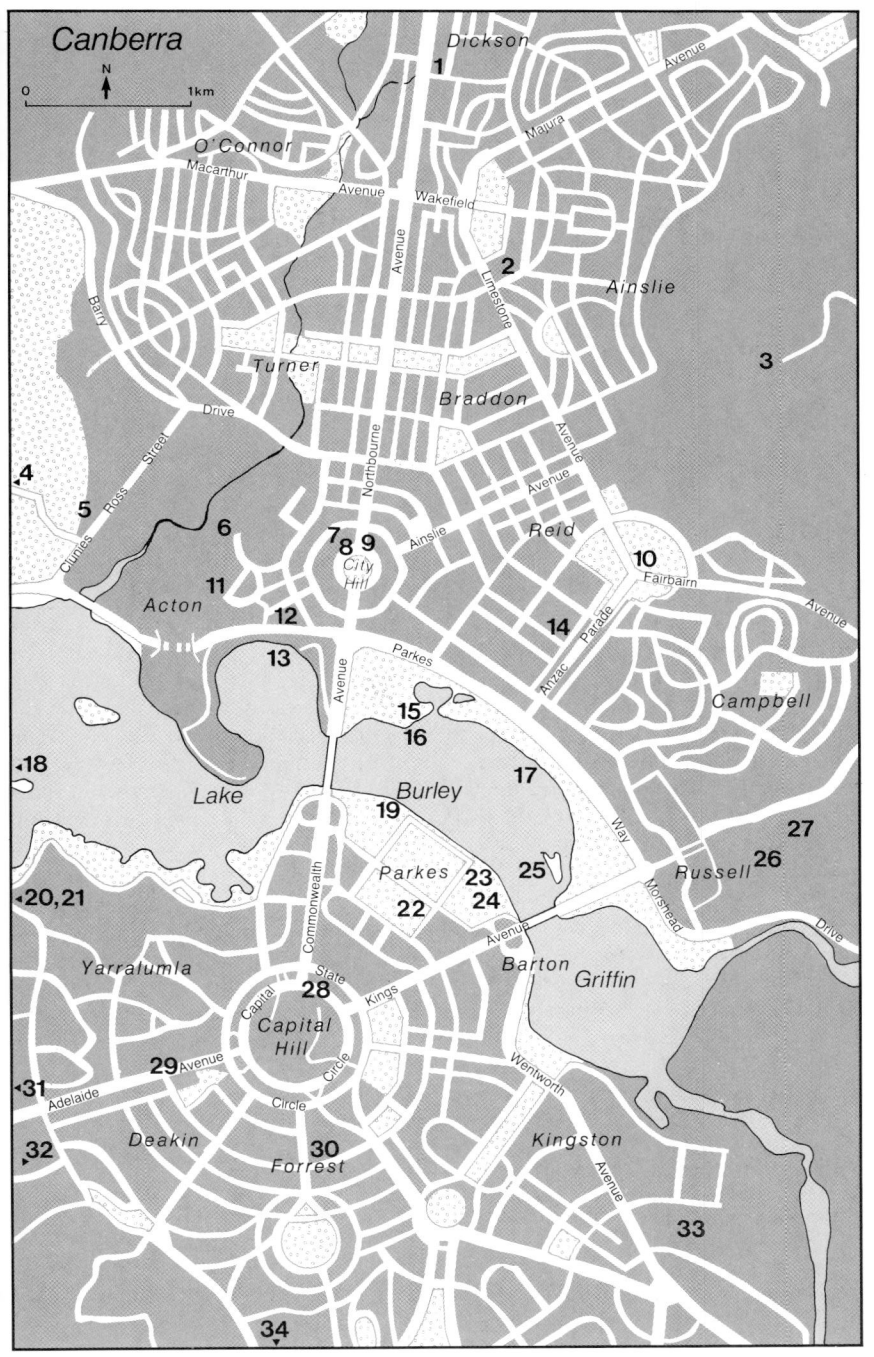

Canberra

N

0   1km

1

Dickson

O'Connor

Macarthur

Avenue   Wakefield

2

Ainslie

3

Turner

Braddon

Barry

Ross   Street

Drive

Northbourne   Avenue

Limestone   Avenue

Majura

Avenue

Avenue

4

5

Clunies

6

7 8 9
City
Hill

Reid

10

Fairbairn

Ainslie

11

Acton

12

13

Avenue

Parkes

14

Anzac   Parade

Avenue

Campbell

15

16

17

18

Lake

Burley

19

Parkes

22

23

24

25

Way

Russell

26

27

Morshead

Drive

20,21

28

State

Kings

Avenue

Barton

Griffin

Yarralumla

Capital

Circle

Capital
Hill

29

Avenue

31

Adelaide

Circle

Wentworth

Kingston

32

Deakin

30

Forrest

Avenue

33

34

109

ein dreisäuliger weißer Glockenturm (Geschenk der Stadt London). 53 Glocken (zwischen 7 kg und 6 Tonnen schwer) erklingen mittwochs, sonntags und an Feiertagen zwischen 14.45 und 15.30 Uhr. Durch den King's Park und die King's Avenue kommt man zum östlich des Sees gelegenen *Australian-American Memorial* (67 m hoch), das an die Waffenbrüderschaft zwischen Australien und den USA im Zweiten Weltkrieg erinnert. Gekrönt wird das Aluminiumdenkmal von einem Adler und einem Globus (›Eagle and Sphere‹). Der Adler wird wegen seiner Ähnlichkeit mit einem Kaninchen im Volksmund ›Bugs Bunny‹ genannt. Vom Denkmal aus führen der Russell Drive und der Morshead Drive nach Osten zum *Royal Military College* von Duntroon, dessen Kadetten von Zivilisten ›Prussians‹ (Preußen) genannt werden (Führungen montags bis freitags 14.30 Uhr, außer zwischen November und März und an Feiertagen). Über den General Bridges Drive gelangt man von hier zum *Mt. Pleasant Lookout* (663 m, Aussicht).

Eine zweite Besichtigungstour führt vom Ausgangspunkt (Regatta Point) über die in nordöstlicher Richtung verlaufende Anzac Parade zur *St. John the Baptist Church* mit dem Schoolhouse aus dem Jahre 1841 (Museum, mittwochs 10.00–12.00 Uhr sowie samstags und sonntags 14.00–16.00 Uhr geöffnet) und, vorbei an der Bronzestatue des Desert Mounted Corps, weiter zum pompösen *Australian War Memorial.* Nach dem Opera House in Sydney gilt es für die Australier als größte Sehenswürdigkeit ihres Landes, Kritiker dagegen meinen, daß es den Krieg eher verherrliche als die Toten betraure. Jedes Jahr wird das im pseudobyzantinischen Stil errichtete Monument (Museum täglich von 9.00–16.45 Uhr geöffnet) von mehr als 750 000 Menschen besucht. Über die Fairnbairn Avenue und den Mt. Ainslie Drive kann man anschließend zum 4 km nordöstlich aufragenden *Mt. Ainslie* (842 m Panoramablick) fahren.

Lake Burley Griffin mit Fontäne

Nördlich des Regatta Point führt die Commonwealth Avenue zum *City Hill,* den der Vernon Circle (innerer Ring) und der London Circuit (äußerer Ring) umrunden. An der Ostseite des London Circuit (Läden) steht das von chinesischen Ulmen, libanesischen Zedern und italienischen Zypressen umgebene *Civic Centre* mit einer bronzenen Ethos-Statue und dem Theater. An der Northbourne Ave. nördlich des City Hill liegt das *Touristenbüro* des Australian Capital Territory, ca. 2 km weiter das der Stadt; außerdem befindet sich hier das Hauptpostamt (G.P.O.).

Westlich des City Hill erstreckt sich der weitläufige Komplex der *Australian National University* (ANU). Bemerkenswert das südlich des Hauptgebäudes befindliche Institute of Anatomy (Ausstellung über Geschichte und Kunst der Eingeborenen sowie über australische Fauna; geöffnet montags bis samstags 9.00–17.00 Uhr, sonntags und feiertags 10.00–16.30 Uhr, Karfreitag geschlossen). Die gegenüberlie-

sieht man linker Hand die *National Library of Australia* mit 24 Säulen aus weißem Marmor (geöffnet montags bis freitags 9.00–22.00 Uhr, an Wochenenden 9.00–16.45 Uhr). Die Bibliothek enthält mehr als zwei Millionen Bücher sowie 200 000 Karten und 130 000 Fotos. Im Foyer beeindrucken die 16 bunten Fenster von Leonard French und mehrere 5 m lange Aubusson-Teppiche. Vom Balkon (1. Etage) bietet sich ein sehr guter Ausblick. Die *Australian National Gallery* in unmittelbarer Nähe, am 18. 10. 1982 von Queen Elizabeth II. eröffnet, zeigt auf 7000 m² zahlreiche Kunstwerke australischer und ausländischer Künstler (darunter ein ›Silk Screen‹-Porträt Elvis Presleys von Andy Warhol); die Kunst der Aboriginals ist allerdings nur in wenigen Exemplaren vertreten (meist in der Native Arts Gallery zwischen Exponaten aus Ozeanien, Afrika und Amerika). Öffnungszeiten: montags bis samstags 10.00–17.00 Uhr, donnerstags bis 20.00 Uhr, sonntags 12.00–17.00 Uhr. In den nächsten Jahren soll der Galerie ein National Museum mit den Schwerpunkten Aborigines, weiße Besiedlung und Umwelt angeschlossen werden.

Durch schöne Park- und Rasenanlagen, die sich bis zum Lake Burley Griffin erstrecken, gelangt man zum südlich gelegenen weißen *Parliament House* (Führungen täglich außer während der Sitzungen von 9.00–16.30 Uhr). Parlamentssitzungen kann man von der Besuchergalerie beobachten; für den Senat ist kein Ticket nötig, für das Abgeordnetenhaus (House of Representatives) muß man sich eines vor den Sitzungen beim Principal Attendant in der King's Hall (am Eingang) besorgen. Hinter dem Parlament (im Südwesten) erhebt sich der 610 m hohe *Capital Hill*, wo bis 1988 das neue Parlamentsgebäude in Form eines Bumerangs entstehen soll (auf der Spitze des Hügels steht ein Modell). Steigt man vom Capital Hill zur Hobart Ave. im Süden hinab, gelangt man zur *Serbian Orthodox Church* (Ecke Na-

gende *Australian Academy of Science* (Führungen montags bis freitags 15.00 Uhr, außer an Feiertagen) an der Edinburgh Ave. erinnert mit ihrem 46 m hohen Kupferdach an ein Iglu, sie wird häufig spöttisch ›Eskimo‹ oder ›Martian Embassy‹ (Botschaft der Marsmenschen) genannt. Westlich der Universität (Brücke über den Sullivans Creek) beginnen die *National Botanic Gardens* (75 ha, 6000 inländische Pflanzen, Teiche; geöffnet täglich 9.00–17.00 Uhr). Von hier führt ein Fahrweg (Black Mountain Drive) hügelan zum 812 m hohen *Black Mountain,* wo sich der 195 m hohe Fernsehturm Telecom Tower erhebt (in 60 m Höhe rotierendes Restaurant mit Panoramablick; geöffnet täglich von 9.00–22.00 Uhr).

Südlich des Lake Burley Griffin: Über die Commonwealth Bridge gelangt man vom Regatta Point – dem Ausgangspunkt unserer Stadtbesichtigung – in den südlichen Teil der Stadt. Gleich am Anfang

tional Circuit), deren Kuppel mit 24karätigen Goldplättchen belegt ist. Ein Stück südwestlich des Gotteshauses liegt der *Red Hill* (722 m, Aussicht).

Über die vom Capital Hill in südwestlicher Richtung verlaufende Adelaide Ave. erreicht man nach ca. 2,5 km die Denison Ave. mit der *Royal Australian Mint,* wo man montags bis freitags von 9.00–16.00 Uhr (außer freitags) durch große Spiegelglasscheiben die Herstellung von Münzen beobachten kann. Rund 500 m nordwestlich des Capital Hill steht an der Darwin Ave. die *Indonesian Embassy* mit ihrem sehenswerten Pavillon in landestypischem Stil (täglich von 10.00–12.30 Uhr und 14.00–16.00 Uhr geöffnet). 3 km weiter nordwestlich, im Weston Park am Lake Burley Griffin, befindet sich schließlich die *Yarralumla Nursery,* wo jährlich 80 000 Pflanzen zur Begrünung der Stadt gezogen werden. Jeder Haushalt in Canberra erhält beim Einzug von der Regierung kostenlos mehrere Pflanzen.

Die Umgebung von Canberra

Das Australian Capital Territory mit seinen Wäldern, Flüssen und Farmen bietet einige lohnende Ausflugsziele. 15 km westlich der City wurde jüngst die *Bibaringa Stud Farm* eröffnet, wo man österreichische Lipizzaner, englische Thoroughbreds, klassische Araber, mexikanische Apache Pinto-Pferde, amerikanische Palominos und ostpreußische Trakehner sehen kann (Vorführungen dienstags, donnerstags, samstags und sonntags 15.00–16.00 Uhr). Sehenswert ist auch das 1 km weiter westlich gelegene *Mount Stromlo Observatory,* eines der größten Observatorien der südlichen Halbkugel (Besichtigung täglich 9.30–16.00 Uhr). Vorbei am *Cotter Dam* (6 km, Picknickplätze, Schwimmgelegenheit) gelangt man (12 km südwestlich) zum Deep Space Communications Complex in *Tidbinbilla* (Weltraumbeobachtungsstation der amerikanischen NASA; täglich von 9.00–17.00 Uhr Führungen). Von hier und vom nahen (10 km) Honeysuckle Creek wurde u. a. die Bahn der Apollo-Raumschiffe verfolgt. Einige Kilometer südwestlich der Weltraumstation erstreckt sich die 5000 ha große Tidbinbilla Nature Reserve (täglich 9.00–16.00 Uhr geöffnet, Tierpark 11.00–16.00 Uhr). Etwa 15 km südwestlich von hier kann man auf der *Lanyon Homestead* bei Tharwa Werke des Malers Sidney Nolan bewundern (geöffnet dienstags bis donnerstags und feiertags von 10.00–16.00 Uhr). 2 km südlich ist schließlich die *Cuppacumbalong Station* am Murrumbidgee River mit Schafzucht und Galerie zu besichtigen (geöffnet mittwochs bis sonntags 11.00–17.00 Uhr). Die Station wurde von Neville Shute in seinem utopischen Roman ›In the Wet‹ als Zufluchtsort der britischen Königin nach einem sozialistischen Umsturz in Großbritannien verewigt.

Verkehr

Ortsverkehr: ausgedehntes Busnetz (Australian Capital Territory Internal Omnibus Network, kurz ACTION, Auskunft: Tel. 47 34 45). Günstig sind die ›Day Tripper Tickets‹ und Stadtrundfahrten mit dem ›Canberra Explorer‹ (Abfahrt alle 45 Minuten vom Tourist Bureau am London Circuit, wo man auch eine Routenkarte erhält). Der Bus No. 301 fährt kostenlos rund um den London Circuit.

Überlandverkehr: *Busse* von Ansett (62 Northbourne Ave., Tel. 48 75 55), Greyhound (London Circuit, Tel. 49 87 10), Murray's Coaches (London Circuit) und Cobb & Co zu allen wichtigen Städten Australiens, u. a. nach Sydney (6 Std.), Melbourne (9½ Std.) und Adelaide (18½ Std.). Zur Batemen's Bay (150 km, Strand) und nach Cooma (Snowy Mountains) täglich Busse der Capital Tourist Coaches.

Eisenbahn: Bahnhof (Yass Station, Tel. 9 51 55) nordwestlich der Stadt an der Wentworth Ave. (Buszubringer: Yass-Canberra Bus Lines, Tel. 26 13 78, 1 Stunde Fahrzeit). Täglich außer sonntags ›Canberra-Monareo-Express‹ nach Sydney und ›Intercapital Daylight‹ nach Melbourne, außerdem Züge nach Cooma.

Flugzeug: Flughafen in Fairbairn 5 km östlich (Tel. 73 15 14). AAT Coach vom Civic Centre (jeweils 40 Min. vor Abflug), Bus No. 31 vom East Row Bus Stop (halbstündlich). Flüge nach Melbourne, Sydney, Brisbane, Hobart, Adelaide, Perth (keine Auslandsverbindungen!).

Sonstiges: per *Schiff* täglich 9.30 Uhr (zwischen Juni und August 11.00 Uhr) und 12.30 Uhr Kreuzfahrten mit Canberra Cruises and Tours vom Ferry Terminal, Acton (Büro Mundaring Drive, Kingston). *Fahrräder:* Jugendherberge, Dyandra St., O'Connor; Mr. Spokes Bike Hire, Ferry Terminal. Zahlreiche Radwege (Karte im Verkehrsbüro).

Wichtige Adressen

Information: ACT Government Tourist Bureau, Ecke London Circuit und West Row (Tel. 49 75 55), geöffnet Mo.–Fr. 9.00–17.00 Uhr, Sa. 9.00–11.30 Uhr; Visitors Information Centre, Northbourne Ave.; NRMA-Autoclub, 92 Northbourne Ave. (Tel. 4 96 66); Australian Wildlife Service, London Circuit; Office of Community Relations, Administrative Bldg., Parkes (Tel. 61 35 28); Aboriginal Development Commission (ADC), 50 Colbee Court, Phillip (Tel. 0 62/83 51 33).

Öffentliche Einrichtungen und Notadressen: Hauptpost, Northbourne Ave./Alinga St.; Polizeinotruf Tel. 0 00 oder 49 74 44; Ambulanz Tel. 49 81 33; City Health Centre Tel. 49 19 19; Nachtapotheke: Drugstore Marcus und City Health Centre Dispensary (beide Clarke St.); Krankenhaus: Canberra Hospital, Edinburgh Ave., Acton (Tel. 48 99 22).

Botschaften und ausländische Einrichtungen: Bundesrepublik Deutschland, 119 Empire Circuit, Yarralumla, (Tel. 00 61 62/73 31 77); Schweiz, 7 Melbourne Ave., Forrest; Österreich, 107 Endeavour St., Red Hill; Goethe-Institut, Lombard House, 40 Allara St. (Tel. 47 44 72); The German Club Harmonie, Jerrambomberra Ave., Narrabundah.

Unterkunft

Klassifizierte Hotels: ***** Noahs Hotel, London Circuit; *** Canberra International Motor Inn, Northbourne Ave.; *** Travelodge Canberra, Northbourne Ave.; *** Town House Motel, 12 Rudd St.; ** Hotel Civic, Northbourne Ave.; * Acacia Motor Lodge, 65 Ainslie Ave.

Einfache Hotels: Macquarie Hotel, 18 National Circuit, Barton; Gowrie Hotel, 210 Northbourne Ave.; Hotel Civic, Northbourne Ave.; Motel 7, Cooma Road, Narrabundah; Chelsea Lodge, 526 Northbourne Ave.; Blue and White Lodge, 524 Northbourne Ave.; Sky Blue Lodge, 524 Northbourne Ave.; Platon Lodge, 522 Northbourne Ave.

Jugendherbergen: Dyandra St., O'Connor (5,6 km, Bus No. 380 oder No. 29), außerdem in Angle Crossing (45 km südlich). Auskunft: Tel. 0 62/37 51 12. YWCA in 2 Mort St.

Camping: Zahlreiche Plätze, nächster Motor Village Caravan Park, Kunzes St., O'Connor (3 km nordwestlich der City).

Unterhaltung

Nachtleben: Discos im Chic Inn und im Vorort Balconnen; Folkmusik im Ainslie Hotel; Nachtclub im Lakeside International Hotel.

Feste: im März Canberra Festival, im Oktober Musica Viva Spring Festival (alle 2 Jahre).

Victoria

Allgemeines

Mit 227 514 km² ist Victoria der flächenmäßig zweitkleinste Staat Australiens nach Tasmanien (2,96% der Gesamtfläche), hinsichtlich seiner Bevölkerungszahl (1983 = 4 027 000 = 27,6% der Gesamtbevölkerung) steht es jedoch an zweiter Stelle hinter New South Wales. Die Besiedlungsdichte liegt bei ca. 17 Einwohnern pro km². Ein Drittel des Staates besteht aus Buschland und Wäldern. Im Nordwesten erheben sich die Viktorianischen Alpen mit Höhen bis knapp 2000 m (Mt. Bogong 1986 m), die im Winter von ausgedehnten Schneefeldern bedeckt sind, im Südosten findet man Seen, Wasserfälle und Höhlen, im Westen weite, grüne Ebenen, unterbrochen von einigen Bergketten (Grampians). Die Küste ist insgesamt 1200 km lang. Sowohl am südlichen Pazifik (Tasman Sea) im Osten als auch am Indischen Ozean (Bass Strait) im Süden und Westen gibt es zahlreiche gute Strände mit hoher Brandung, südwestlich von Melbourne gesäumt von spektakulären Klippen. Im Frühling wirken große Teile des Nordostens wie ein einziger Garten (Apfelbäume, Rosen, Begonien), weshalb die Victorianer ihren Staat auch den ›Garden State‹ nennen. Im Sommer ist es zum Teil sehr heiß (bis 40 °C), im Winter gelegentlich kalt und oft sehr regnerisch.

Wie Skelett- und Werkzeugfunde (Kow Swamp, Keilor bei Melbourne) zeigen, ist das Gebiet des heutigen Victoria seit mindestens 30 000 Jahren besiedelt. Noch vor 150 Jahren lebten hier 80 verschiedene Eingeborenenvölker mit ca. 20 000 Angehörigen. Der erste Weiße, der die Küste sah, soll der Portugiese Cristóvão de Mendonça gewesen sein (1521/24). 1770 fuhr James Cook am Cape Hicks im Osten vorbei, 1798 erforschte George Bass die Küste. 1806 ließen sich bei Sorrento (südlich von Melbourne) kurze Zeit einige Weiße nieder; sie gaben jedoch wegen des Widerstandes der Eingeborenen und wegen Mangel an Nahrung bald wieder auf. Der erste Dauersiedler war ab 1829 der Cuxhavener William Dutton (bei Portland). Ermöglicht wurde eine größere Ansiedlung von Weißen aber erst, als man sächsische Merinoschafe einführte (1834), von denen 1938 schon 300 000 in Victoria grasten. Ein Jahr zuvor war am Port Phillip die Stadt Melbourne gegründet worden. Mit der Entdeckung großer Goldvorkommen nördlich von Melbourne (Ballarat, Clunes, Bendigo) im Jahre 1851 begann ein Goldrausch, der die Bevölkerungszahl des Staates rasch über 500 000 ansteigen ließ. Im selben Jahr wurde Victoria (bis dahin Teil von New South Wales) eine eigenständige Kolonie. In wenigen Jahren holten die ›Digger‹ (Goldgräber) Gold für mehr als 100 Millionen Pfund Sterling aus dem Boden. Als der ›Gold Rush‹ nach 10 Jahren verebbt war, widmete man sich verstärkt der Landwirtschaft und Viehzucht (Wollschafe, Rinder, Weizen, Obst). Noch heute ist die Wirtschaft des Staates vorwiegend agrarisch ausgerichtet (neben Schaf- und Rinderzucht dominieren Weizen-, Wein- und Obstbau); insgesamt produziert

Victoria ein Viertel der australischen Agrargüter. In jüngster Zeit werden auch die größten Braunkohlelager der Erde im Gippsland (südöstlich von Melbourne) und die bedeutenden Erdöl- und Erdgasvorkommen in der Bass Strait ausgebeutet. In Melbourne gibt es große Industriebetriebe (Maschinen- und Automobilbau, Chemie u. a.).

Die größten Sehenswürdigkeiten Victorias sind neben der Hauptstadt Melbourne, den nahen Dandenongs (Tierpark Healesville) und der Phillip Island (Pinguinparade) die Strände an der Westküste, die Goldrauschzentren Ballarat und Bendigo sowie die Victorianischen Alpen im Osten und das fruchtbare Murray Valley (Weinanbau).

Melbourne

2 836 800 Einwohner (1983), Hauptstadt des Staates Victoria und nach Sydney die zweitgrößte Stadt Australiens, bedeuten-

des Industrie- und Handelszentrum, nur wenige Kilometer von der Mündung des Yarra River in die Port Phillip Bay gelegen. Die Region ›Greater Melbourne‹, die im Osten bis an die Dandenonges Ranges reicht, umfaßt 36 selbständige ›Cities‹ mit insgesamt 197 Vororten und ist 4360 km² groß.

Geschichte

Bis vor 150 Jahren lebten am Warringal (alter Name für den Yarra-River) und auf der Maribyrnong-Ebene, auf der sich heute die Stadt erhebt, mehr als 7000 Wurundjeri, die ihre Freiheit lange gegen die eindringenden Weißen verteidigen konnten (u. a. vertrieben sie Leutnant Murray, der 1802 von der Swan Island Besitz ergriffen hatte). Am 29. 5. 1835 kam dann William Batman, Mörder zahlreicher Aboriginal Tasmaniens, an die Bucht. Er ernannte einige beliebig aufgegriffene Eingeborene zu Häuptlingen (diesen Titel gab es bei den Wurundjeri gar nicht, denn sie wurden von einem Ältestenrat regiert), ›kaufte‹ ihnen gegen 20 Decken, 30 Äxte, 100 Messer, 50 Scheren, 30 Spiegel, 200 Taschentücher, 6 Hemden und 100 Pfund Mehl ein 243 000 ha großes Stück Land ab und begründete die Siedlung Melbourne. Seinen ersten Aufschwung als Wollexporthafen verdankte Melbourne der Merinoschafzucht. 1842 erhielt der Ort die Stadtrechte, acht Jahre später wurde er Hauptstadt der neuen Kolonie Victoria. Als man 1851 in Victoria Gold fand, strömten Scharen von Siedlern hierher, zahlreiche Gebäude entstanden. Zeitweise wurde hier mehr als ein Drittel allen Goldes der Erde umgeschlagen. 1861 zählte Melbourne bereits 540 322 Einwohner (1842 waren es gerade 8000). Nach dem Ende des Goldbooms fiel die Stadt jedoch hinter Sydney zurück. Erst als man bei Broken Hill Mineralien entdeckte und Ge-

neral Monash die Elektrizitätserzeugung im Gippsland ankurbelte, ging es wieder aufwärts. Zwischen 1901 und 1927 fungierte Melbourne als Hauptstadt Australiens, 1933 überschritt die Einwohnerzahl die Millionengrenze. 1956 fanden im Vorort Heidelberg die XVI. Olympischen Spiele statt.

Heute ist Melbourne nach Sydney das wichtigste Handels- und Finanzzentrum Australiens, wovon die zahlreichen Wolkenkratzer im Zentrum zeugen (u. a. das 1983 eröffnete World Trade Centre), die die Hauptsitze vieler bedeutender Industrie-, Bergbau-, Bank-, Versicherungs- und anderer Gesellschaften beherbergen. Auch als Industriezentrum wird Melbourne nur von Sydney übertroffen; 27% aller Produktionseinheiten Australiens (7159) sind hier konzentriert. Hergestellt werden vor allem Transportmittel, Lebens-

Die Collins St. in Melbourne um 1840

mittel, Kleidung und Schuhe, pharmazeutische Produkte, Textilien, Papier, Chemikalien, Maschinen und Autos. (Vier der fünf australischen Autohersteller haben ihren Hauptsitz in Melbourne, darunter auch der größte, General Motors-Holden.)

Stadtgliederung und -besichtigung

Die Innenstadt: Die schachbrettartig angelegte City von Melbourne erstreckt sich auf dem Nordufer des Yarra River. Sie besitzt nur noch wenige alte Straßenzüge, ist aber mit ihren breiten, baumbestandenen Straßen und den zahlreichen Parkanlagen, die mehr als ein Viertel des Stadtgebietes einnehmen, durchaus attraktiv. Wegen der Ausdehnung der Stadt kann man nur einen kleinen Teil per pedes erkunden, es besteht jedoch ein gutes Angebot an öffentlichen Verkehrsmitteln. Günstigster Ausgangspunkt für eine Besichtigungstour ist das *Victorian Government Travel Centre* an der Collins St. 230. Ringsherum erstreckt sich das *Geschäftszentrum* (Collins St., Elizabeth St., Bourke St., Queen St., Swanston St.), das wegen der vielen Banken und Versicherungspaläste auch ›Golden Mile‹ genannt wird. Folgt man der Collins St. vom Travel Centre in westlicher Richtung, passiert man zunächst mehrere Arkaden (darunter die *Royal Arcade* mit den Statuen der Riesen Gog und Magog, die die Zeit anschlagen). Nach einem knappen Kilometer (Straßenbahn) ist die King St. erreicht, in die wir nach rechts einbiegen. An der nächsten Ecke folgt die *Little Collins St.,* die auch als ›Little Paris‹ (wegen der Bäume und Cafés) oder als ›Mini-Chinatown‹ (wegen der chinesischen Restaurants) bezeichnet wird. Der King St. weiter in nördlicher Richtung folgend, gelangt man nach 650 m zur La Trobe St. Schräg gegenüber der Kreuzung beginnen die gepflegten *Flagstaff Gardens* (sie waren einst als Burial Hill bekannt, weil sich hier 1848 der erste Friedhof der Stadt befand).

Von der Flagstaff Railway Station können Sie nun mit der Straßenbahn oder der neuen U-Bahn bis zur Museum Railway Station (700 m östlich) fahren. In unmittelbarer Nähe, an der Ecke von La Trobe und Swanston St., steht die *State Library* mit der Latrobe Library (1856 gegründet, umfangreiche Australiana-Sammlung). Gleich daneben befindet sich das *Science Museum and Planetarium,* ein technisches Museum mit Modellen von Weltraumraketen und -satelliten, Schiffen und Flugzeugen (geöffnet montags bis samstags 10–17 Uhr, sonntags 14–17 Uhr; Vorführungen im Mc Kay Planetarium mittwochs 14 Uhr, freitags 14 und 20 Uhr, samstags und feiertags 11, 14 und 15.30 Uhr). Im selben Gebäudekomplex (Eingang Russell St.) ist das *National Museum of Victoria* untergebracht, wo man eine umfangreiche Sammlung von Kunst- und Gebrauchsgegenständen der Ureinwohner sowie Dioramen (Fauna, Mineralien) besichtigen kann (geöffnet montags bis samstags und feiertags 10–17 Uhr, sonntags 14–17 Uhr). 150 m nördlich des Museums liegt an der Russell St. das *Old Melbourne Gaol* (altes Gefängnis), heute ein Museum, in dem u. a. die Totenmaske und die Zelle des am 11. 11. 1880 gehenkten Verbrechers und ›Bush Rangers‹ Ned Kelly zu sehen sind (geöffnet täglich 10–17 Uhr, außer 25. 12. und Karfreitag).

Durch die in östlicher Richtung führende Mackenzie St. gelangt man vom Gefängnis nach 250 m zur Victoria St. Schräg gegenüber beginnen die 24 ha großen *Carlton Gardens,* auf deren Gelände die weitläufigen Exhibition Buildings stehen, 1880 für die Melbourne International Exhibition errichtet und zwischen 1901 und 1927 Tagungsort des australischen Parlaments (Besichtigung montags bis freitags 9–17 Uhr). 1 km nordwestlich der Carlton Gardens (Ausgang Carlton/Grattan St.) befindet sich an der Grattan St. (zwischen Swanston St. und Royal Parade) die *University of Melbourne,* eine von drei Universitäten der Stadt (die anderen sind die La Trobe und die Monash University). Hier lohnt

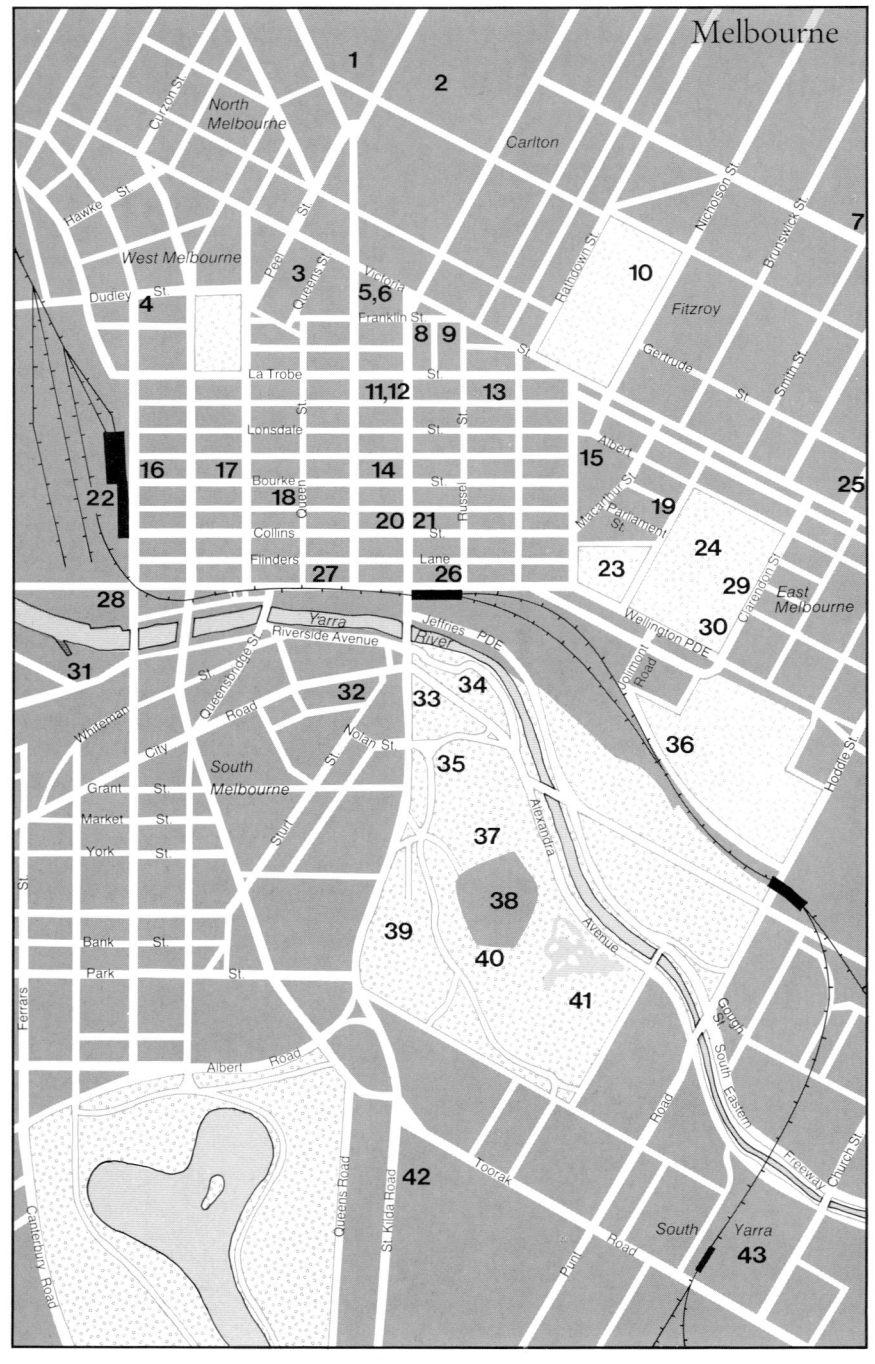

Melbourne

das *Percy Grainger Museum* (Musikmuseum) einen Besuch.

Geht man von den Carlton Gardens durch den Südostausgang und folgt der Nicholson Street bis zur Ecke Albert St. (250 m), gelangt man zum *ICI Building*, von dessen Aussichtsplattform sich ein ausgezeichneter Panoramablick bietet. Ein Stück weiter südwestlich stößt die Nicholson St. auf das *Parliament House* (1856), das von schönen Gartenanlagen umgeben wird (Besichtigung montags bis freitags 10, 11 und 14 Uhr, eingeschränkt während der Sitzungen). Einige Schritte nordwestlich des Parlaments mündet die Little Bourke St. in die Spring St. Hier können Sie in der Nr. 24 das *Gordon House* (1884) mit seinen Läden und Gärten besichtigen. Etwa 200 m südlich des Parlaments liegen an der Ecke Spring und Treasury St. die malerischen *Treasury Gardens* mit dem John F. Kennedy Memorial. Durchquert man sie in östlicher Richtung, gelangt man (über die Lansdowne St.) in die ausgedehnten *Fitzroy Gardens*. Auf dem Gelände ein Treibhaus (Conservatory), das English Tudor Village (Nachbildung eines englischen Dorfes), der Melbourne Arts Path (Weg mit 10 000 Keramikfliesen) und das Captain Cook's Cottage, das aus England hertransportierte Elternhaus von James Cook (täglich 9–16.45 Uhr geöffnet). Südlich der Fitzroy Gardens erstreckt sich der Yarra Park mit dem *Melbourne Cricket Ground* (120 000 Plätze), Schauplatz von Cricket- und Fußballveranstaltungen.

Von der Wellington Parade kann man nun mit der Straßenbahn bis zur westlich gelegenen Flinders Street Railway Station am Yarra River fahren. Gegenüber dem Bahnhof erhebt sich die *St. Paul's Cathedral* (1891); in unmittelbarer Nähe befindet sich auch die *Young and Jackson's Bar* mit dem Bild der nackten Chloe, dem berühmtesten Gemälde Australiens. Die Flinders Lane führt in nördlicher Richtung zurück zum Geschäftszentrum mit dem *City Square* (Brunnen, Amphitheater, riesige Video-Leinwand, künstliche Wasserfälle, Läden und Restaurants) und der *Town Hall*, dem Rathaus der Stadt.

South Melbourne: Wenden Sie sich nun von der Flinders Street Railway Station nach Süden. Noch auf der Nordseite des Yarra (östlich der Brücke) befinden sich die *Anlegestellen der Ausflugsboote*, mit denen man u. a. zum alten Segelschiff ›Polly Woodside‹ an der Normanby Road (etwa 2 km südwestlich der Bahnstation) gelangt (Besichtigung mittwochs und donnerstags 10–16 Uhr, an Wochenenden 12–17 Uhr). Dahinter führt die Princess Bridge hinüber in den Stadtteil South Melbourne. An der gleich anschließenden St. Kilda Road sehen Sie rechter Hand die *National Gallery of Victoria Arts Centre,* das modernste Kunstzentrum des Fünften Kontinents. Das Zentrum besteht aus einer Kunstgalerie, einem Theater, einer Kunsthalle und einem Studio. Die Galerie (Kosten: 14 Millionen A$) wurde aus massiven Basalt-Quadersteinen erbaut. Man betritt sie

1 Flughafen und Straße nach Ballarat/Bendigo   2 Universität   3 Queen Victoria Market   4 St. James' Cathedral   5 TAA-Terminal   6 Ansett Pioneer-Terminal   7 Straße nach Healesville   8 Institute of Technology   9 Old Melbourne Gaol   10 Carlton Gardens   11 Museum   12 Staatsbibliothek, Science Museum, Planetarium   13 National Museum   14 Hauptpost   15 Parlament   16 Greyhound-Terminal   17 A.M.P. Building   18 Automobilclub   19 St. Patrick's Cathedral   20 Travel Centre   21 Town Hall   22 Spencer Street Railway Station   23 Treasury Gardens   24 Fitzroy Gardens   25 Straße zu den Dandenongs   26 St. Paul's Cathedral   27 Flinders Street Railway Station   28 World Trade Centre   29 Model Tudor Village   30 Captain Cook's Cottage   31 Museumsschiff ›Polly Woodside‹   32 National Gallery   33 Queen Victoria Gardens   34 Alexandra Gardens   35 Myer Music Bowl   36 Melbourne Cricket Ground   37 King's Domain   38 Government House   39 Shrine of Remembrance   40 La Trobe's Cottage   41 Royal Botanic Gardens   42 Straße zur Mornington-Halbinsel   43 South Yarra

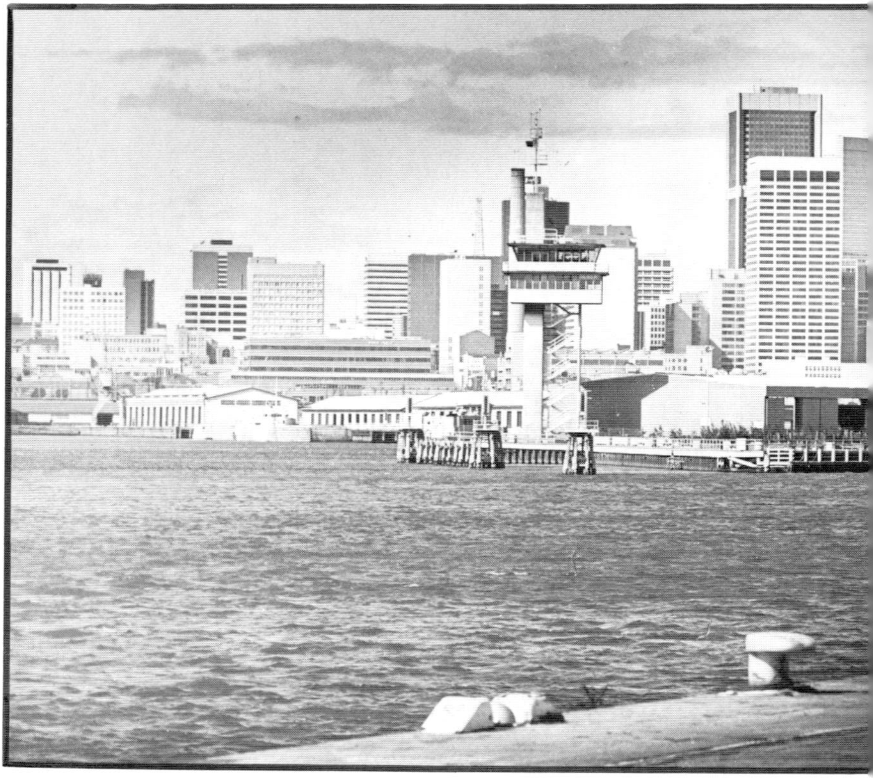

WEST COAST PARCEL EXPRESS

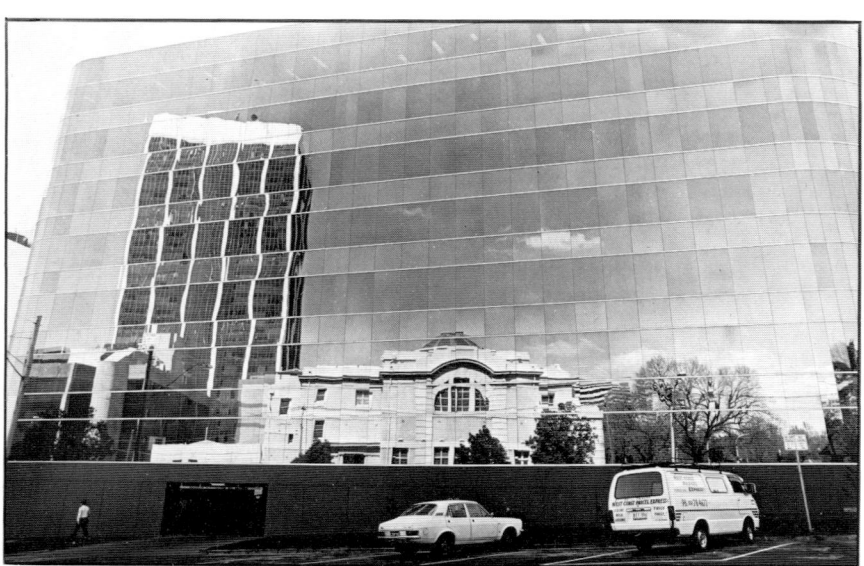

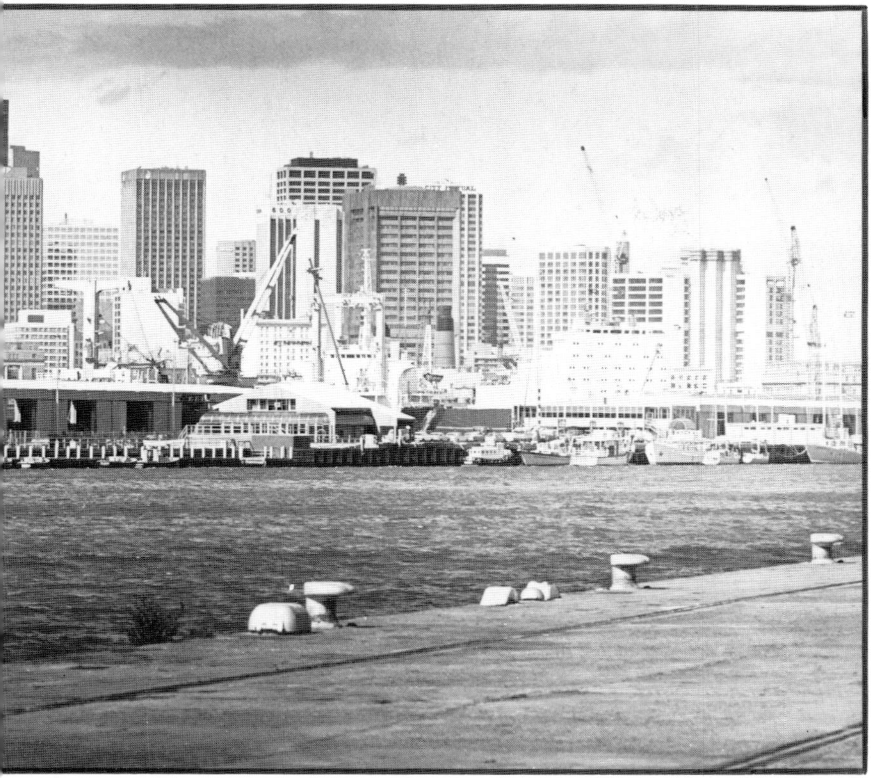

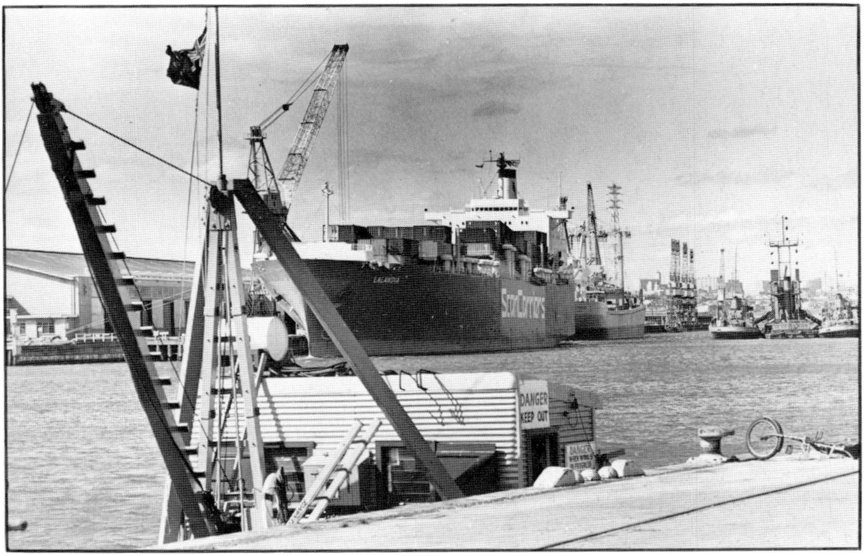
DANGER
KEEP OUT

Das Victoria Arts Centre, das modernste Kunstzentrum des Fünften Kontinents

Das Einkaufszentrum Royal Arcade an der Collins St.

durch ein gewaltiges Tor und drei anschließende Innenhöfe. Die Great Reception Hall wird bedeckt von dem größten Mosaikdach der Welt, gefertigt aus 7000 französischen und belgischen Glasstücken in 50 Farben, die in 224 aluminiumbeschlagene Sperrholz-Dreiecke gefaßt sind. Der Melbourner Künstler Leonard French hat fünf Jahre daran gearbeitet. Die National Gallery beherbergt die umfangreichste Gemäldesammlung auf australischem Boden (u. a. Rembrandt, Dürer, Manet, Sir Hans Heysen) und zahlreiche asiatische Kunstgegenstände (u. a. indonesische Schattenspielfiguren), dagegen nur eine kleine Sammlung von Eingeborenenkunst. ›Schmuckstück‹ ist das Bild ›Blue Poles‹ des Amerikaners Jackson Pollock, das Premier Whitlam Anfang der 70er Jahre für 2 Millionen A$ (die bis dahin höchste für ein modernes Gemäde gezahlte Summe) anschaffen ließ. Das Theater (2500 Sitze) fällt ebenfalls durch sein Dach auf, das von einer 140 m hohen Kupferlanze überragt wird. Geöffnet ist das Kunstzentrum täglich außer montags von 10–17 Uhr, mittwochs bis 21 Uhr.

Auf der Ostseite der St. Kilda Road (gegenüber dem Kunstzentrum) liegen die *Queen Victoria Gardens* (mit der Floral Clock) und, etwas weiter nordöstlich, die bis an den Yarra River reichenden *Alexandra Gardens*. Jenseits (südwestlich) der Queen Victoria Gardens erstreckt sich die großflächige *King's Domain* mit ihren 10000 Pflanzen und dem Freiluftzelt der Sydney Myer Music Bowl (100000 Plätze). Zwischen November und Februar finden hier Konzerte statt, an Weihnachten ›Christmas by Candlelight‹-Veranstaltungen. Durch einen attraktiven Park gelangt man von der ›Musikmuschel‹ zum weiter südlich gelegenen weißen *Government House* (Residenz des Gouverneurs) und zum *La Trobe's Cottage* (es stammt aus dem Jahre 1840 und wurde aus England herübergebracht; geöffnet täglich 10.30–16.30 Uhr). Westlich davon erhebt sich der *Shrine of Remembrance* (Victorian War Memorial), von dessen Spitze man einen ausgezeichneten Ausblick über die Parkanlagen genießt (geöffnet montags bis samstags 10–17 Uhr). Südöstlich des La Trobe's Cottage folgen die 41 ha großen *Royal Botanical Gardens,* die schönste Parkanlage von Melbourne und eine der sehenswertesten des fünften Kontinents, in der etwa 12000 Pflanzen gedeihen. Sehenswert ist das National Herbarium. Von hier führt die ›Allee der Erinnerungsbäume‹ (über 100, gepflanzt von prominenten Besuchern aus aller Welt) zu einem großen See mit verschiedenen kleinen Inseln, auf denen unzählige Vögel leben.

Südliche Vororte: Vom Südausgang der Botanical Gardens an der Domain Road können Sie nun mit der Straßenbahn in den Vorort *South Yarra* fahren. Beachtung verdient dort vor allem das an der Como Av. in einem außergewöhnlich schönen Garten stehende Como House, ein 1840 errichtetes Herrenhaus (täglich von 10–17 Uhr geöffnet). Mit der ›Tramway‹ erreich-

bar ist auch der 3 km weiter südöstlich gelegene vornehme Vorort *Toorak* (›Trak‹) mit seinen fashionablen Boutiquen, Antiquitätenläden sowie dem Illawarra House (1890) und dem Tintern House (1854). Einen weiteren Ausflug können Sie zu dem an der Port Phillip Bay gelegenen Vorort *St. Kilda* unternehmen (6 km vom Zentrum, Zufahrt über die St. Kilda Road). Hier finden Sie Boutiquen und Delikatessenläden mit Schwarzwälder Kirschtorte, jüdischen Blintzes, serbischen Raznjici und ungarischen Paprikás Csirke. 4 km weiter (in südöstlicher Richtung) steht im Vorort *Elsternwick* an der Hotham St. No. 192 das historische Haus Rippon Lea inmitten einer großen Gartenanlage (geöffnet täglich 10–17 Uhr, Ende Mai bis 1. 9. nur mittwochs bis freitags von 11–15 Uhr und an Wochenenden von 10–17 Uhr).

Auf dem Rückweg zum Stadtzentrum lohnt ein Abstecher in die Albert Road (zweigt nördlich des Albert Park von der St. Kilda Road ab). Nach etwa 800 m gelangt man zur Moray St. (rechts), von der die Raglan St. abgeht (links). Dort steht der alte chinesische *See Yup Temple.* Nördlich davon, im Viertel *Emerald Hill,* werden zur Zeit zahlreiche historische Gebäude restauriert. Eine Straßenbahn fährt von hier zur Flinders Street Railway Station. Zum Schluß noch eine weitere Sehenswürdigkeit Melbournes: die *Church of the Covenant,* eine von dem ›Hohen Priester‹ Doug Spencer gegründete Sekte, die an verschiedenen Orten sogenannte Hexenhochzeiten veranstaltet (Auskunft im Travel Centre, Collins St.).

Die Umgebung von Melbourne

... im Norden: Fährt man den Hume Highway in nördlicher Richtung stadtauswärts (vorbei an der Melbourne University), so gelangt man nach etwa 40 km bei Beveridge an eine Abzweigung in nordöstlicher Richtung, die in den kleinen Ort *Strathewen* führt (sehr interessante Einge-

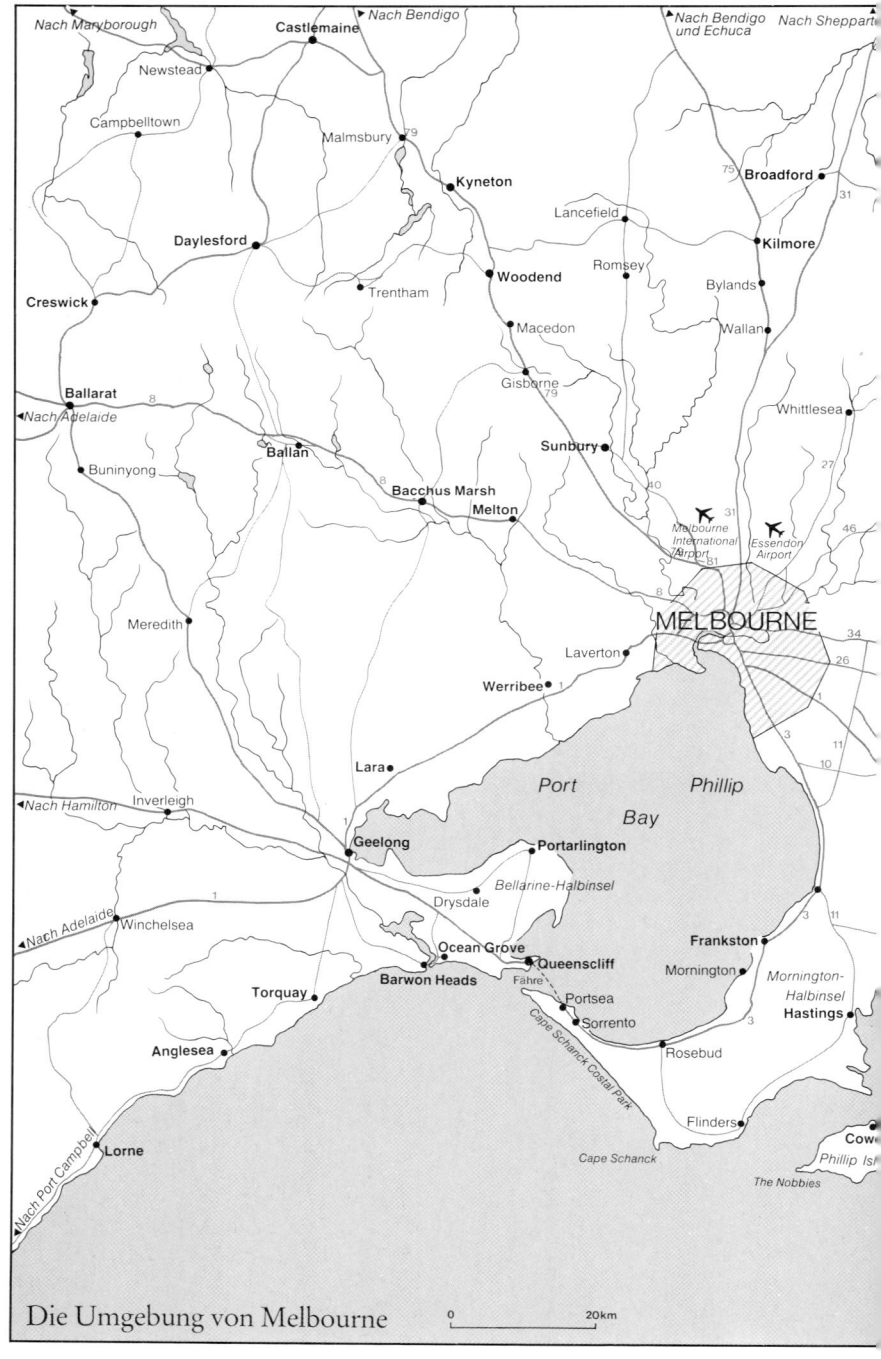

Die Umgebung von Melbourne

0   20km

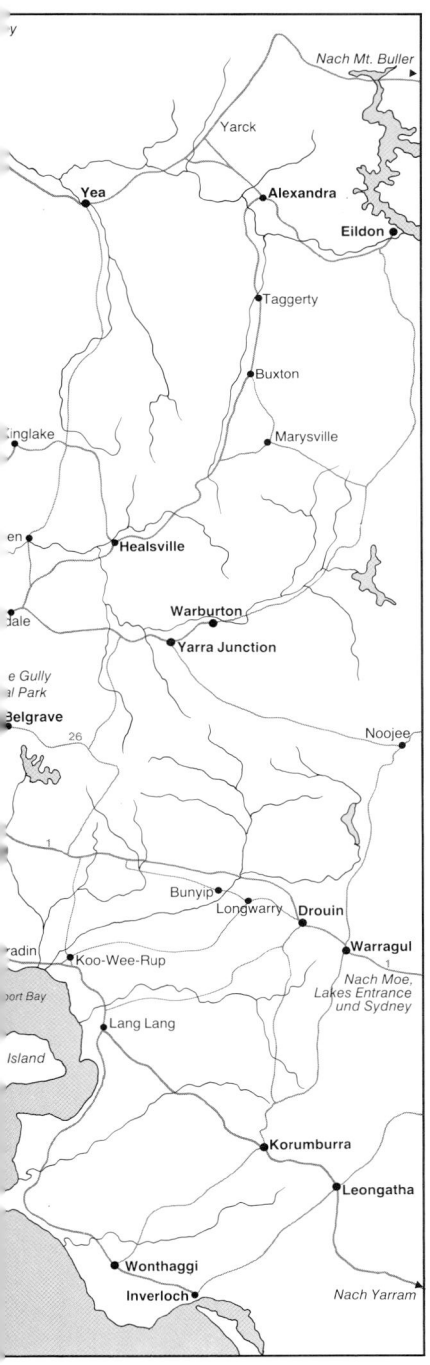

borenenschule der Greenhills Foundation). 5 km nördlich von Beveridge biegt nach Nordwesten der Northern Highway ab, der das *Bylands Tramway Museum* (Straßenbahnmuseum) und den Ort Kilmore passiert. Von dort gelangt man über Lancefield zum *Mt. William* (1167 m), wo sich bis vor 150 Jahren der wichtigste Steinbruch der Wurundjeri befand (ihre Steinäxte wurden bis zu 500 km weit gehandelt). Unweit dieser Stelle lag das alte Kulturzentrum Glen Isle mit Felszeichnungen. 15 km südwestlich von Lancefield erhebt sich im *Organ Pipes National Park* der Hanging Rock, den der Film ›Picnic at Hanging Rock‹ (Picknick am Valentinstag) weltberühmt machte. 8 km südlich des Felsens ragt der 1011 m hohe *Mt. Macedon* empor, ein erloschener Vulkan, wo Koalas in freier Wildbahn leben. Etwas südlich davon führt der Calder Highway nach Melbourne zurück. Unterwegs kann man in *Sunbury* das Emu Bottom House von 1836 besuchen (täglich außer montags 10–17 Uhr geöffnet).

... im Südwesten: Ein zweiter Ausflug führt in die südwestlichen Vororte von Melbourne. Man fährt über die Princess Bridge nach South Melbourne und biegt in die Riverside Av. ein. Über deren Verlängerungen Yarra Bank Road und Normanby Road gelangt man zur Williamstown Road, die durch den Port Melbourne in den auf einer Halbinsel gelegenen Vorort *Williamstown* führt. Sehenswert: The Railway Museum (Champion Road; geöffnet an Wochenenden und Feiertagen 14–17 Uhr), das Williamstown Historical Museum (Electra St.; geöffnet sonntags 14–17 Uhr) und das Maritime Museum (Gem Pier) mit dem Schiff ›Castlemaine‹ (geöffnet an Wochenenden 10–18 Uhr). Nun fährt man in westlicher Richtung zum Princes Highway (Hauptstraße Melbourne – Geelong) und folgt diesem in südwestlicher Richtung. Nach etwa 15 km zweigt in Werribee eine Straße zum *Werribee Park* ab, wo inmitten eines 10 ha großen

Gartens (mit Tierpark) das im pseudo-italienischen Stil des 19. Jhs. errichtete Werribee House steht (60 Räume, geöffnet samstags bis donnerstags 10–17 Uhr). Nun können Sie entlang der Port Phillip Bay wieder nach Melbourne zurückkehren. Auf dem Wege passiert man nach 6 km das *National Aviation Museum* (u. a. Messerschmitt-Raketenflugzeuge, V 2-Raketen und Erinnerungsstücke an den von einer australischen Einheit abgeschossenen Freiherr von Richthofen, den erfolgreichsten Jagdflieger des Ersten Weltkrieges; geöffnet mittwochs und sonntags 10–15 Uhr). Kurz vor Melbourne liegt an der Bucht der Industrieort *Altona* (Raffinerie).

... im Osten: Unbedingt zu empfehlen ist ein Besuch der 25 km östlich von Melbourne gelegenen *Dandenong Ranges*. Diese bis 633 m hohen, mit Regenwald, Farnbäumen und Blumen bedeckten Berge gehören zu den schönsten Landschaften des Staates, auch wenn das große Buschfeuer vom Aschermittwoch 1983 leider zahlreiche Pflanzen vernichtet hat. Den Gebirgszug erreicht man von der City über die Smith St. (nördlich der Fitzroy Gardens), die über die Vororte Fitzroy, Northcote und Heidelberg ins 24 km nordöstlich gelegene *Eltham* führt. Dort kann man die Montsalvat Artists Colony (Künstlerkolonie) in einem pseudofranzösischen Schloß besichtigen. In der Nähe liegt das mit 4,5 Millionen Litern Fassungsvermögen größte Faß der Erde (in dem 30 m langen Ungetüm sind zwei Restaurants untergebracht). Fährt man von hier in östlicher Richtung weiter bis Kangaroo Ground (8 km) und biegt dann nach Süden ab, so erreicht man nach weiteren 6 km die Künstlerkolonie *Warrandyte* mit dem sehenswerten Potter's Cottage (täglich außer montags geöffnet). Am nahen *Anderson's Creek* wurde im 19. Jh. das erste Gold in Victoria gefunden (vor Ballarat und Bendigo). 10 km südlich erreicht man in Ringwood den Maroondah Highway, dem man bis ins 13 km nordöstlich gelegene *Lilydale* folgt (be-

Bahnlinie und Ausfallstraße in den Außenbezirken von Melbourne

kannter Weinberg; auf dem Friedhof das Grab der populären Sängerin Nellie Melba). Nun sind es noch 20 km zum weltberühmten, 32 ha großen *Sir Colin Mc Kenzie Fauna Park* bei Healesville (72 km von Melbourne). Mit seinen 1500 Tieren (200 Arten, darunter Koalas, Känguruhs, Emus und Possums) und der Platypus (Schnabeltier-)Research Station gehört er zu den schönsten Zoos Australiens (geöffnet täglich 9–17 Uhr). Einige Kilometer nördlich finden sich die bescheidenen Reste (Friedhof, Hausruinen) der 1862 von 60 Eingeborenen gegründeten Siedlung *Coranderrk,* die in ihrer Blütezeit 300 Einwohner zählte und 1922 gegen den Willen ihrer Bewohner vom Staat geschlossen wurde. Bei *Narbethong* (26 km nordöstlich) steht der 100 m hohe und 19 m dicke Müller Mountain Ash-Eukalyptus.

Von Healesville kann man nun, entlang der östlichen Abhänge der Dandenong Ranges, über die Dalry Road ins südlich gelegene Woori Yallock (16 km) und weiter nach *Cockatoo* (34 km) fahren, das im

Februar 1983 vom Buschfeuer völlig zerstört wurde (eine landschaftlich noch schönere Route führt parallel zu dieser Straße von Healesville nach Launching Place und dann über Gembrook nach Cockatoo). 8 km weiter folgt *Emerald* mit seinen ausgedehnten Lavendelfeldern und einer Trout Farm (Forellenteiche). Von Emerald können Sie auf einer 0,76 m-Schmalspurbahn (›Puffing Billy‹) über Menzies Creek ins 15 km entfernte *Belgrave* fahren (Auskunft im Travel Centre in Melbourne, da die Bahn unregelmäßig fährt). Im 2 km nördlich davon beginnenden Sherbrooke Forest und im Upper Ferntree Gully (8 km nordwestlich) sind morgens und am Spätnachmittag die berühmten Hochzeitstänze der Lyrebirds (Leiervögel) zu bewundern. 11 km nördlich von Belgrave liegt die Künstlerkolonie *Olinda* (herrliche Rhododendrongärten, Anfang November Festival), noch 10 km weiter das *William Ricketts Sanctuary* (Ton- und Holzfiguren von Eingeborenen des Künstlers Ricketts; geöffnet täglich 10–17 Uhr). Vorbei am Mt. Dandenong gelangt man zum *Mt. Dandenong Lookout* (weiter Panoramablick). Von dort führt die Landstraße in einem Bogen über Montrose und Ringwood (10 km) nach Melbourne zurück.

... im Südosten (Mornington Peninsula): Ein weiteres Ausflugsziel ist die 40 km südlich von Melbourne gelegene Mornington Peninsula mit der vorgelagerten Phillip Island. Man erreicht die Halbinsel via St. Kilda und dem Nepean Highway. Über Frankston (40 km) gelangen Sie zunächst nach *Mornington* (Strand). Bei Dromana (19 km weiter südwestlich) erhebt sich der 305 m hohe *Arthur's Seat,* zu dessen Spitze ein Sessellift führt (von oben weiter Blick über die Port Phillip Bay, die Bass Strait und die Mornington Peninsula). Die nahe *Mc Crae Homestead* zählt zu den ältesten Schafstationen Victorias (1843 gegründet; zwischen Weihnachten und Ostern täglich 10–17 Uhr geöffnet). Über

Rosebud (Marine und Reptile Park) erreicht man 22 km hinter Dromana den Badeort *Sorrento.* Von Sorrento und dem Nachbarort *Portsea* (3 km nordwestlich) verkehren Fähren der Leale Cruises nach *Queensdiff* auf der Bellarine-Halbinsel (zwischen 24.12. und Ostern täglich, sonst mehrmals wöchentlich). Der 5 km nordwestlich gelegene *Point Nepean* gewährt einen ausgezeichneten Blick über The Rip, die schmale Einfahrt in den Port Phillip. Südlich von Portsea und Sorrento erstreckt sich der schöne *Cape Schanck Coastal Park* mit seinen Dünen, hervorragenden Brandungsstränden (u. a. Cheviot Beach, Portsea Ocean Beach und Sorrento Ocean Beach) und der Angel's Cave. Fährt man vom Cape Schanck auf der südlichen Küstenstraße nach Osten, gelangt man nach 67 km zum Fährhafen *Stony Point* an der Western Port Bay. Im Hafen liegt das alte Schiff ›Cerberus‹ (Besichtigung möglich).

Fähren und Hydrofoils (Tragflügelboote) verkehren von Stony Point nach *Cowes* auf der vorgelagerten *Phillip Island.* Die Insel ist ein wahres Tierparadies. Hier leben Koalas (im Kingston Gardens Zoo 5 km südlich von Cowes), mehr als zwei Millionen Mutton Birds (auf den Klippen The Nobbies, 14 km südwestlich) und als besondere Attraktion die 23 cm großen Fairy Penguins (Zwergpinguine; an der Summerland Beach, 2 km östlich der Nobbies). Zwischen September und März/April kommen Scharen von ihnen kurz vor Sonnenuntergang nach ihrer ›Tagesarbeit‹ (Fischen) an Land und watscheln zu ihren Nestern in den Dünen. Diese ›Penguin Parade‹ lockt jedesmal zahlreiche Besucher an. Will man nicht über Stony Point wieder nach Melbourne zurückkehren, empfiehlt sich eine Alternativroute über das 18 km südöstlich von Cowes gelegene Newhaven und die 650 m lange Newhaven Bridge zum Fischerort *San Remo.* Östlich davon beginnt das Gippsland (vgl. S. 130 ff.).

Verkehr

Ortsverkehr: Dem Greater Melbourne Transport System sind Busse, Straßenbahnen und S-Bahnen angeschlossen. Mit einem ›Passmaster Ticket‹ kann man ganztägig alle Verkehrsmittel benutzen. *Busse:* engmaschiges Netz (Auskunft und Karte im Travel Centre). *Straßenbahnen:* von der Swanston St. in die nördlichen und südlichen Vororte, von der Flinders St. und der Collins St. in die östlichen und westlichen (u. a. No. 8 nach Toorak, No. 15 nach St. Kilda). Vom Princes Bridge Terminus fahren So (10.50–17.30 Uhr) alte Straßenbahnen der Typen V 214 (1906) und B 676 (1930). *U-Bahn:* City Underground Loop 1982 teilweise eröffnet (u. a. Museum Station, Parliament und Flagstaff Stations).

Überlandverkehr: Mit *Bussen* von Ansett Pioneer/Gray Line (97 Franklin St., Tel. 3 45 41 44), Panther Inter-City Express (667 Bourke St., Tel. 62 53 96), Greyhound (457 La Trobe St., Tel. 67 95 93) und Across Australia Coachlines (56 Spencer St., Tel. 62 38 48; preiswerteste Linie nach Perth und Darwin) täglich nach Sydney (16 Std.), Adelaide (11 Std.), Brisbane (29–32 Std.), Canberra (9½ Std.–10 Std.), Perth (40 Std.), Broken Hill (12½ Std.), via Adelaide nach Darwin und Alice Springs. In der Little Collins St. und in der Flinders Lane werden billige Bustickets verkauft. *Eisenbahn:* Bahnhöfe Flinders Street (nach Bairnsdale und in die Vororte), Princess Bridge (in die Vororte) und Spencer Street (nach Adelaide, Bendigo, Canberra, Mildura und Sidney). Innerhalb Victorias Verbindungen mit Ararat, Ballarat, Bairnsdale (›Gippslander‹), Hamilton, Mildura (›The Vinelander‹), Portland und Bendigo (›The Great Northlander‹). Mit einem ›Unlimited Travelticket‹ kann man zwei Wochen lang das gesamte Bahnnetz von Vic Rail benutzen. Interstate: nach Sydney täglich mit ›Southern Aurora‹ (nur 1. Klasse, Autoverladung), ›Spirit of Progress‹ und ›Intercapital Daylight‹ (Anschluß nach Brisbane); nach Adelaide mit ›The Overlander‹, nach Canberra/Yass mit ›Intercapital Daylight‹, nach Perth via Adelaide oder Port Pirie. Vic Rail veranstaltet auch Ausflüge nach Ballarat, Mildura, Portland und Lakes Entrance. *Flugzeug:* Melbourne besitzt drei Flughäfen. Vom Tullamarine Airport (22 km nordwestlich) starten internationale Flüge, vom Essendon Airport (10 km) inneraustralische und vom Moorabbin Airport die Charterflüge. Transport nach Tullamarine mit Airport to City Bus Service, 346 Elizabeth St. (werktags zwischen 7.30 und 17 Uhr alle 30 Min.; an Wochenenden zwischen 8 und 17 Uhr alle 60 Min.; die Busse halten auch an der Flinders Street Railway Station, an der Spencer Street Station und allen größeren Hotels), außerdem kostenloser Zubringer von großen Hotels, Kleinbusse von der City und der Jugendherberge (Fahrtdauer 45 Min.) sowie Heliport (Hubschrauber) von der William St. (Yarra River). Von Tullamarine nach Essendon Transferbus (MBE), von der City nach Essendon Straßenbahn, nach Moorabbin mit Bussen. Auslandsflüge u. a. nach Kuala Lumpur, Singapur, Europa, Nouméa, Neuseeland und USA, Inlandsflüge nach Adelaide, Alice Springs, Hobart, Perth, Canberra, Sydney, Darwin, Tasmanien (Launceston, Devonport, Wynyard, Burnie; billigste Möglichkeit ab Essendon mit Bizjet), zur King's Island und zu zahlreichen Orten in Victoria.

Sonstiges: Mit der *Fähre* ›Empress of Australia‹ (ANL) Mo, Mi und Fr vom Tasmanian Ferry Terminal (Tel. 62 06 81) nach Devonport (Tasmanien); Ausflüge auf dem Yarra River mit Rivercruises (Tel. 6 69 44 19) und dem Raddampfer ›Saona‹ (10.30 Uhr), an Wochenenden vom Princess Walk nach Hawthorne (Tel. 51 87 48). *Fahrräder:* Hoath's Cycle Store, 429 Station St., Box Hill; Saddle and Bell Cycles, 3 Link St., Kingsbury; Leisure Bikes, Hawthorne (Tel. 8 17 2 41).

Wichtige Adressen

Information: Victorian Government Tourist Centre, 230 Collins St. (Tel. 6 02 94 44, Öffnungszeiten Mo–Fr 9–17 Uhr, Sa 9–12 Uhr); Royal Automobile Club of Victoria (RACV), 123 Queen St. (Tel. 60 02 51 und 6 07 22 11); National Parks Service, Victoria Parade; Immigration and Ethnic Affairs, La Trobe St. (Commonwealth Gov. Centre, Tel. 6 62 20 11); Victorian Government Information Bureau, 356 Collins St. (Tel. 67 59 55); Australian Tourist Commission, 324 St. Kilda Road (Tel. 6 90 39 00); Informationen über Eingeborene: Aboriginal Development Commission (ADC), 766 Elizabeth St. (Tel. 3 47 6 81); Aboriginal Advancement League, 56 Cunningham St., Northcote.

Öffentliche Einrichtungen und Notadressen: Hauptpost Ecke Bourke und Elizabeth St. (geöffnet Mo–Fr 9–17 Uhr); Telegramme (OTC) 382 Lonsdale St.; Polizei (Headquarters) 380 William St.; Ambulanz Tel. 0 00 (auch allgemeiner Notruf) oder 6 62 25 33; deutschsprachiger Arzt: Dr. med. Umberto Rossi, 66 William St., Mt. Waverly (Tel. 272 54 43); Notzahnarzt Royal Dental Hospital (Tel. 3 47 42 22); Krankenhaus: Royal Melbourne Hospital Casualty (Tel. 3 42 70 21); Travellers Aid Society: 182 Collins St. (Tel. 6 54 26 00) und Spencer Street Railway St. (Tel. 67 28 73).

Konsulate und ausländische Einrichtungen: Generalkonsulat der Bundesrepublik Deutschland (German Consulate General), 480 Punt Road, South Yarra (Tel. 0 06 13/26 12 61–63); Club Tivoli (Deutscher Verein Melbourne), 240 Victoria St., North Richmond; Goethe-Institut, 606 St. Kilda Road (Tel. 51 88 38, 51 32 14); Australian-German Welfare Society, 89 Carolina St., S. Yarra; Austrian Club, 19 Brunswick St., Fitzroy (Tel. 20 15 97).

Unterkunft

Klassifizierte Hotels: ***** Wentworth, 25 Collins St.; ***** Melbourne Hilton, 192 Wellington Parade; ***** Southern Cross, Bourke St.; **** Australia, 266 Collins St.; **** Chateau Commodore, 131, Lonsdale St.; **** Noahs, Exhibition St.; **** Old Melbourne, 5 Flemington Road, North Melbourne; **** Motel St. Kilda Travelodge, St. Kilda Road; **** Windsor, 115 Spring St.; *** Motel Marco Polo Inn, Harker St.; *** Motel Palm Lake, 52 Queens Road; *** Motel President, 63 Queens Road; *** Astoria City Travel Inn, 288 Spencer St.; ** London, 99 Elizabeth St.; * Cecil, 420 Lonsdale St.; * New Boundary, Hotham St., East Melbourne.
Einfache Hotels: City Lodge, 235 King St.; City Garden, 335 Abbotsford St., North Melbourne; Kingsgate Private, 131 King St.; Magnolia Court PH, 101 Powlett St., East Melbourne; Miami PH, 13 Hawke St., West Melbourne.
Privatunterkünfte: Australian Home Accomodation, 180 Wattletree Road, Malvern.
Jugendherbergen: YHA Hostel, 500 Abbotsford St., North Melbourne (Busse 50, 54 und 57 von Elizabeth St., Stop 19); YWCA Family Motel, 489 Elizabeth St.; YMCA, 196

Albert Road, South Melbourne; Herbergen ferner in Cowes, Dromana, Emerald, Warburton und Warrandyte.
Camping: Sea Breeze Caravan Park, 151 Nepean Hwy. (26 km südöstlich); Half Moon Park, Geelong Road (11 km westlich); Melbourne Caravan Park, 265 Elizabeth St., Coburg East (10 km nördlich); Footscray Caravan Park, 163 Somerville Road (8 km westlich, Zug).

Essen und Unterhaltung

Zahlreiche gute Restaurants (Information in ›Dining Out in Melbourne‹ und ›Eating out in Melbourne‹, erhältlich beim Verkehrsbüro bzw. im Buchhandel), aber nur bescheidenes Nachtleben (dafür viele Escort Agencies und Bars, Information in ›This Week in Melbourne‹).

Gippsland

Das rund 100 km südöstlich von Melbourne gelegene Gippsland zwischen den Victorian Alps im Norden und der Bass Strait im Süden ist einerseits ein Land der großen Wälder und einsamen Strände. Andererseits befinden sich hier die größten Braunkohlenvorkommen der Erde (230 m dicke und bis zu 16 km breite Flöze mit insgesamt vermutlich 10 Milliarden Tonnen Kohle) und werden vor der Küste die umfangreichen Erdöl- und Erdgaslager der Bass Strait ausgebeutet. Bis vor 150 Jahren lebten im Gippsland die fünf Völker der Kurnai- bzw. Kulin-Föderation, deren 18 000 Angehörige sich erbittert gegen die weißen Invasoren wehrten, bis 1854 jedoch fast ausgerottet wurden. Der erste Weiße, der das Binnenland bereiste, war der Preuße Edmund von Strzelecki (1839; er benannte das Bergland nach dem damaligen Gouverneur Gipps).

Dem Touristen bieten sich zwei Routen im Gippsland an. Von Dandenong (31 km von Melbourne) kann man entweder auf dem Princes Highway durch das Binnen land oder auf dem Gippsland Highway entlang der Küste fahren. Beide Straßen vereinigen sich bei Sale (etwa 200 km östlich) und führen als Princes Highway bis Sydney.

Princes Highway Dandenong – Sale: 70 km östlich von Dandenong liegt die Stadt *Warragul* (Museum). Ihre Umgebung wird als ›Milchkammer Victorias‹ bezeichnet. 15 km nördlich kann man im *Tarago Dam* Forellen angeln, 28 km weiter östlich erreicht man bei *Moe* (18 710 Einwohner, Old Gippsland Museum) das Kohlengebiet. Unterwegs lohnt ein Abstecher durch eine der schönsten Berglandschaften Victorias ins 45 km nördlich gelegene *Walhalla,* das zwischen 1865 und 1913 eines der größten und ergiebigsten Goldzentren Victorias war. Damals lebten hier 5000 Menschen (heute 30). In der Long Tunnel Gold Mine (der ertragreichsten des Staates) wurden 13,7 Tonnen Gold gefunden. Von Erica (17 km südlich von Walhalla) schlängelt sich eine Straße zum 1200 m hohen *Mt. Baw Baw Plateau* empor (30 km nördlich; 8000 ha großes Schneegebiet im Winter, im Sommer Almen mit bunten Blumen).

Unterkunft: in Warragul Club Motel, in Walhalla Privatunterkunft, in Moe Motel Newborough, in Mt. Baw Baw Wathmann Haus und Jugendherberge.

Latrobe Valley: Rund 10 km östlich von Moe liegt das von der steilen Strzelecki Range überragte Braunkohlenrevier. Wichtigste Orte sind Morwell, Yallourn und Traralgon. 1924 schuf Sir Monash mit der State Electricity Commission (SEC), die die Kohlenlager ausbeutet, die Grundlage für die Industrialisierung Victorias. Heute liefern die Kraftwerke von Morwell, Churchill und Yallourn 90% der Energie des Staates. Im Juli 1983 nahm eine von Japan finanzierte Coal Liquidation-(Kohleverflüssigungs-)Anlage ihre Tätigkeit auf. Ein Jahr zuvor hatten die Klöckner-Werke AG zusammen mit der CRA (dem größten

australischen Bergwerksunternehmen) ein ähnliches Projekt in Angriff genommen. Zu besichtigen sind die im Bau befindlichen zwei 200-Megawatt-Kraftwerke von *Loy Yang* (Kosten: 5 Milliarden A$). Über Herne's Oak (10 km östlich von Moe) gelangt man in die einige Kilometer nördlich gelegene, von Sir Monash gegründete Mustersiedlung *Yallourn* (sie wird bis 1990 verlegt, um Platz zu schaffen für ein neues Braunkohlen-Bergwerk). 10 km nördlich von *Morwell* (16 094 Einwohner) steht die Maryvale Paper Mill, die größte Papierfabrik Australiens. Von hier sind es über Traralgon 62 km nach Sale (vgl. S. 132).

Unterkunft: in Morwell *** Cedar Lodge und ** Maryvale Motel, in Yallourn Hotel und Guest House, in Traralgon *** Strzelecki Lodge, ** Grand Junction Hotel und * Royal Exchange Hotel. Mehrere Campingplätze (Morwell, Traralgon).

South Gippsland Highway (Dandenong-Küste-Sale): Von Dandenong fährt man zunächst in südöstlicher Richtung bis zur Lang Lang Road Junction (51 km). Der hier nach Süden abzweigende Bass Highway führt an der Westernport Bay entlang bis Wonthaggi (48 km südöstlich) und weiter über *Inverloch* (13 km östlich, guter Strand am Andersons Inlet) nach *Tarwin* (19 km südöstlich, Strand), von wo man auf Nebenstraßen zum Wilson's Promontory gelangt (100 km südöstlich). Die Hauptstraße (Gippsland Highway) geht dagegen von Lang Lang über *Korumburra* (37 km südöstlich, Milchviehzentrum, Coal Creek Historical Park-Museum) zum Wilson's Promontory oder nach Sale (s. u.). 17 km nördlich von Korumburra liegen in einer pittoresken Hügellandschaft die Orte *Strzelecki South* und *Strzelecki,* 15 km östlich trifft man auf die Stadt *Leongatha* (Murray Co-op Factory, eine der größten Molkereien Australiens; im September Narzissenfestival). 16 km nördlich des Ortes befindet sich der *Moss Vale Park,* noch etwas weiter nördlich der

Mt. Worth State Park (gewaltige Mountain Ash Trees) mit dem Mt. Eccles (herrliche Berglandschaft, zahlreiche Häuser aus Holz oder Adobeziegeln). Von Leongatha sind es 42 km in südöstlicher Richtung nach *Foster* (kurz vor dem Ort herrlicher Ausblick vom Foster North Lookout), von wo aus man die 40 km südwestlich gelegenen Badeorte *Sandy Point* und *Walkerville* besuchen kann. Vom *Cape Liptrap* (Leuchtturm, 12 km südlich von Walkerville) großartiger Ausblick. 62 km südlich von Foster beginnt der sehenswerte *Wilson's Promontory National Park* (›The Prom‹), ein altes Granitvorgebirge mit dichten Wäldern und hervorragenden Stränden. Im Frühling blühen hier zahlreiche Wildblumen. Vom Mt. Oberon-Parkplatz erreicht man zu Fuß einsame Buchten (Refuge Bay, Waterloo Bay) und den 15 km entfernten Leuchtturm an der Südspitze, den südlichsten Punkt des australischen Festlandes. Bevor man weiter gen Osten fährt, sollte man auch einen Abstecher von Foster zum kleinen Ort *Turtons Creek* (20 km nördlich) mit seinen Baumfarn-Schluchten und Lyrebirds machen. Nun geht es weiter in östlicher Richtung. Bei *Toora* (6 km) erreichen wir wieder den South Gippsland Highway, 10 km weiter lohnt bei Welshpool ein Abstecher zum *Port Welshpool* (6 km südlich, Bootsausflüge zur Snake Island und Sunday Island) und von Alberton (29 km östlich von Welshpool) ein zweiter nach *Port Albert* (7 km südlich), das bis 1878 der wichtigste Hafen für die Goldfelder im nördlichen Gippsland war (sehenswert: Maritime Museum, ruhiger Adam's Beach). Von *Yarram* kann man den Tarra Valley National Park und den Bulga National Park (40 km nordwestlich) besuchen (ausgedehnte Regenwälder mit gewaltigen Mountain Ash Trees und Farntälern). 19 km nordöstlich von Yarram biegt bei Woodside eine 9 km lange Straße zum südöstlich gelegenen Brandungsstrand *Woodside Beach* an der Ninety Mile Beach genannten Küstenstrecke ab.

Unterkunft: in Wonthaggi Caledonian Hotel, in Inverloch Motel, in Walkerville Motel, in Korumburra Korumburra Hotel, in Leongatha Opal Motel, in Foster *** Foster Motel, ** Wilsons Promontory Motel, in Port Franklin, Welshpool und Tidal River (Wilson's Promontory) kleine Hotels, in Yarram Ship Inn Motel, in Port Albert Hotel und Guest House.

Sale: 12 111 Einwohner, Hauptstadt des Gippslandes und Basis für die Ölplattformen der Bass Strait, 214 km südöstlich von Melbourne. Sehenswert: Lake Cutheridge (Pelikane, Kormorane), Art Centre, im Tourist Information Centre Ausstellung über die Erdöl- und Erdgasförderung. Der 1982 in Betrieb genommene Omega Tower (427 m, internationale Funkstation und Navigationshilfe für Schiffe) bei Sale ist der höchste Turm Australiens. Einige Kilometer östlich der Stadt beginnt das Wasserstraßennetz der *Gippsland Lakes,* das bis Lakes Entrance (s. u.) reicht. Erwähnenswert ist die am Lake Wellington (erster See der Binnenwasserstraße) stehende riesige Erdgasaufbereitungsanlage von Esso und BHP (Pipeline bis Dandenong). Vom 20 km nördlich gelegenen *Maffra* (einst Zuckerrübenanbau, einzige Relikte: Waage und Geräte im Museum) kann man über *Licola* (Kinder-Ferienlager des Lion's Club) nach Jamieson am Lake Eildon fahren (155 km nordwestlich, vgl. S. 134) oder über *Dargo* (alte Goldgräbersiedlung) und die einsamen Dargo High Plains nach Bright in den Victorian Alps (200 km nördlich, vgl. S. 136). Vom *Mt. Wellington* (1606 m) westlich von Dargo ist der Lake Tarlikarng zu sehen, wo Geister hausen sollen. Beide Strecken sind landschaftlich ausgesprochen reizvoll (große Wälder, weite Heidegebiete, im Frühling und Sommer blühen zahlreiche Wildblumen).

Information: Tourist Information Centre in Sale. **Unterkunft:** in Sale *** Commodore Hacienda und ** Swan Motel, in Maffra Motel. Campingplätze in Sale, Seaspray, Maffra; Hausboote auf den Gippsland Lakes.

Zwischen Sale und Mallacoota: Von Sale führt der Princes Highway in östlicher Richtung und zumeist in Küstennähe bis nach New South Wales. 68 km nordöstlich von Sale liegt zwischen dem idyllischen Lake King und dem Mitchell River die Gartenstadt *Bairnsdale* (Botanical Gardens und St. Mary's Church mit italienischen Kunstwerken). Über *Eagle Point Bluff* (10 km südlich) mit seinen 6 km langen ›Salt Jetties‹ (mehrere hundert Jahre alte Schlammströme) gelangt man zum beliebten Strandbad *Painesville* (5 km weiter, in der St. Peter's Church mit ihrem leuchtturmartigen Turm bugähnliche Kanzel und Schiffslaterne als Altarlicht). An Weihnachten und Ostern finden vor der Küste Schnellbootrennen statt. Fähren verkehren hinüber zur *Raymond Island* und zum *Lakes National Park* mit seinen ausgedehnten Dünengebieten und Lagunen, zwischen denen Koalas, Emus, Känguruhs und Wasservögel leben. Bei *Bruthen* (24 km nordöstlich) beginnt der Omeo Highway, der durch eine sehr schöne Berglandschaft der Victorian Alps zum 310 km nördlich gelegenen Hume Reservoir bei Wodonga führt. Bei *Swifts Creek* (77 km) wurde früher Gold gefunden. *Lakes Entrance* (35 km südöstlich von Bairnsdale) zählt zu den beliebtesten Ferienorten Victorias und ist Heimathafen der größten Fischereiflotte Australiens (sehenswert: Gippsland Aboriginal Museum). 10 km entfernt (östlich) ist der von Hügeln, Wäldern und Farmen umgebene fischreiche *Lake Tyers,* der der Legende nach entstand, als sich hier der Ozean nach einer langen Wanderung ausruhte. Am Ufer eine Eingeborenensiedlung. Nun fahren wir weiter nach Osten, und zwar direkt über Nowa Nowa (62 km) oder über die 32 km nördlich davon gelegenen *Buchan Caves* (Führungen täglich 10.30, 13.15, 14.30 Uhr). Weiter nördlich beginnt das *Billabong Country* mit Forellenteichen und -bächen sowie den Little River Falls. Rund um die Stadt *Orbost* (2800 Einwohner, Endpunkt der Gipps-

land Railway von Melbourne) erstrecken sich große Waldgebiete (Sägewerke). Auf den 130 km² großen Flußmarschen des Snowy River weiden Milchkühe, außerdem werden Gemüse und Mais angebaut. Bei *Marlo* (16 km südlich) sehr guter Strand und Dünen. Von hier (oder direkt von Orbost) fährt man durch ein von dichten Wäldern geprägtes Land. Im Euchre Creek Valley im *Lind National Park* wachsen die seltenen, rot blühenden Gippsland Waratahs. Am nahen Growler's Creek Picknickplätze. Über *Cann River* (Holzfällersiedlung, Abzweigung zum Tamboon Inlet), *Point Hicks* (mit Leuchtturm und Cook-Denkmal) und den *Alfred National Park* (20 km) geht es weiter nach Genoa (30 km). Unterwegs lohnt ein Abstecher zum *Wingan Inlet National Park* an der Küste (Zwergpinguine auf dem vorgelagerten Skerries-Felsen). Auf dem von dichten Regenwäldern umgebenen *Mallacoota Inlet* (südöstlich von Genoa) kann man segeln, rudern und angeln; in den Wäldern leben Känguruhs, Possums, Smoky Mice, Bodenpapageien und Fliegende Füchse (große Fledermäuse). In der Nähe ausgezeichnete Strände und zerklüftete Felsengebiete. Vor der Küste die kleine *Gabo Island* (Leuchtturm). Von Mallacoota kann man entweder über den Princes Highway weiter an der Küste entlang nach New South Wales fahren (Eden vgl. S. 89) oder aber durch das am Genoa River gelegene ›Bingo Country‹ hinein in die Snowy Mountains bei Bomballa (vgl. S. 90).

Information: in Bairnsdale Tourist Information Centre (Main St.). **Unterkunft:** in Bairnsdale *** Bairnsdale Motor Inn, ** Main Motel; ** Wander Inn und Jugendherberge (Bailey St.), in Eagle Point Hoskin House, in Paynesville Motor Hotel, Kabinen, Ferienwohnungen, Gästehäuser und Hausboote, in Lakes Entrance *** Abel Tasman Motel, ** Glenara Motel, ** Lyrebird Motel und einfaches Maranul Guest House, in Lake Tyres Ferienwohnungen, in Omeo Omeo Motel und Golden Age Hotel, in Orbost Country Comfort Motel, Orbost Motel und Marlo Hotel, in Bemm River, Cann River und Buchan Caves kleine Hotels, in Mallacoota

** Mallacoota Flat Inn, ** Silver Bream Motel, einfache Mareeba Lodge und Jugendherberge, 5 km entfernt Karbeethong Lodge.

Der Nordosten und die Schneefelder

Wenn Anfang Juni der erste Schnee fällt, strömen Skifahrer aus ganz Australien zu den ›Big Fellas‹ Mount Hotham, Feathertop und Bogong. Die Skisaison dauert bis Anfang Oktober. Im Sommer kann man in diesem ›High Country‹ durch dichte Wälder, durch Täler mit Wildblumen und vorbei an Forellenbächen wandern. Am Murray River gedeihen gute Weine (in Rutherglen und Chiltern). Bei Shepparton (Goulburn River Valley) kämpften die Eingeborenen lange um ihre Freiheit; später machten weiße ›Bush Rangers‹ wie Ned Kelly die Gegend unsicher.

Man kann die Region auf dem Wege von Melbourne und Sydney besuchen und dabei zwischen verschiedenen Routen wählen. Die Hauptroute führt über den Hume Highway via Seymour, Wangaratta und Wodonga zum Murray River. Von Seymour (99 km nördlich von Melbourne) bietet sich ein Umweg über Kerrisdale (21 km, große Ibiskolonie) nach Yea (16 km weiter) an. 1837 trieb hier der berüchtigte ›Goulburn Mob‹ sein Unwesen, eine Bande, die zahlreiche eingeborene Frauen entführte, vergewaltigte oder ermordete, was einen langjährigen Aufstand der Aborigines auslöste. 57 km weiter östlich dehnt sich der 130 km² große Lake Eildon aus, ein beliebtes Angel- und Wassersportzentrum. In der nahen Snob's Flat Hatchery werden jährlich zwei Millionen Forellen gezüchtet (täglich außer 25. 12. von 10–16 Uhr geöffnet), im Fraser National Park am Westufer leben Wallabies, Adler, Wombats und andere Tiere. Vom Black Spor Ausblick bis zu den Schneebergen im Osten. Von Eildon können Sie am

Südufer des Sees entlang nach Jamieson fahren (73 km, malerisches Dorf inmitten dichter Wälder, grüner Berge und Weiden). Von dort führen Pisten via Woods Point (58 km, ehemalige Goldgräbersiedlung) nach Walhalla (vgl. S. 131) und über Mt. Skene (45 km, zwischen Dezember und April Wildblumen) nach Maffra im Gippsland (vgl. S. 132). 20 km östlich von Jamieson liegt eine der größten Quecksilber-Minen der Erde (Mercury Mine), 37 km nördlich die Stadt Mansfield (Lake Nilhacootie, Pap's Lookout, Delatite Pine Plantation). Von Mansfield führt eine 34 km lange Straße zum Mt. Buller Alpine Village, einem beliebten Skizentrum (Skiverleih und -schulen) am 1804 m hohen Mt. Buller. Am nahen Mt. Stirling ist ein neuer Skiort im Bau (Fertigstellung 1988).

Von Mansfield kann man nach Seymour zurückkehren (140 km westlich) oder weiter nach Benalla (63 km nördlich) fahren. Zwischen Seymour und Benalla liegt die Kleinstadt Euroa, im 19. Jh. ein Zentrum der Merinoschafzucht. 1879 überfiel Ned Kelly die hiesige Euroa Bank, ein Ereignis, das alljährlich im Dezember im Rahmen eines Festivals ›gefeiert‹ wird. 20 km südlich des Ortes die zerklüfteten Strathbogie Ranges (Wasserfälle). In Benalla 44 km nordöstlich, bekannt als ›City of Roses‹ (Blütezeit: Oktober bis April), lohnt die kubusförmige, weiße Art Gallery am Lake Benalla (schöne Gärten) einen Besuch. Über Winton (bekannte Autorennen) gelangt man weiter nach Glenrowan (13 km). Der Ort wirbt mit dem Slogan: ›Stop at Glenrowan . . . The Kelly Gang did‹. Hier wurde nämlich am 28. 6. 1880 der Buschräuber Ned Kelly, damals 25 Jahre alt, gefangen (man hängte ihn später in Melbourne). Das Verkehrsamt des Ortes zeigt eine Ausstellung über seine ›Heldentaten‹. Auf der nahen Greta Homestead wohnte übrigens die Kelly-Familie.

16 km nordöstlich von Glenrowan liegt der Verkehrsknotenpunkt Wangaratta, von wo aus man auf einer Rundreise (etwa

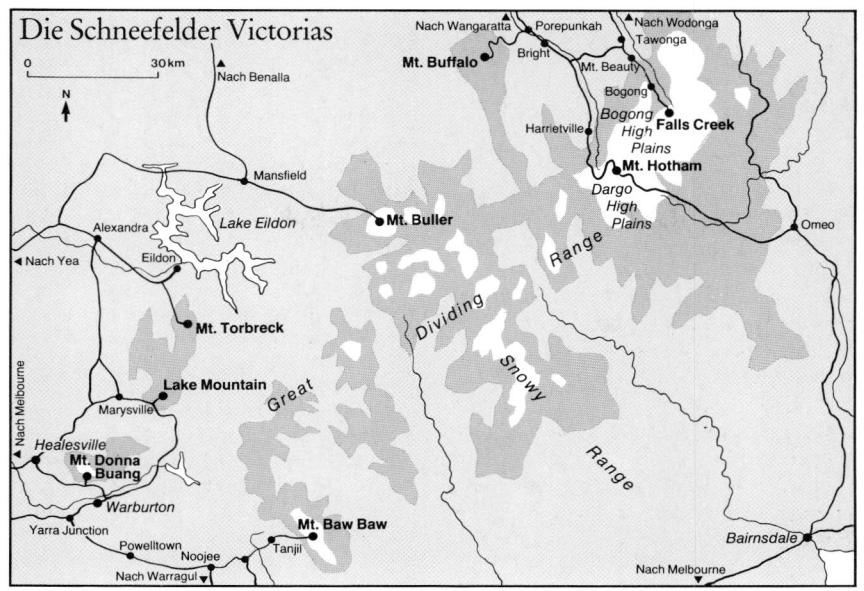

Die Schneefelder Victorias

300 km) sowohl die Weingebiete als auch die Schneeberge besuchen kann. Zunächst fährt man auf dem Hume Highway weiter bis Springhurst (20 km nordöstlich) und biegt dann nach links zum 18 km entfernten *Rutherglen* ab. Dort werden erstklassiger trockener Rotwein, delikater Weißwein, Sherry, Tokayer und weltberühmter Muskateller produziert (im März Weinfestival, im Juni Winery Walkabout). Auch in Chiltern (21 km südöstlich) gedeihen gute Weine. Sehenswert ist ferner die Lake View Homestead (Wohnort der Dichterin Henry Handel Richardson, die u. a. ›The Young Cousin‹ schrieb, die Liebesgeschichte von Cosima Bülow und Richard Wagner). Auf dem nahen *Indigo Goldfield* wurden 1855 große Goldfunde gemacht. 42 km nordöstlich von Chiltern erreicht man bei *Wodonga* den Murray River und damit die Grenze zu New South Wales. Über *Tallangatta* (40 km) können Sie am Südufer des Sees entlang in den dortigen Kosciusko National Park fahren (180 km östlich, vgl. S. 91). Der Weg führt durch *Corryong* (Museum), von wo es

38 km in südlicher Richtung bis *Nariel* sind (Neujahr und im März am Victorian Labor Day große Folkfestivals auf einem uralten Eingeborenen-Tanzplatz). Vom Mt. Mittamatite hervorragender Blick auf die Schneeberge.

38 km westlich von Tallangatta zweigt der Kiewa Valley Highway (nach Süden) zu den Skizentren der Victorian Alps ab. Er durchquert eines der schönsten Täler Victorias mit ausgedehnten Waldgebieten. Von Kiewa sind es 70 km zum *Mt. Beauty* (Skizentrum) unterhalb des 1986 m hohen Mt. Bogong, wo sich früher die Minjambuta, Djimalatang, Duduroa, Ngarigo, Walgalu und Ngunawal zu ihrem jährlichen Bogong-Mottenfest trafen (die im Sommer zahlreich auftretenden Motten wurden geröstet und dann feierlich verzehrt). 29 km südlich von Mt. Beauty liegt der Wintersportort *Falls Creek*, 32 km westlich *Germantown*. Von dort führt eine Straße über Freeburgh und *Harrietville* (Viehzucht, Wildblumen, Panoramablick vom Huggin's Look) zum 30 km südlich gelegenen Skizentrum *Hotham*

Heights (1863 m hoch; Langläufer können von hier in einem Tag zum Fall's Creek gelangen). Im nahen Swindler's Valley beste Skipisten (im Sommer Wildblumenparadies). Von Hotham Heights kann man auf zwei Routen ins Gippsland fahren: über Omeo (die Straße ist zwischen Juni und September gesperrt) oder über eine landschaftlich besonders reizvolle Straße, die 9 km westlich des Ortes über Dargo verläuft. Unsere Tour geht nun zurück nach Germantown. 5 km westlich, am Eingang des pittoresken Ovens Valley, der Ort *Bright,* einst eine lebhafte Goldgräbersiedlung (1857 fanden Chinesen das erste Gold; sie wurden jedoch bald von Weißen vertrieben oder ermordet). Sehenswert: Quartz Battery (Erzzerkleinerungswerk), Court House mit Lock-up (Gefängnis), Powder Magazine, Friedhof mit chinesischen Gräbern und die Baker's Gully Road (Wombats, Wallabies, Ameisenigel, Leiervögel). Über Porepunkah gelangt man von Bright zum *Mt. Buffalo National Park* (8 km langes Plateau mit zwei Skianlagen; im Sommer Wildblumenparadies; besonders schön die Buffalo Gorge). 32 km nördlich von Porepunkah liegt *Myrtleford* (Tabak- und Walnußplantagen, am 25. 12. berühmtes Rodeo), 10 km weiter biegt eine Straße nach *Beechworth* (16 km nördlich) ab, wo zahlreiche Gebäude aus der Goldrauschzeit erhalten geblieben sind (Court House, Museum, Town Hall, Friedhof mit chinesischem Krematorium). Die nahe Beechworth Gorge (Schlucht mit Wasserfällen, Diamantenfunde) lädt zum Wandern ein. 10 km nordöstlich der Ort *Yackandandah* mit großen Erdbeerplantagen (Herstellung von Erdbeerwein). Von hier kann man nach Wodonga (30 km) oder über Beechworth nach Wangaratta (45 km) zurückkehren.

Information: Tourist Centres in Glenrowan, Benalla, Wangaratta, Wodonga (hier auch German-Austrian Club, 28 Hovell St.), Eildon, Beechworth. **Unterkunft:** in Yea Tartan Motel, in Eildon *** Golden Trout Motel, Edel-

weiss Motel und Euroa Motel, in Benalla Red Coach Inn, in Glenrowan Kelly Motel, in Mt. Buller ** Pension Grimus, Enzian Ski Lodge und Jugendherberge (Kooroora Chalet), in Mansfield ** Mansfield Motel, * Commercial Hotel und Jamieson Court House Hotel, in Rutherglen *** Red Carpet Inn und Walkabout Motel, in Chiltern Hotel, in Wodonga *** Motel Belvoir, ** Murray Valley Motel und * Terminus Hotel, in Corryong Pinnibar Motel, in Wangaratta *** El Portego Motel und ** Suncourt Motel, in Beechworth *** Beechworth Motel, * Tanswells Hotel und Jugendherberge (Star Hotel), in Myrtleford *** Golden Leaf Motel und ** Myrtleford Motel, in Mt. Buffalo Chalet (teuer) und Tatra Inn (preiswert), in Bright Edelweiss Enzian Flats, in Freeburgh Hotel, in Harrietville Snowline Hotel und Chalet, in Porepunkah Buffalo Motel, in Hotham Heights Chalets und Lodges (Vorausbuchung!), in Mt. Beauty ** Allamar Ranch Inn und einfaches Mt. Beauty Holiday Centre, in Falls Creek Falls Creek Hotel (preiswert), Attunga Lodge und Snowhaven Lodge (teuer), in Tawongo (bei Mt. Beauty) Hotel. In allen genannten Plätzen (außer in den meisten Skizentren) Campingplätze.

Der Norden

Nördlich von Seymour (vgl. S. 134) liegen beiderseits des Goulburn Valley Highway mehrere interessante Orte. Nach 18 km zweigt zunächst eine Nebenstraße nach Michellstowe (12 km westlich) und *Chateau Tahbilk* ab, wo man ausgezeichneten Wein probieren kann. 30 km weiter folgt Murchison, von wo eine Nebenstraße nach *Tatura* führt (22 km nördlich). Dort erinnert ein Friedhof mit 465 deutschen Gräbern an ein berüchtigtes Internierungslager des Ersten Weltkriegs. 21 km östlich von Tatura liegt an der Hauptstraße die bedeutende Agrar- und Industriestadt *Shepparton* mit Art Gallery, International Village (Kunsthandwerk aus 22 Ländern) und Radio Australia (Überseesender, Besichtigung nach Voranmeldung). Von Numurkah (33 km nördlich) geht in westlicher Richtung eine Straße nach *Nathalia* ab. Dort erstreckt sich der 200 km² große Barmah Forest mit seinen riesigen Red River Gums, ›Canoe Trees‹ (aus denen die Bangerang ihre Kanus bauten), zahlreichen ›Middens‹ (Muschelhaufen von Eingeborenenfesten) und einer Vielzahl von Wildtieren (Känguruhs, Emus, verwilderte Pferde). Von Nathalia sind es 54 km in nordöstlicher Richtung bis *Cobram* am Murray River. Sehenswert: die Boomerang Factories, die River Sandbar (Schwimmen) und die Peach Orchards (ausgedehnte Pfirsichplantagen).

Information: in Shepparton Tourist Centre. **Unterkunft:** in Seymour New Crossing Place Hotel, in Shepparton *** Parklake Motel, ** Victoria Hotel und * Terminus Hotel, in Tatura *** Whim Creek Inn, in Nathalia Nathalia Motel, in Cobram Cobram Motel und Farmurlaub (Running n'Ranch). Camping in allen Orten.

Der Nordwesten und die Goldfelder

Von Melbourne nach Bendigo: Auf einer rund 400 km langen Route kann man die berühmten Goldfelder Victorias kennenlernen. Von Melbourne fahren Sie zunächst auf dem Calder Highway in nordwestlicher Richtung durch Sunbury, Mt. Macedon (vgl. S. 125) und Carlsruhe nach *Kyneton* (85 km, sehr guter Botanischer Garten; Ausflug in die nahe Breakneck Gorge mit ihren steilen Klippen). Im 23 km nördlich gelegenen Elphinstone biegt man nach links ab, um nach 10 km die Wattle Gully Gold Mine von *Chewton* zu erreichen (noch in Betrieb, Besichtigung möglich). 11 km weiter westlich folgt die alte Goldminenstadt *Castlemaine* (sehenswert: der Castlemaine Market, das Museum und die Botanischen Gärten; auf dem Pennyweight Flat Grabstein für die

vielen hier – meist an der Ruhr – gestorbenen Kinder der Goldgräber). Im nahen *Guildford* lebten 1860 rund 6000 Chinesen in einer eigenen Stadt. 10 km westlich liegt der Ort *Maldon*, die besterhaltene Goldgräbersiedlung Victorias. Beachtung verdienen das Court House, die Kirche, das Hospital, der Chinese Cemetery (Krematorium) und der Carmen's Tunnel (468 m tiefe Mine). 18 km nordöstlich kann man in *Harcourt* am Calder Highway eine Koalakolonie besuchen. Von dort sind es 38 km bis Bendigo.

Unterkunft: in Kyneton Shamrock Hotel, in Castlemaine ** Campbell Street Lodge und ** Castle Motel, kleine Hotels in Maldon und Harcourt. Mehrere Campingplätze.

Bendigo: 50 169 Einwohner, bedeutendes Agrarzentrum (großer Schafmarkt), zwischen 1851 und 1870 eine der größten Städte Victorias. 1851 entdeckte ein Schäfer an ›The Rocks‹ (heute Golden Square) das erste Gold bei ›Goldopolis‹. Bis 1949 gewann man fast 600 Tonnen des Edelmetalls, bis 1954, als die letzte Mine geschlossen wurde, etwa weitere 100 Tonnen (damit gehört die Ader von Bendigo zu den ertragreichsten der Welt). Flurnamen wie California Flat, German Gully und Cornish Town erinnern noch heute an die Heimatländer der Goldgräber.

Einen Besuch lohnen die Central Deborah Gold Mine (396 m tief, 16 Ebenen; im Erdgeschoß Museum, täglich 10–17 Uhr geöffnet), der Chinese Cemetery, das Chinese Joss House (Tempel), die Art Gallery, das Dai Gum San Wax Museum (Wachsfigurenkabinett aus Hongkong) und mehrere guterhaltene Gebäude aus dem 19. Jh. (Town Hall, Law Courts, Fortuna Villa, Shamrock Hotel). An Ostern findet eine Parade mit der ›Waking of the Dragon‹-Zeremonie statt (Aufwecken des chinesischen Drachens durch einen Seelöwen.) In *Epsom* (6 km nordöstlich) gibt es eine sehr gute Stoneware Pottery (Keramik), in der Nähe steht die Hartlands Farm (Eukalyptus-Destillerie).

Die Goldgräbersiedlungen Castlemaine (oben) und Ballarat (unten) um 1850

Information: Tourist Information Centre.
Unterkunft: *** All Seasons Motel, ** Brougham Arms Hotel, * Windermere Motel, Jugendherberge.

Von Bendigo nach Ballarat: Von Bendigo kann man nun auf dem Calder Highway weiter in westlicher Richtung fahren, und zwar zunächst nach *Bridgewater* (37 km). Von hier aus veranstaltet die Colonial Way Pty. Ltd. vier- bis siebentägige ›Gipsy Caravan Tours‹ (Touren mit Zigeunerwagen). Nördlich des Ortes (bei *Eastville*) suchte die CRA (größtes australisches

Bergbauunternehmen) 1982 nach Gold (Investition: 50 Millionen DM). In dem gesamten über Moliagul, Tarnagulla und Dunolly bis Stieglitz unweit Geelong reichenden ›Indicator Belt‹ werden noch große Vorkommen des Edelmetalls vermutet. 37 km weiter westlich liegt *Wedderburn,* wo sich in den letzten 30 Jahren (zuletzt 1978) immer wieder größere Goldklumpen ›auf der Straße‹ fanden. Eine Nebenstraße führt von hier in südöstlicher Richtung über *Wehla* (Melville Caves), Moliagul und Tarnagulla nach *Dunolly* (60 km), wo sich im September die Schatzsucher zu einem Festival treffen. 26 km südlich von Dunolly liegt die Stadt *Maryborough* (alte Häuser, schöner Botanischer Garten; in der Nähe die Eukalyptusdestillerie von *Bowenvale-Timor).* 26 km südwestlich von Maryborough kann man in *Avoca* einen Park mit Koalas und Wallabies sowie das Weingut Château Remy besichtigen. Von Avoca führen der pittoreske Pyrenees Highway nach Ararat (vgl. S. 171) und der Sunraysia Highway nach Mildura (vgl. S. 141) und Ballarat (s. u.). Unsere Tour geht jedoch auf einer Parallelstraße nach Ballarat. Erster Ort ist *Clunes* (42 km südöstlich), wo am 5. 7. 1851 der victorianische Goldrausch begann (den ersten ›Nugget‹ fand ein englischer Angler beim Buddeln nach Regenwürmern). 20 km weiter südöstlich folgt *Creswick* (viele alte Goldgräberhäuser). Von dort sind es 28 km in nordöstlicher Richtung bis zu den Mineralquellen von *Daylesford* und *Hepburn Springs* bzw. 30 km zu den von Tessinern gebauten Häusern in *Yandoit Creek.*

Unterkunft: in Daylesford Royal Hotel und Jugendherberge, kleine Hotels in Avoca, Maryborough, Clunes, Creswick und anderen Orten, Campingplätze in den meisten Orten.

Ballarat: 60 737 Einwohner, 113 km nordwestlich von Melbourne gelegen, im 19. Jh. Zentrum des ›Goldenen Dreiecks‹. Die ersten weißen Schafzüchter nannten ihre Station noch Poverty Point. Am 3. 8. 1851

stieß dann Thomas Hiscock auf die reichsten Seifengoldvorkommen der Erde. 1853 lebten in Ballarat bereits 20 000 Menschen, und in einem Jahr wurden fast 9 Tonnen Gold gefunden. Um an das Edelmetall heranzukommen, mußten die ›Digger‹ Schächte durch den harten Basalt zu den ›Leads‹, den unterirdischen Flußbetten, graben. Die ›Claims‹ waren durchschnittlich nur 3,2 m² groß, ›schmaler als ein Grab‹. Als sich die Goldgräber weigerten, die gesetzlich vorgeschriebenen Schürflizenzen zu bezahlen, kam es zwischen dem 29. 11. und dem 3. 12. 1854 zur sogenannten ›Eureka Rebellion‹. Die Polizei überwältigte die 150 Rebellen schließlich, wobei fünf Polizisten und 25 Aufrührer umkamen. Es war jedoch ein Pyrrhus-Sieg: Ein aus Goldgräbern bestehendes Schwurgericht sprach die Rädelsführer frei, der Anführer Lalor avancierte wenig später zum Parlamentarier, und die Lizenz wurde durch ein Miner's Right ersetzt. Die Flagge der Eureka-Rebellen (blau mit Kreuz des Südens) wird heute von der ALP benutzt. 1858 fand man am Bakery Hill den berühmten ›Welcome Stranger Nugget‹ (63 kg, 99,20% Gold), den zweitgrößten der Welt nach dem ›Holtermann Nugget‹ (vgl. S. 100). 1870 wurde die Stadt zur City erklärt; gleichzeitig erlosch jedoch der Goldrausch.

Besichtigung: Im Freilichtmuseum Sovereign Hill fühlt man sich in die Zeit des Goldrausches zurückversetzt. Es gibt hier rekonstruierte Goldgräberhäuser, eine Mine, ein Pochwerk und ein Museum. Im United States Hotel werden Whisky Milk Punches ausgeschenkt und im Victoria Theatre Ereignisse aus der Geschichte der Stadt nachgestellt. Geöffnet ist das Museum täglich (außer 25. 12.) von 9.30–17 Uhr (Touren ab Melbourne). Sehenswert sind ferner die Botanical Gardens (Begonien, Marmorstatuen) und der Flagstaff Hill (Aussicht).

Von Ballarat kann man auf dem Western Highway wieder nach Melbourne zurückkehren. Von *Bacchus Marsh* (59 km östlich) lohnen Abstecher in die einige Kilometer nordwestlich gelegene Lerderberg Gorge mit dem berühmten gleichnamigen Gestüt und zum Werribee National Park im Südwesten mit seinen eindrucksvollen Schluchten.

Information: Tourist Information Centre (34 Lydiard St.). **Unterkunft:** *** Bell Tower Inn, ** Ambassador Motel, ** Craig's Royal Hotel, * Criterion Hotel, * Ballarat Motel, einfaches Royal Hotel, Jugendherberge, mehrere Campingplätze.

Murray River Valley

Nordwestlich von Melbourne erstreckt sich am mittleren Murray River eines der fruchtbarsten Bewässerungsgebiete Australiens, wo in erster Linie Zitrusfrüchte, Wein und Gemüse angebaut werden. Man kann das Gebiet von Melbourne über Shepparton, Bendigo oder Ballarat erreichen oder aber über den Northern Highway, der 45 km nördlich von Melbourne vom Hume Highway abzweigt (nach Nordwesten). Über Kilmore, Heathcote und *Rochester* (größte Molkerei Australiens) trifft man nach 208 km bei Echuca auf den Murray River.

Echuca: 7873 Einwohner, wichtiges Versorgungszentrum für die umliegenden Agrargebiete. Im 19. Jh. war die Stadt am Rande des ›goldenen Herzens Victorias‹ (der Goldfelder) einer der größten Binnenhäfen Australiens; um 1900 wurden hier jährlich 100 000 Ballen Wolle verladen, und am Fluß standen 75 Hotels. Die Siedlung wurde 1850 von Henry Hopwood gegründet, der ein Hotel baute und die ›Teamsters‹ (Fuhrleute) mit seinem Boot über den Fluß setzte. Den Fährdienst stellte er regelmäßig vor dem Eintreffen der Fuhrleute ein, so daß diese in seinem Bridge Hotel übernachten mußten.

Größte Sehenswürdigkeit von Echuca ist der Port Restoration Complex (Freilichtmuseum mit Bridge Hotel, der Echuca Wharf, einer Sägemühle, dem Raddampfer ›Pevensey‹, dem Historical Museum, dem Customs House und einem ehemaligen Bordell). Im Oktober wird ein Rich River Festival (u. a. mit Raddampfer-Wettfahrten) veranstaltet.

In der Umgebung: Die nahegelegene *Perricoota Station* ist die größte Zitrusplantage südlich des Äquators (Besichtigung möglich). Die Flüsse bieten gute Angelmöglichkeiten. In *Cumeroogunga* leben u. a. Nachkommen tasmanischer Eingeborener. Von dort stammt Sir Nicholls, vor einigen Jahren erster eingeborener Gouverneur des Kontinents (von Südaustralien).

Information: Tourist Information Centre. **Unterkunft:** *** Hopwood Motor Inn, ** Big River Motel, * Caledonian Hotel, Jugendherberge (21 Warren St.), Camping.

Zwischen Echuca und Swan Hill: Der Murray Valley Highway führt weiter in nordwestlicher Richtung nach *Gunbower* (43 km), wo man die Gunbower Forest Island mit ihren 150 verschiedenen Vogelarten und zahlreichen Känguruhs besuchen kann. In der Nähe liegt der *Kow Swamp*. Hier fanden Archäologen ein 30 000 Jahre altes Skelett (vgl. S. 46), das ein neues Licht auf die australische Vorgeschichtsforschung warf. 44 km weiter folgt das große Seengebiet von *Kerang,* die ›Masuren Australiens‹. Ganze Armadas von Ibissen, Reihern, Herons und Spoonbills kommen im Frühling zum Brüten hierher (allein am Second Reedy Lake wurden einmal 200 000 Ibisse gezählt). Im Oktober wird ein Ibis-Festival (mit Eselrennen und Bumerangwerfen) veranstaltet. Vorbei am *Lake Boga* (46 km von Kerang) mit seinen Zitrusplantagen und Weinkellereien gelangt man nach Swan Hill.

Unterkunft: in Lake Boga Aquatic Lodge, in Kerang kleines Hotel.

Swan Hill: 7857 Einwohner, 60 km nordwestlich von Kerang an der Horseshoe Bend gelegenes bedeutendes Agrarzentrum (Obst, Wein, Weizen, Gemüse, Milch). Einst einer der größten Flußhäfen des Staates (1853 gegründet). In der Woche vor Ostern wird ein Shakespeare-Festival veranstaltet.

Die größte Attraktion des Ortes ist das Pioneer Settlement, das größte Freilichtmuseum Australiens. Besonders sehenswert: der Schaufelraddampfer ›Gem‹ (Kunstgalerie, Restaurant mit Känguruhschwanzsuppe und Raupen bzw. Witchety Grubs), die Horseshoe Bend Township (originalgetreu nachgebaute Häuser und Straßen des 19. Jhs., Pferdeomnibus) und das Military Museum.

73 km weiter südlich kann man in *Wycheproof* (am Calder Highway) in einer Boomerang Factory von einem ehemaligen Weltmeister den Umgang mit diesem Wurfholz lernen.

Information: Tourist Information Centre. **Unterkunft:** *** Swan Hill Motel, ** Oasis Motel, ** Sun Centre Motel, Camping (Kisimul Caravan Park).

Zwischen Swan Hill und Mildura: Vorbei an der *Penta Island* (Koalas), dem Ort *Pira* (hier züchtet die Familie Olsen Tausende von Fasanen und Perlhühnern für internationale Restaurants) und der 13 km nördlich von Swan Hill gelegenen historischen *Tyntynder Homestead* (1846 gegründet, Weinkeller, sehr gute Sammlung von Eingeborenenkunst) gelangt man nach *Robinvale,* einer von Ex-Soldaten gegründeten Siedlung. Sehenswert: Windmühle, Weinkellereien (der Lexia-Wein von Mc William gehört zu den australischen Spitzengewächsen). Weiter nach Mildura geht es über die Nationalstraße 20 am Nordufer des Flusses (durch New South Wales, 77 km) oder über den Murray und den Calder Highway (132 km). Auf letzterem Weg kann man den *Hattah Lake National Park* (64 km) mit seinen riesigen Red Gum Trees, Papageien, Wasservögeln, Possums

und Riesenkänguruhs besuchen. Von Hattah führt der Calder Highway durch den Kulkyne State Forest (30 km) und *Red Cliffs* (38 km weiter, größtes Dried Fruit Centre Australiens).

Unterkunft: kleine Hotels u. a. in Robinvale und Ouyen.

Mildura: 14 417 Einwohner, Hauptstadt des ›Sunshine Valley‹, des sonnenreichsten Gebiets Australiens. Auf dem riesigen, seit 1866 angelegten Bewässerungsgebiet ›Sunraysia‹ rund um Mildura wachsen auf 18 700 ha Weinreben, hinzu kommen 580 000 Obstbäume (besonders Zitrusfrüchte). Aus Mildura stammen ferner 95% aller Trockenfrüchte Victorias. Im Murray River, der durch Versalzung bedroht ist, leben Murray Cod, Perch und Bream (alles wohlschmeckende Fische).

Mildura wurde nach amerikanischem Muster (Blocksystem) angelegt; die meisten Straßen tragen statt Namen Nummern. Sehenswert sind neben den Obstplantagen und Weingütern das Folk Museum, das Aboriginal Arts Centre, die sehr gute Rio Vista Art Gallery sowie die Carnegie Library (Stiftung des amerikanischen ›Stahlkönigs‹ und Mäzens Andrew Carnegie). Im Mildura Working Men's Club steht die angeblich längste Biertheke der Erde (90,8 m, mit 27 Zapfhähnen, durch die täglich über 7000 Liter Bier fließen). Sie war die ›Antwort‹ der immer durstigen Australier auf das Alkoholverbot der Abstinenzler (Clubs unterlagen dem im Stadtgründungsvertrag vorgesehenen Verbot nicht).

Umgebung: Auf der nahen *Lock Island* leben viele Koalas und auf dem *King's Billabong* Pelikane und Schwarze Schwäne. In *Merbein* (10 km nordwestlich) kann man die Lindeman's Winery, das größte Weingut der südlichen Hemisphäre, besichtigen.

Verkehr: Touren mit den Raddampfern ›Wanera‹, ›Melbourne‹, ›Avoca‹ und ›Rothbury‹. **Information:** Tourist Information Centre. **Unterkunft:** *** Chaffey Inn, *** Grand Hotel, ** Central Motel, ** Golden Fleece Motel, einfaches Rosemont Guest House, Jugendherberge (Sunnyside House, 50 Lemon Av.), Hausboote der Wanera Line, Campingplätze.

Der Südwesten

Die Südwestküste Victorias zwischen Geelong und der südaustralischen Grenze bei Nelson zählt zu den schönsten Landschaften Australiens, hier gibt es Klippen, Kraterseen, Höhlen, Dünen und hervorragende Strände. Man kann die Region auf einer ›Grand Circular Tour‹ von Melbourne via Ballarat – Hamilton – Mt. Gambier/Südaustralien – Portland – Geelong erkunden. Eine kurze Rundreise führt von Geelong entlang der Küste bis Nelson und dann über Casterton – Hamilton – Colac zurück (rund 850 km).

Geelong: 142 300 Einwohner, zweitgrößte Stadt Victorias, 72 km südwestlich von Melbourne an der Port Phillip Bay, wichtiger Hafen (exportiert 10% der australischen Wolle) und neue Aluminium-Raffinerie am Pt. Henry (jährliche Verarbeitung: 165 000 Tonnen Bauxit). Die ersten weißen Besucher könnten Portugiesen gewesen sein; die ersten Siedler kamen 1835.

Sehenswert sind das Customs House am Hafen (1855), verschiedene Villen wie das Barwon Grange Mansion (Balustraden, Friese), die Merchiston Hall (1856) und die Corio Villa; vom 1855 errichteten Haus ›The Heights‹ herrlicher Ausblick. Schöne Parks (40% der Stadt), darunter die Botanical Gardens und der Queen's Park. In der Geelong Grammar School (einer der besten Australiens) studierte in den 60er Jahren der britische Thronfolger Prince Charles.

Umgebung: Rund 30 km nördlich von Geelong erheben sich die *You Yang Ranges*

Grandiose Küstenabschnitte an der Great Ocean Road zwischen dem Cape Otway und Warrnambool (unten und folgende Seite)

(Mt. Elephant; Wanderwege, Känguruhs). Von dort gelangt man zum *Fairy Park* (Märchenpark, 10 km westlich) und dem kleinen Ort *Steiglitz* (7 km) mit dem nahen Brisbane Ranges National Park (Vulkanfelsen, Schluchten, Koalas, Ameisenigel, Wallabies).

Information: Geelong Tourist Authority, 83 Ryrie St. **Unterkunft:** **** Travelodge (Gherringhap St.), *** Admiralty Motel (66 Mc Killop St.), *** Kardinia Park Motel (Latrobe Terrace), ** Dinosaur Motel (Queenscliff Road), ** Carrington Hotel (Myer St.), ** Golf View Motel (2 Thompson Road), * Criterion Hotel (Ryrie St.), Jugendherberge (1 Lonsdale St.).

Bellarine Peninsula: Östlich von Geelong erstrecken sich die hervorragenden Strände der Bellarine Peninsula, die im Norden und Osten von der Port Phillip Bay und im Süden von der Bass Strait umgeben wird. Von Geelong geht es zunächst in östlicher und dann ab Drysdale in nördlicher Richtung. Nach 30 km ist der ruhige Fischereihafen *Portarlington* erreicht. Über das malerische Vorland Indented Head und St. Leonards (12 km) gelangt man nach weiteren 22 km zu dem Ort *Queenscliff,* dem an der schmalen Einmündung in die Port Phillip Bay (›The Rip‹) gelegenen größten Badeort der Halbinsel. Hier lebte zwischen 1833 und 1855 unterhalb des Pt. Lonsdale Lighthouse (herrlicher Ausblick) der entflohene weiße Sträfling William Buckley als ›Wild White Man‹ unter Eingeborenen. Über *Ocean Grove* (10 km westlich, guter Brandungsstrand) gelangt man wieder nach Geelong zurück (29 km). Alternativroute: über eine Brücke (Lake Connewarra) nach *Barwon Heads* (5 km, ausgezeichneter Strand) und dann nach Geelong (24 km nordwestlich).

Verkehr: im Sommer von Queenscliff Fähre nach Sorrento auf der Mornington Peninsula (vgl. S. 128). **Unterkunft:** zahlreiche kleine Hotels und Ferienhäuser in Portarlington, Queenscliff, St. Leonard's, Ocean Grove, Barwon Heads; mehrere Campingplätze.

Great Ocean Road zwischen Torquay und Warrnambool: Rund 20 km südlich von Geelong liegt *Torquay,* die ›Surf Capi-

Farblegenden

2

3

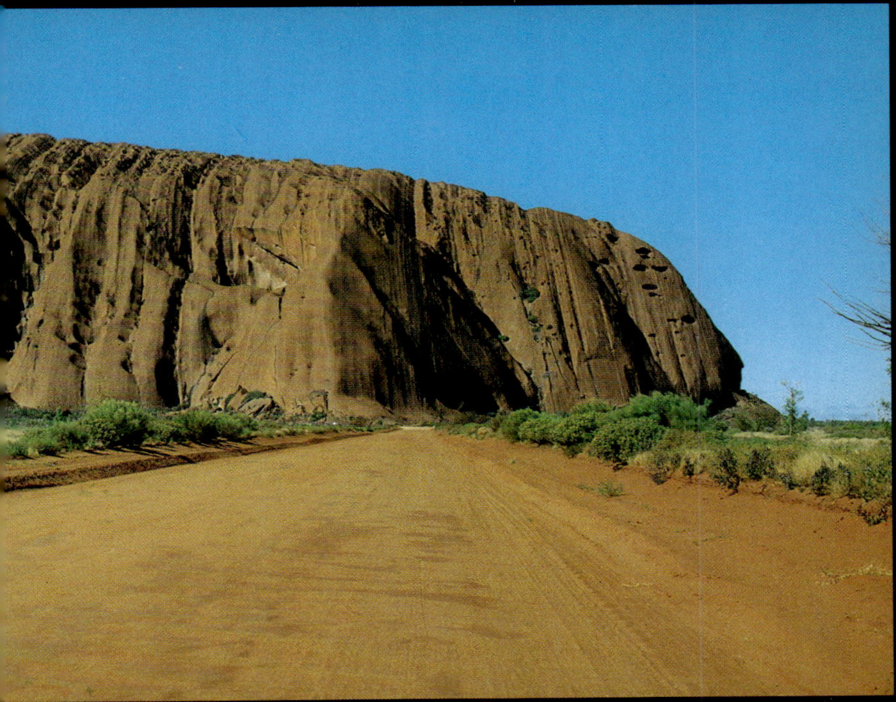

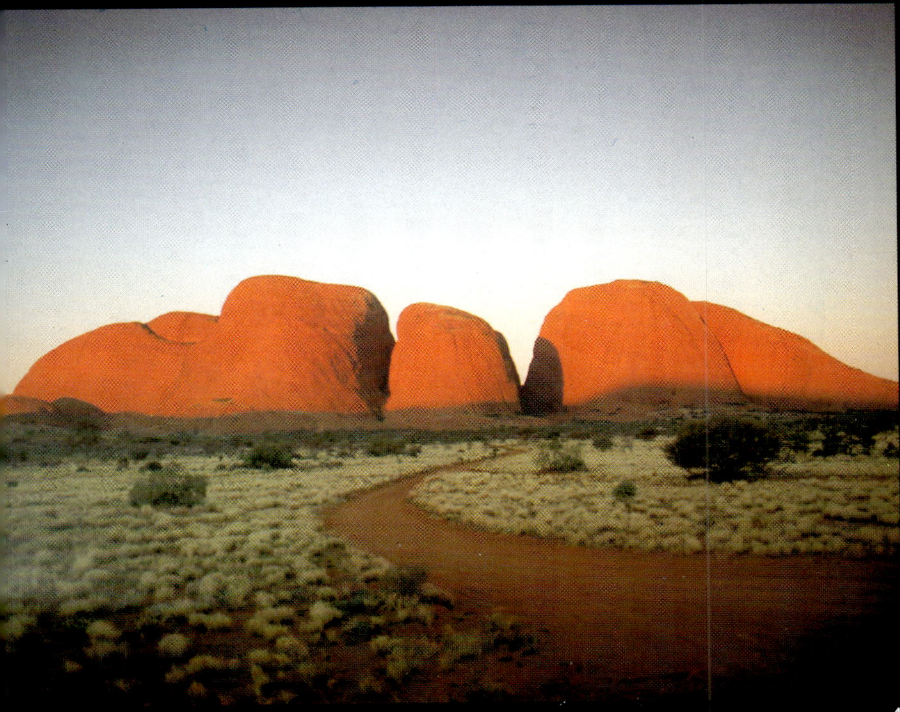

6

7

8

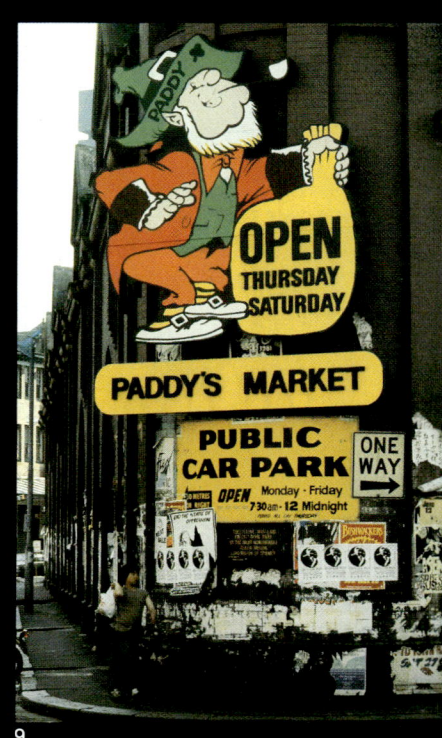

9

10

11

12

16

13

14

15

18

19

17

20

22

23

24

25

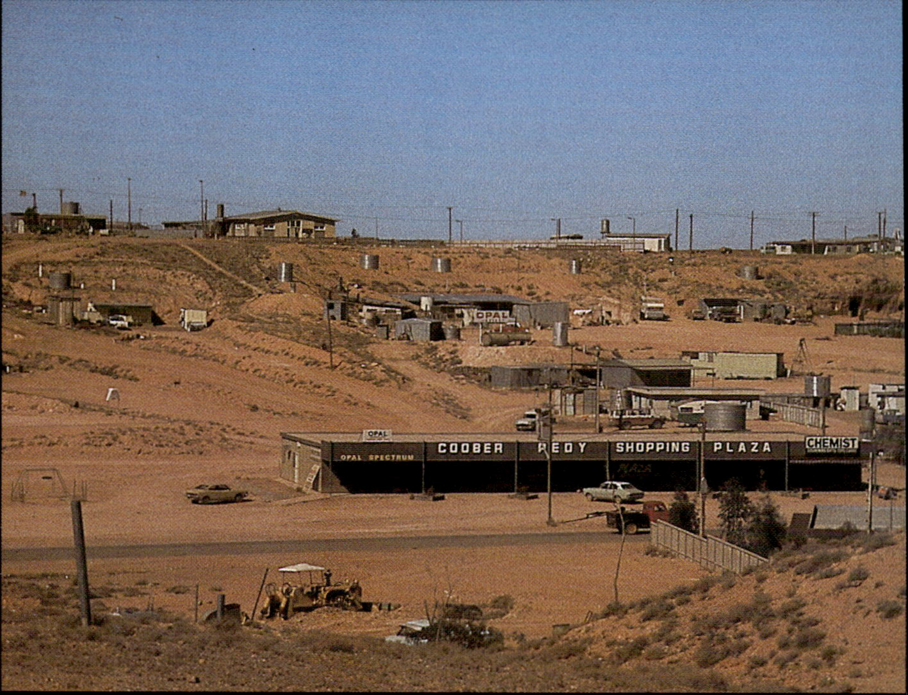
OPAL
OPAL
OPAL SPECTRUM
COOBER PEDY SHOPPING PLAZA
CHEMIST
29

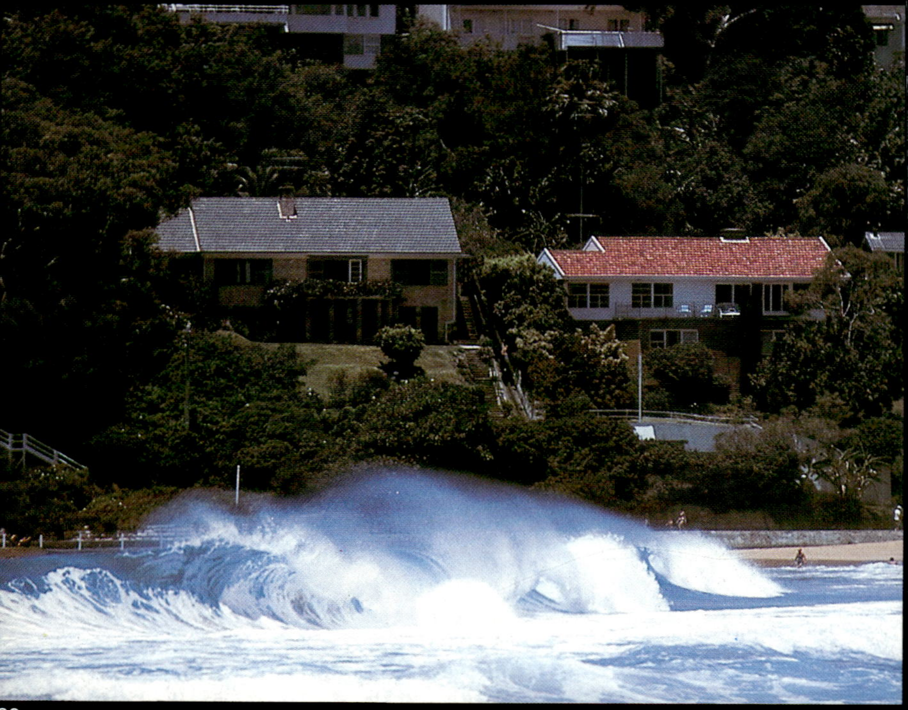
30

Kalgoorlie Miner
MORNING DAILY SINCE 1895
PRINTERS–STATIONERS
ORIENT LINES
HOCKINGS LIMITED
RION HOTEL
TAB
travel
Hocking & Co Pty Ltd
PRINTERS & STATIONERS
Kalgoorlie Miner
KEEP LEFT

31

32

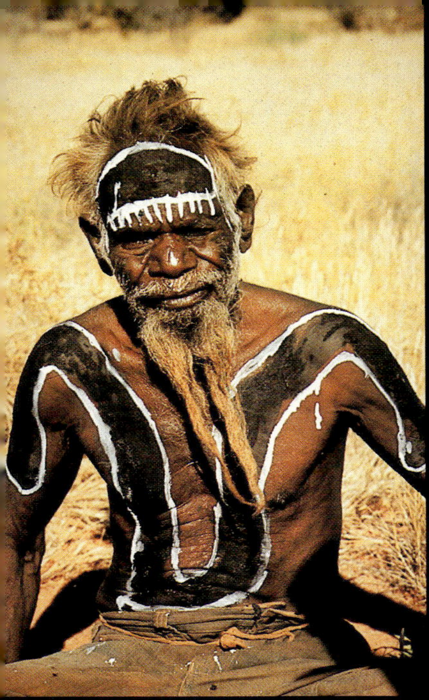

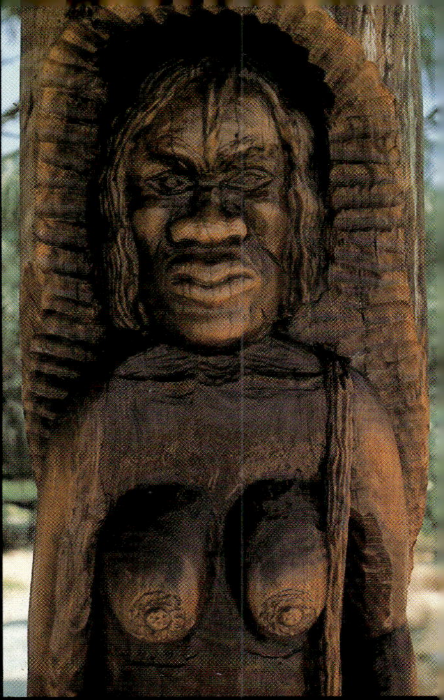

◁ 34 35 36

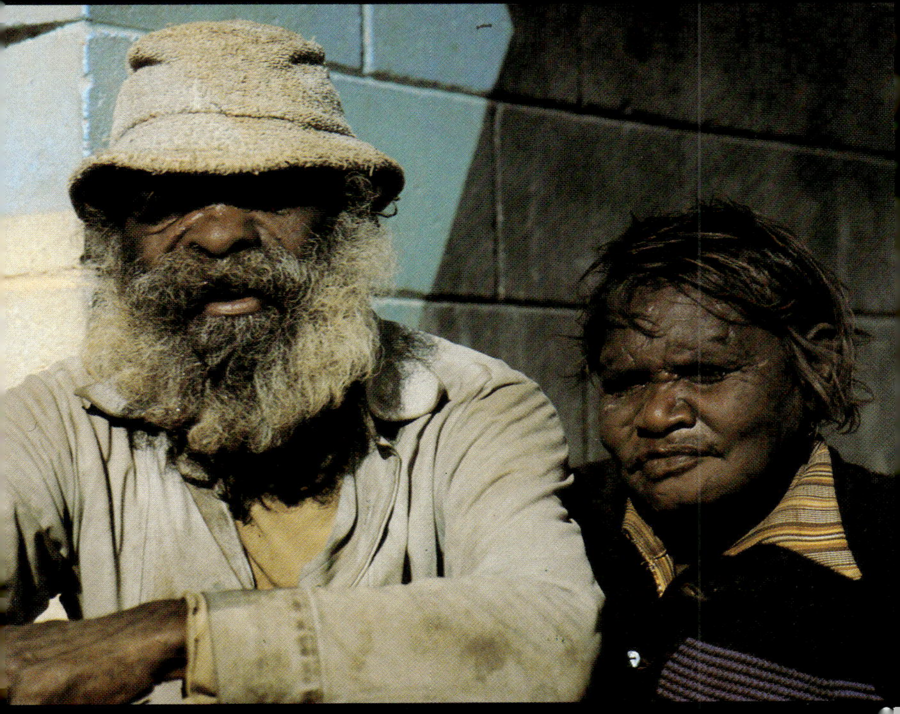

38

41

39

42

40

43

44

47

45

48

46

49

52 ▷

tal of Australia‹, mit ausgezeichneten Stränden (Bell's Beach, Thirteen Mile Beach, Bralmea Beach, Bancoora Beach, Jan Juc Beach). An Ostern findet hier ein Surf Championat mit internationaler Beteiligung statt. Bei Torquay beginnt die 300 km lange Great Ocean Road, eine der schönsten Küstenstraßen der Erde. Die wichtigsten Sehenswürdigkeiten: *Anglesea* (16 km, gute Strände am Hutt Gully und Urquhart's Bluff; Segelrevier am Pt. Roadknight, von hier herrlicher Ausblick, Bald Hills Wildflower Sanctuary mit wilden Orchideen und Heide, gutes Angelrevier für Seezungen, Banjo-Haie); *Airy's Inlet* (10 km, Split Light-Leuchtturm, Angahook Forest mit Wildblumen, Heide und Farnen); *Lorne* (21 km, subtropische Vegetation, u. a. Farntäler und Orchideen, Erskine Falls im Westen – hier leben Wallabies, Ameisenigel, Schnabeltiere, Possums); *Wye River* (20 km, Gasthaus mit phantastischem Blick, im Februar 1983 verheerendes Buschfeuer); *Apollo Bay* (6 km, im Melba Gully Mountain Ash Trees, Wildblumen, pittoresker Wanderweg Turtons Track; Fischereihafen). Nach 20 km folgt eine Abzweigung zum *Cape Otway* (9 km, grandioser Ausblick), wo die Hauptstraße nach Westen abbiegt. Über *Lavers Hill* (32 km, Abstecher ins Ford River Valley, Wasserfälle) und *Yuulong* (12 km, Panoramablick auf das Cape Otway) gelangt man zu den aus dem Meer ragenden Sandsteinsäulen der *Twelve Apostles* (40 km), einer der eindrucksvollsten Felsformationen Australiens. Vor der Küste die Bay of Islands (auf den Felsklippen kann man Tausende von Mutton Birds sehen). Es folgen *Port Campbell* (10 km, sehr gute Strände, im hiesigen National Park viele Wallabies, Bandicoots und kolibriartige Vögel), *Point Hesse* (10 km, bemerkenswerte Felsformation Tower of London) und *Peterborough* (2 km, Ausflug zum Sportsmen's Arms Inn am Curdies River, das sehr gute Fischgerichte bietet). 66 km weiter westlich liegt die Stadt Warrnambool.

Unterkunft: zahlreiche kleine Hotels; Jugendherberge in Apollo Bay.

Warrnambool: Ehemaliges Walfangzentrum, heute Agrarstadt, 285 km südwestlich von Geelong an der Einmündung der Great Ocean Road in den Princes Highway. Sehenswert: Maritime Village (Museum mit Windjammern), Botanical Gardens, Fletcher Jones Gardens. Umgebung: *Hopkins Falls* (10 km nördlich). An der Mündung des Flusses wurde im 19. Jh. das Wrack eines alten Schiffes gefunden, in dem einige Forscher eine gestrandete Karavelle des Portugiesen Mendonça (1521) vermuten. Heute ist es im Treibsand verschwunden (1982 begannen Grabungen).

Unterkunft: *** A Central Court Motel (Raglan Parade), ** Lady Bay Hotel (Pertobe Road), * Grand Hotel (Liebig St.), einfaches Country Life Holiday Village.

Zwischen Warrnambool und Portland: Auf dem Princes Highway geht es weiter in westlicher Richtung. 19 km von Illowa liegt der kleine Ort *Port Fairy*, die zweitälteste Stadt Victorias (gegründet 1835), ehemals Walfang-, heute Haifischhafen. Sehenswert: Captain Hill's Cottage (1843), Court House (1860), Aquarium, Battery Hill (Panoramablick), gute Surfstrände (East und West Beach) und Angelrevier (The Crags, Moyne River). Auf der vorgelagerten Griffith Island leben Mutton Birds, auf den Lady Julia Percy Islands Pelzrobben.

Unterkunft: in Koroit The Olde Courthouse Inn, in Port Fairy *** Lady Julia Percy Motel, ** Port Fairy Motel, einfaches Seacombe House und Jugendherberge (8 Cox St.), mehrere Campingplätze.

Portland: 8296 Einwohner, Wirtschaftszentrum mit Tiefwasserhafen für den Westen Victorias, beliebter Ferienort. Im Juli 1829 ließ sich hier als erster weißer ›Victorianer‹ der Cuxhavener Seehundjäger William P. Dutton nieder. 1834 grün-

dete die Familie Henty eine Siedlung und
führte Merinoschafe ein. 1982 demon-
strierten die hier ansässigen Gunditjmara
gegen den Bau einer Aluminium-Raffinerie auf ihrem heiligen Land und gründeten
ihre Mara Town.

In Portland gibt es 100 als historisch
wertvoll klassifizierte Gebäude. Beson-
ders sehenswert sind die Häuser Burs-
wood (Kurtze's Museum), Claremont und
Stanton Drew (1848) sowie das Steam
Packet Hotel. Im Frühling bieten die
Nelken- und Rosenfarmen am Rande der
Stadt ein bezauberndes Bild.

Umgebung: Rund 40 km nordöstlich
der Stadt liegt der *Mt. Eccles Nationalpark*

Coleraine bei Hamilton

(ehemaliger Vulkan, Lake Surprise mit
unterirdischem Zufluß und Lavatunnel),
21 km südwestlich das *Cape Bridgewater*
mit seinem versteinerten Wald (Petrified
Forest) und Dünen, 20 km westlich der
Mt. Richmond National Park (58 Orchideenarten, erloschener Vulkan, Wallabies
und Riesenkänguruhs). 15 km westlich
vom letzteren beginnt bei dem Ort *Nelson*
der *Lower Glenelg National Park* (wilde
Schlucht, Kanufahrten, Kaskaden, Wildblumen bei Kentbruck Heath). In der
Nähe: Princess Margaret Rose Caves und
die Mc Eachern's Cave (Fossilienfunde).
Von Nelson sind es nur wenige Kilometer
nach Südaustralien (Zeitgrenze; Uhr eine
halbe Stunde vorstellen! 42 km weiter
folgt die Stadt Mt. Gambier, vgl. S. 190).
In nördlicher Richtung gelangt man von
Portland über *Heywood* (25 km, Farn-
schluchten) nach *Dartmoor* (40 km westlich Crawford River Forest Park) oder
über den Henty Highway nach Hamilton
(60 km, s. u.).

Unterkunft: *** Richmond Henty Motel,
** Grosvenor Motel, * Mac's Hotel, kleine
Hotels in Bridgewater, Nelson, Heywood,
Dartmoor.

**Von Portland über Hamilton nach Gee-
long:** Über Heywood fährt man auf dem
Henty Highway nach *Hamilton* (85 km
nördlich) mit schönen Parks, den Botanic

Gardens und der Hamilton Art Gallery
(dienstags bis sonntags geöffnet). Umgebung: Auf dem Glenelg Highway können
Sie nach *Casterton* fahren (64 km westlich;
sehenswert: Museum, Muntham Homestead, Warrock Homestead). 39 km nordwestlich liegt der kleine Ort *Chetwynd*

Der Billston Tree bei Chetwynd

Unterkunft: in Hamilton *** Caledonian Motel und ** Western Motel, in Coolac *** Mid Colac Motor Inn und ** Commercial Motel, in Camperdown Amble Inn, Commercial Hotel und Jugendherberge (15 Church St.). Farmurlaub in Glenisla und Woohlpooer, in allen Orten Campingplätze.

Der Westen

Der Westen Victorias ist das Land der großen Weizenfelder und der Wildblumen. Das 210 000 km² große Mittelgebirge der Grampians zwischen Horsham und Ararat zählt zu den faszinierendsten Bergländern Australiens (zerklüftete Bergschluchten, im Frühling 700 Wildblumenarten). Höchster Berg ist der wie ein gigantischer Bumerang geformte Mt. William (1167 m), wo früher die Jardwa und andere Völker ihre jährlichen Aalfeste mit Tausenden von Teilnehmern feierten. Die nordwestlich der Grampians gelegene, 22 000 km² große Wimmera, das fruchtbarste Weizenland Victorias, verdankt ihre Kultivierung ebenso wie das nahe Mallee-Gebiet deutschen und sorbischen Einwanderern. Nach einer Legende wurde der Wimmera River in der ›Traumzeit‹ von einem Riesenkänguruh geschaffen, das sich einen Weg durch das damals gleichförmige Land bahnte. Von Melbourne gelangt man über den Western Highway, der weiter nach Adelaide führt, in das Gebiet.

(hier steht der Billston Tree, der mächtigste Red Gum Australiens), noch 20 km weiter sehen Sie bei *Harrow* die Reste eines alten Steinbruchs der Bunganditj (die hier gefertigten Steinwerkzeuge wurden über große Entfernungen gehandelt). Nun kann man via Coleraine wieder nach Hamilton zurückkehren (80 km), von wo man über den *Lake Bolac* (78 km östlich, Wassersportzentrum) nach Ballarat gelangt (100 km, vgl. S. 139). Auf dem Weg in Richtung Geelong (Hamilton Highway) biegt bei Mortlake eine 23 km lange Straße in südöstlicher Richtung nach *Terang* ab (berühmtester Poloplatz Australiens, bekannte Gestüte). 22 km westlich liegt *Framlingham* (Eingeborenensiedlung), 22 km nordöstlich *Camperdown* mit dem nahen Mt. Leura (erloschener Vulkan, herrlicher Ausblick auf 28 Kraterseen). Vorbei am ausgedehnten *Lake Corangamite* (Pelikankolonie) gelangt man nach *Colac* (47 km von Camperdown), einer Agrarstadt auf der drittgrößten Lavaebene der Erde (schöner Botanischer Garten am Lake Colac, Panoramablick vom Rock Lookout). 47 km nordöstlich liegt die Kleinstadt *Winchelsea*. Auf der nahen Barwon Park Estate nahm 1859 mit dem illegalen Import der ersten Kaninchen die australische Kaninchenplage ihren Anfang.

Ararat: 8500 Einwohner, Wollzentrum am 616 m hohen Mt. Ararat. Im 19. Jh. gab es hier heftige Kämpfe zwischen Eingeborenen und weißen Siedlern. Im Mai 1857 entdeckten Chinesen am Canton Lead eine reiche Goldader, weiße ›Digger‹ vertrieben sie jedoch. Bald darauf zählte Ararat 20 000 Einwohner. Sehenswert: Alexandra Park, Botanical Gardens, Wildflower Sanctuary am Bridal Hill (im Frühling Wildblumen). Von Ararat führt der Western Highway weiter über *Great Western* (16 km; Motel, Campingplatz) mit seinen berühmten Weinkellereien.

Stawell: 6150 Einwohner, früher Goldgräbersiedlung und heute Zentrum der Wollschafzucht, 31 km nordwestlich von Ararat und 13 km von Great Western am Fuß der Grampians gelegen. Sehenswert sind die Mini World (Modelle asiatischer Häuser) und die Town Hall (Uhr mit Goldgräberfiguren). An Ostern findet das Stawell Estate Gift statt, der höchstdotierte Wettlauf der Erde (über 120 m). Umgebung: Bunjil Cave und Three Sisters (13 km südwestlich) mit Felsmalereien.

Unterkunft: *** Goldfields Motor Inn, ** Brix Hotel, Campingplätze.

The Grampians: Einfallstor in das zerklüftete Mittelgebirge ist der kleine Ort *Hall's Gap* (26 km südwestlich von Stawell), gelegen in einem wunderschönen, von Eukalyptus und Felsen gesäumten natürlichen Amphitheater. Sehenswert: der Lake Bellfield, der Mt. William, das Wartook Valley, der Mt. Rosea mit dem malerischen Tal Delley Dell und die Serra Range mit seltenen Moorpflanzen. Am schönsten sind die Grampians zwischen August und November, wenn hier unzählige Wildblumen und die ›Pink Heath‹ (rosa Heide) blühen.

Unterkunft: *** Grampians Motel, ** Hall's Gap Motel, einfaches Mountain Grand Guest House, Jugendherberge. Campingplätze in Hall's Gap und Zumstein (22 km westlich).

Die Wimmera: Von Hall's Gap führt eine landschaftlich sehr schöne Straße über Zumstein nach *Horsham* (77 km nordwestlich, 11 647 Einwohner), der Hauptstadt der Wimmera. Sehenswert sind der Botanische Garten, die Art Gallery und das Wheat Research Institute (Weizenforschungszentrum). Auf einer etwa 400 km langen Rundreise kann von hier aus die Wimmera und das anschließende Mallee-Gebiet (nördlich und westlich von Horsham) durchfahren werden. Zunächst geht

Blick von Hall's Gap auf das zerklüftete Mittelgebirge der Grampians

es in östlicher Richtung in die kleine Siedlung *Lübeck* (35 km). Auf der Lübeck Rifle Range finden sich mehrere alte ›Oven Mounds‹ (Kochstellen) der Eingeborenen. 57 km nördlich folgt *Warracknabeal* (interessantes Historical Centre), weitere 61 km nördlich Hopetoun. Einige Kilometer nordwestlich des Ortes dehnt sich die *Big Desert* mit dem reizvollen Wyperfeld National Park aus (rote Dünen, Wildblumenfelder, Känguruhs, Papageien und Lowan Birds). Danach wenden wir uns wieder

nach Süden. Vorbei am 20 km entfernten *Lake Albacutya* (Wassersport) gelangt man über Rainbow zum *Lake Hindsmarsh,* dem größten natürlichen Süßwassersee Victorias mit Strandbad, vielen Fischen und Wasservögeln. Am Südufer liegt die Siedlung *Jeparit,* wo 1894 Sir Robert Gordon Menzies, der bekannteste Premierminister Australiens, geboren wurde (sehenswertes Museum). 20 km weiter südlich erreicht man den Ort *Antwerp,* in dessen Nähe sich früher die 1859 gegründete Ebenezer Mission befand, die die Aborigines vor den Verfolgungen weißer Australier retten wollte (in Ebenezer steht noch die Kirche). Am Wimmera River entlang erreichen wir Dimboola. Südwestlich des Ortes dehnt sich die *Little Desert* aus (Nationalpark mit dichten Wäldern, Sümpfen, Salzseen, 200 Vogelarten, ›bärtigen Dracheneidechsen‹ und Wallabies). 39 km westlich liegt am Western Highway das Weizengebiet *Nhill* mit dem gleichnamigen See (Wassersport). Noske's Weizensilo in Nhill gilt als das größte der Erde. Nach weiteren 40 km erreicht man über *Kiata* (25 km, Lowan Bird Sanctuary) *Kaniva*, die ›Wildflower Capital of the Little Desert‹, deren öffentliche Einrichtungen (Rathaus, Krankenhaus, Flugplatz) sämtlich von den Bürgern gebaut und finanziert wurden. Der Western Highway führt weiter nach Bordertown/Südaustralien (Uhr ½ Stunde vorstellen), wir dagegen fahren weiter nach Süden bis *Edenhope* (Lake Wallace) und biegen dann auf den Wimmera Highway nach Nordosten ein. 70 km nordöstlich liegt die 1870 von Deutschen gegründete Siedlung *Natimuk,* unweit deren sich der 358 m hohe *Mt. Arapiles* erhebt. Dieses Mekka für Bergsteiger wird auch der ›Ayer's Rock Victorias‹ genannt.

Unterkunft: in Horsham *** Golden Grain Motor Inn, ** Majestic Motel und * Royal Hotel, in Warracknabeal Warrack Motel, in Murtoa Marma Gully Hotel, in Hopetoun Community Hotel, in Dimboola Motel Dimboola, in Jeparit Hopetoun House Hotel, in Nhill Zero Inn, in Kaniva Midway Motel, in Edenhope Motel, Campingplätze in allen Orten.

Auf dem Highway No. 1 von Melbourne nach Adelaide

Südaustralien (South Australia)

Allgemeines

Mit einer Fläche von 984 614 km² ist Südaustralien der drittgrößte australische Bundesstaat nach Westaustralien und Queensland, bewohnt von 1 338 300 Menschen (9,3% der australischen Gesamtbevölkerung). Die Bevölkerungsdichte liegt bei 1,3 Einwohnern pro km². Zwei Drittel des Staatsgebietes (vor allem im Norden) bestehen aus ebenen Wüsten und Halbwüsten (maximal 300 m hoch) mit weniger als 250 mm Niederschlag im Jahr, in denen sich ausgedehnte Salzpfannen finden (darunter als größte der Lake Eyre). Die wichtigsten Gebirge sind die Mount Lofty Range bei Adelaide (700 m), die Flinders Range weiter nördlich (Mt. Mary's Peak 1200 m), die Warburton Ranges und die

Musgrave Ranges im Norden (Mt. Woodroffe 1491 m), die fruchtbarsten Regionen die Eyre Peninsula im Südwesten und das Gebiet um Mt. Gambier südöstlich von Adelaide. Der einzige bedeutende Fluß, der Murray River, fließt an der Ostseite der Mt. Lofty-Flinders Ranges entlang und ergießt sich in den Lake Alexandria im Süden. Das Klima Südaustraliens ist geprägt durch trockene und sehr warme Sommer sowie regnerische Winter.

Obwohl Südaustralien bedeutende Bodenschätze besitzt (vor allem Uran, daneben Eisen, Kupfer, Erdöl, Erdgas, Opale u. a.) und die Städte Port Pirie, Whyalla und Adelaide zu den wichtigsten australischen Industriezentren gehören (Stahlverarbeitung, Maschinenbau, Autowerke), ist der Staat überwiegend landwirtschaftlich orientiert. Die größte Bedeutung haben die Schaf- und Rinderzucht (im Norden), der Weizenbau (Eyre Peninsula) sowie die Kultivierung von Obst, Gemüse und Wein nördlich, östlich und südlich von Adelaide.

Das heutige Südaustralien war vor der Ankunft der ersten Weißen von den Eingeborenenvölkern der Kaurna (um Adelaide), der Ngadjuri, Jadliaura und Dieri (im Nordwesten), der Pangkale und Nauo (im Westen) sowie der Kokata, Arabana und Pitjantjara (im Norden und Nordwesten) besiedelt. Sie lebten von der Jagd und dem Fischfang, handelten aber auch mit Ocker und Steinäxten (aus den Flinders Ranges). Die ersten europäischen Besucher waren Franzosen, die hier um 1800 landeten und das Land Terre Napoléon nannten. 1801/02 fuhr der Engländer Matthew Flinders an der südaustralischen Küste entlang, 1829/30 bezwang sein Landsmann Charles Sturt den Murray in einem Walboot. Seine Berichte über fruchtbare Ländereien veranlaßten die britische Regierung, die Kolonisierung des Landes durch freie Siedler zu planen (übrigens schlug der Hamburger Polizeisenator Hudtwalcker gleichzeitig vor, in Südaustralien Hamburger Sträflinge anzusie-

deln). 1835 wurde die South Australian Company gegründet, und im Mai 1836 fuhr Generallandvermesser William Light in das neue Gebiet. Ein Jahr später kamen die ersten englischen Siedler auf die Kangaroo Island, wenig später gründeten sie Adelaide. Zwischen 1838 und 1850 folgten 7000 deutsche Siedler. Einen rapiden Aufschwung nahm die Kolonie mit der Entdeckung großer Kupfervorkommen in den 40er Jahren des 19. Jhs.

Die touristischen Attraktionen Südaustraliens sind Adelaide und seine Umgebung (Barossa Valley, Hahndorf, Mt. Lofty Range) die Flinders Ranges (großartige Schluchten, Wildblumen, Eingeborenenmalereien), das Gebiet um Mt. Gambier (Vulkanseen), die Kangaroo Island (Koalas, Pelzrobben, Pinguine), die Opalsiedlungen Coober Pedy und Andamooka, die baumlose Nullarbor Plain (Höhlen) und der Murray River.

Adelaide

960 000 Einwohner (1983), Hauptstadt Südaustraliens, bedeutender Hafen und architektonisch reizvollste Stadt des Kontinents, am Torrens River zwischen dem Mount Lofty und dem Golf von St. Vincent gelegen. Trotz des stürmischen Wachstums in den vergangenen 20 Jahren hat Adelaide seine anheimelnde und etwas behäbige Atmosphäre beibehalten können. Lange wurde es als die Stadt der Kirchen, der Puritaner und der Moralapostel (›Wowsers‹) spöttisch ›The Holy Land‹ oder ›Wowserville‹ genannt, heute jedoch kann Adelaide es in bezug auf Unterhaltungsmöglichkeiten und Freizügigkeit mit den anderen australischen Großstädten aufnehmen. Die Stadt zeichnet sich vor allem durch ihre breiten, baumbestandenen Alleen und die vielen Parks aus, was ihr die Bezeichnung ›Garden City‹ eingetragen hat.

Adelaide um 1836

Geschichte

Der erste Weiße in der Gegend des heutigen Adelaide war Captain Collet Barker (1830), dem im Mai 1836 Oberst William Light als Generalvermesser folgte. Light, Sohn des Gründers von Penang (Malaysia), bestimmte eine etwa 10 km von der Küste entfernte Stelle am Torrens River zum künftigen Standort der südaustralischen Hauptstadt. Adelaide, ab 1838 bewohnt, wurde 1840 offiziell als städtische Siedlung gegründet und ist damit die älteste ›Township‹ des Fünften Kontinents. Benannt wurde es übrigens nach der Prinzessin Amelia Adelaide Theresa Carolina von Sachsen-Coburg-Meiningen, der Gemahlin des englischen Königs William IV. Die Entwicklung der Stadt ging zunächst sehr langsam vor sich, erst die Entdeckung reicher Kupfervorkommen bei Kapunda (im Norden der Stadt) und der Silber- und Bleivorkommen von Broken Hill brachten den ersten Aufschwung. 1856 eröffnete zwischen der City und dem Port Adelaide die erste staatliche Eisenbahn des Britischen Reiches. Bis vor 30 Jahren fungierte Adelaide in erster Linie als Versorgungszentrum der umliegenden landwirtschaftlichen Regionen, in denen Wolle, Getreide, Früchte und Wein erzeugt werden, und als Ausfuhrhafen für die Bergbauprodukte der weiteren Umgebung. Nach dem Zweiten Weltkrieg entstanden größere Industriebetriebe wie Auto-, Metall- und Elektrofabriken.

Stadtgliederung und -besichtigung

Charakteristisch für Adelaide ist die Gliederung der Innenstadt in zwei rechteckige, durch den Torens River voneinander getrennte Stadtbezirke. Mittelpunkt des bedeutenderen South Adelaide (75 Blocks) mit dem Geschäftsviertel ist der Victoria Square, begrenzt wird dieser Bezirk von den Straßen North, South, East und West Terrace. Unweit der North Terrace, an der King William St. 18, befindet sich das South Australian Government *Tourist Bureau* (geöffnet montags bis freitags 9–11.30 Uhr, sonntags und feiertags 10–14 Uhr bzw. Juni bis August 11–14 Uhr). Schräg gegenüber (Ecke King William Road/North Terrace) sehen Sie das *Parliament House* (1855–1939) mit dem *Constitutional Museum* (holländische Giebel, Ausstellung über die Geschichte des Staates). Etwa 100 m weiter links folgt der Bahnhof. Unmittelbar hinter dem Parliament House in nördlicher Richtung) steht das *Adelaide Festival Centre,* das 1973 für 50 Millionen A$ fertiggestellte Kulturzentrum am Elder Park, der sich bis zum Torrens River

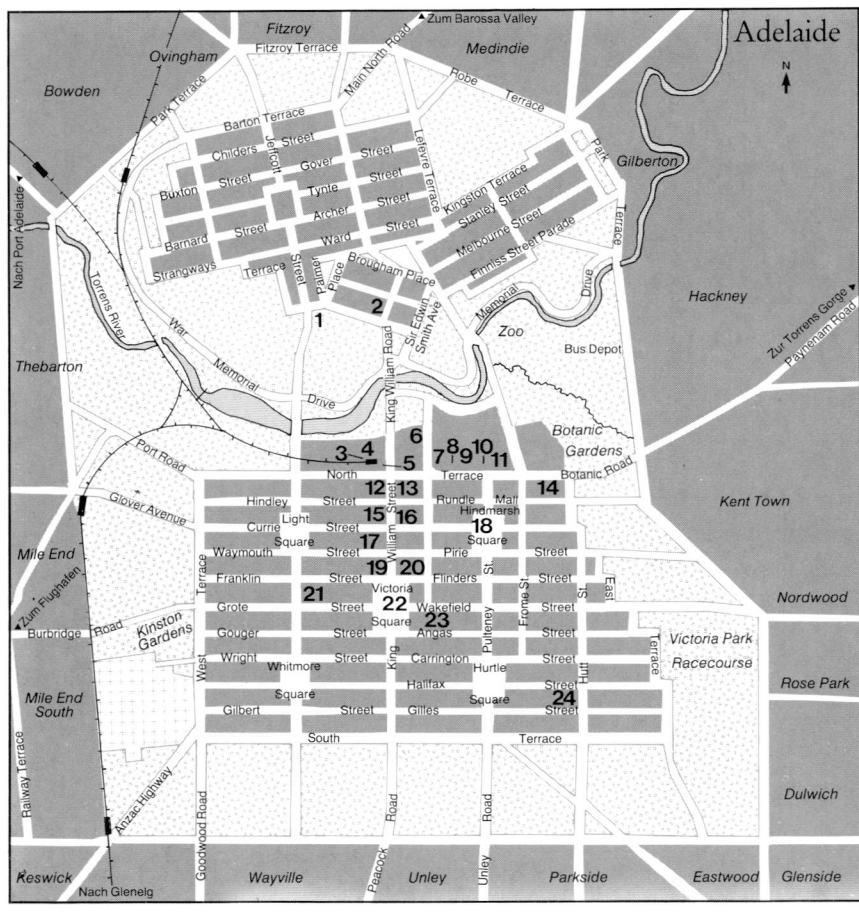

1 Light Vision   2 St. Peter's Cathedral   3 Hauptbahnhof   4 Festival-Theater   5 Parlament
6 Government House   7 State Library   8 Museum   9 Art Gallery   10 Universität   11 Institute
of Technology   12 Ansett Terminal   13 Fremdenverkehrsamt   14 Ayer's House   15 TAA Terminal   16 Edmund Wright House   17 Busauskunft (Stadtbusse)   18 Automobilclub (RAASA)
19 Hauptpost   20 Town Hall   21 Überlandbus-Terminal   22 Straßenbahn nach Glenelg
23 St. Francis Xavier's Cathedral   24 Jugendherberge

erstreckt. Der Komplex, der 5000 Personen Platz bietet, umfaßt ein Festival Theatre, ein Playhouse, ein Experimental Theatre (The Space) und ein Amphitheater. Die Skulpturen auf der Plaza davor stammen von dem Stuttgarter Künstler Professor Hajek (Öffnungszeiten: montags bis freitags 10–16 Uhr, samstags 10.30–15 Uhr, stündliche Führungen). Die gegenüberliegende Seite der King William Road nimmt das *Government House* ein (1855, schöne Gartenanlagen). Nun bietet sich ein Gang entlang der baumbestandenen North Terrace nach Osten an. Vorbei an der State Library gelangt man zum *South Australian Museum of Natural History,* dem bedeutendsten naturkundlichen Museum Australiens (geöffnet montags bis freitags 10–17 Uhr, mittwochs 13–17 Uhr, sonntags und feiertags 14–17 Uhr). Ein Haus weiter befindet sich die *Art Gallery of South Australia* (Kunstsammlungen, u. a. chinesische und thailändische Keramik; geöffnet montags bis samstags 10–17 Uhr, mittwochs 10–21 Uhr, sonntags und feiertags 13.30–17 Uhr). Weiter östlich liegen die Gebäude der *University of Adelaide* mit der Bonython Hall und dem anschließenden Institute of Technology. Hinter der Kreuzung folgen das Royal Adelaide Hospital und – gleich gegenüber – das schöne *Ayers House* von 1846 (Museum, zwei sehr gute Restaurants). Vom Hospital ist es nicht weit zum Eingang der 16 ha großen *Botanical Gardens* an der Botanic Road (berühmte Wasserrosensammlung). Im hiesigen Museum of Economic Botany sind Pflanzen und Pflanzenprodukte aus aller Welt zu sehen (geöffnet montags bis freitags ab 7 Uhr, an Wochenenden und Feiertagen ab 9 Uhr bis Sonnenuntergang). Durch die Botanical Gardens kann man zum etwas nördlich am Ufer des Torrens River gelegenen kleinen *Zoo* gehen (geöffnet täglich von 7–17 Uhr).

Kehrt man nun wieder zum Ayers House zurück und biegt in die Frome St. in südlicher Richtung (nach links) ein, gelangt man nach 100 m zur *Rundle Mall,* einer Fußgängerzone mit Arkaden und Warenhäusern. Wenden Sie sich von dort nach Süden (Hindmarsh Square und Pulteney St.) und biegen Sie dann in die Flinders St. ein (nach Westen), treffen Sie auf den *Victoria Square,* den Mittelpunkt der Stadt. Linker Hand liegt das moderne State Administration Centre (Verwaltungssitz der Staatsregierung), in der Platzmitte der Glenelg Tram Terminus, von wo die Straßenbahnen zum Strand von Glenelg (s. u.) abfahren, und rechter Hand, an der Einmündung der King William St., das General Post Office, das Treasury Build-

Das Adelaide Festival Centre

In der Innenstadt von Adelaide

ing (Schatzamt) und die Town Hall (Rathaus) mit einer Statue der Queen Adelaide. Lohnend ist ein kurzer Gang über die westlich in den Platz einmündende Grote Street zum *Central Market* (Markt am Dienstag, Freitag und Samstag). Folgen Sie nun der King William St. in nördlicher Richtung. Zwischen der Currie St. und der Hindley St. finden Sie das *Edmund Wright House*, das 1876 im Renaissancestil errichtet wurde und heute die Bank of South Australia beherbergt (besonders schön ist die mit Blattgold dekorierte Eingangshalle). Die *Hindley St.,* die von der King William St. in westlicher Richtung verläuft, bildet das kleine Vergnügungsviertel der Stadt (Restaurants, Nachtclubs, Diskotheken). Nun können Sie wieder zum Ausgangspunkt unseres Rundgangs (Fremdenverkehrsamt) zurückkehren.

Einen zweiten Spaziergang sollten Sie nach North Adelaide unternehmen. Vom Fremdenverkehrsamt gelangen Sie dorthin über die King William Road und die über den Torrens River führende Adelaide Bridge. Beiderseits der Flußufer erstrecken sich großzügig angelegte Parkanlagen. Durch die Pennington Gardens erreicht man zunächst die Pennington Terrace mit der zwischen 1869 und 1875 errichteten neugotischen *St. Peter's Anglican Cathedral.* Die 1902 angebauten Türme beherbergen ein sehr schönes Glockenspiel aus acht Glocken (geöffnet täglich 7–17 Uhr). Etwa 200 m westlich der Kathedrale befindet sich auf dem Montefiore Hill der Aussichtspunkt *Light's Vision* mit einer Statue des Stadtgründers, der hier die Vision einer neuen Stadt gehabt haben soll (ausgezeichneter Blick über Adelaide). In der nordöstlich der Kathedrale verlaufenden Melbourne Street finden Sie verschiedene Boutiquen und kleine Restaurants.

Die Umgebung von Adelaide

Etwa 12 km nördlich der City befindet sich *Port Adelaide,* der Hafen der Stadt, wo

Die Umgebung von Adelaide

Sie das Nautical Museum und die pittoreske Fisherman's Wharf (gutes Fischrestaurant) besuchen können (bis 1986 soll am Hafen ein neues Maritime Museum entstehen). Das Showboat ›Lady Chelmsford‹ fährt sonn- und feiertags durch den Hafen. Dabei sieht man auch die große *Torrens Island,* wo sich während des Ersten Weltkriegs ein berüchtigtes Internierungslager für deutsche Zivilinternierte befand. Von Port Adelaide sind es nur 3 km zum Strand von *Semaphore* am Golf von St. Vincent. Auf der Strecke bis zum etwa 50 km südlich gelegenen Maslin Beach folgen verschiedene weitere gute Strände, darunter vor allem *Henley, West Beach* und *Glenelg* (knapp 10 km westlich der City). In Glenelg, das mit der ›Tramway‹ vom Victoria Square zu erreichen ist, landete am 28. 12. 1836 Gouverneur John Hindmarsh mit den ersten englischen Kolonisten in Südaustralien. Am Old Gum Tree (Mac Farlane St.) proklamierte er Südaustralien zur britischen Kolonie. Unweit dieser Stelle liegt eine Replik seines Schiffes ›Buffalo‹. Am *Maslin Beach* (Busverbindung ab Adelaide) wurde Anfang der 70er Jahre der erste FKK-Strand des Fünften Kontinents etabliert. Von hier geht die Straße weiter bis zum Cap Jervis (vgl. S. 189). Südlich von Adelaide lohnt auch ein Besuch des Vororts *Morphett Vale* (Museum) und besonders des *Mc Laren Vale,* eines der besten Weinanbaugebiete Australiens (das Tourist Bureau of Adelaide hält eine genaue Lagekarte der Weingüter bereit). Vom Coromandel Valley kann man über den 845 ha großen *Belair National Park* mit dem Old Government House (geöffnet dienstags bis sonntags 10–16.30 Uhr) und den Vorort Millswood wieder in die Stadt zurückkehren.

7 km nordöstlich der City liegt der Vorort *Klemzig,* der im November 1838 von dem altlutheranischen Pastor Kavel aus Brandenburg als erste deutsche Siedlung Südaustraliens angelegt wurde. Leider existieren aus dieser Zeit keine Häuser mehr. Vom *Windy Point* (8 km östlich der

Bildhauergalerie am Ortsausgang von Hahndorf

City) und vom nahen Weingut *Grange* im Vorort Magill bieten sich phantastische Ausblicke über die Stadt bis zum Golf von St. Vincent. Als die Bierbrauerei Tooth and Co., der The Grange jetzt gehört, 1982 dort Wohnhäuser bauen wollte, rührte sich heftiger Protest. Eine Bürgerinitiative fordert die Anlage eines Weinmuseums. Etwa 20 km südöstlich von Adelaide, erreichbar über die Glen Osmond Road, erheben sich die bis 711 m hohen *Mount Lofty Ranges,* auch Adelaide Hills genannt (vom Mt. Lofty hervorragender Blick). Im Februar 1983 verwüstete ein Buschfeuer hier 45 000 ha Wald- und Weidegebiet sowie zahlreiche Häuser. In *Glen Osmond* am Fuß der Hügelkette, die von Tälern mit Obstgärten und Weiden unterbrochen wird, steht das Old Toll House (heute Museum). 1838 entdeckte Dr. Menge bei dem Ort das erste Kupfer auf dem australischen Kontinent, das ab 1841 von Kindern quasi in Sklavenarbeit geför-

Heysen dar (täglich von 9.30–17.30 Uhr geöffnet). Weitere sehenswerte Gebäude sind ›The Old Mortuary‹ (vor 100 Jahren Beerdigungsinstitut, dann Weinlager und heute Delikatessenladen), The Windmill, das Detmold House (1860), The Old Mill (1854, heute Restaurant), Haebich's Cottage (1846, erst Schmiede, heute Kunstgalerie) und The German Arms Hotel (1839). Anfang Januar wird in Hahndorf ein großes Schützenfest gefeiert. 3 km entfernt konnte man bis vor kurzem in *Paechtown* einige aus dem 19. Jh. stammende typisch ostdeutsche Fachwerkhäuser bewundern. Sie wurden ein Opfer des Buschfeuers vom Februar 1983.

Von Hahndorf führt ein lohnender Ausflug in nordöstlicher Richtung über *Oakbank* (7 km; am Ostermontag Picnic Race Meeting, das längste, teuerste und schwierigste Great Eastern Steeplechase – Pferderennen Australiens) nach *Lobethal* (10 km weiter, Textilmühlen der Gebrüder Kramm). In *Birdwood* (19 km weiter) steht das Birdwood Mill Museum (täglich 9.30–17 Uhr geöffnet), in *Springton* (20 km nördlich) der riesige Herbig Tree, unter dessen Luftwurzeln zwischen 1855 und 1860 die vielköpfige Familie Herbig wohnte. Über den River Marne gelangt man von Springton nach Angaston (im Barossa Valley, vgl. S. 185).

Verkehr

Ortsverkehr: Informationspavillon der Metropolitan Bus Services (MBS) an der Ecke King William und Currie St. (Fahrpläne, Übersichtskarten). *Stadtbusse* fahren alle vom Busbahnhof an der Franklin St. 111 ab. Kostenlos sind die ›Bee Line‹ (99 B) zum Victoria Square und der ›City Loop‹ (99 C) ins Geschäftszentrum (beide verkehren werktags zwischen 7 und 18 Uhr). Es gibt auch ein günstiges ›Day Tripper Ticket‹. *Straßenbahn:* ›Bay Tram‹ vom Victoria Square nach Glenelg (Strand). Zwischen der Darley Road und der Tea Plaza soll ab 1986 ein 12 km langer O-Bahn-Verkehr nach Essener Vorbild eingerichtet werden (es handelt sich dabei um

dert wurde. Der *Cleland Conservation Park* in der Nähe des Mt. Lofty ist einer der schönsten Tierparks des Fünften Kontinents (geöffnet täglich außer 25. 12. von 9.30–17 Uhr).

Wenn man von hier in Richtung Murray Bridge (Princes Highway) fährt, so trifft man nach 18 km auf die kleine Siedlung *Hahndorf* (benannt nach Kapitän Dirk Meinerz Hahn aus Westerland/Sylt). 1839 ließen sich hier Siedler aus Brandenburg und Schleswig-Holstein nieder. Bald belieferten sie Adelaide, das bis dahin sämtliche Lebensmittel aus Sydney bezogen hatte, mit Butter, Eier und Gemüse. Heute ist Hahndorf, neben dem Barossa Valley, der beliebteste Ausflugsort der Adelaider. Sonntags sind viele Läden und Boutiquen geöffnet, und im German Cake Shop kann man erstklassigen Kuchen und Kaffee erhalten. Die größte Attraktion des Ortes aber stellt die Hahndorf Gallery mit Bildern des Hamburger Malers Sir Hans

elektrogetriebene ›Duo-Busse‹ von Mercedes, die auch auf Straßenbahn-Gleisen fahren können.

Überlandverkehr: An der Franklin St. 111 befinden sich die Terminals der *Überlandbusse* Stateliner und Greyhound Express, nebenan fahren die Ansett-Pioneer-Busse ab. Von hier kann man die meisten großen Orte in Australien täglich erreichen, u. a. Melbourne (11 St.), Perth (36–40 Std., am preiswertesten mit Travelmate), Sydney (18½–25 Std., über Broken Hill oder Melbourne), Canberra, Alice Springs (24–26 Std.), Darwin (62 Std.), Brisbane (33½ Std.) sowie zahlreiche Orte in Südaustralien.

Eisenbahn: Adelaide Railway Station, North Terrace (Tel. 5102 31, Booking Office Tel. 2 12 66 99). Nach Melbourne täglich mit dem ›Overlander‹ (täglich außer So Anschluß nach Sydney) und dem ›West-East-Express‹, nach Sydney 4× wöchentlich mit dem ›Indian Pacific‹ (Zubringer von Adelaide nach Pt. Pirie), nach Perth mit dem ›Indian Pacific‹ und dem ›Trans-Australian‹ (Mo, Mi, Sa), nach Alice Springs Do und Fr. Verbindungen ferner nach Pt. Pirie, Murray Bridge, Peterborough, Mt. Gambier, Victor Harbour und Broken Hill.

Flugzeug: International Airport Adelaide in West Beach (Tel. 43 22 11), 8 km westlich der City, Coach vom Flinders Street Bus Terminal oder hoteleigene Busse ab Airport Motel. Auslandsflüge nach Singapur, London, Auckland und Jakarta, Inlandflüge u. a. nach Alice Springs, Melbourne, Perth, Sydney, Brisbane, Canberra, Pt. Pirie, Renmark, Eucla, Kalgoorlie und Hobart, außerdem u. a. Opal Air nach Birdsville (Queensland), Coober Pedy, Ayers Rock und Andamooka, Emu Airways nach American River (Kangaroo Island) und Pagas Airways nach Penneshaw (Kangaroo Island), Pt. Pirie, Pt. Augusta, Leigh Creek und Oodnadatta.

Fähre: ab Port Adelaide mit der ›Troubridge‹ nach Kingscote (Kangaroo Island, 6½ Std.) und von dort weiter nach Pt. Lincoln (19 Std.). Tickets beim Verkehrsbüro und in den Reisebüros (25% Ermäßigung für Studenten).

Wichtige Adressen

Information: South Australian Government Tourist Bureau, 8 King William St. (Tel. 5132 81); Royal Automobile Association (RAA), 41 Hindmarsh Square (Tel. 2 23 45 55), Straßennotdienst Tel. 2 67 34 22; Clear Light Bazaar, 201 Hindley St. (Notizkasten mit Informationen für junge Leute); Adelaide Convention Bureau, 7 Pirie St. (Tel. 2 12 47 94); National Parks and Wildlife Service, 55 Greenfell Road (Tel. 2 16 77 77); Aboriginal Community Centre, 128 Wakefield St.; Aboriginal Friends Association, 25 Yalanda St., Eden Hills (Tel. 27 87 4 92).

Öffentliche Einrichtungen und Notadressen: Hauptpost, 141 King William St. (Tel. 87 69 11); Polizei Tel. 2 170 3 33; Ambulanz Tel. 0 00 oder 272 88 22; Nachtapotheke Burden Chemists, 13 Hindley St. (Tel. 51 47 01); Telefon-Dolmetscherdienst (tgl. 7–23 Uhr) Tel. 50 36 50; Notzahnarzt (nur So) Tel. 79 78 78; Notarzt Tel. 35 69 44; Krankenhaus Royal Adelaide Hospital, North Terrace (Tel. 2 23 02 30).

Konsulate und ausländische Einrichtungen: Konsulat der Bundesrepublik Deutschland, Mercedes House, 62 Flinders St. (Tel. 2 23 51 07); Südaustralischer Allgemeiner Deutscher Verein, 223 Flinders St.; Verein der Donauschwaben, 10 Hillrise Road, Panorama.

Unterkunft und Verpflegung

Klassifizierte Hotels: ***** Gateway Inn, 147 North Terrace; **** Grosvenor, 125 North Tce.; **** Adelaide Travelodge, 208 South Tce.; *** Adelaide Parkroyal, 226 South Tce.; *** Clarice PH Motel, 214 Hutt St.; *** Earl of Zetland, 158 Gawler Place; *** Newmarket, North Tce.; *** Princess Arcade, 262 Hindley St.; ** Ambassadors, 107 King William St.; ** Hotel Astor, 95 Gawler St.; ** Hanson, 437 Pulteney St.; ** Kiwi Lodge, 266 Hindley St.; * Somerset, Flinders St.; * Centralia, 65 North Tce.; * East End Market, 11 East Tce.; * King's Head, 357 King William St.

Einfache Hotels: Afton Private, 260 South Terrace; Clarice Private, 214 Hutt St.; Franklin, Franklin St. (gegenüber den Busstationen); Victoria, 94 Hindley St.; Angas, 78 Angas St.; Peoples' Palace, 91 Pirie St.

Jugendherberge: YHA, 290 Gilles St. (Buslinien 17 und 18); YMCA, 76 Flinders St.

Camping: Adelaide Caravan Park, Bruton St., Hackney und 200 weitere in der Umgebung (Liste beim Verkehrsbüro oder dem Automobilclub).

Unterhaltung

Nachtleben: Discotheken und Nachtclubs (Countdown und Bull'n'Bush) an der Hindley St., guter Jazz im Musicians Club, Gouger St. (Fr, Sa, So). Feste: An geraden Jahren findet das Adelaide Arts Festival statt, an ungeraden Jahren ein Weinfestival.

Das Barossa-Tal (Barossa Valley)

»Euer Land wird einst das Herzstück dieser Provinz sein«, schrieb der Deutsche Dr. Johann Menge 1840 an George Fife Angas, den Agenten der South Australian Company in London, nachdem er das Barossa Tal, sein ›Neu-Schlesien‹, gesehen hatte (Oberst Light, der Gründer von Adelaide benannte es nach dem andalusischen Valle de Bar Rosa, dem ›Rosenhügel‹). Im April 1837 ließen sich hier als erste weiße Siedler drei Deutsche nieder, und Anfang 1842 gründeten 24 brandenburgische und Posener Familien die Siedlungen Bethanien und Langmeil, denen bald weitere folgten (Altona, Gnadenfrei, Krondorf, Schönborn, Hoffnungsthal u. a.). Im selben Jahr baute Johann Gramp am Jacob's Creek den ersten Wein an. Heute ist das Barossa-Tal mit seinen 25 Weingütern der größte Weinlieferant Australiens. Einen Besuch lohnt die Gegend vor allem zur Zeit der Weinernte (Februar/April). Im April 1983 richteten schwere Überschwemmungen große Schäden an.

Eingangstor in das Barossa Valley ist *Gawler,* 41 km nordöstlich von Adelaide (Museum). 16 km südöstlich liegt der Ort *Williamstown* mit dem Weingut Karrawirra (›Hoffnungsthal‹), 6 km weiter *Lyndoch* mit den Gütern Yaldara (Kunstschätze) und Karlsburg Winery. Über *Rowland Flat* (Weingüter Orlando und Rovelley) und Jacob's Creek gelangt man nach *Tanunda,* dem neben Bethanien ältesten Ort des Tales. Sehenswert im ehemaligen ›Klein Berlin‹: Tabor Church (1849), St. John's Church (Holzfiguren), Langmeil Church (1888), Kavel-Denkmal, Friedhof, Barossa Valley Museum und die Weingüter (Krondorf, Leo Buring, Hoffman's North Para, Siegersdorf). In der Umgebung: *Mengler's Hill* (2 km östlich, Ausblick), *Bethanien* (Neu-Schlesien, 2 km südöstlich, sehr gute Kunstgalerie) und *Dorrien* (4 km nördlich), wo eine Dattelpalmen-Allee zum 1851 gegründeten Weingut *Seppeltsfield* abzweigt (geöffnet werktags 9–17 Uhr, samstags 10.30–16.30 Uhr; wahre Massenabfertigung). 3 km nördlich von Dorrien liegt *Nuriootpa* mit der Linke's Bakery, der Weinstube von Horst Boettger und dem Weingut Billyara von Wolf Blass, dessen ›Black-Label‹-Rotweine zu den besten Australiens gehören.

Über den Sturt Highway geht es von hier nach Truro (13 km nordöstlich), von wo aus man die einige Kilometer nördlich gelegenen sorbischen Dörfer *St. Kitt's* und *Ebenezer* (Kirchen, Friedhöfe) besuchen kann (einst gab es in Südaustralien 41 Siedlungen von Sorben aus der Ober- und der Niederlausitz). 5 km südöstlich von Nuriootpa liegt *Angaston.* Auf der nahen Tarrawilla Station fand Dr. Menge 1849 die ersten Opale auf australischen Boden (Weingüter, Yalumba und Henschke). Über *Keyneton* (11 km südöstlich) mit der schönen St. Peter's Church gelangt man nach *Sedan* (16 km östlich; Felsmalereien, Rhine Valley Cemetery). Über den Marne River geht es nach Adelaide zurück.

Information: Tourist Centre in Nuriootpa. **Unterkunft:** in Gawler, Lyndoch, Tanunda, Dorrien, Nuriootpa, Angaston Hotels; Camping in Gawler, Williamstown, Lyndoch, Tanunda, Nuriootpa.

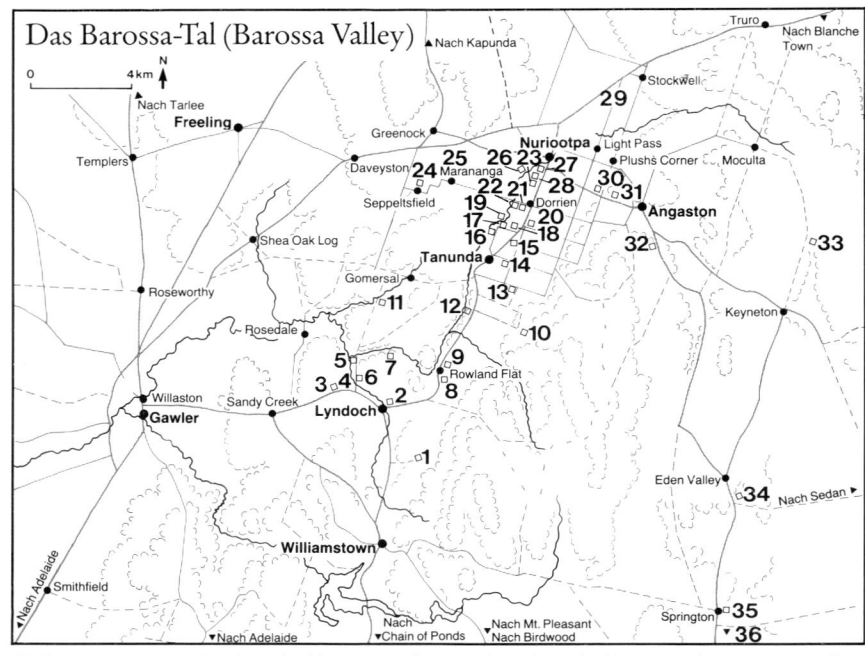

Das Barossa-Tal (Barossa Valley)

Weingüter: 1 Karrawirra (Lyndoch) 2 Das Alte Weinhaus (Lyndoch) 3 Ward's Gateway Cellars (Lyndoch) 4 Wilsford (Lyndoch) 5 Chateau Yaldara (Lyndoch) 6 Karlsburg (Lyndoch) 7 Chatterton's (Lyndoch) 8 Rovalley (Rowland Flat) 9 Gramp's Orlando (Rowland Flat) 10 Krondorf (Tanunda) 11 Chateau Rosevale (Tanunda) 12 St. Hallett's (Tanunda) 13 High Wycombe (Bethanien) 14 Chateau Tanunda (Tanunda) 15 Basedow's (Tanunda) 16 Veritas (Tanunda) 17 Bernkastel (Tanunda) 18 Leo Burig Chateau Leonay (Tanunda) 19 Hoffmann's North Para (Tanunda) 20 Hardy's Siegersdorf (Tanunda) 21 Seppelt's (Dorrien) 22 Pedare Wines (Dorrien) 23 Kaiserstuhl (Nuriootpa) 24 Seppelt's (Seppeltsfield) 25 Gnadenfrei (Marananga) 26 Tarac (Nuriootpa) 27 Tolley (Nuriootpa) 28 Pendolds (Nuriootpa) 29 Wolf Blass, Bilyara Wines (Nuriootpa) 30 Vintner's (Angaston) 31 Seagram's (Angaston) 32 Yalumba (Angaston) 33 Henschke (Keyneton) 34 Hamilton's (Eden Valley) 35 Holmes (Springton) 36 Holmes, 2. Kellerei (Springton)

Der Osten mit dem Murray River Valley

Diese Region wird von der Ebene des Murray River (Obst- und Weinbau) durchzogen. Der Fluß erreicht Südaustralien bei Renmark und mündet nach 322 km in den Südlichen Ozean. Teile seines Wassers werden in seinem alten Flußbett durch Pipelines nach Port Pirie gepumpt, wo er einst mündete.

Riverland zwischen Renmark und Goolwa: *Renmark,* 257 km nordöstlich von Adelaide bzw. 148 km östlich von Mildura, ist Hauptstadt des größten südaustralischen Bewässerungsgebietes, dessen erste Anlagen im 19. Jh. entstanden. Sehenswert: Koala Sanctuary (Goat Island), Raddampfer-Museum (Schiff-›Industrie‹) und Weingüter (u. a. Angoves Winery). 27 km nordöstlich entsteht der *Chowilla Dam* als größter Süßwassersee Australiens. In der Nähe liegt die Eingeborenensiedlung

Gerard, wo die schönsten Mandelbäume Australiens wachsen (1983 wurden hier eine Eingeborenenfarm und ein israelischer Kibbuz errichtet). Weiter nördlich erstreckt sich der *Danggali National Park.* Von Renmark führt der Sturt Highway in östlicher Richtung über *Berri* (21 km, Berri Winery, wochentags 10–11 und 14–16 Uhr Wein- und Brandyproben) und *Barmera* (20 km, Zentrum des Zitrusanbaus, nördlich der Lake Bonney mit Schwimm- und Angelrevier sowie FKK-Strand am Pelican Point) nach Kingston. Von hier sind es 39 km in südöstlicher Richtung bis *Loxton* mit seinem interessanten Historical Museum und dem Springcart Gully, einem ehemaligen Steinbruch der Erawirug (den Ort kann man auch direkt von Berri erreichen). *Waikerie,* 34 km von Kingston, ist ein Mekka für Segelflieger. Bei *Morgan* (42 km westlich), das im 19. Jh. ein bedeutender Flußhafen war, biegt der Murray River nach Süden ab. Nun lösen hohe Klippen und fruchtbare Marschwiesen mit Red River Gums die Zitrus- und Weinplantagen ab. 40 km südlich von Morgan liegt die Landstadt *Blanchetown.* Beim nahen *Roonka* entdeckte man vor einigen Jahren den wohl ältesten Friedhof der Erde: Er wurde 18 000 bis 20 000 Jahre lang ständig benutzt. Außerdem gibt es hier in hohen Klippen alte Felsmalereien und Fundstätten von Steinwerkzeugen. Von Blanchetown führt der Sturt Highway weiter über Nuriootpa (s. o.) nach Adelaide. Unser Weg geht dagegen weiter am Fluß entlang über *Swan Reach* (29 km; in zahlreichen Höhlen der Umgebung wurden alte Felsmalereien und Geräte der Eingeborenen gefunden). *Mannum* (54 km südlich, Straße über Birdwood nach Adelaide) besitzt das Raddampfer-Museum ›Marion‹ mit der Nachbildung der ›Mary Ann‹ (1853, erster hier gebauter Raddampfer). 30 km südlich liegt die Handels- und Industriestadt *Murray Bridge* mit einem Folk Museum und der St. John the Baptist Church (sie ist mit 95,2 m² Fläche und 130 Sitzen die kleinste Kathedrale der Erde).

Von Murray Bridge kann man nun über Tailem Bend (24 km südöstlich) nach Victoria (via Ouyen) oder nach Mt. Gambier im Südosten Südaustraliens fahren (vgl. S. 190). Vorher lohnt jedoch ein Abstecher über *Strathalbyn* (Hotel) auf die Fleurieu-Halbinsel südwestlich von Murray Bridge (sie ist auch auf direktem Weg von Adelaide zu erreichen).

Verkehr: Mit dem Raddampfer ›Murray Explorer‹ von Renmark nach Morgan (5½ Tage); mit den Raddampfern ›Coonawarra‹ und ›Proud Mary‹ Kreuzfahrten ab Murray Bridge (5 bzw. 10 Tage). **Information:** Tourist Centres in Renmark und Murray Bridge.

Unterkunft: in Renmark *** Country Club Motel und ** Renmark Hotel, in Berri *** Golf Course Motel, in Barmera *** Barmera Motel und ** Barmera Hotel, in Loxton *** Motor Hotel, ** Loxton Hotel und Jugendherberge (Habels Bend), in Waikerie Waikerie Hotel, in Morgan Terminus Motel, in Mannum Mannum Hotel, in Murray Bridge *** Murray Bridge Motel, ** Oval Motel und * Bridge Motel. Campingplätze in Berri, Barmera, Lake Bonney, Loxton, Waikerie, Morgan, Blanchetown, Swan Reach, Mannum, Murray Bridge; Hausboote in Renmark, Berri, Loxton, Waikerie, Morgan, Mannum und Murray Bridge.

Goolwa: 1150 Einwohner, Feriensiedlung am Lake Alexandrina, 11 km von der Mündung des Murray River in den Südlichen Ozean (Encounter Bay) und 93 km südlich von Adelaide. Nach einer Sage der Jerildekald, die einst hier lebten, schuf der Stammesheros Ngurunderi den Murundi (Murray River) mit seinem Speer. Die wegen Untiefen und Stürmen nur sehr schwer durchfahrbare Flußmündung, die seit 1940 durch Schleusen abgeriegelt ist, entstand der Legende zufolge, als Ngurunderi einen riesigen Murray Cod verfolgte. Am Ostufer gelang es ihm, den Fisch zu zerkleinern, woraus die vielen kleinen Fische in dem See entstanden. Das Rindenkanu Ngurunderis ist die heutige Long Island. Als der Fischer mit seiner Beute

Der Raddampfer ›Murray Queen‹

nach Hause kam, sah er seine beiden Frauen beim (ihnen verbotenen) Kochen einer silberfarbenen Brasse. Als die beiden ihn sahen, flüchteten sie und schufen dabei die Dünenlandschaft des Coorong und das Cape Jervis. Auf dem Weg zur Kangaroo Island holte Ngurunderi die beiden ein und verwandelte sie in die Felsen ›The Pages‹. Dann begab er sich selbst auf die Insel, reinigte sich dort und stieg in den Himmel auf. Seitdem fahren die Seelen aller Verstorbenen vor ihrer Reise in den Himmel auf die Känguruh-Insel.

1836 wollte Gouverneur Hindmarsh Goolwa wegen seiner günstigen Lage zur Hauptstadt Südaustraliens machen, Colonel Light lehnte dies jedoch ab. Zwischen 1853 und 1880, als die Bahnlinie Adelaide – Murray Bridge in Betrieb genommen war, avancierte Goolwa zum wichtigsten Hafenort des Staates und erhielt den Beinamen ›New Orleans des Fünften Kontinents‹. In dieser Zeit wurden hier von Raddampfern jährlich 25 000 Ballen Wolle umgeschlagen. Sehenswert sind in Gool-

wa das South Coast Museum und der Goolwa Slip mit dem Raddampfer ›Captain Sturt‹. Mit der ›Murray River Queen‹ kann man 5½tägige Kreuzfahrten nach Swan Reach unternehmen. Die Weiterfahrt von Goolwa nach Victor Harbour erfolgt über *Port Elliot* (guter Strand, hübsche Promenade).

Unterkunft: in Goolwa South Lakes Motel, auf Hindmarsh Island Narnu Farm. Campingplätze.

Victor Harbor: 4280 Einwohner, beliebter Badeort an der felsigen Encounter Bay (84 km südlich von Adelaide), Mitte des 19. Jhs. einer der bedeutendsten Walfanghäfen Australiens. Sehenswert: Whalers Haven Museum (täglich 10–17 Uhr geöffnet). Auf der vorgelagerten Granite Island (Damm, Sessellift, Traktorzug ›Puffing Bill‹ zwischen November und Mai) kann man manchmal Pinguine sehen. Westlich von Victor Harbor erstreckt sich die *Fleurieu Peninsula* mit ihren hervorragenden

Stränden und pittoresken Klippen. Von der stürmischen *Backstairs Passage* (64 km westlich) hat man einen ausgezeichneten Blick bis zur Känguruh-Insel (16 km westlich, vgl. S. 192). Seit 1982 besteht eine Fährverbindung dorthin ab Cape Jervis. Zwischen Victor Harbour und Normanville (35 km) liegt das *Inman Valley* mit dem Selwyn's Glacier Rock, einem 500 Millionen Jahre alten Felsen.

Unterkunft: in Victor Harbor *** The Apollon Motel, ** Crown Hotel, einfaches Central Hotel und Family Inn, Apartments (Summer Hill Flats), in Port Elliot Cavalier Inn, in Inman Valley Town Jugendherberge. Camping in Victor Harbor und Port Elliot.

Der Südosten zwischen Victor Harbor und Mt. Gambier: Von Victor Harbor bzw. Goolwa geht es nun über Strathalbyn weiter nach Süden. In Strathalbyn biegt man in südöstlicher Richtung auf die Straße nach Wellington (58 km) ein. Nach einigen Kilometern sind die berühmten Weingüter des *Bremer River* und des *Lang-*

horne Creek erreicht (u. a. M. Stonyfell, Blaesdale und Bremer Winery). Bei *Wellington* mündet der Murray River in den Lake Alexandrina. Ab Tailem Bend fahren wir auf dem Princes Highway weiter nach Süden. Hinter Meningie beginnt die weite Dünenlandschaft des *Coorong* (eines Nationalparks, der nur mit allradgetriebenen Fahrzeugen durchquert werden kann). Auf dieser 44 km langen und nur 1 km breiten Nehrung lebten einst die Tanganekald, die auf der Towadjeri-Insel weithin begehrte Ockerfarben gewannen. Nach einer Legende wohnten in grauer Vorzeit auf der Nehrung die Tharkuni (›kleine Leute‹), die sich später in Pinguine verwandelten. 186 km südlich von Meningie erreichen wir *Robe*, einen Langustenhafen mit hervorragenden Stränden an einer zerklüfteten und stürmischen Küste. Zwischen 1851 und 1880 war Robe einer der wichtigsten Häfen Australiens, vor allem Chinesen benutzten ihn als Eingangstor zu den Goldfeldern von Victoria, da sie hier anders als in Melbourne keine

Die Millicent Shell Gardens bei Mt. Gambier

Einreisesteuer zu zahlen brauchten. Ein Denkmal am Hafen erinnert an sie. Sehenswert sind ferner das Karatta House Museum, die Long Beach und der Lake Fellmongery, der einen hohen Mineralgehalt aufweist. Vorbei an mehreren Salzseen gelangt man nach *Beachport* (44 km vom Cape Martin Leuchtturm, herrlicher Ausblick), *Millicent* (35 km südöstlich, Abzweigung zum 13 km östlich gelegenen Mt. Burr, wo man über 8000 Jahre alte Dingoknochen fand) und schließlich *Tantanoola*. Einige Kilometer westlich des Ortes liegt der Lake Bonney, ein beliebtes Wassersportzentrum.

Unterkunft: in Kingston *** Lobster Motel und * Crown Inn, in Robe *** Harbour View Motel, ** Guichen Bay Motel und * Caledonian Inn, in Beachport *** Motor Inn, ** Beachport Hotel und Jugendherberge, in Millicent *** Radiata Motel und Millicent Hotel, weitere Hotels in Strathalbyn, Tailem Bend und Wellington. In allen Orten Campingplätze.

Mt. Gambier: 19 300 Einwohner, Industrie- und Ferienzentrum inmitten der größten Kiefernwälder Australiens (kalifornische Radiata-Kiefern), 455 km südöstlich von Adelaide und 20 km westlich der victorianischen Grenze. Bis vor 130 Jahren lebten hier die Bunganditj, die am nahen Cape Northumberland weithin begehrte Speerspitzen aus schwarzem Vulkangestein herstellten. Der heutige Ort wurde 1839 als Merinozuchtstation gegründet.

Die größte Attraktion der Stadt ist der Blue Lake, ein 71 ha großer und bis zu 197 m tiefer See vulkanischen Ursprungs. Sein Wasser wechselt je nach Saison seine Farbe (zwischen März und November ist es schiefergrau, von Dezember bis März tiefblau). Weitere Kraterseen: Leg-of-Mutton Lake, Browne Lake und Valley Lake. In der Cave Garden Reserve blühen viele Rosen. Sehenswert im Ort ist ferner die neue Concert Hall. Am nahen Wyrie Swamp wurde der bisher älteste Bumerang Australiens gefunden.

Das Weingut Coonawarra Estate bei Penola

Information: Tourist Centre, Casterton Road. **Unterkunft:** in Mt. Gambier *** Grandview Motel (Lake Terrace West), *** Barn Motel (Nelson Road), ** Blue Lake Motel (Kennedy Av.), ** Jens Hotel, * Commercial Hotel, * Macs Hotel (21 Bay Road), einfache Baldorney Guest House (87 Gray St.) und Wahroonga Guest House (37 Bay St.), in Port Macdonnell Seaview Motel. Mehrere Campingplätze in Mt. Gambier und Umgebung.

Fest: im Januar Australia Day mit ›bayrischer Atmosphäre‹.

Von Tailem Bend nach Mt. Gambier durch das Landesinnere: Der Duke's Highway passiert südöstlich von Tailem Bend zunächst die *Coonalpyn Downs,* ein einst wüstenhaftes Gebiet, das ab 1933 in ein fruchtbares Farmland verwandelt wurde. Über Keith geht es weiter zur Marktstadt *Naracoorte*. Südlich des Ortes gibt es 60 Höhlen, von denen die Alexandra Cave (210 m lang), die Victoria Cave, die Big Cave und die Fossil Chamber zu besichtigen sind. In der 1969 entdeckten Fossil Chamber, die zu den bedeutendsten Fossilienfundstätten der Erde gehört, fand man im Schwemmsand zahlreiche Knochen ausgestorbener Beuteltiere, wie des Zygomaturus (nilpferdgroßer Wombat) und des Thylacoleo (Beutelwolf). Vorbei an der *Bool Lagoon* (17 km, Ibisse, Wassersport) gelangt man von Naracoorte nach *Penola*. Auf dem hiesigen ›Premier Winestrip of the Commonwealth‹ wachsen dank des fruchtbaren Terra Rossa-Bodens erstklassige Rotweine. Mehrere Weingüter können besichtigt werden (Coonawarra Estate, Haselgrove, Leira, Eric Brand Winery, Penfolds, Lindeman's Winery). Von Penola geht es durch ausgedehnte Kieferplantagen nach Mt. Gambier (51 km südlich).

Information: Tourist Office in Penola. **Unterkunft:** in Keith Keith Motor Inn, in Bordertown Bordertown Motel, in Naracoorte Naracoorte Hotel, in Penola Log Cabin Hotel; Campingplätze in allen genannten Orten (Mietcaravans).

Kangaroo Island

Mit 4350 km² Fläche drittgrößte australische Insel nach Tasmanien und Melville Island, 113 km südwestlich von Adelaide. Sehr zerklüftete Küste. In den umliegenden Gewässern leben weiße Menschenhaie.

Auf der Insel, die bei den Eingeborenen als Aufenthaltsort der Totengeister vor deren Aufstieg in den Himmel galt (vgl. S. 188), ließen sich Anfang des 19. Jhs. zahlreiche Wal- und Robbenfänger sowie entlaufene Sträflinge nieder. Am 27. 7. 1836 landete die Bark ›Duke of York‹ mit dem ersten weißen Siedler Südaustraliens an der Nepean Bay. 1848 folgten ihnen schlesische Katholiken und Pommern, die später nach Clare (nördlich von Adelaide) zogen. Sie wandten sich z. T. ungewöhnlichen Beschäftigungen zu. Einige sammelten das Harz der Grasbäume zur Lackherstellung, andere gruben nach Turmali-

nen oder kümmerten sich um die aus der Heimat mitgebrachten ligurischen Bienen.

Sehenswert: Die *Flinders Chase* (59 003 ha, Nationalpark) im Westen der Insel gehört zu den schönsten Naturparks Australiens. Hier leben 30 000 Känguruhs, zahlreiche Wallabies, 1000 Koalas, 152 Vogelarten (Emus, Pelikane etc.), Schnabeltiere, Ameisenigel und Seehunde. Im Frühling blühen mehr als 700 Blumenarten (u. a. 50 Orchideen). Schöne Wanderwege führen zum Cape Couedec (Leuchtturm), zum Vennacher Point, zum Knappmann's Creek und zu den Remarkable Rocks. Über die South Coast Road gelangt man zu den Kelly Hill Limestone Caves und zur *Seal Bay,* wohin zwischen Oktober und Dezember Hunderte von Seelöwen und Pelzrobben zum Nisten kommen. In der nahen *Little Sahara* gibt es hohe Dünen, an der *Pennington Bay* einen sehr guten Strand. Von *Cape Willoughby* großartiger Blick über die wrackübersäte Backstairs Passage (Tauchrevier). *Penneshaw* besitzt

Schafherde auf Kangaroo Island

ein Museum. Über American River geht es zur Inselhauptstadt *Kingscote* (sehenswert: Friedhof, Museum, Stone Cottages).

Verkehr: keine Lokalbusse, aber Ausflugsbusse, Auto-, Boots- und Fahrradvermietungen. Flüge u.a. nach Adelaide (am preiswertesten mit Albatros Airlines). Fähre ›Troubridge‹ (Autotransport) Mo und Di 11.30 Uhr sowie Mi 13.45 Uhr von Adelaide nach Kingscote (6 Std.) und weiter nach Port Lincoln (9½ Std.). Rückfahrt von Kingscote Mo und Di 23 Uhr, Fr 6 Uhr (zwischen dem 28. 11. und dem 13. 2. auch So). Schneller ist Hydro Flite H 33 (in den Ferien täglich außer Di, ab Adelaide 7.30 Uhr, ab Kingscote 18 Uhr, Fahrtzeit 3 Std.). Seit Ende 1982 fährt daneben die ›Philanderer II‹ vom Cape Jervis nach Penneshaw (1 Std.).

Unterkunft: in Kingscote *** Elisons Seaview Motel, * Queenscliffe Hotel, * Ozone Hotel und einfache Holiday Chalets, in Yvonne Bay Holiday Lodge, in Emu Bay Holiday House, in American River *** Sandersons Motel und einfacher Linnetts Island Club, in Penneshaw *** Sorrento Lodge und einfache Alpine Village Apartments; Campingplätze in Kingscote, American River, Flinders Chase, Cape Dutton und Pt. Ellen an der Seal Bay.

Der Mittlere Norden und die Yorke-Halbinsel

Von Adelaide kann man auf zwei Wegen in den Norden des Staates gelangen. Die direkte Route (Nationalstraße 1) führt über Port Wakefield nach Port Pirie und Port Augusta (s. u.), die zweite (Nationalstraße 20, später 32) über Elizabeth und Gawler nach Peterborough und in die Flinders Ranges. Einige sehenswerte Orte liegen abseits der beiden Hauptstraßen. Es empfiehlt sich daher, zunächst über Gawler und Greenock auf dem Sturt Highway (Route 20) zu fahren und dann nach Norden abzubiegen. 15 km von der Kreuzung liegt inmitten eines malerischen Hügellandes die alte Bergbaustadt *Kapunda,* wo

1842 Kupferlager entdeckt wurden (Abbau ab 1844). Sehenswert: Mine Square Cottage und Museum. Von hier sind es 5 km nach *Seven Hill.* Im nahen Clare Valley gibt es mehrere bekannte Weingüter (Wolf Blass, Tim Knappstein, Birk's Wineyard und Seven Hill). Umgebung: 12 km südöstlich von Seven Hill steht die *Martindale Hall* der Familie Bowman (u.a. Schauplatz des Films ›Picknick at Hanging Rock‹, vgl. S. 45; Besichtigung zwischen November und März mittwoch- und samstagnachmittags). 35 km nordöstlich lohnt die alte Kupferstadt *Burra* einen Besuch (Museum, Bergarbeiterhäuser und 1845 gegründete Mine). Von Burra kann man nun auf dem Highway No. 32 nach Broken Hill (vgl. S. 103) fahren oder aber über Clare (45 km südwestlich) zur Yorke-Halbinsel (s. u.).

Unterkunft: kleine Hotels in Seven Hills, Kapunda, Clare und Burra, in allen Orten Campingplätze.

Von Adelaide zur Yorke-Halbinsel über die Nationalstraße No. 1: Rund 90 km nordwestlich von Adelaide liegt die kleine Hafenstadt Port Wakefield (guter Strand), wo wir die Nationalstraße No. 1 verlassen und nach *Kadina* (58 km nordwestlich) fahren. 1859 entdeckte man hier große Kupfervorkommen, und bald lebten in Kadina und Umgebung mehr als 30 000 Bergleute (darunter viele Cornishmen, weswegen die Gegend noch heute ›Little Cornwall‹ genannt wird). 1923 wurden die Minen geschlossen. Sehenswert ist das Museum (Matta House). Von Kadina kann man eine Rundfahrt durch die Yorke Peninsula unternehmen. Zunächst geht es zum 9 km westlich gelegenen ehemaligen Kupferhafen *Wallaroo* (Museum), dann führt die Straße in südlicher Richtung über *Moonta* (16 km, ehemalige Bergwerke) und Minlaton (50 km) nach *Warooka* (34 km südwestlich). Von hier aus kann man an der Küste entlangfahren. Am *Corny Point* (30 km westlich) sehr guter

Strand, ebenso im *Innes National Park* (50 km südlich, Dünen an der Pondalowie Bay, vor der Küste Wracks). Die Rückfahrt erfolgt über Yorketown (70 km nordöstlich).

Unterkunft: in Kadina ** Kadina Village Motel und * Wombat Hotel, in Moonta *** Patio Motel und ** Cornwall Hotel, in Wallaroo *** A Esquire Motel und * Wallaroo Hotel, in Minlaton Minnipa Hotel, in Yorketown ** Melville Motel und * Yorke Hotel, in Port Wakefield kleine Hotels und Jugendherbergen.

Port Pirie: 15 000 Einwohner, bedeutendes Industriezentrum und Verkehrsknotenpunkt 224 km nordwestlich von Adelaide am Spencer Gulf. Größte Bleischmelze (Lead Works) der Erde (Besichtigung: wochentags 14 Uhr), sehenswertes Regional Cultural Centre (1982 eröffnet).

Unterkunft: *** Flinders Range Motor Inn (Main Road), ** International Hotel (40 Ellen St.), mehrere Campingplätze.

Zwischen Port Pirie und Cockburn (Richtung Broken Hill): 39 km östlich von Port Pirie liegt der Ort *Gladstone,* wo drei verschiedene Eisenbahn-Spurweiten (1,6 m, 1,44 m und 1,07 m) zusammentreffen. Über Jamestown (29 km östlich) gelangt man nach *Peterborough* (45 km nordöstlich, 1842 gegründet, Museum und Erzzerkleinerungswerk ›Gold Battery‹). Auf dem Barrier Highway (14 km südöstlich) geht es nun weiter zu den 20 000 Jahre alten Felsmalereien von *Yunta* (69 km nordöstlich; hier auch Zeichnungen von lange ausgestorbenen Diptrodoton-Tieren) nach Panamaratee (einige Kilometer südlich in den Benda Ranges) und *Wabricoola* (nördlich von Yunta). Von hier bis zu dem 148 km entfernten Grenzort *Cockburn* (Beryllium-Mine) durchquert man eine öde Halbwüstenlandschaft. In der Nähe von Cockburn liegt die Uranmine Radium Hill. Nach Broken Hill (vgl. S. 103) sind es nun noch 50 km.

Unterkunft: in Peterborough ** Peterborough Hotel und Campingplatz.

Zwischen Port Pirie und Port Augusta: 20 km nördlich von Port Pirie (Highway No. 1) lohnt die einige Kilometer östlich gelegene *Teltowie Gorge* einen Abstecher. 10 km nördlich der Kreuzung kann man den pittoresken Hafenort *Port Germein* mit seinem kilometerlangen Seesteg und der Port Germein Gorge besuchen. Weiter geht es über Winninowie nach *Wilmington,* in dessen ›Fish Tropi-Kal‹ Tausende von bunten Fischen (darunter der seltene Schlangenfisch) zu bewundern sind. Südwestlich des Ortes die Alligator Gorge (Nationalpark) und der Hancock's Lookout (Aussicht), 20 km südlich der *Mt. Remarkable National Park* mit seinen tiefen Schluchten und die Hidden Gorge (zahlreiche Känguruhs und Wallabies).

Port Augusta: 131 000 Einwohner, bedeutende Industrie- und Handelsstadt am oberen Ende des Spencer Gulf, im Norden umgeben von großen Schafzuchtgebieten. Sehenswert: Power Station (Kraftwerk), die mit Kohle aus Leigh Creek arbeitet und 70% der Energie des Staates liefert, Homestead Park Museum (Elsie St.) und die Basis des Royal Flying Roctor Service (geöffnet montags bis freitags 10–12 Uhr und 14–16 Uhr). Um die Tassie St. (Richtung Davenport) erstreckt sich eines der schlimmsten Slums Australiens (von Eingeborenen bewohnt). Umgebung: Emu Dreaming Rockshelter (schwer zu findende Felsmalereien, die zu den besten des Kontinents gehören).

Informationen: Aboriginal Development Commission, 9 Gibson St.; Aboriginal Community, 4 Marryatt St.; Aboriginal Legal Right's Movement, 6 Gibson St.; RAA-Autoclub, 91 Commercial Road (Tel. 42 20 33). **Unterkunft:** *** Augusta Westside Motel (3 Louden Road), ** Pampas Motel (Stirling Road), einfaches Commonwealth Hotel (73 Commercial Road), mehrere Campingplätze.

Der Nordosten und die Flinders Ranges

Der nordöstliche Teil von Südaustralien gehört zu den schönsten und unberührtesten Regionen Australiens. Hier findet man weite Wüsten, malerische Bergketten und riesige Salzseen.

Flinders Ranges

Die bis zu 1189 m hohe Bergkette nordöstlich von Port Augusta mit ihren blauvioletten, grauen, roten und grünen Granitspitzen und ihren bewaldeten, rasiermesserscharfen Bergrücken gehört zu den reizvollsten Landschaften Australiens. In den Schluchten und Flußbetten stehen hohe Red River Gums, Kasuarien, Kiefern und Wattle Trees, im Frühling sind weite Gebiete mit bunten Wildblumen bedeckt. Auch die Fauna ist sehr artenreich. In zahlreichen Höhlen haben die Ureinwohner, darunter die Adnjamathanha, herrliche Kunstwerke hinterlassen. Die ersten Weißen, die sich um 1862 hier niederließen, verwandelten mit ihren Schafen die einst fruchtbaren Täler in Halbwüsten. Ende des 19. Jh. baute man in den Bergen Kupfer ab, wovon noch heute zahlreiche verlassene Schächte zeugen. Weite Teile der Flinders Ranges wurden inzwischen zwar zu Naturschutzgebieten erklärt, dennoch bedrohten Minengesellschaften, die weitere Bodenschätze fördern wollen, 1982 die Region erneut.

Zwischen Port Augusta und Leigh Creek: Fährt man von Port Augusta in nordöstlicher Richtung, erreicht man nach 30 km über den Pichi Richi Paß den kleinen Ort *Quorn,* das Eingangstor zu den Flinders Ranges (zwischen April und Oktober verkehrt zwischen Woolshed Flad am Beginn der Berge und Quorn auch eine alte Dampfeisenbahn). In Quorn sind das Flinders Museum und die Art Gallery sehenswert, Ausflüge lohnen sich ins Richmond Valley mit den Waukerie Falls (südöstlich) und zur Warren Gorge, zur Buckaringa Gorge und zur Middle Gorge (nordwestlich). Auf dem Wege zur Kleinstadt Hawker (63 km nordöstlich) passiert man den *Death Rock* (alter Initiationsfelsen der Eingeborenen), die malerischen Ruinen der *Kanyaka Homestead* und die *Yourambulla Caves* mit Felsmalereien. Durch die im Frühling von unzähligen Wildblumen bedeckten Hills of Arkaba und das Valley of a Thousand Hills wird der 40 km nordöstlich gelegene *Wilpena Pound* erreicht, ein riesiges, 180 km² großes Oval, das von mehreren über 1000 m hohen Felsen umrahmt ist (Hotel). Von hier kann man Ausflüge in den nahen *Flinders Ranges National Park* mit großartigen Schluchten (Edowie Gorge, Bunyeroo Gorge), Tälern (Aroona Valley), den steilen Appealinna-Klippen und dem Sacred Canyon der Eingeborenen unternehmen. Einige Kilometer nordöstlich von Wilpena gabelt sich die Straße. Nach rechts führt eine Piste vorbei an der Chambers Gorge (Felszeichnungen am Mt. Chambers, Panoramablick bis zum Lake im Osten), der Wearing Gorge und der Moro Gorge nach Arkaroola (s. u.). Die Hauptstraße dagegen biegt nach links ab, passiert das einsame Erengunda Valley mit dem majestätischen, 1015 m hohen Patawarta Hill, den Great Wall of China (Felsformation), die Glass Gorge und die Parachilna Gorge (alte Ockerminen der Eingeborenen), um schließlich auf die Straße Port Augusta – Leigh Creek zu treffen. Von hier sind es 62 km zur ehemaligen Minenstadt *Beltana,* die im 19. Jh. wegen der vielen hier lebenden Moslems (zumeist Inder und Afghanen) die ›australische Türkei‹ genannt wurde. Einige Gebäude aus dieser Zeit stehen noch. Nach weiteren 40 km ist die Kohlenstadt *Leigh Creek* erreicht. Jährlich werden hier zwei Millionen Tonnen Kohle gefördert und in Port Augusta in Strom verwandelt.

Das 10 km von Leigh Creek entfernte *Arkaroola Sanctuary* gehört zu den ältesten geologischen Formationen der Erde (schätzungsweise 1,6 Milliarden Jahre alt). Die rötlichen, stark zerklüfteten Granitberge mit ihren steilen Spitzen werden von tiefen Schluchten durchbrochen. Hier findet man neben tiefen Wasserlöchern Ghost Gums, Wildblumen und zahlreiche Tiere, darunter Känguruhs, Wallabies, Euros, Wombats, Ameisenigel und 160 Vogelarten. Vom Ferienzentrum Arkaroola (Museum mit Fossilien und uralten Ningana-Steinen der Aborigines) kann man zu Fuß oder mit allradbetriebenen Fahrzeugen Ausflüge in eine der ursprünglichsten Landschaften des Kontinents unternehmen. Westlich des Arkaroola Village erheben sich die Gammon Ranges, die jüngst zum Nationalpark erklärt wurden. Besonders schön sind die Italowie Gorge, das Mainwater Pound (ein tiefes Wasserloch), der Bunyip Chasm (Kluft) und der Arcoona Bluff, von dem sich ein grandioser Rundblick bietet. In dem Parkgelände leben u. a. die seltenen gelbfüßigen Felsen-Wallabies. Unweit des Ferienzentrums lohnen ferner der Ochre Wall und der Steinwall Nooldoonooldoona einen Besuch. Nach einer Legende kam eines Tages die Riesenschlange Arkaroo aus ihrem Haus in den Gammon Ranges hinunter in die Ebene und trank den Lake Frome (im Osten) leer. Auf dem Rückweg rastete sie mehrmals und schuf dabei die Arkaroola Gorge mit ihren sieben Wasserlöchern. Um die Schlange daran zu hindern, erneut das kostbare Trinkwasser anzurühren, rollten die Eingeborenen bei Nooldoonooldoona riesige Steine vor das Yacki Waterhole und bauten so einen hohen, 1,6 km langen Steinwall. Es dürfte nach Ansicht einiger Archäologen zu den ältesten von Menschen geschaffenen Bauwerken gehören.

30 km südlich von Arkaroola befinden sich die alten Sandsteinminen der Judliaura bei *Wertaloona,* wo einst Mühlsteine gewonnen wurden. Wenige Kilometer nord-

östlich von Arkaroola kann man vom *Siller's Lookout* und vom *Mt. Painter* (790 m) weite Ausblicke über die Mondlandschaft der nördlichen Flinders Ranges bis hinüber zu den Salzseen und Wüsten im Nordosten genießen. Unterhalb des aus uranhaltigem Gestein bestehenden Mt. Painter liegt die Yudnamutana Gorge mit den vulkanischen Paralana Hot Springs, an denen früher die Eingeborenen ihre Initationsfeste feierten. Von Arkaroola kann man wieder nach Leigh Creek zurückkehren und von dort in nördlicher Richtung weiter nach Marree fahren.

Information: in Hawker Adnjamathanha Heritage Rangers (Tel. 72), in Adelaide Arkaroola Travel Centre (50 Pirie St.). **Unterkunft:** in Wilpena Pound *** Wilpena Motel, einfaches Oraparinna Block (Reservierung ratsam), in Arkaroola *** Mawson Lodge, Fauna House (teuer), Greenwood Lodge, Bunkhouse (eigenes Bettzeug mitbringen, preiswert) und Callana Cottages. Hotels ferner in Quorn, Hawker, Blinman und Leigh Creek. Campingplätze in allen genannten Orten (sehr schön der am Mt. Painter).

Nach Queensland und New South Wales

Marree und der Birdsville Track: *Marree* (3800 Einwohner), 644 km nördlich von Adelaide und 105 km von Leigh Creek, ist die letzte Siedlung vor dem 499 km langen Birdsville Track nach Queensland. Die ehemalige ›Ghan Town‹ liegt in einem flachen, trockenen Gebiet, in dem sich vereinzelte Dattelpalmen, Mulga- und Salzbüsche finden. Die wenigen Einwohner leben von der Versorgung der riesigen Schafstationen in der weiteren Umgebung. Ab 1872 entwickelte sich Marree zu einer der wichtigsten Karawansereien für die ›Camel Trains‹ der aus dem heutigen Nordwestpakistan (damals Britisch-Indien) stammenden Pathanen (die Australier nennen sie ›Afghans‹ oder ›Ghans‹). Mit ihren Dromedaren versorgten die

›Ghans‹ (darunter übrigens auch Usbeken, Tadjiken, Afridis und Turkmenen) die Siedlungen am Überland-Telegrafen Port Augusta–Darwin. Es herrschte damals strenge Rassentrennung. Die Weißen lebten westlich der Eisenbahn, wo es in zahlreichen Kneipen oft recht rauhbeinig zuging, im Osten befand sich rund um eine Moschee die Siedlung der ›Ghans‹, am Rande der Siedlung lagerten die australischen Eingeborenen. Aus der Glanzzeit des Ortes (der übrigens bis 1914 nach dem bayrischen Botaniker Hergolt verballhornt Hergott Springs hieß) sind nur die Reste der Moschee, einige Dattelpalmen-Haine und die Friedhöfe erhalten geblieben.

Von Marree kann man zwischen dem 14. und dem 31. 10. über den *Birdsville Track* nach Queensland fahren (allradgetriebenes Fahrzeug notwendig!). Entlang der Strecke gibt es keine Läden, nur eine Tankstelle und auf 100 km keinerlei Trinkwasser. Im 19. Jh. zogen über diesen Sandweg die ›Stockmen‹ (australische Cowboys) mit riesigen Rinderherden aus dem queensländischen Channel Country zur Bahnstation Hergott Springs. Von *Etadunna* (130 km nordöstlich von Marree) empfiehlt sich ein Abstecher zur einige Kilometer nordwestlich gelegenen *Kopperamanna Station* am Copper's Creek, dem jahrtausendelang wichtigsten australischen Umschlagszentrum für Pituri-Drogen, Steinäxte, Ockerfarben, Melo-Muscheln und Mühlsteine. Von hier aus führten Handelsstraßen u. a. zum Cape Jervis südlich von Adelaide, in die westaustralischen Kimberleys sowie über die Cape York-Halbinsel und die Torres Strait bis zum Sepik River im nördlichen Neuguinea. Nach der Legende reisten die Traumzeitvorfahren der einst hier lebenden Dieri, die Muramura, vom Spencer Gulf zum Golf von Carpentaria und zogen sich dort an einem Haarstrang in den Himmel. Heute stehen sie als Orion und Pleiaden am Firmament. Einer anderen Sage zufolge wurde der Copper's Creek in

der Traumzeit von der blinden Regenbogenschlange geschaffen, die nur bei Wind wanderte und sonst ruhte (das ist der Grund, warum der Bach mäandriert und warum es an einigen Stellen – den Rastplätzen der Schlange – tiefe Wasserlöcher gibt). Einige Kilometer westlich von Kopperamanna stehen die Ruinen der 1866 von Berliner Missionaren gegründeten lutherischen Siedlung *Bethesda*. Beiderseits des Birdsville Track sieht man zahlreiche Salzseen. Sie tragen so melodiöse Namen wie Lake Kanchiemlanie, Lake Colgoopiarie, Lake Koonoomoorinna und Lake Kittakittacooloo.

Von Etadunna geht es, vorbei an Berlin am Lake Howitt (120 km nördlich) und der Goyder's Lagoon, auf der nach starken Regenfällen zahlreiche Wasservögel rasten, in die *Sturt's Stony Desert*, eine Steinwüste, die größtenteils von einem Teppich aus ›Gibber Stones‹ bedeckt ist. Kurz vor der queensländischen Grenze stößt man dann auf den Beginn der über 145 000 km² großen *Arunta Desert* (auch Simpson Desert genannt), die von Südaustralien über Queensland bis ins Nord-Territorium reicht. Noch auf südaustralischem Gebiet liegt der 692 680 ha große *Simpson Desert Conservation Park*, wo zwischen 60 m hohen roten Längs- und Sicheldünen Wüstenmäuse sowie verwilderte Dromedare, Esel und Pferde (›Brumbies‹) leben. Nach Regenfällen blüht die Wüste, und man kann in ›Billabongs‹ (Teichen) Fische angeln. Im Sommer kommt es häufig zu heftigen Wirbelstürmen. Vor 15 Millionen Jahren war die Arunta noch ein subtropisches Paradies mit Wäldern und großen Meeren. 1982 fanden Zoologen hier sieben Tonnen Knochen von Krokodilen, gewaltigen Beutelwölfen, flügellosen Vögeln, pferdegroßen Tieren, Schildkröten, Flamingos und Delphinen. Mitten in der Wüste steht am ›Dreistaateneck‹ der *Poeppel's Peg*. Er erinnert an den deutschen Hauptvermesser Augustus Poeppel, der 1879 als erster Weißer einen Teil der Arunta durchquerte.

Verkehr: Dromedar-Safaris (12–18 Tage, ca. 2000 DM; Auskunft: Tourist Bureau in Adelaide). Tankstellen in Marree, Mugeramie, Birdsville. **Unterkunft:** in Marree Great Northern Hotel.

Der Strzelecki Track: An der Grenze zwischen Südaustralien und New South Wales erstreckt sich ein weiteres großes Wüstengebiet mit Salzseen, das vom Strzelecki Track durchquert wird. Man erreicht es von Leigh Creek via Arkaroola (vgl. S. 196), von Marree (s. o.) oder am besten von *Lyndhurst* (23 km nördlich von Leigh Creek). 230 km östlich von Lyndhurst liegt der ausgedehnte *Lake Callabonna,* wo man zahlreiche Knochen von heute ausgestorbenen Riesenkänguruhs, Genyoris-Vögeln und Diptrodoton-Sauriern fand. Ein Mythos der hiesigen Eingeborenen erzählt von den Traumzeit-Tieren Kadimakara, die beim Essen die drei Baumsäulen des Himmels zerstörten, so daß das Loch Pura Wipanina entstand, durch das der Sonnengott Yhi und der Mondgott Bahlu kriechen konnten. 20 km nordöstlich des Lake Callabonna beginnt der *Strzelecki Creek* mit seinen pittoresken Ghost Gums. In Tinga Tingana kann man nach links abbiegen und zum 139 km nördlich gelegenen Erdgas- und Erdölfeld von *Gidgealpa* und *Moomba* fahren (Pipelines nach Adelaide und Sydney). Von hier sind es 70 km in östlicher Richtung bis *Innamincka,* wo 1861 der Deutsche Ludwig Becker und die Australier Burke und Wills mit ihren Begleitern an Hunger und Durst starben.

Eine weitere Piste führt von Innamincka in nördlicher Richtung zu den vogelreichen *Coongie Lakes* (100 km). Nach Regenfällen bilden die Seen Marroocoolcannie, Marroocutchanie und Marradibbadibba ein zusammenhängendes Seengebiet. Bis vor 100 Jahren kamen in der Saison Hunderte von Eingeborenen mit Netzen und Fallen zum Fischen hierher, die Frauen sammelten Süßwassermuscheln. Riesige Muschelhaufen künden von den anschließenden Festen.

Verkehr: nur Privatwagen (Allradantrieb, auf 50 km keine Tankstelle) oder Safaris. 1 × wöchentlich Flug Adelaide – Innamincka – Birdsville und retour. **Unterkunft:** in Innamincka Copper Creek Motel.

Der Norden

Von Marree führt eine Piste durch Halbwüsten nach Oodnadatta (428 km) und weiter bis Alice Springs. Nach 100 km erreicht man den *Lake Eyre,* den größten Salzsee der Erde. Seine Ausdehnung schwankt je nach Regenfällen zwischen 8000 und 15000 km², allerdings führt er nur selten Wasser, da der Niederschlag (120 mm im Jahr) sehr schnell verdunstet. Einst befand sich hier ein subtropischer Wald (das geht sowohl aus uralten Legenden der Dieri-Eingeborenen als auch aus Untersuchungen von Geologen hervor. Mitte 1983 fand man hier u. a. die 15 Millionen Jahre alten Skelette zweier schafgroßer Beuteltiere). Bis vor 100 Jahren lebten in der heute nur dünn besiedelten Region (nur einige Schafstationen) verschiedene Eingeborenenvölker, die gegen Ende des 19. Jhs. in einer Reihe von Massakern niedergemetzelt wurden. Sehenswert: Madigan Gulf (1964 erzielte hier Donald Campbell mit seinem ›Bluebird Proteus‹ den Weltrekord im Speedboat-Fahren) und Elliott Price Conservation Park, wo winzige Beutelmäuse, Riesenkänguruhs, zahlreiche Vögel und die wie Urweltungeheuer aussehenden Dragon Lizards (Drachenechsen) leben. In der Nähe der nach Oodnadatta führenden Piste befinden sich die Seen Mirranpongapongunna, Warralillialillialillia und Cardivilla-warra-curra-currie-appa-larndoo.

Nordwestlich des Lake Eyre liegt inmitten einer ›Gibber Plain‹ die Siedlung *Oodnadatta.* Heute leben hier 230 Menschen, im 19. Jh., als der Ort als wichtiges Depot diente, waren es mehr als 1000. Nun biegt die Hauptpiste nach Westen zum 393 km entfernten Stuart Highway Adelaide – Alice Springs ab. Eine zweite Piste (nur mit Allradantrieb befahrbar) führt weiter in nördlicher Richtung über Finke (vgl. S. 248) nach Alice Springs. An letzterer liegt (110 km weiter) die *Dalhousie Homestead*. Hier und am *Mt. Dare* (90 km nördlich, an der Grenze des Nordterritoriums) gibt es Thermalquellen. In der Gegend lebten einst die Antakirinja, von denen die meisten im 19. Jh. am nahen Mt. Chandler von weißen Siedlern und Polizisten ermordet wurden.

Unterkunft: Transcontinental Hotel und Campingplatz in Oodnadatta.

Maralinga und die Opalfelder

Das Maralinga-Gebiet reicht von der westaustralischen Grenze bis zum Lake Eyre im Osten sowie bis zur Great Victoria Desert und dem Pitjantjara-Land im Norden. Ein großer Teil ist militärisches Sperrgebiet. Am östlichen Rand führt die Hauptstraße Adelaide – Alice Springs entlang. An ihr liegen die Opalfelder von Coober Pedy, etwas abseits die von Andamooka.

Von Port Augusta kommend, passiert man zunächst die kleinen Siedlungen Hesso und Bookaloo (78 km) und gelangt dann – vorbei an den Salzseen Lake Dutton, Permatty Lagoon (einst bauten hier die Eingeborenen schwarze Pigmentfarben ab) und Lake Windabout (am Ufer uralte Steinsetzungen der Kokata-Eingeborenen) – nach *Pimba* (am nahen Eucolo Creek Felszeichnungen). Von Pimba führt eine Piste in nordöstlicher Richtung zu den Opalfeldern von *Andamooka* (140 km), wo seit 1930 wertvolle schwarze Opale gefördert werden. Zum Schürfen benötigt man ein Miner's Right (auf den Feldern erhältlich). Bei Pimba, nördlich der Hauptstraße Adelaide – Alice Springs, wo sich

auch die Uranvorkommen von Mt. Gunson, Roxby Downs und Olympic Dam (schätzungsweise 1 Million Tonnen Reserven!) befinden, beginnt das 72000 km² große Raketenversuchsgelände von *Woomera*. Hier wurden 1946/47 zuerst erbeutete deutsche V-2-Raketen (am Mt. Eba), dann die Guided Projectile and Supersonic Pilotless Aircrafts der britischen Luftwaffe und im Oktober 1953 schließlich die britischen Atombomben Totem 1 und Totem 2 (bei Emu Junction) erprobt. Nur 170 km entfernt lagerten damals mehrere Gruppen von Pitjantjara. Nach Angaben von Eingeborenen starben viele von ihnen an den Folgen der radioaktiven Strahlung, andere seien erblindet. Offiziell wurde über die Angelegenheit bis heute Stillschweigen bewahrt. Ende November 1983 erhielten die südlichen Pitjantjara einen Teil ihres alten Landes (46000 km²) im Maralinga-Gebiet zurück.

Unterkunft: in Andamooka Opal Motel und Campingplatz.

Coober Pedy: Zwischen 1900 und 4000 Einwohner (starke Fluktuation), berühmtes Opalzentrum 640 km nordwestlich von Port Augusta. Die meisten der aus 65 Nationen stammenden Opalsucher (zumeist Kroaten, Griechen und Italiener) ›Maulwürfe des Glücks‹ genannt, leben wegen der hohen Temperaturen (bis 55 °C) und der häufigen Sandstürme in unterirdischen ›Dug Outs‹ inmitten einer unwirtlichen Wüstenlandschaft, wo außer niedrigem Mulga- und Mallee-Gebüsch und Spinifex-Gras kaum etwas gedeiht. Mit einem am Ort erhältlichen ›Precious Stones Prospecting Permit‹ (Miner's Right) für 50 DM im Jahr darf man auf dem 525 km² großen Gelände einen 50×50 m großen ›Claim‹ abstecken und dort nach Opalen ›noodeln‹ (und zwar mindestens 26 Stunden wöchentlich, sonst wird die Lizenz wieder eingezogen). Die Opaladern beginnen gewöhnlich in 20 m Tiefe. Wer sich in Coober Pedy für längere Zeit niederlassen und schürfen will, benötigt

Der Nordwesten

Opalgräber in Coober Pedy

Im äußersten Nordwesten Südaustraliens erstreckt sich zwischen den zerklüfteten Musgrave Ranges und den Mann Ranges eines der schönsten Wüstengebiete des Kontinents, dessen Berge Höhen bis zu 1491 m erreichen. Hier leben die 3000 Angehörigen der Pitjantjara. Sie sind in die Clans der Kurujulta, Maiulatara, Pibiri und Wirtjapakandja gegliedert; an ihrer Spitze steht der neunköpfige Anangu Pitjantjatjaraku bzw. Rat der Wati Wulka (Ältestenrat). Seit dem 4. November 1981 ist der südaustralische Teil ihres Nationalgebietes (102 000 km²) halbautonom. Das Nordterritorium und Westaustralien haben sich dagegen bisher geweigert, den in ihrem Gebiet lebenden Pitjantjara die gleichen Rechte zu gewähren. Die südaustralische Pitjantjara Land Rights Bill wurde nach dem Vorbild der kanadischen Autonomiegesetze für Indianer ausgearbeitet. Minengesellschaften, Politiker und die Mama Guranpa Company (eine christliche Gemeinschaft) versuchen allerdings, den Eingeborenen ihre Rechte streitig zu machen. Seitdem die Pitjantjara sich wieder als Herren auf eigenem Grund und Boden fühlen, sich von natürlicher Nahrung ernähren und wieder auf ihre eigenen Medizinmänner (›Ngankari‹) hören, sind Krankheiten bei ihnen seltener geworden.

Die wichtigsten Siedlungen der Pitjantjara sind Ernabella am Baron von Müller Creek, Fregon (Aparawatja), Mimili, Indulkana, Pipalyatjara, Wingellina, Amata und Kenmore Park. In vielen Höhlen finden sich ausgezeichnete Felsmalereien, die bei Zeremonien traditionsgemäß nachgemalt werden. Bei *Erliwanjuwangu* gibt es einen bezaubernden, von hohen Klippen umgebenen Felsenteich. Im südöstlichen Teil des Pitjantjara-Landes liegt das *Mintabie Opal Field*.

Verkehr: Bus und Bahn auf der Strecke Adelaide – Alice Springs bis Kulgera, von dort 7 km

als Startkapital wenigstens 15 000 DM. Dazu kommt das Geld zum Leben (extrem hohe Preise!). Mit Glück hat man nach einigen Jahren einen Gewinn von 5000 oder 6000 DM erzielt. Will man in Coober Pedy Steine von Händlern kaufen, sollte man vorher die Preise in Adelaide oder Sydney prüfen; oft liegen sie dort niedriger. Vorsicht ist insbesondere bei fliegenden Händlern angebracht, die oft minderwertige Steine zu hohen Preisen verkaufen. Außer den Opalläden lohnen die katholische Katakomben-Kirche, das unterirdische Schwimmbad und die ›Dug Outs‹ einen Besuch.

Verkehr: Opal Air fliegt Di und Do von Adelaide via Coober Pedy nach Alice Springs und Ayers Rock. Mehrere Veranstalter in Adelaide bieten Touren zu den Opalfeldern an. **Unterkunft:** Opal Inn, Radeka Motel (auch Jugendherberge), Stable Inn, The Desert Cave Motel, mehrere Campingplätze (unterirdisch).

bis Indulkana (Lokalbus oder Taxi). Opal Air fliegt Mo, Mi und Fr von Adelaide nach Amata und Di, Do via Indulkana nach Alice Springs. **Unterkunft:** Zelt mitnehmen!

Einreiseerlaubnis: Für einen Besuch des Pitjantjara-Territoriums benötigt man ein Permit des Anangu Pitjantjatjaraku (Büros in Adelaide und Alice Springs). Da über den Antrag der Ältestenrat entscheiden muß, sollte man sich schon von Europa aus an eines der beiden Büros wenden (Adressen in den jeweiligen Ortskapiteln). Allerdings werden Permits nur in Ausnahmefällen für wissenschaftlich interessierte Besucher ausgestellt, denn die Eingeborenen wollen – verständlicherweise – keine kameraschwingenden Touristen in ihrem Land.

Die Eyre-Halbinsel

Südwestlich von Port Augusta (vgl. S. 194) dehnt sich die Eyre-Halbinsel aus, eines der wichtigsten Weizenanbaugebiete Australiens, an dessen Küste es einige hervorragende Strände gibt. Zunächst fährt man auf dem Lincoln Highway in Richtung Süden, bis nach 24 km (bei Lincoln Gap) der Eyre Highway nach Westen abbiegt. Er führt quer durch die Halbinsel nach Ceduna (vgl. S. 202) und weiter nach Westaustralien. Stops lohnen sich in *Iron Knob* (44 km von der Kreuzung, Eisenerzbergbau) und *Kyancutta* (248 km weiter), wo im Museum ägyptische Keramik, eine Gutenberg-Bibel und Eingeborenenkunst zu sehen sind. 15 km nordwestlich des Ortes erhebt sich der Mt. Wudinna (274), einer der größten Felsen Australiens. Von Lincoln Gap sind es auf dem Lincoln Highway 51 km bis nach *Whyalla* (33 430 Einwohner), dem drittgrößten Eisen- und Stahlzentrum des Kontinents (Hochöfen, Werften und Maschinenfabriken, daneben auch große Salzwerke). In den nahen Middleback Ranges lagern noch 200 Milliarden Tonnen Erz. Weiter geht es nun über den kleinen Ort *Cowell* am Franklin

Harbour (sehenswert Jade-Fabrik, 22 km nördlich am Mt. Gerherty große Jade-Vorkommen) nach *Tumby Bay*. Vor der Küste zahlreiche kleine Inseln. 30 km südlich von Tumby lohnen die lutherische Kirche von *Poonindie* mit ihren zwei Schornsteinen und die Aboriginal Training School einen Besuch. Vor dem Ort liegen in der Louth Bay die Berlin Rocks, an denen im 19. Jh. ein deutsches Schiff strandete. Von Poonindie sind es 20 km bis Port Lincoln.

Unterkunft: in Whyalla **** Westlands Motor Inn, *** Spencer Hotel, ** Whyalla Hotel, in Iron Kob Hotel, in Cleve Cleve Motel, in Cowell Schultz House, in Tumby zwei Hotels. Campingplätze in allen genannten Orten.

Port Lincoln: 10 280 Einwohner, großer Fischereihafen (Thunfische, Haie), 266 km südlich von Whyalla an der Boston Bay. Bis vor 100 Jahren lebten in dem Gebiet die Pangkala, die kunstvolle hölzerne Fischfallen bauten (Reste sind noch heute zu sehen). Um 1800 ließen sich an der Bucht, die dreimal so groß ist wie die des Sydney Harbour, amerikanische und deutsche Walfänger nieder. Sehenswert sind das Old Cottage an der Dorset Place und das Mill Museum. Vor der Küste des ›Blue Fin Country‹ liegen zahlreiche kleine Inseln mit ausgezeichneten Stränden und steilen Klippen. Auf den Inseln *Thistle*, *Spilsby* und *Wedge* kann man Robinson spielen, an den nahen *Dangerous Reefs* wurde der Film ›Jaws‹ (›Der weiße Hai‹) gedreht. Südlich der Stadt erstreckt sich der *Lincoln National Park* mit einsamen Stränden, Buschland und Adlerhorsten, 32 km südwestlich der *Whaler's Way National Park* (Permit des Tourist Office erforderlich!) mit zwei Milliarden Jahren alten Felsen, der seltsamen Theastone's Crevasse (Felsspalte) und 120 m hohen Klippen. An der nahen Fishery Bay liegen die Ruinen der Sleaford Bay Whaling Station.

Verkehr: Autofähre ›Troubridge‹ mehrmals wöchentlich via Kingscote (Kangaroo Island) nach Adelaide. **Information:** Tourist Office,

Town Hall, Tasman Terrace; RAA-Autoclub, 15 Adelaide Place (Tel. 82 29 34). **Unterkunft:** *** Blue Seas Motel (7 Gloucester Terrace), ** Boston Hotel (King St.), ** Sorrento Motel (Lincoln Hwy.), * Pier Hotel (Tasman Terrace), einfache Boston House und Flint Stone Lodge. **Fest:** im Januar Tunarama Festival.

Zwischen Port Lincoln und Ceduna: Von Port Lincoln führt der Flinders Highway an der Westküste der Eyre-Halbinsel entlang bis nach Ceduna an der Hauptstraße Adelaide – Perth. 40 km westlich ragt die *Coffin Bay Peninsula* in den Indischen Ozean (einsame Strände, Fischereihafen). Vor der Küste der ›Sarg-Bucht‹ lauern weiße Haie. Vorbei an der *Dutton Bay* (guter Strand) gelangt man nach *Elliston* an der sandigen und klippenreichen Waterloo Bay (123 km nordwestlich). Die Bucht erhielt ihren Namen auf eine makabre Art und Weise: 1846 trieben weiße Polizisten und Siedler hier 260 eingeborene Männer, Frauen und Kinder über die Klippen ins Meer, nur zwei überlebten. Ein Beobachter bemerkte anschließend: »Hier fanden sie ihr Waterloo«. Vorbei an der *Waldegrave Island* mit ihren ausgezeichneten Stränden, hohen Klippen und salzigen Lagunen führt die Straße von Elliston weiter nach *Port Kenny* an der Venus Bay. In der Nähe liegen die Hafen Point Labatt (37 km westlich), hohe Klippen und ausgezeichnete Strände. Das nahe *Cape Bauer* erinnert an den deutschen Botaniker, der mit Matthew Flinders hier landete. Nach weiteren 120 km in nordwestlicher Richtung ist Ceduna erreicht.

Unterkunft: in Coffin Bay Windjammer House, in Elliston Elliston Hotel, in Port Kenny Hotel, in Streaky Bay Community Hotel. Campingplätze in allen vier Orten.

Die Nullarbor Plain

Nördlich der Great Australian Bight, zwischen Ceduna und der westaustralischen Grenze, dehnt sich ein großes Wüstengebiet aus, das als Nullarbor Plain bezeichnet wird (vom lateinischen ›nulla arbor‹ = baumlos). Baumlos ist allerdings nur der kleinere Teil dieser Region, deren alter Name ›Bunda Bunda‹ (viele Brunnen) wegen der zahlreichen, von unterirdischen Seen und Flußläufen gespeisten Wasserstellen eher paßt. Die eigentliche Nullarbor beginnt nördlich des Eyre Highway, der Port Augusta mit Norseman (Westaustralien) verbindet. (Die Straße ist seit einigen Jahren asphaltiert und ohne Schwierigkeiten befahrbar, allerdings sollte man ausreichende Benzin- und Wasservorräte mitnehmen, da es auf dem 1200 km langen Abschnitt zwischen Ceduna und Norseman nur wenige Tankstellen und – zudem teuere – Läden gibt und die Bewohner nur ungern Wasser abgeben.) Den Kernraum der Nullarbor erlebt man deshalb nur mit dem Zug. Neben dem berühmten ›Indian Pacific‹ und dem ›Trans-Australian‹ verkehrt hier der bis zu 500 m lange ›Tea and Sugar Train‹ (Zug No. 521), ein rollender Supermarkt mit Sonderwagen (für Ärzte, Geistliche, Friseur, Kino u. ä.), der die Streckenarbeiter in den kleinen Siedlungen versorgt.

Ceduna (2330 Einwohner), der letzte größere Ort vor Norseman, liegt an der sehr fischreichen und malerischen Denial Bay. Sehenswert sind der Fischereihafen Port Thevenard und die nahegelegene OTC Earth Station (Satellitenstation). Im Half Way Camp nordwestlich des Ortes leben 150 Eingeborene in einem erschreckenden Slum. 1982 wollte die Far West Aboriginal Progress Association hier moderne Häuser bauen, wurde jedoch vom weißen District Council of Murat Bay daran gehindert mit der Begründung, hier solle ein Naturschutzgebiet entstehen. Von Ceduna geht es über *Koonibba* (30 km, Eingeborenensiedlung) nach *Penong* (40 km weiter westlich), in dessen näherer Umgebung man den Pink Lake, den Blue Lake, die großen Gips- und Salzvorkommen am Lake Mac Donnell, die

Windmühlen des Cape Sinclair sowie die Strände und Klippen des Cape Brown besuchen kann. Die hinter hohen Dünen versteckte *Cactus Beach* gehört zu den besten Brandungsstränden Australiens. Von Penong führt der Highway weiter nach Bookabie (35 km). Von hier lohnt ein Abstecher zur 40 km südwestlich gelegenen *Fowlers Bay* (steile Klippen), von wo es wiederum 30 km bis zum Roadhouse von *Nundroo* am Eyre Highway sind. In Nundroo kann man einkaufen und tanken. 150 km nördlich liegt an der Piste nach Maralinga (vgl. S. 199) und an der Eisenbahnlinie Port Augusta – Perth der kleine Ort *Ooldea*. Hier lebte zwischen 1919 und 1935 Daisy Mary Batsea in einem Eingeborenenlager, das sie vor den Übergriffen ihrer weißen Landsleute schützte. Sie wurde deshalb von den Aborigines als ›Kabbarli‹ (Großmutter) verehrt. Von Nundroo führt der Eyre Highway in westlicher Richtung durch das große Eingeborenenreservat von *Yalata*. Bis 1976 wurden die hiesigen Ngalea, Pindini, Watikutjaratjukurupa und Wirangu von lutherischen Missionaren wie unmündige Kinder behandelt. Nach der Schließung der Mission sind die meisten Eingeborenen wieder zu ihren alten Göttern und Bräuchen zurückgekehrt. Ihre Holzschnitzereien (Tiere, Bumerangs) gehören zu den besten ihrer Art auf dem Fünften Kontinent. Von Yalata geht es weiter durch den *Nullarbor National Park* mit Dünen und Klip-

pen an der Küste und der baumlosen Wüste im Norden. Dies ist die einzige Stelle, wo der Eyre Highway die eigentliche Nullarbor durchquert.

100 km weiter beginnt das Land der unterirdischen Höhlen. Die bekannteste und interessanteste auf südaustralischem Gebiet ist die 800 m lange, 122 m breite und 76 m hohe *Koonalda Cave,* in der 22000 Jahre alte Felsmalereien und eine Speerspitzen-›Fabrik‹ aus derselben Zeit entdeckt wurden. 100 km weiter westlich liegt die *Warbla Cave,* in deren Nähe die westaustralische Grenze beginnt (Uhr 45 Minuten zurückstellen). Von Koonalda führt eine 150 km lange Piste (nur für allradbetriebene Fahrzeuge; genügend Vorräte mitnehmen, da es unterwegs keine Siedlungen gibt) in den 2 132 800 ha großen *Conservation Park* mit seinen roten Wanderdünen und Senken, in denen seltene Pflanzen gedeihen. Besonders interessant ist eine 300 m lange uralte Steinsetzung (Stone Arrangement), die in ostwestlicher Richtung verläuft. Möglicherweise handelt es sich dabei um eine astronomische Markierung. Auskunft und Permit beim National Parks und Wildlife Service, Adelaide.

Information: in Ceduna Tourist Office und Far West Aboriginal Progress Association. **Unterkunft:** in Ceduna *** Community Motel, *** Pine Grove Motel und * Community Hotel, in Nundroo Motel, Campingplätze in Ceduna, Nullarbor und Nundroo.

Westaustralien (Western Australia)

Allgemeines

Der westlichste und größte Staat des Commonwealth of Australia nimmt mit einer Fläche von 2 527 252 km² fast ein Drittel (32,88%) des Fünften Kontinents ein. Seine Ausdehnung von Nord nach Süd beträgt 2400 km, von Ost nach West 1600 km; Perth, die Staatshauptstadt, ist 2100 km von Melbourne und 2700 km von Sydney entfernt (das entspricht der Flugstrecke Madrid – Moskau). Bewohnt wird ›Westralia‹, wie die Bewohner es nennen, von nur 1 358 800 Menschen (7,5% der australischen Gesamtbevölkerung), von denen sich der größte Teil im Gebiet um Perth konzentriert. Der größte Teil des Landes ist dagegen fast unbesiedelt. Die durchschnittliche Bevölkerungsdichte liegt bei knapp 0,5 Einwohner pro km². Topographisch ist Westaustralien in drei Regionen gegliedert: in das Great Plateau, das 90% der Fläche einnimmt, die Küstenebenen (Coastal Plains) und die Bergländer (Scarplands). Das Plateau erreicht im Nordwesten Höhen bis zu 1200 m, ist aber zumeist nur zwischen 160 und 450 m hoch. Dank der 600 m hohen Darling Ranges östlich von Perth erhält die Küstenebene jährlich zwischen 500 und 1125 mm Niederschlag. Nur 480 km weiter östlich fällt dagegen im Jahr weniger als 250 mm Regen. Die großen Ebenen des Ostens sind sehr heiß und trocken und eignen sich nur in geringem Maße für eine intensive landwirtschaftliche Nutzung. Schaf- und Viehzucht herrschen vor.

Westaustralien ist sehr reich an wertvollen Mineralien. Im 19. Jh. wurden in erster Linie Goldvorkommen abgebaut, seit den 60er Jahren unseres Jahrhunderts auch riesige Lager an Kupfer, Eisenerz, Bauxit, Nickel, Erdgas und Erdöl. In jüngster Zeit entdeckte man in den Kimberleys gewaltige Vorkommen an Industriediamanten. Die wichtigsten Bergbaugebiete befinden sich in den Darling Downs bei Perth, rund um Kalgoorlie und in den Hamersley Ranges weiter im Norden. An der Küste bei Perth entstand das Industriezentrum Kwinana. Die Landwirtschaft bildet aber immer noch das Rückgrat der westaustralischen Wirtschaft. Neben der Schaf- und Viehzucht in den Trockengebieten und besonders in den Kimberleys im Nordwesten ist in erster Linie der Weizenanbau im ›Wheatbelt‹ zwischen Perth und Kalgoorlie sowie um Esperance im Südosten des Staates zu nennen. Westlich und südlich von Perth gedeihen Obst, Gemüse und Wein. Außerdem sind die Holz- und die Fischindustrie (Krabben, Hummer) für australische Verhältnisse bedeutend. Alle Projekte, den dünn besiedelten Norden durch den Bau von Bewässerungsanlagen landwirtschaftlich nutzbar zu machen und dort mehr Menschen anzusiedeln, sind bislang gescheitert.

In Westaustralien siedelten, wie in anderen Teilen des Kontinents, bis zur weißen Invasion verschiedene Eingeborenenvölker, von denen die Pibelmen im Südwesten mit 10 000 Angehörigen am zahlreichsten waren. Am Devil's Lair (südwestlich von Busselton unweit vom Margaret River) wurden die bisher ältesten menschlichen Spuren (38 000 Jahre alte Knochenwerkzeuge) auf dem australischen Kontinent gefunden. Die ersten

Europäer, die die westaustralische Küste sahen, waren im 16. Jh. Portugiesen (der Abrolhos-Archipel bei Geralton nördlich von Perth wurde von ihnen benannt). Ihnen folgten im 17. Jh. Holländer auf dem Wege nach Java. 1826 gründeten Engländer an der Südküste den Hafen von Albany (und zwar weil der Gouverneur von Sydney eine amerikanische oder französische Invasion befürchtete), die Siedlung mußte jedoch wegen des erbitterten Widerstandes der Eingeborenen bald wieder aufgegeben werden. 1827 erkundete Captain James Stirling den Swan River beim heutigen Perth, bald darauf entstand hier eine Kolonie. Der Geschäftsmann Thomas Peel verpflichtete sich, die Ansiedlung von 10 000 Engländern zu finanzieren, wegen schlechter Organisation und Mißwirtschaft kamen jedoch nur ganze 300. Bis zu den Goldfunden bei Hall's Creek und Kalgoorlie Anfang der 90er Jahre entwickelte sich die Kolonie nur langsam, Hunger, Mißernten und die Angriffe der Ureinwohner setzten den Siedlern sehr zu. Da der Zustrom freier Siedler bald nachließ, wurden bis 1868 Sträflinge nach Westaustralien gebracht. Erst 1890 erhielt Westaustralien den Status einer selbständigen Kolonie.

Als 1901 das Commonwealth of Australia gegründet wurde, verweigerte Westaustralien zunächst den Beitritt. Als Grund wurde die Vernachlässigung durch die Oststaaten und fehlende Landverbindungen in diese angegeben. Erst die Drohung der ›Digger‹ von den Goldfeldern Kalgoorlies, sich in einem solchen Falle Südaustralien anzuschließen, verhinderte die Abtrennung. Allerdings versuchte Westaustralien noch in den 30er Jahren, sich vom Commonwealth zu lösen; Großbritannien lehnte jedoch ab. Heute ist Westaustralien dank der Eisenbahn- und Straßenverbindung über die Nullarbor und dank der großen Mineralfunde enger an

Landschaft bei York

den Osten gerückt; es bildet inzwischen eine der wichtigsten Wirtschaftsregionen des Landes. In jüngster Zeit haben auch die Touristen die weiten Outback-Gebiete mit ihren farbenprächtigen Schluchten entdeckt. Bekannt ist Westaustralien für seine im Frühling blühenden 7000 Wildblumenarten. Touristisches Interesse verdienen ferner die Goldfelder von Kalgoorlie, die guten Surfstrände zwischen Esperance und Geralton, die Eisenerzvorkommen des Pilbara und die Kimberleys im Nordwesten.

Perth

948 000 Einwohner (1983), Hauptstadt des Staates Westaustralien, am Swan River, 19 km von dessen Mündung in den Indischen Ozean gelegen. In den letzten 20 Jahren hat sich die Stadt dank des westaustralischen Bergbaubooms von einem verschlafenen Nest, das durch die ›Tyranny of Distance‹ vom Osten des Kontinents isoliert war, zu einer modernen Großstadt entwickelt. Perth rühmt sich, das beste Klima aller australischen Großstädte zu besitzen.

Geschichte

Daß die Gegend um das heutige Perth schon lange bewohnt ist, beweisen 20 000 Jahre alte Felszeichnungen, die man jüngst in der nahen Orchestra Shell Cave fand. Der erste Europäer auf dem Swan River war 1696 der Holländer Willem de Vlamingh, der dem Fluß auch den Namen gab (wegen der vielen schwarzen Schwäne). 1827 ließen sich hier dann die ersten Weißen (Engländer) nieder. Zwei Jahre später gründeten sie den Ort Heirisson (dessen erster Gouverneur, James Stirling, ließ im Oktober 1834 im heutigen Vorort Pin-

jarra zahlreiche Eingeborene massakrieren). Bis Ende des 19. Jhs. vegetierte die Siedlung vor sich hin, dann brachte der Goldrausch von Coolgardie und Kalgoorlie die Wende. Der Ort, inzwischen in Perth umgetauft, wurde zur Stadt erklärt. Aber erst nach dem Zweiten Weltkrieg und besonders nach den Eisenerz- und Bauxitfunden in den Hamersley und Darling Ranges expandierte Perth zur modernen Großstadt. Heute bildet der Ort, der inzwischen die viertgrößte Stadt Australiens ist und sich sogar anschickt, Adelaide zu überrunden, das Zentrum einer bedeutenden Leicht- und Schwerindustrie (Chemikalien, Konserven, Metallverarbeitung); besonders im südlich von Fremantle (dem Hafen von Perth) gelegenen Kwinana entstanden zahlreiche Großbetriebe (Stahlwerke, Aluminium- und Nickelfabrik). Am vorgelagerten Cockburn Sound wurde eine große Marinebasis errichtet, die auch der amerikanischen Flotte zur Verfügung steht. Mitte 1982 machte Perth durch die Aufdeckung des ›Bottom-of-the-Harbour-Tax‹-Skandals (vgl. S. 54) weltweit Schlagzeilen.

Stadtgliederung und -besichtigung

Groß-Perth erstreckt sich beiderseits des Swan River zwischen dem Indischen Ozean im Westen und den bis zu 600 m hohen bewaldeten Darling Ranges im Osten. Die City liegt auf dem Nordufer des Flusses an der Melville Lagoon (Perth Water). Da das eigentliche Zentrum recht klein ist, kann man die hier befindlichen Sehenswürdigkeiten bequem zu Fuß besuchen. Einen guten Ausgangspunkt für einen Rundgang stellt die City Station dar, die durch eine S-Bahn mit dem 1,5 km weiter nordöstlich gelegenen Rail Terminal (Endstation der Züge aus Adelaide und Sydney) verbunden ist. Nördlich der City Station, in der Beaufort St., sieht man linker Hand die Art Gallery, die neben Bildern australischer Künstler auch

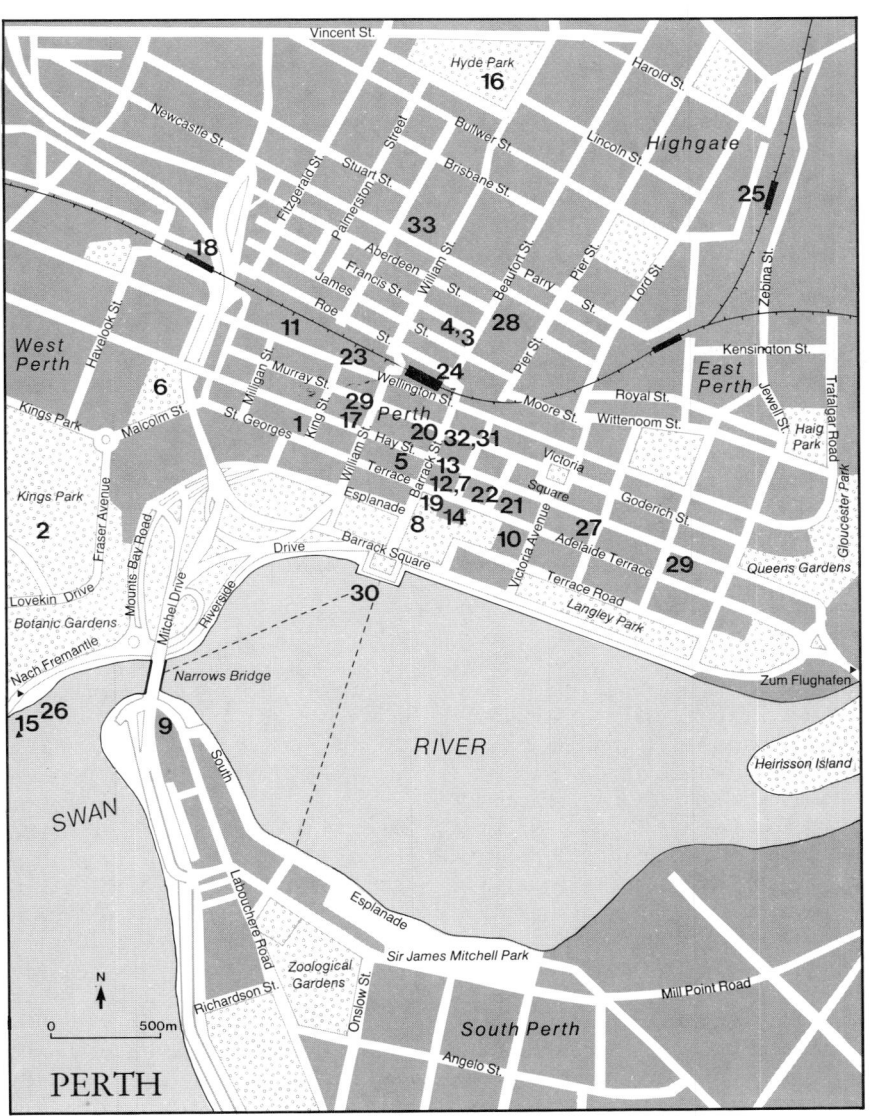

1 The Cloisters 2 King's Park 3 Art Gallery 4 Western Australian Museum 5 London Court 6 Parlament 7 The Deanery 8 Old Courthouse 9 Old Mill 10 Perth Concert Hall 11 Entertainment Centre 12 Treasury Building 13 Town Hall 14 Government House 15 Universität 16 Hyde Park 17 Fremdenverkehrsbüro 18 West Perth Railway Station 19 MTT-Businformation 20 Westrail Centre 21 Ansett-Terminal und Airlines of Western Australia 22 TAA-Terminal 23 Greyhound-Terminal 24 City Station (Vorortzüge und Züge innerhalb Westaustraliens) 25 Perth Terminal (Züge nach anderen Staaten) 26 National Parks Authority 27 Automobilclub 28 Hauptpost 29 Qantas 30 Fähren 31 Miss Maud Private Hotel 32 YMCA 33 Jugendherberge

Die Skyline von Perth

die deutsche Thyssen-Sammlung (Monet, Cézanne, Renoir, Picasso, Rembrandt, Van Gogh) beherbergt (geöffnet montags bis freitags 10.30–17 Uhr, samstags 9.30–17 Uhr, sonntags 14–17 Uhr, donnerstags 18–21 Uhr und feiertags 10.30–17 Uhr). An der nächsten Ecke (Francis St.) steht das *Western Australian Museum,* u. a. mit den bunten Acryll-Malereien der zentralaustralischen Pintubi-Eingeborenen (in der Aboriginal Gallery), einem 11 Tonnen schweren Meteoriten, einem 25 m langen Walskelett und Funden von gestrandeten holländischen Schiffen (geöffnet montags bis freitags 10.30–17 Uhr, samstags und feiertags 9.30–17 Uhr, sonntags 14–17 Uhr). Folgen Sie nun der Francis St. in westlicher Richtung, biegen Sie nach links in die Museum St. und an deren Ende in die James St. ein (nach links). Unweit der Kreuzung finden Sie linker Hand das *Perth Technical College* mit dem Centre for Aboriginal Studies. Von hier geht man die James St. weiter nach Westen, biegt in die William St. nach Süden ein und folgt ihrer

Verlängerung (Horse Shoe Bridge) über die Bahnlinie zur Wellington St. In westlicher Richtung erreicht man auf dieser nach 200 m das MTT-Bus Information Centre und die Perth Central Bus Station. 200 m weiter erhebt sich das neue *Perth Entertainment Centre* (8000 Plätze, Musik- und Theaterveranstaltungen). Südlich davon beginnt das *Geschäftsviertel* der Stadt, begrenzt durch die Murray St. im Norden, die King St. im Westen, die St. George's Terrace im Süden und die Pier St. im Osten. Auffallend sind die vielen Arkaden mit kleinen Läden, Cafés und Restaurants. Gleich südlich der Murray St. schließt Andy's Arcade an, die zur Hay St. mit dem *Government Travel Centre* führt (nach links gehen). Gehen Sie nun deren südliche Parallelstraße, die St. George's Terrace, 150 m in westlicher Richtung. Rechter Hand liegt der *Cloisters Square* (1858, Arkaden, ehemalige Jungenschule aus Ziegelsteinen), schräg gegenüber der Eingang zur Parmelia Arcade. Nun folgen wir der St. George's Terrace nach Osten. Rechts steht die *Old Perth Boy's School* (1854), 150 m weiter (gegenüber dem MTT Bus Information Centre an der Ecke William St.) der hohe Wolkenkratzer des *AMP Building* (von der Spitze Panoramablick). Über die William St. (100 m nach Norden gehen) gelangen wir zur *Hay Mall* (rechts), der Fußgängerzone, in die von beiden Seiten verschiedene Arkaden einmünden. Deren schönste (nach 200 m rechts) ist die *London Court Arcade,* die einer mittelalterlichen englischen Straße nachempfunden wurde (interessant vor allem die schmiedeeisernen Gitter, die Holzschnitzereien und die Kopie des Londoner Big Ben). Die London Court Arcade trifft im Süden wieder auf die St. George's Terrace, der wir in östlicher Richtung bis zur Ecke Barrack St. (100 m) folgen. Wir passieren das Gebäude des Perth City Council, das Government House und die Concert Hall. Südlich davon erstrecken sich die schönen *Stirling Gardens* und daran anschließend die *Supreme Court Gardens* (mittags Konzerte) mit dem Old Court House (altes Gericht). Am Südende des Parkgeländes liegen die alten *Botanical Gardens.* Überquert man nun den am Fluß verlaufenden Riverside Drive, gelangt man zum *Barrack Square,* wo die Swan River-Fähren u. a. nach Fremantle und zur Rottnest Island sowie zu den flußaufwärts gelegenen Weingütern fahren.

Ebenfalls mit der Fähre zu erreichen ist der jenseits des Flusses gelegene Vorort South Perth. Von der Anlegestelle sind es 500 m zu den *Zoological Gardens* (südöstlich) und 800 m zu dem Mühlenmuseum *Old Mill* (nordwestlich, über die South Perth Esplanade). Von dem Museum kann man über die Narrows Bridge zum Nordufer gehen und dort nach links in die Mounts Bay Road einbiegen. Rechter Hand beginnt ein großes Parkgelände. Zunächst durchquert man die *Botanic Gardens* mit dem Mt. Eliza und dem War Memorial, nördlich schließt der *King's Park* an, der schönste Park von Perth und einer der attraktivsten Australiens. Beson-

ders lohnt ein Besuch des Parks im Frühling (August bis November), wenn hier unzählige Wildblumen wie die roten und grünen Känguruhpfoten oder die blauen Leschenaultias blühen. Etwa 3 km südwestlich des King's Park (Busse auf dem nach North Fremantle führenden Stirling Highway), im Vorort Crawley, befindet sich inmitten ausgedehnter Gartenanlagen die *University of Western Australia* mit einem kleinen Strand am Swan River.

Die Umgebung von Perth

4 km nordwestlich der City breitet sich der große *Lake Monger* aus, ein Wasservogelparadies (Buslinien 90–92 von der St. George's Terrace). Von der westlichen Wellington St. im Zentrum gelangt man über die Charles St. und den Wanneroo Highway zum *Yanchep National Park* (52 km nordwestlich) mit seinen zahlreichen ›Blackboys‹ (Grasbäumen), Koalas und Känguruhs, seinen bis zu 81 m hohen Klippen und 60 Kalksteinhöhlen (in der Crystal Cave gibt es einen unterirdischen Fluß; die Yonderup Cave diente früher als Friedhof der Eingeborenen). Im Frühling (August – November) ist der Park ein Wildblumenparadies.

Näher an der Stadt (20 km westlich) finden sich ausgezeichnete Brandungsstrände. Die besten sind (von Nord nach Süd) *North Sorrento, Scarborough* (Bus No. 260), *City Beach* (Bus No. 84), *Swanbourne, North Cottesloe* (Bus No. 20, 72) und *Cottesloe* (Bus No. 72, 207).

Einen Ausflug lohnt auch die 18 km südwestlich der City an der Mündung des Swan River in den Indischen Ozean gelegene Hafenstadt *Fremantle* (Buslinien 101 und 103 ab St. George's Terrace oder Dampfer von der Barrack St. Jetty). Vom War Memorial Park an der Wanbourne St. (am Wasser) bietet sich ein hervorragender Ausblick auf die Owen Anchorage (besonders bei Sonnenuntergang). Von hier ist es nicht weit zur High St. mit dem zwölfecki-

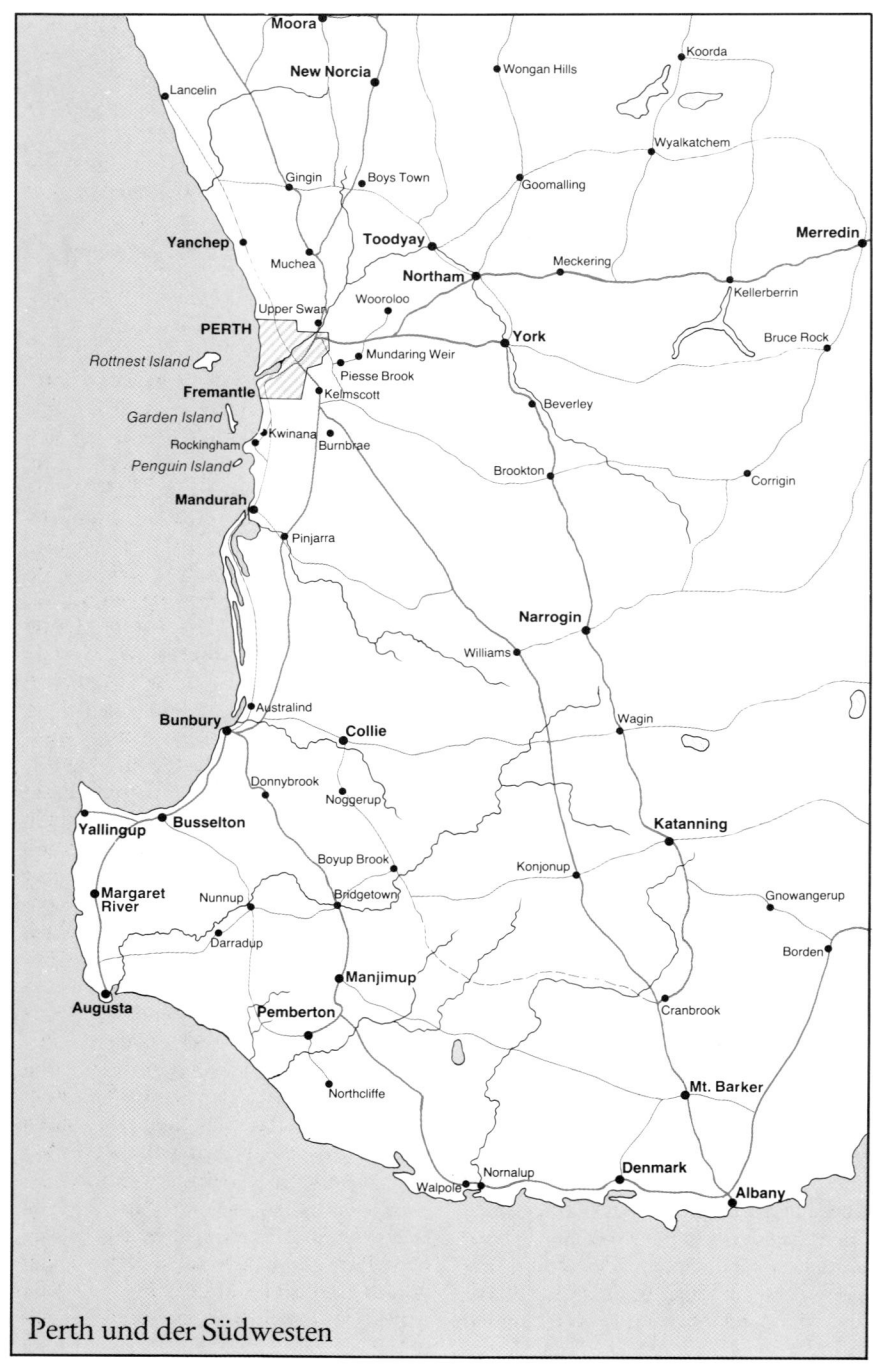

Perth und der Südwesten

gen Round House (1831, einst Gefängnis, heute Museum, samstags 13–16 Uhr und sonntags 11–16 Uhr zugänglich). Dicht dabei steht das Fremantle Gaol (1851, noch heute Gefängnis). Über die Cliff St. gelangt man nach 300 m zur Marine Terrace und Finnerty St. mit dem Fremantle Maritime Museum (geöffnet montags bis samstags 10.30–17 Uhr, sonntags 13–17 Uhr). In dem ehemaligen Irrenhaus sind u. a. holländische Wrackteile und eine portugiesische Kanone aus dem 16. Jh. zu sehen, die auf der Carronade Island/Kimberleys (vgl. S. 233) gefunden wurde. Wenige Schritte südlich des Museums finden sich der Fischmarkt und der Fishing Boat Harbour. Etwa 700 m nordöstlich davon (über die Marine Parade und die von ihr abzweigende Essex St. erreichbar) liegen die 100 Jahre alten Fremantle Markets (South Terrace) mit ihren mehr als 100 Ständen, wo Fisch, Gemüse und Schmuck verkauft werden (Marktzeiten: freitags, samstags 9–13 Uhr, sonntags 13–17 Uhr). Geht man die South Parade in westlicher Richtung, stößt man nach 300 m auf die Bannister St. mit dem Bannister Street Workshop (Kunsthandwerk).

Vor der Küste liegt die *Rottnest Island* (Flüge mit Skywest sowie Fähren von Perth und Fremantle; Besuch an Wochenenden wegen der vielen Touristen nicht empfehlenswert). Die 1930 ha große Insel besteht zum größten Teil aus Sand, Kalkstein und Salzseen, die höchste Erhebung erreicht gerade 21 m. Außer niedrigem Gebüsch, Zypressen, Ti Trees und hübschen Rottnest Daisies (Lace Flowers) wächst hier kaum etwas. Der Holländer Vlamingh benannte die Insel nach den von ihm irrtümlich für Ratten gehaltenen Quokkas-Wallabies. Von 1839 bis 1904 diente die Insel als Internierungslager für Eingeborene, seit 1917 gibt es eine CSIRO-Forschungsstation. Sehenswert sind The Quad (Zuchthaus), das Quokka Arms Hotel (einst Sommerresidenz des Gouverneurs) und die guten Strände.

25 km südlich von Fremantle sieht man linker Hand die großen Industrieanlagen von *Kwinana*. Einige Kilometer südlich wurde kürzlich die moderne Wohnsiedlung *Rockingham* mit ihren unterirdischen Fuß- und Radwegen angelegt. Vom Strand fahren Boote zur vorgelagerten *Penguin Island* (Pinguine). 35 km weiter südlich erreicht man den malerisch am Peel Inlet und dem Ozean gelegenen Badeort *Mandurah,* noch einmal 19 km südöstlich den kleinen Ort Pinjarra. In *Dwellingup* (24 km südöstlich, nahe dem South Dandalup Dam) findet jedes Jahr im Oktober ein Folkmusik-Festival statt. Von hier kann man Ausflüge in die sich östlich und nördlich erstreckenden Darling Ranges unternehmen. Über die Delpark Road, North Dandalup (20 km) und Armadale (42 km) geht es nun nach *Kelmscott* (29 km südlich von Perth), dessen Museum alte Möbel und eine ›gegen Mäuse, Ameisen und Fliegen geschützte‹ Küche ausgestellt hat. Bei genügend Zeit können Sie von Kelmscott aus noch die östlichen Randgebiete der Stadt besuchen. Biegt man nach rechts in den Brookton Highway ein, verläßt diesen bei Karragullen (12 km) und fährt auf der Canning Road nach Norden, so durchquert man einen der schönsten Teile der *Darling Ranges.* Vom 12 km entfernten Piesse Brook lohnt ein Abstecher zum *Mundaring Weir* (7 km östlich), einem Stausee, der über eine Pipeline das 290 km östlich gelegene Goldgräberzentrum Kalgoorlie mit Wasser versorgt. 35 km weiter im Norden liegt *Wooroloo* mit dem El Caballo Blance-(Bodeguero-)Gestüt, dessen andalusische und arabische Schimmel täglich (außer montags) Kunststücke vorführen (Bustouren von Perth). Fährt man von Wooroloo in nordwestlicher Richtung weiter, gelangt man nach 10 km auf den Toodyay Highway, der in südwestlicher Richtung nach Perth zurückführt (47 km). 16 km von der Kreuzung linker Hand der *John Forrest National Park* mit seinen Weingütern.

Verkehr

Ortsverkehr: *Busse* des Metropolitain Transport Trust (125 St. George's Terrace, Tel. 32 18 64) ab Perth Central Bus Station an der Wellington St. (beim neuen Hauptbahnhof). Kostenlose ›City Clipper‹ (täglich 7.30–18 Uhr, alle 10 Minuten). Der ›Red Clipper‹ bedient den Osten und Westen der Stadt, der ›Yellow Clipper‹ den Norden und Süden, der ›Blue Clipper‹ fährt Museen und Kunstgalerien an. Mit dem ›Round Robin‹-Ticket kann man täglich alle Busse, Bahnen und Fähren in einem Radius von 30 bzw. 45 km benutzen.

Fähren: Wellington Ferries von der Barrack St. nach South Perth; Swan River Ferry Cruises der MTT von September bis Mai (täglich außer samstags 14 Uhr) flußaufwärts; ›Lady Houghton‹ und ›River Queen‹ zu den Weingütern; ›Western Isle‹ täglich nach Fremantle (13.45 Uhr, zurück 16.45 Uhr); Rottnest Passenger Service (Tel. 3 25 60 33) ab Barrack St. täglich 8.30 Uhr zur Rottnest Island (1½ Std.). Von Fremantle (East St. Jetty) Fähren und Luftkissenboot ›Hydro Flite H 33‹ zur Rottnest Island. Überseeschiffe ab Sea Terminal, Victoria Quay, Fremantle.

Überlandverkehr: mit *Bussen* von Ansett-Pioneer (26 St. George's Terrace, Tel. 3 25 88 55), Greyhound (Barrack St.), Panther (Hay St., Tel. 3 21 91 88) und – am preisgünstigsten – Travel Mates (496 Newcastle St., West Perth, Tel. 3 28 91 00) in die Oststaaten (bis Adelaide 35 Std.); mit Across Australia Coachlines (94 Stirling St., Tel. 3 28 91 00) montags 7.30 Uhr (außer zwischen Dezember und März) nach Darwin via Geralton, Port Hedland und Kimberleys; mit Bussen der West Australian Government Railways (Terminal Summers St., Tel. 35 93 85) nach Orten in Westaustralien. Travel Mates (s. o.) unterhält auch eine Mitfahrzentrale (Share-a-Car-Service).

Eisenbahn: ab City Railway Station (Roe St., Tel. 3 21 86 24) Vorortzüge, Züge nach Armadale und Midland sowie ›Prospector‹ nach Kalgoorlie (täglich außer Sa). Ab neuem Terminal (East Perth, Summers St., Tel. 3 26 28 11; Zubringer-Vorortzüge der Midland Line von der City). Interstate-Verbindungen: mit dem ›Indian Pacific‹ Di (nur 8. 8. – 29. 5.), Do und So nach Pt. Pirie (dort Anschluß nach Adelaide) und Sydney (nach Adelaide 43 Std., nach Sydney 65 Std.), mit dem ›Trans Australian‹ Mo, Mi und Sa nach Adelaide (Anschluß nach Melbourne). Mit dem ›Westrail Pass‹ der Government Railways kann man 14 Tage oder einen Monat preiswert mit Bussen und Bahnen durch Westaustralien reisen.

Flugzeug: Perth International Airport 8 km nordöstlich (Bank nur bei Ankunft geöffnet). Skybus-Coach von und nach dem TAA-Terminal (St. George's Terrace gegenüber Perth City Council) sowie von den größeren City-Hotels (Mo bis Sa ab 6.30 Uhr alle 40 Min., So alle 45 Min.). Auslandsflüge nach Jakarta, Bali, Singapur, Kuala Lumpur, Hongkong, Johannesburg, Mauritius, Bombay; Inlandsflüge u. a. nach Adelaide, Melbourne, Brisbane, Canberra, Sydney und Alice Springs sowie zu zahlreichen Orten in Westaustralien.

Wichtige Adressen

Informationen: Western Australian Government Travel Centre, 772 Hay Street (Tel. 3 21 24 71), geöffnet Mo–Fr 8.30–17 Uhr, Sa 9–12 Uhr; Royal Automobile Club of West Australia, 228 Adelaide Terrace (Tel. 3 25 05 51); Immigration Department, 12 St. George's Terrace (Tel. 3 25 05 21); State Government Information Centre, 32 St. George's Terrace (Tel. 3 25 52 44); Department of Home Affairs, 125 St. George's Terrace (für Fahrten zu den Cocos-Inseln und zur Christmas Island); Perth City Council Information Centre, 27 St. Georg's Terrace (Tel. 23 03 11). Informationen über Eingeborene bei: Aboriginal Development Commission (ADC), 1st Floor, 8 Victoria Ave. (Tel. 3 25 83 99) oder Aboriginal Publications, 2 Irwin St.

Öffentliche Einrichtungen und Notadressen: Hauptpost Forrest Place/Wellington St. (Tel. 3 26 52 11), geöffnet Mo–Fr 8.30–17 Uhr, So 9–21 Uhr (Notdienst); Telegramme Tel. 0 15. Polizei: Hay St. East; Nachtapotheke: Craven's Pharmacy, Barrack und Hay St. (Tel. 3 25 43 75); Krankenhaus: Royal Perth Hospital, Wellington und Lord St. (Tel. 3 25 01 01); Travellers' Aid Society, Westrail Centre, West Parade, East Perth (Tel. 3 26 28 11); Notzahnarzt im Dental Hospital, 196 Goderich St. (Tel. 3 25 34 52).

Konsulate und ausländische Einrichtungen: Konsulat der Bundesrepublik Deutschland,

16 St. George's Terrace (Tel. 3 25 88 51); Rhein-Donau Club, 110 North Lake Road, Myaree.

Unterkunft

Klassifizierte Hotels: ***** Parmelia, Mill St.; ***** Sheraton Perth, 207 Adelaide Terrace; **** Gateway Inn, 10 Inwin St.; **** Riverside, 150 Mounts Bay Road; **** Transit Inn, 37 Pier St.; *** Motel Chateau Commodore, Victoria Ave.; *** Freeway, 55 Mill Point Road, South Perth; *** Highway Town House, 778 Hay St.; *** Mounts Bay Lodge, 166 Mounts Bay Road; ** Criterion, 560 Hay St.; * Charles, 509 Charles St., North Perth; * Wentworth, 109 William St./Ecke Murray St.

Einfache Hotels: Angelo Auto Lodge, 45 Angelo St., South Perth; Beaufort, 167 Beaufort St.; Beatty Lodge, 235 Vincent St., North Perth; Bohemia, 290 Murray St.; Brisbane, Brisbane St.; Britannia Private, 253 William St.; CWA House, 1174 Hay St. (nur weibliche Gäste); Carlton Hotel, 248 Hay St., East Perth. Travel Mates, 496 Newcastle St., West Perth, unterhalten sechs Billighotels.

Privatunterkünfte: über Miss Maud, 97 Murray St., Ron Grant, Mosman Park (Tel. 3 84 65 39); Bed and Breakfast Service, Tel. 2 91 80 93.

Jugendherbergen: YHA, 60 Newcastle St.; State Office, Perry Lakes Stadium, Wembley (Tel. 3 87 53 55); Marway Travel, 12 Victoria Ave. (Informationen); YMCA, 119 Murray St. (auch weibliche Gäste und Familien). In der Umgebung: Piesse Brock (30 km östlich), Mundaring Weir (45 km östlich), Toodyay (80 km nordöstlich), Guildford, Northam, York.

Camping: Burns Beach Caravan Park, 275 Burns Beach Road (29 km nördlich); Como Caravan Park, 4 Ednah St., Como (6 km südlich).

Essen und Unterhaltung

Restaurants: In Perth gibt es eine erstaunlich große Anzahl von Restaurants, die von europäischen Einwanderern betrieben werden. Die meisten von ihnen liegen ›North of the Line‹ (d. h. der Eisenbahn) an der William und der James Street.

Feste: Zwischen Ende Januar und März findet ein Festival of Arts statt, im Dezember ein Christmas Pageant (Umzug).

Der Süden

Zwischen Perth, dem Cape Leeuwin (Südwestspitze Australiens) und Esperance erstrecken sich fruchtbare Agrargebiete (Wein, Äpfel, Weizen) mit grandiosen Klippenlandschaften, ausgezeichneten Stränden, faszinierenden Höhlen und ausgedehnten Wäldern (u. a. Karri- und Jarrah-Eukalypten, die zu den höchsten Bäumen der Erde gehören). Man erreicht diese Region von Perth entweder über den South Western Highway, der am Westabhang der bewaldeten Darling Downs entlangführt, oder über die Old Coast Road via Fremantle und Mandurah (vgl. S. 211). Letztere durchquert den *Yalgorup National Park* mit seinen steilen Klippen, guten Stränden und Lagunen, um nach 140 km die kleine Siedlung *Australind* zu erreichen, wo einst der größte Hafen Westaustraliens entstehen sollte. Heute ist die einzige Sehenswürdigkeit die St. Nicholas Church, mit einer Fläche von nur 6 × 4,3 m eine der kleinsten Kirchen der Erde. 11 km südlich von Australind folgt am pittoresken Leschenault Inlet die Stadt *Bunbury*.

Unterkunft: in Bunbury *** Bussell Motor Hotel, * Highway Motor Hotel, einfaches Burlington Hotel und Jugendherberge (Upper Esplanade).

Im Walpole Nornalup National Park

Zwischen Bunburry und Pemberton:
Auf dem Bussel Highway geht es nun an
der Küste entlang nach *Busselton* an der
Georgraphe Bay (53 km südwestlich).
Sehenswert sind die St. Mary's Church
(1843), das Prospect Villa Museum, die
Busselton Jetty (mit 2 km der längste Seesteg Australiens) und die Moss Wood
Winery (Weinproben). Ab Busselton
lohnt ein Umweg entlang der Küste. Zunächst geht es, vorbei an verschiedenen
guten Stränden, zum 37 km westlich gelegenen *Cape Naturaliste* (Ausblick), dann
folgen am nach Süden verlaufenden Caves
Highway die *Ngilgi Caves* (8 km, Tropfsteinhöhle, Übernachtung im romantischen Caves House), die *Mammoth Cave*,
die *Lake Cave* (36 km, Tropfsteinhöhle)
sowie der *Devil's Lair* (38 000 Jahre alte
Fundstätte). Durch den *Leeuwin Naturaliste National Park* sind es von hier 43 km
bis nach *Augusta*, einem kleinen, um die
Mitte des 19. Jhs. angelegten Hafen an der
Flinders Bay. Sehenswert sind das verstei-
nerte Water Wheel, das Cape Leeuwin

(Leuchtturm; phantastischer Blick) und
die *Jewel Cave* (8 km nordöstlich; angeblich längster Stalagtit der Erde, vier hauch-
dünne ›Straw Stalagtites‹, 9 m hoher ›ge-
frorener Wasserfall‹). Von Augusta fahren
wir über den Brockman Highway (15 km
nördlich) und die Stewart Road (zweigt
von ersterem nach 42 km rechts ab) auf
den bei Busselton beginnenden Vasse
Highway, dem wir nach Süden folgen.
Rechts und links der Straße dehnen sich
große Wälder und Nationalparks aus, darunter der *Beedelup* und der *Warren National Park* mit bis zu 93 m hohen Karry-
Eukalypten. Nach 41 km ist *Pemberton*
erreicht. Vom nahen Gloucester Tree, den
man über eine 153stufige Leiter bis zu
einer Höhe von 64 m besteigen kann, bietet sich ein herrlicher Blick über das ›King-
dom of the Karris‹, das Reich der Riesen-
bäume. Sehenswert sind außerdem die
Trout Hatcheries (Forellenzucht). 50 km
südöstlich von Pemberton liegt am Indischen Ozean der pittoreske *Windy Harbour* mit dem D'Entrecasteaux-National

Park, steilen Klippen und hervorragenden Stränden.

Information: Tourist Bureaus in Busselton und Augusta. **Unterkunft:** in Busselton ** The Geographe Motel, * Commercial Hotel und Jugendherberge (Quindalup, 20 km östlich), in Yallingup Margaret River Caves Hotel, in Pemberton Gloucester Motel, in Augusta Leeuwin Motel und Jugendherberge. Campingplätze in allen genannten Orten, Hütten am Windy Harbour.

Zwischen Bunbury und Albany: Über Donnybrook (40 km südöstlich) fährt man durch Apfelplantagen nach *Bridgetown* (57 km; große Forellenzucht, im Blackwood River Angelmöglichkeiten). In der Nähe von *Manjimup* (35 km weiter) steht der 51 m hohe Diamond Tree Fire Lookout, von dessen Spitze man einen großartigen Weitblick auf die umliegenden ausgedehnten Waldgebiete hat. In Manjimup können Sie das Timber Museum und das etwas außerhalb gelegene Fonty's Pool (schöner Garten) besichtigen. Weiter nach Albany geht es nun entweder über den Muir Highway und die Wildblumengebiete des Mt. Barker (161 km südöstlich, s. u.) oder über den South Western Highway und das an einer pittoresken Bucht gelegene *Walpole* (119 km). Bei Walpole beginnt eine der schönsten Küstenlandschaften Australiens, die zum Teil vom *Walpole Nornalup National Park* eingenommen wird (grüne Wälder, blaue Seen mit Pelikanen und Schwarzen Schwänen, herrliche Strände). 9 km östlich des Ortes lohnt ein Abstecher zum *Valley of the Giants* (einige Kilometer nördlich) mit seinen 60 m hohen und bis zu 500 Jahre alten Bäumen (der Giant Tingle Tree ist 46 m hoch und hat einen Umfang von 22 m). Im nahen *Nornalup* mündet der *Frankland River,* den man mit Kanus befahren kann. Bis zum 121 km entfernten Albany reiht sich eine Bucht an die andere. Kurz vor *Denmark* liegt rechter Hand ein ›Petrified Forest‹ (versteinerter Wald), 9 km südlich des Ortes erstreckt sich die großartige Ocean Beach (hohe Brandung). Im Winiston House von Denmark ist ein Bett von Maria Stuart zu bewundern. Nun führt der Highway am *Wilson Inlet* (malerische Bucht) entlang über *Bornholm* (schönes Vorland mit steilen Klippen am Knapp Head und am Torbay Head) nach Albany (53 km östlich von Denmark).

Unterkunft: in Nornalup Jesmond Dene Motel, in Denmark Hillside Motel und Jugendherberge, kleine Hotels in Bridgetown, Nannup und Manjimup.

Albany: 13 691 Einwohner, Hafenstadt am malerischen King Georg's Sound, 1826 als erste weiße Siedlung Westaustraliens gegründet (bis 1832 ›Frederickstown‹ genannt). Um 1840 war Albany mit seinem ausgezeichneten Tiefwasserhafen ein wichtiger Stützpunkt der Walfänger, Ende des 19. Jhs. diente es als Kohlenbunkerstation auf dem Weg von und nach Indien. Heute ist Albany Versorgungszentrum für ein fruchtbares Hinterland und Ausgangspunkt für Fahrten in die Wildblumengebiete der Stirling Range und der Porongurups.

Den besten Überblick über die Stadt hat man vom Mt. Clarence (164 m). Sehenswert: die St. John's Church (1848), das Museum und die Replik der Bark ›Amity‹, die im 19. Jh. die ersten Siedler brachte, weiter die Old Farm auf dem Strawberry Hill (1831). Der nahe Middleton Beach gehört zu den besten Stränden an der Südküste.

Umgebung: Vorbei am Princess Royal Harbour gelangt man in den südlich gelegenen *Torndirrup National Park* mit seinen zerklüfteten Felsen (im Frühling blühen hier zahllose Wildblumen). 50 km östlich von Albany liegt die *Bald Island* mit einer Kolonie der seltenen Quokka-Wallabies (Bootsausflüge). Vom 48 km nördlich gelegenen *Mt. Barker* (Fernsehturm, hübsche Werburgh's Farm mit Kapelle, Gold Battery und Weingütern) kann man die Wildblumengebiete der *Porongurups* (29 km östlich) und der *Stirling*

Bizarre Gesteinsformationen an dem eindrucksvollen Küstenabschnitt südlich von Albany

Range (35 km nordöstlich; Nationalpark) besuchen. Letztere ist eine spektakuläre Ansammlung von bunten Bergspitzen.

Vom Bluff Knoll (1110 m) bietet sich besonders bei Sonnenuntergang ein herrlicher Weitblick. Am Toolbrunup gedeihen die schönsten Wildblumen, darunter die nur hier vorkommenden Mountain Bells. Von Mt. Barker führt der Albany Highway über Kojonup (103 km, Reitzentrum) nach Perth.

Information: Albany Travel Centre, York St. **Unterkunft:** in Albany ** Esplanade Motor Hotel (Middleton Beach Road), ** Tourist Motor Hotel (Albany Highway), einfache Ace Motel (314 Albany Highway) und Young House (12 Young St.), Jugendherberge (seit 1982); in Mt. Barker Park Hotel, in den Porongurups Karri Bank Motel. Campingplätze u. a. in Mt. Barker und am Bluff Knoll (Stirling Range), dort auch Jugendherberge.

Zwischen Albany und Esperance: Von Albany führt der South Coast Highway in nordöstlicher Richtung weiter nach Esperance. Hinter Jerramungup beginnt der einsame *Fitzgerald River National Park,* zwischen September und April ein Blütenmeer, in dem viele Honigesser (Vögel) und

Honig-Possums (Beuteltiere) anzutreffen sind. Im Südteil des Parks gibt es hohe Dünen. 116 km von Jerramungup erreicht man die Kleinstadt *Ravensthorpe* (Pisten durch endlose Sand- und Steinwüstenlandschaften zum Frank Hann National Park und zum Peak Charles Nationalpark). 50 km südlich liegen bei *Hopetown* zwischen weißen Dünen hervorragende Strände. 50 km östlich kreuzt der am Bedford Harbour beginnende, 1850 km lange *Kaninchenzaun*, der bis nach Port Hedland führt (er wurde errichtet, um die Kaninchenplage einzudämmen; der Versuch schlug allerdings fehl). Vorbei am 100 km weiter östlich gelegenen *Stokes National Park* am Stokes Inlet (Dünen, Strände, Wildblumen) gelangt man nach Esperance (weitere 80 km).

Unterkunft: in Bremer Bay Caravan Park und Youth Camp, in Ravensthorpe und Hopetown Campingplätze.

Esperance: 5262 Einwohner, Zentrum eines der besten Weizen- und Rinderzuchtgebiete Australiens, 725 km südöstlich von Perth an einer wilden, einsamen Küste gelegen. 1627 kamen Holländer und 1792 Franzosen an die hiesige Küste, 1866 ließen sich die ersten Engländer nieder. Als man vor 100 Jahren bei Kalgoorlie Gold fand, wurde Esperance wegen seiner günstigen Lage das ›Tor zum Reichtum‹, nach der Fertigstellung der Bahnlinie Perth–Kalgoorlie jedoch versank die Stadt wieder in einen Dornröschenschlaf. Ab 1954 gelang es dann mit Hilfe amerikanischer Wissenschaftler und Investitionen, die umliegende Halbwüste in ein fruchtbares Ackerland zu verwandeln, das heute das wichtigste Weizenanbaugebiet Westaustraliens darstellt. Daneben ist Esperance ein bedeutender Hafen für den Export von Schafen in die Nahen Osten.

Sehenswert: auf der berühmten Orléans Farm Homestead (einige Kilometer östlich), wo dunkelrote texanische Santa Gertrudis-Rinder gezüchtet werden, finden in einer riesigen unterirdischen Halle regelmäßig Viehauktionen statt. Bekannte Kunstgalerie. Einige Kilometer nördlich des Ortes liegt der *Pink Lake,* der zu 98% aus Salz besteht. Vor der Küste leben auf den Inseln des *Archipelago of the Recherche* Seelöwen, außerdem gibt es dort hervorragende Strände (Boote von Esperance). Südlich der Esperance Bay befindet sich ein gewaltiger, untermeerischer Canyon (3200 m breit und 4170 m tief eingeschnitten). Ausflüge lohnen auch die etwas weiter östlich gelegenen Nationalparks am *Cape Le Grande* (Ausblick vom Frenchman's Peak, viele Felsen-Wallabies und Honig-Possums; im Frühling Wildblumenparadies), an der 88 km entfernten *Duke of Orléans Bay* (steile Klippen, weiße Dünen), am *Cape Arid* (großartige Klippen, Ausblick vom Mt. Raggard), an der *Mississippi Bay* (377 m hohe Klippen) und an der *Israelite Bay.* Die Klippen- und Dünenlandschaft setzt sich von dort bis nach Ceduna (Südaustralien) fort. Eine der schönsten und wildesten Küstenabschnitte dieser Region ist der anschließende *Wylie Scarp.*

Information: Tourist Bureau, Andrew St. **Unterkunft:** *** Pier Hotel (The Esplanade), ** Esperance Motor Hotel (Andrew St.), Bayview Motel (Dempster St.), Huon House (5 The Esplanade), einfaches Nobards Private Hotel (85 Pink Lake Road), Jugendherberge (YHA, Goldfields Road), Camping in Esperance und an der Duke of Orléans Bay.

Die Goldgräbersiedlungen und die Nullarbor

Routen zu den Goldfeldern

Von Perth nach Kalgoorlie: Im Osten Westaustraliens liegen die berühmten Goldfelder von Kalgoorlie und Coolgardie. Man erreicht sie von Perth über den Great Eastern Highway, der zunächst die Darling Downs und die ›Wheatlands‹ um *Merredin* durchquert. Von der Straße Mer-

redin – Albany zweigt auf halbem Wege
(bei Kondinin, 127 km) eine Nebenstraße
zum 60 km östlich gelegenen Ort *Hyden*
ab. In Umkreis von 50 km stehen dort
mehrere spektakuläre Felsformationen,
darunter als bemerkenswertester der 15 m
hohe, farbige Granitfelsen Wave Rock,
der wie eine gewaltige Meereswoge aussieht. In den nördlich davon gelegenen
Boates Caves kann man Handabdrücke
von ›Mulga dem Schrecklichen‹ sehen.
Nach einer Legende der Njaki Njaki war
Mulga ein uneheliches, schielendes und
böses Kind, das von Menschenfleisch lebte.
Als er eines Tages seine Mutter umbringen
und verzehren wollte, wurde er von seinem Volk getötet. Von Hyden führt eine
270 km lange Sandpiste durch eine Halbwüstenlandschaft mit Salzseen nach Norseman (weder Siedlungen noch Tankstellen). Nun wenden wir uns wieder der
Strecke Merredin – Kalgoorlie zu. 108 km
weiter ist *Southern Cross* erreicht, das Versorgungszentrum für ein ausgedehntes
Weizen- und Rinderzuchtgebiet. 50 km
nordwestlich liegen die Baby Queen- und
die Golden Valley-Goldminen. In der
Koolyanobbing Range (57 km nordöstlich) werden große Eisenvorkommen abgebaut.

Die karge Nullarbor Plain

Unterkunft: Hotels in Merredin, Southern
Cross und Hyden; Camping an allen genannten
Orten, u. a. auch am Wave Rock.

Esperance – Norseman – Nullarbor:
Von Esperance nach Kalgoorlie sind es
über den Esperance und den Coolgardie
Highway 373 km. In *Norseman* (204 km
nördlich) erhebt sich der weithin sicht-
bare, 40 m hohe Battery Hill, eine Schutt-
Pyramide, in der Gold im Werte von
13 Millionen A$ verborgen sein soll. Der
Abbau lohnt sich jedoch wegen der hohen
Kosten nicht (bei Widgiemooltha, 78 km
nördlich, wird in der Wanaway Mine
noch heute Gold gefördert).

An der in Norseman abzweigenden
Straße nach Südaustralien liegen ebenfalls
mehrere interessante Orte. Einige Kilometer von Balladonia (193 km von Norseman) erheben sich die *Afghan Rocks,* wo
sich 1894 pathanische bzw. afghanische
Dromedartreiber gegen die Angriffe weißer Goldgräber wehrten. Über Caiguna
(183 km) gelangt man von Balladonia nach
Cocklebiddy (68 km), wo das Mullamullag-
Höhlensystem beginnt, das größte unterirdische der Welt. Von *Madura* (93 km
weiter) hat man einen weiten Blick über
die Dünenlandschaft an der Great Australian Bight. In der Nähe gibt es viele
›Gnamma Holes‹ (von den Eingeborenen
angelegte uralte Wasserlöcher). Der nächste Ort (102 km östlich) ist *Eucla,* im 19. Jh.
eine der wichtigsten Telegrafenstationen
zwischen Süd- und Westaustralien. Heute
ist sie halb von Wanderdünen bedeckt.
Vom *Eucla Pass* großartiger Ausblick.
12 km weiter beginnt Südaustralien (Uhr
45 Minuten vorstellen). Ein Wegweiser erinnert daran, daß es von hier u. a. 16 020 km
nach Berlin sind. Nördlich von Eucla lie-

wilderte Dromedare, Ziegen und Warrigals (wilde Hunde) an die Tränke. Von der Quelle kann man auf einer zweiten Piste über *Cundeelee* (Eingeborenensiedlung) nach Kalgoorlie fahren.

Unterkunft: in Norseman Eyre Motel und Norseman Hotel, außerdem kleinere Hotels und Motels in Balladonia, Caiguma, Cocklebiddy, Madura, Mundrabilla und Eucla, Campingplätze an allen genannten Orten.

Eastern Goldfields

Rund um Kalgoorlie erstrecken sich die ›Eastern Goldfields‹. Die Zeiten, als an jeder Straßenecke Kneipen standen und die Straßen mit Pferde-, Ochsen- und Dromedarkarren vollgestopft waren, sind zwar lange vorbei, der Besucher kann aber auch heute noch etwas von der alten Atmosphäre spüren. Nach wie vor trifft man hier Prospektoren mit Sieb oder Metalldetektor (man kann diese Goldgräber-Utensilien in Kalgoorlie oder Coolgardie kaufen; außerdem benötigt man zum ›Diggen‹ ein Miners' Right vom Mines Department). Eingangstor zu den Goldfeldern ist Coolgardie, größte Stadt Kalgoorlie.

Coolgardie: 950 Einwohner, berühmteste ›Living Ghost Town‹ Australiens, 39 km westlich von Kalgoorlie, 188 km östlich von Southern Cross und 169 km nördlich von Norseman. Auf der ›Golden Mile‹ von Coolgardie wurden ab 1892 fast 1000 Tonnen Gold gefunden. Um die Jahrhundertwende lebten in der ›Queen of the Goldfields‹ 45 000 Menschen, es gab 23 Hotels, drei Brauereien, sechs Banken, zwei Börsen und sieben Zeitungen. Sehenswert sind besonders das Aboriginal Arts Museum (Eingeborenenkunst), das Prior's Museum (Freilichtmuseum), das Railway Station Museum, der Friedhof (u. a. mit moslemischen Grabsteinen), die Camel Farm (im September Dromedarrennen) sowie zahlreiche gut restaurierte

gen die 380 m lange, 58 m breite und 54 m hohe Abrakurrie Cave und die 400 m lange Weebubbie Cave (in letzterer 45 m tiefer See). Über eine Sandpiste gelangt man von Eucla nach Reid (105 km) an der Trans Australia Railway.

Entlang der Trans Australia Railway (Reid – Kalgoorlie): Zwischen *Nurina* (Westaustralien) und Watson (Südaustralien) geht es auf 478 km schnurgerade durch die Nullarbor Plain (vgl. S. 202). Es handelt sich hierbei um die längste kurvenlose Strecke der Erde. Westlich von Nurina liegt *Rawlinna*, wo im Juli 1979 ein 1,8 m langer Zylinder der Skylab-Weltraumstation abstürzte. Von der Bahnstation Zanthus weiter westlich führt eine 50 km lange Piste zur idyllischen *Queen Victoria Spring* am Streich Mound. Zwischen dichter Vegetation leben hier Habichte, Papageien und bis zu 1,80 m lange Perentis-Eidechsen. Abends kommen ver-

Gebäude. Beste Besuchszeit: September bis Mai (in den übrigen Monaten Hitzewellen mit 50 oder mehr °C).

Information: Tourist Bureau. **Unterkunft:** Coolgardie Motel, Denver City Motel, Safari Village, Jugendherberge (Karalee Hostel, 56 Gnarlbine Road), Camping.

Kalgoorlie: 20 000 Einwohner, einst ›reichste Quadratmeile der Erde‹ mit überaus ergiebigen Seifengoldlagern. Heute kommen Scharen von Touristen hierher, die wissen möchten, wo der ›ehrliche, bärtige und kleine‹ Paddy Hannona aus Irland am 15. 6. 1893 sein Glück machte und den Goldrush startete. Sein Goldfund rettete damals die bankrotte Kolonie Westaustraliens vor dem Ruin. Bald lebten in Kalgoorlie mehr als 30 000 Menschen, es gab 93 Hotels, acht Brauereien und mehrere Zeitungen, in kurzer Zeit wurden auf der ›Golden Mile‹ zwischen der Stadt und dem Vorort Boulder mehr als 1000 Tonnen Gold gefördert. Noch heute liefert Kalgoorlie 70% des australischen Goldes, die meisten Einwohner leben allerdings inzwischen vom ›Golden Fleece‹ (500 000 Merinoschafe weiden in der Umgebung) und den ›Golden Geese‹ (den Touristen, die durch horrende Preise geschröpft werden). Im September 1982 machte Kalgoorlie Schlagzeilen, als die Polizei am Vorabend des in ganz Australien bekannten Kalgoorlie Cup (Pferderennen) eine Spielhölle stürmte und 63 Gäste festnahm.

Sehenswert: Neben dem Golden Mile Museum und der Town Hall (schöne Decken und Treppen) sollte man sich vor allem die Hainault Gold Mine in Boulder (5 km östlich) ansehen, wo in 61 m Tiefe (die Mine ist 1000 m tief) ein Museum ausführliche Erläuterungen über den Goldbergbau gibt (täglich um 10.30, 13, 14.30 und 15.45 Uhr Touren). Der ›Boulder Block‹ mit seinen zahlreichen Tag und Nacht geöffneten Pubs galt einst als ›Dirty Acre‹ der Stadt.

Umgebung: Am Red Hill bei *Kambalda* (60 km südlich) werden die viertgrößten Nickelvorkommen der Erde und Gold ab-

Goldmine in Kalgoorlie

gebaut (Besichtigung möglich). Rund um Kalgoorlie liegen zahlreiche verlassene Schächte und verfallene Geisterstädte wie Paddington, Broad Arrow, Ora Banda und Kununalling.

Information: Tourist Bureau (Hannan St.); RAC-Autoclub (Porter St.), Aboriginal Development Commission (Porter St.); Amalgamated Prospectors' Association (Maritana St., Auskunft über Goldfelder). **Unterkunft:** *** Tower Motor Hotel (Bourke St.), * Palace Hotel (Hannan St.), einfache Criterion Hotel (123 Hannan St.), Nullarbor Guest House (300 Hannan St.) und Railway Hotel (Wilson St.), außerdem ein Hotel in Kambalda. Camping Golden Village (Hay St.).

Zwischen Kalgoorlie und Alice Springs:
Von Kalgoorlie führt eine der abenteuerlichsten und schönsten Wüstenpisten des Landes nach Alice Springs (1600 km, weder Läden noch Tankstellen; allradgetriebenes Fahrzeug erforderlich). Für die Durchquerung der Eingeborenensiedlungen benötigt man allerdings ein Permit (Auskunft beim Verkehrsbüro oder der Aboriginal Development Commission, Perth und Kalgoorlie). Man kann auch mit Amesz auf einer 16tägigen Safari durch diese Region reisen.

Von Kalgoorlie geht es zunächst nach Norden bis zur ehemaligen Goldminenstadt *Menzies* (127 km; 480 km lange Straße über Sandstone nach Meekatharra, vgl. S. 226) und dann in nordöstlicher Richtung zur guterhaltenen Geisterstadt *Leonora* (105 km; Museum). Die nahe Goldmine ›Sons of Gwalia‹ arbeitete bis 1963 (Manager war zeitweise Herbert Clark Hoover, später Päsident der USA). 127 km nördlich liegt die Siedlung *Agnew,* in deren Nähe (bei Leinster) man jüngst große Nickelvorkommen entdeckte (von Agnew 176 km lange Piste nach Wiluna, vgl. S. 226). Nickel wird auch in *Laverton* (119 km östlich von Leonora) abgebaut. Ende des 19. Jh. galt Laverton als die gesetzloseste Stadt des australischen ›Wilden Westens‹, wo eine internationale Gesellschaft von Abenteurern und Desperados

darauf hoffte, durch Goldfunde oder Verbrechen schnell reich zu werden. Auf dem Friedhof liegt nur eine Person begraben, die in dieser Zeit eines natürlichen Todes starb: ein sechs Wochen altes Baby! Sehenswert sind in der Umgebung der Red Castle Hill (abends viele Känguruhs) und die guterhaltenen Felsmalereien der Wardal am Bungadji Creek.

In Laverton beginnt die 2000 km lange Piste nach Alice Springs (Fahrtzeit durchschnittlich acht Tage). Über die *Cosmo Newberry Community* (große Eingeborenensiedlung) und die ausgedehnte, öde *Great Victoria Desert* gelangt man nach 544 km zur *Warburton Range,* einem niedrigen Gebirgszug. In der Warburton Range Community leben u. a. die Eingeborenenvölker der Allindarra, Ngadadjara und Warupuju (letztere wurden erst 1935 von Professor T. G. H. Strehlow ›entdeckt‹). 1982 versprach die ALP den hiesigen Eingeborenen für den Fall eines Wahlsieges die Selbstbestimmung, wie sie Südaustralien bereits den Pitjantjara gewährt hatte (vgl. S. 200), danach ›vergaß‹ man jedoch die Zusage. Sehenswert sind die Sand- und Bodenmalereien der Warupuju und die große Ockermine in Karukopiti, außerdem die Cavanagh Ranges mit dem Fort Müller (Felsmalereien) und die Lehmann Hills im Osten der Siedlung. Von Warburton geht die Piste nach Norden durch Sand- und Steinwüsten, die mit goldgelbem Spinifex-Gras und vereinzelt mit Wüsteneichen und Mulga-Büschen bedeckt sind, zum Schwerin Mural Crescent (950 m) und zur Wetterstation *Giles.* An der Jackie Junction (100 km nordöstlich von Warburton) beginnt der 1069 km lange *Gunbarrel Highway,* der von Giles nach Wiluna (vgl. S. 226) führt. Diese einsame Straße, die das Herz der Gibson Desert durchquert, darf nur mit Sondergenehmigung und allradbetriebenen Fahrzeugen sowie nur zwischen April und Oktober (Trockenzeit) befahren werden. In der 250 000 km² großen, unberührten Sand- und Steinwüstenlandschaft mit Mulga,

Spinifex und Ghost Gums leben 3000 Pintubi, Wenamba und Ngadadjara von der Jagd und vom Sammeln. Von Giles gelangt man durch die Petermann Ranges und vorbei an der Eingeborenensiedlung Docker River zum *Lasseter Gold Reef* an der Grenze zum Nordterritorium. Hier will der 1931 verstorbene Harold B. Lasseter eine bis heute nicht wiederentdeckte reiche Goldader gefunden haben.

Verkehr: Von Kalgoorlie fahren Busse bzw. Postwagen bis Leonora, Agnew und Laverton. Die anderen Orte sind nur mit Privatwagen oder auf Safaris zu erreichen. **Unterkunft:** Hotels und Campingplätze in Menzies, Leonora, Agnew und Laverton.

Permit: Für den Gunbarrel Highway muß man ebenso wie für die Strecke Laverton–Nordterritorium ein Permit beim Aboriginal Land Trust in Perth beantragen.

Der Mittlere Westen (Midwest)

Auf dem Weg in den Norden Westaustraliens fährt man von Perth zunächst nach *Muchea* (55 km), wo vom Great Northern Highway (Route durch das Binnenland) der Brand Highway (küstennahe Straße) abzweigt. Über diesen geht es zum *Nambung National Park* bei Cervantes (100 km nördlich von Muchea). Hier stehen zahlreiche bizzare, bunte, 1–5 m hohe Kalziumsäulen (entstanden durch Sandstürme) inmitten einer gelben Dünenlandschaft (auch ›The Pinnacles‹ oder ›Painted Desert‹ genannt). Bei *Cervantes* und im einige Kilometer nördlich gelegenen Badeort *Jurien Bay* (Zufahrt nur vom Brand Highway) gibt es ausgezeichnete Strände. Von hier sind es über Dongara 170 km bis Geralton.

Fährt man dagegen den Great Northern Highway von Muchea weiter, erreicht man nach 79 km das 1846 von Spaniern gegründete Benediktinerkloster *New Norcia* mit seiner kostbaren Bibliothek und einer Kirche, in der die Kinder sonntags grego-

rianische Gesänge darbieten. In das nebenstehende Kloster werden nur männliche Besucher eingelassen. Von New Norcia nach Mingenew sind es rund 250 km über Moora, von wo aus man nach 46 km den Fischereihafen *Dongara* erreicht (Hummerflotte des Griechen Michael Kailis). Neben dem Hafen lohnt der ausgezeichnete Denison Beach im Geelvink Channel einen Besuch. Über den malerischen kleinen Ort *Greenough* (19 km) geht es weiter nach Geralton (24 km).

Unterkunft: kleine Hotels in New Norcia, Noora, Jurien Bay, Dongara, Mingenew und Grennough.

Geralton: 18 670 Einwohner, zweitgrößte Hafenstadt Westaustraliens, 476 km nördlich von Perth, mildes Klima. Anfang des 16. Jhs. wurde die Küste im Lande der Amangu von Portugiesen auf dem Wege zu den Molukken besucht, im 17. und 18. Jh. folgten Holländer. Um 1850 gründeten Engländer beim heutigen Geralton eine Garnison, um die weißen Siedler vor den Angriffen der Ureinwohner zu schützen. Sehenswert sind das Maritime Museum mit zahlreichen Wrackfunden, die St. Xavier Cathedral, der Fishing Port (Hummerflotte), das Shell Museum (schöne Muschelsammlung) und das Point Moore Lighthouse (Panoramablick).

Vor der Küste liegen die *Houtman Abrolhos Islands,* an deren Riffen zahlreiche portugiesische und holländische Schiffe scheiterten (noch heute finden sich hier viele Wracks). Die dramatischste Strandung war die der holländischen ›Batavia‹ im Juli 1629 am Noon Reef, die in mehreren Büchern beschrieben wird. Der Kommandeur François Pelsaert ließ den größten Teil der Besatzung und die Passagiere (300 Menschen) zurück und fuhr mit dem Schiffskutter nach Java, um Hilfe zu holen. Während seiner Abwesenheit kam es zur Meuterei, in deren Verlauf sich Jeronymus Cornelisz auf der Beacon Island zum ›Captain General‹ ausrief und mit seinen Kumpanen ein Terrorregime etablierte (auf sein Konto gehen u. a. 125 Morde). Als Pelsaert zurückkehrte, nahm er die Meuterer gefangen, henkte einen Teil von ihnen auf der Seal's Island, setzte einige an der Mündung des Hutt River (s. u.) aus und nahm die übrigen nach Java mit. In den folgenden Jahrhunderten suchte man vergeblich nach dem Wrack der ›Batavia‹, erst 1963 konnte es geborgen werden.

Bevor man von Geralton weiter gen Norden fährt, sollte man das pittoreske *Chapman Valley* (einige Kilometer westlich) besuchen. Hier steht das Haus des Nizam-ul-Mulk von Hyderabad, des Sohns des einst ranghöchsten indischen Fürsten.

Information: Tourist Bureau in Geralton (Maitland St.). **Unterkunft:** in Geralton **** Batavia Motor Inn (Fitzgerald St.), *** Hotel Wintersun (441 Chapman Road), ** Mariner Motor Hotel (298 Chapman Terrace) und Jugendherberge (YHA, 80 Francis St.), auf den Abrolhos Islands Hostel. Camping Belair Park und Point Moore.

Zwischen Geralton und Port Hedland:
Von Geralton kann man entweder auf dem North West Coastal Highway (Küstenstraße) oder über Mt. Magnet (343 km westlich) und den Great Northern Highway nach Port Hedland fahren. Auf der erstgenannten Route folgt nach 52 km die Stadt *Northhampton* (sehenswert die Gwalia Church mit Friedhof und das Chiverton House). 22 km westlich liegt der ausgezeichnete *Horrocks Beach,* 30 km weiter der pittoreske Hafen *Port Gregory.* Einige Kilometer nördlich von Northampton folgt die *Hutt River Province,* ein 7485 ha großes ›Reich‹ mit 30 Bewohnern, das am 21. 9. 1970 von dem Weizenfarmer Leonard Casley zum ›unabhängigen Fürstentum‹ erklärt wurde. ›Prince Leonard‹, der sich mit zwölf Rittern, einem halben Dutzend Grafen, zwei Baronessen und einer Komtesse umgeben hat und in 24 Staaten Konsuln ernannte, gibt eigene Briefmarken und Banknoten heraus, besitzt eine ›Luftwaffe‹ (bestehend aus einem Flug-

Wappen des ›unabhängigen Fürstentums‹ Hutt River Province

boot) und eine ›Marine‹ (eine Yacht). Touristen, die sich für die Besichtigung des Kuriosums willig das Geld aus der Tasche ziehen, erhalten ein ›Visum‹.

Von Ajana (49 km nördlich) lohnt ein Besuch des *Kalbarri National Park,* der sich mit seinen farbigen Sänden und Klippen, großen Kolonien von Känguruhs und Pelikanen sowie ausgezeichneten Stränden auf 60 km bis zur *Gantheaume Bay* erstreckt. In den Schluchten des hiesigen Murchison River gibt es zahlreiche Felsmalereien. Nördlich der kleinen Siedlung Kalbarri schließt der *Zytdorp National Park* mit seinen weißen Klippen an. 170 km nördlich von Ajana zweigt am Overland Road House eine Straße ins 135 km nordwestlich gelegene *Denham* ab. Die Siedlung liegt auf der Peron Peninsula zwischen den Lagunen Hamelin Pool und Freycinet Reach, die beide in die *Shark Bay* übergehen (weiße Strände). Vor der Küste finden sich die besten australischen Seezungen-Fanggebiete (Saison: Juni/Juli). Bei *Monkey Mia* (unweit von Denham) sind häufig Delphine zu sehen. Über den Freycinet Reach gelangt man zum *Steep Point,* der westlichsten Landspitze Australiens, und zur vorgelagerten *Dirk Hartog Island* (hier landete 1618 der Holländer Dirk Hartog und stellte am Cape Inscription einen Pfahl auf). Am *Useless Loop* südlich des Steep Point befindet sich eine große Salzfarm, in *Denham* soll in einigen Jahren ein Ferienzentrum im Stil des Club Meditérrranée entstehen (fünfstöckiges Hotel, Marina für 300 Boote, 50 Cottages, Caravan Park und Flugplatz).

Unterkunft: Hotels und Campingplätze in Northhampton, Hutt River, Kalbarri, Denham.

Carnarvon: 5341 Einwohner, Zentrum des fruchtbaren Gascoyne District (Obst, Gemüse) und bedeutender Fischereihafen an der Mündung des Gascoyne River, 904 km nordwestlich von Perth und 200 km nördlich des Overland Road House (Denham-Abzweigung). Sehenswert: Babbing Island mit Prawning Factory (Garneelenverarbeitung) und Big Dish (Reflektor und Teleskop mit 26 m Durchmesser) auf der Brown Range, gute Strände (Pelican Point, Miaboolya, Bush Bay, New Beach).

Umgebung: 40 km nordwestlich liegt die *Mc Leod Lagoon* mit ihren riesigen Salztrocknungsanlagen, ein Stück weiter das *Cape Curvier* mit seinen steilen, bunten Klippen. Unterhalb des Kaps ein 60 m tiefer Naturhafen, in dem japanische Schiffe Salz laden. Fährt man von Carnarvon am Gascoyne River entlang nach Osten, so folgt nach 186 km das Viehzuchtzentrum *Gascoyne Junction.* Nördlich des Ortes erstreckt sich die wilde *Kennedy Range* (Nationalpark) mit tiefen Schluchten, bunten Klippen, dichter Vegetation, fischreichen Wasserlöchern sowie zahlreichen Adlern, Emus, Papageien und Känguruhs (besonders schön die Great Snook Gorge). 270 km nordöstlich erhebt sich der 1106 m hohe *Mt. Augustus,* der mit 8 km Länge und 3 km Breite größte Monolith der Erde (doppelt so groß wie der berühmte Uluru), dessen Alter auf 1,75 Milliarden Jahre geschätzt wird.

Information: Carnarvon Civic District Centre (Robinson St.). **Unterkunft:** in Carnarvon Carnarvon Hotel und Tuckey's Port Hotel, in Gascoyne Junction Hotel. Campingplätze in beiden Orten.

Exmouth: 2336 Einwohner, Ferienzentrum 356 km nördlich von Carnarvon. Großer Fischereihafen in *Learmouth,* 35 km südlich (Königs- und Tigerkrabben, Langusten. Die besten Fischgründe Australiens liegen 8 bis 16 km westlich des Vlaming Head am Kontinentalschelf). Am *North West Cape* steht die Harold E. Holt Naval Communications Base, ein gewaltiger ›Horchposten‹ sowie Funkleitstelle für die US-U-Boote im Pazifik und im Indischen Ozean (der höchste Sendemast ist 396 m hoch!). Vom North West Cape führt eine klippenreiche Strecke vorbei am Vlaming Head Lighthouse (Panoramablick) in den malerischen Charles Knife Canyon und den hügeligen, dichtbewaldeten *Cape Range National Park.* In diesem ehemaligen Jagdgebiet der Jinigudira findet man auf rotbraunem Pindanboden weiße Eukalypten, Sandelholzbäume und Moreton-Feigenbäume, zwischen denen Känguruhs, Wallabies, Emus und Ameisenigel leben. Besonders schön sind der Shothole Canyon und die Yardie Creek Gorge. Südwestlich liegen die smaragdgrüne *Norwegian Bay* (35 km; Riesenschildkröten, bunte Fische, weißer Strand und Ningaloo Reef) und die *Coral Bay* (weiter südlich; 150 Korallenarten).

Information: Tourist Bureau (Maidstone Crescent). **Unterkunft:** Norcape Lodge, Potshot Inn, Tourist Hotel an der Coral Bay. Campingplätze in Exmouth, im Cape Range National Park und am Vlaming Head.

Pilbara

Nordöstlich von Exmouth beginnt das Eisenerzgebiet der Pilbara mit dem Zentrum in den Hamersley Ranges. Neben Erzstädten findet man hier farbenprächtige zerklüftete Schluchten, Wildblumen und Felsmalereien. Im Sommer ist es hier sehr heiß.

Zwischen Exmouth und Roebourne: Der nächste größere Ort hinter Exmouth ist *Onslow,* 390 km nördlich von Carnarvon und 82 km westlich des North West Coastal Highway am Meer gelegen. Die einstige Bergbau- und Perlenstadt trägt den Beinamen ›Cyclone City‹, da sie häufig von Wirbelstürmen zerstört wurde. 20 km vor der Küste liegen die neun sandigen *Mackerel Islands,* ein Mekka für Hochseefischer, Muschelsammler und Robinsone. Auf Thevenard Island (12 km²) leben Wallabies, 40 Vogelarten und große, braungelbe Bungarra-Eidechsen, in den umliegenden Gewässern tummeln sich Riesenschildkröten, Seekühe sowie bis 100 kg schwere Kabeljaus, Spanish Mackerels, Barracudas und Haie. Vor *Barrow Island* (weiter nördlich) gibt es riesige Erdöl- und Erdgasreserven, bei den nahen *Montebello Islands* wurden zwischen 1952 und 1956 die britisch-australischen Atombomben gezündet.

Aufs Festland zurückgekehrt, lohnt eine Kanufahrt auf dem von hohen Klippen gerahmten *Ashburton River* zwischen Onslow und Kooline. Dann geht es weiter auf dem Highway No. 1 in nordöstlicher Richtung nach *Dampier* (350 km von Onslow), wo das Erz des ›Mountain of Ore‹ auf riesige Frachter verladen wird (jährlich 10 Millionen Tonnen, vor allem nach Japan). Außerdem gibt es in Dampier eine japanische Erdgasverflüssigungs- und eine Salzwasserdestillieranlage (Kapazität: täglich 18 000 Liter). Über *Karratha,* die neue Reißbrett-Verwaltungshauptstadt der Pilbara-Region (20 km südöstlich von Dampier), führt eine Pipeline von den Offshore-Ölfeldern nach Perth. Auf der *Dolphin Island* im vorgelagerten Dampier Archipelago, der 1699 von dem englischen Piraten William Dampier besucht wurde,

finden sich 200 Felszeichnungen der Eingeborenen. 40 km östlich von Karratha liegt der 1866 gegründete einstige Perlenlogger-Stützpunkt *Roebourne* (früher wegen der vielen ansässigen Chinesen auch ›Tientsin Harbour‹ genannt). Zusammen mit den Kupfervorkommen von Whim Creek (85 km östlich) brachten die Perlen Roebourne und seinem Hafen *Cossack* am Point Samson einen kurzfristigen Boom, Wirbelstürme zerstörten jedoch die meisten Häuser (besonders 1873). Heute kündet nur noch das Museum am Point Samson von dem einstigen Wohlstand. Bei Cossack fand man kürzlich das Skelett eines ›Homo robustus‹, der hier vor etwa 30 000 Jahren lebte. In Roebourne selbst lohnt der holländische Friedhof einen Besuch. 11 km nördlich des Ortes entstand vor einigen Jahren der Erzhafen *Wickham.* In *Whim Creek* steht heute nur noch das ›Pub with no Town‹. Am nahen *Mt. Fischer,* am *Mt. Welcome* und besonders auf der felsigen Mangroveninsel *Depuch Island* vor der Küste finden sich bis zu 15 000 Jahre alte Felszeichnungen der Ngaluma, die von Experten in eine Reihe mit denen von Altamira und Lascaux gestellt werden (besonders schöne Zeichnungen an den Wickham Cliffs, dem Wreck Point, dem North Point, den Prancing Rocks, den Skipjack Cliffs, dem Anchor Hill und am Hunter's Pool). Zwischen den rot-schwarzen Klippen und Felsteichen (Watering Valley, Narrow Gorge) leben Felsen-Wallabies, Füchse und zahlreiche Vögel.

Verkehr: von Dampier Boote zu den Mackerel Islands, nach Barrow Island und Dolphin Island, von Cossack zur Depuch Island. **Unterkunft:** Hotels und Campingplätze in Dampier, Karratha, Roebourne und Onslow.

Zwischen Roebourne und dem Great Northern Highway: Südlich von Roebourne erstrecken sich der *Chichester Range National Park* (Felszeichnungen am Black Hill Pook; Schwimmgelegenheit in der wilden Gregory Gorge und im von üppiger Vegetation umgebenen Python Poll) und – jenseits davon – der *Millstream National Park,* eine subtropische Oase mit Dattelpalmen, Paperbark-Eukalypten, Farnen, Lilien und klaren, tiefen Felsteichen, wo zahlreiche Wallabies und Vögel leben. Beim 40 km westlich gelegenen *Pannawonica,* in dem die Temperaturen häufig über 50 °C ansteigen, baut man Eisenerz ab. *Wittenoom* (288 km südlich von Roebourne), wo einst die größten Blauasbest-Vorkommen der Erde ausgebeutet wurden, ist Ausgangspunkt für Ausflüge in die großartigen, bis 100 m tiefen Schluchten der *Hamersley Range* (Nationalpark), die denen von Alice Springs in nichts nachstehen. Am schönsten ist das vielfarbige Tafelland, das im Mt. Meharry eine Höhe von 1251 m erreicht, wenn die malvenfarbenen Mulla-Mulla, gelben Akazien, Wattles und Grevilleas blühen (beste Jahreszeit für einen Besuch April bis Oktober; in den übrigen Monaten große Hitze – bis 50 °C –, Staub- und Wirbelstürme). Die einst hier lebenden Indjibandi und Kurama, die ungewöhnlich oft blonde Haare haben, jagten übrigens gemeinsam und nicht getrennt nach Clans wie die meisten Ureinwohner. Die Siedlung Wittenoom soll bis 1986 um 40 km verlegt und zum Ferienort (1000 Betten) ausgebaut werden.

130 km südlich von Wittenoom liegen die Eisenerzstädte *Tom Price* (3193 Einwohner) und *Paraburdoo* (2402 Einwohner). Die hiesigen Eisenerzvorkommen werden auf 24,4 Milliarden Tonnen geschätzt und gehören damit zu den größten der Erde. Der Mt. Tom Price ist durch eine 182 km lange Bahn mit dem Hafen Dampier verbunden.

Verkehr: Tourbusse, Post- und Transportwagen zwischen der Küste und den Minenstädten, Flüge von Wittenoom und Paraburdoo nach Perth, Port Hedland u. a., von Wittenoom Bustouren zu den Minen. **Information:** Wittenoom Tourist Centre. **Unterkunft:** Hotels in Wittenoom, Tom Price und Paraburdoo; Campingplätze in Wittenoom, Millstream und Tom Price.

Great Northern Highway zwischen Mt. Magnet und Meekatharra: Rund 340 km westlich von Geralton bzw. 555 km nördlich von Perth liegt die ehemalige Goldminenstadt *Mt. Magnet* (1200 Einwohner). Kommt man von Geralton, so lohnt unterwegs ein Stop in *Yalgoo* (215 km), wo sich Höhlen mit kreisförmigen Felszeichnungen der Ngaiawongga-Eingeborenen finden (50 km nördlich der erloschene Vulkan Mt. Dalgaranger). 80 km nördlich von Mt. Magnet stehen noch einige alte Gebäude der ehemaligen Goldminenstadt *Cue.* Das in den Minen von *Wilgie Mia* (etwa 50 km nordwestlich) gewonnene Ocker wurde von den Eingeborenen früher über Hunderte von Kilometern gehandelt. Auf dem Wege zum 116 km nördlich gelegenen *Meekatharra,* einer alten Gold- und Kupferstadt, passiert man die noch operierende Goldmine *Nanning.* Rings um Meekatharra gibt es große Schaf- und Rinderstationen (auf der *Mooloogool Station* 50 km nordöstlich Übernachtungsmöglichkeit). Von Meekatharra kann man entweder auf dem Great Northern Highway weiter nach Norden oder über Wiluna (177 km östlich) auf der abenteuerlichen Canning Stock Route bis Hall's Creek reisen. 33 km hinter *Wiluna* (von Eingeborenen betriebene Wiluna Desert Farm, North Poole mit Felszeichnungen) biegt die Straße nach rechts zu den Uranminen von *Yeelirrie* ab (55 km weiter; die hiesigen Eingeborenen haben vergeblich gegen die Entweihung ihrer heiligen Stätten protestiert).

Unterkunft: Hotels und Campingplätze in Mt. Magnet, Cue, Meekatharra und Wiluna.

Canning Stock Route: Die 1609 km lange Strecke von Wiluna nach Hall's Creek führt durch unberührte Wüstenlandschaften. Seit Urzeiten wurden auf dieser einst

›Dyarlgarro‹ oder ›Buragun‹ genannten Verbindungslinie zwischen dem Norden und dem Südwesten des Kontinents Ockerfarben, Muscheln, Steinbeile und Mühlsteine transportiert (entlang des ›Track‹ gibt es 68 ›Wongalas‹, von den eingeborenen Jägern und Sammlern angelegte Grundwasserbrunnen). Von 1906 bis 1955 diente sie dann weißen ›Stockmen‹ (Cowboys) als Viehstraße zwischen den Kimberleys und Wiluna (ehemals Eisenbahnterminal). Die hiesige Landschaft ist keineswegs eintönig: Neben Sand- und Steinwüsten *(Gibson Desert und Great Sandy Desert)* mit hohen, parallel verlaufenden roten Dünen findet man hier große weiße Salzseen und ausgedehnte Savannen mit Akazien, goldgelbem Spinifex-Gras und Sandelholzbäumen (im *Rudall River National Park* nach Regenfällen auch Wildblumen). An Tieren kommen Dingos, Kängurhus, winzige Planigalen-Mäuse (sie wiegen nur 3,2 Gramm) sowie die ulkigen Leggadina (Pebble Mound Mice) vor, die kleine Steine sammeln und daraus Minihäuser bauen, in denen sie den Tau auffangen. Am Brunnen No. 9 stehen die

Reste eines aus heiligen Steinen der Eingeborenen errichteten Forts. Rund um den weißen Salzsee *Lake Disappointment* erheben sich bis zu 50 m hohe Dünen und der Winnecke Rock. Weiter nördlich passiert der ›Track‹ die pittoresken Bresden Hills. An ihrem Nordostrand befindet sich die katholische *Balgo Mission,* wo die bis 1953 als Wüstennomaden lebenden Ildawongga erfolgreich Tomaten anbauen. Von Balgo führen Pisten nach Hall's Creek (vgl. S. 232) und nach Alice Springs (vgl. S. 242 ff.).

Verkehr: Die Canning Stock Route kann man nur mit allradgetriebenen Fahrzeugen befahren (möglichst im Konvoi, vorher Benachrichtigung der Polizei. Mitnahme eines eingeborenen ›Trackers‹ empfehlenswert). Unterwegs gibt es keine Siedlungen, Läden oder Tankstellen.

Zwischen Meekatharra und Port Hedland: Auf dem Great Northern Highway gelangt man, vorbei an der *Karalundi-Eingeborenensiedlung* und der Abzweigung zur 320 km nordöstlich gelegenen Chrommine von *Coobina,* zur Eisenerzstadt *Newman* (600 km nördlich von

Schematische Darstellung der Eisenerzmine von Newman

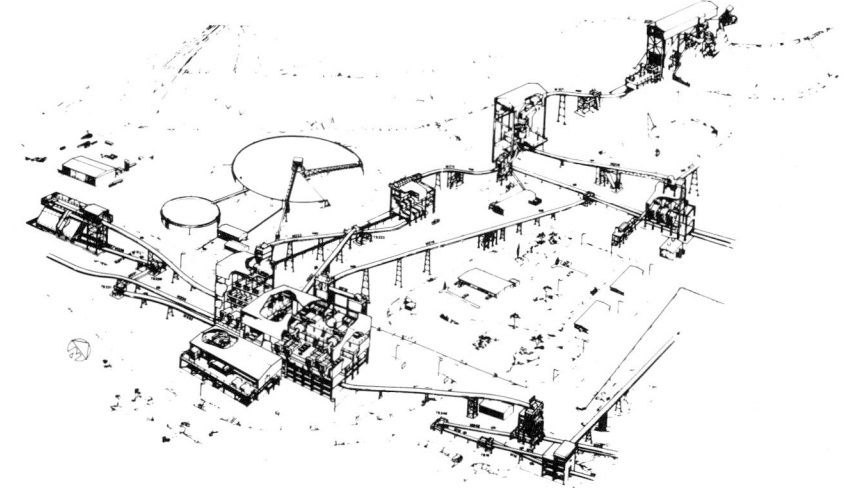

Blick auf Port Headland

Meekatharra). Aus dem 225 m hohen und 5,5 km langen Mt. Whaleback (110 m) werden seit 1967 jährlich 40 Millionen Tonnen erzhaltigen Gesteins gewonnen (mit 20 Riesenschaufeln) und über eine 426 km lange Bahn zum Hafen Port Hedland befördert. Die Reserven betragen etwa 220 Millionen Tonnen (Erzgehalt: 64%). Der Liefervertrag mit dem Hauptabnehmer Japan läuft allerdings 1985 aus, eine Verlängerung ist angesichts der koreanischen und brasilianischen Konkurrenz fraglich. In der Stadt Newman (6 km von der Mine) leben in modernen Häusern Arbeiter aus 46 Nationen (trotz hoher Löhne wegen Isolation und Klima – bis 50 °C! – hohe Fluktuation). 183 km nördlich liegt die ehemalige Goldstadt *Nullagine,* noch einmal 100 km weiter die Eisenerzmine von *Woodie Woodie.* Auf dem heute von Kaninchen, Känguruhs, Wüstenmäusen und riesigen Viehherden bevölkerten Land sieht man zahlreiche ›Mindaru‹-Grenzsteine der Njangamarda Kundal, denen die Region einst gehörte. *Marbel Bar* (108 km weiter nördlich), wo früher Gold

abgebaut wurde, gilt als eine der heißesten Siedlungen Australiens. Die Wildblumen und die bunten Felsen der Umgebung sind heute ein Touristenparadies. Sehenswert: Old Comet Goldmine, Gold Battery, Jasperite Rock (Jaspisfunde), Gallery Hill (Felszeichnungen).

Unterkunft: Hotels und Camping in Newman, Nullagine und Marbel Bar.

Port Hedland: 11 144 Einwohner, 1728 km nordöstlich von Perth und 200 km westlich von Marble Bar gelegene Hafenstadt, die bis zur Rezession 1982 die am schnellsten wachsende Stadt Westaustraliens war. Der Hafen ist der Tonnage nach einer der größten der Erde (höherer Umschlag als Sydney): Bis 230 000 Tonnen große Erzfrachter nehmen hier Eisenerz aus Newman, Mt. Goldworth und Shay Gap auf, daneben werden jährlich 2 Millionen Tonnen Salz exportiert. 1983 nahm die Post zwischen Port Hedland und Wyndham (1595 km) das längste mit Sonnenkraft arbeitende Kommunikationssystem (Mikrowellen) der Erde in Betrieb (43 Stationen). Port Hedland befindet sich genau im ›Cyclone Path‹ (letzter verheerender Wirbelsturm im Dezember 1975).

Sehenswert sind die Kunstsammlung in der Aboriginal Progress Association (Wedge St.), die Drysdale Seashell-Muschelsammlung, die Felszeichnungen am Nelson Point (Schlüssel im Tourist Bureau), der Port Authority Tower (27 m) mit Blick über den Erzhafen sowie die imposanten Anlagen der Mt. Newman Mining Company an der Wilson St. Hier wird die Fracht der aus jeweils 144 Waggons bestehenden Erzzüge entladen (13 750 Tonnen Erz pro Fahrt, wöchentlich 69 Züge) und von zwei riesigen ›Crawler Reclaimers‹ (je 530 Tonnen Fassungsvermögen) auf die an der 658 m langen Pier vertäuten Superfrachter befördert. Eindrucksvoll auch die riesigen, konischen Salzlager der Leslie Salt Company, die an Antarktis-Gletscher erinnern.

Umgebung: Im Umkreis von nur 12 km gibt es 7000 Plätze mit uralten Felszeichnungen, zahlreiche weitere im ferneren Umland (Woodstock, Abydos, Two Mile Well, Gallery Hill, bei Wamerama). Besuchen kann man auch die Erzminen *Goldsworthy* und *Shay Gap* (68 bzw. 143 km) nordöstlich.

Information: Tourist Information Centre (13 Wedge St.), Aboriginal Development Commission (Brand St.), Aboriginal Progress Association (Wedge St.). Unterkunft: *** Hedland Motor Hotel (Lukis St.), ** Pier Motel (The Esplanade), ** Walkabout Hotel (North West Coastal Hwy.), Highway Motel (Webster St., teuer), einfaches Coolabah Guest House (Kingsmill St.), mehrere Campingplätze.

Die Kimberleys

Das 400 000 km² große semitropische Gebiet der Kimberleys im äußersten Nordwesten Australiens ist das Land der großartigen Felsmalereien und grandiosen Schluchten, der riesigen, bis zu 400 000 ha großen Viehstationen und der alten Perlenhäfen. 70% der wenigen Bewohner sind Eingeborene. Seit 1981 haben große Diamantfunde die Kimberleys wieder in den Blickpunkt gerückt, nachdem die in den 60er Jahren begonnene Verwandlung des Brachlandes in ein zweites Mesopotamien (Ord River Scheme) weitgehend gescheitert ist (vgl. S. 232).

West Kimberleys

Broome: 1500 Einwohner, kleiner Hafen auf einer Halbinsel an der Roebuck Bay, 2213 km nordöstlich von Perth und 618 km von Port Hedland. Im 19. Jh. war Broome der bekannteste Perlenhafen der Erde, heute gibt es hier nur noch vier Logger, die Kunstperlen anlanden. Einen neuen Boom erhofft sich das verschlafene Nest von den Öl- und Erdgasfunden in der Great Sandy Desert und auf dem North West Shelf vor der Küste. An die Glanzzeit von Broome erinnert noch die multikulturelle Bevölkerung (neben Eingeborenen und Weißen Filipinos, Inder, Singhalesen, Tamilen, Chinesen, Japaner und Malayen).

Die ersten europäischen Besucher in der Gegend waren Abel Tasman (1644) und William Dampier (1699). Lange vor ihnen waren jedoch schon Malayen gekommen, um in der Bucht rosa-weiße Perlen zu suchen und Seekühe und Schildkröten zu jagen. 1883 entdeckte man die Perlengründe erneut. Obwohl ein Wirbelsturm 1887 zahlreiche Boote zerstörte und 140 Menschen tötete, entwickelte sich Broome rasch zu einem bedeutenden Perlenhafen, dessen 400 Boote Anfang dieses Jahrhunderts 80% des Weltbedarfs an Perlmutt lieferten. Als Taucher wurden zunächst eingeborene Frauen beschäftigt, später dann Melanesier, Malayen, Filipinos und Japaner. Die harte, gefährliche Arbeit und die grausame Behandlung durch die weißen Aufseher forderten viele Opfer unter ihnen. 1901 wurde zwar im

Rahmen der ›White Australia Policy‹ die Einwanderung von Asiaten unterbunden, aber da keine weißen ›Pioniere‹ kamen, mußte man weiterhin Asiaten anheuern. 1920 kam es zu einem fünftägigen Aufstand der farbigen Taucher, der eine Verbesserung der Arbeitsbedingungen bewirkte (u. a. Gründung eines japanischen Krankenhauses). Mit dem Aufkommen der synthetischen Knöpfe und der Kulturperlen war der Perlenboom 1956 vorbei, durch die Anlage von Kulturperlenfarmen (Kuri Bay, Cygnet Bay, Port Smith), konnte jedoch eine bescheidene Einkommensquelle bewahrt werden. Die Perlensaison beginnt im April und endet im September. Derzeit produzieren die sieben Perlenfarmen der Umgebung jährlich einen Wert von 20 Millionen A$. Die Pearl Farm von Kuri Bay wird Ende 1985 geschlossen.

Sehenswert: Japanese Cemetery in der Anne St. (Gräber zahlreicher japanischer Taucher), Friedhof der Malayen, Chinesen und Holländer, Police Museum (hier sind Eisenketten ausgestellt, mit denen Eingeborene bis Ende der 70er Jahre gefesselt wurden), Streeter's Jetty (Perlenschuppen) und Chinatown (hier gab es einst zahlreiche Restaurants, Opiumhöhlen und einen ›Red Light District‹).

Umgebung: Nordwestlich der Stadt beginnt der 23 km lange *Cable Beach* (weißer Sand, 130 Millionen Jahre alte Fußspuren eines Dinosauriers). 132 km nördlich liegt die katholische *Beagle Bay Mission,* wo die Bade von bayrischen Patres betreut werden. Lohnende Ausflüge führen zur *Lacepede Island* (Vogelschutzgebiet vor dem Cape Baldwin mit Kormoranen, Pelikanen, Tigerhaien, Seeschildkröten und Dugongs), zur Kulturperlenfarm am *Port Smith* (im Süden) und zur nahen *Lagrange-Siedlung* der Karadjari (uralte Fischfallen).

Information: Broome Tourist Bureau (Great Northern Hwy.). **Unterkunft:** *** Continental Motor Hotel, ** Mangrove Hotel, Jugendherberge (Bali Hai Caravan Park, Cable Beach), Camping.

Derby: 2411 Einwohner, Verwaltungszentrum der West Kimberleys, 2371 km nördlich von Perth und 238 km von Broome am King Sound, Exporthafen für einen großen Teil des Rindfleisches aus den Kimberleys, gefährliche Hafeneinfahrt (Inseln, Mangroven, bis zu 10,6 m Tidenhub, starke Strömung). 1879 ließ sich in Yeenda (45 km südlich) die Murray Squatting Company nieder. Zwischen 1885 und 1887 war Derby Landeplatz für Zehntausende von Abenteurern auf dem Weg zu den Goldfeldern von Hall's Creek.

Sehenswert: Cultural Centre (Museum und Galerie), die Baobab-Allee (Affenbrotbäume), das in der Nähe des Myall-Bore stehende Prison Baobab (von Eingeborenen ›Look-up Tree‹ genannt, weil hier die Polizei bis vor wenigen Jahren Ureinwohner in Eisen legte), die Eingeborenensiedlung Mowanjum (hier kann man bemalte Emu-Eier kaufen).

Umgebung: Mit Booten gelangt man zum *Buccaneer Archipelago* und zu den *Montgomery Islands* im Yampi Sound. Auf diesen gebirgigen Inseln (gute Strände) leben seit Urzeiten die Jaudjibaia, Umede, Ongkarango und Djaui. Sie besitzen Flöße, die nach Ansicht von Experten denen ähneln, mit denen einst ihre Vorfahren das Meer von bzw. nach Timor überquerten. Die Djaui von der *Sunday Island* sind berühmt für ihren Pirapira-Perlenschmuck, der früher über eine 2000 km lange Handelsroute bis nach Zentralaustralien verkauft wurde (dort spielte er als Njalige bzw. Tjakuli bei den Regenbogenzeremonien u. a. der Pitjantjara eine wichtige Rolle). Auf den Inseln *Cookatoo* und *Koolan* wird Eisenerz abgebaut (Reserven von 80 Millionen Tonnen), die nahe *Talbot Bay* ist berühmt für ihre großartigen ockerfarbenen Klippen und ihre Buchten mit reißenden Strudeln. Die Tide in der Bucht erreicht oft mehr als 12 m. Eindrucksvoll auch der 100 m hohe Wasserfall und der einsame Leuchtturm am *Cape Leveque.* Das ehrgeizige Reis- und Sorghum-Projekt auf der *Camballin Station* (100 km östlich von Derby) konnte – ähnlich wie das Ord River Scheme – die hochgesteckten Erwartungen bislang nicht erfüllen.

Information: Derby Tourist Bureau (Clarendon St.), Aboriginal Development Commission (Rowan St.), Kimberley Land Council (Tel. 91 12 20). **Unterkunft:** ** Derby Baobab Inn, * Spinifex Hotel, YMCA, Camping.

Fitzroy Crossing: 33 Einwohner, kleine Siedlung am Fitzroy River im Lande der Walmadjari, 269 km östlich von Derby. Im Fitzroy River (April 1983 verheerende Überschwemmung) leben im Süßwasser Haie und Sägefische sowie harmlose Johnson-Krokodile. Im September Bushman's Carnival (Pferderennen mit Volksfest).

Umgebung: Die 16 km nördlich gelegene *Geikie Gorge* gehört zu den schönsten Schluchten Australiens. In dem Nationalpark findet man steile, vielfarbige Klippen (einst Korallenriffs) und einen großen See (Bootsfahrten) mit Haien, Krokodilen, Barramundis und Sägefischen, eine außerordentlich reiche Tierwelt (Känguruhs, Wallabies, Possums, Dingos, Ameisenigel, Fliegende Füchse, verwilderte Esel, Pythonschlangen, tödliche Death Adders, 2 m lange Bungarra-Echsen, Keilschwanzadler, Kormorane, Papageien) und in verschiedenen Höhlen auch Felsmalereien. Zwei weitere Nationalparks liegen zwischen Fitzroy Crossing und der King Leopold Range (nordwestlich): *Windiana Gorge* und *Tunnel Creek* (in der Tunnel Cave lebte von 1894 bis 1897 der eingeborene Freiheitsheld Sandamara, der den weißen Invasoren empfindliche Verluste beibrachte und u. a. Derby belagerte).

Östlich von Fitzroy Crossing kann man die *Mac Donald Homestead* (1885) besichtigen. Am nahen Christmas Creek stehen zahlreiche hohe Termitenhügel. Südwestlich von Fitzroy Crossing beginnt das Eingeborenengebiet von *Noonkanbah,* wo vor allem die zweisprachige Schule des Ortes einen Besuch lohnt (weitere Schulen dieser Art gibt es in Yuyili an der Straße nach Hall's Creek, in Strelley bei Port Hedland und in Alice Springs). Vor einigen Jahren zerstörten Bohrtrupps auf der Suche nach Erdöl die heiligen Stätten der hiesigen Eingeborenen am Pea Hill. Im nahen *Ellendale* wurden hochwertige Diamanten gefunden (Abbau ab 1990 vorgesehen).

Information: Marra Worra (Eingeborenenorganisation). **Unterkunft:** in Derby Crossing Inn (teuer) und Camping.

Mt. Barnett Station: Viehstation 305 km nordöstlich von Derby an der Beef Road nach Wyndham. Von hier aus kann man eines der wildesten und schönsten Berggebiete der Erde erforschen (tiefe Schluchten, steile Klippen, zahlreiche Felsmalereien). Wenige Kilometer von der Mt. Barnett Homestead (Tankstelle, Laden) liegt in der Packsaddle Range die 10 km lange, dichtbewaldete *Manning Gorge* (Wasserfälle, Schwimmteiche mit Wasserlilien, weiße Eukalypten, Wondjina-Felsmalereien, Känguruhs), 40 km südöstlich davon befindet sich die *Adcock Gorge* (30 m hohe Klippen, Kaskaden, Teich, Eingeborenenfriedhof). Weitere sehenswerte Schluchten und Berge: *Lennard Gorge* (77 km, vertikale Klippen, Wasserfälle), *Galvan's Gorge* (rote Klippen, Wasserfall, Teich), *Isdell River Gorge* (90 km nordöstlich der King Leopold Ranges; in der Bindjibi- und der Wiri Mondangiri-Höhle eindrucksvolle Felsmalereien). Die *Brunswick Bay* (Felsmalereien) war bereits Timoresen und Portugiesen bekannt. Von der *Gibb River Station* (bei Mt. Barnett) kann man u. a. die Felsmalereien in den Höhlen Aulen, Molcott, Womalirri, Sundron und Ngungunda, die Prince Regent Flora and Fauna Reserve (Mt. Trafalgar und Mt. Waterloo, Hochplateaus, Mermaid Cascade) und das Mitchell Plateau (Bauxit-, Blei-, Silber- und Zinkabbau, Siedlung am Pt. Warrender) besuchen. Am *Camden Harbour* (westlich von Kunmunya) entstand 1854 eine Siedlung, die bereits nach neun Monaten wieder aufgegeben werden mußte. An sie erinnern nur noch Gräber und Hütten auf der Sheep Island sowie verwilderte Schafe und Ziegen.

Verkehr: Flüge auf dem ›Station Run‹ nach Mt. Barnett und Mt. Gibbs, Perlenlogger und Fischer von Derby und Wyndham. Sonst nur mit Geländewagen auf Safaris oder zu Fuß mit Rucksack und Zelt erreichbar. **Unterkunft:** Camp in der Manning Gorge (Mietcaravans).

East Kimberleys

Hall's Creek: 767 Einwohner, 402 km südlich von Wyndham und 522 km von Fitzroy Crossing gelegenes ehemaliges Goldgräberzentrum (1885 = 3000 Einwohner), wo in jüngster Zeit Kupfer entdeckt wurde. Aus der Goldgräberzeit blieben in Old Hall's Creek (16 km) nur der Friedhof und die Ruinen des Lehmziegel-Postamtes erhalten. Umgebung: 135 km südlich liegt der 50 000 Jahre alte *Wolf Creek Meteorite Crater,* der mit einem Durchmesser von 854 m und einer Tiefe von 61 m zweitgrößte Meteoritenkrater der Erde (nach dem Barringer-Krater/Arizona). Beim *Mt. Müller* (weiter südlich) beginnen die Canning Stock Route (vgl. S. 226 f.) und die Tanami Desert-Piste (vgl. S. 252 f.).

Unterkunft: Hall's Creek Hotel, Kimberley Hotel, Camping (auch am Wolf Creek Crater).

Kunurra: 1540 Einwohner, moderne Siedlung am Ord River, 106 km südöstlich von Wyndham, 487 km westlich von Katherine und 3205 km nordöstlich von Perth. Verwaltungszentrum des Ord River Irrigation Scheme (ORIS), eines ehrgeizigen Bewässerungsprojekts, das 1963 mit einer Versuchsfarm begonnen wurde und 100 000 ha Land für den Reis-, Sorghum- und Baumwollanbau erschließen sollte (Investitionen von 97,3 Millionen A$). Das ungünstige Klima, hohe Produktionskosten, gewaltige Ernteverluste durch Vögel und Insekten sowie Mißmanagement verhinderten jedoch den erwarteten Erfolg: Von den 66 000 ha großen

Ländereien der ORIS wurden 1982 nur 5000 ha teilweise genutzt, alle Agrarprodukte, die man hier anpflanzen wollte, sind in anderen Teilen des Landes billiger und besser zu produzieren. Die Stauung des Ord River veränderte zudem das Ökosystem, was zu einer starken Zunahme der Malaria-Mücken führte (auch andere tropische Krankheiten treten vermehrt auf). Neuerdings plant die Regierung, hier mit koreanischer Hilfe eine ›Zuckerkammer‹ entstehen zu lassen, wogegen sich allerdings der Zuckerproduzent Queensland zur Wehr setzt. Daneben wird derzeit am Ord River Dam ein 60-Megawatt-Kraftwerk für 45 Millionen A$ gebaut, das Strom nach Darwin liefern soll. Auch von einem Diamanten-Boom ist die Rede, nachdem man im September 1979 an verschiedenen Stellen große Vorkommen entdeckt hat (schätzungsweise 500 Millionen Karat = ca. 100 Tonnen, davon 90% Industriediamanten, die ab 1985 40% des Weltbedarfs liefern sollen. Ca. 57% der Anteile und sogar 95% der Vermarktung liegen in südafrikanischer Hand). Die Eingeborenenvölker der Malugin, Kitja und Warmun wurden nach dem Diamantenfund aus ihren Siedlungsgebieten vertrieben (sie wohnen jetzt in Turkey Creek, 198 km südlich von Kununurra und im Violet Valley).

Sehenswert: Auf dem Lake Kununurra und dem Lake Argyle (429 km²) kann man Wassersport betreiben, angeln, Bootstouren unternehmen und die zahlreichen Wasservögel (Ibisse, Kormorane, Pelikane, Magpie Geese) beobachten. Rund um den See erhebt sich die pittoreske Carr Boyd Range. Vom Kelly's Knob (2,4 km) sehr guter Ausblick. Im Hidden Valley (3 km) leben in einer Oase zwischen bunten Felsen viele Känguruhs und Wallabies, die der Naturforscher Harry Butler mit seiner ›Ord Arche‹ aus dem Staudamm-Gebiet gerettet hat. Ruhiger ist das kleine, vom Eingang abzweigende Nebental (über Felsen erreichbar). Auf der nahen Argyle Homestead der Familie Durack gibt es ein

Pioniermuseum (geöffnet täglich 10–12 Uhr und 14–16 Uhr).

Information: Ord River Tourist Bureau; Aboriginal Development Commission (beide Coolibah Drive), Kimberley Land Council. **Unterkunft:** ** Hotel Kununurra (Messmate Way), ** Lake Argyle Tourist Village (Main Road), Swagman Inn (Duncan Hwy., teuer); einfache Kimberley Guest House (111 Nutwood Crescent) und Bunk House (Bloodwood Drive), Camping.

Wyndham: 1383 Einwohner, nördlichster Hafen des Staates (Ausfuhr von Rindfleisch aus den zahlreichen Schlachthäusern), 106 km von Kununurra und 3277 km von Perth. Das als Hafen für die Goldfelder von Hall's Creek angelegte Wyndham ist heute wegen veralteter Verladeanlagen und hoher Frachtraten (doppelt so hoch wie in Fremantle) kaum noch konkurrenzfähig. Die Kosten für Lebensmittel liegen 60% höher als in Perth (darunter leiden insbesondere die unter ärmlichsten Bedingungen lebenden Eingeborenen).

Sehenswert: Bastion Lookout (Ausblick), Telegraph Springs Grotto (Schwimmen), Lagunen mit Krokodilen und Wasservögeln. Umgebung: Eingeborenensiedlung *Oombulgurri* am Forest River (Permit erforderlich), Ausflüge (Geländefahrzeug oder Boot) in die Seppelt Range und zum *Drysdale River National Park* mit Felsmalereien (u. a. Cave of Winds, Molomon Cave, Wonalirri und in der großartigen, palmenbewachsenen Carson River Gorge). Auf der *Carronade Island* in der Bucht fand man zwei bronzene portugiesische Kanonen aus dem 16. Jh. (eine steht jetzt auf der Garden Island in Sydney, die andere im Maritime Museum von Fremantle). Die hiesigen Eingeborenen hatten lange enge Kontakte mit den Makassaren, die die Kimberleys ›Kayu Java‹ (bewaldetes Java) nannten. Vor der Küste wurden im Bonaparte Basin, im Proud Basin (Scott Reef) und an der Beagle Bay 1982 große Erdgas- und -ölvorkommen entdeckt, bei der Lacross Island und im Admiralty Gulf liegen reiche Fischgründe, vor der Troughton Island gibt es Perlenmuscheln.

Information: Kimberley Land Council (Tel. 61 11 57). **Unterkunft:** Wyndham Town Motor Hotel (O'Donnel St.).

Viehstation im westaustralischen Outback

Nordterritorium (Northern Territory)

Allgemeines

Das Nordterritorium bedeckt eine Fläche von 1 347 407 km² und nimmmt damit ein Sechstel des australischen Kontinents ein. In dem riesigen Gebiet leben aber nur 133 000 Menschen (davon mehr als 50% Eingeborene), gerade 0,7% der australischen Gesamtbevölkerung. Die Bevölkerungsdichte beträgt bei 0,07 Einwohner pro km². Mit Ausnahme des Streifens entlang der südaustralischen Grenze liegt das ›Territory‹ nördlich des Wendekreises des Steinbocks und damit in den Tropen. Es gliedert sich in drei Landschaftszonen: in die tiefliegenden, dicht bewaldeten Küstenebenen an der Nordküste, die stark zerklüfteten Gebirge im Nordosten und Süden sowie in die großen, mit Eukalypten, Akazien und Gräsern bedeckten Halbwüsten im Zentrum und Westen. Während die Küstenregion zwischen November und April zumeist heftige Monsunregenfälle erhält, die manchmal auch auf den Süden übergreifen und (wie zuletzt im April 1983) zu verheerenden Überschwemmungen führen, gibt es in den übrigen Landesteilen kaum Niederschläge.

Die Wirtschaft des Nordterritoriums ist vorwiegend agrarisch strukturiert. Auf 290 riesigen, bis zu 500 000 ha umfassenden Viehstationen, von denen die Hälfte britischen, amerikanischen oder südafrikanischen Firmen gehört, werden große Rinderherden gezüchtet. Eine bedeutende Rolle spielt daneben der Bergbau (Kupfer, Eisenerz, Uran, Mangan, Bauxit). Neuer-dings setzt man auch große Hoffnungen auf den internationalen Tourismus. Das Nordterritorium hat auf diesem Sektor viel zu bieten: Neben den spektakulären Berglandschaften im ›Roten Herzen‹ rund um Alice Springs mit dem Uluru (Ayer's Rock) und dem Katatjuta (Mt. Olga) locken die Nationalparks im Norden (u. a. der großartige Kakadu National Park), wo sich einzigartige Felsmalereien der Ureinwohner sowie eine faszinierende Flora und Fauna finden.

Das heutige Nordterritorium wird seit wenigstens 40 000 Jahren von verschiedenen Eingeborenenvölkern bewohnt (die größten sind die Pitjantjara, die Aranda und Walpiri im Zentrum und Süden sowie die Arnhem Land-Völker im Nordosten). Schon früh betrieben sie Handel mit den Makassaren aus Sulawesi (Celebes) und auch mit den Chinesen, die nach einigen Berichten bereits vor mehr als 2000 Jahren hier gelandet sein sollen. Im 16. Jh. dürften portugiesische Karavellen aus dem nahen Timor die Nordküste Australiens erreicht haben. Ihnen folgten im 17. Jh. die Holländer. 1802 fuhr der Engländer Matthew Flinders auf der Suche nach einem Hafenplatz die Küste entlang. 1838 entstanden dann die ersten Militärsiedlungen auf der Melville Island und am Port Essington bei Darwin. 1845 durchquerte der Preuße Ludwig Leichhardt als erster Weißer den Nordostteil des Territoriums; 1862 gelang es dem Australier John Mc Douall Stuart nach schweren Kämpfen, von Adelaide aus gen Norden vorzudringen. Bald folgten ›Squatter‹ mit ihren Viehherden und lutherische Missionare.

Zwischen 1827 und 1863 wurde das Nordterritorium von Sydney aus verwaltet, dann von Südaustralien übernommen. Es gelang jedoch nicht, das neue Land zu kultivieren; auch ein kurzfristiger Goldrausch bei Darwin und Alice Springs brachte nicht den erhofften Aufschwung. Ein Plan, das menschenleere Gebiet den Japanern zur Besiedlung anzubieten, scheiterte am japanischen Bürgerkrieg (1861) und der Etablierung des Mikados (Kaisers) 1867. Durch den Bau des Überlandtelegraphen zwischen Adelaide und Darwin Ende des 19. Jhs. rückte das Nordterritorium Ende des 19. Jhs. enger an die anderen Staaten heran, allmählich ließen sich hier mehr weiße Siedler nieder. Als im Zweiten Weltkrieg die Gefahr einer japanischen Landung in Darwin drohte, legten die Amerikaner den Stuart Highway zwischen Adelaide und Darwin an. Eine seit 1900 geplante Eisenbahnlinie zwischen den beiden Städten endet dagegen bis heute in Alice Springs.

Nach dem Zweiten Weltkrieg gab es einen kurzen Uran-Boom bei Darwin (Rum Jungle) sowie Agrarprojekte in Humpty Doo (Reis) und Tipperary (Sorghum), die jedoch scheiterten. Seit einigen Jahren werden die großen Bauxit- und Manganvorkommen auf der Gove Peninsula und dem Groote Eylandt (Arnhem Land) abgebaut, seit 1981 auch die gewaltigen Uranlager bei Jabiru (Arnhem Land). 1978 erhielt das seit 1901 von Canberra aus regierte Nordterritorium eine beschränkte Selbstverwaltung. Seit einigen Jahren ist das Gebiet, das zweifellos als australische Rassistenhochburg gelten kann, mit dem Problem der Landfrage der Eingeborenen konfrontiert. Die hier besonders krass diskriminierten Aborigines, die mehr als 70% der ländlichen Bevölkerung stellen und sich inzwischen in verschiedenen Selbsthilfeorganisationen zusammengeschlossen haben, fordern immer massiver weite Teile ihres alten Landes zurück und haben auch inzwischen ca.

Das Palm Valley im Finke River National Park

500 000 km² ›Freehold Titles‹ erhalten. Die Nachkommen der weißen ›Squatter‹ sträuben sich dagegen energisch.

Darwin

60 900 Einwohner (1983), kleiner Hafen im tropischen ›Top End‹, australisches Tor nach Asien und Hauptstadt des Nordterritoriums, nur 12° südlich des Äquators gelegen und damit weiter von Hobart entfert als Rom von Khartoum. Bis zum Zweiten Weltkrieg war die Stadt ein verschlafenes Nest, seither erlebte sie – trotz zweimaliger völliger Zerstörung (1942 und 1974) – einen stürmischen Aufschwung; Einwanderer aus allen Teilen der Erde strömten hierher. Insgesamt leben heute 47 ethnische Gruppen in Darwin, wobei die Chinesen und Griechen die größten stellen. Das Durchschnittsalter der Bewohner liegt bei nur 35 Jahren. Die ›Territorians‹ – so nennen sich die weißen Einwohner – sind stolz auf ihren hohen Bierkonsum (230 Liter pro Person; zum Vergleich: Bundesrepublik Deutschland 140 Liter) und nennen Darwin die ›Bier-Hauptstadt der Welt‹.

Geschichte

Die ersten überseeischen Besucher am Port Darwin waren wahrscheinlich Chinesen, und auch die Malayen dürften schon seit dem 9. oder 10. Jh. den Naturhafen angelaufen haben. Aber erst die Engländer, die eine Intervention der Holländer und Franzosen fürchteten, unternahmen zwischen 1824 und 1849 verschiedene Siedlungsversuche (1824–29 auf der vorgelagerten Melville Island, 1827–29 an der nordöstlich gelegenen Raffles Bay und 1838–49 am Port Essington, ebenfalls im Nordosten Darwins). Alle drei Versuche scheiterten an dem ungewohnten

Klima, dem Unvermögen, tropische Landwirtschaft zu betreiben und nicht zuletzt an dem starken Widerstand der hiesigen Laragia-Eingeborenen. Der heutige Standort der Stadt wurde 1839 von Leutnant J. Stokes ›entdeckt‹, der mit Darwins ehemaligem Schiff ›Beagle‹ in den Naturhafen einfuhr und ihm den Namen ›Port Darwin‹ gab. 1864–1868 bestand 45 km nordöstlich die kurzlebige Siedlung Palmerston, 1869 erfolgte dann an dem heutigen Platz die Gründung eines kleinen Ortes, der zunächst ebenfalls Palmerston hieß. 1872 wurde bei Pine Creek (südlich des Ortes) Gold gefunden, was zu einem kurzen Goldrausch führte. Die Bevölkerung stieg sprunghaft auf 10 000 Personen an (zumeist Chinesen, nur 500 Europäer), bis 1879 ein Wirbelsturm die Stadt verheerte. Nach dem Ende des Goldbooms versuchte man es erfolglos mit der Perlenzucht und dann mit der Rinderzucht, die jedoch 1921 wegen zu hoher Kosten und langanhaltender Streiks wieder aufgegeben werden mußte. 1937 zerstörte ein erneuter Wirbelsturm viele Häuser. Am 19. 2. 1942 griffen 188 japanische Flugzeuge überraschend die Stadt an (geleitet übrigens von den beiden Kommandeuren der Pearl Harbour-Attacke). Sie trafen auf keinerlei Widerstand: Alle australischen Flugzeuge wurden am Boden zerstört, 22 von 45 Schiffen im Hafen versenkt. Über 200 Australier ließen ihr Leben, viele der Überlebenden flohen in den Süden, die Regierung setzte sich nach Alice Springs ab. Bis zum 12. 11. 1943 sollten 64 weitere japanische Angriffe auf Darwin erfolgen. Zum Schutz vor einer erwarteten japanischen Invasion bauten daraufhin amerikanische GI's mit Hilfe von 1000 (schlecht bezahlten und in Arbeitslager gesperrten) Eingeborenen den ehemaligen Saumpfad zwischen Darwin und Alice Springs (›The Track‹), die einzige Landverbindung nach Süden, in nur dreimonatiger Bauzeit zur Asphaltstraße aus.

Nach dem Kriege wurde es wieder still um die Stadt. Erst als man 1949 bei Rum

Blick auf Darwin

Jungle (südlich) Uran fand (Abbau ab 1953) und bei Humpty Doo (südöstlich) auf über 300 000 ha versuchsweise Reis anpflanzte (ab 1954), gab es erneut einen Aufschwung, der jedoch wiederum kurzlebig blieb: Der Uranabbau (der übrigens ein Gebiet von 100 km² radioaktiv verseuchte) wurde 1971 eingestellt, der Reisanbau bereits 1962 aufgegeben (wegen zu hoher Ernteverluste und weil das für die Bewässerung benutzte Wasser aus dem künstlich angelegten Fogg Dam zu salzig war). Bis heute haben es die weißen Australier im Unterschied zu den Eingeborenen nicht verstanden, im tropischen Norden ihres Kontinentes erfolgreich Landwirtschaft zu betreiben (Ausnahme: Zuckeranbau in Queensland). Alle Lebensmittel (sogar Milch) werden aus dem Süden importiert, worunter natürlich die Qualität leidet und wodurch die Preise sehr hoch liegen.

Am Weihnachtsabend 1974 verwüstete der 300 km/h schnelle Wirbelsturm ›Tra-cey‹ die Stadt. 90% der Häuser wurden zerstört, 65 Menschen starben, 45 000 mußten evakuiert werden. Experten warnten davor, die Stadt, die genau im ›Cyclon Path‹, d. h. dem Weg der meisten Wirbelstürme, liegt, an derselben Stelle wieder aufzubauen, aber niemand hörte auf sie. Es dauerte bis 1976, bevor man begann, neue Häuser zu errichten, da die Regierung in Canberra mit immer neuen Plänen den Wiederaufbau verzögerte. Die Regenzeit 1975/76 mußten die meisten Einwohner in Zelten oder Caravans verbringen. Es gab zwar Vorhaben, die neuen Gebäude zu verstärken und mit Schutzräumen zu versehen, aber noch 1982 fehlte beides bei den meisten Neubauten. Inzwischen ist die Stadt wie ein Phönix aus der Asche neu entstanden; die Bevölkerungszahl liegt höher als je zuvor.

1982 hoffte man, daß die Uranfunde von Jabiru (247 km östlich) und die Anlage eines großen Luftstützpunktes, der von

Australiern und Amerikanern gemeinsam benutzt werden sollte, einen neuen Boom auslösen würden. Die ALP, die seit Anfang 1983 wieder in Canberra regiert, schränkte jedoch den Uranbergbau stark ein und stoppte den Bau des Flugplatzes. Nun setzt Darwin auf Touristen, die von hier aus das nahe Arnhem Land besuchen können.

Darwin genießt den zweifelhaften Ruf, zu den Rassistenhochburgen des Kontinents zu zählen: Bis in die 50er Jahre wurden die Ureinwohner, die in Darwin arbeiteten, nach 20 Uhr außerhalb der Stadt eingeschlossen, und bis 1960 war es gestattet, eingeborene Gefangene am Hals anzuketten (›Dog Collar Rule‹). Um den Eingeborenen die Möglichkeit zu nehmen, nach dem Aboriginal Land Rights Act einen Teil ihres bei Darwin liegenden Territoriums zurückzufordern, wurde am 29.12.1978 (kurz vor Inkrafttreten des Gesetzes) in einer Town Planning Ordinance die Ausdehnung des Stadtgebietes auf 1869 km² beschlossen – d. h. auf die dreifache Größe Londons!

Stadtgliederung und -besichtigung

Darwin liegt auf einer Halbinsel an der Ostküste des Port Darwin, einer tiefen Bucht der Clarence Strait, die siebenmal größer ist als die Bucht von Sydney. Das Geschäftsviertel erstreckt sich zwischen der Fannie Bay und der Frances Bay im Süden des Port Darwin, die Wohnviertel dehnen sich nach Norden bis zur Timor Sea aus. Im Südosten der Stadt soll bis 1990 die Satellitenstadt Palmerston für 86 000 Menschen entstehen.

Das Zentrum von Darwin ist nur klein und bequem zu Fuß zu erkunden. Einen Rundgang beginnt man am besten an der Esplanade unterhalb des *Government House* (Gouverneurssitz von 1889) und des *Old Gaol* (Gefängnis) im Süden des Geschäftsviertels. Beide Gebäude haben alle Stürme und Bomben überstanden. Gegen-

über dem Government House erinnert das *Overland Telegraph Memorial* an die Fertigstellung der 2750 km langen Überland-Telegraphenleitung von Adelaide nach Darwin (22. 8. 1872), die Australien via Java mit Großbritannien verband. Geht man die Esplanade in nordöstlicher Richtung weiter, stößt man auf die *Smith Street.* Der größte Teil der mit blühenden Bäumen bewachsenen Straße wurde jüngst zur Mall (Fußgängerzone) mit Läden, Arkaden, Restaurants und Ruhebänken umgestaltet. Hier befindet sich auch das *Tourist Bureau* des Northern Territory. Über die nach Nordosten führende Bennett St. gelangt man zur Cavenagh St., dem alten *Chinesenviertel.* In der nahen Litchfield St. steht das Chinese Joss House (Tempel; täglich 13–17 Uhr geöffnet). Nun kehren wir über die in südwestlicher Richtung verlaufende Knuckey St. wieder zur Esplanade zurück und folgen dieser nach Nordwesten. Vorbei am *Leichhardt Memorial* (es erinnert an die erste Süd-Nord-Durchquerung des Kontinents) gelangt man zum 1982 begonnenen *Darwin Centre,* einem Performing Arts Centre mit Theater und Ausstellungsräumen, die zusammen 2000 Personen Platz bieten sollen. 250 m weiter folgt der *Doctor's Gully,* wo seit 20 Jahren täglich Hunderte von großen und kleinen Fischen gefüttert werden. In den Wurzeln eines uralten bengalischen Feigenbaums, der bis 1879 hier stand, fanden Arbeiter eine Statue des taoistischen Gottes Shu Lao, die 1432 von einem chinesischen Schiff zurückgelassen worden sein soll (sie steht heute in einem Abstellraum des Museums von Sydney).

1 km nördlich des Geschäftsviertels liegen im Stadtteil Palmerston Gardens die 34 ha großen *Botanical Gardens,* die 1891 von Dr. Maurice W. Holtze mit 28 Gärtnern und 500 chinesischen Kulis angelegt wurden. Sehenswert sind u. a. das kleine, aber ausgezeichnete Museum für Eingeborenenkunst, das Open Air Theatre (Amphitheater) und die Pukamarni-Begräbnispfähle der Tiwi von der Bathurst-Insel

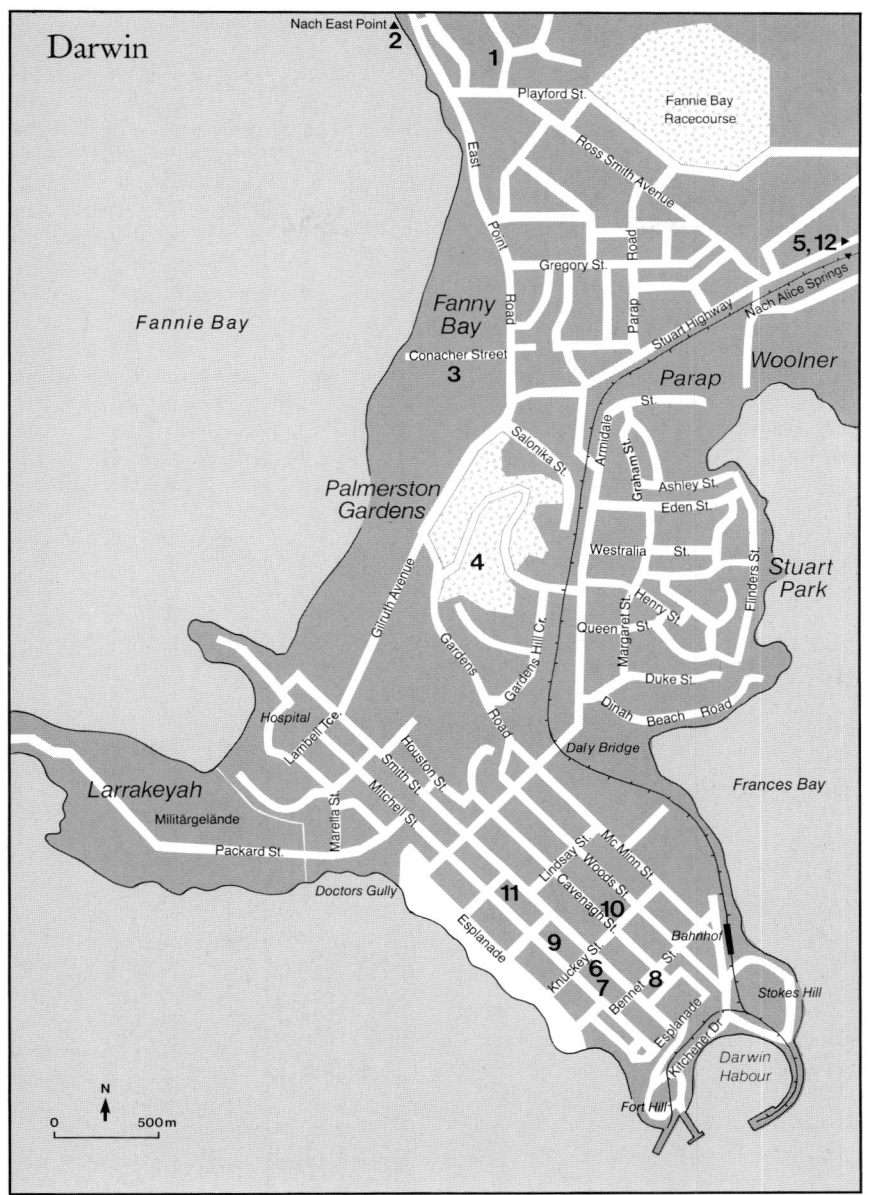

Darwin

Nach East Point ▲
Playford St.
Fannie Bay Racecourse
Ross Smith Avenue
East Point Road
Gregory St.
5, 12 ►
Nach Alice Springs
Stuart Highway
Fanny Bay
Parap
Conacher Street
Woolner
Parap St.
Salonika St.
Armidale St.
Graham St.
Palmerston Gardens
Ashley St.
Eden St.
Westralia St.
Stuart Park
Flinders St.
Griffith Avenue
Henry St.
Margaret St.
Queen St.
Gardens Road
Garden's Hill Cr.
Duke St.
Dinah Beach Road
Hospital
Lambell Terrace
Houston St.
Daly Bridge
Frances Bay
Larrakeyah
Militärgelände
Marella St.
Smith St.
Mitchel St.
McMinn St.
Packard St.
Woods St.
Lindsay St.
Doctors Gully
Cavenagh St.
Esplanade
Knuckey St.
Bennet St.
Bahnhof
Stokes Hill
Kitchener Dr.
Esplanade
Darwin Harbour
Fort Hill

N
0   500m

1 Indo-Pacific Marine Aquarium 2 East Point War Museum 3 Northern Territory Museum of Arts 4 Botanischer Garten 5 Yarrawonga Park 6 Fremdenverkehrsamt 7 Ansett-Terminal und Airlines of Western Australia 8 TAA-Terminal 9 Qantas 10 Greyhound Coach Terminal 11 Automobilclub 12 Jugendherberge

(vgl. S. 241). 500 m westlich des Botanischen Gartens befindet sich an der *Mindil Beach* ein 1983 eröffnetes Luxushotel mit Spielcasino. Die Laragia-Eingeborenen hatten gegen den Bau protestiert, da sich an dieser Stelle ihr uralter Friedhof befindet. Etwa 1 km nördlich steht am Bullocky Point das *Northern Territory Museum of Arts and Sciences* mit melanesischer und südostasiatischer Kunst (geöffnet montags, dienstags und donnerstags 9–17 Uhr, mittwochs und freitags 9–18 Uhr, an Wochenenden von 10–18 Uhr); davor liegt das vietnamesische Flüchtlingsboot ›Thinh Vuong‹ vor Anker.

Weiter nördlich erstreckt sich an der Fannie Bay der *Vestey Beach* (Wasserski, Ausflüge mit Dschunken, schöner Sonnenuntergang). An der Ecke East Point Road und Playford St. am Nordrand des Strandes sehen Sie das berüchtigte *Fannie Bay Gaol* (Zuchthaus, 1883 bis 1979 in Betrieb; geöffnet wochentags 8–13 Uhr nach Anmeldung und 14–15 Uhr ohne Anmeldung). An der nahen Phillip St. beherbergt das *Indo Pacific Marine Aquarium* eine der besten Sammlungen tropischer Meerestiere (geöffnet täglich außer freitags 10–16 Uhr, freitags 13–16 Uhr; Bus vom City Terminal). Über die East Point Road gelangt man nach 2½ km in nördlicher Richtung zur East Point-Halbinsel. Im *Military Museum* an ihrer Spitze erfährt man alles über die japanischen Angriffe auf Darwin und über ein deutsches Kriegsschiff, das im Zweiten Weltkrieg vor Westaustralien zahlreiche alliierte Schiffe versenkte (geöffnet täglich 9.30–17 Uhr).

8 km nördlich der City liegen die besten Wohnviertel Darwins. Man erreicht sie über den Stuart Highway und die im Vorort Narrows von diesem abzweigende Bagot Road (östlich der Kreuzung der Darwin Airport). Der schönstgelegene und teuerste Vorort ist *Nightcliff*. Über die Tower Road gelangt man von hier zur *Casuarina Beach* (6 km). Am Nordende Dripstone Park and Caves) findet sich am Free Beach der einzige FKK-Strand des Nordterritoriums.

Die Umgebung von Darwin

Rund 60 km südlich von Darwin liegt unweit des vom Stuart Highway abzweigenden Arnhem Highway der *Fogg Dam* mit Tausenden von Wasservögeln (Magpie Geese, Jabiru-Störche, Ibisse u. a.) und zahlreichen Wallabies. Unterwegs begegnet man verwilderten Wasserbüffeln (diese sollen 1984 alle getötet werden, weil sie angeblich zu viel Schaden anrichten). Fährt man den Stuart Highway in Richtung Alice Springs weiter, so gelangt man nach 18 km zu den *Cemetery Plains*. Hier und auf den 80 km weiter südlich gelegenen *Marakai Plains* erheben sich rechts und links der Straße Tausende von bis zu 10 m hohen Termitenhügeln (die grauen ›Cathedral Hills‹ reichen bis zu 12 m in die Tiefe und sind bis zu 2 m breit). 22 km süd-

In der Innenstadt von Darwin

lich der Cemetery Plains kann man in *Winnellie* auf der Crocodile Farm zahlreiche Salzwasser- und Johnston-Krokodile sehen, 30 km weiter in *Adelaide River* einen War Cemetery (Gräber der Kriegsopfer von Darwin) und einen Racetrack (im Juni großes Pferderennen). 16 km südlich des Ortes liegen die *Robin Falls* (Wasserfälle).

Nur mit dem Flugzeug oder Booten sind die 80 km nördlich von Darwin gelegenen Inseln *Bathurst* (Nguiu) und *Melville* (Yermalger) zu erreichen. Hier leben 2000 eingeborene Tunu Vivi (Tiwi), die vermutlich von Melanesiern abstammen und bis 1800 kaum Kontakt mit dem Festland hatten. Der größte Teil der ebenen bis leicht hügeligen Inseln wird von Mangrovensümpfen (Krokodile!) und dichten Wäldern bedeckt. Neben Wallabies, Pos-sums und fliegenden Füchsen gibt es hier verwilderte Rinder und Schweine. Die beiden Inseln (gute Strände, aber Haie) sind durch die schmale Apsley Strait voneinander getrennt. Hauptort und Sitz des Tiwi Nguiu Shire Council ist Nguiu an der Shoal Bay. Sehenswert: Kunsthandwerk (Tiwi Pima Art Shop, Textilfirma Bima War, Werkstatt von Tiwi Design, Tiwi Pottery) und das Putajiyali House-Museum in der St. Theresa-Schule (Gebrauchsgegenstände, Jagdwaffen, Kanus, Pukamani-Totenpfähle), wo manchmal auch Pukamani-Korroboris (Tänze) stattfinden. Ein neues Museum in traditionellem Stil (Rundhaus) war 1982 im Bau. Die 1941 errichtete St. Theresa-Kirche, inmitten eines schönen Gartens gelegen, birgt im Inneren ein Tabernakel aus Perlmutt, eine Altardecke und Wände mit Tiwi-Motiven; während des Gottesdienstes wird getanzt.

Verkehr

Ortsverkehr: Busse des Department of Transport and Works ab City Terminal (Harry Chan Ave., Tel. 81 21 50 oder 8 90 62) und vom Casuarina Terminal am Hafen (Tel. 27 94 46). Verkehr nur zwischen Mo und Sa (6–23 Uhr). Mit Maco Tourist Service (63 Smith Std., Tel. 81 66 55) und Chad's Express (Tel. 83 12 35) regelmäßige Abfahrten nach Jabiru, Humpty Doo und zum Kakadu National Park.

Überlandverkehr: mit *Bussen* von Ansett-Pioneer (Knuckey St., Tel. 81 66 42), Greyhound (Cavenagh St., Tel. 81 80 55) und Across Australia Coachlines (Tel. 81 97 33) täglich nach Tennant Creek (11 Std.), Alice Springs (21 Std., außer So Anschluß nach Adelaide) und mit Umsteigen in Three Ways nach Townsville (33–38 Std., Anschluß nach Cairns und Brisbane); außerdem nach Brisbane (54 Std., Di und Sa) und Perth (35½ Std., Do; mit Umsteigen in Port Hedland auch Di und Sa). *Eisenbahn:* Büro der Railways of Australia in der Bennett St. Die seit 1901 geplante Strecke nach Alice Springs wurde 1982 trassiert, durch radikale Kürzung der Geldmittel hat sich das Projekt aber weiter verzögert.

Flugzeug: Flughafen 8 km nordöstlich der City; Coach-Verbindung; außerdem holen verschiedene Hotels – darunter auch die preiswerte Lameroo Lodge – ihre Gäste vom Flughafen ab. Im Terminal Darwin Tourist Promotion Bureau (Broschüren), aber keine Bank. Auslandsflüge nach Bali und Jakarta, Athen, London, Bangkok, Auckland, Brunei und Singapur, Inlandsflüge nach Sydney, Melbourne, Brisbane, Perth, Adelaide und Alice Springs sowie in das Arnhem Land, in die Kimberleys und zu zahlreichen kleineren Orten (auf dem ›Mail Run‹ der Northern Territory Airlines kann man viele davon besuchen).

Schiffahrt: Minghua Cruises nach Bali, Singapur und China. Fähren und Kreuzfahrten durch den Port Darwin und zum Mandorath Beach, Bootsausflüge auf dem Adelaide River und dem Daly River.

Wichtige Adressen

Information: Tourist Bureau, 17 Smith St. (Tel. 81 66 11), geöffnet Mo–Fr.; Automobile Association, 79 Smith St. (Tel. 81 38 37); Aboriginal Legal Service, TG Building, Peel St.; National Aboriginal Council (NAC), Geranium St.; Aboriginal Development Commission (ADC), 55 Knuckey St. (Tel. 81 38 11).

Öffentliche Einrichtungen: Hauptpost Ecke Smith und Knuckey St. (Tel. 80 82 00), geöffnet Mo–Fr von 9–17 Uhr; Polizei: Bennett St./West Lane (Tel. 81 55 55); Ambulanz: Tel. 27 90 00; Nachtapotheke: Darwin Pharmacy, Smith St. (Tel. 81 27 12); Krankenhaus: Casuarina Hospital, Rockland Drive (Tel. 20 72 11); Zahnarzt im Dental Hospital, 48 Mitchell St., City (Tel. 81 96 88).

Ausländische Einrichtungen: German Club, McMillan Road, Berrimah (Tel. 84 38 36).

Unterkunft

Klassifizierte Hotels: ***** Mindil Beach (am gleichnamigen Strand); Telford, Dashwood Crescent; *** Travelodge, 122 Esplanade; ** Asti Motel, Smith St.; ** Don, 12 Cavenagh St.; ** Darwin, Herbert St.; ** Poinciana Motel, Mitchell St.; ** Telford Top End, Mitchell St.; ** Motel Cherry Blossoms, Esplanade; ** Darwin Motor Inn, Mitchell St.; ** Tiwi Lodge, Cavenagh St.

Einfache Hotels: Lameroo Lodge, 88 Esplanade (Swimming Pool); Ross Smith, Parap Road, Parap; Larrakeyah Lodge, 2 Kahlin Ave.; Lim's Rapid Creek, Casuarina Drive; Tracy Tourist Village; Victoria, Smith St.; Kypriano's Guest House, Peel St. **Apartments:** Top Holiday Units, Aralia St., Nightcliff.

Jugendherberge: YHA, Beaton Road, Berrimah, Hidden Valley Road (Stadtbus No. 5 oder 8 oder mit Pioneer und Greyhound-Bussen). Am Lake Bennett (88 km südlich) Hütte.

Camping: Beatrice Tourist Camp, Coconut Grove; Mindil Beach Caravan Park; Nightcliff Caravan Park.

Unterhaltung

Feste: 4. Mai The Beach Carnival; 14. Juni Beer Can Regatta; 13. September Rickshaw Derby. In Lim's Hotel regelmäßig Krebsrennen.

Alice Springs und das ›Rote Herz‹ Australiens

Die riesigen, rotsandigen Wüsten und Halbwüsten des ›Altjira‹ (›Ewiges Land‹ der Eingeborenen) rund um Alice Springs mit ihren uralten, verwitterten Bergzügen, bunten Schluchten und Eingeborenensiedlungen gehören zu den eindrucksvollsten Sehenswürdigkeiten des Fünften Kontinents.

Alice Springs

14 150 Einwohner (1982), Zentrum des ›Roten Herzens‹, in 545 m Höhe 1583 km südlich von Darwin und 1702 km nördlich von Adelaide gelegen, bildet eine Oase inmitten der zerklüfteten und kahlen Macdonnell Ranges. Beste Besuchszeit zwischen Mai und September.

Im Mbunta (›Treffpunkt‹), wie der nur selten Wasser führende Todd River bei den Eingeborenen heißt, auf dem Territo-

Alice Springs, das Zentrum des ›Roten Herzens‹

rium der Koang-Aranda, trafen sich seit undenklichen Zeiten die Aranda mit den Walpiri, Kokatja und anderen Völkern zu Konferenzen und Festen. Einmal jährlich fanden hier Vermehrungs- und Ingkura-(Engwura-)Initationszeremonien statt, zu denen Tausende von Menschen zusammenströmten. Bis 1888 lebten die hiesigen Aranda ungestört von fremden Einflüssen, dann legten weiße Telegrafenarbeiter an der etwas nördlich des heutigen Ortes gelegenen heiligen Quelle Tnurungatja die Telegrafenstation Alice Springs an. 1933 wurde die rund um die Station entstandene Siedlung weiter nach Süden verlegt, und an ihre Stelle trat das berüchtigte Konzentrationslager ›The Bungalows‹, wo viele Eingeborene durch Mord und Hunger ums Leben kamen. Der Aufschwung von Alice Springs begann im Zweiten Weltkrieg, als zahlreiche Bewohner von Darwin hierher flohen und amerikanische GI's mit (unterbezahlten) Aborigines in Rekordzeit den Stuart Highway nach Darwin bauten (vgl. S. 236). Eingeborene durften bis 1960 nicht in der Stadt wohnen. Heute stellen sie zwar 25% der Bevölkerung, ihre Diskriminierung hält aber weiter an: Als Arbeiter bei den wenigen weißen Viehzüchtern erhalten sie nur Hungerlöhne (1982 bekamen viele sogar nur Naturalien als Bezahlung), Schimpfworte wie ›Coons‹, ›Nigger‹, ›Boongs‹ oder ›Black Bastards‹ sind allgemein gängig, in den Gaststätten ›bedient‹ man sie durch ›Hundelöcher‹ im Hinterhof mit billigem Fusel zu überhöhten Preisen, wenn ihnen nicht ohnehin – wie in den meisten Restaurants und Hotels – überhaupt der Zutritt verweigert wird. Polizisten mit vergitterten Hundefängerwagen machen täglich Jagd auf ›herumstreunende‹ Eingeborene, auch Vergewaltigungen von eingeborenen Frauen und sogar ›rätselhafte Todesfälle‹

Aborigines-Wandmalereien in Alice Springs (oben und unten rechts)

(auch im Polizeigewahrsam) sind durchaus nicht ungewöhnlich in der laut Bürgermeister George Smith ›tolerantesten Stadt Australiens‹. Nach Auskunft des Polizeichefs darf man ungestraft zum Massenmord an Aborigines aufrufen. Anfang 1983 trat schließlich das ›Two Mile Law‹ in Kraft, das der Polizei das Recht gibt, alle Eingeborenen aus dem (ihnen heiligen) Todd River-Bett (Mbunda) zu vertreiben. Kein Wunder also, daß viele Aborigines Vergessen im Alkohol suchen. Allerdings schließen sich in jüngster Zeit immer mehr Eingeborene in Selbsthilfeorganisationen zusammen, um für ihre Rechte zu kämpfen.

Stadtbesichtigung: Alice Springs ist eine moderne Stadt, die nur wenige Sehenswürdigkeiten aufweist. Ihre touristische Bedeutung liegt in ihrer Nähe zu den Schluchten und Wüsten des ›Roten Herzens‹. Einen Besuch lohnt besonders die *Yipirinya* (Yeperenye Yeye) *School,* die ›Schule der kleinen Raupen‹, in der die eingeborenen Kinder aus den Ghettos am Rande der Stadt ihre eigene Kultur und modernes westliches Wissen erlernen. Sie wurde bislang u. a. durch ›Brot für die Welt‹ finanziert, da sich die australische Regierung bis Ende 1983 weigerte die Schule anzuerkennen (neuerdings sind Zuschüsse zugesagt). Das Büro der Schule befindet sich in der Elder St. (westlich der Bahnlinie, Abzweigung vom Larapinta

Drive). Daneben hat die Verwaltung des eingeborenen *Tangentyere Council* ihren Sitz. Dieses Gremium baute zusammen mit dem Architekten Julian Wigley Häuser für die über 1000 Obdachlosen von Alice Springs. Im Stadtzentrum verdient außerdem das sehr gute *Centre for Aboriginal Artists and Craftsmen* Interesse (Verkauf von Kunstwerken).

Weitere Sehenswürdigkeiten: *Royal Flying Doctor Service* (geöffnet werktags 9–16.30 Uhr, samstags 9–10.30 Uhr); *School of the Air,* Head Street; *John Flynn Memorial Church,* Todd St. (hier steht das erste Pedalradio, das erst den fliegenden Ärztedienst ermöglichte); *Friedhof* an der Memorial Avenue (Grab des Malers Albert Namtjira); das pompöse *Court House* (Gericht); *Radiostation CAAMA* (FM 102) der Eingeborenen südlich des Traeger Parks; das neue *Casino* (im nahen Bett des Todd River schlafen die Obdachlosen); die heilige *Sadadeen Range* (mit Golfclub und Industrieanlagen); das *Panorama Guth-Museum* im Zentrum (die hiesigen Eingeborenenkunstwerke sind allerdings in verfälschendem Kontext ausgestellt). Am Heavitree Gap im Süden der Stadt liegt das ausgezeichnete *Freilichtmuseum Pitchi Ritchi* (›Durchgang‹), wo der weiße Künstler Bill Ricketts mit sehr viel Einfühlungsvermögen hölzerne Traumzeit-Figuren geschnitzt hat (täglich 9–17 Uhr geöffnet). In der Nähe befinden sich die *Mecca Date Gardens* (Dattelpalmen) und die *Camel Farm* von Noel Fulltarton (Kamelreiten und Kutschfahrten).

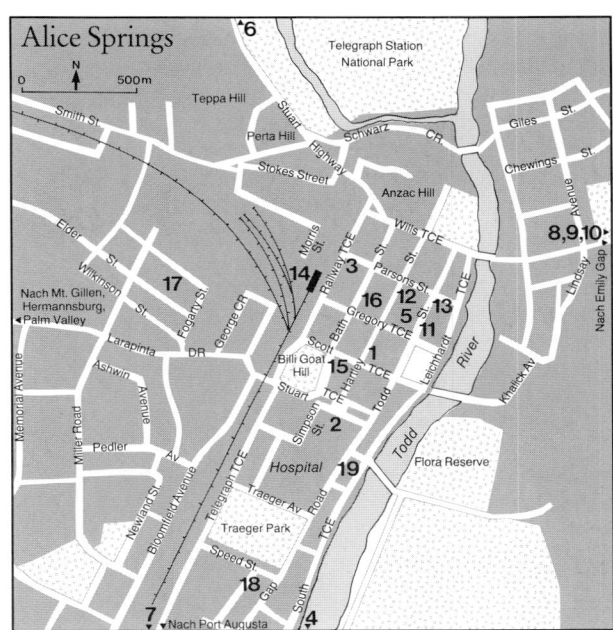

Alice Springs

Umgebung: Beim *Chateau Hornsby* (11 km südlich) wird Wein angebaut (zweites Weingut im Nordterritorium nach Ntaria/Hermannsburg). In der Nähe liegt der *Emily Gap* (Underga) mit Felsmalereien, im nahen Amoongunga werden Kunstwerke der Eingeborenen verkauft. 16 km südwestlich von Alice Springs befindet sich in *Pine Gap* (Codename: Merino) eine Satellitenstation der amerikanischen National Security Agency (NSA).

Verkehr: täglich mit *Bussen* von Ansett und Greyhound nach Darwin und Adelaide (16 Std.) sowie 5× wöchentlich nach Townsville; über Three Ways Anschluß nach Brisbane. *Eisenbahn:* freitags ›Ghan‹ nach Adelaide (über Port Augusta und Port Pirie), seit 1983 mittwochs ›Pacific Ghan‹ nach Sydney (2 Tage). *Flugzeug:* täglich nach Adelaide, Darwin, Sydney, Mt. Isa, Cairns und Perth sowie samstags ›Flying Mailman‹ (Mail Run) zu kleinen Stationen. Zwischen Juli und August Ballontouren über das ›Rote Herz‹.

Information: Tourist Bureau (Todd St.), Aboriginal Legal Aid (54 Bathurst St.), Catholic Church (Father Dobson, Experte für Eingeborenenfragen), Anangu Pitjantjatjaraku (Hartley St., P.O. Box 2584), Central Australian Aboriginal Council (CAAC) und Central Land Council (75 Hartley St.).

Unterkunft: Alice Motor Inn (27 Undoolya Road), Oasis Motel (Gap Road), Telford Alice (Gregory Terrace), Telford Territory Motor Inn (Leichhardt Terrace); mittlere Hotels: Sundowner Lodge (58 Bath St.), Elkira Court Motel (Bath St.), Melanka Lodge (Todd St.), Midland Motel (Traeger Av.), Old Riverside (Todd St.), Red Sands Motel (Khalic St.), Stuart Arms (Todd St.); billige Hotels: Gillen House (78 Memorial Drive), Pines Homestead (Railway Terrace), Toddy's Cabins (41 Gap Road), Left Bank Guest House (6 Khalic St.). Jugendherbergen: YHA (Ecke Todd St. und Scott Terrace), YMCA (Stuart Terrace). Camping: Carmichael Tourist Park (Larapinta Drive, 3 km westlich), Emily Gap Caravan Park (Gap Road, südlich).

Feste: im Mai Bangtail Muster (Rodeo, Pferdeshow, Karneval, Sport), im Juli Aboriginal

Auf dem Weg von Jay Creek zum Standley Chasm

Cultural Show (Kulturfest der Eingeborenen), Ende August Henley-on Todd (Regatta auf dem Trockenen mit 12-m-Yachten).

Das nähere Umland von Alice Springs

… im Osten: Man verläßt Alice Springs auf dem Stuart Highway in südlicher Richtung und biegt am Heavitree Gap (3 km vom Zentrum) nach Osten ab. Vorbei am Emily Gap geht es zunächst zum 48 km entfernten *Corroboree Rock,* wo früher Initiationszeremonien stattfanden. 19 km weiter östlich zweigt eine Nebenstraße ab zum *Valley of the Eagles* (10 km nördlich; großes sandiges Tal mit Horsten von Keilschwanzadlern), zum *Hayes Rock Hole* (Schwimmloch, Picknickplatz, Red River Gums) und zur *Trephina Gorge* (Red River Gums und Ghost Gums, zwischen denen Wallabies und bis zu 2 m lange,

harmlose Perentis-Eidechsen leben). Einige Kilometer nördlich die *Winnecke Gorge* (ehemals Goldfunde), einige Kilometer südlich das Ferienzentrum *Ross River* (1982 geschlossen) und die *N'Dhala Gorge* (30 000 Jahre alte Felsritzungen). Vorbei an der rosafarbenen Bitter Springs Gorge gelangt man von Ross River zum 37 km östlich gelegenen *Arltunga* (ehemalige Goldgräbersiedlung mit guterhaltenen Ruinen).

… im Süden: 88 km südöstlich von Alice Springs liegt die katholische *Sta. Teresa Mission* (Eingeborenenkunstwerke). Von hier aus kann man die alten Felsmalereien von Ooraminna Rockhole (sehr schlechte Piste) und Ewaninga (20 km weiter) besuchen. 100 km weiter südlich erhebt sich aus dem flachen Land der 45 m hohe Sandsteinfelsen *Chamber's Pillar.* Nach einer Legende der Eingeborenen reiste in der Traumzeit Iturkawa, der Vorfahre der

Gecko-Eidechsen, vom Lirambenda (Finke River) durch diese Gegend, tötete viele Menschen und heiratete schließlich eine Frau aus einem falschen Clan. Da wurden die Verwandten der beiden zornig und verwandelten die Missetäter in Felsen: Iturkawa in den Chamber's Pillar, seine Frau in einen kleineren Hügel 500 m nordöstlich. Vom Chamber's Pillar kann man über Idracowra und Horseshoe Bend (61 km südöstlich) zu den uralten Ockerminen *Yellow Queen* und *Yellow King* am Rande der Arunta Desert fahren (92 km weiter östlich). Über die kleine Siedlung Finke (59 km südlich von Horseshoe Bend) geht es nun nach Kulgera am Stuart Highway (145 km westlich). Auf dem Rückweg nach Alice Springs passiert man nach 135 km linker Hand die Abzweigung zu den *Henbury Meteorite Craters.* Der größte der zwölf Krater ist 15 m tief und hat einen Umfang von 180 m, der kleinste, nur wenige Zentimeter tief, durchmißt 6 m.

Verkehr: Busse nur auf dem Stuart Highway, ansonsten Touren, Mietwagen (Allradantrieb)

oder ›Flying Postman‹ (Sta. Teresa, Finke, Indracowra). **Unterkunft:** Hotel und Camping in Kulgera.

... im Westen: In diesem Gebiet, das zumeist parkähnlichen Charakter zeigt (Grasländer mit einzelnen Büschen und Bäumen), befinden sich einige der schönsten Schluchten des Fünften Kontinents. Über Flynn's Grave gelangt man auf dem Larapinta Drive zum *Simpson's Gap* (15 km), einer Oase mit bunten, bis 100 m hohen Felsen, Ghost Gums, Rock Wallabies, Dracheneidechsen, Adlern und harmlosen ›Kinder-Pythonschlangen‹. 27 km weiter westlich liegt inmitten einer reizvollen Landschaft die Eingeborenensiedlung *Jay Creek* (Iwupataka), wo man eingeborene Führer mit Pferden oder Kamelen anheuern kann (auch Bustouren). Besuche lohnen insbesondere das bezaubernde *Rainbow Valley* am nahen Hugh River (7tägige Kamelsafaris von Alice Springs) und der großartige *Standley Chasm,* eine 61 m tiefe, zwischen 5 und 9 m breite Schlucht, die von der Mittagssonne in prächtige Farben getaucht wird. Sehr

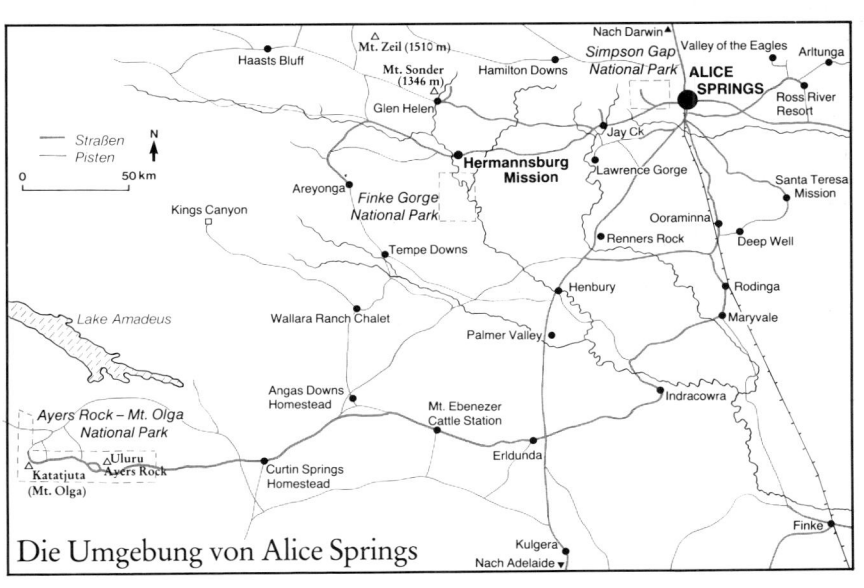

Die Umgebung von Alice Springs

schön ist auch die *Ormiston Gorge* (87 km weiter westlich am Namatjira Drive) mit ihren hohen, bunten Quarzfelsen, tiefen Wasserlöchern und zahlreichen Red River Gums. Auf einer Tageswanderung kann man die flache Ebene des ›Pound‹ durchstreifen (weidende Känguruhs und Wallabies) und über die ›Stiege der Riesen‹ den Bouwman's Gap besuchen.

Ein Stück weiter westlich erhebt sich der 1510 m hohe *Mt. Zeil*, hinter dem das ausgedehnte Siedlungsgebiet der Anmatjira-Aranda, Wenamba, Pintubi, Walpiri und Pitjantjara beginnt (Betreten nur mit Permit gestattet; Auskunft: Central Land Council, Alice Springs). Die wichtigsten Ortschaften sind *Haast's Bluff* und *Papunya*. Die in Papunya lebenden Kukatja sind für ihre bis zu 2000 Jahre alten heiligen Tjurungas aus Holz und Stein bekannt, der Haast's Bluff gilt den Walpiri als Ruheplatz ihrer Traumzeit-Vorfahren. Die in Papunya und Kintore siedelnden Pintubi wurden erst 1932 ›entdeckt‹. Weithin berühmt ist inzwischen die Pintubi Tula Artists Company. Die Künstler malen mit Acryllfarben großartige bunte Bilder, die ihren Ursprung in uralten Sand- und Bodenmalereien haben. Man kann sie u. a. in Perth (Museum) und in Alice Springs (Centre for Aboriginal Artists) bewundern. In der Umgebung gibt es zahlreiche ausgezeichnete Felsmalereien. 11 km südlich der Ormiston Gorge (s. o.) beginnt die 3 km lange *Glen Helen Gorge* mit ihren wie Orgelpfeifen angeordneten hohen Klippen über dem Finke River. Westlich davon sieht man den *Gosse's Bluff*, ein 5 km langes Ringgebirge, das den oberen Rand eines Meteoriten-Aufschlagkraters darstellt. Vor ihrer Mondreise trainierten hier die amerikanischen Apollo-Astronauten.

Hermannsburg (Ntaria): Siedlung der Aranda Ilpma (Ntaria) und Aranda Benderinga, 20 km südlich von Glen Helen (schlechte Piste) bzw. 78 km südwestlich von Jay Creek (asphaltierter Larapinta Drive). Die 1877 von deutschen Luthera-

nern gegründete Mission erhielt am 3. 6. 1982 ihre Selbstverwaltung, um die die Aranda zusammen mit dem Central Land Council lange Zeit gekämpft hatten. Jetzt wohnen sie wie in alten Zeiten unter ihren ›Pmira Kutwia‹ (Clan-Ältesten) in ›Outstations‹, die ähnlich wie israelische Kibbuzim organisiert sind. Die Missionare boten den Aranda zwar einen gewissen Schutz, konnten viele jedoch nicht vor den Kugeln und dem vergifteten Mehl der weißen Viehzüchter und Polizisten retten. Auch sie leisteten einen Beitrag zur Zerstörung der uralten und komplizierten Aranda-Kultur und verstanden es nicht, eine ausreichende medizinische Versorgung zu gewährleisten (so starben etwa zwischen 1926 und 1929 85% der Eingeborenenkinder auf der Missionsstation an Skorbut).

16 km südlich von Ntaria liegt der *Finke Gorge National Park*. Der salzhaltige Finke River, der den Kukatja wegen seines weißen Sandes als Spiegelbild der himmlischen Milchstraße gilt, gehört mit 60 Millionen Jahren zu den ältesten Flüssen der Erde. In den Wasserlöchern leben seit den Zeiten der Dinosaurier Salzwasserfische, an den Ufern gedeihen über 300 Pflanzenarten, darunter ausgesprochen seltene wie die Cycad Palms (Marcozamia maconnellii) und Livistona mariae-Palmen. Sehenswert sind ferner das Natur-Amphitheater, wo die Eingeborenen zwischen den Felsen des ›Old Man‹ und der ›Old Woman‹ ihre Initiations-Feste feierten, und der Sullivan Creek mit uralten Felszeichnungen. 1982 wurden auf dem heiligen Land der Kukatja in Mereenie Öl- und Erdgasbohrungen vorgenommen. Im 60 km westlich gelegenen *Areyonga* (zum Besuch ist ein Permit erforderlich) leben an der Amulda Gorge die Rinderzüchter der Maiulatara-Pitjantjara.

Verkehr: Touren und Mietwagen ab Alice Springs, Flüge auf dem ›Mail Run‹ (Hermannsburg und Papunya), Tankstelle (nur Mo bis Fr) in Hermannsburg. **Unterkunft:** Glen Helen Lodge.

Der Südwesten des ›Roten Herzen‹ mit Ayer's Rock und Mt. Olga

Zwischen der Krichauff Range (bunte Quarzfelsen) im Norden und dem Petermann Creek im Süden ragen die crème- und rosafarbenen Sandsteinfelsen des *King's Canyon* empor. Die 214 m tiefe Schlucht ist dicht bewaldet, mehrere Wasserlöcher laden zum Schwimmen ein. Besonders schön sind der Garden of Eden, die Lost City und die Secret Gardens, ein ›lebendes Museum‹ mit 572 seltenen Pflanzen. Zufahrt über den Stuart Highway und die Wallara Ranch oder von der Finke Gorge (Sandpiste), Unterkunft auf der Wallara Ranch.

Mt. Ebenezer: Viehstation 261 km südwestlich von Alice Springs an der Petermann Road, in der Nähe die Basedow Ranges mit Felsmalereien. Unterkunft in *Erdunda* (Desert Oaks Motel) 56 km westlich.

Mt. Conner: Plateauartiges Bergmassiv 120 km südwestlich von Mt. Ebenezer. Von seiner Spitze (863 m) großartiger Rundblick bis zum Uluru (100 km). Nach einer Legende der Pitjantjara warf der Bumerangwerfer Lingga von hier, dem ›Heim der schrecklichen Eismänner, die kaltes und schlechtes Wetter bringen‹, sein Wurfholz zum Mala-Kultplatz auf dem Uluru. Eine Sandpiste (Permit nötig) führt über *Mulga Park* (60 km, Felsmalereien) weiter ins Land der Pitjantjara (vgl. S. 200).

Uluru (Ayer's Rock): Uluru (›schattenspendender Platz‹), der heilige Berg der Pitjantjara und Yankuntjatjara, ist neben dem Great Barrier Reef die größte Attraktion Australiens. Der 3,6 km lange, 2,4 km breite und 854 m hohe, die Ebene um 348 m überragende Sandstein-Monolith, der wie ein schlafender Riesen-Wal aussieht, ist nach dem Mt. Augustus in Westaustralien (vgl. S. 224) der größte Steinbrocken der Erde. Das Alter des Inselbergs, der das Überbleibsel eines alten Gebirgszuges darstellt, wird auf 500 Millionen Jahre geschätzt. Weltberühmt ist der Uluru wegen seiner je nach Witterung und Sonnenstand wechselnden Färbung. Mittags präsentiert er sich in rostbraun, bei Sonnenauf- und -untergang erglüht er in allen Farben des Regenbogens. Besonders eindrucksvoll wirkt er nach Regenfällen. Am besten läßt man sich die faszinierende Geschichte des Uluru von einem Eingeborenen erläutern (Auskunft im Ranger's Office; hier auch täglich um 10 Uhr Touren und gute Broschüren). Geschaffen wurde der Berg der Sage nach von den Tjukurpa (Traumzeit-Ahnen) aus einer Sanddüne; zu Treuhändern über den heiligen Platz bestellten diese im Namen von 35 Völkern, Stämmen und Clans die Uluritidja. Am 11. 11. 1983 wurde der 1325 km² große Uluru National Park von der Regierung in Canberra an die Eingeborenen übergeben; diese ›leasten‹ ihn an die Weißen.

Am Webo (›Schwanz des Känguruhs‹) kann man den Berg besteigen (gutes Schuhwerk erforderlich). Hin- und Rückweg (1,6 km, davon 335 m sehr steil) sind in 1½ Stunden zu schaffen. (Bei Versuchen, einen Besteigungsrekord aufzustellen – die Bestzeit liegt momentan bei 25 Minuten – gab es übrigens bislang zwölf Tote.) Vom Gipfel bietet sich in der kristallklaren Luft ein phantastischer Blick über die rote Spinifex- und Mulga-Wüste bis zum Katajuta (31 km westlich), dem Attila (100 km östlich) und den Mann Ranges (120 km südlich). Vom Webo aus kann man den Uluru auch umrunden. Unterwegs trifft man auf Höhlen mit Felsmalereien, Owwilitti-Bäume (Akazien), die Höhle Bularri (›Hebammenhöhle‹), die Kudjuk Kundunda-(Halsabschneider-)Höhle, das Mutidjula-Wasserloch (beim Eintauchen ins Wasser soll man vom magischen Gift Arangulta getötet werden; im Ngati-Loch oberhalb des Teiches lebt Kapi Agaiyu Wanambijarra, die heilige Regenbogenschlange), die Lagari (›Höhle des Gelächters‹), Felsmalereien und Ingul-

pi-Pflanzen (die – mit Djunba-Blättern ge-mixt – die durstlöschende Karputa-Droge ergeben), das Djundi-Wasserloch (die Früchte des Arangoolie-Sandelholzbau-mes schmecken ausgezeichnet) und den heiligen Wadugungunni-Platz mit den Kunia-Steinen.

Auf der Südseite des Berges (Wumbulu-ru = ›dunkel, schattig‹) spielen die Legen-den von der Kunia-(Teppichschlangen-) und den Leru-(Giftschlangen-)Leuten. Entlang der Nordseite des Uluru (Djinda-lagul = ›sonnig‹) führt der westlich des Webo beginnende rituelle Erdmutter-Kultweg der Känguruhratten-Männer (Malawadda). Vorbei am Felsüberhang, unter dem sich die Mala (Traumzeitahnen) ausruhen, geht es zum Djungaba-Loch mit

Weißen ›The Brain‹ (das Gehirn) genannten Felsen sind die Fußabdrücke von Kurapunyi. Der letzte Ort auf dem Erdmutter-Kultweg ist Tuppudji (›kleiner Uluru‹), von wo die Eingeborenen bei ihren Festen ›glücklich auf den Ritualplatz blicken‹.

Für die steigende Zahl der Besucher (1981: 80000, davon 60000 Ausländer, davon wiederum 12000 Deutsche und fast 7000 Schweizer) reichen die jetzigen, einfachen Unterkünfte nicht aus (für 1985 rechnet man mit 150000 Touristen!). Deshalb entsteht 12 km entfernt, versteckt hinter Sanddünen, das neue *Yulara Tourist Village,* das Ende 1983 teilweise und Ende 1984 ganz fertig sein soll. Es wird neben Hotels aller Preisklassen und Campingplätzen (insgesamt für 6000 Gäste) ein Aboriginal Historical Museum, ein Aboriginal Arts und Crafts Centre, eine Eingeborenensiedlung mit Wiltja-Häusern und eine Eingeborenenschule umfassen.

Verkehr: Tourbusse von Alice Springs, u. a. Ansett-Pioneer, CATA und (am billigsten) Barry Martens (Mi und So 7.30 Uhr Abfahrt, Mo und Do 14 Uhr Rückkehr). Mitte 1983 war die Straße durchgehend asphaltiert. Flüge von Alice Springs (2× täglich), Adelaide und Perth. **Unterkunft:** Ayer's Rock Chalet (Buchungen: CATA, Alice Springs), Inland Motel (Tel. 52 38 61), Red Sands Motel (Tel. 139), Uluru Motel (Tel. 479), ab Ende 1983 Yulara Hotel. Camping.

Links: Uluru (Ayer's Rock), der heilige Berg der Aborigines; unten: Modell des geplanten Yulara Tourist Village beim Ayer's Rock

der Ejarrajarra-Höhle (hier ruhen die ›immer schlafenden Beutelmaulwürfe‹), zur Putta-Höhle (hier warten die Geisterkinder der Mala auf ihre Wiedergeburt), zur Djudjajabbi (›Höhle der Frauen‹) und der Ngoru-Wohnung des Loonba (rotrückiger Kookaburra-Vogel, der die Mala vor dem gefährlichen Kurapunyi-Hund warnte). Die kleinen Löcher in dem von den

Katatjuta (Mt. Olga): Die 61 kuppelförmigen Katatjuta-(›Viele Köpfe‹-)Berge mit dem 1072 m hohen Pungalung (Mt. Olga) liegen 30 km westlich des Uluru. Bei Sonnenuntergang leuchten sie gelbblau bis violett. Jeder der Katatjuta-Berge hat seine eigene Geschichte. Um den Pungalung, den dahinterstehenden Mudjera (›Rote Eidechse der Sandhügel‹) und die kleineren Mingarri (›Beutelmäuse, die in einem Lager zwischen Mulga-Bäumen spielen‹) rankt sich folgende Legende der Pitjantjara: Die Frauen des Mingarri-Mäusetotems kamen einst aus dem Osten. Eines Tages besuchte sie der Känguruhjäger und Casanova Pungalung, der die Jungfrauen vergewaltigte. Diese verwandelten sich daraufhin in Dingos, die dem fliehenden Übeltäter nachjagten. Um sich zu schützen, trug Pungalung seinen Freund Mudjera auf dem Rücken. Als dieser von den Verfolgern gebissen wurde, sprang er ab (seit diesem Tage sind die beiden Feinde). Schließlich schlug Pungalung den Dingos die Zähne aus. Sie liegen heute als Quarzstücke zwischen den Termitenhügeln.

Auf zum Teil schwierigen Wanderwegen kann man die rotbraunen Katatjuta-Berge besteigen (u. a. die in einer Linie stehenden Wulpa, Ghee, Olga und Liru). Dabei kommt man durch das *Bubia Valley* (Felix Spring, Schlucht), das *Valley of the Winds* und zur *Olga Gorge.* In einigen Höhlen finden sich die Felsmalereien. Die den Aluridja heiligen Höhlen sind Heimat der Regenbogenschlange Wanambi, die im Pungalung wohnt.

Petermann Ranges: In diesem bis zu 1140 m hohen Gebirgszug, der sich bis nach Westaustralien erstreckt, residiert im *Ngura-Camp* der Oberste Rat der Pitjantjara. An verschiedenen Stellen finden sich ausgezeichnete Felsmalereien (so am Butler Dome und an den Forster's Cliffs). Permit erforderlich!

Docker Creek: Kleine Eingeborenensiedlung 220 km westlich von Katatjuta. In der nahen Snake Cave sehr schöne Malereien (Permit erforderlich). 122 km nördlich erstreckt sich der 136,8 km lange und 21,6 km breite *Lake Amadeus,* ein ausgetrockneter Schlammsee mit Salzinseln (Felsmalereien bei Glen Thirsty und Worrill's Pass).

Von Alice Springs nach Norden

… in Richtung Queensland: Von Alice Springs führen der Plenty Highway (Abzweigung 71 km nördlich vom Stuart Highway) und der Sandover Highway (Abzweigung 26 km weiter nördlich) in östlicher Richtung nach Queensland. Bei beiden handelt es sich um Pisten, die nur mit allradbetriebenen Fahrzeugen befahren werden können. Unterwegs gibt es keine größeren Siedlungen und nur wenige Tankstellen (Jervois, Manner's Creek und Urandangi am Plenty Highway). Auf dem Plenty Highway lohnt ein Stop bei der *Dneipa Station* (176 km von der Kreuzung eine 36 km lange Piste in nördlicher Richtung), wo man übernachten und im September/Oktober am ›Mustering‹ der Rinder mit dem Helikopter teilnehmen kann. Ausflüge führen zur pittoresken *Ruby Gorge* und zum *Boxhole Crater,* einem der größten Meteoritenkrater der Erde.

Auf dem Sandover Highway gelangt man 140 km hinter der Abzweigung zur *Utopia Station,* einer von Anmatjira- und Alyawarra-Eingeborenen geleiteten 2044 km großen Viehstation, deren 500 Angehörige 1983 einen ›Freehold Title‹ erhielten. 430 km weiter östlich liegt die von Weißen betriebene *Lake Nash Station,* die im Ruf steht, ihre eingeborenen Arbeiter besonders schlecht zu behandeln.

… in die Tanami Desert: Eine der abenteuerlichsten Routen Australiens führt durch die Tanami Desert von Alice Springs nach Hall's Creek (1000 km, Allradantrieb erforderlich, 1. 11.–31. 3. gesperrt). Einige Veranstalter bieten auch Touren an. Sehenswert: *Central Mount Wedge* (1050 m hoch, 260 km von Alice Springs), *Emu Springs* (Felsmalereien), *Yuendumu* (87 km weiter, Siedlung der Walbiri; in der Nähe Ngama Rock Shelter und Lake White). *Mt. Doreen* (59 km westlich die Ruguri Cave mit Felsmalereien), *Tanami Desert Wildlife Sanctuary* (Naturschutzgebiet mit Känguruhs, Dingos und Vögeln sowie verwilderten Pferden, Eseln und Dromedaren), *The Granites* (200 km westlich, ehemalige Goldmine).

Achtung: die abseits der Route gelegenen Plätze darf man nur mit Genehmigung der Eingeborenen besuchen (Auskunft: Central Australian Aboriginal Council, Alice Springs). **Unterkunft:** Tanami, Rabbit Flat. Tankstellen in Yuendumu, Rabbit Flat, Hall's Creek.

Central North

Zwischen Alice Springs und Darwin liegen mehrere bemerkenswerte Orte. 100 km nordwestlich von Aileron (140 km von Alice Springs) befindet sich unweit des Mt. Leichhardt (1121 m) der kleine Ort *Coniston,* wo 1928 australische Polizisten mehr als 30 Männer, Frauen und Kinder des Walbiri-Volkes ermordeten (eine Royal Commission sprach sie später frei). Über Ti Tree Well (59 km nördlich von Aileron) geht es weiter zum *Central Mt. Stuart* (831 m), der sich in der geographischen Mitte des Kontinents erhebt (jeweils 1600 km zu den Küsten). Hier nahm 1880 John Mc Douall Stuart Besitz von Zentralaustralien. Über Barrow Creek (89 km), die Warrabri-Eingeborenensiedlung (73 km) und Wauchope (37 km nördlich) erreicht man die berühmten, 1500 Millionen Jahre alten ›Devil's Marbles‹ (Yappakulinya; der Legende nach handelt es sich um die Eier der Regenbogenschlange Wanambi). Der nächste Ort ist *Tennant Creek* (115 km), wo bis 1980 Gold- und Kupferabbau betrieben wurde (die Nobles Mine war die größte Tagebau-Goldmine Australiens). Im Oktober 1982 mußte auch das erst 1980 erbaute Schlachthaus schließen, weil von hier aus Fleisch von kranken Tieren oder Känguruhs als ›hochwertiges Rindfleisch‹ in die USA und nach Europa verkauft worden war. Die in der hiesigen Gegend lebenden Warramunga sind nicht nur weithin berühmt für ihre Tänze, Korroboris (Balladen) und Bodenmalereien, sondern auch für ihre kriegerische Vergangenheit (erst 1880 gelang es den Weißen, sich hier festzusetzen). 1983 erhielten die ca. 2200 Warlmanpa- und Kaytei-Eingeborenen 61 700 km² Land als ›Freehold Title‹.

Nördlich von Tennant Creek liegt der nur aus einer Tankstelle und einem Roadhouse bestehende Ort *Three Ways,* ein wichtiger Zwischenstop für die Nachtbusse aus Alice Springs, Darwin und Mt. Isa. Östlich befindet sich eine Siedlung der Warramunga. Dort kann man kunstvolle

Bei den Devil's Marbles im Zentrum des Nordterritoriums

Bodenzeichnungen sehen, die erzählen, wie die Riesenschlange Wollungua aus dem Wasserloch Thapauerlu (Murchison Range) hervorkam. Sie war so groß, daß sie viele Kilometer über Land reisen konnte, ohne den Schwanz aus ihrem heimatlichen Wasserloch ziehen zu müssen. Weiter geht es über den *Attack Creek* (50 km; hier wurde John Stuart 1861 von den Warramunga zurückgeschlagen) und vorbei am meist trockenen Lake Wodds nach Newcastle Waters (250 km nördlich von Three Ways). Hier beginnt der berüchtigte, 224 km lange *Murranji*-(›Todes‹-)*Track* nach Top Springs, wo zahlreiche weiße Stockmen mit ihren Rinderherden verdursteten. Nach Daly Waters und Larrimah folgt *Mataranka* (Thermalquellen, Palmenwäldchen, Friedhof für weiße Pioniere) und dann schließlich das Viehzuchtzentrum *Katherine* (3500 Einwohner). Seine größte Attraktion ist die nahe, wassergefüllte Katherine Gorge, in der sich Krokodile und Barramundi-Fische tummeln (Bootstouren) und wo es Höhlen mit Felsmalereien zu besichtigen gibt (die Jawoyn wollen hier ein Kulturmuseum einrichten). 52 km nördlich stürzen die Kaskaden der Edith Falls in einen Teich, in dem (harmlose) Jonson-Krokodile leben. Im Mini-Shop des Ortes kann man preiswerte und gute Eingeborenenkunst kaufen. Am 2. 10. 1982 geriet Katherine als ›Hauptstadt des Rassismus‹ in die Schlagzeilen der Presse. Grund: der Parlamentspräsident des Nordterritoriums, Les Mac Farlane, führte eine Demonstration von 100 weißen Rassisten an, die sich gegen die Rückgabe von Land an die Jawoyn-Eingeborenen wendete. Selbst die regierungsnahe ›Northern Territory News‹ sprach von einer ›Cowboy-Regierung‹, die das Nordterritorium zum ›Hicksville‹ machen wolle.

Information: Tourist Bureau und Yulngu Association der Eingeborenen in Katherine. **Unterkunft:** Hotels und Campingplätze in Aileron, Ti Tree Well, Barrow Creek, Wauchope,

Die Katherine Gorge

Tennant Creek (hier auch Jugendherberge), Renner Springs, Dunmara, Elliott, Mataranka, Katherine.

Barkly Tableland

Viehzuchtgebiet zwischen dem Stuart Highway und dem Golf von Carpentaria. In der Umgebung von *Roper River* (im Nordteil; 218 km östlich von Mataranka; Angeln, Bootsausflüge) zahlreiche Felsmalereien (u. a. St. Vidgeon, 40 km) und die bunte Sandsteinstadt Ruined City am Phelp River. Nach der Mythologie der Alawa stieg in der Traumzeit die Große Mutter Kunapipi, die aus Indonesien herüberkam, an der Mündung des Roper River aus den Fluten an Land und formte

Land, Tiere, Pflanzen und Menschen. Bei *Borroloola* (ca. 400 km östlich von Daly Waters; Felsmalereien) ist die Ausbeutung von Blei- und Zinkvorkommen geplant. Vom Hafen *Bing Bong* (80 km weiter) kann man zu den mangrovenumsäumten *Sir Edward Pellew Islands* fahren (gutes Angelrevier). Die *Alexandria Station* im Süden des Barkly Tableland ist mit 17 600 km² die größte Viehstation Australiens.

Unterkunft: Hotels in Roper River und Borroloola.

Westlich des Stuart Highway: An der Anson Bay (114 km westlich von Adelaide River) erstreckt sich das *Daly River Wildlife Sanctuary* (Mangroven, Palmen, Krokodile, Büffel, Vögel), südlich davon die *Daly River Aboriginal Reserve* (Permit erforderlich; in Port Keats Kirche mit Rindenmalereien, zahlreiche Felsmalereien). Beiderseits der von Katherine nach Kununurra führenden Straße liegen weitere Plätze mit sehr schönen Felsmalereien, so bei Coolibah, Delamere, Jasper Gorge,

Wandmalerei am Schulhaus von Daly River

Victoria River Downs, Waterloo, Behn River und am Leichhardt Creek.

Unterkunft: Top Springs Roadhouse (106 km von Victoria River Downs).

Wave Hill: Versorgungszentrum am Buchanan Highway (172 km westlich von Top Springs), in der Nähe die berühmte Eingeborenensiedlung *Libanangu.* Die hiesigen Gurindji waren die ersten Ureinwohner Australiens, die eine Massendemonstration gegen die Ausbeutung auf den Viehstationen veranstalteten und schließlich eine eigene Siedlung gründeten. Nach 10jährigem Kampf erkannte die Regierung 1975 ihren Anspruch an. Heute ist Libanangu eine der bestorganisierten Viehstationen des Nordterritoriums. Die Erhebung der Gurindji bildete den Startschuß für ähnliche Aktionen überall im Lande.

zu Auseinandersetzungen um den Bau der Uranstadt Jabiru auf Eingeborenenterritorium.

Kakadu National Park: Einer der sehenswertesten Naturschutzparks Australiens, 247 km östlich von Darwin. Das Gebiet wurde im November 1978 von 20 Eingeborenenvölkern und -clans »dem australischen Volk als Geste der Versöhnung« übergeben, wobei man vereinbarte, daß Eingeborene »maßgeblich an der Gestaltung und an der Führung der Touristen beteiligt werden sollen« (wovon bislang allerdings wenig zu spüren ist). Seine Hauptattraktion stellen die ca. 1000 Felszeichnungen und Malereien dar, die bis zu 20 000 Jahre alt sind und von der UNESCO auf die World Heritage List der wichtigsten Kulturdenkmäler gesetzt wurden. Die schönsten Malereien findet man am

Krokodil im Kakadu National Park

Top End mit Arnhem Land

Der nördliche Teil des Nordterritoriums mit seiner üppigen Flora, vielfältigen Fauna und den großartigen Felsenmalereien wird großenteils von Eingeborenenreservaten eingenommen (nur mit Permit zu betreten; Auskunft beim Northern Land Council in Darwin). Das nach dem Schiff ›Arnhem‹ des Holländers Jan Carstenz (1623) benannte Arnhem Land bildete bis vor 50 Jahren eine Art Festung der Aborigines, die seit langer Zeit enge Verbindungen zu den indonesischen Makassaren unterhielten (diese kamen zum Trepangsammeln hierher). Nach erfolglosen Missionierungsversuchen verschiedener Kirchen verwalten sich die Eingeborenen heute weitgehend selbst und sind zu ihren alten Göttern zurückgekehrt. Ihre Interessenvertretung ist das Northern Land Council in Darwin. In jüngster Zeit kam es zwischen ihnen und der Regierung

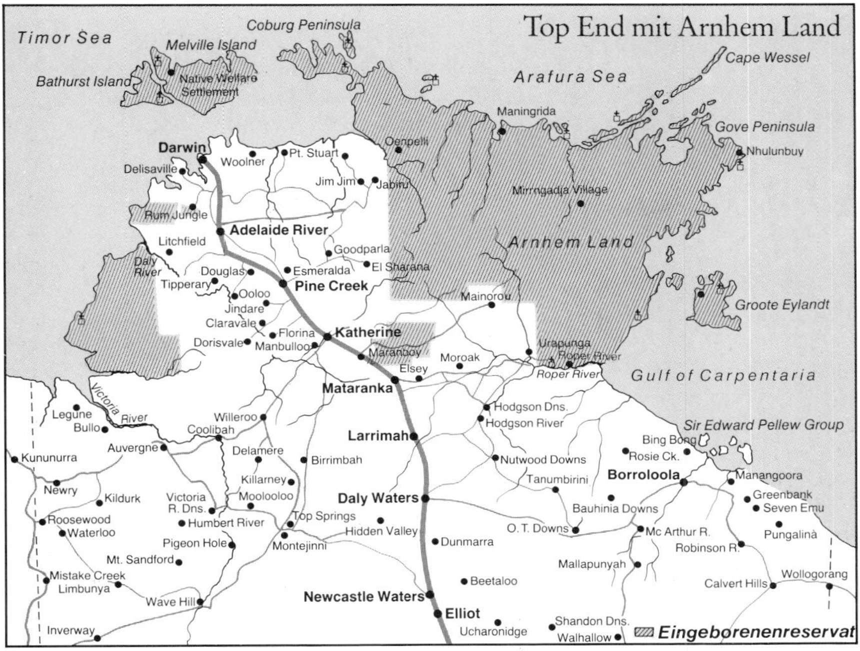

Timor Sea

Coburg Peninsula

Melville Island

Bathurst Island

Native Welfare Settlement

Arafura Sea

Cape Wessel

Maningrida

Gove Peninsula

Darwin

Woolner

Pt. Stuart

Oenpelli

Nhulunbuy

Delisaville

Jim Jim

Jabiru

Mirrngadja Village

Rum Jungle

Adelaide River

Arnhem Land

Litchfield

Goodparla

Daly River

Douglas

Esmeralda

El Sharana

Groote Eylandt

Tipperary

Ooloo

Pine Creek

Jindare

Mainoru

Claravale

Florina

Katherine

Dorisvale

Manbulloo

Maranboy

Urapunga

Roper River

Elsey

Moroak

Roper River

Gulf of Carpentaria

Mataranka

Legune

Victoria

River

Willeroo

Hodgson Dns.

Sir Edward Pellew Group

Bullo

Coolibah

Hodgson River

Bing Bong

Kununurra

Auvergne

Delamere

Larrimah

Rosie Ck.

Managoora

Newry

Kildurk

Killarney

Birrimbah

Nutwood Downs

Borroloola

Greenbank

Victoria R. Dns.

Moolooloo

Daly Waters

Tanumbirini

Seven Emu

Roosewood

Humbert River

Top Springs

Bauhinia Downs

McArthur R.

Pungalina

Waterloo

Pigeon Hole

Montejinni

Hidden Valley

O. T. Downs

Robinson R.

Wollogorang

Mt. Sandford

Dunmarra

Mallapunyah

Calvert Hills

Mistake Creek

Limbunya

Wave Hill

Newcastle Waters

Beetaloo

Inverway

Elliot

Shandon Dns.

Ucharonidge

Walhallow

Eingeborenenreservat

Nourlangie Rock, in den Nagalor Caves, am Obiri Rock (Ausblick), im Deaf Adder Valley und am Cannon Hill. Berühmt sind auch die üppige Vegetation und die artenreiche Tierwelt (u. a. Mangroven, Eukalypten, Wasserlilien, Krokodile, Wasserbüffel, Barramundis; Vogelparadies in der Yellow Water Lagoon bei Cooinda und am Jim Jim Creek). Bei den Jim Jim Falls stehen die mysteriösen Araburo-Steinzirkel, vom Koongarra Cookout herrlicher Ausblick. Empfehlenswert ist außerdem eine Fahrt mit der ›Kakadu Princess‹ auf dem South Alligator River (daneben werden weitere Boots-Safaris angeboten).

Information: Karten, Broschüren und Poster im Ranger Office (dort auch Museum). **Touren:** Empfehlenswert die Darwin Wildlife Tours (Tel. 85 14 96) in Darwin. **Unterkunft:** Cooinda Motel, Jim Jim Creek (von Eingeborenen geleitet; hier auch Guides); South Alligator Motor Inn, Arnhem Highway. Camping (mit Permit) im Nationalpark.

Jabiru: Moderne Siedlung (2800 Einwohner) für die Arbeiter der nahen Jabiru-Uranmine (mit einem Kostenaufwand von 700 Millionen A$ erschlossen). Die Besichtigung der Ranger Uranium Mines (RUM) ist möglich (14%tige deutsche Beteiligung, Reserven: 111 000 Tonnen). Motel 1982 geplant. Weitere Minen: Jabiluka, Koongarra und Nabarlek. Der Uranabbau innerhalb des Nationalparks ist umstritten (die Eingeborenen befürchten die Verseuchung ihrer Fisch- und Jagdgründe durch ungenügend gesicherte Abwasserteiche), seine Zukunft angesichts der neuen Uranexportpolitik ungewiß.

Das östlich gelegene Arnhem Land darf man (bis auf Gove, Groote Eylandt und die Coburg Peninsula) nur mit Permit der Eingeborenen betreten. Wichtigster Ort ist das von Gunwinggu, Mangerr und Kakadju bewohnte *Oenpelli*, wo bis vor einigen Jahren eine christliche Mission bestand. An zahlreichen Plätzen gibt es Felsmalereien (Red Lily Lagoon, Umbalanya Hill, Inagurdurawil, Inyaluk Hill, Mt. Gilruth, Mt. Brockman), in Malangangerr, Nawamoyn und Podahlin fand man 23 000 Jahre alte Steinwerkzeuge.

Coburg Peninsula: Naturschutzgebiet zwischen der Arafura Sea und dem Van Diemens Gulf, wo in der Traumzeit Wuraka, der Gefährte der Schöpfermutter Imberomberra, an Land ging. Am *Port Essington* Reste von malayischen Trepangfischersiedlungen und einer englischen Kolonialniederlassung. Viele verwilderte Wasserbüffel, auf *Croker Island* und *Goulburn Island* verwilderte Ponys und Schweine.

Nordküste des Arnhem Land: Eine von einem Künstler aus *Milingimbi* (Mahurnu-Volk) geschaffene Rindenmalerei ist auf der australischen Ein-Dollar-Note abgebildet. Auf dem *Guyuyu River* (dichtbewaldete Ufer) Bootstouren, an der *Anuru Bay* Reste eines Räucherhauses der Makas-

saren. Die Djinbau am *Arafura Swamp* leben in Baumhütten. Auf der *Elcho Island* finden sich hervorragende Felsmalereien, auf den *Wessel Islands* ausgezeichnete Strände (Marchinbar, Galuwuru und Raragala).

Gove Peninsula: Bei *Yirrkala* (große Siedlung der Murngin) befinden sich die Bauxitminen von *Nhulunbuy* (200 Millionen Tonnen Reserven), gegen deren Ausbeutung die Eingeborenen lange (und vergeblich) kämpften. Sehenswert: Nhulunbuy (Mt. Saunders; herrlicher Blick), Melville Bay (großartiger Naturhafen, Weltraum-Beobachtungs-Station); Pobasso Island, Bremer Island, in der Umgebung die Mulu Lumuru-Höhle (Arnhem Bay). Südlich gibt es mehrere Buchten mit Resten von Trepangfischersiedlungen der Makassaren. Nach einer Legende des Wulamba-Volkes landeten in der Traumzeit am heutigen *Port Bradshaw* die Djanggawul-Schwestern aus dem Land Bralgu im Osten und teilten alle Lebewesen und alle Pflanzen in zwei Jiridja-Klassen ein (über die Reise der Djanggawul gibt es mehr als 500 Liederzyklen). Sehr gute Felsmalereien finden sich im Ngarengadjintia (Jelangbara), Nangaiba und Djungani (Karli Rock).

Groote Eylandt: 4000 km² große Insel im Golf von Carpentaria, Wohngebiet der Ingura (Wanindiljaugwa), Abbau großer Manganvorkommen. Ausgezeichnete Strände, ausgedehnte Mangrovensümpfe, zahlreiche Felsmalereien (Onguruku, Junduruna, Arua Creek, Amalpinda, Dalimbu Bay). Auf der nahen *Winchelsea Island* malayische Gräber und auf der wie eine mittelalterliche Festung aus der See emporragenden *Chasm Island* in 27 Höhlen großartige Felsmalereien.

Verkehr: Flugverbindungen von Darwin in alle Orte; nach Gove und Groote Eylandt auch von Cairns. Allradbetriebene Fahrzeuge können bis zur Coburg Peninsula fahren (Permit erforderlich). **Unterkunft:** in Nhulunbuy Walkabout Hotel und Hideaway Hotel.

Queensland

Allgemeines

Das in der Nordosthälfte des Kontinents gelegene Queensland ist mit 1 728 000 km² (22,5% der Gesamtfläche) der flächenmäßig zweitgrößte Staat des Commonwealth of Australia nach Westaustralien. 1983 lebten hier 2 463 000 Menschen (ca. 16% der Gesamtbevölkerung), davon fast 50% in Brisbane, der im Südosten gelegenen Hauptstadt, die übrigen vor allem in den weiteren Küstenstädten. Das Binnenland ist dagegen fast menschenleer (durchschnittliche Bevölkerungsdichte: ca. 1,4 Einwohner pro km²). Mehr als die Hälfte des Staates liegt in den Tropen. Geographisch gliedert sich Queensland in vier Hauptregionen: in die fruchtbare Küstenregion, die diese nach Westen hin begrenzende Great Dividing Range (zwischen 500 und 1612 m hoch), das westlich anschließende Tafelland und die ganz im Westen gelegenen halbwüstenartigen Ebenen des Great Artesian Basin. Im australischen Winter herrscht geradezu ideales Urlaubswetter, zwischen Januar und April dagegen fällt (vorwiegend in den Küstenregionen, aber auch häufig im Binnenland) zum Teil sintflutartiger Regen.

Über die Torres Strait und die Cape York-Halbinsel im Norden Queenslands dürfte vor etwa 10 000 Jahren die letzte Welle der Aborigines nach Australien gekommen sein, die u. a. den Dingo mitbrachte. In der Folgezeit bestanden enge Handelsverbindungen zu Neuguinea, vermutet werden auch Kontakte mit Polynesiern, Indonesiern und Chinesen. Im 16. und 17. Jh. sollen Portugiesen und Spa-nier die Nord- und Ostküste erreicht haben. Ihnen folgten ab 1606 Holländer. Im August 1770 nahm James Cook auf der Possession Island vor dem Cape York im Namen der britischen Krone Besitz vom östlichen Teil des australischen Kontinents. 1799 fuhr Matthew Flinders an der Küste entlang, 1821 erkundete John Oxley von Sydney aus die Gegend um die Moreton Bay beim heutigen Brisbane. 1824 wurde hier eine Strafkolonie gegründet, die bis 1859 bestand. Dann löste sich Queensland von New South Wales und bildete bis 1901 (Gründung des Bundesstaates) eine selbständige Kolonie, in die nun freie Siedler strömten. 1867 und Ende des 19. Jhs. brachten reiche Goldfunde (Gympie, Charters Towers, Palmer River) den ersten wirtschaftlichen Aufschwung. Nach dem Verebben des Goldbooms wurde ab 1880 Zuckerrohr zur wichtigsten Einnahmequelle.

Ab 1930 und besonders seit Mitte der 60er Jahre begann die industrielle Entwicklung, nachdem man bei Mt. Isa Blei, Zink, Silber, bei Mary Kathleen Uran, westlich von Rockhampton und Mackay Kohle, westlich von Brisbane Erdöl und Erdgas sowie auf der Cape York-Halbinsel (Weipa) Bauxit entdeckt hatte. Nach wie vor bildet aber die Landwirtschaft (Weizen, Zucker, Südfrüchte, Wolle, Rindfleisch) das Rückgrat der Wirtschaft. Große Bedeutung hat in jüngster Zeit auch der Tourismus erlangt. Mit dem Great Barrier Reef, das die Küste auf einer Länge von 2000 km säumt, besitzt Queensland eine der Hauptattraktionen Australiens. Das Korallenriff gehört neben den Ferienzentren Gold Coast, Sunshine Coast, Pro-

Surfing an der Küste des ›Sunshine State‹ Queensland

serpine (Whitsunday Passage) und Cairns zu den beliebtesten Ferienzielen der Australier. Besonders im Juli/August, wenn es in den Südstaaten kühl bis kalt ist, strömen viele Sonnenhungrige in den ›Sunshine State‹. Für Abenteuerlustige sind die Cape York-Halbinsel und der einsame Westen wahre Paradiese.

Brisbane

1 124 200 Einwohner (Greater Brisbane 1983; City 717 170), Hauptstadt von Queensland und drittgrößte Stadt Australiens, bedeutender Hafen und Industriezentrum, 17 km vom Meer beiderseits des Brisbane River auf hügeligem Terrain gelegen (Beiname ›Stadt der 37 Hügel‹). Brisbane hat sich in den letzten Jahren von einem ›häßlichen Entlein‹ zu einer attraktiven Großstadt entwickelt. Obwohl die Stadt kaum sehenswerte Gebäude aufweisen kann, hat sie doch einen gewissen spröden Charme, der den Besucher fesselt. Hier spürt man nicht die Unrast der südlichen Schwestern Sydney und Melbourne. Hinzu kommt ein mildes, subtropisches Klima, das die Anlage schöner Gärten und Parks begünstigt hat.

Geschichte

1823 benannte der erste Weiße in der Gegend, Leutnant John Oxley, den hiesigen Fluß nach dem damaligen Gouverneur von New South Wales, Sir Brisbane. Im folgenden Jahr wurde in Redcliffe (heute Vorort) die Moreton Bay Colony ›für die schlimmsten Verbrecher‹ eingerichtet. Die ansässigen Undanbi und Jagara setzten den Weißen jedoch so zu, daß diese den Ort aufgaben und sich am heutigen North Quay niederließen. Bis 1825 hieß die Siedlung Edenglassie, 1834 erhielt sie den ›Ehrentitel‹ Gefängnisstadt. 1840 wurden die Gefangenentransporte eingestellt, freie Siedler kamen. 1859 avancierte Brisbane zur Hauptstadt der neugeschaffenen Kolonie Queensland, 1925 wurde die City of Brisbane aus der Taufe gehoben.

Heute ist Brisbane eine bedeutende Industriestadt. Rund 60% der queensländischen Betriebe sind hier angesiedelt (u. a. Fleisch- und Obstkonservenfabriken, eisenverarbeitende Industrie, Ölraffinerien, Werften, eine Autofabrik, Textilherstellung). Über den großen Hafen (36 Piers) werden Wolle, Weizen und Mineralsände aus der weiteren Umgebung in alle Welt exportiert. Da der alte Flußhafen (der größte Australiens) ver-

261

Historisches Brisbane: Kinder deutscher Einwanderer in der Schule (Aufnahme um die Jahrhundertwende)

schlammt, entsteht auf der Fisherman's Island an der Flußmündung ein neuer. Auch der International Airport Eagle Farm (8 km östlich der City) soll bis 1986 durch einen neuen Flughafen am Schulz-Kanal ersetzt werden.

Stadtgliederung und -besichtigung

Die schachbrettartig angelegte, verhältnismäßig kleine Innenstadt liegt am Nordufer des Brisbane River auf einer Halbinsel. Sie ist mit den südlichen Vororten durch sieben Brücken und verschiedene Fähren verbunden (eine achte Brücke, die Gateway Bridge, entsteht derzeit an der Flußmündung). Günstigster Startpunkt für einen Rundgang ist die *Central Station* in der Ann St. Über die Edward St. gelangt man nach knapp 150 m zum Queensland Government *Tourist Bureau* (Ecke Adelaide St.). Am südöstlichen Ende der Edward St. beginnen die alten *Botanical Gardens* (20 ha), die sich über fast den gesamten Südteil der City-Halbinsel erstrecken. Am Südwestrand des Parks liegen das *Old Government House* und das

1 Queensland Museum 2 Early Street Historical Museum 3 Newstead House 4 Joss House 5 Flughafen 6 Brunswick Railway Station 7 zum Mt. Co-otha und den neuen Botanic Gardens 8 Roma Street Railway Station 9 Wickham Park mit Old Mill 10 Fremdenverkehrsamt 11 Ansett-Terminal 12 City Plaza mit Town Hall 13 Hauptpost 14 St. Stephen's Cathedral 15 Lone Pine Koala Sanctuary 16 Queensland Cultural Centre 17 South Brisbane Railway Station 18 Ausflugsschiffe 19 State Library 20 Parlament 21 Old Government House

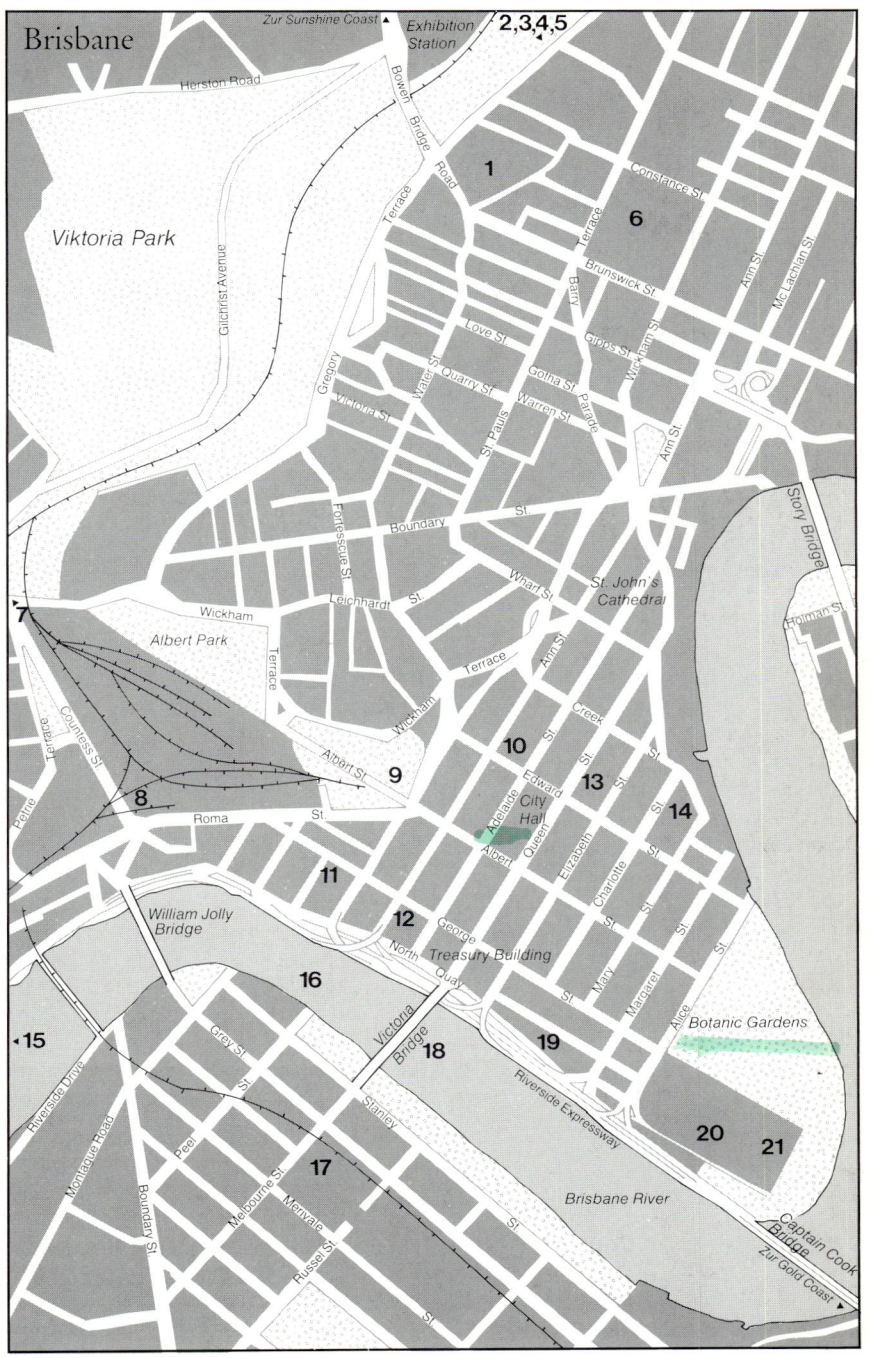

Brisbane

Viktoria Park

Zur Sunshine Coast ▲

Exhibition Station

2,3,4,5

Herston Road

Bowen Bridge Road

Terrace

1

6

Constance St.

Terrace

Brunswick St.

Grichrist Avenue

Love St.

Barry

Gipps St.

Wickham St.

Ann St.

McLachlan St.

Gregory

Water St.

Quarry St.

Gotha St.

Parade

Warren St.

St. Pauls

Victoria St.

Boundary

St.

St.

Story Bridge

Fortescue St.

Leichhardt

St.

Wharf St.

St. John's Cathedral

Ann St.

Holman St.

7

Wickham

Albert Park

Terrace

Terrace

Wickham

Ann St.

Creek

Countess St.

10

St.

Petrie

Terrace

Albert St.

9

Edward

13

St.

14

8

Roma

St.

City Hall

Adelaide

Queen

Albert

Elizabeth

Charlotte

11

12

George

North Quay

Treasury Building

Mary

Margaret

St.

St.

William Jolly Bridge

16

Victoria Bridge

18

19

Alice

Botanic Gardens

?

◄15

Grey St.

Stanley

Riverside Expressway

20

21

Riverside Drive

Montague Head

Peel

Melbourne St.

Merivale

17

St.

Brisbane River

Boundary St.

Russel St.

St.

Captain Cook Bridge

Zur Gold Coast ▼

Fußgängerzone im Zentrum von Brisbane

alte *Parlament* mit seinem in einem modernen Wolkenkratzer befindlichen Verwaltungszentrum. Unterhalb des Gebäudes reihen sich am Flußufer die *Old Government Stores* aneinander (1829, erste Steingebäude der Stadt). Geht man vom Parlament über die William St. in nordwestlicher Richtung, trifft man auf die *State Public Library*. Durch eine Unterführung bzw. Treppen sind von hier aus die Anlegestellen der Ausflugsschiffe zum Lone Pine Koala Sanctuary (vgl. S. 266) zu erreichen. Von der Bibliothek bietet sich ein Abstecher über die Victoria Bridge nach South Brisbane an. Dort sehen Sie unmittelbar am Ufer das neue *Queensland Cultural Centre,* dessen Eröffnung für Ende 1984 vorgesehen ist (einige Abteilungen sind bereits fertiggestellt). Hier entstehen neben einer Art Gallery und einem Museum ein Lyric Theatre und eine Concert Hall mit jeweils 2000 Plätzen, die neue State Public Library, ein Restaurant und Tagungsräume. Etwa 200 m südöstlich liegt an der Stanley Street das *Queensland*

Maritime Museum mit der Fregatte ›Diamantina‹ (geöffnet mittwochs, samstags, sonntags und feiertags 10–16.30 Uhr).

Nun geht es wieder zurück über die Brücke und weiter zur Georg St., wo sich in der No. 135 die *Queensland Aboriginal Creations Gallery* befindet (Sammlung von Eingeborenenkunst, geöffnet werktags 9–16.30 Uhr). Geht man die George St. in nordöstlicher Richtung weiter, stößt man an der Ecke Adelaide St. auf die *City Plaza* (Läden, Cafés). Dahinter erhebt sich der neue MIM-Wolkenkratzer, wo zur Zeit die *Art Gallery of Queensland* mit Werken von Picasso, Degas, Renoir und Toulouse-Lautrec untergebracht ist (geöffnet montags bis donnerstags 10–17 Uhr, freitags 10–21 Uhr, samstags 10–17 Uhr, sonntags 14–17 Uhr). Wir folgen nun der Adelaide St. in nordöstlicher Richtung weiter bis zur *City Hall* mit der Civic Art Gallery (geöffnet werktags 11–16 Uhr) und dem 92 m hohen *Lookout Tower* (Aussicht, Fahrstuhl) am King George Square. Von hier ist es nicht weit zur 1982 ein-

264

gerichteten Fußgängerzone *City Mall* (zwischen Albert und Edward St.). Biegt man am Nordwestende der Edward St. in die Wickham Terrace ein (links), stößt man auf das *Observatorium* von 1829 (alte Windmühle, einst Strafanstalt, heute Museum).

Nun kehren wir zurück zur Central Station und gehen die Ann St. nach Norden bis zur 1901 erbauten *St. John's Cathedral.* Das Deanery (Dekanat) aus dem Jahre 1853 beherbergte das erste Government House.

2 km nördlich der Central Station (Bus via Edward und Water St.) befindet sich an der Ecke Gregory Terrace und Bowen Bridge Road das *Queensland Museum* mit interessanten geologischen und anthropologischen Sammlungen (u. a. mehrere Dinosaurier-Skelette; geöffnet montags bis samstags 10–16.55 Uhr, sonntags 14–16.55 Uhr). Auf der Fahrt durchquert man den Vorort *Spring Hill* mit seinen 100jährigen hölzernen Pfahlhäusern. Im Vorort Newstead (3 km nordöstlich der City) steht an der Jordan Terrace das *Miegunyah Folk Museum* (geöffnet dienstags und mittwochs 10.30–15 Uhr, an Wochenenden 10.30–16 Uhr). Am nahen Breakfast Creek lohnt ein Besuch des *Newstead House* (1846), des ältesten Wohngebäudes von Brisbane, umgeben von schönen Parks (geöffnet montags bis donnerstags 11–15 Uhr, sonntags 14–17 Uhr). Ganz in der Nähe (Higgs St.) liegt das 1884 erbaute *Chinese Joss House,* ein buddhistischer Tempel. 2 km weiter nordöstlich folgt der Vorort *Nundah,* der 1838 als Zion's Hill von deutschen Siedlern gegründet wurde und die Keimzelle der heutigen Stadt Brisbane bildete. Im nahen *Northgate* kann man wochentags die Golden Circle Cannery, eine der größten Obstkonservenfabriken Australiens, besichtigen. 4 km östlich von Newstead steht auf dem Flughafen *Eagle Farm* die dreimotorige Fokker VII ›Southern Cross‹, mit der Charles Ulm und Sir Charles Kingsford Smith am 31. 5. 1928 als erste

Oben: alte Kirche in einem Vorort; unten: Restaurant im Stadtzentrum

den Pazifik überflogen (von Kalifornien nach Australien).

2 km westlich der City kann man im Vorort *Petrie Terrace* zahlreiche guterhaltene Wohnhäuser aus dem 19. Jh. bewundern. 3 km weiter westlich steht auf den Bardon Heights das repräsentative *Government House* (Fernburg House) von 1855, wo seit 1920 die Gouverneure von Queensland wohnen (keine Besichtigung). Von hier gelangt man über die Kaye St. und die Rouen Roud zu den südwestlich gelegenen, 20 ha großen neuen *Botanic Gardens*. Der erst vor einigen Jahren angelegte Park gehört zu den schönsten seiner Art auf dem Fünften Kontinent (geöffnet täglich 9–17 Uhr, Treibhäuser 9.30–15.30 Uhr). Im Park steht das Sir Thomas Brisbane Planetarium, das größte Australiens (montags bis freitags 15.30–19.30 Uhr, an Wochenenden 13.30, 15.30 und 19.30 Uhr Vorführungen). Unmittelbar an den Botanischen Garten schließt sich der fast 1400 ha große *Mt. Coot-tha Forest Park* an mit dem gleichnamigen, 280 m hohen Berg, von dem man einen ausgezeichneten Panoramablick genießt (geöffnet täglich 8.30–17 Uhr, Restaurant). Von hier führt eine landschaftlich reizvolle Straße zum weiter westlich gelegenen *Malala National Park*.

Im Süden der Stadt, in einer Schleife des Brisbane River, steht inmitten schöner Gartenanlagen die moderne *University of Queensland* (erreichbar über den Riverside Expressway und den anschließenden Coronation Drive). Sehenswert sind dort das Anthropology Museum mit Eingeborenenkunst (geöffnet Februar bis Juni und Juli bis Oktober montags, mittwochs und freitags 10–12 Uhr und 13–16 Uhr, samstags 14–16 Uhr) und die John Darnell Art Gallery (Laden für Eingeborenenkunst).

Die Umgebung von Brisbane

Rund 25 km nordöstlich der Stadt erstreckt sich die *Redcliffe Peninsula*, die ›Salatschüssel‹ des Staates, mit mehreren ausgezeichneten Stränden (u. a. Sutton's Beach) und einem Fischereihafen (Scarborough Boat Harbour). Von dort aus bestehen Fährverbindungen zu den Inseln in der Moreton Bay, von denen die *Moreton Island* und die *North Stradbroke Island* die bekanntesten sind (nach North Stradbroke auch Fähre ab dem 30 km südlich von Brisbane gelegenen Cleveland, nach Moreton auch ab Brisbane und Redcliff; außerdem Flüge). Auf beiden Inseln finden sich schier endlose Strände, hohe Dünen und zahlreiche malerische Seen; gelegentlich trifft man auf verwilderte Pferde (Brumbies). Auf der Moreton Island ist an dem 8 km langen Ocean Beach das Tangalooma Holiday Resort entstanden.

Östlich bzw. südöstlich von Brisbane liegen an der *Moreton Bay* mehrere Badeorte mit ausgezeichneten Stränden (erreichbar über die Story Bridge nordöstlich der City). Auf dem Wege dorthin passiert man im Vorort Norman Park das *Earlystreet Historical Village,* ein Dorfmuseum mit alten Bauernhäusern (täglich 10.30–16.30 Uhr geöffnet). Der bekannteste Strandort ist das Ferienzentrum *Manly* (17 km, Segelhafen) mit der vorgelagerten *St. Helena Island,* einer 1867 gegründeten Strafkolonie (Schiffe ab Manly mittwochs, donnerstags und an Wochenenden 10 Uhr). In *Ormiston* (30 km) wurde 1853 die erste Zuckerrohrplantage Queenslands angelegt (Ormiston House, geöffnet zwischen März und November, sonntags 13.30–16.30 Uhr). 3 km weiter südlich liegt der kleine Ort *Cleveland,* im 19. Jh. eine wichtige Hafenstadt, die großenteils einem Brand zum Opfer fiel.

Einer der schönsten Tierparks Australiens ist das *Lone Pine Koala Sanctuary* an der Jesmond Road, Fig Tree Pocket (11 km südwestlich der City, geöffnet täglich außer 25. 12. 9.30–17 Uhr). Die Koalas (mehr als 1000 leben hier) darf man zum Fotografieren auf den Arm nehmen, Känguruhs und Emus fressen den Besuchern aus der Hand und durchwühlen dem ahnungslosen Gast auch die Taschen. Zum Park gelangt man auch mit der Motorbarkasse ›Captain Cook‹ auf dem Brisbane River (täglich 13.30 Uhr, sonntags auch 9.45 Uhr; Abfahrt Hayles Wharf, Victoria Bridge).

Verkehr

Ortsverkehr: in der Innenstadt engmaschiges Busnetz der Brisbane City Council Bus Services; Auskunft und Routenpläne im Public Transport Information Centre (Upper Plaza, City Administration Bldg., Ann St., Tel. 2 25 44 44). Am günstigsten: ›Concession Ticket‹ für die ›Inner City Multi Journey Fare Zone‹ (10 Fahrten). Man kann auch für alle Busse im Stadtgebiet (außer sonntags) ein ›Day Rover‹ kaufen.

Überlandverkehr: mit *Bussen* von Greyhound (79 Melbourne St., South Brisbane, Tel. 44 71 44), Ansett-Pioneer (16 Ann St., Tel. 2 29 44 55), Skennar Enterprises (22 Barry Parade, Tel. 31 11 48), Cobb & Co. (Tel. 22 11 38 55) oder Panther Inter-City Express nach Sydney (17 Std.), Cairns (29½ Std.), Townsville (21½ Std.), Melbourne (31 Std.), Adelaide (33½ Std.), Darwin (54 Std.), Perth, Alice Springs (47 Std.) und zu zahlreichen Orten in Queensland.
Eisenbahn: City Booking Office der Queensland Government Railways, 305 Edward St. (Tel. 2 25 12 44). Es gibt drei Bahnhöfe in Brisbane, die Roma Street Station (Tel. 2 25 10 77) für Züge nach Nord- und West-Queensland, die South Brisbane Station (Melbourne St., Tel. 2 25 18 77) für die Linien nach New South Wales (u. a. Sydney) und die Central Railway Station (Ann St., Tel. 2 25 18 77) für die Vorortbahnen. Täglich bzw. mehrmals wöchentlich Verbindungen mit dem ›Sunlander‹ nach Cairns (zwischen Mai und September auch Touren mit dem ›Daylight Rail Car‹), mit dem ›Capricornian‹ nach Rockhampton, mit dem ›Westlander‹ nach Charlesville, Cunnamulla und Quilpie, mit dem ›Brisbane Ltd. Express‹ nach Sydney, außerdem Linien nach Winton und Mt. Isa via Townsville, nach Ipswich und Toowoomba. 1984 soll eine Bahnlinie nach Beenleigh/Broadbeach (Gold Coast) eröffnet werden.

Flugzeug: Flughafen 7 km nordöstlich in Eagle Farm (Tel. 2 68 95 11), Stadtbus No. 160. Auslandsflüge u. a. nach Auckland, Wellington, Honiara, Hongkong, Singapur, Manila, Tokyo, Port Moresby, London, Los Angeles, Nadi/Fidschi, Port Vila/Vanuatu, Nouméa/Neukaledonien; Inlandsflüge nach Alice Springs, Adelaide, Cairns, Canberra, Coolangatta, Darwin, Hobart, Mt. Isa, Melbourne, Perth, Sydney, Norfolk Island, Lord Howe Island sowie zahlreichen weiteren Orten in Queensland und New South Wales (u. a. zur Stradbroke Island mit Stradbroke Garden Air, Edward St.).
Schiffahrt: acht Fähren vom Nord- zum Südufer des Brisbane River, darunter die Golden Mile Ferry nach East Brisbane. Kreuzfahrten auf dem Brisbane River und der Moreton Bay (Golden Swan Ferry, St. Helena Cruises, Hayles Brisbane Cruises). Von der Redland Bay Autofähren nach Dulwich (North Stradbroke Island).

Sonstiges: Fahrradverleih bei Brisbane Bicycle Hire, 214 Margaret St. (Tel. 2 29 25 91).

Wichtige Adressen

Information: Queensland Government Tourist Bureau, 307 Queen St. bzw. Ecke Adelaide und Edward St.; National Park Service, Ecke Adelaide/George St. (MLC Bldg.); Visitor's Convention Bureau, 82 Ann St.; RACQ-Autoclub, Ecke Ann und Boundary St.; Aboriginal Development Commission (ADC), 294 Adelaide St.; Aboriginal and Islander Legal Aid, 419 George St.
Öffentliche Einrichtungen: Hauptpost Queen St. (geöffnet montags bis freitags 8.45–17 Uhr, samstags 8.45–12 Uhr, für Telegramme und Telefon 24-Stunden-Dienst); Polizeinotruf Tel. 32 04 31; Krankenhaus: Royal Brisbane Hospital (Tel. 2 53 81 11, Notzahnarzt im Dental Hospital, Turbot St.
Konsulate und ausländische Einrichtungen: Honorarkonsulat der Bundesrepublik Deutschland, 289 Queen St. (Tel. 2 217 81 9); The German Club, 416 Vulture St., East Brisbane.

Unterkunft

Klassifizierte Hotels: ***** Sheraton, Ann St. (Eröffnung Ende 1983); **** Lennon's Plaza,

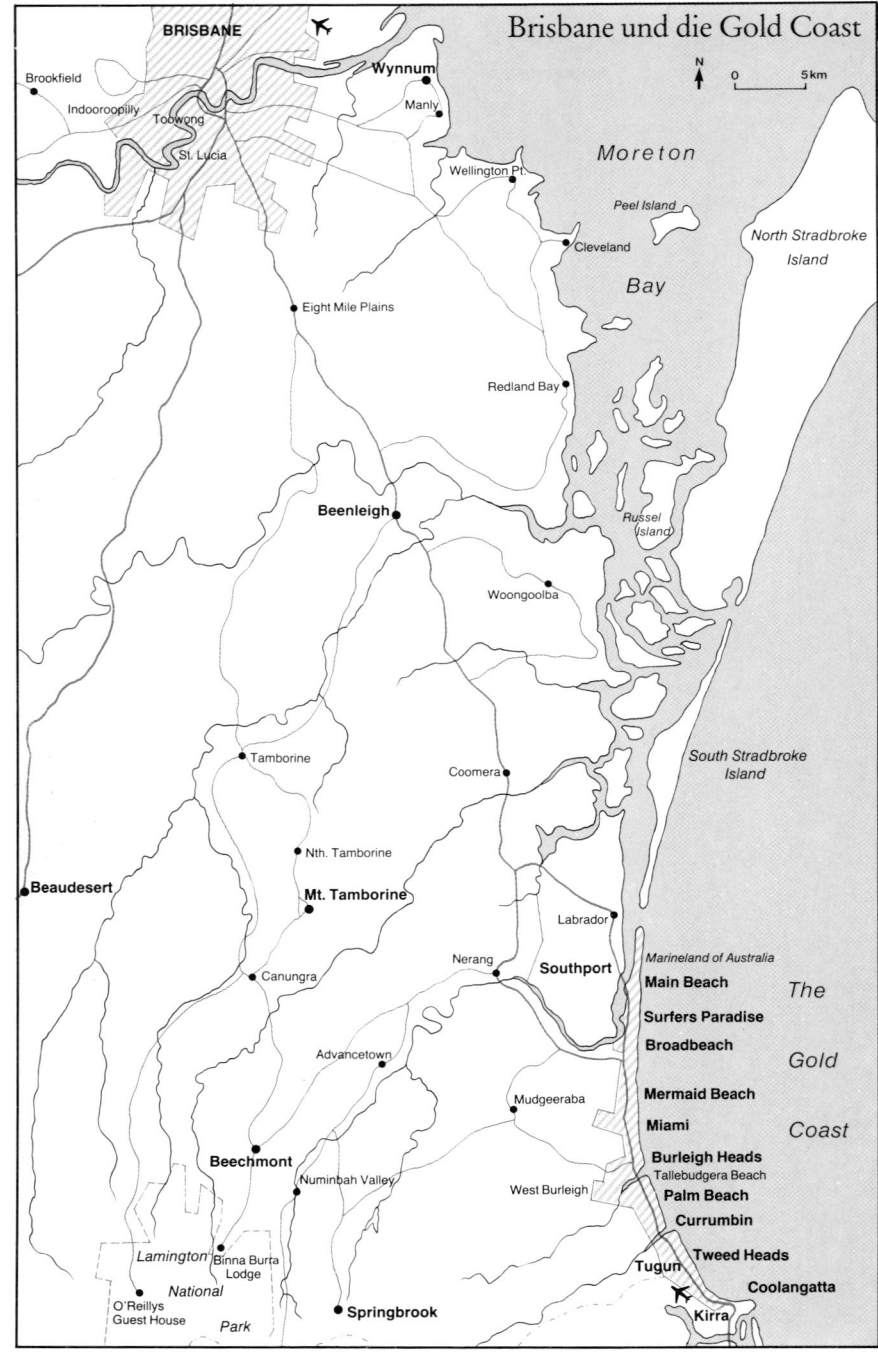

Brisbane und die Gold Coast

Queen St.; *** Crest, Ecke Ann und Roma St.; Gateway Inn, 85 North Quay; *** Gazebo Motel, 345 Wickham Terrace; *** Parkroyal Motel, Ecke Adelaide und Albert St., *** The Ridge Motel, Leichhardt St.; *** Motel Zebra, 103 George St.; *** Motel Albert Park, Gregory St.; ** Motel Regal, Alice St.; ** Hacienda, Brunswick St.; ** Motel Soho, 333 Wickham Terrace; * Tourist, 555 Gregory Terrace; * Majestic, George St.

Einfache Hotels: Marr's Private, 34 Tank St.; Mornington Private, 527 Gregory Terrace; Palace Guest House, Ann St.; Ruth Fairfax House (nur weibliche Gäste), 89 Gregory Terrace; Canberra, Ann St.; Peoples' Palace, Ann St.; Bellevue, Botanic Gardens; Her Majesty's, 193 Queen St.; Grosvenor, George St.; Eden Guest House, Ecke Wharf/Adelaide St.

Apartments: Yale Apartments, 413 Upper Edward St.

Jugendherberge: YHA Hostel, 15 Mitchel St., Kedron (8 km, Bus 172 Chermside von Adelaide St. bis Stop 27 A), Büro 262 Queen St.; YMCA, 444 Ann St.; YWCA, Elizabeth House, 263 Enoggera Road, Newmarket. Weitere Jugendherberge bei Woody Point (30 km nordöstlich, Zug und Bus via Sandgate), Übernachtungen auch bei Adventure Club, 1 Annie St., Kangaroo Pt.

Camping: Murarie Hawthorne Road Caravan Park (10 km östlich); Carina Caravan Park, Creek Road, Carina; zahlreiche weitere.

Unterhaltung

Nachtleben: mehrere Jazz- und Folkclubs, Discos und Rock-Kneipen, besonders im Fortitude Valley. **Feste:** Queensland Festival of Arts (alle 2 Jahre); im Juli Doomben Ten (Pferderennen); Ende September Warana-Festival.

Die Gold Coast und ihr Hinterland

178 800 Einwohner, beliebtestes Urlaubszentrum Australiens mit 21 Stränden, die jährlich von 3 Millionen Sonnenhungrigen besucht werden; 100 km südöstlich von Brisbane gelegen. Von Brisbane kom-

In einem Schwimmbad der Gold Coast

mend (Pacific Highway), passiert man auf dem Weg zur Gold Coast zunächst *Beenleigh* (40 km) mit seiner Rum-Distillerie (montags bis freitags 10.30–12.30 Uhr und 14.30 Uhr Führungen) und der nahen Butterfly Farm (Schmetterlingszucht). Eine Nebenstraße führt von hier zu den 24 km südlich gelegenen *Tamborine Mountains* (Regenwälder), die wiederum 33 km von Coomera am Pacific Highway entfernt sind. Nächster Ort ist *Southport* (18 km), das Eingangstor zum ›Cardboard Miami‹ Goldküste mit seiner Wolkenkratzerkulisse. Sehenswert: Dreamworld (Vergnügungspark mit sechsstöckiger Filmleinwand), Sea World (Haie, Delphine, Wasserski-Ballett), Bird Life Park (Vogel-Revue). Danach folgen bis zur Staatsgrenze mit New South Wales auf 61 km Länge die Badeorte *Surfer's Paradise* (sehr guter Strand, Wachsfigurenkabinett), *Nobby's Beach* (mit 335 m hoch gelegenem Sky Terrace Restaurant, zu dem ein Sessellift

Gold Coast: Blick von Surfer's Paradise auf Southport (oben), der Strand von Surfer's Paradise (unten) . . .

... Surfer (oben rechts), Wasserrutschbahnen, eine beliebte Attraktion des Ferienparadieses (unten)

führt), *Miami* (Museum geplant), *West Burleigh* (Fleay's Fauna Reserve, einer der besten Tierparks Australiens), *Currumbin* (Fütterung von wild lebenden Vögeln um 10, 16.30, 18.30 Uhr), *Kirra* (Natureland Zoo) und *Coolangatta* (sehr guter Strand, herrlicher Ausblick von Terranorra und Bilambil im Westen des Ortes). Der nächste Ort (Tweed Heads) liegt bereits in New South Wales (während der Sommerzeit Uhr eine Stunde vorstellen!). In *Broadbeach* soll 1986 ein Casino eröffnet werden.

Von Coolangatta aus kann man die verschiedenen überaus reizvollen, zwischen 17 und 50 km westlich gelegenen *Nationalparks* (Numimbah Valley, Springbrook Plateau, Lamington National Park) besuchen (ausgedehnte Regenwälder, Schluchten, Wasserfälle und reiche Flora und Fauna).

Information: in Surfer's Paradise und Coolangatta Tourist Bureau. **Unterkunft:** in Surfer's Paradise **** Apollo Inn (88 The Esplanade), *** Motel Bahia (The Esplanade), * Silver Sands und einfaches Ambassador's Inn; in Southport ** Marine Parade Motel und Bellevue Youth Centre, in Burleigh Heads ** Gregory Motel und einfaches Park Hotel; in Coolangatta Beach House; im Lamington National Park Binna Burra Lodge, O'Reilly's Green Mountain und Jugendherberge Lost World. In allen Orten zahlreiche Ferienhäuser. Camping: Zahlreiche Plätze an der Goldcoast und in den Nationalparks.

Die Darling Downs und der Granite Belt

Die Schwarzerde-Ebenen der Darling Downs (72 520 km²) gehören zu den fruchtbarsten Gebieten Australiens (vor allem Weizenanbau, im Granite Belt auch Wein- und Steinobstkulturen).

Toowoomba: 57 543 Einwohner, Hauptstadt der Darling Downs, Handels- und Touristenzentrum, in einer ›Schüssel‹ (Mulde) gelegen. An den Alleen der Garden City stehen alte Kolonialhäuser (breite Veranden, schmiedeeiserne Gitter). Im September ›Carnival of Flowers‹. Sehenswert: Botanical Gardens, Queen's Park, Garden of History (Bäume aus Israel und der Türkei), Laurel Bank Park (japanische Pflanzen und ›Duftgarten‹ für Blinde), Mt. Lofty (Ausblick).

Umgebung: Fährt man den Warrego Highway nach Osten, passiert man das Wasser-Therapiezentrum *Helidon* (16 km) und erreicht nach 100 km die Kohlestadt *Ipswich* (30 km von Brisbane) mit dem sehenswerten Incinerator Theatre (Architekt: Canberra-Erbauer Burley Griffin). 45 km nordöstlich von Toowoomba liegen der schöne *Crow's Nest National Park* (Wasserfälle, im September Wildblumenparadies) und der anschließende *Ravensbourne National Park* (zahlreiche Vögel). Über Oakey (westlich von Toowoomba) gelangt man zum *Jondaryan Woolshed* (47 km, Museum Schafscherer-Demonstration) mit dem nahen *Brookvale Park* (Koalas).

Information: Tourist Bureau (241 Margaret St.), RACQ-Autoclub (176 James St.). **Unterkunft:** in Toowoomba *** Allan Cunningham Motel (802 Ruthven St.), *** The Zacks Telford (554 Ruthven St.), * Vacy Hall, (136 Russell St.) und einfaches White Oaks Motel (Margaret St.), in Ipswich Motel Northside und Coronation Hotel, in Jondaryan Jugendherberge. Mehrere Campingplätze in Toowoomba und Jondaryan.

Warwick: 9500 Einwohner, Agrarzentrum, ›Rosen- und Rodeo-Hauptstadt‹ Australiens, 87 km südlich von Toowoomba. Berühmte Gestüte (Lyndhurst, Canning Downs). Sehenswert: Leslie Park, Doll Museum (Puppen aus aller Welt), Viehmarkt (dienstags), Schafmarkt (mittwochs). Ende Oktober findet ein berühmtes Rodeo statt.

Umgebung: 10 km westlich liegt der *Blackfellow's Knob National Park* mit dem

Leslie Dam (Stausee). Von der nahen *Rosenthal Station* zog Ludwig Leichhardt 1844 nach Port Essington/Darwin (4800 km). 31 km südöstlich der *Queen Mary Falls National Park* (Wasserfälle, Regenwald, Felsen-Wallabies, viele Vögel), 100 km südwestlich (Richtung Inglewood) die *Warroo Station*, wo 1844 die erste Vieh- und Schafstation und Weizenfarm Queenslands gegründet wurde.

Information: Information Centre, Palmerin St. **Unterkunft:** *** Bukaroo Motor Inn (88 Wood St.), ** Centre Point Motor Inn (32 Albion St.), einfaches Horse and Jockey Hotel (Palmerin St.), Jugendherberge (6 Palmerin St.). In der Umgebung Cherribah Mountain Resort. Mehrere Campingplätze.

Stanthorpe: 3900 Einwohner, Obst- und Weinbauzentrum 60 km südlich von Warwick. Museum, im April Apple Blossom and Grape Festival. Südlich der Stadt liegen mehrere Weingüter (Rumbalara Vineyards und Fletcher 16 km, Angelo's und Ballandean 19 km). In *Eukey* (20 km südlich) interessantes Solar Village (Sonnenenergie-Anlage), südlich davon die Red Rock Gorge (152 m hohe Granitwände) und Bald Rock (1280 m, drittgrößter Monolith Australiens), weitere 6 km südlich Girraween National Park (Granitfelsen, Wildblumen, Wasserfälle).

Information: Tourist Bureau (Marsh St.), Büro auch in Wallangarra. **Unterkunft:** Boulevard Hotel, Zebra Motel, Campingplätze in Stanthorpe, Severnlea und in den Nationalparks.

Dalby: 8879 Einwohner, Weizen- und Wollzentrum 75 km nordwestlich von Toowoomba. Im Ortszentrum erinnert das Cactoblastis Monument an den gleichnamigen australischen Kaktusfalter, der die Region von der Tiger Pear (Feigenkaktee) befreite. Diese war Anfang des 20 Jhs. aus Uruguay eingeführt worden und hatte bald ein 240 000 km² großes Gebiet unfruchtbar gemacht. Umgebung: *Jimbour House* (27 km nordwestlich, 1844 und 1848 Rastplatz von Leichhardt).

Information: Tourist Informatin Centre (137 Cunningham St.). **Unterkunft:** *** Myall Motel (Drayton St.), ** Motel Dalby (31 Drayton St.), * The Gallery Inn (128 Drayton St.), einfaches Commercial Hotel.

Kingaroy: 4931 Einwohner, Agrarstadt auf fruchtbarem roten Vulkanboden (Erdnußplantagen), Wohnsitz des queensländischen Premiers Bjelke-Petersen. Umgebung: 45 km südwestlich erstreckt sich der 13 000 ha große *Bunya Mountain National Park*, eines der schönsten Wandergebiete des Staates. Früher veranstalteten hier die Eingeborenen alle drei Jahre ihre Bunya Pine Festivals, zu denen angeblich bis zu 20 000 Besucher gekommen sein sollen.

Information: Tourist Centre (128 Haley St.). **Unterkunft:** *** Holiday Motel (175 Youngman St.), ** Hotel Kingaroy, (Knight St.), in den Bunya Mountains Rices Retreat und Mowbulian Guest House.

Sunshine Coast und Central Coast

Rund 60 km nördlich von Brisbane beginnt die bis zur Tin Can Bay reichende, 161 km lange Ferienzone der Sunshine Coast. Sie ist ruhiger und für europäische Besucher sicher attraktiver als die südlich gelegene Gold Coast.

Caboolture: Kleine Agrarstadt 54 km nördlich von Brisbane. Vor der Küste (20 km östlich) liegt die *Bribie Island*, ein Naturschutzgebiet (zwischen August und Dezember Wildblumenparadies) mit Brandungsstränden (u. a. bei Woorim) und einer Künstlerkolonie. 18 km nördlich von Caboolture erheben sich die steilen, legendenumwobenen *Glasshouse Mountains* (bis 556 m), die klangvolle Namen tragen wie Beerwah, Coonowrin, Beerburrum, Tibberoowuccum, Tunbubudla, Ngungun, Coochin, Tibrogargan, Miketeebumbulgeirai und Elimbah. Der eindrucksvollste Blick auf die Berge bietet sich von der bei Landsborough (36 km nördlich von Caboolture) in Richtung Westen führenden Straße nach Mary Cairncross.

Unterkunft: in Caboolture Motel Caboolture, auf Bribie Island *** Bribie Island Koolmara Resort, ** Bellara Motel und Godolphin Court. Campingplätze in beiden Orten.

Zwischen Caboolture und Noosa: *Caloundra* (23 km östlich von Landsborough) ist ein Anglerparadies (Boote), *Mooloolaba* (16 km weiter nördlich) besitzt hervorragende Strände (Wellenreiten), ein Angelzentrum und einen Yachthafen. In dem beliebten Strandbad *Maroochydore* (10 km nördlich) kann man die Gallery of Sand Paintings von Bert Kemp besuchen, in *Buderim* (10 km südwestlich) die einzige Ingwerfabrik Australiens sowie in *Nambour* (15 km nordwestlich) eine Macadamia-Nut-Factory, die Moreton Central Sugar Mill und die Sunshine Plantation für Ananas und Bananen (6 km südlich: Lorenbahn für Touristen). 18 km südwestlich von Nambour beginnt der noch weitgehend unberührte *Kondalilla National Park* (große Regenwälder, steile Felsen, Wasserfälle, Bäche). Fährt man von Maroochydore an der Küste entlang nach Norden (Zufahrt auch von Nambour), so gelangt man über Coolum (11 km) und die *Peregian Beach* (4 km weiter, ausgezeichnete Strände) nach Noosa Heads (17 km weiter, s. u.).

Information: in Mooloolaba Tourist Bureau (Alexandra Parade), in Buderim Tourist Board (106 King St.). **Unterkunft:** in Caloundra *** Wandalua Motel und ** Palm Breeze Motel, in Mooloolaba ** Headland Motel, in Maroochydore *** Coachman's Motel, ** Lanham Lodge und * Motel 4 Moon, in Buderim *** Buderim Inn und * Pine Park Motel, in Nambour *** Motel Koala und ** Motel Midway, in Coolum ** Clansman Motor Inn und ** Coolum Beach Motel. Jugendherberge in Maroochydore, zahlreiche Campingplätze in allen genannten Orten.

Noosa: Einer der schönstgelegenen Badeorte Australiens zwischen dem Pazifik, einem bewalteten Vorland und dem Noosa River, 150 km nördlich von Brisbane bzw. 17 km von Coolum. Internationale Atmosphäre, ausgezeichneter Strand (Wellenreiten). Ein schönes Wandergebiet ist der Noosa Heads National Park am Ortsrand (großartiger Ausblick, Eukalyptus- und Regenwald, Heide, Grasbäume, Pandanuspalmen, Koalas, Wallabies und viele Vögel). Auf dem Nordufer des Noosa River beginnt der große Cooloola National Park mit den 35,2 km langen Teewah Coloured Sands (74 verschiedenfarbige Klippen, sehr guter Strand). Die Klippen entstanden (so die einst hier lebenden Kabi), als der Regenbogen Tierawah und der Windgeist Burwilla miteinander um die hübsche Murrawar kämpften. Der Regenbogen zerbarst dabei in winzige Teilchen, den farbigen Sand. Die Kabi benutzten ihn zur Körperbemalung (in Noosa und Tewantin kann man ihn in kleinen Fläschchen kaufen). Nach der Lesart der Geologen wurde der Sand (Silikon, Feldspat, Rutil) vom New England Tableland (New South Wales) ins Meer gespült und durch die Strömung nach Noosa gebracht.

In *Tewantin* (5 km westlich von Noosa) lohnen Besuche des House of Bottles (21 Myles St., täglich 9–17 Uhr geöffnet; Flaschen aus 2000 Jahren und 8,5 m hoher Bierflaschenturm) und des House of Shells (22 Gympie St., täglich 9–17 Uhr geöffnet; Korallen, Muscheln, farbenprächtige Sandmalereien).

Verkehr: Fähren von Tewantin über den Noosa River (Autoverladung, nur allradbetriebene Fahrzeuge!), Bootstouren von Tewantin, Noosa und Noosaville, auch Touren zu den farbigen Stränden und in den Nationalpark. Am Elanda Point im Park Kanuvermietung. **Information:** Information Centre in Noosaville (Weyba Road) und in Noosa Heads (Hastings St.).

Unterkunft: in Noosa *** Castaway Motel (5 km südlich), *** Pine Tree Resort (Hastings St.), ** Bailey's Motel (Main Road), ** Noosa

Gardens Motel (Main Road), ** Palm Tree Lodge (Gympie Terrace), * Uncle's Lodge (Natasha Ave.), einfaches Laguna Bay Hotel (Hastings Road), Apartments (Attunga Court, 27 Attunga Heights). In Tewantin ** Noosa Lakes Motor Inn (Hilton Terrace) und * Royal Mail Hotel (Poinciana Ave.). Camping: The Banksia Caravan Park (David Low Hwy., Noosa Heads). Mehrere Vermieter von Hausbooten.

Gympie: 12 000 Einwohner, Agrarzentrum (Ananasplantagen) am Mary River, 59 km nordwestlich von Tewantin am Bruce Highway. 1867 begann hier ein Goldrausch (das gelbe Metall rettete Queensland vor dem Bankrott), 1909 gab es bereits 51 Bergwerke (größtes: Scottish Gympie mit 45 km langen Stollen). Im Gympie Historical Museum ist die Nachbildung eines Goldbergwerkes zu sehen.

Umgebung: 60 km östlich die Künstlerkolonie *Tin Can Bay* und der schöne *Rainbow Beach* (22 km langer Stand, 170 m hohe farbige Klippen, Fähre vom Iskip Point zur Fraser Island, s. u.). 182 km nordwestlich vom Gympie (Burnett Highway) liegt die ›Orangen-Hauptstadt‹ Queenslands, *Gayndah* (im Juni Apfelsinenernte).

Information: Tourist Information Centre (Bruce Hwy.). **Unterkunft:** in Gympie *** Golden Gate Motor Inn, ** Fox Glenn Motel, ** Gympie Motel (alle Bruce Hwy.), in Gayndah ** Manda Inn, in Rainbow Beach *** Mikado Motor Inn und ** Rainbow Motel. Mehrere Campingplätze in Gympie, Gayndah, Rainbow Beach, Tin Can Bay.

Maryborough: 21 000 Einwohner, Agrarzentrum 89 km nordöstlich von Gympie im Hervey Bay-Distrikt. 1865 Anlage der ersten Zuckerplantage mit Sklavenarbeitern aus der Südsee. An der Wharf St. mehrere historische Häuser (u. a. Court House), hübsche Parks (Queen's Park, Elizabeth Park) und Gärten, auf der Ululah Lagoon schwarze Schwäne. Ferner ein Music Museum (alte Instrumente) und in der Hauptstraße eine portugiesische Kanone von der Insel Mabuiag (vgl. S. 299).

Umgebung: 34 km nordöstlich erstreckt sich an der *Hervey Bay* auf 11 km ein von Familien und Anglern bevorzugtes Feriengebiet mit schönen Stränden. Zwischen 1863 und 1912 wurden hier mehr als 12 000 Kanakas (Südseeinsulaner) ›angelandet‹, (auf dem Polsen Cemetery bei Scarness Kanaka Memorial und Gräber von Tausenden von Sklaven). 1982 terrorisierte ein Ku-Klux-Klan eingeborene Familien. Im *Urimbirra Park* Fossilien und im *Paraweena Park* Fütterung von wilden Papageien (täglich 7.30 und 16 Uhr), in *Urangan* Neptune's Coral Cave (Aquarium) und vor der Küste *Woody Island* (Schutzgebiet für Kaninchen und Ziegen, Leuchtturm).

Vor der Küste (10 km östlich) liegt die 184 000 ha große, dicht bewaldete *Fraser Island*, die größte Sandinsel der Erde (die höchste Düne ist 244 m hoch). In dem herrlichen Wander- und Wassersportgebiet finden sich menschenleere Strände, bunte Klippen, Süßwasserseen (bis 61 m tief), 200 Vogelarten, Beuteltiere und 2000 verwilderte Pferde (Brumbies). Besonders sehenswert: Lake Wabby (2000 Jahre alte Bäume), Rainbow Gorge (farbiger Sand in einer Art Mondlandschaft), Eli Creek (Pandanuspalmen), 74 Mile Beach (Wrack der 1935 gescheiterten ›Maheno‹), Lake Bowaraddy (Schildkröten), der kristallklare Lake Mc Kenzie, Hidden Lake und Lake Coomboo (Wildblumen), Satinay Scrub (riesige Kauri-Bäume), Woongoolbyer Creek (bunte Regenwaldschlucht, seltene Agipteris-Baumfarne, Palmen), die farbenprächtigen Sand-Cathedrals.

Information: in Maryborough Tourist Bureau (116 Oven St.), in Torquay Hervey Bay Town Coucil (Bideford St.).

Unterkunft: in Maryborough *** Motel Parkway (188 John St.), ** Hotel Royal (Kent St.), * Motel Granville (Cambridge St.), einfache Susan Homestead (Bay Road) und City Motel (138 Ferry St.), Jugendherberge (YHA, 125 Aldridge St.). An der Hervey Bay: in Scarness *** Sunseeker Motel, ** Scarborough Motel und * Sea Breeze Motel, in Torquay ***

Motel Playa Concha, ** Motel Centre Point, Moggy Guest House und Jugendherberge (Torquay Youth Park Log Cabins). Auf Fraser Island: Dilli Village Camp (8 km südlich von Eurong), in Eurong Fishing Tours Cabins, in Happy Valley Beachon Lodge, Happy Bay Resort und Boom Crest Units, in Marloo Bay Orchid Beach Island Village (teuer). Mehrere Campingplätze in Maryborough, Torquay, Urangan, Fraser Island (hier kostenlos an ›The Cathedrals‹ mit Permit des National Parks Service, Bundaberg oder Maryborough).

Bundaberg (›Bundy‹): 33 000 Einwohner, Handelszentrum mit Hafen, Zuckerfabriken, Rum-Destillerie und Gärtnereien, 67 km nördlich von Maryborough am Burnett River. Breite Straßen mit tropischen Bäumen. Im 19. Jh. arbeiteten auf den hiesigen Zuckerplantagen melanesische Sklaven, dann Einwanderung zahlreicher Deutscher. Sehenswert: Im Buss Park Denkmal für Bert Hinkler, der 1928 den Alleinflug London – Australien unternahm, interessantes Museum (geöffnet dienstags und freitags 10–15 Uhr). Im ›Nought's Around the World‹ (186 Barolin St. täglich geöffnet) Nationalkostüme aus vielen Ländern. Für Gartenfreunde: Bauer's Nursery, Ashfield Road (Juni bis November). Die Besichtigung der Millaquin Sugar Co. Mill in der Whitrad St. ist möglich (dienstags und freitags 13 Uhr Führungen).

Umgebung: vom ehemaligen Vulkan *The Hummocks* (10 m westlich, 96 m hoch) großartiger Ausblick. Bei *South Kolan* (20 km westlich) liegen 28 sogenannte ›Mystery Craters‹ (Herkunft unbekannt).

Information: Tourist Information (184 Bourbong St.). **Unterkunft:** *** Acacia Motor Inn (248 Bourbong St.), ** Checkmate Butterfly Motel (238 Bourbong St.), ** Motel Kalua (Hinkler Av.), * Motel Matilda (Bourbong St.), * Ramble Inn, einfache Lyelta Lodge (8 Maryborough St.). Camping: Finemore Park Caravan Park (Quay St.).

Gladstone: 20 000 Einwohner, einer der wichtigsten australischen Exporthäfen (jährlich 2 Millionen Tonnen Aluminium und 3 Millionen Tonnen Kohle) am Naturhafen Port Curtis, 228 km nördlich von Bundaberg. Auf der Facing Island im Port Curtis fand man 1853 ein wahrscheinlich spanisches Wrack, auf der Nachbarinsel Curtis Island wollten die Australier die Einwohner der Insel Nauru ansiedeln, deren Land sie beim Abbau von Guano zerstören. Die größte Aluminium-Raffinerie der Erde wurde Mitte 1982 am Rarsons Point am Südrand der Stadt eingeweiht (Besichtigung nach Voranmeldung möglich).

Umgebung: Bei *Moura* (180 km westlich) Kohlengruben (Tagebau mit dem größten Kohlebagger der Erde; 10 Stockwerke hoch, 66 000 Tonnen schwer; er kann auf einmal 198 Tonnen ›auf die Schippe‹ nehmen).

Verkehr: Helikopter und Schiffe zur Heron Island (vgl. S. 281), Postboot zu den kleinen Inseln des Port Curtis. **Information:** Tourist Office (Town Hall). **Unterkunft:** *** Arkana Motel (Agnes St.), *** Telford Motor Inn, ** Motel Queens (beide Goondoon St.), * Motel Port Curtis (Toolooa St.), einfaches Grand Hotel (Goondoon St.). Camping: Auckland Caravan Park, Dawson Hwy. (westlich).

Rockhampton (›Rocky‹): 53 000 Einwohner, ›Beef Capital‹ Australiens und Mittelpunkt der Region Central Coast, 141 km nördlich von Gladstone am Wendekreis des Steinbocks gelegen (14 km südlich kennzeichnet ein Denkmal am Bruce Highway den Beginn der Tropen). Hunderte der einst hier lebenden Darambal wurden getötet oder verschleppt (u. a. nach Fraser Island). »Die Küstengebirge und die Flußtäler waren von ausgebleichten Skeletten übersät« (so ein Chronist). Sehenswert: an der Quay Street im Ortszentrum Holzhäuser aus dem 19. Jh. (Palmengärten), im nahen Central Park Regenbogen-Fontäne (32 Farben), weiter die Queensland Art Gallery (montags bis freitags 10.30–16 Uhr geöffnet), das Walter Reid Cultural Centre, das Gangalook Museum und das Gem and Mineral Centre.

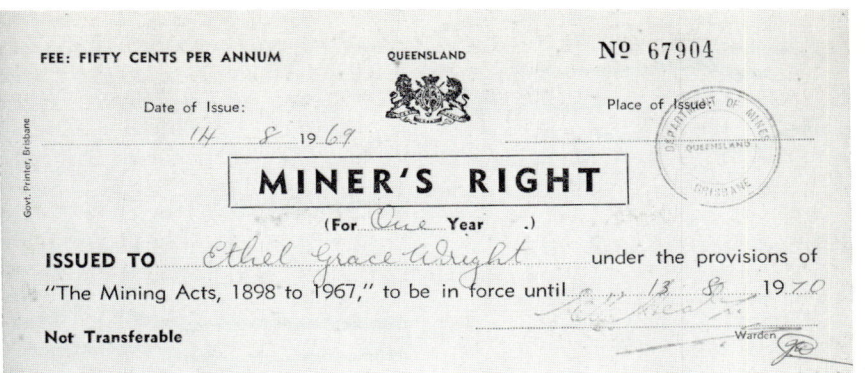

Miner's Right des Staates Queensland

Überragt wird die Stadt vom 600 m hohen Mt. Archer (Panoramablick). Am westlichen Ortsrand liegen in der Athleton Range die reizvollen Botanical Gartens (Palmen, Bougainvilleas, kleiner Zoo).

Umgebung: Der Burnet Highway führt in das 34 km südwestlich gelegene *Mt. Morgan,* eine Gold- und Kupferbergbaustadt (Historical Museum). Der Krater der Mine – der zweitgrößten ihrer Art auf der Erde – hat einen Durchmesser von 800 m, ist 274,2 m tief und am Boden 267 m breit (Besichtigung montags bis freitags 9.30–13.30 Uhr). Über den von Rockhampton nach Longreach führenden Capricorn Highway erreicht man *Emerald* (276 km westlich), in dessen Umgebung es große Rubin- und Saphirvorkommen gibt. Hunderte von Glücksrittern leben in den Wildwestsiedlungen von *Anakie* (44 km westlich), *The Willows* (weiter westlich), *Rubyvale* (20 km nördlich von Anakie), *Sapphire, Tomahawk Creek* und *Glenelva.* 1934 fand ein Schuljunge in Anakie den ›Star of Queensland‹-Saphir, der einen Wert von 500 000 DM hat und sich heute im Weißen Haus in Washington befindet. Als Tourist kann man sein Glück mit einem ›Miner's Right‹ der Polizei versuchen. Vorsicht beim Kauf von Steinen auf dem Gelände (in den Großstädten sind sie oft billiger!).

Verkehr: Schiffe von Rockhampton zur Great Keppel Island (vgl. S. 281). Mit dem Country Air Service (Tel. 27 27 33) Flüge zur Heron Island und zum Riff. **Information:** Tourist Bureau (119 East St.), Aboriginal Development Commission (6 East St.), Autoclub RACQ (134 William St.), Aboriginal and Islander Co-op Society (über Eingeborene).

Unterkunft: in Rockhampton *** Duthies Leichhardt Hotel (Bolsover St.), *** Ambassador Motor Inn (Yaamba Road), ** Motel A1 Rocky (134 Gladstone Road), ** Highway Motel (209 Musgrave St.), * Saleyards Motel (Gladstone Road), * The Lodge Motel (100 Gladstone Road), einfache People's Palace und Scariff Hotel, Jugendherberge (YHA, 60 Macfarlane St.). In Anakie Gemfield's Hotel and Sunrise Cabins, in Emerald The Emerald Meteor Hotel, in The Willows Gem Air Village (Kabinen). Camping: in Rockhampton Boonyal Park (Bruce Hwy.), weitere Plätze in Anakie, Emerald und The Willows.

Zwischen Rockhampton und Mackay:

An der *Keppel Bay* (43 km nordöstlich von Rockhampton, Abzweigung vom Bruce Highway) erstrecken sich mehrere gute Strände (Yeppoon, Emu Park). 40 km nordöstlich entsteht der neue *Byfield National Park.* 1982 kämpften die Armee (sie unterhält hier ein Dschungelkampf-Trainingslager), der Millionär Lan Hancock (er will hier einen Hafen für den Braunkohlenexport bauen) und Naturschützer um das Gelände. 30 km nördlich von Rockhampton (Bruce Highway) kann man die *Olson's Capricorn Caves* besuchen (Kalksteinhöhlen, unterirdische Bäche, ehemals Korallenriff). In der Nähe liegen die 500 000 Jahre alten Cammoo Caves (Führungen durch beide Höhlensysteme täglich 9.30–15.30 Uhr).

Verkehr: Schiffe von Emu Park, Yeppoon und Rosslyn Bay zur Great Keppel Island (vgl. S. 281). **Unterkunft:** in Yeppoon Strand Motel, Railway Motel, Surfside Motel und Jugendherberge (Youth Camp, Cooee Bay), Campingplätze in Emu Park und Yeppoon.

Mackay: 21 500 Einwohner, ›Zucker-Hauptstadt‹ Australiens (acht Zuckerfabriken, die 1982 6,9 Millionen Zucker produzierten), 267 km nordwestlich von Rockhampton. Moderner und attraktiver Ort mit breiten, baumbestandenen Straßen. Sehenswert: Sugar Bulk Terminal (der größte der Erde!), Queen's Park (Orchideenhaus), Teddy Bear Museum (600 Teddies; täglich außer sonntags geöffnet), Forbes Art Gallery und Taiwanese Junk (konfisziertes taiwanesisches Fischerboot, Tourist Centre). Vom Mt. Bassett und vom Mt. Oscar am Ortsrand Panoramablick. Schöne Strände: Town Beach (3 km nördlich), Illawong Beach (5 km nördlich), Eimeo Beach (14 km nördlich; vom Eimeo Lookout herrlicher Blick auf den Hillsborough Channel mit seinen vielen kleinen Inseln; Mangrovenwald).

Umgebung: 37 km südlich von Mackay kann man in *Sarina* eine große Zuckermühle besichtigen. 4 km östlich von Sarina befindet sich am *Hay Point* die größte Kohleverladerampe der Erde. Sie wird gespeist von dem ausgedehnten Kohlegebiet um die Stadt *Moranbah* (184 km südwestlich von Mackay). Zu besichtigen sind dort die Goonyella Mine (dienstags 13.30 Uhr; Förderung 1980/81 rund 4,3 Millionen Tonnen) und die Peak Downs Mine (donnerstags 10.30 Uhr). Rund 120 km südlich von Moranbah wurde 1981 die modernste australische Kohlenmine

German Creek eröffnet (Beteiligung der Ruhrkohle AG), die ab 1983 jährlich 4 Millionen Tonnen Kohle exportieren soll. Für 1985 ist die Eröffnung einer Passage durch das Riff vorgesehen, die die Fahrt der Kohlefrachter von Hay Point um 832 km verkürzt.

125 km nordwestlich von Mackay (Peak Downs Highway bis Nebo und dann nach Norden fahren) erstreckt sich die malerische *Elphistone-Schlucht*. Fährt man auf dem Bruce Highway von Mackay in nördlicher Richtung, so gelangt man über *The Leap* (11 km; hier sprang vor 100 Jahren eine Frau vom Volk der Juipera auf der Flucht vor weißen Mördern mit ihrem Baby in den Abgrund) zum 34 km weiter nordöstlich gelegenen *Cape Hillsborough National Park* (Regenwälder, einsame Strände an der Hibiscus Coast, zerklüftete Klippen, am Andrew's Point riesige Muschelhaufen von Eingeborenenfesten und uralte Fischfallen). Von Springcliff (5 km nördlich) Blick auf die romantische *Newry Island*.

Verkehr: Kreuzfahrten zum Riff und mittwochs, samstags und sonntags von Seaforth zur Newry Island. **Information:** Tourist Bureau, River St., RACQ-Autoclub, 214 Victoria St. **Unterkunft:** *** Coral Sands Motel (44 Mac Alister St.), *** Gorries Motel (186 Nebo Road), ** Caravilla Motel (Mc. Alister St.), ** Bona Vista Motel (Bruce Hwy.), ** Mia Mia Motel (Nebo Road), * Hotel Mackay (Victoria St.), Jugendherberge (Tropical Caravan Park). Chalets, Holiday Flats und Motels u. a. in Eungella, Moranbah und am Cape Hillsborough sowie auf der Newry Island. Camping in Mackay (Beach Caravan Park, Petrie St.), Bucasia, Cape Hillsborough, Kuttabul, Eungella National Park (Permit vom Ranger).

Proserpine: 3300 Einwohner, Zentrum der Coral Coast und ›Gateway‹ zum Great Barrier Reef, 131 km nördlich von Mackay. Zuckerrohranbau und Rinderzucht bilden neben dem Tourismus die Grundlagen der Wirtschaft. Am Slaughter Camp (Lethebrook) wurden im 19. Jh. zahlreiche Eingeborene von Weißen ermordet. Später ließen sich hier ›Squatter‹ nieder und bewirtschafteten mit Sklaven (Südseeinsulaner, Chinesen) die Zuckerplantagen. Eine Besichtigung lohnt die Proserpine Sugar Mill (zwischen Juli und November montags bis freitags 11 und 14 Uhr Führungen).

Umgebung: Rund 20 km östlich von Proserpine liegt an einem steinigen Strand der neue, als ›Goldküste des Nordens‹ gepriesene Ferienort *Airlie Beach*. Einige Hotels veranstalten ›Toad races‹ (Krötenrennen). Sehenswert: die Mandalay Coral Gardens (täglich 9–17 Uhr geöffnet, Information über das Riff, Sammlung von Korallen, tropischen Fischen und Muscheln) und die Brigantine ›Golden Plover‹ des Kölner Gert Jacoby (täglich außer montags um 9.15 Uhr Kreuzfahrten durch die Whitsunday Passage). Vom 20 km südlich gelegenen *Conway National Park* bei Cannoval bietet sich ein großartiger Blick auf die Whitsunday Passage, vom nahen *Shute Harbour* fahren (zumeist täglich 9 Uhr) Ausflugsschiffe zu den vorgelagerten Whitsunday Islands (Vorsicht vor Schleppern; viele Schiffe fahren nicht zu den angegebenen Zielen, die Preise variieren stark, chaotische Zustände vor der Abfahrt).

Verkehr: ab Airlie Beach und Shute Harbour Kreuzfahrten zum Great Barries Reef. Information: in Proserpine Tourist Office (Town Hall), in Shute Harbour privater Kiosk am Hafen (Broschüren), in Airlie Beach Mackay-Whitsunday Tourism Coucil (schwer zu finden). Vorsicht: In der Hauptstraße von Airlie Beach gibt es mehrere Geschäfte mit dem ›I‹-Zeichen. Sie bieten jedoch nur ihre eigene Ware an und sind keine offiziellen Verkehrsbüros.

Unterkunft: in Proserpine *** Motel A and A, ** Motel Astro (beide Bruce Hwy.), * Erlando Tourist Resort, einfaches Plaza Lodge (9 Hinschen St.), in Airlie Beach *** A Airlie Beach Motel (Shute Harbour Road), ** Tropic Isle Motel, ** Whitsunday Motel (Shute Harbour Road), ** Waterview Lodges, Ferienzentrum Wanderer's Paradise, einfache Barrier Reef Views (Begley St.) und Airlie Beach Hotel, Apartments (Airlie Coral Waters Holiday Units) und Jugendherberge (Cool Palms Youth Camp, Mandalay Point Road). In Cannonvale Malohini Motel und Apartments (Cannonvale Villas), in Shute Harbour Coral Point Lodge und Motel Shute Harbour. Camping in Proserpine (The Pine, Bruce Hwy.), Airlie Beach und Shute Harbour.

Das Great Barrier Reef

Vor der Küste von Queensland – von der Mündung des Fly River (Papua-Neuguinea) bis zum Swain's Reef östlich von Gladstone – erstreckt sich über eine Entfernung von 2012 km das größte Korallenriff der Erde. Seine 2500 Einzelriffe bedecken eine Fläche von 378 700 km² (Bundesrepublik Deutschland: 245 274 km²). Der überwiegende Teil des ›Greatest living Thing of the World‹ (heute überwiegend Nationalpark) reicht bis in 300 m Tiefe und ist bis 15 000 Jahre alt. In der bis 60 m tiefen, sandigen Lagune zwischen Küste und Outer Reef liegen mehr als 700 Cays (Koralleninseln = von Sandablagerungen bedeckte Riffteile) und Festlandinseln (Reste einer versunkenen Bergkette). Während die flachen Cays nur eine spärliche Vegetation aufweisen, sind die bergigen Festlandinseln mit tropischem Urwald bedeckt. Die Entfernung zwischen dem steilen ›Outer Reef‹ und der Küste mit ihren niedrigen Saumriffen variiert von 15 km im Norden bis 400 km im Süden. Zwischen dem Cape Melville und Cairns bildet das Riff eine fast durchgehende Barriere (Ribbon Reef), die zum Meer hin bis zu 2000 m tief abfällt.

Erbauer der Riffs sind winzige Korallenpolypen, die aus der Nahrung aufgenommenen Kalk absondern und damit ihre ›Wohnhöhlen‹ schaffen. Eine Kolonie solcher Polypen wächst allmählich zu einem Korallenstock an (pro Jahr bis 5 cm Wachstum). Die Polypen, die nur in mindestens 21 °C warmem Wasser existieren können, sterben ab, wenn sie die Wasseroberfläche erreichen. Insgesamt wurden am Great Barrier Reef 340 verschiedene Korallenarten gezählt. Die häufigsten sind die hirschhornartigen Staghorn Corals, die dombildenden Brain Corals, die ›Porites‹ genannten runden (50 cm durchmessenden) Korallenmassen, die ›Pilz-Korallen‹ und die ›Orgelpfeifen-Korallen‹. Tagsüber sehen sie zumeist eintönig grau aus, erst gegen Abend verwandelt sich das Riff plötzlich in eine bunte Wiese. Weite Teile des nördlichen Riffs (bis zu 80%) wurden in vergangenen Jahren durch den 40 cm langen, vielarmigen ›Crown of Starfish‹ (eine Seesternart) zerstört. Nach Ansicht von Experten handelt es sich dabei um einen regelmäßig wiederkehrenden natürlichen Vorgang, von dem sich das Riff wieder erholt. Größere Gefahren drohen dagegen von Tauchern, Muschelsammlern, dem vor dem Riff abgelagerten Atommüll aus Maralinga (Süd-Australien) und geplanten Ölbohrungen der Ampol Petroleum Co. Bisher sollen Taucher und Muschelsammler bereits 50 000 Korallenbänke zerstört haben, obwohl das Sammeln verboten ist und durch hohe Geldbußen geahndet wird. Die neue ALP-Regierung in Canberra hat im Oktober 1983 den größten Teil des Great Barrier Reef (345 000 km²) zum Nationalpark (Marine Park) erklärt. Er ist der größte seiner Art in der Welt.

Neben Korallen leben in der von Jadegrün über Smaragdgrün bis Turmalinblau schillernden Lagune 14 000 Arten von Meerestieren, darunter die Giant Clams (bis 220 kg schwere und badewannengroße Muscheln, oft fälschlich als ›Mördermuscheln‹ bezeichnet), schön gemusterte Textil- und Balermuscheln sowie zahllose bunte Fische wie der Harlequin Tusk Fish, der Sweetlip Emperor, der Butterfly Fish, der Coral Trout, der Bajazzo-Fisch, der Manta-Rochen und der tödliche Steinfisch. Zwischen Oktober und Februar kommen grüne Seeschildkröten zum Eier-

legen auf einige Inseln (u. a. Heron Island). Zahlreich ist auch die Vogelwelt vertreten (u. a. Fregattvögel, Seeadler, Reef Herons und Ibisse).

Auf Kreuzfahrten ab Shute Harbour, Airlie Beach, Mackay, Rockhampton, Cairns, Port Douglas und Cooktown kann man viele der Inseln kennenlernen, daneben gibt es zahlreiche Flugverbindungen (besonders interessant ist die von Cairns via Cooktown zur Lizard Island, die zurück über das äußere Riff führt). Die beste Jahreszeit für einen Besuch des Riffs liegt zwischen April und Mai sowie zwischen Oktober und November (besonders günstig: Neu- oder Vollmondnächte, wenn es die niedrigste Ebbe gibt). Zwischen Dezember und April kommt es häufig zu Wirbelstürmen, es treten dann viele Quallen, Moskitos und Sandfliegen auf. In der Hauptsaison (Dezember–Februar, August–September und Mai) ist eine Vorausbuchung für die Hotels unbedingt empfehlenswert. Mit einem Permit der Nationalparkverwaltungen (Brisbane, Cairns, Townsville) darf man in den Nationalparks der Inseln zelten.

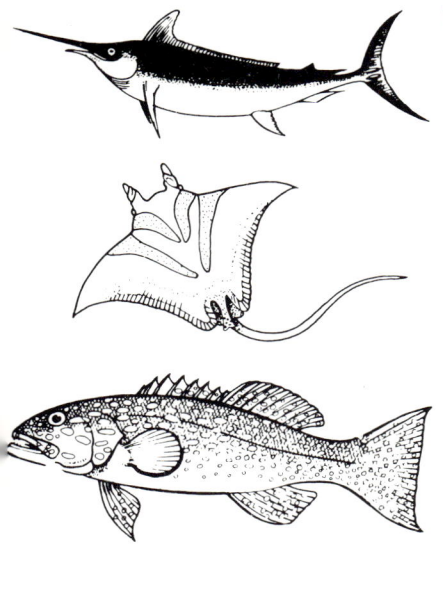

13–18 m tiefen Lagune des Fitzroy Reef. Auf Heron gibt es ferner eine Marine Biological Station. Im November/Dezember wird ein Skindivers-(Taucher-)Festival veranstaltet. Achtung: Uhr gegenüber dem Festland um eine Stunde vorstellen!

Verkehr: ab Gladstone Helikopter (täglich) und Schiff (Heron, Mi und Sa 11 Uhr, Rückfahrt 14 Uhr). **Unterkunft:** ** Heron Island Resort. Zoologen und Botaniker können nach Voranmeldung in beschränktem Umfang in der Marine Research Station wohnen (Anmeldung: The Executive Officer, Great Barrier Reef Marine Park Authority, P.O.Box 1379, Townsville, Qld., 4810).

Great Keppel Island: 14 000 ha große, dichtbewaldete Insel bei Yeppoon (nördlich von Rockhampton) mit guten Stränden (u. a. Butterfly Beach, Clam Bay, Monkey Beach); besonders bei jungen Leuten beliebt. Täglich Ausflüge zum äußeren Riff (40 km). Auf der Nachbarinsel Middle Keppel steht das größte Unterwasser-Observatorium Australiens. Die pittoreske North Keppel Island (Nationalpark, Camping) ist für ihre einsamen Strände bekannt.

Verkehr: täglich Flüge von Rockhampton; Motorboote von Rosslyn Bay bei Rockhampton (Buszubringer mit Young's Coaches). **Unterkunft:** Great Keppel Island Resort (Vollpension); Caravan am Wapparaburra (Kiosk und Mietzelte).

Die wichtigsten Inseln des Great Barrier Reef von Süd nach Nord

Lady Elliott Island: südlichste Koralleninsel des Great Barrier Reef, 66 km nordöstlich von Bundaberg, beliebt bei Tauchern und Schnorchlern.

Verkehr: täglich Flüge von Brisbane, Bundaberg, Maryborough, Hervey Bay und Noosa. **Unterkunft:** fünf Bungalows und zwölf Zelte.

Heron Island: Eine der schönsten Koralleninseln am Great Barrier Reef im Capricorn Marine National Park, 72 km nordöstlich von Gladstone. Auf der sandigen Insel (mit Riff 32 km² groß) nisten zahlreiche Vögel (u. a. Seeadler und Mutton Birds). Zwischen Mitte Oktober und Februar kommen Tausende von ›Big Greens‹ (Seeschildkröten) an die Strände zum Eierlegen (die Jungen schlüpfen Ende Dezember und Mai aus). Ausflüge führen zum Wistaria Reef, zum North Reef (Leuchtturm) und zur North West Island (Vögel); die besten Korallengärten liegen in der

Whitsunday Group: populärstes Feriengebiet Australiens nach der Goldcoast, östlich von Shute Harbour. Die wichtigsten Inseln: *Hayman Island* (Hochzeits- und Luxusinsel) und *Lindeman Island* (Regenwald und Hügel, Wanderwege, schöner Blick vom Mt. Oldfield's und vom Hempel's Lookout, sieben Strände, Butterfly Valley, Ausflüge zur Royal Seaforth Island, zur Hochzeitsinsel *Shaw Island*, zur vulkanischen, steilen *Pentecost Island* und dem *Hazlewood Reef* mit Felsenaustern und Tauchrevier), weiter *South Molle* (Strände, Regenwald, Nationalpark),

Hook Island (Unterwasser-Observatorium, gute Strände am Macona und am Nara Inlet, im Inselinneren Felsmalereien), *Whitsunday Island* (große, unbewohnte Insel mit steilen Klippen, Regenwäldern und großartigen Stränden am Cid Inlet und an der Whithaven Bay), *Long Island* (Nationalpark, Strände, Regenwald, Wallabies, 52 Vogelarten, an der Happy Bay spanische Wrackteile aus dem 16. Jh.), *Dent Island* (kleine Insel, schöner Strand, Coral Art Display), *Hamilton Island* (Luxushotel, Yachthafen, Hirschpark), *Daydream Island* (dichtbewaldete, winzige Insel, Hotel).

Verkehr: Die Inseln kann man von Shute Harbour mit Booten (zumeist täglich) sowie von Proserpine, Mackay und Townsville mit Helikoptern und Flugzeugen erreichen. **Unterkunft:** ***** Hamilton Island Resort (1983 eröffnet, ›polynesische‹ Hütten), ***** Royal Hayman Hotel, **** Lindeman Island Resort, **** Daydream Island Hotel, **** South Molle Resort, *** Happy Bay Resort (Long Island), ** Palm Island Resort (Long Island).

Magnetic Island: dicht bewaldete, bis zu 400 m hohe Insel bei Townsville (8 km). Nationalpark (Koalas, Känguruhs), vom Mt. Cook (496 m) hervorragender Blick. Beste Strände: Radical Bay, Arthur Bay, Picnic Bay, Horseshoe Bay. Sehenswert: Koala Park Oasis (täglich 9–17 Uhr), Marine Park (Fische), Shark World (Haie und Krokodile).

Verkehr: Flüge, Auto- und Passagierfähren von Townsville, auf der Insel Busservice und Fahrradvermietung. **Unterkunft:** ** Mediterranean Holiday Village (Nelly Bay), ** Alma Beach Resort (Alma Bay), ** Radical Bay Resort, einfache Arcadia Hotel (Arcadia Bay) und Magnetic Hotel (Picnic Bay). Jugendherbergen: NFC-Camp (Picnic Bay), Camp der Uniting Church (Nelly Bay). Mehrere Campingplätze.

Great Palm Island: landschaftlich besonders reizvolle Insel (Strände, Klippen). Einige der alten Bäume könnten nach Meinung von Forschern im 17. oder 18. Jh. von Spaniern angepflanzt worden sein.

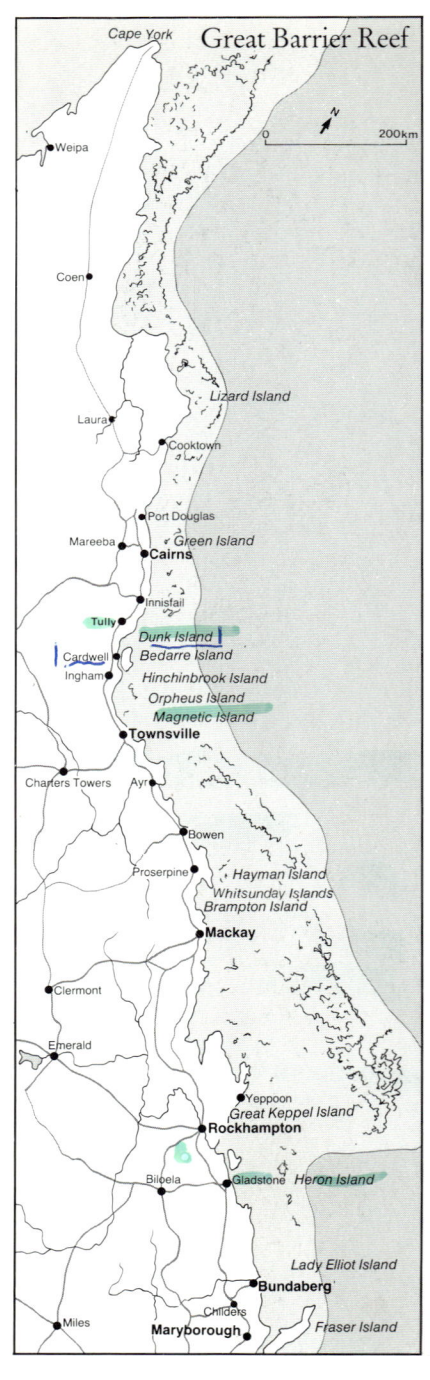

Great Barrier Reef

Einer der zahllosen Strände auf den Inseln des Great Barrier Reef (Magnetic Island)

Zwischen 1884 und 1970 befand sich hier ein berüchtigtes Internierungslager für Eingeborene.

Verkehr: täglich außer So Flugzeuge von Townsville, Schiffe von Orpheus Island.

Orpheus Island: ruhige, langgestreckte Insel (Nationalpark) 15 km von Ingham. Das äußere Riff ist nur 14 km entfernt. Interessant die Marine Research Station.

Verkehr: Boote von Lucinda, Dungeness, Townsville und Great Palm Island sowie Helikopter von Townsville. **Unterkunft:** *** Orpheus Island Resort.

Hinchinbrook Island: stark zerklüftete Insel bei Cardwell (160 km nördlich von Townsville), größter Insel-Nationalpark der Erde (dichte Regenwälder, Wasserfälle, gute Strände, Vögel, Felsmalereien). Boot zu den Mangrovensümpfen (Nistplätze der seltenen Torres Strait Pidgeons).

Verkehr: täglich Schiffe von Cardwell oder Lucinda Point; Wasserflugzeuge von Cairns und Townsville. **Unterkunft:** ** Island Resort.

Bedarra Island: dicht bewaldete und hügelige Insel südlich der Dunk Island. Ruhige Strände, Orchideen.

Verkehr: täglich Schiff von Clump Point (östlich Tully) via Dunk Island. **Unterkunft:** ***** Hideaway Hotel.

Dunk Island: eine der schönsten Inseln in der Nähe des Riffs (3 km von Tully und 124 km südlich von Cairns), im Innern stark zerklüftet und mit Regenwald bedeckt (der größte Teil ist ein Nationalpark). Sehenswert auf der 1938 als Ferienziel entdeckten ›Schmetterlingsinsel‹ sind die herrlichen baumbestandenen Strände (Brammo Bay, Muggy Muggy Beach, Coconut Beach, Pallon Beach), die Felsmalereien im Lower und Upper Studio (schwer zu finden), der Mt. Koo-taloo (240 m,

Orchideen, Palmen, Scrub Fowls – diese Vögel bauen 18 m große und 3 m hohe Nester), der **Botanische Garten** (75 Baumarten, zauberhafte Ulysses-Schmetterlinge). Auf der Dunk-Island mit ihren melodischen Flurnamen (Kyboola, Panjoo, Paul-Koo-Loo, Tchu-Goo-Birrimmie) wurde der Film ›Age of Consent‹ über den Maler Paul Gauguin gedreht (Hauptrolle: James Mason), weil die Landschaft den Regisseur an Tahiti erinnerte.

Verkehr: Flüge von Cairns, Townsville und Tully; Fähren von Clump Point oder Mission Beach bei Tully. **Unterkunft:** **** Barrier Reef Hotel (Buchung über TAA).

Fitzroy Island: Vogel- und Schmetterlingsparadies südöstlich von Cairns. Schöne Wanderwege durch Regenwälder, ausgezeichnete Strände, **Korallenriff**. Vom Leuchtturm der Insel Blick aufs 17 km entfernte ›Outer Reef‹.

Verkehr: täglich (9 Uhr) Schiffe von Cairns. **Unterkunft:** ** Resort Hotel.

Green Island: Korallenbank (13 ha) **27 km** nordöstlich von Cairns, schöne, aber sehr überlaufene Strände, im Innern dichter Wald. Sehenswert: Underwater Coral Observatory, Barrier Reef Theatre und Marineland Melanesia (Haie, Krokodil-Kindergarten, Riesenschildkröten, Haus Tambaran aus Neuguinea). Fahrten mit Glasbodenbooten zu den Korallengärten.

Verkehr: täglich Schiffe, Hydrofoils, Katamarane und Wasserflugzeuge von Cairns. **Unterkunft:** *** Green Island Reef Resort.

Arlington Reef: großartiges Korallenriff vor Cairns. Ab 1985 soll man hier auch übernachten können. Zur Zeit befinden sich ›fahrbare künstliche Inseln‹ im Bau (mit Glasboden-Schwimmbad, Theater und Aussichts-Plattform), die direkt am Riff plaziert werden sollen. Die Marine Park Authority hofft, durch diese Anlagen die Touristen von gefährdeten Riffen fernhalten zu können.

Michaelmas Cay: kleine Koralleninsel bei Cairns mit gutem Strand; bei der ›Isle of Birds‹ 180 m tiefe Korallenbänke.

Verkehr: Boote von Cairns.

Low Islets: Korallen-Cays bei Port Douglas (70 km nördlich von Cairns). Vom Leuchtturm schöner Rundblick, bei Ebbe ist eine Wanderung über das Riff möglich.

Verkehr: täglich (10.30 Uhr) ab Port Douglas Motorschiff ›Martin Cash‹ sowie Motor-Katamaran ›Quicksilver‹ (letzterer besucht auch das Agincourt Reef mit 45 m tiefen Korallengärten.

Lizard Island: ›Königin‹ der echten Koralleninseln des Great Barrier Reef, 97 km nordöstlich von Cooktown. Die ca. 1012 ha große ›Eidechseninsel‹ ist neben Dunk Island das Juwel des Great Barrier Reef. Die Gewässer rund um das von einem Saumriff umgebene Eiland wimmeln von Fischen, vor allem das Coral Valley gehört zu den besten Angelgebieten der Welt (Big Game Fishing). Zwischen September und November kommen bekannte Hochseeangler (auch Amerikaner, Europäer, Asiaten und Südafrikaner, darunter viel Prominenz) zur Jagd auf den begehrten Black Marlin, der bis zu 5 m lang und 1000 kg schwer wird (der bisherige ›Rekordfisch‹, 1973 gefangen, wog 654,08 kg). Auch in der übrigen Zeit residieren in dem Luxushotel Lizard Island Lodge wohlhabende Gäste aus aller Welt.

Bis vor 100 Jahren war die Insel ein heiliger Ort der Ithu, die an der Küste am Cape Flattery wohnten (sie galt bei ihnen als Sitz der Ahnen und Geister, die sie in den zahlreich vertretenen, bis 1 m großen Eidechsen verkörpert glaubten). Am 12. 8. 1770 landete hier James Cook auf der Suche nach einer Passage durch das Riff. Um 1880 ließ sich dann der Sklavenhändler und Trepangfischer Robert F. Watson nieder, der jedoch 1882 von den Ithu vertrieben wurde. Später diente die Insel weißen Sklavenjägern als ›Depot‹. Die Lizard Island besitzt herrliche Badebuchten mit weißem Sand, Regenwälder im Hidden

Valley (fünfstündige Wanderung), einen Korallengarten (mit Clam Shell Garden) sowie eine Forschungsstation (⅔ des Budgets werden von den USA und Japan bestritten).

Verkehr: Flüge von Cairns (auch Tagesausflüge via Cooktown) und Cooktown, Fähren ›Tropic Sailor‹ und ›Petaj‹ (sonntags sechstägige Touren zum Riff). **Unterkunft:** ***** Lizard Island Lodge. Wissenschaftler haben die Möglichkeit, in der Forschungsstation zu übernachten. Achtung: Es gibt auf Lizard Island keinen Laden!

Die Nordküste mit Cairns und Atherton Tableland

›North Queensland‹ besitzt einige der schönsten Landschaften der australischen Ostküste (Dschungel, Wasserfälle, Kraterseen, heiße Quellen, tiefe Schluchten, Zuckerrohrplantagen und Koral-

leninseln). Ein Tip: Vermeiden Sie es nach Möglichkeit, zwischen Freitagabend und Montagmorgen ohne Vorausbuchung nach Cairns oder Townsville zu fahren, da Verkehrsamt, Post, Museum und andere öffentliche Einrichtungen dann geschlossen sind. Der letzte Stadtbus fährt Samstag 12 Uhr (nur Ausflugsboote und -busse verkehren am Wochenende). Lediglich Hotels, Kneipen und wenige Restaurants haben geöffnet.

Die Küste von ›North Queensland‹

Zwischen Proserpine und Townsville: Die nächste größere Stadt nach Proserpine (69 km nördlich) ist *Bowen* (5880 Einwohner, Hafen, Zucker- und Gemüseanbau). In der Umgebung gute Strände (Queen's Beach, Horseshoe Bay, King's Beach), Boote zur Gloucester Island (Nationalpark). Vorbei am *Cape Upstart National Park* (51 km) kommt man nach weiteren 69 km in die Stadt *Ayr* (8270 Einwohner,

Townsville, die zweitgrößte Stadt Queenslands

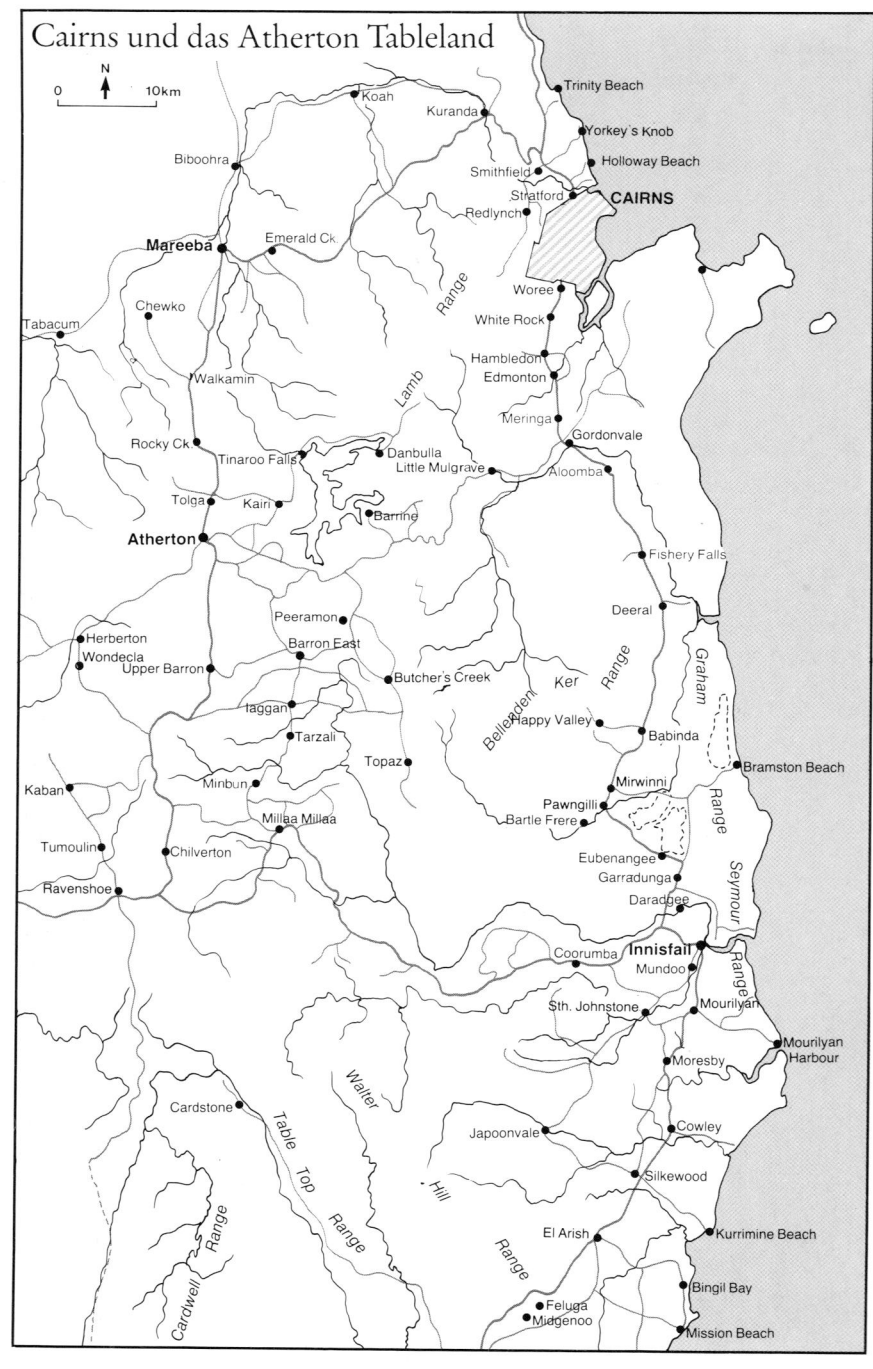

Cairns und das Atherton Tableland

Zucker- und Reisanbau) mit dem ausgezeichneten Alma Beach.

Unterkunft: in Bowen Pearly Shell Motel, Club Motel und North Australian Hotel, in Ayr Motel Max, Motel Parkside und Commercial Hotel. **Camping** in Horseshoe Bay, Bowen, Alma Beach und Ayr.

Townsville: 68 442 Einwohner, zweitgrößte Stadt von Queensland, bedeutender Hafen (Früchte, Fleisch, Zucker, Erze, Kohle) und Industrie (Zuckerfabriken, Kupfer-, Nickel- und Kobalthütten, Werften), an der Cleveland Bay und dem Ross River 92 km nördlich von Ayr gelegen. Die Stadt erhielt ihren Namen nach dem Sklavenhändler Robert Towns, der zwischen 1863 und 1891 zusammen mit anderen ›Blackbirdern‹ mehr als 60 000 Südseeinsulanern gewaltsam auf die australischen Zuckerplantagen brachte. Noch heute leben in Townsville zahlreiche Polynesier (Kanakas) und Torres Strait Islanders (Melanesier), dazu relativ viele Eingeborene. Die Rassenbeziehungen in der Stadt sind äußerst gespannt. 1981/82 fand man in der Umgebung große Vorkommen von Uran (am Ben Lomond) und Nickel (Yabulu und Greenvale). Die Nickelschmelze von Yabulu wurde von den beiden Hauptabnehmern Bundesrepublik Deutschland und Japan finanziert.

Sehenswert: Flinders Mall (Fußgängerzone mit vielen Palmen und Blumen), Australian Collection in 141 Flinders St. (Eingeborenenkunst; geöffnet werktags 9.30–17 Uhr und samstags 9–13 Uhr), Esplanade (Strand, alte Häuser, Cliff Gardens, Tobruk Memorial Baths, Ausblick über die Cleveland Bay), Town Common (180 Vogelarten, Reptilien und andere Tiere), Queen's Gardens (Gregory St.; Aviarium, Orchideen) und Mt. Cutheridge (Castle Hill, 290 m, Ausblick bis zur vorgelagerten Magnetic Island).

Umgebung: In Stuart (12 km südlich) kann man die neue Copper Refinery (Kupferschmelze) besichtigen (werktags 10.30–13.30 Uhr). Am Cape Ferguson (16 km weiter südöstlich) befindet sich das Australian Institute of Marine Science, eines der bedeutendsten tropischen Meeresforschungsinstitute der Erde.

Verkehr: Stadtbusse nur Mo bis Fr sowie Sa bis 12 Uhr. Täglich Überlandbusse von Ansett (Stuart St.) und Greyhound (Flinders St.) nach Brisbane, Cairns, Mt. Isa, Darwin und Alice Springs. Züge ab Bahnhof Flinders St. (Strecke Brisbane – Cairns). Flüge ab International Airport Garbutt u. a. nach Auckland, Singapur, Hongkong, Sydney, Brisbane, Cairns, Palm Island, Magnetic Island, Mt. Isa, Charters Towers und zum Wheeler Cay am äußeren Riff. Fähren und Watertaxis zur Magnetic Island, Ausflugsfahrten zum Riff.

Information: Tourist Bureau (320 Flinders St.), RACQ-Autoclub (711 Flinders St., Tel. 712168), Aboriginal Development Commission (42 Sturt St.), Abis Co-op (159 Flinders St.).

Öffentliche Einrichtungen und Notadressen: Hauptpost Denham St., Nachtapotheke Graham Chemist (Charters Towers Road), General Hospital Eyre St. (Tel. 8 19 22 11).

Unterkunft: ***** Hotel Townsville (Flinders St.), *** Travelodge (75 The Strand), *** Dalrymple Motel (Dalrymple Road), *** Highway Motel (201 Stanley St.), ** Motel Rosslea A 1 (107 Bowen Road), ** Allen Hotel (Gregory St.), * Great Northern Hotel (500 Flinders St.). Einfache Hotels: Coral House (32 Hale St.), Peoples' Palace (Sturt St.), Rex Motel (143 Wills St.), Sunseeker Private (am Bahnhof), Criterion (am Strand), Civic House (261 Walker St.), Jugendherberge (YHA, 23 Wills St.). Camping: Bohle Vale Caravan Park (910 Ingham Road) und andere Plätze.

Ravenswood: ›Geisterstadt‹ 135 km südwestlich von Townsville (Abzweigung vom Flinders Highway bei Mingela) in der Leichhardt Range, einst blühende Goldgräberstadt (früher 42 Hotels!), Reste von Kolonialgebäuden und Tausende von chinesischen Apfelbäumen (von kantonesischen ›Diggern‹ angepflanzt).

Charters Towers: 8500 Einwohner, 136 km südwestlich von Townsville gelegen. Char-

Charters Towers, historical Gold City

ters Towers war zwischen 1872 und 1916 Zentrum des größten Goldgebietes in Queensland und zählte damals 32000 Einwohner. In 45 Jahren wurde in dem ›The World‹ genannten Ort Gold im Werte von mehr als 25 Millionen Pfund Sterling gefunden (den ersten Fund machte übrigens ein Eingeborenenjunge, der jedoch leer ausging: Den Erlös kassierte sein weißer Herr). Heute ist ›The Towers‹ eine ruhige Land- und Internats-Stadt mit angenehmen Klima (sie liegt in 300 m Höhe).

Sehenswert: zahlreiche guterhaltene Holz- und Steingebäude mit schmiedeeisernen Verzierungen aus dem 19. Jh. im Stadtzentrum (besonders in der Mossman und der Gil Street), Stock Exchange Arcade (ehemalige Börse, heute Museum; täglich 9–17 Uhr geöffnet), Venus Battery (Erzwerk, 14 Uhr Führungen), Gold-

minen Ladybird und Rice Hills (dienstags und freitags Führungen).

Umgebung: 213 km südwestlich von Charters Towers liegt am Flinders Highway die kleine Siedlung *Prairie*. Hier und auf der nahen Lambert Homestead gibt es alte Felsmalereien und megalithische Steinzirkel. Über Hughenden (44 km westlich) gelangt man nach *Cheviot Hills* (120 km weiter nordwestlich), wo Topase und Saphire gefunden werden. Von Richmond (117 km westlich von Hughenden) zweigt eine 80 km lange Straße zu der modernen Goldgräbersiedlung *Wolgar* (im Norden) ab. In *Julia Creek* (144 km westlich von Richmond) findet im August ein berühmtes Rodeo statt.

Information: in Charters Towers Tourist Bureau (61 Gill St.). **Unterkunft:** in Charters Towers ** Charters Towers Motel, ** Hillview Motel, * Sovereign Hotel, einfache Royal Private Hotel und Rix Hotel, in Hughenden Wright's Hotel, in Julia Creek Gannon's Motel und Julia Creek Hotel, in Richmond Tritton Motel und Richmond Motel, ferner Unterkunft auf der Silver Hills Station.

Zwischen Townsville und Cairns: Geprägt wird diese Küstenregion durch Regenwälder und Zuckerrohrplantagen. Durch den schönen *Crystal Creek-Mt. Spec National Park* (90 km) geht es zunächst nach *Ingham* (117 km nordwestlich von Townsville), einer der schönsten Kleinstädte dieser Gegend, die überwiegend von Italienern bewohnt wird. Sehenswert: Ingham Cemetery (italienischer Friedhof mit großen Mausoleen). Umgebung: Über die *Victoria Mill* (7 km östlich, größte Zuckerfabrik der Südhalbkugel, Besichtigung werktags zwischen Juni und November möglich) gelangt man zum *Lucinda Point* (20 km nordöstlich), wo sich eine 5,7 km lange Förderanlage für die Zuckerverschiffung befindet. 8 km westlich von Ingham liegt die vorwiegend von Basken besiedelte Ortschaft *Trebonne*. Durch die *Everglades* (Mangrovensümpfe mit Krokodilen, 23 km nördlich von Ingham) und entlang dem pittoresken Hinchinbrook

Channel gelangt man nach *Cardwell-by-Sea* (52 km von Ingham). Die kleine Fischersiedlung (Boote zur Hinchinbrook Island) ist mit 5300 mm Niederschlag im Jahr der regenreichste Ort Australiens. Auf der *Murray Upper Station* (30 km nordwestlich) leben seit 1982 zahlreiche Eingeborene auf eigenem Grund und Boden (die Station wurde von der Aboriginal Land Fund Commission gegen den erbitterten Widerstand der queensländischen Regierung angelegt). 48 km nördlich von Cardwell folgt die Kleinstadt *Tully* inmitten ausgedehnter Regenwälder. Lohnend ist von hier aus eine Fahrt entlang dem Tully River (tiefe Schlucht, Wasserfälle, Wildwasserfahrten) bis Cardstone (36 km nordwestlich). 16 km südöstlich von Tully bei *Tully Heads* und *Hull Heads* schöne Strände.

2 km nordöstlich von Tully biegt eine Straße zum Pazifik (20 km) ab. Hier erstrecken sich weitere ausgezeichnete Strände, u. a. *South Mission Beach, Wongaling, Mission Beach, Clump Point* (35 km von Tully, Boote zur Dunk Island und zur Bedarra Island), *Bingil Beach* und *Garner's Beach*. Nun geht es zurück zum Bruce Highway (12 km westlich) und über El Arish bei Silkwood (8 km nördlich) zum reizvollen *Kurrimine National Park* (8 km, der Strand ist ein Paradies für Muschelsammler). 20 km nördlich erreicht der Bruce Highway die Siedlung *Mouriyan* (sehenswertes Sugar Industry Museum mit Raffinerie, zwischen Juni und Dezember werktags 9–16.30 Uhr zugänglich). 4 km westlich der sehr gute Strand *Etty Beach*. Nach weiteren 7 km folgt *Innisfail*, ein überwiegend von Italienern bewohntes Zentrum der Zuckerindustrie (sehenswertes Chinese Joss House von 1880). Im Conservatorium kann man im September italienische Opern besuchen, im Black Marlin Hotel finden mittwochs Mud Crab Races (Krebsrennen) statt. 7 km östlich liegt der gute Strand von *Flying Fish Point*, 18 km südwestlich hat ein heimwehkranker Spanier sein Traumschloß *Paronella*

Park (mit Rokokogarten und verschwiegenen Lauben) gebaut. Über den in westlicher Richtung führenden Palmerston Highway gelangt man nach *Nerada* (28 km, Teeplantagen, täglich außer montags 9 und 16.30 Uhr Führungen) und in den *Palmerston National Park* (30 km; dichte Regenwälder, in denen Kasuare und Bower Birds leben, Schlucht des Johnstone River). Sehr schön sind auch die Regenwälder am nahen *Downey Creek* (Lianenwald, der sonst nur auf Neuguinea und in Malaysia vorkommt; er ist durch Holzfäller bedroht). Nun geht es auf dem Bruce Highway weiter in Richtung Cairns. Unterwegs passiert man den *Eubenangee Swamp National Park* (15 km; Mangroven, seltene Wasserpflanzen) und bei Mirriwinni (7 km weiter) die Abzweigung zum *Bramston Beach* (17 km östlich; 2 km langer Palmenstrand, vielleicht der schönste in Queensland). Bei Babinda (7 km von Mirriwinni, Zuckerraffinerie) beginnt der riesige *Bellender-Ker National Park* (der gleichnamige Berg ist mit 1612 m der höchste Queenslands). Vom Ort aus führen Wanderwege durch das stark zerklüftete, regenwaldbedeckte Gebiet mit seinen zahlreichen Wasserfällen (7 km westlich Schwimmgelegenheit in The Boulders). Vorbei an der *Walsh Pyramid* (19 km, seltsame Felsformation, großartiger Ausblick, im August ›Foot Races‹ zur Spitze) gelangt man über *Gordonvale* (Zuckerfabrik) nach Cairns (24 km).

Verkehr: Bootstouren von Lucinda Point (zur Orpheus Island, Great Palm Island, Hinchinbrook Island), Cardwell (Dunk Island, Hinchinbrook Island) und Innisfail (Angeltouren zum Riff). **Information:** Tourist Bureau, Innisfail (im Museum).

Unterkunft: in Ingham ** Herbert Valley Motel, ** Forest Beach Motel, * Lee Hotel und einfaches Ingham Motel, in Cardwell ** Cardwell Seaside Lodges, ** Paula Motel und Jugendherberge (School Holiday Hostel; nur Mitte Dezember bis Ende Januar), in Tully *** Tam O'Shanter Holiday Resort (Mission Beach South), ** El Arish Motel (El Arish, Bruce Hwy.), ** Moonglow Motel (Mission Beach),

* Blue Pacific Motel (Bingil Beach) und King Reef Lodge (Kurrimine Beach), in Innisfail ** Carefree Hotel, ** Motel Walkabout und ** Black Marlin Motel, in Bramston Beach ** Beach Motel und ** The Plantation Resort. Campingplätze in Cardwell Tully, Wongaling Beach und Bramston Beach.

Cairns

55 000 Einwohner, bedeutender Tiefsee-hafen (Ausfuhr von Erzen, Holz und Landwirtschaftsprodukten), Hauptstadt von Far North Queensland und der Sugar Coast an der Trinity Bay, 1675 km nörd-lich von Brisbane. Das beliebte Touristen-zentrum (jährlich über 400 000 Besucher) wächst rasch (jährliche Bevölkerungszu-nahme 5%).

Der erste Weiße in dieser Region könnte 1521 Cristóvao de Mendonça gewesen sein (die Trinity Bay ist auf den Dieppe-Karten deutlich auszumachen). Als 1879 auf dem Atherton Tableland Zinn und am Palmer River Gold gefunden wurden, strömten viele Abenteurer an die Trinity Bay, der Ort war bald unter dem Namen ›Barba-ren-Küste‹ bekannt. Heute gilt Cairns als Mekka der Black Marlin-Angler (s. u.) und als Drogenkapitale Australiens. Zudem steht es – wie auch andere Orte des tropi-schen Nordens – in dem Ruf, eine Hoch-burg des Rassismus zu sein. Trotz des star-ken Zustroms von zumeist älteren weißen Bürgern aus dem Süden des Kontinents wächst der Anteil der Eingeborenen an der Bevölkerung stetig; Eingeborenen-organisationen wie das neugegründete North Queensland Land Council wehren sich immer heftiger gegen Diskriminie-rung und Brutalitäten seitens der Polizei.

Stadtbesichtigung: Im Zentrum von Cairns fallen zunächst die breiten, baum-bestandenen Straßen auf. An der Trinity Bay, die den Ort im Osten begrenzt, sieht man bei Ebbe zahlreiche Wasservögel (u. a. Jabiru-Störche und Pelikane). Von hier ist es nicht weit zum Hafen, wo sich

zwischen Anfang September und Mitte Dezember die Hochseeangler aus aller Welt zum ›Marlin Meet‹ treffen (vor der Jagd auf den begehrten Black Marlin, vgl. S. 284). Sehenswert sind weiter die Up-stairs Gallery in 13 Shields St. (moderne Kunst, täglich außer an Wochenenden ge-öffnet) und – etwas nordwestlich davon – die Waterworks, wo man auf der angeb-lich größten Rutsche der Welt in ein Planschbecken rutschen kann. 3 km nörd-lich des Zentrums vermittelt das ›Window on the Reef‹ (80 Aumüller St.) hervor-ragende Informationen über das Riff (geöffnet täglich 8.30–17 Uhr). 1 km nörd-lich liegen die Flecker Botanical Gardens (94 Collins Av.) mit 200 Palmenarten, Far-nen, Orchideen und zahlreichen wunder-schönen Schmetterlingen.

Umgebung: Die größten Attraktionen in der Nähe von Cairns sind das nahe Great

Ellis Beach bei Cairns   ca 33 km nördl

Barrier Reef (vgl. S. 279 ff.), das Atherton Tableland (vgl. S. 292 ff.) und die Wildnis der Cape York-Halbinsel (vgl. S. 294 ff.). Am besten bereist man diese Gebiete zwischen April und Oktober (in den übrigen Monaten häufig starke Regenfälle, Wirbelstürme, Schwüle). Lohnend ist weiter eine Raddampferfahrt durch die Mangrovensümpfe der südöstlich des Zentrums beginnenden *Everglades* (Krokodile, Schmetterlinge, Seeadler, Fliegende Hunde, ›Mudskipper‹-Fische). 60 km östlich von Cairns (Zufahrt über den Bruce Highway bis Edmonton und dann nach Nordosten) liegt die *Yarrabah Aboriginal Community,* wo die Eingeborenen eine beschränkte Selbstverwaltung genießen (Auskunft über Besuchsmöglichkeiten beim North Queensland Land Rights Council). Besondere Beachtung verdienen dort das Cape Grafton (Panoramablick bis Green Island) und die Koombal Cave (sehr gute Fels-

malereien, u. a. die eines europäischen Schiffs). Nördlich von Cairns erstrecken sich einige der besten Strände Queenslands, darunter *Yorkney's Knob Beach* (19 km), *Trinity Beach* (20 km, bei ›Gloria‹ ausgezeichnete Eingeborenenkeramiken), *Clifton Beach* (23 km), *Palm Cove* (26 km), *Buchan's Point* (28 km, FKK-Strand; vor der Küste Double Island) und *Ellis Beach* (5 km weiter, das ›Waikiki Queenslands‹, von zahlreichen Surfern besucht). 20 km nördlich liegt der *Hartley's Creek Zoo* (geöffnet zwischen April und Oktober täglich 9–17 Uhr, um 15 Uhr Melken von giftigen Taipan-Schlangen). 16 km weiter nördlich folgt *Port Douglas,* einer der malerischsten Orte Queenslands und Ende des 19. Jhs. der wichtigste Hafen der Nordküste (Goldverladung vom Palmer River im Norden). Sehenswert: Galerien, Ben Cropp Shipwreck Museum (Wrackfunde) und der alte Friedhof. Täglich (9 Uhr) fahren Boote zu den Low Islets (vgl. S. 284). Vom Flagstaff Hill Ausblick. Weiter geht es über *Mossman* (20 km westlich; Zuckermühle) und *Daintree* (20 km Fähre über den Fluß), zum *Thornton Peak National Park,* der bis zum Cape Tribulation reicht (24 km von der Fähre). Mit Allradantrieb kann man weiter nach Bloomfield-Cooktown fahren.

Verkehr: Mo bis Fr und Sa (nur bis 12 Uhr) innerstädtische *Busse* (Abfahrt Esplanade). Northern Beaches Bus Service von der Esplanade zu den Stränden im Norden der Stadt (täglich). Überlandbusse von Ansett-Pioneer (Shield St.), Greyhound (78 Grafton St.), Mc Cafferty's Starliner (10 Shield St.), Cooktown – Cairns Coach Service (10 Penbroke St.) und Mossman – Cairns Coral Coaches nach Brisbane – Sydney – Melbourne – Cooktown (Di und Fr), Port Douglas, Mossman, zum Cape Tribulation und ins Atherton Tableland.
Eisenbahn: täglich außer Di mit dem ›Sunlander‹ nach Brisbane, Mo und Sa nach Kuranda, ferner Verbindungen nach Mareeba, Herberton, Ravenshoe, Dimbulah, Chillangoe, Mungana, Ensleigh und Forsayth im Westen der Stadt.
Flugzeug: International Airport Aeroglen (wochentags Bus). Flüge nach Bangkok, Singa-

pur, Port Moresby, Darwin, Nhulunguy/Gove, Groote Eylandt, Alice Springs und Sydney, außerdem zu zahlreichen Orten in Queensland (u. a. Bamaga, Cooktown, Mt. Isa, Thursday Island und Brisbane; preiswertes 30-Tage-Ticket von Air Queensland).

Schiffe: täglich 9 Uhr ab Marlin Jetty (Cairns Marina) und Platypus Wharf zum Michaelmas Cay, 1× wöchentlich vom Sea Terminal (Wharf St.) nach Cooktown, zu den Torres Strait Islands, in den Gulf of Carpentaria und nach Neuguinea. Außerdem Ausflüge zum Riff sowie zwischen Mai und Oktober täglich Raddampfer ›Louisa‹ durch die Everglades (Trinity Inlet).

Wichtige Adressen: *Information* bei: Tourist Bureau, 12 Shields St., Tel. 51 40 66 (geöffnet Mo bis Fr 9–17 Uhr); Tourist Booking Office, Marlin Wharf, Tel. 51 54 77 (täglich geöffnet); RACQ-Autoclub, 112 Sheridan St., Tel. 070/51 47 88; National Parks and Wildlife Service, Moffat St.; Visitors Information Centre, 110 Lake St. (nur Mo–Fr); Aboriginal Development Commission, 14 A Aplin St., Tel. 51 42 93; North Queensland Land Rights Council und Woompera Muralug Coop Society, Lake St.; Aboriginal Legal Aid, 55 Lake St.

Öffentliche Einrichtungen: Hauptpost, 14 Abbott St., (nur Mo bis Fr geöffnet); Polizei: Ecke Shields St. und Esplanade (Tel. 5 12 00 00); Ambulanz: Grafton St. (Tel. 51 45 11); Krankenhaus an der Esplanade (Tel. 51 33 33); Nachtapotheke: Cairns Chemist, 143 Abbott St. (Tel. 51 23 38).

Unterkunft: *klassifizierte Hotels* **** Reef House, Palm Cove (26 km nördlich), **** Pacific Esplanade (1982 eröffnet); **** Newmarket, Pease St.; *** Adobe Motel, 191 Sheridan St.; *** Great Northern, 69 Abbott St.; *** Hides, Ecke Lake und Shields St.; *** The Pink Motel, 263 Sheridan St.; *** Tuna Lodge Motel, 127 Esplanade; ** A Bay Village Motel, 227 Lake St.; ** A Blue Marlin Motel, 137 Esplanade; ** A Cairns Motor Inn, 187 Sheridan St.; ** Compass Motel, 232 Mulgrave Road; * Sundowner Motel, Vasey Esplanade; * Trinity Beach Motel, Moore St.

Einfache Hotels: Bamboo Grove, 17 Endeavour Road, Clifton Beach; International Private, 67 Esplanade; Parkview Private, 176 Grafton St.; The Silver Palm Guest House, 153 Esplanade; Cairns Holiday Inn, Sheridan St. Apartments: Coconut Lodge, 97 William Esplanade. *Jugendherbergen:* YHA, 282 Draper St.; Cairns Tropical Hostel, 123 Esplanade.

Hotels außerhalb von Cairns: in Port Douglas Central Motel, Macrossan St., Traveller's Palms Motel, Macrossan St., Island Point Motel und Apartments (Balboa Heights Units, Macrossan St), in Newell Beach Solymar Apartments, in Mossman Demi-View Motel (Front St.), in Mt. Carbide Wolfram Hotel, am Cape Tribulation Pilgrim Sands Flats (preiswert).

Camping: in Cairns Golden Key Caravan Park (522 Mulgrave Road) sowie Plätze an Clifton Beach, Ellis Beach, Newell Beach (ruhig), Cape Tribulation, Palm Cove, Trinity Beach und Yorkney's Knob.

Feste: Im Februar (8. und 9.) Cairns Lifesaving Championship, im Oktober Fun in the Sun Festival.

Atherton Tableland

Ausgedehntes Hochland mit Regenwäldern, Wasserfällen und Vulkanseen westlich von Cairns.

Kuranda: kleine Siedlung 29 km nordöstlich von Cairns in grandioser Landschaft. Schönste Zufahrt von Cairns mit dem Zug (täglich 9 Uhr). Die 34 km lange Bahnlinie klettert auf 19 km Länge 300 m hoch (mehrere Wasserfälle, Stops zum Fotografieren) und erreicht nach 15 Tunneln und einem 240 m langen Viadukt über die Barron Gorge den blumengeschmückten Bahnhof von Kuranda. Fährt man mit dem Wagen, so lohnt unterwegs ein Abstecher zum *Lake Placid* (16 km von Cairns), einem von Wäldern umgebenen Schwimm- und Bootsrevier. In Kuranda sind das ausgezeichnete Aboriginal Rainforest Museum, die Jilli Binna Gallery (Eingeborenenkunst) und die Orangenplantage Mountains Groves besuchenswert. In dem einsamen Waldland nördlich von Kuranda leben zahlreiche (meist junge) ›Aussteiger‹.

Unterkunft: Honey House Hotel, Kuranda Rainforest Hostel, Mountain Groves Hotel, Jugendherberge (6 Area St.), Camping (Kuranda Caravan Park).

Die Zugfahrt von Cairns nach Kuranda zählt zu den schönsten Routen in Australien

Mareeba: 5000 Einwohner, größte Siedlung des Atherton Tableland, 66 km westlich von Cairns bzw. 38 km von Kuranda in 460 m Höhe gelegen. Große Tabakfarmen (zumeist serbische Besitzer) produzieren jährlich zwei Millionen Pfund Tabakblätter. Mitte Juli großes Rodeo. 16 km südlich: *Granite George* (hohe Fels-Wände).

Unterkunft: ** Golden Leaf Motel, ** Jackaroo Motel, * Mastersons Hotel, Mareeba Country Club und Graham Hotel. Camping im Mareeba Caravan Park (13 Egan St.), Zeltplatz in der Granite George.

Chillagoe: Dorf mit 120 Einwohnern, 145 km südwestlich von Mareeba. Vor 100 Jahren eine der größten Goldgräbersiedlungen Queenslands (zwischen 1880 und 1943 wurden hier Gold, Silber, Blei und Kupfer im Wert von 14 Millionen A$ gewonnen), woran zahlreiche verlassene Schächte erinnern. Im Chillagoe-Mungana National Park gibt es zahlreiche 350 Millionen Jahre alte Höhlen, früher Teile eines 200 km langen Korallenriffs. Zugänglich sind die Royal Arch Cave, die Donna Cave und die Ryan Imperial Cave (Fundort von Korallen und Fossilien, u. a. Knochen eines riesigen ausgestorbenen Wombats und eines 20 Millionen Jahre alten Krokodils. Geöffnet täglich außer dienstags, samstags und 25. 12. 9–13 Uhr). Im Mungana National Park Felsmalereien, am Tower of London Bluff ›balancierende‹ Felsen.

Unterkunft: Byrnes Imperial Motel; Chillagoe Caves Lodge; Post Office Hotel, Camping (Caravan Park).

Atherton (mit Umgebung): 3000 Einwohner, 760 m hoch gelegenes Maisanbauzentrum 35 km südlich von Mareeba. Sehenswert: Chinese Joss House (Tempel), im September Maisfestival, in der Umgebung die Erdnußplantagen von *Tolga* (5 km nördlich; Besichtigung zwischen Mitte Mai und Mitte Oktober werktags 10.30 und 15.30 Uhr). Ein lohnender Ausflug führt über *Yungaburra* (13 km östlich) mit seinen Baumbestandenen Alleen, Galerien, dem Lake Tinaburra und seinem interessanten Markt (samstags 8–12 Uhr) und vorbei an einem gewaltigen Curtain Fig Tree (15 m hohe Luftwurzeln) zum *Lake Tinaroo* (3 km nördlich), einem Stausee inmitten ausgedehnter Regenwälder (Wassersport, sehenswerte Tinaroo Orchid Gardens Nursery). 6 km nordöstlich von Yungaburra liegen die romantischen Kraterseen (heute Nationalparks) *Lake Eacham* und *Lake Barrine* (102 ha groß und 116 m tief, Wassersport, in den Schulferien Kreuzfahrten), in denen Schildkröten und Schnabeltiere leben. Wanderwege führen durch die Regenwälder der Umgebung. 15 km nördlich des Lake Barrine liegt der einsame Vulkansee *Lake Euramoo*. Vom Lake Eacham kann man weiter nach Süden zu dem kleinen Ort *Malanda* (10 km) fahren, von wo aus auf dem längsten ›Milk Run‹ der Erde zahlreiche Orte zwischen Cairns, Darwin, den Kimberleys, Alice Springs und Papua-Neuguinea per Flugzeug mit frischer Milch versorgt werden (Besichtigung der Torren Atherton Co-op-Molkerei täglich außer feiertags 10 Uhr möglich). Im Juli Dairy Festival.

Im 915 m hoch gelegenen *Ravenshoe* (südlich von Atherton) findet im Oktober ein Torimba-(Holzfäller)-Festival statt. Durch dichte Regenwälder gelangt man von hier zu den 293 m hohen *Tully Falls* (24 km südlich) und zu dem langgestreckten Stausee *Lake Koombooloomba* (10 km weiter südlich). 5 km westlich von Ravenshoe ergießen sich im *Millstream National Park* mehrere Wasserfälle (›Mini-Niagara-Fälle‹ genannt), die breitesten des Kontinents, in eine Schlucht. Über *Innot Hot Springs* (10 km westlich, Thermalquellen) geht es weiter nach *Mt. Garnet* (große Zinnmine, Besichtigung der Tableland Tin Dredge nach Voranmeldung möglich). Auf dem Rückweg nach Cairns lohnt ein Stop am *Mt. Hypipamee National Park* mit seinem zylindrisch geformten, wassergefüllten Vulkankrater (29 km nördlich von Ravenshoe am Kennedy Highway). In der Umgebung Regenwald, seltene Orchideen und Farne, an den nahen Dinner Waterfalls seltsame Staghorn Trees. Nun kann man wieder 5 km nach Süden fahren und in die in nordwestlicher Richtung führende Straße nach *Herberton* (15 km) einbiegen. Dort werden seit Ende des 19. Jh. Zinn, Silber, Blei, Kupfer und Wolfram abgebaut. Sehenswert: Tin Pannikin Museum und Weingut der Familie Fosters. Im September findet ein Zinn-Festival statt.

Information: Atherton Travel Centre (Main St.). **Unterkunft:** in Atherton ** Atherton Motel, ** Hinterland Motel, ** Corn Cob Motel, Barron Valley Hotel und einfaches Grand Hotel, in Tinaroo ** Lakes Resort und ** Pines Motel, in Tolga Wright's Motor Inn, in Yungaburra ** Tinaburra Waters Motel, in Lake Barrine Lakeside Lodge, in Lake Eacham Hotel, in Malanda Malanda Hotel und The Kauris Health Farm (Gesundheitsfarm, teuer), in Herberton Hotel, in Ravenshoe *** Kool Moon Motel, ** Club Motel und ** Tall Timbers Motel, in Mt. Garnet Hotel. Campingplätze in Atherton, Lake Eacham, Lake Tinaroo, Malanda, Ravenshoe und Milla Milla, Hausboote am Lake Tinaroo.

Die Cape York-Halbinsel und Torres Strait Islands

Zwischen dem Cape York im Norden und dem Atherton Tableland im Süden erstreckt sich eine 1000 km lange Halbinsel, geprägt durch Regenwälder und Mangrovensümpfe an der Küste sowie durch zerklüftete Sandsteingebirge mit tiefen Schluchten, wilden Strömen, ausgedehnten Wäldern und weiten Busch- und Savannenländern im Inneren (hier grasen unzählige Rinder; die Cattle Stations sind oft mehrere Tausend Hektar groß). Naturschützer fordern die Gründung eines 138 000 km² großen Naturschutzparks, die weißen Siedler und die Regierung in Brisbane, die die hiesigen Mineralvorkommen ausbeuten will, wehren sich jedoch dagegen. Neben der vielfältigen Tier- und Pflanzenwelt (Krokodile, goldfarbene Papageien, Orchideen, Baumfarne, hohe Eukalypten) lohnen vor allem die Felsmalereien der Eingeborenen bei Laura einen Besuch. Auf einer Fläche von Tausenden von Hektar gibt es dort eine gewaltige Kunstgalerie. Die beste Jahreszeit für einen Besuch der Halbinsel ist Mai bis Oktober (in den anderen Monaten durch Regen unpassierbare Straßen). Die Eingeborenensiedlungen darf man nur mit einem Permit des jeweiligen Community Councils besichtigen.

Um 1850 lebten auf der Cap York-Halbinsel mehr als 10 000 Ureinwohner. Sie unterhielten seit Jahrtausenden enge Kontakte zu den Papuas auf Neuguinea (seetüchtige Kanus, Bogen und Pfeile kamen von dort). Viele Legenden berichten von der Einwanderung aus dem Norden. Der erste weiße Besucher des Inneren der Cape York Peninsula war Ludwig Leichhardt, der am 26. 6. 1845 den 16. Breitengrad am Mitchell River überquerte und dann über den Nassau River nach Port Essington (Darwon) reiste.

Cooktown: 593 Einwohner, malerisch gelegene Hafenstadt am Endeavour River, 351 km nördlich von Cairns und 1744 km von Brisbane. Am 17. 6. 1770 landete an der hiesigen Bucht James Cook mit seiner Endeavour. 1873 wurde am 182 km westlich gelegenen Palmer River Gold entdeckt, und in den nächsten Jahren herrschte in der Gegend eine blutige Wildwestatmosphäre: Eingeborene kämpften gegen Weiße, kantonesische ›Tong‹-Geheimbünde gegen Peking-Chinesen, weiße Straßenräuber überfielen Goldkutschen und Pferdebahnen (die noch bis 1961 zwischen den Goldfeldern und Cooktown verkehrten). Als ›Schutz‹ vor einer nach dem Krimkrieg befürchteten russischen Invasion gewährte England dem Ort übrigens eine 82 Jahre alte Kanone, zwei Gewehre und einen Soldaten. Bald lebten in Cooktown und Umgebung 30 000

Menschen, die meisten davon Chinesen. An der 3 km langen Charlotte Street gab es 94 Hotels, 80 Bars, 20 Restaurants, 32 Läden, fünf Bäckereien, mehrere Banken und zwei Tageszeitungen, dazu zahlreiche ›Places of wild Entertainment‹ (Spiel- und Opiumhöhlen). Anfang des 20. Jhs. war der Goldboom vorbei (bis 1890 hatte man am Palmer River über 36 Tonnen Gold gefunden). 1907 zerstörte ein Wirbelsturm und 1919 ein Feuer zahlreiche Gebäude. Seit einigen Jahren werden viele historische Bauten wieder restauriert.

Sehenswert: Hauptattraktion von Cooktown ist das James Cook Historical Museum, ehemals ein Konvent der Irish Sisters of Mercy und Mädchenschule, mit einer Kanone von Cooks Schiff ›Endeavour‹, dem German Wagon (deutscher Leiterwagen), Einbäumen von Eingeborenen, der katholischen Kapelle und dem Chinesen Joss House. Beachtung verdienen ferner der Grassy Hill (Panoramablick über die Finch Bay, zum Sachs Spit und über den gegenüberliegenden Endeavour River National Park) und der Friedhof mit seinen nach Konfessionen getrennten Grabstätten (u. a. chinesischer Schrein, auch viele deutsche Namen).

Umgebung: Rund 30 km südlich von Cooktown erhebt sich der 330 m hohe, legendenumwobene *Black Mountain*, auch Kalcajagga (Berg des Todes) genannt. Westlich der Straße fließt der tiefblaue Annan River durch eine Schlucht (Helenvale Watterfalls). Einige Kilometer südlich steht unter alten Mangobäumen der *Lion's Den Pub* (seit 100 Jahren Kneipe, Post, Telefonzentrale und ›Tante-Emma-Laden‹). Durch den 30 km südlich gelegenen *Cedar Bay National Park* (vom 1148 m hohen Mt. Finnigan weiter Blick) gelangt man zur *Bloomfield Aboriginal Community* (10 km, Felsmalereien und gute Holzschnitzereien). 40 km nördlich von Cooktown liegt die 1885 angelegte *Hopevale Aboriginal Community*. 1887 übernahm der 19jährige Georg Heinrich Schwarz (›Muni‹) die hiesige Mission. Als sich die Regierung in Brisbane weigerte, den an Tuberkulose erkrankten Eingeborenen zu helfen, kurierte ›Muni‹ diese mit Dugong-Öl. Bis heute ist sein Name bei den Aborigines unvergessen. Am nahen *Cape Flattery* beutet die japanische Firma Mitsubishi Silizium-Sände aus (1979 Abbau von 490 000 Tonnen Sand; die Eingeborenen erhalten keine Entschädigung.)

Verkehr: Mit Cooktown-Cairns Coach Service Do und So via Helenvale nach Cairns. Flüge nach Cairns, Lizard Island, Laura, Thursday Island, Lakefield und Coen sowie ›Mail Run‹ des Cooktown Air Service zu entlegenen ›Cattle Stations‹. Schiff der Mason Shipping 1× wöchentlich nach Cairns und zur Torres Strait. Reef Exodus Cruises (Cairns) befahren zwischen Dezember und August jeden Sonntag die Strecke Michaelmas Cay-Low Islets-Hope Island-Cooktown. Mit dem ›Flying Fish‹ täglich 10 Uhr 2½ stündige Touren auf dem Endeavour River.

Unterkunft: in Cooktown ** Tropical Breeze Motel, ** Sea View Motel, * Hotel Sovereign, * Hillcrest Holiday Lodge, * West Coast Hotel, Ferrari's Estates Motel, Hotel Cooktown und Motor Inn Motel, in Helenvale Lion's Den Hotel, in Bloomfield (Wangabudja) Lodge (nur mit Flugzeug, Boot oder Allradantrieb erreichbar). Camping: Peninsula Caravan Park (Howard St.).

Laura: 90 Einwohner (meist Eingeborene), Zentrum des ›Quinkin Country‹, 314 km nördlich von Cairns bzw. 60 km nördlich der Straße Cairns–Cooktown. Bis Laura gelangt man mit normalen Pkws (außer während ›The Wet‹, der Regenzeit). Laura ist uraltes Siedlungsgebiet der Gugu-Yelangi, Olcula, Kokowara und Kokojawa, die zahlreiche großartige, bis zu 25 000 Jahre alte Felsmalereien hinterlassen haben. Sehenswert: An der Straße von Cairns (12 km südlich des Ortes) kann man die Felsmalereien am Split Rock, am Turtle Rock und am Guguyalangi Rock Shelter auf eigene Faust erkunden. Die anderen Malereien in der 984 km² großen *Quinkin-Reserve* und an anderen Stellen (sie sind über eine Fläche von mehr als

15 000 km² verstreut) sind nur schwer zu finden; man kann sie aber mit Hilfe des Aboriginal Historical Places Trust oder des Trezise Bush Guide Service besuchen. Neben Abbildungen von Jagdtieren und Menschen (darunter solche von Polizisten aus dem Jahre 1930) findet man vor allem Darstellungen der sogenannten Quinkins (Geistermenschen), von denen es zwei Arten gibt: die kleinen und bösartigen Imjim mit ihren häßlichen Köpfen, langen Zähnen, dicken Bäuchen, Schwänzen und Krallen (sie entführen oft Kinder in die roten Bunbalbie-Berge) und die schlanken, gutmütigen Timara, die in Felsritzen wohnen und die Menschen beschützen. Die interessantesten Höhlen sind der Yams Man Shelter, der Tent Shelter, der Fishhoek Shelter, der Green Ant Mountain auf dem Koolburra-Plateau, der Early Man Shelter (13 500 Jahre alte Wohnhöhle mit einigen der ältesten Felsmalereien Australiens, Fundstätte von Werkzeugen), die Ancient Cave und die Echidna Dreaming Gallery (mit halb menschen-, halb ameisenigelartigen Figuren).

Umgebung: Rund 50 km südwestlich von Laura liegen die Goldfelder des Palmer River mit zahlreichen Geisterstädten wie *Byerstown* (einst Schauplatz von Kämpfen zwischen kantonesischen und nordchinesischen ›Tong‹-Geheimbünden), *Maytown* (einst 10 000 Einwohner, chinesischer Friedhof) und *German Creek* (verlassene Schächte). Nördlich von Laura erstreckt sich der 528 000 km² große *Lakefield National Park* mit seinen großen Flüssen und Sümpfen (Krokodile, Jabiru-Störche, Magpie Geese, Papageien, Riesenkänguruhs, Felsen-Wallabies, verwilderte Rinder und Schweine). Auf den Inseln (u. a. Endean Island, Worei Island, Walaimini Island) in der vorgelagerten *Princess Charlotte Bay* sowie auf dem gegenüberliegenden Festland finden sich zahlreiche weitere Felsmalereien. 80 km nordöstlich des Lakefield National Park liegt der *Cape Melville National Park* (sehr guter Blick auf das nahe Great Barrier Reef).

Verkehr: Bus nur zum Lakeland Hotel (Strecke Cairns – Cooktown), Cooktown Taxi Service (Flesser) von Cooktown nach Laura, Flüge von Cairns und Cooktown sowie mit dem ›Mail Run‹ nach Coen und Weipa. Tankstellen gibt es auf der Strecke ab Mt. Molloy (80 km von Cairns) nur in Palmer River (113 km), Lakeland (311 km weiter) und Laura (64 km weiter). **Unterkunft:** in Laura Quinkin Hotel, in Lakefield Lodge, in Lakeland Hotel Lakeland, in Palmer River Roadhouse und Camping.

Zwischen Laura und dem Cape York:

Zum Cape York gibt es zwar Safaris, allerdings sind diese zumeist sehr teuer und streifen die wichtigsten Sehenswürdigkeiten nur. Besser und preiswerter sind allradbetriebene Mietwagen (Campingausrüstung, Wasser, Benzin und Nahrungsmittel aus Cairns mitnehmen, da unterwegs nur wenig Gelegenheit zum Einkauf). Bei weniger Zeit empfiehlt sich das Flugzeug (Linienflug oder ›Mail Run‹). 141 km nordnordwestlich von Laura biegt bei Musgrave Park eine Straße in östlicher Richtung zur *Edward River Aboriginal Community* (300 km) ab, deren Bewohner Krokodile züchten. 121 km nördlich von Musgrave Park liegt der kleine Viehzüchterort *Coen*, eine ehemalige Goldgräbersiedlung, wo im August weithin bekannte Picknick Horse Races stattfinden. 9 km nördlich des Ortes stehen uralte Steinzirkel (die 90 cm hohen Steine sind das Totemzentrum des Red Kangaroo Clan der hiesigen Kandju), 10 km östlich erstreckt sich der *Mc Ilwraith National Park,* ein 823 m hohes, zerklüftetes Bergland. 73 km nördlich von Coen zweigt nach rechts eine Straße über *Wenlock* (ehemals Goldfunde) und den *Iron Range National Park* (Fundstätte von fünfeckigen ›Sandsternen‹, die an die Sandrosen der Sahara erinnern) zum 110 km entfernten *Portland Roads* ab, über dessen kilometerlange Jetty einst Gold verladen wurde (schöne Bucht, aus Weltkriegs-Bunkern herrlicher Blick auf Inseln und Riffe in der Weymouth Bay). 25 km südlich von Iron Range liegt die *Lockhart River Aboriginal Community*

der Pontunji und Kawadji. Nun fährt man wieder zurück zur Hauptstraße Laura – Cape York und überquert diese in nordwestlicher Richtung. Südwestlich liegt der *Archer Bend National Park* (Krokodile, Mangroven, Regenwälder). Nach 130 km ist *Weipa* erreicht, eine moderne Bergbausiedlung, wo sich die größten Bauxitlager der Erde befinden (2 Milliarden Tonnen Reserven, jährliche Förderung 10 Millionen Tonnen, Hauptabnehmer Japan und Bundesrepublik Deutschland). Einige Kilometer südlich der nur von Weißen bewohnten Siedlung drängen sich auf 200 ha zahlreiche Eingeborene (die Regierung will ihr Gebiet weiter einschränken). Weiter südlich liegt das ehemalige Eingeborenenreservat *Aurukun.* 1975 vertrieb ein Polizeikommando die Bewohner und zündete die Häuser an, um den Weg frei zu machen für die Ausbeutung der hiesigen Bauxitlager. Bei Aurukun gibt es zahlreiche bis zu 1000 Jahre alte und 4 m hohe Muschelhaufen (Reste von Eingeborenenfesten).

Nun kehrt man wieder zur Hauptstraße Laura – Cape York zurück und fährt weiter gen Norden. Im Westen wird die Straße vom ehemaligen *Mapoon-Eingeborenengebiet* begleitet, das 1963 ›geräumt‹ wurde – ebenfalls wegen Bauxitfunden (1982 lebten wieder einige ›illegale‹ Eingeborene dort). Die Regierung plant, die gesamte Cape York-Halbinsel von Eingeborenen zu ›säubern‹ und sie in Bamaga an der Nordspitze zu konzentrieren. *Bamaga* (209 km nördlich der Kreuzung von Weipa) zählt bereits 1600 Einwohner, die sich auf engstem Raum zusammendrängen. Vor der Küste liegt Posession Island (Tuined), 45 km nordöstlich das *Cape York* (Gudangarkagi), die Nordspitze Australiens, von wo sich ein herrlicher Ausblick bietet. Die vorgelagerten *Alban Islands* beherbergen eine Kulturperlenfarm. 10 km südlich des Kaps liegt die ehemalige Siedlung *Somerset,* um die Jahrhundertwende Wohnsitz des Polizeikommissars John Jardine, dem der Mord an über 2900 Eingeborenen zugeschrieben wird (nach Ansicht der Eingeborenen fliegt sein Geist noch heute durch den Kokospalmen-Hain an der Newcastle Bay). Südlich der Newcastle Bay (herrlicher Ausblick) erstreckt sich der *Jardine River National Park* (reißende Ströme, Regenwälder, Krokodile).

Verkehr: Tankstellen in Laura, Musgrave, Coen, Moreton, Weipa und Bamaga. **Information:** Northern Peninsula Reserves, Bamaga (Permits für den Besuch von Eingeborenensiedlungen). **Unterkunft:** in Coen Hotel Weipa und Albatros Hotel, in Bamaga Bamaga Hotel, am Cape York Top of Australia Lodge (Voranmeldung, Mindestaufenthalt sieben Tage).

Die Torres Strait: Diese nur 150 km breite und 13 m tiefe Meeresstraße zwischen Australien und Neuguinea entstand erst nach der Würm-(Wisconsin-)Eiszeit vor etwa 10 000 Jahren. Vorher konnte man trockenen Fußes über das ebene Sahul Shelf wandern. Auf den Inseln leben heute 10 000 Menschen, überwiegend Melanesier, dazu Polynesier sowie die Nachkommen von japanischen und philippinischen Tauchern. Jahrtausendelang verlief über die Inseln eine Handelsroute, deren Endpunkte der Südwesten von Australien und der Sepik River auf Neuguinea waren. Heute ernähren sich die Torres Strait Islanders vom Fischfang (auf den Central Islands), der Jagd (Western Islands) oder dem Anbau von Obst und Gemüse (Eastern Islands). Die Nordseite der Torres Strait war früher dem Sultan von Tidore (Molukken) tributpflichtig. Heute sind die Besitzverhältnisse umstritten, zumal hier untermeerische Erdöl- und Erdgasvorkommen vermutet werden. Neuguinea formuliert eigene Ansprüche, die seit 1978 in der Torres Uniting Party (TUP) zusammengeschlossenen Insulaner fordern ihr Land von Queensland zurück (mit der Begründung, es sei nie offiziell annektiert, sondern nur militärisch besetzt worden).

Thursday Island (Mataragaaka): 1,8 km² große Insel, 38 km nordwestlich des Cape York bzw. 2205 Flugkilometer nördlich von Brisbane, 2300 Einwohner (vor allem Melanesier, Polynesier und Aboriginal Australians, daneben, Malayen, Japaner, Chinesen und einige Weiße). Der Hauptort Port Kennedy ist Sitz der Verwaltung der Torres Strait Islands. Bis vor einigen Jahren war Thursday Island ein Zentrum der Perlenfischerei, seit dem Aufkommen der Kunstperlen gibt es aber nur noch wenige Perlen-Logger. Die Nippon Pearl Co. züchtet inzwischen künstliche Perlen in den umliegenden Gewässern. 1982 herrschte auf Thursday Island wie auch auf den anderen Torres Strait Islands hohe Arbeitslosigkeit (90%!), Brisbane lehnt jedoch Bundesmittel ab. Viele Männer wandern zum Arbeiten aufs Festland ab, am Hafen warten zahlreiche Prostituierte auf die Krabbenkutter, die hier auf dem Wege in den Golf von Carpentaria Station machen.

Sehenswert: Im Ortszentrum erinnert die Quetta Memorial Cathedral of All Souls (Museum) an den 1890 vor der Küste untergegangenen Dampfer ›Quetta‹. Auf dem etwas außerhalb gelegenen Friedhof viele japanische, melanesische, polynesische und moslemische Gräber.

Umgebung: Interessanter als die Thursday Island sind die umliegenden Inseln. Unmittelbar südlich liegt die *Prince of Wales Island* (Muralup), mit ausgezeichneten Stränden und – im Innern – den roten Felsschluchten von Yata (Wasserfälle). 1864 ermordete John Jardine (vgl. S. 297) die hier lebenden Wathaiyunu, jetzt gehören die meisten Einwohner dem Volk der Kauralgal (Mischung von Melanesiern und Australiern) an. 1962 wollte man sie vertreiben und stattdessen Nauru-Insulaner ansiedeln. Vor der Küste die *Packe Island* (herrliche Strände, gescheiterte chinesische Dschunke). Auf der einige Kilometer westlich von Thursday Island gelegenen *Friday Island* (Gialug) gibt es Perlenkulturen. *Hammond Island* (Kerriri) weiter nördlich, von Melanesiern und Filipinos bewohnt, ist bekannt für seine guten

Strände. Auf dem weiter entfernten *Booby Island* (nordwestlich) steht der nördlichste Leuchtturm Australiens.

45 km nördlich von Thursday Island liegt die *Banks Island* (Moa), besiedelt von dem Hochlandvolk der Muralaig und dem Küstenvolk der Italaig, die vom Verkauf von Wolfram leben. Als die Eingeborenenorganisation Moa Island Housing Co-op 1978 mit dem Erlös neue Häuser bauen wollte, forderte die queensländische Regierung das Geld für den Staat, die Eingeborenen unter Führung von Wee Nawia (der bereits 1936 auf Mer Island den ersten Streik australischer Eingeborener geleitet hatte) blieben Sieger. Auf der benachbarten fruchtbaren *Mulgrave Island* (Badu) leben die Badulega, die teilweise polynesischer Herkunft sind. Vor der Insel werden besonders große Perlenaustern gefunden. Einige Kilometer nordöstlich sieht man die stark zerklüftete *Jervis Island* (Mabuiag), wo im 16. Jh. Portugiesen gelandet sein sollen (sehenswerte Felsmalereien, zahlreiche Taipan-Schlangen, die zur Serumherstellung ›angezapft‹ werden). Weiter nordöstlich liegt die sehr gebirgige *Nahgi Island* (Panoramablick vom 230 m hohen Mt. Ernest, bei dem vorgelagerten Riff beliebtes Tauchrevier). Die hiesigen Kulkalgal-Eingeborenen (Mischung aus Melanesiern und Samoanern) bauen Obst und Gemüse an. Auf der nahen *Turnagai Island* finden sich hervorragende Strände. Nördlich davon folgt die große, flache Insel *Boigu*, von wo es nur ein Katzensprung (4 km) nach Papua-Neuguinea ist (man kann einige Dörfer deutlich erkennen). Für die Miriam-le von der Insel Mer (s. u.) gilt Boigu als Ruheplatz der Totenseelen.

50 km südöstlich von Boigu liegt – ebenfalls nahe der papuanischen Küste – die große Insel *Saibai*. Hier leben die Aitthalgal und die Saibailgal, die mit den Kerakis in Papua-Neuguinea verwandt sind. 1898 ermordeten weiße Australier 800 von 1000 Bewohnern der Insel. Als 1947 eine Flutwelle große Teile der Insel verwüstete, wurden viele Saibai-Insulaner nach Bamaga am Cape York umgesiedelt. 1982 lebten noch 80 Saibai und 80 Papuas aus dem nahen Mabadawan (Neuguinea) auf der Insel. Die Saibai, die noch an ihre alten Götter glauben, sind berühmt für ihre Holzmasken, die bei Tänzen getragen werden. Im Inselinnern findet man bis zu 6 m lange Krokodile, zahlreiche verwilderte Schweine und Hirsche sowie Schlangen.

Südöstlich von Saibai Island sieht man die kleine Vulkaninsel *Yam Iama* mit ihren 150 m hohen steilen Felsen. Weiter östlich, am North East Channel, folgt die *Yorke Island* (Masig). Vor der Küste liegen mehrere spanische Wracks und gute Perlengründe. Fährt man weiter gen Osten, so erreicht man über *Rennel Island* (Mauar), das vor Jahrtausenden von Polynesiern aus den Salomon-Inseln besiedelt wurde, die am äußersten Great Barrier Reef gelegenen *Eastern Islands*. Die 188 m hohe vulkanische Insel Darnley (Errub) ist schon von Ferne zu erkennen. Vom Mt. Lalour herrlicher Ausblick über die fruchtbaren Täler der ›Garten-Insel‹, die vor der Ankunft der Weißen die Torres Strait Islands mit Obst und Gemüse versorgte. Sehenswert sind eine Schildkrötenfarm, uralte steinerne Fischfallen und die 100 m hohen Lavafelsen bei Ekaeda. Vor der Küste ein als ›Diver's Graveyard‹ berüchtigtes Korallenriff. Im äußersten Osten der Inselgruppe liegt die ebenfalls vulkanische Insel *Mer* (mit den vorgelagerten Vulkaninseln Au Dauar, Kebi Daar und Waier). Die hiesigen Miriam-le, ein stolzes und freiheitliebendes Volk, das in Bambushütten lebt, waren früher gefürchtete Kopfjäger. Mit ihren schnellen, zigarrenförmigen Booten (am Steven mit Haiköpfen versehen) beherrschten die ›Dunkelbraunen Seevögel‹ die Torres Strait. 20 von ihnen sollen 1606 mit Torres nach Spanien gefahren sein. 1936/37 streikten die Miriam-le erfolgreich für bessere Lebensbedingungen. Regiert wird das Volk von ›Zoga-le‹ (Häuptlingen). Über diesen steht der ›C'Zarcke Au-Zogo-le‹, der Priester des

Bomai Malu-Maskenkultes, dessen Götter in Neuguinea wohnen. In jüngster Zeit erlebt der Kult, dessen Zentrum ein domartiges Haus inmitten eines heiligen Hains von uralten Wongai-Bäumen ist, eine Renaissance. Die von Missionaren gebaute Kirche wurde in ›Mer Zogo meta‹ (Haus des Zogo) umgetauft, und die Priester kombinieren christliche Riten mit der angestammten Magie ihres Volkes.

Auf dem mit dichtem Regenwald bedeckten fruchtbaren Lavaplateau der Insel Mer werden Bananen, Zucker, Yams, Mais, Sago und Papayas angepflanzt. Sehenswert: der Mt. Gelam (225 m; phantastischer Blick), das Dorf Las (im 17. Jh. sollen sich hier gestrandete Spanier mit den Eingeborenen vermischt haben), das fruchtbare Deaudepat-Tal und die uralten ›Sai‹ (Fischfallen), die noch heute benutzt werden. Die vor der Küste gelegene Insel *Waier,* ein uralter Kultplatz, wirkt von Mer aus wie eine mittelalterliche Festung. Nördlich von Mer verhindert das mit Lehm vermischte Süßwasser des Turama und des Kikori River (beide kommen aus den Bergen von Papua Neuguinea) die Bildung von Korallen. Vor der Küste (besonders am Warrior Reff bei *Tutu Island*) werden spanische Wracks mit Schätzen aus Südamerika vermutet. Der erste weiße Besucher auf der nahen Koralleninsel *Bramble Cay* war 1793 der Freiherr von Alt.

Verkehr: auf Thursday Island Lokalbusse und Taxis. Flüge von Horn Island bzw. Narupai (Boot von Thursday Island) nach Bamaga, Cairns, Weipa, Boigu, Saibai, Yorke und Darnley. Frachter nach Cairns, Darwin und Daru. **Information:** Aboriginal Development Commission, Hastings St. (Tel. 171).

Unterkunft: auf Thursday Island *** Rainbow Motel, ** Grand Hotel, ** Federal Hotel, Boarding House, Royal Hotel und Torres Straits Hotel, auf den anderen Inseln nur Privatunterkünfte oder Gästehäuser der Local Councils.

Feste: am 1. 7. religiöses Festival auf Thursday Island.

Das Binnenland
(Outback Queensland)

Südlich des Gulf von Carpentaria erstreckt sich das dünnbesiedelte Outback von Queensland, das im Osten an die Ausläufer der Great Dividing Range grenzt und im Westen und Süden an das Nordterritorium, Südaustralien und New South Wales. Das Land wird geprägt von Savannen, auf denen große Schaf- und Viehherden weiden, Halbwüsten und Wüsten. Nur wenige Straßen durchziehen das weite Gebiet.

Zwischen Brisbane und Nappa Merrie: Von Brisbane gelangt man über Ipswich, Warwick (vgl. S. 272) und St. George in die Agrarstadt *Cunnamulla* (1800 Einwohner, 1034 km von Brisbane). Berühmt sind die ›Eidechsenrennen‹ in einigen Hotels. Aus Cunnamulla stammt Stephen Hagan, der seit Februar 1983 erste eingeborene Diplomat Australiens. Umgebung: 100 km südlich liegt der Ort *Tinnenburra* mit einem riesigen Schafschererschuppen (100 Boxen). Auf einer schlechten Straße, auf der man leicht die Orientierung verlieren kann, gelangt man über *Eulo* (68 km, Abzweigung zum 20 km nordwestlich gelegenen Opalfeld von Yowah) und Thargomindah (123 km) nach *Bransby* (31 km), wo sich die Straße gabelt: Eine Strecke führt in südlicher Richtung über Tibooburra (151 km, vgl. S. 102) nach Broken Hill in New South Wales, die andere in westlicher Richtung über Nappa Merrie (159 km) nach Innamincka (45 km, vgl. S. 198) in Südaustralien.

Unterkunft: in Cunnamulla Billabong Hotel und Hotel Cunnamulla, in Eulo Queen's Hotel, kleinere Hotels u.a. in Goondiwindi, St. George, Thargomindah.

Zwischen Brisbane und Birdsville: Von Brisbane geht es auf dem Warrego Highway via Ipswich, Toowoomba und Dalby (vgl. S. 272 f.) nach *Miles* (268 km nordwestlich). Auf der nahen Nangran Lagoon blühen rosa japanische Lotosblumen. Über *Jackson* (61 km westlich von Miles, Abzweigung zur 40 km südlich gelegenen Viehstation Rostock) gelangt man nach weiteren 88 km in die Stadt *Roma* (5860 Einwohner), eines der bedeutendsten landwirtschaftlichen Zentren des westlichen Queensland (Schaf- und Viehzucht, Weizen, Wein, Zitrusfrüchte). Schöne Parks, sehenswerte Romaville Winery. Einige Kilometer nordöstlich kann man in der Roma Gorge Felsmalereien sehen. 100 km südlich liegt an der Piste nach Bellaroo die *Coogoon Station,* von der Ludwig Leichhardt am 3. 4. 1848 sein letztes Lebenszeichen gab. Fährt man auf dem Warrego Highway von Roma weiter nach Westen, erreicht man nach 265 km (über Mitchell) die Stadt *Charleville* (3948 Einwohner),

ein Vieh- und Schafzuchtzentrum im Herzen des ›Mulga Country‹. Im 19. Jh. war Charleville eine der größten Dromedarstationen Australiens, die einem Afghanen gehörte (Weiße vertrieben den erfolgreichen Asiaten, weil ihre Ochsengespanne mit seinen Dromedaren nicht konkurrieren konnten). Im Ortszentrum steht eine ›Regenkanone‹ des Deutschaustraliers Clement Wragge, der vergeblich versucht hatte, damit Regen aus den Wolken zu schießen. 210 km westlich von Charleville liegt die kleine Landstadt *Quilpie.* Der hiesige artesische Brunnen ist mit 2136 m der tiefste der Erde. Über Windorah (187 km weiter nordwestlich erreicht man von hier das Channel Country.

Information: in Roma Aboriginal Development Commission (69 Arthur St.). **Unterkunft:** in Roma ** Carnarvon Motel (18 Northern Road), ** Club Motel (36 Mc Dowall St.),

Die Wüstenlandschaft des Channel Country

** Roma Motel (11 Bowen St.), Jugendherberge (YHA, Ecke Station und Edward St.), in Charleville Charleville Motel, Hotel Corones und Victoria Hotel, in Quilpie Quilpie Guest House und Imperial Hotel, in Windorah Hotel. Campingplätze in allen genannten Orten.

Channel Country: Westlich von Windorah beginnt das 480 000 km² große Channel Country mit seinen zumeist trockenen, bis zu 60 m breiten Flußbetten und den weiten Sand- und Steinwüsten (›Gibber Plains‹). Nach Regenfällen (Januar bis März) findet man hier viele Wildblumen, Vögel und Fische. Beste Reisezeit: April bis September. Als erster Weißer zog Ludwig Leichhardt 1848 auf seiner letzten Reise durch dieses Gebiet.

Birdsville (Wongkonguru): 89 Einwohner (1982), einer der einsamsten Orte Australiens, 1500 km westlich von Brisbane am Dreistaateneck Queensland/Südaustralien/Nordterritorium. Im Norden (747 km) liegt Mt. Isa, im Westen beginnt die Arunta Desert (Simpson Desert) mit ihren 50 m hohen roten Wanderdünen, im Süden der 747 km lange Birdsville Track. Bis vor 150 Jahren zogen durch diese Gegend die Händler der Dieri vom Lake Eyre, der Jeljendi und der Mitaka mit Pigmentfarben aus den Flinders Ranges, mit Pinturi-Drogen vom Tuwathugamie (heute Diamantia), mit Steinäxten aus der Kalkandunga (bei Cloncurry), mit Perlmuscheln von der Torres Strait und den Kimberleys sowie mit Handelsgütern der Malayen und Papuas. Sogar schwere Mühlsteine wurden über eine Entfernung von 500 km geschleppt. Ab 1873 ließen sich hier weiße Viehzüchter, die ›Kings in Grass Castles‹, nieder. Bis 1901 führte über Birdsville eine wichtige Viehstraße. Heute ist es zumeist still in dem Ort. Nur im September, wenn die ›Annual Picnic Races‹ stattfinden, erwacht Birdsville aus seinem Dornröschenschlaf. Zum 100. Rennen 1982 kamen 5000 Besucher aus ganz Australien und sogar aus Übersee. Sehenswert das in texanisch-mexikanischem Stil errichtete Birdsville Hotel.

Umgebung: In der *Arunta Desert* (vgl. S. 197) mit dem 650 km² großen Simpson Desert National Park leben ›Brumbies‹ (verwilderte Pferde), Dromedare und winzige Beutelmäuse. Den *Birdsville Track* (vgl. S. 197) kann man nur mit allradgetriebenen Fahrzeugen befahren. Genügend Wasser, Lebensmittel und Benzin mitnehmen, vorher die Polizei benachrichtigen (1963 verdurstete hier eine fünfköpfige Familie)! Der Lake Machattie bei *Bedouri* (219 km östlich) ist nach Regenfällen ein Vogelparadies.

Unterkunft: je ein Hotel in Birdsville, Bedourie und Boulia; Mia Mia Hotel 96 km nördlich von Boulia, auch Campingplätze.

Carnarvon National Park: Rund 200 km nordwestlich von Roma und 200 km südwestlich von Emerald erstreckt sich der großartige Carnarvon National Park (tiefe Schluchten, Wasserfälle, seltene Tiere und Pflanzen). Die schönsten seiner 16 000 Jahre alten Felsmalereien findet man in der 60 m hohen Cathedral Cave. Im Frühling (September bis November) blühen unzählige bunte Wildblumen. Erster weißer Besucher in diesem alten Land der Karingbal, der Nguri und der Kongabulla war Ludwig Leichhardt im Jahre 1844.

Unterkunft: Lodge (Kabinen, Zelte; Vollpension), kostenloses Camping mit Permit des Rangers im Nationalpark.

Zwischen Charleville und Longreach: Durch ein offenes Savannengebiet mit großen Vieh- und Schafstationen fährt man zunächst auf dem Mitchell Highway nach *Augathella* (82 km nördlich). Etwa 300 km nordöstlich von hier liegen in der Chesterton Range die *Kenniff Cave* mit ihren 19 000 Jahre alten Felsmalereien und – 30 km entfernt – die Felsgruppe ›The Tombs‹ auf der *Mt. Moffatt Station,* wo man u. a. einen 20 000 Jahre alten Schädel und zahlreiche frühgeschichtliche Werkzeuge fand (beide Plätze sind nur sehr schwer zu finden). Der Landsborough Highway führt von Augathella in nordwestlicher Richtung nach *Blackall* (235 km). Einige Kilometer westlich des Ortes stehen auf der Lambert Station uralte Steinzirkel, in den Blackall Ranges finden sich Felsmalereien, alte Ockerminen und steile Sandsteinklippen (u. a. am Black's Palace, 80 km östlich). 102 km nördlich von Blackall ist der Verkehrsknotenpunkt *Barcaldine* erreicht, nach weiteren 108 km (westlich) der Ort *Longreach* (sehenswerte Stockman's Hall of Fame, in der man interessante Informationen über die Geschichte der Viehtreiber in Queensland erhält). Bis Winton im Nordwesten sind es von hier 173 km.

Unterkunft: in Blackall Blackall's Motel, Smith's Motel und Bushman's Hotel, in Longreach Jumbuck Motel, Starlight Motel, Commercial Hotel und Jugendherberge (YHA, 120 Galah St.). Campingplätze in beiden Orten.

Winton: 1331 Einwohner, Zentrum der Merino-Schafzucht und Geburtsort der ›Waltzing Matilda‹, 336 km östlich von Cloncurry am Landsborough Highway. Einst lebten hier die Jirandali und die Koa, von denen die meisten Ende des 19. Jhs.

Text des Liedes ›Waltzing Matilda‹

Oh! There once was a swagman cam'd by a billabong
Under the shade of a Coolabah tree,
And he sang as he looked at his old billy boiling,
»Who'll come a-waltzing Matilda with me!
Who'll come a-waltzing Matilda, my darling,
Who'll come a-waltzing Matilda with me.«

Down came a jumbuck to drink at the waterhole,
Up jumped the swagman and grabbed him in glee,
And he sang as he stowed him away in his tucker-bag,
»You'll come a-waltzing Matilda with me.«

Down came the squatter a-riding his thoroughbred,
Down came policemen – one, two and three,
»Whose is the jumbuck you've got in the tucker-bag?
You'll come a-waltzing Matilda with me.«

But the swagman, he up and he jumped in the water-hole,
Drowning himself by the Coolabah tree,
And his ghost may be heard as it sings in the billabong
»Who'll come a-waltzing Matilda with me?«

Wörtererklärung: *Glee* bedeutet Fröhlichkeit; *Tucker-Bag* ist eine Tasche zum Transportieren von Lebensmitteln (Tucker); *Billabong* ein Teich (eigentlich ›totes Wasser‹); *Jumbuck* ein Schaf. Der Ausdruck ›*waltzing*‹ kommt vom deutschen Handwerkerbegriff ›auf die Walz gehen‹; *Matilda* ist das Diebesgut; der *Swagman* ein Schafhirte, der *Swag* eine zusammengerollte Wolldecke mit den Habseligkeiten des Swagman; der *Billy* der Teekessel.

von einer Polizeitruppe am Skull Hole südlich der Stadt ermordet wurden. 1895 komponierte A. B. (›Banjo‹) Paterson am nahen Combo Waterhole die inoffizielle australische Nationalhymne ›Waltzing Matilda‹. Sehenswert sind das Castle Hill Bore (aus 1357 m strömt das mit 98 °C heißeste artesische Wasser Australiens) und das Denkmal des ›Jolly Swagman‹, des Schafdiebes aus ›Waltzing Matilda‹. 125 km südlich von Winton werden bei *Opalton* Opale gefunden. Südwestlich von Winton beginnt in der Müller Range der 5531 km lange *Dingo-Zaun* (aus Maschendraht), der die Wildhunde von den Schafen fernhalten soll.

Information: Winton Tourist Association (Town Hall.). **Unterkunft:** Matilda Motel (20 Dondooroo St.), North Gregory Hotel (Elderslie St.), Central Hotel, Winton Hotel, Farmurlaub (Dagworth Station), Camping (Waltzing Matilda Camp). **Feste:** Alle zwei Jahre Outback Festival (mit Stake Creek Crayfish Races, Henley-by-Mistake Races und Balladen-Wettbewerb).

Mt. Isa: 27000 Einwohner, bedeutendstes Industrie- und Versorgungszentrum im Nordwesten von Queensland, 935 km westlich von Townsville am Leichhardt River. Wahrzeichen der Stadt sind die beiden 270 m hohen Schornsteine der Kupfer-, Blei- und Zinkmine. Die hiesigen Bodenschätze wurden 1923 von John Campbell Miles entdeckt. Die Beziehungen zwischen den Kalkadunga, den einstigen Herren dieser Oase, und den Weißen sind gespannt, in zahlreichen Hotels herrscht Apartheid. Sehenswert: Das Bergwerk und die Schmelzen der Mt. Isa Mines (MIM), die größten ihrer Art, kann man wochentags um 8.30 und 13.30 Uhr besichtigen (dienstags nur vormittags, nicht am 25. 12., Ostermontag und am Labour Day). Anmeldung für Untertagetouren (7.30 für Männer, 12.30 Uhr für Frauen und Jugendliche unter 16 Jahren; Frauen müssen Hosen und flache Schuhe tragen) unter Tel. 44 20 11, Ext. 3125. Beachtung

verdienen ferner das Civic Centre (Kupferschmuck), das Frank Aston Rotary Museum (Bergwerkmuseum), das Kalkadeen Cultural Centre der Eingeborenen, die School of the Air und der Royal Flying Doctor Service (montags bis freitags 9–12.30 Uhr). Rundblick vom Town Lookout.

Umgebung: Beliebtes Ausflugsziel der Einwohner von Mt. Isa ist der *Lake Mondarra* (20 km nördlich), wo man schwimmen und segeln kann. Am nahen *Brown's Creek* gibt es 17000 Jahre alte Felsmalereien, in den südöstlich des Ortes beginnenden Selwyn Ranges wurden 500 Millionen Jahre alte Fossilien gefunden. 117 km südwestlich von Mt. Isa liegt der Viehzüchterort *Urandangi*, wo im Oktober 1980 ein Eingeborener unter mysteriösen Umständen im hölzernen Gefängnis des Ortes verbrannte. 65 km östlich von Mt. Isa befindet sich die ehemalige Uranmine *Mary Kathleen* (1982 wurde der Betrieb eingestellt und die Mustersiedlung verkauft; der 250 m tiefe Krater soll aufgefüllt werden). 120 km weiter östlich liegt die Stadt *Cloncurry* (›The Curry‹, 5000 Einwohner), ein ehemaliges Kupfer- und Goldzentrum. Die meisten der einst hier lebenden Kalkandunga wurden 1884 am heiligen Platz Kajabbi (Battle Hill) und in der Skull Gorge ermordet. Sehenswert: Afghan Cemetery (pathunische Gräber), Chinese Cemetery und Cloister of Plagues (Museum der Flying Doctors). Umgebung: *Dorindimindi Station* (einige Kilometer südlich, Felsmalereien), *Kuridala* (116 km südlich, Kupfer-Geisterstadt, alter Friedhof).

Information: North West Tourist Association (Civic Centre), RACQ-Autoclub (Duchess Road), Aboriginal Development Commission (71 Camooweal St.), Aboriginal Legal Service (Will St.).

Unterkunft: in Mt. Isa *** Hotel Mt. Isa (17 Miles St.), *** The Overland Motel (119 Marian St.), ** Barkly Motel (Barkly Hwy.), ** Motel Dalpura (20 Fourth Ave.),

Die Bergwerksstadt Mount Isa

** Inland Motel (Barkly Hwy.), * Copper City Motel (Butler St.), * Silver Star Motel (Marian St.), einfache Tourist Inn (Marian St.), Waltons Motel (Camooweal St.), Hotel Boyd (Marian St.), Motel Verona (Marian St.), Argent Hotel (Isa St.) und Tavern Hotel (Isa St.), Jugendherberge (5 Isa St., nur Frauen). In Cloncurry Oasis Hotel (Ramsay St.), Post Office Hotel (Ramsay St.), Leichhardt Hotel (Scarr St.), ferner Linda Downs Lodge (Viehstation 230 km südlich). Camping in Mt. Isa (Argylla Caravan Park, Cloncurry Road) und am Lake Moondarra.

Feste: im August Rotary Rodeo, mehrmals jährlich ›Mud Crab Derbies‹ (Krebsrennen).

Das Gulf Country: Man kann dieses flache Savannengebiet mit seinen riesigen Viehstationen über Mt. Isa (von Süden) oder auf zwei Routen ab Cairns erreichen. Die Burke Developmental Road von Cairns über Chillagoe (vgl. S. 293) führt vorbei am *Staten River National Park* (Krokodile und zahlreiche Wasservögel zwischen Mangrovendickichten), passiert *Dunbar* (317 km von Chillagoe, mit Permit Besuch der 105 km nordwestlich am Golf gelegenen Kowanyama Aboriginal Community möglich) und biegt dann

nach Südwesten ab, um schließlich Normanton zu erreichen (560 km von Chillagoe, s. u.).

Die zweite Straße ab Cairns (via Mt. Surprise) wird häufiger befahren und befindet sich in einem besseren Zustand. 66 km südlich von Mt. Garnet (vgl. S. 294) biegt man in die nach Westen führende Gulf Developmental Road ein, auf der es 56 km bis Mt. Surprise sind. 32 km westlich von hier (bei Rockvale) zweigt nach Norden eine Piste zu den 11 km entfernten *Ambo Hot Springs* ab. 43 km südlich der Hauptstraße liegt die kleine Ortschaft *Einasleigh,* ein Anglerzentrum (Barramundi-Fische). 53 km westlich von Rockvale folgt *Georgetown,* ein Viehzüchterort mit der nahen Delta Downs Station (400 000 ha), die von Kurtjar-Eingeborenen geleitet wird. Sie war von der Aboriginal Development Commission gegen den Willen der Brisbaner Regierung gekauft worden. Die Kurtjar gelten als hervorragende Stockmen (Cowboys). Von Georgetown lohnt ein Abstecher über Forsayth (40 km südlich) zur *Robertson River Gorge* (30 km weiter, Felsmalereien, viele Galah-Papageien) und zu den *Agate Creek Gemfields* (10 km weiter, schöne Achate und ›Thundereggs‹). 148 km westlich von Georgetown liegt *Croydon,* Anfang des Jahrhunderts ein als ›Golden Gate‹ bekanntes Goldgräberzentrum (interessanter Friedhof, verlassene Schächte, Meteorkrater, Felsmalereien der Bugulmara, verwilderte Ziegen). Von hier sind es 151 km bis nach *Normanton,* dem Verwaltungszentrum des 120 000 km² großen Carpentaria Shire, dem alten Land der Araba und der Kareldi. Noch heute gibt es hier eine Apartheid-Bar und ein Krankenhaus, in dem die Bettücher mit ›A‹ (Aboriginal) und ›E‹ (European bzw. Weißer) gekennzeichnet sind. In der Umgebung der Stadt gibt es mehr als 10 000 Termitenhügel. 74 km westlich von Normanton liegt am Gulf of Carpentaria der Krabbenfischerhafen *Karumba* (Kurumba), wo je nach Saison zwischen 5000 und 2500 Menschen leben. Im März, wenn ›Prawning Season‹ ist, sieht man hier viele Chinesen, Japaner und Engländer.

Südwestlich von Normanton beginnt das ›Big Sky Country‹, das riesige Weidegebiet Zigtausender von Rindern. Über *Floraville* am Leichhardt River (Umgebung: Leichhardt Falls, 53 km südlich die Viehstation Augustus Downs, eine der größten Australiens) gelangt man nach *Burketown* (62 km nordwestlich). 70 km südwestlich leben in *Doomadgee* zahlreiche Eingeborene, die 1980 gegen den Widerstand der lutherischen Missionare geheime Wahlen durchsetzen konnten. Derzeit müssen sie befürchten, von dem Urankonsortium, das auch die 130 km nordwestlich gelegene Uranmine Westmoreland betreibt, vertrieben zu werden. Nördlich der Siedlung kann man am Pt. Parker uralte steinerne Fischfallen sehen. Von Doomadgee gelangt man in südlicher Richtung (knapp 100 km) zur *Lawn Hill Station* (im nahen Lawn Hill National Park fünf großartige Sandsteinschluchten mit seltenen Livingstonia-Palmen; in den Frenchman Gardens Pflanzen aus aller Welt). Besuchenswert ist auch das berühmte *Gregory Hotel* am gleichnami-

gen Fluß 60 km östlich von Lawn Hill (am 1. Mai Kanurennen, im Juni Rodeo). Von dort sind es 200 km zum Barkly Highway, der Hauptstraße Townsville – Mt. Isa – Nordterritorium. Beim 78 km westlich gelegenen *Canooweal* befinden sich die Nowranie Caves (16 km südöstlich).

Unterkunft: in Karumba Karumba Lodge und Quamby Hotel, in Normanton Central Hotel, in Croydon Club Hotel, in Burketown Albert Hotel, in Nicholson River Escott Fishing Lodge (südlich von Burketown), in Gregory Downs Hotel. Campingplätze in Karumba, Normanton, Croydon, Burketown.

Mornington Island (Ganuna): Zweitgrößte Insel im Golf von Carpentaria nach der Groote Eylandt (vgl. S. 258), flach, von Wäldern und Mangrovensümpfen (Krokodile!) bedeckt. Bewohnt wird sie von den Lardiil, deren Frauen für ihre aus gelbem Ocker hergestellten Pigmentfarben berühmt sind. Jahrhundertelang unterhielten die Lardiil enge Kontakte zu malayischen Trepangfischern. Anfang des 20. Jh. gründeten die Weißen hier eine Mission. Seit 1978 ist die Insel halbautonom.

Umgebung: Die Gewässer um die südlich gelegenen Inseln *Sweers* und *Bentinck* (Malundunda) sind sehr fischreich. Das nur 1,7 km² große, aber dichtbesiedelte Bentinck mit seinem hübschen kleinen Dorf Mayenda ist bekannt für seinen roten Ocker und die pechschwarzen Mangan-Dioxyde, die früher gegen Steinäxte gehandelt wurden. Ein Vogelparadies stellt der von Melaleuca-Paperbark Trees (Eukalyptenart) umgebene und von Nymphaea-Wasserlilien bewachsene Lake Njinjilka dar. Etwas weiter entfernt liegt die kleine Insel *Langu-naraji*, der Wohnort des bekannten Dichters und Malers Dick Roughsey (Goobalathaldin).

Verkehr: Flüge nach Cairns, Burketown, Domadgee, Karumba, Mt. Isa, Normanton (Fr), Kutter von Karumba. **Information:** Mornington Island Council. **Unterkunft:** Birri Beach Lodge (Mornington Island).

Tasmanien (Tasmania)

Allgemeines

Der mit 68 300 km² Fläche kleinste Staat Australiens (0,89% des Territoriums), von rund 431 000 Menschen (3,2% der australischen Bevölkerung) bewohnt, wird durch die 150 km breite Bass Strait vom australischen Festland getrennt. Das Innere der Insel ist sehr gebirgig (höchster Berg Mt. Ossa, 1618 m), der Küstenstreifen nur schmal, aber teilweise sehr fruchtbar. Es herrscht gewöhnlich ein mildes Klima, im Winter regnet und schneit es aber häufig. 47% der Insel sind mit Wald bedeckt, der allerdings durch die häufigen und verheerenden Buschbrände (zuletzt 1981 und Anfang 1983) immer wieder geschädigt wird. Lange war Tasmanien als ›Apfelinsel‹ der südlichen Hemisphäre bekannt. Heute wirbt ›Tassy‹ unter den Namen ›Treasure Island‹ und ›Adventure Island‹, denn Südafrika, Chile und Argentinien haben ihm den Rang als Apfelexporteur für Europa abgelaufen. Die ›Tassies‹ hören es nicht gerne, wenn man sie als Australier bezeichnet, denn sie fühlen sich von Canberra vernachlässigt. Viele Festland-Australier wissen überhaupt nicht, daß die Insel zu ihrem Land gehört.

Neben der Landwirtschaft (Obst- und Gemüseanbau, Schafzucht) spielt auf Tasmanien der Bergbau (Eisenerz, Schwefel und Platin) eine wichtige Rolle. Bedeutende Orte sind neben Hobart im Südosten die im Norden gelegenen Städte Launceston, Devonport, Burnie und Wynyard. In touristischer Hinsicht verdienen in erster Linie die zahlreichen National-

parks Interesse (besonders Cradle Mountain-Lake St. Clair National Park und South West National Park). Besuchenswert ist auch der wilde Oberlauf des Gordon River (mit dem Franklin River), wo man 25 000 Jahre alte Wohnhöhlen fand, die ältesten dieser Breiten.

Bis vor 150 Jahren lebten auf Tasmanien verschiedene Eingeborenenvölker, die zwei Sprachgruppen (Nord- und Südgruppe) zugerechnet werden. Sie waren vor mehr als 25 000 Jahren aus dem Norden des Kontinents über die erst vor 10–12 000 Jahren zerbrochene Landbrücke durch die Bass Strait eingewandert. Ihre enge Verwandtschaft mit den festländischen Ureinwohnern konnten Anthropologen jüngst nachweisen. Die Völker waren in neun Stämme mit je fünf bis 15 Clans gegliedert, die jeweils zwischen 40 und 50 Mitglieder zählten. Sie lebten in erster Linie von der Jagd und vom Fischfang, betrieben aber auch Handel (so wurden etwa die für die Körperbemalung begehrten Ockerfarben vom Mt. Vandyke und vom Mt. Housetop durch die ganze Insel transportiert). Die Tasmanier glaubten an einen guten (Noiheener oder Parledee) und einen bösen Geist (Wrageowrapper). Nach ihrer Mythologie war der erste Mensch (der einen Känguruhschwanz besaß) ein Sterngott, der bei Toogee Low (heute Port Davey) auf die Erde fiel und sich in einen großen Stein verwandelte. Andere Legenden berichten von großen Seereisen.

Die ersten Europäer, die nachweislich die Insel sahen, waren im November 1642 Abel Janszon Tasman und Yde T'Jercx-

Port Arthur, einst die größte Sträflingskolonie Australiens, im 19. Jh.

zoon Holman, die im Auftrag der holländischen Ostindischen Kompanie fuhren. Sie tauften das Eiland nach dem Generalgouverneur der Gesellschaft Antoonie van Diemens Landt. Ihnen folgten der Franzose Marion du Fresne (1772) und der Engländer James Cook (1777). 1802 annektierte Großbritannien Tasmanien, 1803 wurde bei Hobart die erste weiße Siedlung angelegt. Bis 1853 diente die bald als ›Teufelsinsel der Südsee‹ bekannte Insel (seit 1825 übrigens eigenständige Kolonie und nicht mehr Teil von New South Wales) als berüchtigte Sträflingskolonie (die Sträflinge nannten die Bass Strait ›The Passage between Earth and Hell on Earth‹). Als sich auch immer mehr freie Siedler (u. a. von der Norfolk Insland) hier niederließen, kam es zu Kämpfen mit den Eingeborenen, die sich unter ihrem Anführer Mosquito tapfer wehrten, jedoch fast völlig ausgerottet wurden. Die Überlebenden lockte der Missionar George Robinson auf die Flinders Island, wo 1877 die letzte Tasmanierin Trugannini gestorben sein soll (nach anderen Angaben war Fanny Cochrane Smith, die 1899 in Südaustralien starb, die letzte Angehörige ihres Volkes). Es scheint allerdings, daß es noch einige

weitere Überlebende gab, die sich mit weißen Robbenjägern vermischten (heute geht man davon aus, daß es noch ca. 4000–5000 Nachkommen von Aboriginal Tasmanians gibt).

Hobart

172 500 Einwohner (1983), Kapitale Tasmaniens, älteste Staatshauptstadt Australiens nach Sydney und südlichste Stadt des Landes. Ihre Lage am Derwent River zwischen den bewaldeten Bergen im Westen und dem blauen Meer im Osten erinnert an norwegische Orte.

Geschichte

Bis vor 200 Jahren siedelten auf dem Gebiet der heutigen Stadt die Mouheneener. Die erste Bekanntschaft mit den Weißen machten sie 1804, als ein Armeeregiment mehr als 50 Männer, Frauen und Kinder ermordete und die meisten Überlebenden auf die Flinders Island deportierte. Im sel-

Abel Janszoon Tasman

ben Jahr gründete Captain Collins an der Sullivans Cove die Siedlung Hobart, in der zunächst nur Sträflinge lebten. Ab 1827 ließen sich hier auch freie Siedler nieder, die Wolle, Walöl, Robbenfelle und Weizen exportierten. Um 1840 war Hobart zum größten Walfanghafen des Britischen Reiches aufgestiegen, das Hinterland lieferte einen Großteil des australischen Nahrungsmittelbedarfs. 1842 erhielt die Siedlung den Status einer City, bis 1939 wuchs ihre Bevölkerung kontinuierlich an. Den stärksten Zuwachs erlebte sie jedoch nach dem Zweiten Weltkrieg. Wolle und Obst wurden die wichtigsten Exportgüter. In jüngster Zeit siedelten sich in Hobart und Umgebung verschiedene große Industriebetriebe an, darunter die Electrolytic Zinc Company of Australia sowie holz-, obst- und wollverarbeitende Betriebe. Auch der Tourismus erlebte in den letzten Jahren einen Aufschwung.

Stadtgliederung und -besichtigung

Das Zentrum und die älteren Stadtteile gruppieren sich um den alten Hafen am Derwent River, 18 km von dessen Mündung in die Storm Bay. Im Norden der Stadt wurden nach dem Zweiten Weltkrieg mehrere neue Vororte errichtet, die mit der City durch die 1025 m lange Tasman Bridge verbunden sind. Hobart gehört zu den attraktivsten Städten Australiens und besitzt zahlreiche guterhaltene Gebäude aus der Kolonialzeit. Keimzelle des Ortes ist der Tiefwasserhafen an der *Sullivans Cove,* einem der besten Naturhäfen der Erde. Südlich der Cove erstreckt sich die terrassenartig angelegte *Salamanca Place* mit ihren alten Warenhäusern, in denen heute Restaurants und kleine Läden untergebracht sind. Im Sommer (November bis März) findet hier samstags ein pittoresker Straßenmarkt statt (Verkauf von Lebensmitteln, Kunst- und Töpferwaren). An der Westseite des Platzes steht das *Parliament House* mit seinen dorischen Säulen

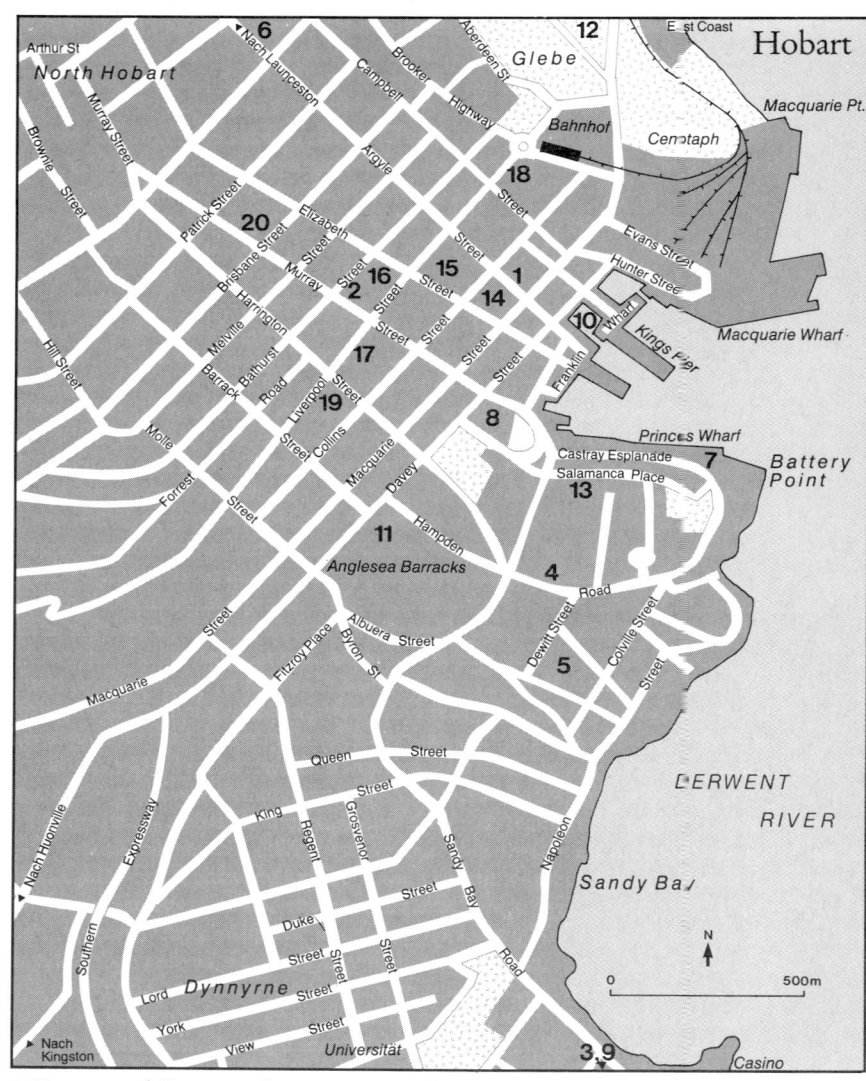

1 Museum und Kunstsammlungen 2 Staatsbibliothek 3 Shot Tower 4 Van Diemen's Folk Museum 5 Maritime Museum 6 Runnymede 7 Post Office Museum 8 Parlament 9 Model Tudor Village 10 Constitution Dock 11 Anglesea Barracks 12 Botanic Gardens 13 Salamanca Place 14 Hauptpost 15 Qantas 16 Fremdenverkehrsamt 17 Ansett-Terminal 18 TAA-Terminal 19 Redline Coaches-Terminal 20 Automobil-Club 21 Jugendherberge

(1835). Über die Castray Esplanade gelangt man, vorbei am *Post Office Museum,* zum Stadtteil *Battery Point,* der ältesten Wohnsiedlung der Stadt. Besonders malerisch wirken die engen Gassen und alten Kolonialhäuser um das Village Green des Arthur's Circus. Geht man von hier die Hampden Road in westlicher Richtung, stößt man auf die *Kelly Street* mit winzigen alten Häusern. Etwas weiter (Hampden Road No. 103) steht das *Narryna Van Diemen's Landt Memorial Museum,* das Einrichtungsgegenstände aus dem 19. Jh. zeigt (geöffnet wochentags 9–17 Uhr, an Wochenenden 14–17 Uhr). Die De Witt St. führt von hier zum weiter südlich gelegenen *Tasmanian Maritime Museum* an der Cromwell St., wo alte Segelschiffsmodelle zu sehen sind (geöffnet wochentags 14–16 Uhr, samstags 9.30–12.30 Uhr). Nun geht man wieder zur De Witt St. zurück und biegt nach links ein. An der nächsten Straße (St. George's Terrace) steht die *St. George's Anglican Church* (1836). Die St. George's Terrace stößt weiter westlich auf die Sandy Bay Road. Diese führt zum *Wrest Point Casino,* einem markanten achteckigen Hotel-Casino-Bau am Derwent River (1 km), und weiter zum *Shot Tower* (1870, Aussicht) sowie zum *Modell Tudor Village* (No. 827), dem Modell eines mittelalterlichen englischen Dorfes (geöffnet täglich 9–17.30 Uhr). Die drei letztgenannten Plätze sind auch mit der Buslinie No. 30 zu erreichen.

Gegenüber der St. George's Terrace zweigt von der Sandy Bay Road die Albuera St. ab. An der nächsten Ecke (Davey St.) biegt man nach rechts ein und erreicht nach etwa 100 m die *Anglesea Barracks* aus dem Jahre 1811, die ältesten Kasernenanlagen Australiens. Folgen Sie der Verlängerung der Albuera St. weiter in westlicher Richtung, kommen Sie zur Macquarie St., einer der Hauptachsen der Stadt, wo sich – nur wenige Schritte in nordöstlicher Richtung – die *St. John's Presbyterian Church* aus dem Jahre 1849 erhebt. Über die Harrington und die Murray St. erreicht man das an der Ecke Elizabeth St. gelegene *Hauptpostamt* (GPO). Östlich der Post befinden sich die ältesten Hafenanlagen der Stadt. Besonders gut erhalten sind die historischen Warenhäuser am *Constitution Dock* und am *Victoria Dock.* Am Wasser lädt die berühmte Ball and Chain Tavern zum Verweilen ein.

Folgen Sie nun vom Constitution Dock der Argyle St. in nordwestlicher Richtung. An der Ecke Macquarie St. steht die im italienischen Renaissancestil errichtete *Town Hall* von 1861 (sehenswert ist vor allem die Decke des Empfangssaales in der ersten Etage). Wenige Schritte weiter (Argyle St. No. 5) zeigt das *Tasmanian Museum and Art Gallery* neben Kunstwerken aller Epochen (auch solche der Aboriginal Tasmanians) die bekannte Crowther Collection mit Knochen von Eingeborenen. Die Nachkommen der Toten forderten 1983 die Rückgabe, da die Ausstellung einer Grabschändung gleichkäme (geöffnet ist das Museum montags bis freitags 10–17 Uhr, samstags 10–16 Uhr, sonntags und feiertags 14.30–17 Uhr). Unweit des Museums, an der Campbell St. (Parallelstraße zur Argyle St.), befindet sich das *Theatre Royal* von 1837, das älteste erhaltene Theater Australiens. Geht man die Campbell St. weiter nach Nordwesten und biegt in die Liverpool St. (nach links) ein, so erreicht man nach der Überquerung der Argyle und der Elizabeth St. die *Cat and Fiddle Arcade* mit ihren Boutiquen und Wänden, die mit Figuren aus Kinderliedern verziert sind (der Name der Arkade geht zurück auf ein Kinderlied). Von hier sind es nur wenige Schritte zum *Government Tourist Bureau* an der Elizabeth Street.

Etwa einen Kilometer nördlich der City steht am Tasman Highway das *Government House* von 1853. Westlich daran grenzen die Queen's Domain und die *Royal Tasmanian Gardens* an (2,5 ha, Treibhaus und Zoo).

Umgebung von Hobart

Über die Tasman Bridge oder mit der Fähre gelangt man von der City in den Vorort *Bellerive* auf dem Nordufer des Derwent River. Hier gibt es mehrere gute Strände (u. a. Rakeba Beach, Ralph's Bay, Cambridge Beach, Seven Mile Beach, South Warm Beach). Weiter nördlich, im Vorort *New Town*, steht an der Bay Road 61 das 1844 erbaute Runnymede House (täglich außer montags 14–16.30 Uhr geöffnet). 17 km südöstlich der City kann man an der Derwent River-Mündung die 1873 gegen eine befürchtete russische Invasion angelegte *Kangaroo Bluff Battery* mit mehreren Kanonen besichtigen. 18 km südwestlich der Stadt erhebt sich der *Mt. Wellington* (1271 m), bei Collinvale der 1074 m hohe *Collins Gap* (von beiden ausgezeichneter Ausblick).

Verkehr

Ortsverkehr: Trolley- und Motorbusse des Metropolitan Transport Trust (MTT) in der City und zu den Vororten. Mit dem ›All Day Round Concession Ticket‹ ganztägige Benutzung aller Busse möglich. Die Western Shore Services (Tel. 34 56 70) werden von den Buslinien 1–59 bedient, die Eastern Shore Services (Tel. 44 15 99) von den Linien 60–96. Alle Haltestellen tragen Nummern (Fahrpläne und Routenkarten beim MTT oder im Verkehrsbüro).

Überlandverkehr: *Busse* der Tasmanian Redline Coaches (96 Harrington St., Tel. 34 45 77) fahren zu allen wichtigen Orten auf der Insel. Verbindungen nach Sorell Mo–Fr (8 Uhr) mit der Firma Webb.

Flugzeug: Flughafen Llanherne 21 km südwestlich der City (Tel. 4 85 05 41), ab der City erreichbar mit Bus, Coach (zwischen 5.30 und 21 Uhr) und kostenlosen Zubringerbussen einiger Hotels, auch Helikopter vom Wrest Point Hotel. Auslandsflüge nach Christchurch (Neuseeland), Inlandsflüge nach Melbourne, Sydney, Adelaide, Brisbane, Canberra, Perth, Devonport, Burnie, Launceston und Queenstown. Am preiswertesten sind tägliche Flüge (auch

Stand by) von Launceston nach Melbourne mit Bizjet. Rundflüge: Cambridge Aviation (Tel. 48 51 72) und Tasair (Tel. 48 50 88).

Schiffahrt: Auf dem Derwent River verkehren Fähren u. a. nach Bellerive und Lindisfarne. Kreuzfahrten auf dem Derwent River und nach New Norfolk werden zwischen November und März (10–17.30 Uhr) mit der ›Cartela‹ unternommen.

Wichtige Adressen

Information: Tasmanian Gouvernement Tourist Bureau (TGTB), 80 Elizabeth St. (Tel. 34 69 11), geöffnet Mo–Fr 8.45–17.50 Uhr, an Wochenenden und Feiertagen 9–11 Uhr; National Parks und Wildlife Service, 16 Magnet Court, Sandy Bay (Karten für Wanderungen); The Royal Automobile Club of Tasmania, Ecke Patrick und Murray Streets (Tel. 34 66 11); Tasmanian Environment Centre, 102 Bathurst St. Informationen über die Aboriginal Tasmanians erhält man u. a. beim Tasmanian Aboriginal Centre (Tel. 34 14 05).

Öffentliche Einrichtungen und Notadressen: Hauptpost, Ecke Elizabeth und Macquarie St. (geöffnet Mo bis Fr 9–17 Uhr, Sa 9–11 Uhr); Krankenhaus: Royal Hobart Hospital, Liverpool St.

Konsulate und ausländische Einrichtungen: Konsulat der Bundesrepublik Deutschland, 49 Macquarie St.; Deutsch-Australischer Club, 145 Liverpool St.

Unterkunft

Klassifizierte Hotels: ***** Wrest Point, 410 Sandy Bay Road; Blue Hills, 96 a Sandy Bay Road; Black Prince, 145 Elizabeth St.; Hadley's Orient, 34 Murray St.; Alabama, 72 Liverpool St.; Drive-in-Motel, 511 Brooker Ave.; Four Seasons Downtown, 96 Bathurst St.; Four Seasons Westside Motor Inn, 156 Bathurst St.; Innkeeper's Fountain Lodge, Brooker Ave. Mittlere Preislage: Aberfeldy, 124 Davey St.; Brunswick, 67 Liverpool St.; Globe, 178 Davey St.; New Sydney, 87 Bathurst St.

Einfache Hotels: City Motel, 2 Lewis St., North Hobart; Astor, 157 Macquarie St.; Good Woman Inn, 186 Argyle St.; Buckingham Accommodation, 51 Davey St.; Alabama, 72 Liverpool St.

Jugendherbergen: YHA-Büro in 133 Elizabeth St.; Hostel in 52 King St., Bellerive (Bus Stop 18, Fähre); YMCA (Tel. 34 33 04).

Camping: Hobart City Council Place, Pub St. (4 km); Sandy Bay Caravan Park, 1 Peel St., Sandy Bay.

Der Norden und die Bass Strait Islands

Launceston: 80 060 Einwohner, wichtigstes Wirtschaftszentrum im Norden der Insel am South Esk River und am Tamar River, 98 km südöstlich vom Fährhafen Devonport und 199 km nördlich von Hobart. Sehenswert sind die vielen schönen Parks, die Cataract Gorge (tiefe Schlucht mit Hängebrücke und Sessellift), die Art Gallery (Eingeborenenkunst, Planetarium, chinesisches Joss-House), der Prince Square (Brunnen aus Paris) und der Penny Royal Complex (alte Mühle).

Umgebung: *Franklin House* (6 km südwestlich, 1838), *Entally House* (18 km südwestlich, 1820), *Clarendon House* (41 km südlich, bei Nile), *Weingut Gerardo Demarte* (28 km nordwestlich, am Gravelly Beach), *Notley Fern Gorge* (24 km nördlich, Farnoase) und *Bell Bay* (52 km nördlich, Aluminium-Raffinerie, Apfelplantagen). Rund 60 km südöstlich liegt der *Ben Lomond National Park* mit dem 1573 m hohen Legges Tor (im Sommer Wildblumenparadies mit 27 km Rundwanderweg, im Winter Skizentrum).

Verkehr: Kreuzfahrten auf dem Tamar River, Touren nach Hadspen (Entally House) und Bridport (Auskunft im Tourist Bureau).

Information: Tourist Bureau, Paterson St. (Mo bis Fr 8.45–17.30 Uhr, an Wochenenden und Feiertagen 9–11.30 Uhr geöffnet). RACT-Autoclub, York St. (Tel. 0 03/31 31 66).

Unterkunft: in Launceston Abel Tasman Inn (303 Hobart St.), Aberdeen Court (35 Punchbowl Road), Adina Place Motel (50 York St.), Launceston Hotel (107 Brisbane St.), einfache Star Hotel (113 Charles St.), Tasmania Hotel (191 Charles St.) und Gate Guest House (32 High St.), Jugendherberge (138 St. John St.).

Das historische Entally House bei Launceston

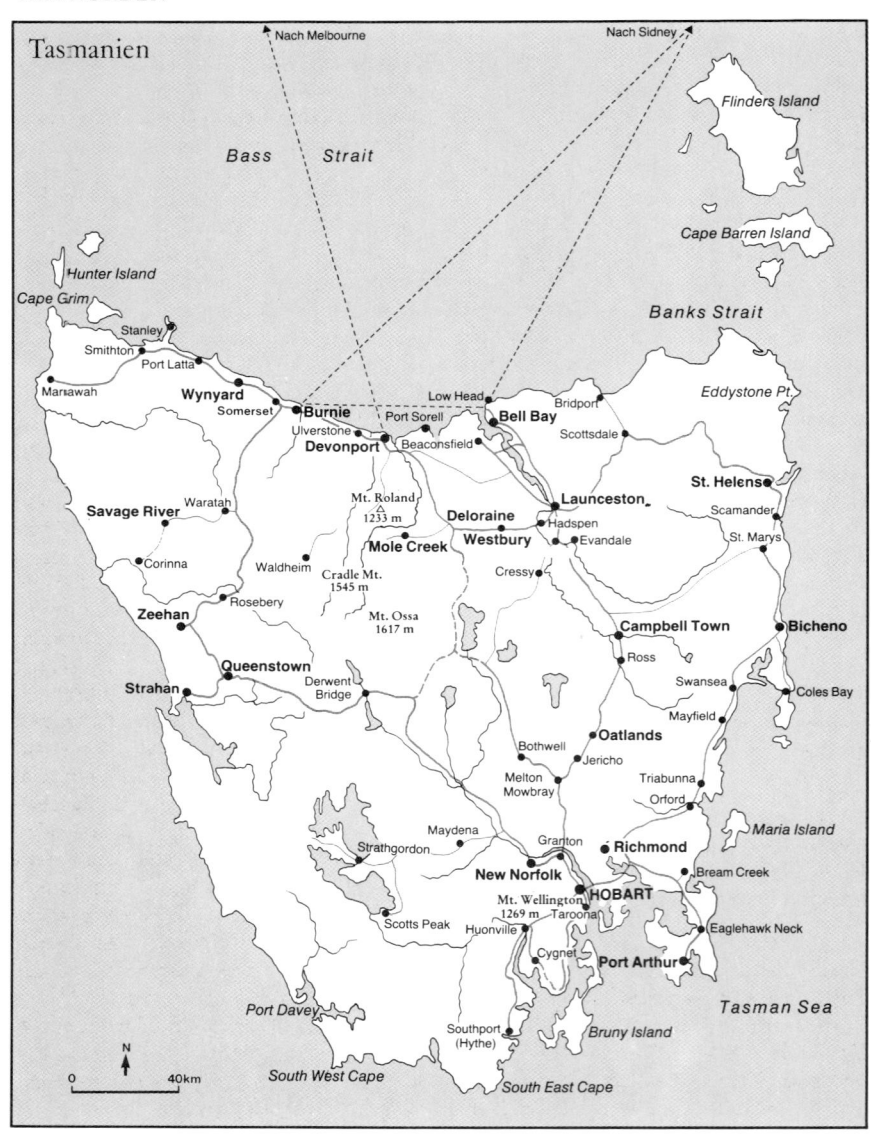

Tasmanien

In Ben Lomond National Park Ski Village und Shelter Hut (Unterstand), mehrere Campingplätze.

Zwischen Launceston und Devonport: Die Fahrt auf dem Bass Highway in Richtung Westen führt durch fruchtbare Agrargebiete und vorbei an klippenreichen Küsten mit guten Stränden. Wir passieren *Westbury* (33 km, interessanter Zoo, Holy Trinity Church of Rome und hübscher Village Green; einige Kilometer südwestlich die King Solomon und die Marapooka Caves) und *Deloraine* (18 km weiter;

St. Mark's Church, Folk Museum und Cider Bar mit gutem Apfelwein), wo der Lakes Highway zum *Great Lake* abzweigt (gutes Angelrevier, 40 km südlich). Von dort geht es weiter durch ausgedehnte Wälder nach Hobart oder Queenstown (vgl. S. 320). Einen Abstecher lohnt auch der *Walls of Jerusalem National Park* (70 km südwestlich von Deloraine), wo sich in der Nähe des Mt. Jerusalem (1458 m) der 1490 m hohe ›Wailing Wall‹ (Klagemauer), der ›Herodes Gap‹, die ›Pools of Bethesda‹ und ›Siloam‹ sowie der ›Temple‹ finden. Über Latrobe gelangt man nach *Devonport* (10 km nordwestlich), dem Fährhafen nach Melbourne. Sehenswert: Tiagarra Aboriginal Cultural Centre, Messey Bluff (Eingeborenenkunst), Bicycle Museum, Maritime Museum (Schiffsmodelle). Bei *Port Sorell* (17 km östlich) Asbestos Range National Park und ausgezeichnete Strände.

Verkehr: Von Devonport fährt die ›Empress of Australia‹ nach Melbourne (Di, Do, So 19.30 Uhr, Ankunft 10 Uhr; ab Melbourne Mo, Mi, Fr 19.30 Uhr).
Information: in Devonport Tourist Bureau, 18 Rooke St. (Mo bis Fr 8.45–17 Uhr, an Wochenenden und Feiertagen 9–11 Uhr); RACT-Autoclub, 5 Steele St. (Tel. 24 18 06).
Unterkunft: in Westbury Hotel, in Devonport Argosy Motel, Barclay Lodge, Elimatt Hotel, einfaches Tamahere Hotel und Jugendherberge (Victoria Parade), in Port Sorell Shearwater Country Club.

Cradle Mountain-Lake St. Clair National Park:

Dieser berühmteste Nationalpark Tasmaniens liegt rund 80 km südlich von Devonport. Über dichten Wäldern erheben sich bizarre und steile Bergspitzen (Mt. Ossa 1617 m, Barn Bluff 1535 m, Pelion West 1554 m), die ein wahres Paradies für Bergsteiger darstellen. In den zahlreichen Seen (u. a. Lake St. Clair, Dove Lake) kann man Forellen angeln. Viele seltene Tiere leben hier (Tasmanische Teufel, Bennet's und Rufous Wallabies), im Sommer blühen unzählige Wildblumen, im Winter liegt hoher Schnee. Ein 85 km langer Wanderweg führt von Wald-

heim (interessantes Museum) im Norden zum 200 m tiefen Lake St. Clair im Süden (Dauer: 5 Tage). Vorsicht vor schnell wechselndem Wetter (Regen, Schnee mit Blizzards auch im Sommer!).

Unterkunft: in Waldheim Chalet, in Wilmot (45 km nördlich) Pencil Pine Lodge, in Derwent Bridge Hotel, am Wanderweg einfache Hütten, am Lake St. Clair 14 Kabinen, verschiedene Campingplätze.

Zwischen Devonport und dem Cape Grim:

Der Bass Highway führt über Ulverstone nach *Burnie* (18 km), von dessen Round Hill (245 m) sich ein großartiger Panoramablick über den Tiefwasserhafen an der Emu Bay (Erzexport) bietet. Weiter nordwestlich folgt die Agrar- und Fischerstadt *Wynyard,* wo der schönste Küstenabschnitt im nördlichen Tasmanien beginnt. Vom Table Top (114 m) im Westen des Ortes Blick über steile Klippen und versteckte Strände. 13 km westlich von Wynyard liegt der malerische *Boat Harbour* (gutes Tauchrevier), 55 km weiter der Fischereihafen *Stanley* (sehr gute Strände, Angel- und Tauchrevier) mit dem eindrucksvollen, 152 m hohen Felsen ›The Nut‹ (unterhalb ein Eldorado für Muschelsammler) und den historischen Gebäuden der Highfield Estate (Museum). Auf dem Bass Highway geht es nun weiter in südwestlicher Richtung zum 22 km entfernten *Smithton,* einem bedeutenden Fischereihafen, der – so die Meteorologen – die reinste Luft der Erde haben soll. Am *Arthur River* (30 km südlich) gutes Forellengebiet. Vom Hafen *Montague* (16 km nordwestlich von Smithton) kann man die vorgelagerten Inseln Hunter, Walker und Trefoil besuchen, wo die Eingeborenen Mutton Birds fangen. Von Montague führt eine 30 km lange Piste zum *Cape Grim* (Westspitze Tasmaniens) und zum nördlich davon gelegenen *Woolnorth Point,* wo sich eine der ältesten und größten Schafstationen Australiens befindet (seit Ende 1982 zu besichtigen). Der Bass Highway endet bei der kleinen Siedlung *Marra-*

wah, gelegen inmitten einer der schönsten Klippenlandschaften Australiens. Einige Kilometer nördlich am Mt. Cameron West eiszeitliche Felszeichnungen.

Information: in Burnie Tourist Bureau und RACT-Autoclub. **Unterkunft:** Ulverston Brigadoon Hotel, in Burnie Beach Hotel, Club Hotel, in Somerset Hotel, in Wynyard Commercial Hotel und Jugendherberge, in Stanley Union Hotel, in Smithton Bridge Motor Hotel, in Marrawah Hotel. Campingplätze in den wichtigsten Orten.

Bass Strait Islands: In der flachen, aber stürmischen Bass Strait befindet sich der größte Wasserfall der Erde – unter Wasser! Aufgrund gewaltiger Strudel stürzen hier pro Sekunde 30 000 m³ Wasser auf einer Breite von 150 m rund 400 m in die Tiefe. Auf den Inseln in der Bass Strait, wo noch zahlreiche Nachfahren der Aborigines leben, nisten viele seltene Vögel (u. a. Mutton Birds). Die zerklüftete *King Island* vor der Nordwestküste Tasmaniens bietet gute Strände und Wandermöglichkeiten; davor liegen im sogenannten ›Bass Strait Triangle‹ zahlreiche Wracks. Auf der Insel, die große Wolfram-Vorkommen besitzt, wurde 1983 ein 55-KW-Windgenerator in Betrieb genommen. Die ebenfalls sehr gebirgige *Flinders Island* nordöstlich von Tasmanien kann im 800 m hohen Mt. Strzelecki National Park eine unberührte Berglandschaft vorweisen. Am Mt. Killiecrankie werden Edelsteine gefunden. Vor der Südwestküste liegen die *Chappell Islands,* wo die hochgiftigen Taipan-Schlangen leben (sie werden von Experten zwecks Serumherstellung ›gemolken‹). Auf der *Cape Barren Island* im Süden nisten Tausende von Cape Barren Geese.

Verkehr: Flüge zwischen Melbourne und Launceston via King Island oder Flinders Island; von dort Bootsausflüge zu kleineren Inseln. **Information:** Community Centres of Aboriginal Tasmanians auf der Flinders Island und der Cape Barren Island. **Unterkunft:** auf King Island Boomerang Motel (Currie) und Jugendherberge (Pegarah), auf Flinders Island Interstate Hotel (Whitemark) und Campingplätze.

Ostküste und Midlands

Tasmanian Highway (Ostküste): 64 km nordöstlich von Launceston liegt die Stadt Scottsdale, von wo aus man die Bridestowe-Lavendelfelder von *Nabowla* (13 km westlich) und die ausgezeichneten Strände an der pittoresken Anderson Bay bei *Bridport* (21 km nördlich) besuchen kann. Von Bridport führt eine Nebenstraße zum Dünen- und Strandgebiet an der Pingarooma Bay bei *Tomahawk,* über das man nach *Derby* gelangt (30 km). Den Ort umgeben mehrere alte Zinnminen. Nach weiteren 50 km auf dem Tasman Highway folgt das Ferienzentrum *St. Helens* an der malerischen George Bay. Sehenswert: die Farm The Gardens (im Frühling Wildblumen), die Binnalong Bay (10 km nordöstlich, Hummerflotte), die Ruinen einer Sträflingssiedlung (am St. Helen's Point, 20 km südöstlich), die Peron Sand Dunes und der nahegelegene Ort Stieglitz. Über die Badeorte *Scamander* (18 km südlich) und *Falmouth* (12 km weiter auf einer Nebenstraße) gelangt man nach *St. Mary's* (18 km von Falmouth) mit der St. Mary's Pass Reserve (Eukalypten). Weiter geht es nach *Bicheno* (46 km südlich), einem Fischereihafen und Badeort, wo im 19. Jh. eine von Norwegern geleitete Walfangstation bestand. Sehenswert ist das Sea Life Centre mit Aquarium, Ausflüge können mit Hummerkuttern und zur Diamond Island (Pinguin-Kolonie) unternommen werden. Hinter Bireno folgen die *Moulting Lagoon* (Wasservögel) und – nach 37 km – Swansea (s. u.). Unterwegs lohnt ein Abstecher zum *Freycinet National Park* (Abzweigung 12 km hinter Bicheno) und zur *Coles Bay* (28 km weiter), von wo es einen 27 km langen Rundwanderweg zum Cape Degrando, zur Wineglass Bay (60 Orchideenarten, Vögel, gute Strände) und zu den 300 m hohen, roten Granitfelsen ›The Hazards‹ gibt. In *Swansea* sind zahlreiche alte Häuser (u. a. Schouten House von 1850 und Swan Inn von 1841)

The Church (1838) in Port Arthur

und ein Historical Museum zu besichtigen. 52 km weiter südlich liegt der große Fischereihafen *Triabunna* mit historischen Sandsteinhäusern. Vor der Küste die zerklüftete *Maria Island* mit Nationalpark, schönen Wanderwegen, guten Stränden und den Ruinen einer Sträflingssiedlung (Maria Island Settlement); vom Mt. Maria (710 m) weiter Blick. Auch von *Orford* (Ferienzentrum, 6 km südlich von Triabunna, Strände, Angeln) kann man zur Insel hinüber fahren. In *Buckland* (17 km südwestlich von Orford) lohnt die St. John the Baptist Church (1846) einen Besuch, eine der schönsten Kirchen Australiens, die ein englisches Glasfenster aus dem 14. Jh. besitzt. Über *Sorell* (36 km, 1832 gegründet, ehemals Kornkammer Tasmaniens) geht es weiter nach Hobart (27 km südwestlich) oder nach Port Arthur (70 km südöstlich).

Unterkunft: in Scottsdale Kendall's Hotel, in Bridport Bridport Hotel, in Derby Dorset Hotel, in St. Helen's Anchor Wheel Hotel, Artnor Lodge und Jugendherberge, in Stieglitz Holiday Units, in Scamander Surfside Motel und Jugendherberge, in St. Mary's und Falmouth Hotels, in Germantown Jugendherberge, in Bicheno Silver Sands Hotel und Jugendherberge, in Swansea Swan Hotel und Jugendherberge, in Triabunna Tandara Hotel, in Orford Blue Waters Hotel, in Maria Island, Buckland und Sorell Hotels. Campingplätze in allen Orten (z. T. Mietcaravans).

Port Arthur: Zwischen 1830 und 1877 befand sich in Port Arthur die größte Sträflingskolonie Australiens. Mehr als 120 000 Gefangene passierten die Tore der Stadt, in der jeweils 12 000 bis 13 000 von ihnen lebten. Mehrere Gebäude aus dieser Zeit sind noch gut erhalten bzw. restauriert worden, darunter The Church (1838), The Penitentiary (rundes Zuchthaus mit ›Dumb Cells‹ für Schwerverbrecher und Todeskandidaten, die zur Exekution nach Hobart gebracht wurden), das Exile Cottage, das Model Prison, das Lunatic Asylum (heute Museum), die Commandant's

Residence, das Puer Point Prison (für 800 jugendliche Sträflinge) und die Isle of the Dead (mit 1919 Gräbern; nur die 150 der Wärter und Militärs tragen Namen). In *Taranna* (14 km nördlich) befindet sich der restaurierte Bahnhof der ehemaligen Inselbahn (7 km lang, sie wurde von Sträflingen gezogen), 8 km weiter nördlich liegt auf der nur wenige hundert Meter breiten Landzunge *Eagle Neck* ein kleiner Ferienort. Der Platz war während der Zeit der Sträflingskolonie hermetisch abgeriegelt (u. a. durch eine dichte Kette von Bluthunden). Nur einem Gefangenen gelang es in 47 Jahren, die schwer bewachte Sperre zu durchbrechen (einige weitere Sträflinge erreichten das Festland schwimmend). Vom Bootshafen kann man mit dem Tasmanian Tuna Fishing Club aufs Meer fahren. Bei Dunalley (22 km nördlich) liegt die *Marion Bay,* an der am 2. 12. 1642 Abel Tasman und 1772 Marion du Fresne landete (letzterer tötete hier als erster Weißer einen Aboriginal Tasmanian).

Unterkunft: Lufra Hotel (Pirates Bay), Penzance Motel (Blowhole Road), Jugendherberge (Tel. 50 23 11) und Camping (Pirates Bay).

Midland Highway: Vom Midland Highway zweigt bei Perth (18 km südlich von Launceston) eine Straße nach *Longford* ab (6 km westlich), wo die Christ Church (1839) bunte Fenster) und das Brickenden House zu besichtigen sind. Im März findet auf dem 2 km langen Race Track das bedeutendste Autorennen Australiens statt. Über *Cressy* (11 km südlich, Research Farm) und den Poatina Highway kann man einen Ausflug zum *Great Lake* unternehmen (Forellenangeln, Kraftwerke). Zurück auf dem Midland Highway folgt die historische Stadt *Campbell Town,* woher die beste Wolle der Erde stammen soll. Sehenswerte alte Häuser (Shearers Cottage, Old Methodist Chapel, Brier Bridge, St. Luke's Church, Campbell Inn und The Grange House von 1848 mit herrlichem Garten). Weitere historische Gebäude

finden sich in *Ross* (schönste Sandsteinbrücke Australiens, Stone School von 1860, St. John's Church von 1869, Scotch Thistle Inn und Plassey House von 1830, außerdem die Mount Morrison Estate mit berühmter Merinozucht), in *Woodbury* (White Hart Inn von 1826, St. Peter's Pass, Pass House von 1830, Halfway House) und in *Oatlands* (Callington Mill von 1837, Manse von 1860, St. Peter's Church von 1837, Weedington House und The Elms House). In der Umgebung tragen zahlreiche Orte berühmte überseeische Namen, etwa Baden, Jordan Bridge, Lake Tiberias, Stonehenge, York Plains, Jericho, Baghdad, Mangalore und *Brighton* (25 km nördlich von Hobart). Ein kleiner Umweg führt von Brighton in östlicher Richtung bis Campania (19 km) und dann nach Süden über *Richmond* mit der berühmten Richmond Bridge (1832, älteste noch erhaltene Brücke Australiens). Sehenswert sind dort weiter das Richmond Gaol (1825, Einzelzellen mit 90 cm dicken Wänden), die St. Luke's Church (1834, schöne Decke und Galerie), die St. John's Church (1836), das Prospector's House und das Oak Lodge Henry House (beide angeblich von Hausgespenstern bewohnt). Von Richmond sind es 25 km bis Hobart.

Unterkunft: in Longford Blenheim Inn, in Poatina Chale, in Campbell Town Powell's House, in Avoca Hotel Avoca, in Ross Man-o'-Ross Hotel, in Interlaken Guest House, in Oatlands Kentish Hotel und Jugendherberge (Wellington St.), in Richmond Hotel. Campingplätze in allen Orten.

Der Süden

Die Region südlich und westlich von Hobart ist geprägt durch Obstplantagen und große Nationalparks. Von der tasmanischen Hauptstadt aus bieten sich mehrere Rundfahrten an. Die erste führt über den

Huon Highway in das Apfelgebiet des *Huon River Valley,* und zwar zunächst über Huonville (37 km südlich) und Franklin nach Geeveston (23 km von Huonville), wo sich ein Abstecher in den ausgesprochen reizvollen, bis 1254 m hohen *Mountains National Park* anbietet (einige Kilometer westlich des Ortes; Hochmoore, malerische Seen, dichte Regenwälder, im Frühling Wildblumen, im Winter Skigebiet). Von Geeveston geht es weiter nach Dover und *Hastings* (42 km südlich) mit den Hastings Caves und einer Thermalquelle (27 °C). Wir fahren nun wieder zurück nach Franklin und von dort auf dem Channel Highway in Richtung Südosten. In *Cygnet* (10 km; im Herbst Apfelfestival) beginnt eine der landschaftlich reizvollsten Strecken Tasmaniens. Von Kettering (48 km) verkehrt ein Fähre (2 Std.) zur *Bruny Island,* einer gebirgigen Insel mit ausgedehnten Wäldern, steilen Klippen und Dünen. An der Barnes Bay steht das Lennaville House (1838). Zwischen der Insel und der tasmanischen Küste erstreckt sich der malerische D'Entrecasteaux Channel (benannt nach dem französischen Admiral Bruni D'Entrecasteaux, der ihn im 18. Jh. durchfuhr). Von Kettering sind es 37 km bis Hobart.

Eine zweite Tour führt in den Südwesten Tasmaniens. 35 km westlich von Hobart liegt inmitten ausgedehnter Hopfenfelder die historische Stadt *New Norfolk* (1808 von Einwanderern aus Norfolk Island gegründet). Durch den Ort fließt der pittoreske Derwent River, an dessen Ufer die Australian Newsprint Mill steht, der größte Zeitungshersteller des Landes (Besichtigung möglich). Außerdem sehenswert: Bush Inn Hotel (1824, ältestes Hotel Australiens), St. Matthew's Church (1825), in der Umgebung *Plenty Salmon Pound* (11 km westlich, Forellenzucht, Museum) und die malerische kleine Siedlung *Dromedary* auf dem Nordufer des Derwent River. Eine kleine Rundfahrt führt von New Norfolk über den Lakes Highway ins 37 km nördlich gelegene *Ha-*

milton (St. Peter's Church von 1834) und nach *Bothwell* (32 km weiter, Nant Mill von 1847, St. Jame's Church von 1857). Die Bürger von Bothwell halten einen wohl einmaligen Rekord: Zwischen 1862 und 1963 gab es hier nur einen säumigen Steuerzahler (Schuld: 1 A$)!

Von New Norfolk fährt man weiter zum *Mount Field National Park* (34 km westlich), einem ausgezeichneten Wandergebiet, wo bis zu 85 m hohe Eukalypten stehen. Besuche lohnen die Russells Falls, die Barron Falls, der Lake Dobson und der Lake Fenton. Im Winter bietet der Mt. Mawson Möglichkeiten zum Skilaufen. Über *Maydena* (107 m hoher Mountain Ash Tree) ins Styx Valley geht es weiter in den 20 km entfernten *South West National Park,* mit 403 240 ha eines der größten und wohl auch schönsten Naturschutzgebiete der Erde. Nach Norden begrenzt wird es durch die beiden künstlichen Seen Lake Gordon und Lake Pedder. 1984 soll hier ein weiterer Stausee entstehen. Seit April 1983 ist der Nationalpark auch durch Minengesellschaften bedroht. Von Maydena oder *Strathgordon* am Randes des Parks kann man ausgedehnte Wanderungen unternehmen, u. a. zu den spektakulären Frankland Ranges, der Ironbound Range, zum Port Davey (einziger Fjord Australiens), zum Mt. Müller, zum Mt. Humboldt (Prince William Range), zum South East Cape, zur Recherche Bay und zur Platinmine von *Adamsfield* (30 km westlich von Maydena). Von Strathgordon führt ein schmaler Weg am Gordon River entlang zu den berühmten eiszeitlichen Höhlen am Franklin River (s. u.). Vor der Südküste liegen die sturmgepeitschten *Maatsuyker Islands* mit dem südlichsten Leuchtturm Australiens.

Verkehr: Log-Train von Boyne (bei New Norfolk) nach Maydena; von Hobart manchmal Schiffe nach New Norfolk und im Sommer zur Bruny Island. **Information:** über die Nationalparks bei der Tasmanian Wilderness Society, Hobart oder beim National Park Service, Hobart. **Unterkunft:** in New Norfolk Amaroo

Historisches Haus im Süden Tasmaniens

Motel und Jugendherberge (Bridge Toll House), in Bothwell Centre Hotel, in Mt. Field National Park Hotel, Guest House und Hütte. Ferner Hotels in Maydena, Strathgordon, Huonville, Geeveston, Cygnet, Dover und Alonnah (Bruny Island), Jugendherbergen in Cygnet und Maydena. Verschiedene Campingplätze (auch in den Nationalparks).

Der Westen

Von Hobart führt eine gute Straße (Lyell Highway) ins 253 km nordwestlich gelegene Queenstown. Nördlich des Highway dehnen sich die weiten, waldbedeckten Highlands mit ihren zahlreichen Wasserkraftwerken und Seen aus (Auskunft und Fahrten: Hobart Electricity Commission, Hobart und Launceston; Übernachtungsmöglichkeiten in mehreren Chalets, Gasthäusern und auf Campingplätzen). Bei *Derwent Bridge* passieren wir den Cradle Mountain-Lake St. Clair National Park (vgl. S. 315). 50 km vor Queenstown sieht man linker Hand den wie eine Jakobiner-

mütze geformten, 1444 m hohen *Frenchman's Cap,* um den sich der gleichnamige Nationalpark erstreckt (mehrere Seen, im Sommer Wildblumen, im Winter tiefer Schnee; keine öffentlichen Verkehrsmittel; vom Lyell Highway fünf Stunden Fußmarsch zum Lake Vera, drei weitere zum Lake Tahune. An beiden Seen Hütten. Von hier Wanderungen oder Floß- bzw. Kanufahrten zum Franklin River möglich). Kurz vor Queenstown folgen die Geisterstadt *Linda* und (rechter Hand) der 914 m hohe Mt. Lyell, den die Schwefelschwaden der nahen Kupferschmelze, Abholzungen und Buschfeuer kahlgefressen haben.

Queenstown: Mit 4520 Einwohnern größte Siedlung an der Westküste Tasmaniens. Seit 1896 wurden hier mehr als eine halbe Million Tonnen Kupfer, ca. 450 Tonnen Silber und 17 Tonnen Gold gefördert. Die hiesige Tagebaumine ist 1200 m lang, 600 m breit und 180 m tief (Führungen). Sehenswert sind ferner die Sticht Library (benannt nach dem Minengründer) und das Museum (zahlreiche Fotos aus dem 19. Jh.).

Information: Tourist Bureau, RACT-Auto-club (18 Orr St., Tel. 71 19 74). **Unterkunft:** Crestwood Motor Lodge, einfaches Empire Hotel, Jugendherberge (1 Driffield St.).

Strahan und Gordon River: 42 km süd-westlich von Queenstown liegt am Nord-ende des fjordartigen Macquarie Harbour die kleine Hafenstadt *Strahan*. Durch die schmale Durchfahrt (›Hell's Gates‹) fuhren zwischen 1821 und 1834 zahlreiche Schiffe mit Sträflingen zur Sarah Island. Diese und die Isle of Condemned kann man auf Aus-flugsfahrten von Strahan besuchen, inter-essanter aber ist eine Fahrt auf dem südöst-lich in den Hafen mündenden *Gordon Ri-ver*. Vorbei an den eindrucksvollen Mar-ble Cliffs und durch dichte Regenwälder, in denen seltene Tiere (vielleicht auch noch Beutelwölfe) zu Hause sind, gelangt man zur Einmündung des *Franklin River*. Hier entdeckten Archäologen zwischen 1981 und 1983 die größte vorgeschicht-liche Sensation des Pazifikraumes: In den Kalksteinklippen oberhalb des Flusses fan-den sich Höhlen, die über 25 000 Jahre ständig von Aboriginal Tasmanians be-wohnt gewesen sind. Renommierte Wis-senschaftler aus aller Welt haben diese älte-sten südlichen Wohngebiete der Mensch-heit als eines der bedeutendsten vorge-schichtlichen Zeugnisse überhaupt be-zeichnet und die Aufnahme der Höhlen in die World Heritage List der UNESCO ge-fordert. Dem widersetzte sich allerdings der tasmanische Premier Robin Gray, der hier den Gordon-below-Franklin-Stau-damm (Kosten: 453 Millionen A$) bauen lassen will. Dadurch würden die neun Höhlen, die spektakulären Gordon Splits (Felsspalten), die nur hier vorkommenden Huon-Kiefern-Wälder und die großartige Denison Gorge (300 m hohe Klippe) unter Wasser verschwinden. Als die Bauarbeiten Ende 1982 begannen, gingen in Australien Zehntausende von Demonstranten auf die Straße, während andere die Baustelle blockierten. 1983 ordnete das Oberste Bundesgericht einen Baustop an, das Ge-biet wurde unter Naturschutz gestellt.

Unter den zahlreichen am Franklin River gefundenen Gegenständen (bis Mai 1983 mehr als 50 000!) verdienen beson-ders die aus Darwin-Glas (Australit), das von Meteoriten stammt, hergestellten Spiegel Erwähnung, die älter als die ägypti-schen (4000 v. Chr.) sind. Die Archäologen rechnen damit, daß sie noch 20 Jahre brau-chen, um die meterdicke Schuttschicht in den Höhlen zu durchsieben und die Region nach weiteren Höhlen zu durchforschen. Im Juli 1983 waren die Höhlen für Besu-cher noch nicht zugänglich.

Verkehr: Bus von Queenstown nach Strahan. Die ›Denis Star‹ und der Katamaran ›James Kel-ly‹ fahren zwischen September und Juni täglich zum Gordon River. Das Adventure Travel Centre in Sydney (28 Market St.) bietet zehntä-gige Floßfahrten auf dem Franklin River an (nur zwischen Mitte Dezember und Mitte März, Beginn der Touren jeweils samstags von Hobart). **Information:** Tasmanian Wilderness Society, Hobart. **Unterkunft:** in Strahan Inn-keepers Motel, Sharonlee Hotel und Camping-platz.

Zwischen Queenstown und Burnie: Auf dem Zeehan Highway erreicht man nach 39 km die ehemalige Bergbaustadt *Zeehan* nordwestlich von Queenstown, wo im 19. Jh. ca. 10 000 Menschen lebten. Sehens-wert: Museum (Mineraliensammlung) und Gaiety Theatre (im 19. Jh. größtes Theater Australiens). Über *Renison Bell* (17 km nördlich, Zinnmine) und *Roseberry* (Minenstadt mit 14 km langen Förderbän-dern von der Williamsford Mine), vorbei an den Montezuma Falls, geht es weiter nach *Waratah* (Mt. Bischoff Mine). Von hier sind es 76 km in südwestlicher Rich-tung nach *Corinna* (unterwegs Eisenerz-mine von *Savage River)*. Von Corinna aus gibt es Kreuzfahrten auf dem Pieman Ri-ver zu den Pieman Heads. Südlich liegt die von hohen Klippen eingerahmte Ahrberg Bay. Von Waratah sind es 80 km zum Bass Highway bei Somerset bzw. Wynyard/ Burnie.

Unterkunft: in Zeehan Four Seasons Hotel, in Roseberry Hotel, Campingplätze.

Die Außengebiete Australiens

Norfolk Island

36,2 km² große Insel mit 1600 Einwohnern, 1656 km nordöstlich von Sydney und 960 km nordwestlich von Auckland (Neuseeland), mit grünen Hügeln, guten Stränden, Klippen und mildem Klima – heute ein kleines Paradies. Vor 150 Jahren allerdings war das Eiland als ›Ocean Hell‹ bei den hier festgehaltenen Schwerverbrechern gefürchtet. Die ellipsenförmige Insel ist bis 313 m hoch (Mt. Bates). Von hier stammen die weltberühmten Norfolk-Kiefern. Anbau von Gemüse und Blumen. Hauptstadt: Kingston (800 Einwohner).

Die ersten Siedler waren Polynesier. 1774 besuchte James Cook mit Georg und Reinhold Forster die damals unbewohnte Insel. 1788 wurde eine Siedlung gegründet, deren Bewohner man aber schon 1813 nach Tasmanien brachte. Zwischen 1825 und 1855 diente Norfolk Island als Strafkolonie, 1856 kamen die 194 Nachkommen der ›Bounty‹-Meuterer von der Pitcairn-Insel hierher (ihre Insel ernährte sie nicht, 46 kehrten später zurück). Die meisten heutigen Bewohner von Norfolk Island sind miteinander verwandt. Sie sprechen eine ›Norfolkese‹ genannte Mischsprache aus altertümlichem Englisch, Tahitianisch und Mangareva-Polynesisch. Ihre Haupteinnahmequellen sind der Tourismus und der Verkauf von Briefmarken und Blumensamen. Australische und neuseeländische Dollars gelten als Währung. Sehenswert: *Hamilton,* malerischer Ort inmitten schöner Gärten an der Emily Bay; ehemalige Sträflingshäuser, Quality Row Cemetery (Sträflingsfriedhof), bei Mrs. Herbert Baily Holztafeln mit den zehn Geboten (von dem Bounty-Meuterer John Adams geschnitzt). Außerhalb: *St. Barnabas Church, Middlegate Road* (Pinienallee), *Bloody Bridge* (hier ermordeten Sträflinge einen Aufseher und mauerten ihn ein), *Ball Bay* und *Crescent Landing* (Reste von Walfangstationen), *Mt. Pitt* und *Mt. Bates* (Ausblick), *Ducombe Bay* (schöne Strände, Pinien).

Verkehr: keine Busse; Autos, Motorscooter, Fahrräder und Pferde zu mieten. Täglich Flugzeuge von Sydney und Pt. Macquarie (EWAL) sowie von Auckland (Air New Zealand). Norfolk Island Airways fliegen nach Brisbane, Lord Howe Island, Fidschi und Nouméa (Charter). **Information:** Norfolk Island Tourist Bureau, Kingston.

Unterkunft: in Kingston Hotel Norfolk Pines, Pine Valley Flats, The Villas, Ponderosa Apartments, Hibiscus Flats, Nobb's Flats, Dolphin Apartments, Crest Apartments, Cooshu Apartments, Islander Lodge, Colony Lodge, Bligh Court, Bounty Lodge, White Heron Guest House, Aunt Em's Guest House. **Fest:** 8. Juni Bounty Day.

Lord Howe Island

Subtropisches Vogelparadies 700 km nordöstlich von Sydney in der Tasman Sea, mit grünen Hügeln, palmenbewachsenen Tälern und sehr guten Stränden. Im Südteil der 13 km² großen Insel erheben sich der Mt. Gower (875 m) und der Mt. Lodgebird (777 m). 1788 wurde die damals unbewohnte Insel von Leutnant Ball entdeckt, 1834 ließen sich hier drei Walfänger mit

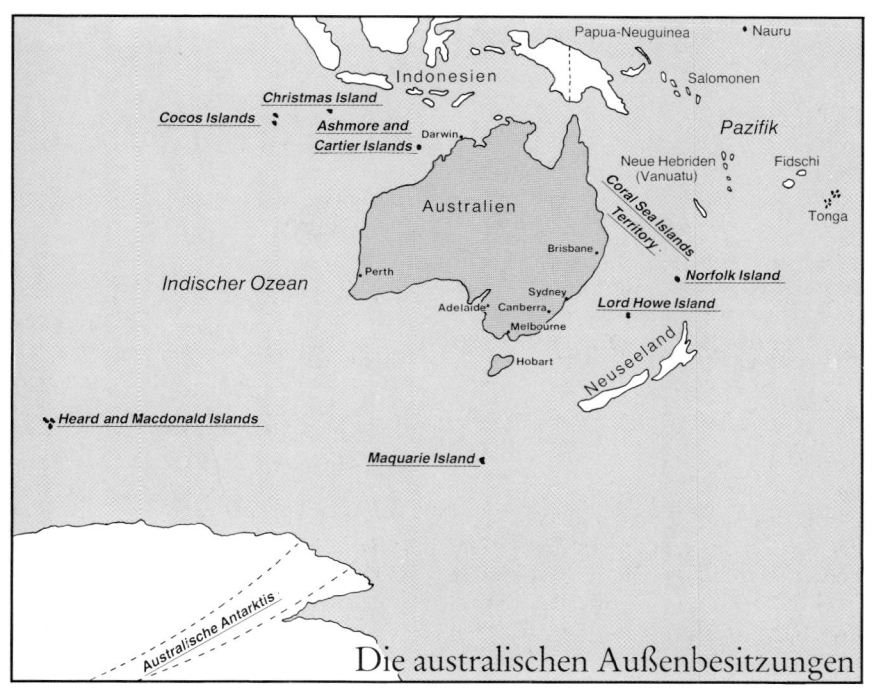

Die australischen Außenbesitzungen

ihren Maorifrauen und -kindern nieder, 1842 kamen Siedler aus Sydney, um Schweine zu züchten. Heute leben hier 240 Menschen überwiegend vom Tourismus und vom Verkauf der roten Samen der weltberühmten Kentia-Palmen (Howea), die nur hier wild wachsend vorkommen.

In der von dem südlichsten Korallenriff der Erde umgebenen blaugrünen Lagune kann man tauchen. Bester Strand ist *Ned's Bay* (hohe Brandung). Von den Bergen ausgezeichneter Panoramablick u. a. auf 13 Felseninselchen, darunter die pyramidenförmige *Ball's Pyramid*. Vor der Küste Angelrevier (Marlins).

Verkehr: Lokalbusse, mieten kann man Fahrräder, Mopeds und japanische Dreiradwagen. Flüge von Sydney, Port Macquarie, Brisbane, Norfolk Island (nur Rückflug- oder Weiterflugtickets). Manchmal Schiffe von Sydney, Nor-

folk Island und Auckland. **Unterkunft:** Coral Court Lodge, Somerset Guest House, Pine Trees Guest House, Ocean View Guest House. Wohnungen: Aggie's Flats, Bali Hai Flats.

Coral Sea Islands Territory

1969 gegründetes Bundesterritorium mit 1 035 960 km² Meeresfläche, aber nur wenigen Hektar Landfläche; reicht von der Raine Island im Norden bis zum Saumarez Reef im Süden. Ostgrenze ist der 157. Längengrad, Westgrenze der äußerste Rand des Great Barrier Reef. Das über 2000 km ausgedehnte Territorium ist ein Paradies für Wasservögel und Riesenschildkröten, die einzigen Menschen leben auf der *Willis Island,* 495 km nordöstlich von Townsville (vier Meteorologen und Techniker, die die in der Korallensee entstehenden Wirbelstürme beobachten). Auf der 40,6 km² großen *South Island* (Kokospalmen, Pandanus) sehr guter Strand, auf der *Raine Island* (160 km südöstlich von Thursday Island) die Ruinen einer Siedlung und Grabsteine chinesischer Arbeiter (zwischen 1846 und 1892 wurde hier Guano abgebaut).

Verkehr: Nur Fischerboote und Yachten. 2× jährlich von Cairns oder Townsville Versorgungsboote (nur Wissenschaftler werden mitgenommen). **Information:** Bureau of Meteorologie in Canberra oder Brisbane.

Christmas Island

Die 83 km² große ›Weihnachtsinsel‹, die größtenteils aus Kalk- und vulkanischem Gestein besteht, liegt 358 km südlich von Java, 1400 km vom australischen North West Cape und 2608 km nordwestlich von Fremantle. Abgebaut werden die großen Guanovorkommen. Die ersten Besucher waren im 17. Jh. Holländer, am Weihnachtstag 1643 taufte sie dann der englische Kapitän William Mynors auf ihren heutigen Namen. 1888 wurde sie von Großbritannien annektiert, 1897 entstand die Christmas Island Phosphate Company. Anfang 1942 meuterte die hiesige indische Garnison und tötete alle britischen Offiziere. Zwischen März 1942 und August 1945 Besetzung durch die Japaner. Am 1. 10. 1958 ging die Verwaltung auf Australien über. 1982 wohnten auf Christmas Island 3184 Menschen (zumeist Chinesen, Inder und Malayen sowie einige Engländer und Australier). Seit 1975 befindet sich hier eine amerikanische U-Boot-Horchstation. Ende Januar 1983 stürzte in der Nähe der Insel der sowjetische Atomsatellit Kosmos 1402 ab. Außer den Phosphatanlagen lohnen der Murray Hill (im Südwesten der kleinen Inselhauptstadt Flying Fish Cove) sowie die Nistgebiete der Eulen, Schwalben und Habichte einen Besuch.

Permit vom Department of Home Affairs and Environment, Canberra, erforderlich. **Verkehr:** alle zwei Wochen Flüge von Perth nach Singapur und Kuala Lumpur via Christmas Island, Versorgungsschiffe von Fremantle und Singapur. **Unterkunft:** nur Privat.

Cocos (Keeling) Islands

Inselgruppe 2752 km nordwestlich von Perth im Indonesischen Ozean, besteht aus 27 kleinen Koralleninseln in zwei Atollen (14,2 km²). 1982 wohnten hier 487 Menschen (davon 320 Malayen). Größte Insel ist die West Island (Pulo Panjang) im Hauptatoll (blaue, flache und sandige Lagune). Auf dem nördlichen Atoll (North Keeling Island) schönes Riff. Außer Kokospalmen wächst kaum etwas auf den Inseln, sie sind aber von großer strategischer Bedeutung.

Obwohl die Inseln bereits Chinesen, Indern, Portugiesen und Holländern bekannt waren, wurden sie offiziell erst 1609 von Captain William Keeling ›entdeckt‹. 1826 Niederlassung der ersten britischen Händler, die malayische Arbeiter anheuerten und Kokosplantagen anlegten. 1857 annektierte Großbritannien die Inseln. Am 9. 11. 1836 landete Charles Darwin hier, um die Korallenriffe zu untersuchen. 1914 zerstörte der deutsche Hilfskreuzer ›Emden‹ die Kabelstation auf der Direction Island, danach kam es zum Kampf mit dem australischen Kreuzer ›Sydney‹, bei dem beide Schiffe schwer beschädigt wurden. 1955 übernahm Australien die Oberhoheit über die Inselgruppe. Da die UNO die Unabhängigkeit verlangt, kündigte Australien Ende 1982 eine Volksabstimmung an. Sehenswürdigkeiten: Auf der *Home Island* schöne Gärten, ausgezeichnete Strände, Kokosplantagen und hervorragende Tauchreviere. Sehr malerisch die dichtbewaldete *South Island* (Pulo Atas) und die *Hornsborough Island* (Pulo Luar) mit ihren Korallengärten sowie die *North Keeling Island* (tiefblaue Lagune).

Permit des Department of Home Affairs, Canberra oder Perth sowie Re-entry-Visa für Australien nötig! **Verkehr:** Bootsverkehr zwischen den Inseln, Flüge alle 2 Wochen von und nach Perth sowie nach Christmas Island. Versorgungsschiffe aus Fremantle und Singapur. **Unterkunft:** nur privat.

Ashmore and Cartier Islands

Kleine, unbewohnte Inselgruppe in der Timor See, 320 km nordwestlich der Kimberleys. Die Inseln und Riffe (1,89 km²) liegen auf der alten Fahrtroute der Timoresen und Malayen nach den Kimberleys. Wichtigste Inseln und Riffe: Cartier Island und Ashmore, Browse, Scott und Seringapatam Reef. Bis 1931 wurden die Inseln von Großbritannien verwaltet (aber nie annektiert), dann gingen sie an Australien (Verwaltung von Darwin aus). Außer Vögeln, Einsiedlerkrebsen und Ratten findet man keine Tiere. Die Vegetation besteht aus niedrigem Gebüsch und hohem Gras. Kein regulärer Schiffsverkehr.

Macquarie Island

176 km² große vulkanische Insel, 1480 km südlich von Tasmanien und 1670 km nördlich der Antarktis, gehört politisch zum Esperance District (Tasmanien). Die Insel ist bis 433 m hoch und besitzt schwarzsandige, schmale Strände sowie typisch subantarktische Flora und Fauna. Durchschnittstemperatur nur 4 °C, wenig Sonne, viel Regen, Schnee, Nebel und Wind. Die Insel ist ein Nationalpark, sie beherbergt die größte Kolonie von Zwergpinguinen, zwei Millionen Königspinguine, zahlreiche Seehunde, Pelzrobben, Albatrosse und Skuamöwen sowie die südlichste Papageienart der Erde. Entdeckt wurde Macquarie Island 1810, bis 1918 kamen häufig Robbenfänger hierher. Nach Protesten von Tierschützern stellte man die Insel 1919 unter Naturschutz. 1911

entstand eine meteorologische Station und 1948 eine Station der Australian National Antartic Research Expedition.

Verkehr: Schiffe der ANARE (nur für Wissenschaftler) von Melbourne, gelegentlich Kreuzfahrtschiffe (u. a. die ›Lindblad Explorer‹). **Unterkunft:** verschiedene Hütten.

Heard and Macdonald Islands

Die beiden vulkanischen Inseln, zu denen auch der Meyer-Felsen gehört, liegen rund 3700 km südwestlich von Perth und 1440 km nördlich der Antarktis im Indischen Ozean. Der 2745 m hohe Vulkan Big Ben auf der großenteils vergletscherten Heard Island (561,6 km²) brach zuletzt 1910 aus. An der Atlas Cove gibt es eine nur selten besetzte Forschungsstation. Die Inseln wurden 1833 erstmals gesichtet und 1853 von dem Amerikaner John J. Heard erforscht. Zwischen 1926 und 1934 schürfte eine südafrikanische Gesellschaft nach Erzen. 1942 annektierte Australien die Inseln, obgleich Frankreich sie beanspruchte (nördlich liegen die französischen Kerguelen). 1947 wurde eine meteorologische Station eingerichtet. Die einzigen ständigen Bewohner der Inseln sind See-Elefanten und Pinguine. Es gibt keinen regelmäßigen Schiffsverkehr.

Die australische Antarktis

Australien erhebt Anspruch auf ein 4 500 000 km² großes Antarktis-Territorium zwischen 45° und 136° östlicher Länge sowie zwischen 145° und 160° südlicher Länge (international nicht anerkannt). 1820 wurde die hiesige Küste erstmals gesichtet, 1895 erfolgte die erste Expedition (die erste australische 1911–1914). Seit 1933 besuchen jedes Jahr 50 australische Wissenschaftler die Antarktis (Stationen Mawson, Casey, Wilkes, Davis).

Die Great Dividing Range bei Cooma (New South Wales)

Bildnachweis

Farbabbildungen

Australian Tourist Commission   6, 13, 16, 18, 21
Wolf Birke/Andreas Babic (Wuppertal)   29, 30, 32, 35
Hans Kanne (Darmstadt)   11, 38, 40, 41, 43, 44, 47–49
Georg Ludwig (Leverkusen)   Umschlagrückseite, 1–4, 10, 37, 39, 42
Guglielmo Mairani (Mailand)   33, 34
Brigitte Sörries (Köln)   31
Roman Soumar (München)   Umschlaginnenklappe, 7–9, 12, 14, 15, 17, 19, 20, 22–28, 36, 45
Uselmann-Archiv (München)   Umschlagvorderseite, 5, 50–53
V-Dia-Agentur (Heidelberg)   46

Schwarzweißabbildungen

Australian Information Service (Bob Nicol, Don Edwards, Mike Brown, Joe Brian)   S. 38 links, 39, 233, 235, 283
Australian News and Information Bureau (W. Brindle)   S. 301
Australian Tourist Commission   S. 17, 18, 20, 30 unten, 40, 45, 92, 98, 188, 228, 237, 240, 243, 246, 250f., 251, 253, 254f., 255, 256f., 313, 317, 320
Michael Edinge (Hochheim/Main)   S. 208
Peter Ginter/Vista Point Verlag (Köln)   Frontispiz S. 2, S. 8, 12, 12f., 14, 14f., 16, 16f., 22, 24f., 26, 26f., 27, 28, 29, 30 oben, 38 rechts, 42f., 43, 43 (3), 57, 60, 62, 62f., 65, 66, 66f., 67 (2), 72f., 77, 81, 84f. (2), 87, 91, 94f., 104 (2), 104f., 105 (2), 106, 110f., 115, 120, 120f., 121, 122 (2), 126, 126f., 142, 143, 170, 170f., 172f., 174f., 179, 180 (2), 182f., 189, 190f. (2), 260f., 264, 265 (2), 269, 270, 270f., 271 (2), 326f., 336f., 341, 344, 345, 354, 359, 365
Brigitte Sörries (Köln)   S. 204, 214, 216 (2), 218f., 220
Roman Soumar (München)   S. 32, 33 (2), 35, 36, 103, 192, 200, 244 (2), 285, 290f., 293, 305

Alle übrigen Abbildungen stammen aus den Archiven des Autors und des DuMont-Buchverlags

Praktische Reiseinformationen

Wissenswertes vor Reiseantritt

Informationsstellen

Die australischen Fremdenverkehrsämter in der Bundesrepublik Deutschland und in der Schweiz sowie die Botschaften in Bern und Wien verschicken kostenlos sehr gutes Informationsmaterial.

. . . in der Bundesrepublik Deutschland:
Australian Tourist Commission (ATC), Neue Mainzer Str. 22, 6000 Frankfurt/Main 1, Tel. (0611) 235071; Presse- und Touristikdienst, Sporthallenstr. 7, 6117 Schaafheim. Außerdem: New South Wales Government Representative, Friedrichstr. 31, 6200 Wiesbaden; Einwanderungsbehörde, Godesberger Allee 119, 5300 Bonn, Tel. (0228) 376941).

. . . in der Schweiz:
ATC-Informationsstelle, Postfach 225, 4018 Basel.

Sonstige Organisationen: Verein Australienfreunde, Steinweg 2, 6000 Frankfurt/Main; Österreichisch-Australische Gesellschaft, Marschnergasse 6/4, 1160 Wien.

Diplomatische Vertretungen

. . . in der Bundesrepublik Deutschland:
Australische Botschaft, Godesberger Allee 107, 5300 Bonn 2, Tel. (0228) 376941. Einwanderungsabteilung der Australischen Botschaft (auch für Visa), Hohenzollernring 103, 5000 Köln 1, Tel. (0221) 511071. Military Mission, 12. Etage, Europa Center, 1000 Berlin 30, Tel. (030) 2618030.

. . . in der Schweiz
Australische Botschaft, Alpenstr. 9, 3000 Bern, Tel. (031) 430143.

. . . in Österreich:
Australische Botschaft, Mattiellistr. 2–4, 1040 Wien, Tel. (0222) 528580.

Einreisebestimmungen

Für die Einreise nach Australien sind erforderlich: ein Reisepaß (noch mindestens 6 Monate gültig) und ein Visum, das von den australischen Botschaften kostenlos ausgestellt wird. Das Touristenvisum (Antragsdauer 3–4 Wochen, Aufenthaltsdauer drei oder sechs Monate) berechtigt in Australien in keinem Fall zur Arbeitsaufnahme, auch kann man es nicht in ein Einwanderungsvisum umwandeln lassen. Verlängerungsanträge können bei jedem Büro des Department of Immigration in Australien gestellt werden. Will man von Australien aus Neuguinea oder Neuseeland besuchen und dann wieder zurückkehren, muß man sich ein ›Multiple Entry Visa‹ besorgen. Bei der Paßkontrolle sind außerdem ein Rück- oder Weiterreiseticket sowie ausreichende Geldmittel für den Aufenthalt vorzuweisen. Für den Besuch der Christmas und der Cocos Islands ist eine besondere Aufenthaltserlaubnis (Permit) erforderlich (bereits vor der Reise nach Australien beantragen!). Die Erlaubnis zum Betreten von Eingeborenensiedlungen erhält man von dem jeweiligen ›Community Council‹. Der internationale Führerschein wird in ganz Australien anerkannt.

Checkliste für die Reisevorbereitung

Spätestens drei Monate vor Reisebeginn: Flug buchen und Visa besorgen sowie Informationsmaterial anfordern.

Spätestens einen Monat vor Reisebeginn: Tetanusimpfung beginnen.

Spätestens zwei Wochen vor Reisebeginn: Reisechecks besorgen, Reisegepäck- und Krankenversicherung abschließen, gegebenenfalls mit der Malaria-Prophylaxe beginnen.

Auf die Reise mitnehmen:

Unbedingt notwendig	Sehr empfehlenswert	Eventuell
Reisepaß	Wasserflasche	Kamera und Filme
Reisechecks	Handwaschbürste	Ersatzbrille
Bargeld (kleine Scheine)	Taschenlampe	Kontrazeptionmittel (›Pille‹)
Flugtickets	Taschenbücher	Sprachführer, Wörterbuch
Feste Schuhe und Socken	Reisewecker	Kompaß
Hosen	Leinenschlafsack	Feldstecher
Jacke	Besteck	Regenschutz
Warmer Pullover	Internationaler Studenten-	Malariatabletten
Hemden/T-Shirts	ausweis	Nationaler und internatio-
Unterwäsche	Fettstift	naler Führerschein
Badesachen	Kleine Schere	
Waschzeug/Handtuch	Plastiktüten	
Reisetasche	Fotokopien der wichtigsten	
Kleine Umhängetasche	Ausweispapiere	
Geldgürtel/Brustbeutel		
Übersichtskarten		
Wichtigste Medikamente		
(vgl. S. 332)		

Die Einfuhr von Tieren und Pflanzen sowie von tierischen und pflanzlichen Produkten ist streng reglementiert. Haustiere dürfen generell nicht eingeführt werden.

Staatshauptstädten kann man Kartenmaterial anfordern. Übersichtskarten des Kontinents haben Ravenstein (1:6 Millionen), Kümmerli & Frey (1:8 Millionen) und Gregory (1:4,5 Millionen).

Straßenkarten

Gute Straßenkarten geben die Ölgesellschaften und die Australian Tourist Commission heraus. Auch von der Australian Automobile Association (AAA, 212 Northbourne Avenue, Canberra, A.C.T. 2601) bzw. den lokalen Automobilclubs in den

Gesundheitsvorsorge

Impfungen: Zur Zeit sind für Australien keine Schutzimpfungen erforderlich, wenn man aus einem infektionsfreien Gebiet einreist. Für den, der den tropischen Norden besucht, empfehlen sich Impfungen gegen

WISSENSWERTES VOR REISEANTRITT

Tetanus, Typhus und Cholera (eventuell auch gegen Hepatitis) sowie unbedingt eine Malaria-Prophylaxe. Letzteres gilt vor allem für die Sumpf- und Seengebiete östlich und westlich von Darwin, für die Kimberleys (am Ord River Damm) und die Cape York-Halbinsel (Queensland). In den Tropengebieten treten auch Trachoma (Augenkrankheit) und Denguefieber auf.

Die **Reiseapotheke** sollte unbedingt folgende Medikamente umfassen: Mittel gegen Magenverstimmungen, Schmerz- und Grippemittel, Jodtinktur und antibiotische Wundsalbe, ein Mittel gegen Insektenstiche und gegen Sonnenbrand (gegen beides hilft auch Kokosöl), Verbandmaterial (Heftpflaster, Mullbinden, elastische Binden). Nützlich ist auch eine fetthaltige Creme (besonders bei längerem Aufenthalt in der Wüste oder im Norden).

Versicherung: Es gibt zwischen der Bundesrepublik Deutschland, der Schweiz und Österreich einerseits und Australien andererseits keine Krankenscheinabmachung. Deshalb ist es ratsam, vor der Reise eine zusätzliche Krankenversicherung abzuschließen. Günstig sind die Tarife der Automobilclubs und der Studentenreisebüros.

Die Reisekasse

Ratsam ist die Mitnahme von Traveller Cheques (günstigerer Wechselkurs) und von Kreditkarten (American Express, Barclay's Card, Diner's Club und Carte Blanche sind am weitesten verbreitet). Auch einen gewissen Bargeldbetrag (in US-$) sollte man mitführen, denn nicht in allen Orten werden ausländische Reiseschecks angenommen.

Die Preise für Ausflüge, Unterkunft und Verpflegung liegen in Australien wesentlich höher als in Deutschland. Besonders teuer sind die Gebiete außerhalb der Großstädte.

Die Inflationsrate lag 1983 bei fast 10%. Pro Woche sollte man (außer Fahrtkosten und Souvenirs) mit 300 DM rechnen. Billiger wird es, wenn man in privaten Hotels, Guest Houses, Jugendherbergen oder in den Mietcaravans auf den Campingplätzen übernachtet. Preiswert sind die Überlandbusse (Ansett-Pioneer, Greyhound), mit denen man alle wichtigen Orte des Landes erreichen kann, teuer dagegen Flugreisen. Bei längerem Aufenthalt lohnt sich das Mieten eines Wohnmobils.

Das Reisegepäck

Nehmen Sie so wenig wie möglich mit, denn kaum etwas ist lästiger, als sich mit schwerem Koffer oder Rucksack durch das heiße Australien plagen zu müssen. Am praktischsten sind eine Reisetasche oder ein Nylonkoffer zum Umhängen. Dazu sollte man eine kleine Umhängetasche mit sich führen. Kennzeichnen Sie alle Gepäckstücke deutlich durch Namensschilder!

Wertsachen (Geld, Paß und Tickets) sollten sorgfältig gegen Diebstahl gesichert sein (Geldgürtel, Brustbeutel, in Hose oder Jacke eingenähte Innentasche o. ä.).

Kleidung: Da der größte Teil Australiens in den Tropen und Subtropen liegt, ist die Mitnahme leicht waschbarer Kleidung (aus Baumwolle) ratsam. Auch eine Jacke mit vielen (am besten verschließbaren) Taschen, ein Pullover für die auch in den Wüsten und selbst auf den Koralleninseln manchmal kühlen Nächte sowie bequeme Schuhe gehören ins Reisegepäck. Für einen Besuch der Nationalparks auf Tasmanien und in Victoria sollte man einen Regenschutz mitnehmen.

Notwendige Kleinigkeiten: Laken (wenn man in Mietcaravans oder Jugendherbergen übernachten will), Wasserflasche (für Fahrten durch Wüstengebiete), Jugendherbergsausweis, Landkarten, Lektüre, Fettstift, ein gutes Taschenmesser, ein Besteck, Taschenlampe. Filme sollte man bei einem Zwischenstop in Singapur oder Hongkong kaufen, da sie in Australien (wie übrigens auch elektrische Geräte, Radios, Kassetten und Kleidung) wesentlich teurer sind als in Asien und selbst in Europa. Ferner empfehlen sich der Abschluß einer Reisegepäck-, Unfall- und Haftpflichtversicherung und das Kopieren der wichtigsten Dokumente (erleichtert die Wiederbeschaffung im Falle eines Verlusts).

Devisen- und Zollvorschriften

Es gibt keine Beschränkung für die Höhe der eingeführten Geldmittel (auch nicht für australische Währung). Reisende, die weniger als sechs Monate in Australien verbracht haben, dürfen den gleichen Betrag in Devisen wieder ausführen, den sie mitgebracht haben (jedoch nicht mehr als A$ 250 in Noten und A$ 5 in Münzen).

Neben Gegenständen des persönlichen Bedarfs dürfen eine Kamera (nicht für berufliche Zwecke), eine Reiseschreibmaschine, je ein Radio, Tonbandgerät und Plattenspieler, ein Kraftfahrzeug sowie Sportgeräte zollfrei eingeführt werden, außerdem 200 Zigaretten oder 250 Gramm Zigarren oder 250 Gramm Tabak, 1 l Spirituosen und Geschenke bis zu A$ 200. Verboten ist die Einfuhr von Narkotika, gefährlichen Waffen (einschließlich Springmesser und Dolche), obszönen oder blasphemischen Werken (die Einstufung liegt im Ermessen des Zollbeamten) sowie von Gegenständen, die der Quarantäne unterliegen wie tierische oder pflanzliche Erzeugnisse. Bücher und Filme sind beim Zoll zu deklarieren, da für ihre Einfuhr Zensurbe-

stimmungen gelten. Die Zollkontrolle ist oft sehr langwierig und genau.

Reisezeit

Die beste Reisezeit liegt zwischen April und Mai (australischer Herbst) sowie zwischen September und November (Frühling). Dann sind die Tage zumeist warm und sonnig, die Nächte angenehm kühl. Den Norden und Zentralaustralien kann man auch zwischen Juni und August (Winter) besuchen. Im Sommer (Dezember bis März) wird es im Landesinnern sehr heiß, während es im tropischen Norden dazu noch heftig regnet, weswegen dann zahlreiche Straßen unpassierbar sind. Schwimmen kann man im Süden und Südosten zwischen Oktober und März, im Norden das ganze Jahr hindurch (außer in der Regenzeit). In der Zeit der Schulferien (Mai, August bis September, Mitte Dezember bis erste Februarwoche) sollte man die Unterkünfte vorausbuchen.

Vgl. Klimatabelle S. 346 f.

Gefährliche Tiere

In Australien gibt es zu Lande wie auch zu Wasser eine ganze Reihe von Tieren, deren Biß für den Menschen tödlich sein kann. Dazu zählen besonders die 20 Giftschlangenarten, darunter als gefährlichste die Taipan, die Todesotter (Death Adder), die Tiger Snake und die Brown Snake, die in allen Landesteilen vorkommen. Tödlich kann auch der Biß verschiedener Spinnenarten wie der Funnel Web Spider sein, die selbst in Städten wie Sydney und Melbourne zu finden ist. Die gefährlichsten Meerestiere sind die Haie (die an allen Küsten auftreten – weshalb man nur zwischen beflaggten Strandstreifen schwimmen sollte, wo ›Lifesaver‹ aufpassen) sowie im tropischen Norden die zwischen Korallen versteckten Steinfische (Stone Fish) und bestimmte Quallen. Am meisten aufpassen muß man vor den ›Bluebottles‹ (Portuguese Man-o-War) und dem ›Box Jelly Fish‹.

Anreise nach Australien

... mit dem Flugzeug

Internationale Flughäfen gibt es in Sydney, Melbourne, Adelaide, Perth, Darwin, Townsville, Hobart und Cairns. Nationale australische Fluggesellschaft ist die Qantas.

Linienflüge

Flüge nach Australien bieten 23 internationale Gesellschaften von verschiedenen europäischen Flughäfen an. Ab Frankfurt/Main beträgt die Flugdauer 23–30 Stunden (je nach Route und Zahl der Zwischenstops). Linienflugpreise (Touristenklasse einfach): nach Perth ca. DM 4000, nach Sydney und Melbourne ca. DM 4200.

Ermäßigte Flüge

Qantas und Lufthansa bieten den verbilligten ›Advanced Purchase Excursion Fare‹ (APEX-)Tarif an, der Flugunterbrechungen verbietet und spätestens 30 Tage vor Abflug gebucht werden muß. Beim sogenannten ›Excursion Tarif‹ kann man dagegen einen Stop-over in Asien einlegen, der Aufenthalt in Australien muß dabei mindestens 21 und höchstens 270 Tage betragen. Bei beiden Angeboten schwanken die Preise je nach Saison und Zielort stark (ab Frankfurt hin und zurück DM 2700–3700).

Andere Linien wie Singapore Airlines, Philippine Airlines, Garuda (Indonesian Airlines), Air India und Thai Airways fliegen noch günstiger als Qantas und Lufthansa (gelegentlich für unter DM 2500 hin und zurück); sie bieten dazu noch die Möglichkeit von mehreren Zwischenstops. Auch die jugoslawische JAT hat attraktive Angebote, gelegentlich auch andere Gesellschaften (z. B. British Caledonian, Continental Airlines, Cathey Pacific u. a.), darunter solche mit Routen über die USA und die Südsee. Am preiswertesten kauft man sein Ticket in Amsterdam, Brüssel, Paris, Zürich, Wien, Mailand oder Rom, aber auch einige deutsche Billigflugbüros haben relativ günstige Australienflüge im Angebot. Das Angebot ist mittlerweile so verwirrend geworden, daß sich ausgiebige Preisvergleiche unbedingt lohnen.

Man kann auch günstig nach Singapur fliegen und dort oder im benachbarten Johore Bahru (Malaysia; eine Busstunde entfernt) sehr günstige Australientickets der Singapore Airlines kaufen.

Adressen von Reisebüros für Billigflüge in der Bundesrepublik Deutschland: *Baden Baden:* Le Point, Rheinstr. 165, Postfach 615, Tel. (072 21) 6 40 17; *Berlin:* Artu, Hardenbergstr. 9, Tel. (030) 3 13 40 31, und RDS, Buschstr. 32; *Düsseldorf:* inter ticket, Schirmerstr. 19, Tel. (02 11) 3 62 50 88; *Frankfurt/Main:* Aero Overseas Ticketservice, Tel. (06 11) 65 32 70; *Hamburg:* Fernreisen, Wendenstr. 25, Tel. (0 40) 23 27 71 und 2 50 72 70; *Hannover:* RDS, Welfengarten 1; *Köln:* Eurasia, Habsburgerring 3, Tel. (02 21) 23 45 01; *Mannheim:* City Reiseberatung (Flugbörse), Friedrich-Ebert-Platz 5 a, Tel. (06 21) 1 30 18; *München:* Travel Overland, Schulstr. 44, Tel. (0 89) 16 40 66 und Travel Team, Kaulbachstr. 61, Tel. (0 89) 39 31 39; *Stuttgart:* Asien-Reisen, Fasanenhof, Europaplatz 20, Tel. (07 11) 7 15 79 94.

... **in der Schweiz:** *Basel:* SSR, Friedensgasse 14; *Bern:* Stohl Air Voyages, 39 Rue Rothschild; *Zürich:* Sof Travel, Mattackerstr. II; *Ostermundigen:* Alpine Travel, Wiesenstr. 54.

... **in Österreich:** *Wien:* Ökista, Führichgasse 10 und Türkenstr. 4 (Büros auch in Graz, Innsbruck, Linz).

... **in den Niederlanden:** *Amsterdam:* NBBS Reisecenter, Rokin 65, Kerkstraat 135 und Dam 17; Kofman's Traveller, Heerenstraat 119.

... **in Belgien:** *Brüssel:* Acotra, Rue de la Montagne 38; *Antwerpen:* Asat, Century Court, De Keyserlei 58, Bus 34.

... mit dem Schiff

Reisen mit Kombischiffen (monatlich) der Polish Ocean Line von Gdansk (Danzig) via Hamburg/Rotterdam/Antwerpen nach Fremantle, Adelaide, Melbourne, Sydney und Brisbane (Fahrtdauer 21–30 Tage); Agentur: Hamburg Süd, Ost-West-Str. 59, 2000 Hamburg, Tel. (0 40) 3 70 51. Weitere Linien: von Europa CTC Lines, Agentur Transocean Passagedienst, Martinistr. 21, 2800 Bremen, Tel. (0 41) 3 60 61; P & O Lines,

Beaufort House, Botolph St., London, Tel. 3 77 25 51; Jadrolinja, Rijeka (Jugoslawien). Navis, Billhorner Kanal 69, 2000 Hamburg, Tel. (0 40) 78 94 81, und die Reisen, 8000 München, Rosental 7, Tel. (0 89) 26 50 09, haben Informationen über weitere Frachtschiff- und Passagierdienste nach Australien (u. a. Blue Funnel Line ab Singapur, International United Shipping Co. ab Hongkong, außerdem verschiedene Linien ab den USA).

Pauschalreisen

Zahlreiche Veranstalter in der Bundesrepublik Deutschland bieten Pauschalreisen nach Australien an. Hier eine Auswahl: Austral Asian Tours GmbH (aat), Große Eschersheimer Str. 39, 6000 Frankfurt/Main, Tel. (06 11) 28 78 34; Australian Tours + Travel Service (ATT), Steinweg 2, 6000 Frankfurt/Main, Tel. (06 11) 28 56 65; CA Ferntouristik GmbH, Geigerstr. 13, Postfach 1504, 8032 Gräfelfing bei München, Tel. (0 89) 85 10 61–64; Dr. Düdder Reisen GmbH, Korneliusmarkt 8, 5100 Aachen, Tel. (0 24 08) 37 02; Erawan + Koala Tours, 2000 Hamburg 26, Tel. (0 40) 2 50 72 70; Ikarus Tours GmbH, Fasanenweg 1, 6240 Königstein/Ts., Tel. (0 61 74) 70 17; Inter Air Voss-Reisen GmbH, Triftstr. 28–30, 6000 Frankfurt/Main 71, Tel. (06 11) 6 70 31; Marco Polo Reisen, Postfach 1320, Dettweilerstr. 15, 6242 Kronberg/Ts., Tel. (0 61 73) 40 04; Menzell Tours, Alter Wall 67–69, 2000 Hamburg 11, Tel. (0 40) 37 00 71; Nova-Reisen, Herzog-Wilhelm-Str. 1, 8000 München, Tel. (0 89) 23 70 80.

... mit dem eigenen Auto

Australien besitzt ein gut ausgebautes Straßennetz von 860 000 km Länge, das größtenteils mit normalen PKWs befahrbar ist. Auch Tankstellen und Buslinien gibt es im ganzen Lande in ausreichender Anzahl. Relativ preiswert sind Mietwagen (besonders Campmobile).

Verkehrsregeln

In Australien herrscht Linksverkehr. Jeder Staat hat seine eigenen Regeln, die Unterschiede sind aber meist unbedeutend. Es gilt allgemein die Vorfahrtsregel rechts vor links, auch für Nebenstraßen. In Ortschaften besteht eine Geschwindigkeitsbegrenzung von 60 km/h, während auf dem Lande gewöhnlich 100 km/h gefahren werden dürfen. Auf allen Fahrten muß man Sicherheitsgurte anlegen (bei Nichtbeachtung A$ 20 Strafe). Die Australian Automobile Association gibt eine Broschüre ›Motoring in Australia‹ heraus, die man im Buchhandel oder bei den Automobilclubs in den Großstädten erhält. Ausländische Kraftfahrzeugversicherungen sind in Australien nicht gültig.

Allgemeine Vorsichtsmaßnahmen

Der Straßenverkehr in Australien ist ausgesprochen hektisch; es wird recht rücksichtslos gefahren; das Land hat weltweit eine der höchsten Raten an Verkehrstoten. Besonders gefährlich sind die riesigen ›Road Trains‹ im Binnenland, gewaltige LKW-Gespanne, die mit hohen Geschwindigkeiten über die oft schmalen Straßen brausen und, wenn diese ungepflastert sind, riesige Staubwolken hinter sich aufwirbeln. Will man ins Outback fahren, sollte man unbedingt Schutzgitter am Wagen anbringen (Gefahr von Steinschlag und plötzlich über die Straße laufenden Tieren).

Verkehrsschilder

Die meisten Verkehrsschilder entsprechen den international üblichen. Ausnahmen bilden u. a. das achteckige Stop-Schild und das rote Zeichen ›Children Stop Crossing‹ in der Nähe von Schulen.

Benzin

Das Tankstellennetz in den Städten und an den Hauptstraßen ist ausreichend, im Binnenland allerdings recht dünn. Bei Fahrten in Wüstengebiete oder Regionen wie die Kimberleys und die Cape York-Halbinsel muß man einen größeren Benzinvorrat mitnehmen. Benzin ist etwas billiger als in der Bundesrepublik Deutschland (1983: ca. 1,10 DM pro Liter).

Autoreparatur

Es gibt ein dichtes Netz von Reparaturwerkstätten. Neben Holden (wie Opel von General Motors) fahren vorwiegend japanische und deutsche Fabrikate. Bei Fahrten ins Outback sollte man die wichtigsten Verschleißteile wie Keilriemen, Birnen, Ölfilter und Kerzen mitführen.

Automobilclubs

Die folgenden Autofahrerorganisationen leisten Straßenhilfsdienste und allgemeine Unterstützung: in *Adelaide* Royal Automobile Association of South Australia Inc., 41 Hindmarsh Square (Tel. 2 23 45 55); in *Sydney* National Roads and Motorists' Association (N.R.M.A.), 151 Clarence St. (Tel. 2 90 01 23) und Royal Automobile Club of Australia, 89 Macquarie St. (Tel. 27 56 56); in *Melbourne* Royal Automobile Club of Victoria (RACV) Ltd., 123 Queen St. (Tel. 6 07 22 11); in *Brisbane* Royal Automobile Club of Queensland (RACQ), Ecke Ann und Boundary Sts. (Tel. 2 21 15 11); in *Perth* The Royal Automobile Club of Western Australia, 228 Adelaide Terrace (Tel. 3 25 05 51); in *Hobart* The Royal Automobile Club of Tasmania, Ecke Patrick und Murray St. (Tel. 34 66 11); in *Canberra* National Roads and Motorists' Association (N.R.M.A.), 92 North-

Einer der gewaltigen ›Road Trains‹, die die australischen Straßen unsicher machen

Entfernungen in Australien (in Kilometern)

von → / nach ↓	Adelaide	Albany	Alice Springs	Ayer's Rock	Brisbane	Broken Hill	Cairns	Canberra	Darwin	Hobart*	Kununurra	Mackay	Melbourne	Mt. Isa	Perth	Port Hedland	Surfer's Paradise
Albany	2655 / *2494*																
Alice Springs	1693 / *1320*	3714 / *3814*															
Ayer's Rock	1739 / *1657*	3758 / *4174*	468 / *338*														
Brisbane	2127 / *2029*	4369 / *4524*	3064 / *2246*	3512 / *2584*													
Broken Hill	510 / *417*	2752 / *2911*	1790 / *1736*	1834 / *2074*	1617 / *1731*												
Cairns	2845 / *3058*	4669 / *5552*	2435 / *1738*	2883 / *2075*	1826 / *1394*	2335 / *2531*											
Canberra	1212 / *1402*	3867 / *3896*	2905 / *2721*	2949 / *3059*	1697 / *1662*	1108 / *1220*	3157 / *2378*										
Darwin	3225 / *2664*	4690 / *3359*	1532 / *1344*	1980 / *1681*	3582 / *2877*	3322 / *3080*	2953 / *2361*	4233 / *3783*									
Hobart*	1007 / *1260*	3662 / *3755*	2700 / *2580*	2744 / *2917*	1927 / *1989*	1331 / *1394*	3753 / *3458*	903 / *1079*	4232 / *3924*								
Kununurra	3392 / *3100*	3815 / *2921*	1699 / *1782*	2147 / *2120*	3749 / *3306*	3489 / *3519*	3120 / *2799*	4400 / *4292*	875 / *439*	4399 / *4345*							
Mackay	2845 / *2829*	5033 / *5324*	2473 / *1785*	2921 / *2122*	1044 / *800*	2164 / *2411*	786 / *616*	2365 / *1784*	2991 / *2408*	2971 / *2864*	3158 / *2845*						
Melbourne	755 / *650*	3410 / *3144*	2448 / *1970*	2492 / *2308*	1675 / *1379*	843 / *711*	3501 / *2848*	651 / *470*	3980 / *3314*	252 / *610*	4147 / *3735*	2719 / *2255*					
Mt. Isa	2850 / *1994*	4915 / *4489*	1157 / *675*	1605 / *1014*	1907 / *1572*	1971 / *3125*	1278 / *1064*	2724 / *2557*	1675 / *1297*	3070 / *3254*	1842 / *1735*	1316 / *1110*	2818 / *2644*				
Perth	2713 / *2118*	407 / *377*	3772 / *3437*	3816 / *3776*	4427 / *4147*	2810 / *2535*	4727 / *5176*	3925 / *3519*	4283 / *2982*	3720 / *3378*	3408 / *2544*	5091 / *4947*	3468 / *2768*	4973 / *4112*			
Port Hedland	4531 / *3429*	2225 / *3806*	3289 / *3014*	3737 / *3352*	5339 / *4540*	4628 / *3846*	4710 / *4031*	5743 / *4837*	2465 / *1670*	5338 / *4690*	1590 / *1233*	4748 / *4078*	5286 / *4077*	3432 / *2968*	1818 / *1312*		
Surfer's Paradise	2207 / *1844*	4449 / *4339*	3144 / *2340*	3592 / *2678*	80 / *93*	1095 / *1320*	1906 / *1487*	1251 / *915*	3662 / *2963*	2092 / *1996*	3829 / *3400*	1124 / *893*	1840 / *1386*	1987 / *1665*	4507 / *3962*	5419 / *4633*	
Sydney	1422 / *1165*	3922 / *3660*	2960 / *2485*	3004 / *2823*	1027 / *748*	1170 / *983*	2853 / *2142*	304 / *236*	4095 / *3618*	1145 / *1315*	4096 / *4059*	2061 / *1548*	893 / *707*	2420 / *2321*	4135 / *3283*	5953 / *4595*	947 / *679*

Ziffern in Normalschrift sind Straßen-km, kursive die direkten Flug-km (IATA-km). Die Straßen-km von Hobart sind ohne die Fähren-km Melbourne – Devonport angegeben.

bourne Ave. (Tel. 43 37 98); in *Darwin* Automobile Association of Northern Territory, 79 Smith St. (Tel. 81 38 37). Außerdem Zweigstellen in allen größeren Orten. Mitglieder von Automobilclubs, die der Alliance Internationale de Tourisme oder der Fédération Internationale de l'Automobile angehören, haben Anspruch auf die Hilfe der australischen Organisationen.

den Zentren der Städte (zumeist getrennt). Tickets muß man vor der Abfahrt an den jeweiligen Schaltern lösen (wenn man keinen Aussie- oder Eagle-Paß hat). Zum Check-in sollte man sich wenigstens 15 Minuten vor der Abfahrt einfinden. In den Busbahnhöfen gibt es Imbißstuben oder Restaurants, so daß man keinen größeren Reiseproviant mitführen muß. Allerdings liegen die Preise außerhalb der großen Städte bei minderer Qualität oft hoch.

... mit dem Bus

Australien besitzt ein dichtes Busnetz. Viele Busse verkehren auch als Zubringer zu Bahnhöfen und Air Terminals. Die modernen Express Coaches fahren Tag und Nacht zwischen den wichtigsten Orten. Sie sind mit Waschräumen, Toiletten, Kopfstützen und großen Panoramafenstern ausgestattet. Jeder Passagier darf zwei Koffer mitführen. Zusätzliche größere Gepäckstücke kosten eine Extragebühr und werden oft nicht mit demselben Bus transportiert.

Die größten Busgesellschaften sind Ansett-Pioneer (465 Swanston St., Melbourne, Tel. 3 42 31 44 oder Oxford Square, Sydney, Tel. 2 68 18 81) und Greyhound (79 Melbourne St., South Brisbane, Tel. 07/44 71 44). Preiswerter fahren Panther Intercity Express (667 Bourke St., Melbourne, Tel. 62 53 96), Premier (111 Franklin St., Adelaide, Tel. 2 17 07 77) und Across Australia Buslines (Darwin, Perth, Melbourne). Allerdings unterhalten Ansett und Greyhound das dichteste Netz. Will man den ganzen Kontinent bereisen, so sollte man sich an diese beiden Gesellschaften halten. Wenn man längere Strecken mit dem Bus reisen möchte, lohnt sich der Kauf eines ›Aussiepass‹ von Ansett-Pioneer bzw. eines ›Eagle Pass‹ von Greyhound (gültig auch für Tasmanien).

Sowohl die Ansett-Pioneer- als auch die Greyhound-Busse haben ihre Terminals in

... mit der Eisenbahn

Das ca. 40 000 km lange australische Eisenbahnnetz ist zwar nicht so dicht wie das europäische, man kann aber doch einige größere Hauptstrecken mit dem Zug zurücklegen. Der berühmteste Zug ist der ›Indian Pacific‹ zwischen Sydney und Perth. In 65 Stunden überwindet er eine Entfernung von 3961 km, darunter zwischen Süd- und Westaustralien auf der Nullarbor-Ebene die mit 478 km längste schnurgerade Strecke der Welt. In New South Wales wird seit einigen Jahren ein Schnellzugnetz (XPT) ausgebaut, so daß man auch die außerhalb der Großstädte gelegenen Siedlungen schneller und komfortabler als bisher erreichen kann.

Es gibt zwei Zugklassen – First Class und Economy Class. Auf längeren Strecken stehen Einzel- und Zweibettkabinen mit Duschen und Toiletten zur Verfügung. Mit einem einfachen Ticket kann man innerhalb von zwei Monaten beliebig häufig die Fahrt unterbrechen, mit einem Hin- und Rückfahrtticket innerhalb von sechs Monaten. Touristen aus Übersee dürfen 80 Kilo Gepäck ohne Extrakosten mitführen.

Fahrkarten für Reisen in andere Bundesstaaten muß man bereits vor Antritt der Reise kaufen. Da die meisten Australier zwischen Dezember und Februar, im Mai sowie zwischen August/September (Schulferien) verreisen, ist es ratsam, sich die Tickets in dieser Zeit rechtzeitig zu kaufen. Man kann sie auch schriftlich beim Travel und Tours Centre (Public Transport Commission of N.S.W., 11–31 York Street, Sydney) anfordern (besonders für den ›Indian Pacific‹ und den ›Super Ghan‹ ratsam).

Für häufige und längere Bahnreisen in Australien lohnt sich der Kauf eines ›Austrailpass‹, der für die erste Klasse gilt (für 14 oder 21 Tage, einen, zwei oder drei Monate). Damit ist aber nur der Sitzplatz bezahlt; Schlafwagen und Mahlzeiten kosten extra (auf dem ›Indian Pacific‹ und auf dem ›Trans-Australian‹ obligatorisch). Mit dem Austrailpass erhält man bei der Miete von Budget-Autos 10% Rabatt, und auch einige Hotel- und Motelketten gewähren Nachlässe. In Europa kann man den Austrailpass u. a. bei Australian Tours and Travel Service, Steinweg 2/Ecke Hauptwache, 6000 Frankfurt/Main, kaufen.

Die wichtigsten Züge

Sydney – Melbourne: ›Southern Aurora‹ (täglich, nur 1. Klasse, 13 Stunden, Autotransport); ›Spirit of Progress‹ (täglich, 14 Stunden, Schlafwagen); ›Intercapital Daylight‹ (täglich außer sonntags, 13 Stunden). *Sydney – Murwillumbah:* ›Gold Coast Moto Rail Express‹ (täglich, 1. Klasse Schlafwagen sowie 1. und 2. Klasse Sitzwagen, 17 Stunden, Autotransport). *Sydney – Canberra:* ›Canberra-Monaro Express‹ (täglich außer sonntags, 5 Stunden). *Sydney – Brisbane:* ›Brisbane Limited Express‹ (täglich, 16 Stunden). *Brisbane – Cairns:* ›Sunlander‹ (5 × wöchentlich, Schlafwagen, 1½ Tage). *Melbourne – Adelaide:* ›The Overland‹ (täglich, 12 Stunden, Schlafwagen). *Melbourne – Mildura:* ›The Vinelander‹ (6 × wöchentlich, Autotransport, 11 Stunden). *Sydney – Perth:* ›Indian Pacific‹ (4 × wöchentlich, Schlafwagen mit Sitzwagen zwischen Adelaide –

Broken Hill – Sydney und Autotransport zwischen Pt. Pirie und Perth, 65 Stunden). *Port Pirie – Perth:* ›Trans-Australian‹ (3 × wöchentlich, Schlafwagen, 1½ Tage). *Port Pirie – Alice Springs:* ›The Ghan‹ (donnerstags ab Pt. Pirie, samstags ab Alice Springs, 2 Tage). *Sydney – Alice Springs:* ›Super-Ghan‹ (1 × wöchentlich). *Perth – Kalgoorlie:* ›Prospector‹ (täglich außer samstags, nur 1. Klasse, 7¾ Stunden).

... mit dem Flugzeug

Australien besitzt eines der dichtesten Flugnetze der Erde (140045 km!), fast jeden größeren Ort kann man auf dem Luftwege erreichen. Die Großstädte Australiens werden durch zwei größere Inlands-Fluggesellschaften bedient – Ansett Airlines of Australia (AN) und Trans-Australia Airlines (TAA). Außerdem gibt es mehrere größere Regional-Fluggesellschaften wie die Airlines of New South Wales, die East-West Airlines (EWAL), die Air Queensland, die Airlines of Northern Territory, Airlines of Western Australia sowie zahlreiche kleinere Gesellschaften. Wichtigste Flughäfen sind Sydney, Melbourne, Adelaide, Perth, Darwin, Alice Springs und Brisbane, daneben Cairns, Townsville, Canberra und Hobart.

Flugklassen: First und Economy Class in den großen Maschinen, nur eine Klasse in den kleinen. Reservierungen: ratsam einige Tage vor dem geplanten Flug. Check-in 20 Minuten vor Abflug. Transfer: Zwischen den City Terminals und den Flughäfen gibt es Busdienste. Gepäck: Mit einem internationalen Flugticket darf man 30 kg in der First und 20 kg in der Economy Class mitführen, ansonsten nur einen Artikel bis zu 140 cm Länge, dazu eine Handtasche.

Tarife: Normalflüge sind in Australien im Verhältnis zu anderen Ländern sehr teuer,

Flugverbindungen
innerhalb Australiens

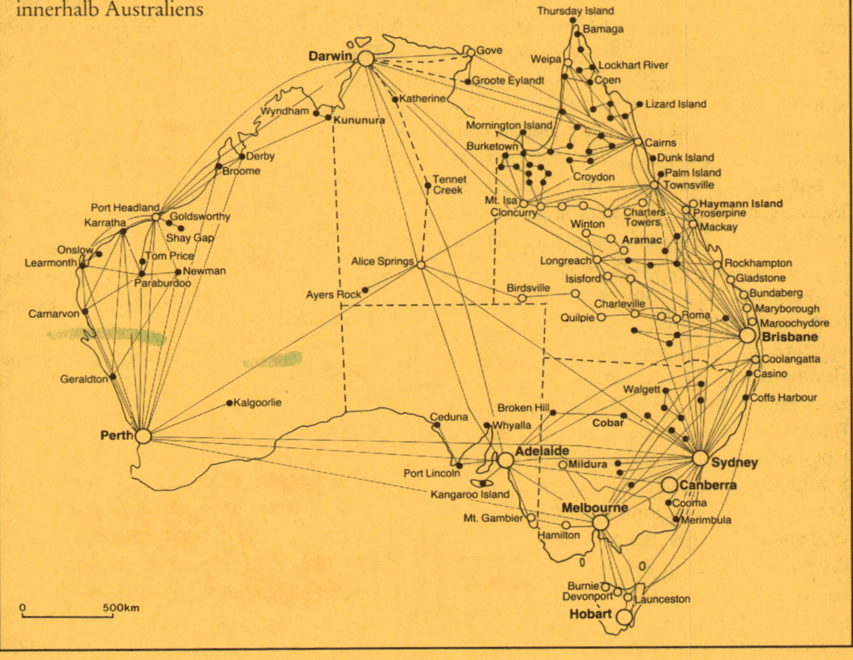

Thursday Island
Bamaga
Gove
Weipa
Lockhart River
Darwin
Groote Eylandt
Coen
Katherine
Lizard Island
Wyndham
Kununura
Mornington Island
Cairns
Derby
Burketown
Dunk Island
Broome
Croydon
Palm Island
Townsville
Tennet
Creek
Mt. Isa
Haymann Island
Port Headland
Cloncurry
Proserpine
Karratha
Goldsworthy
Charters
Winton
Mackay
Towers
Shay Gap
Aramac
Onslow
Tom Price
Alice Springs
Longreach
Rockhampton
Learmonth
Newman
Gladstone
Paraburdoo
Isisford
Bundaberg
Ayers Rock
Birdsville
Maryborough
Carnarvon
Charleville
Maroochydore
Quilpie
Roma
Brisbane
Geraldton
Coolangatta
Casino
Walgett
Coffs Harbour
Kalgoorlie
Broken Hill
Ceduna
Cobar
Whyalla
Perth
Adelaide
Sydney
Port Lincoln
Mildura
Canberra
Kangaroo Island
Cooma
Melbourne
Merimbula
Mt. Gambier
Hamilton
Burnie
Devonport
Launceston
Hobart

0   500km

es gibt aber eine Reihe von Sondertarifen, mit denen man viel Geld sparen kann. Die ›See Australia Fares‹ von TAA sind 30% billiger als normale Tarife auf allen Flügen über 1000 km (gilt nicht für Kinder), man erhält sie aber nur, wenn man ein internationales Apex- oder Economy Fare-Ticket vorweisen kann. Daneben gibt es ›Night Coach Fares‹ (TAA, 20% Ermäßigung), die ›Discover Australia Fare‹ (TAA), Wochenendflüge und Standby-Flüge (25% Ermäßigung). Letztere kann man als Tourist allerdings kaum nutzen, da die meisten Flüge ausgebucht sind. Ansett bietet acht ›Explore Exciting Australia‹-Flugrouten an.

Leihwagen

Die wichtigsten Mietwagenfirmen in Australien sind Avis, Budget, Hertz und Letz. Ihre Tarife schwanken, weswegen sich Preisvergleiche unbedingt lohnen. Im Landesinnern liegen sie höher als an der Küste, kleine Gesellschaften sind oft billiger als internationale. Zu Sondertarifen kann man mehrwöchige Reisen oder Fly-drive-Touren (Kombination von Flug und Leihwagen) unternehmen.

Eine der sparsamsten Reisemöglichkeiten bieten die ›Campervans‹ (Wohnmobile), die von zahlreichen Gesellschaften offeriert werden. Sie kosteten 1982 zwischen A$ 230 und A$ 530 pro Woche, wozu noch 10–15 Cents pro Kilometer kamen (zwischen 1000 und 2500 km sind frei). Die meisten Campervans sind mit allem, was man benötigt, ausgerüstet. Für Bestecke, Decken und Bettwäsche muß man allerdings zumeist extra zahlen. Die wichtigsten Gesellschaften für Campervans: in Adelaide Mobile Campervan Hire Service und Touralong Hire; in Brisbane Sunseeker Campervans Rentals; in Hobart Australian Automobile Rentals, Auto Rent System, Motor Holidays, Southern Cross Rentals und Tourmobile Rentals; in Melbourne Colonial Dateline, Holiday Motorhomes, Motorcamp Rentals, Swagman Hire, The Motorhome Centre Transline und Victorian Mobile Motels, Wakefield; in Perth Campervan Holiday und Westland Travel; in Sydney Australian Adventure, John Terry Motors, Lanock Motors und Leisure Wheels.

Motorräder kann man u. a. bei Hertz in Sydney, Melbourne, Brisbane und Canberra mieten, in den Ferienzentren auch Mini Mokes (preiswert).

den. Mitfahrgelegenheiten von West- nach Ost-Australien vermitteln u. a. auch Travel Mate und East West Budget Bus (beide Perth).

Taxis

Taxis gibt es in allen größeren Orten. Bei den meisten handelt es sich um Funktaxen, die im allgemeinen eine Anfahrtgebühr berechnen (›Flagfall‹). Ihre Standplätze finden sich an den zentralen Plätzen.

Stadtbusse

Die größeren Städte verfügen über ein modernes, engmaschiges Busnetz. Allerdings stellen viele Linien ihren Dienst am Wochenende ein. In Städten wie Townsville, Cairns und Darwin fahren am Wochenende überhaupt keine Stadtbusse.

Autostop

Außer im Staat Queensland ist das Anhalten von Autos in Australien erlaubt, auch wenn es die Polizei nicht gerne sieht. Ansonsten ist Australien ein bequemes Land für ›Hitchhiker‹. Im Binnenland muß man allerdings mit langen Wartezeiten rechnen. Im ›Sydney Morning Herald‹ und anderen Tageszeitungen stehen jeden Mittwoch und Samstag in der Kolumne ›Travel‹ Annoncen, in denen Mitfahrer gesucht werden. Auf diese Art und Weise kann man häufig sehr billig und schnell große Entfernungen überwin-

Organisierte Touren

Organisierte Touren in Australien offerieren u. a. Australian Pacific Tours (Melbourne, 475 Hampton St., Hampton, Box 118 PO H., Victoria 3188, Tel. 5 98 53 55), AAT (34 Kent Road, Mascot, Sydney, Tel. 66 95 44 44), Bill King's Advent Travels, Amesz, TAA und Ansett-Pioneer. Spezialisten für Wandertouren, Kanufahrten, Skiausflüge u. ä. durch die Nationalparks sind Wilderness Adventure Holidays, Cooma, N.S. W., 2630, P.O. Box 755 (Tel. 90 68 81 Sydney), die einzigen Unternehmen für besondere ›Eingeborenentouren‹ Christian Tour Organization (CYTA), Home Bush (Sydney) und Rod Steinert (Alice Springs).

Sperrzonen

Weite Gebiete in Australien dürfen ohne Sondergenehmigung nicht betreten werden. Sie gehören den Eingeborenen und sind ›No-go Areas‹. Nach alter Tradition der Ureinwohner ist es üblich, daß man sich vor einem Besuch anmeldet. Dieser Brauch wird auch heute noch strikt eingehalten. Will man eines der Reservate besuchen, sollte man sich möglichst schon von Europa aus schriftlich an das jeweilige Local Council wenden und detailliert seinen Antrag begründen. Touristen erhalten Permits nur selten, da die Eingeborenen sich verständlicherweise nicht gerne als Exoten bestaunen lassen wollen. Das ausgedehnteste Sperrgebiet befindet sich im Nordterritorium an der Grenze zu Süd- und Westaustralien, ein zweites großes umfaßt das Arnhem Land und ein drittes das Homeland der Pitjantjara im nordwestlichen Südaustralien.

Urlaub in Australien

Landschaftliche Höhepunkte

Im Osten: das Great Barrier Reef (größtes Korallenriff der Erde mit den Inseln Lizard, Dunk, Bedarra und Heron), weiter die Cape York-Halbinsel, die Torres Strait Islands (besonders Mer), die Sunshine Coast (Teewah Coloured Sands und Fraser Island) und die Opalfelder von Lightning Ridge.

Im Süden: die Weingebiete des Mc Laren- und des Barossa-Tales (Südaustralien), des Great Western-Gebietes (Victoria) und des Hunter River Valley (nördlich von Sydney), die Blue Mountains, der Hawkesbury River und der Port Jackson bei Sydney, die Snowy Mountains und die Schneefelder von Victoria, der Blue Lake, die Flinders Chase, die Kangaroo Island und der Murray River.

Auf Tasmanien: der Südwesten mit dem Gordon River und dem Lake Pedder, der Lake St. Clair und der Nordwesten.

In Zentralaustralien: der Uluru (Ayer's Rock), der Katatjuta (Mt. Olga), die Schlucht des Standley Chasm, der King's Canyon und das Palm Valley bei Alice Springs, die Opalsiedlungen von Coober Pedy und Oodnadatta, die Flinders Ranges, der Birdsville Track, die Tanami Desert, der Lake Eyre und die Arunta-(Simpson-)Wüste.

Im tropischen Norden: der Kakadu-Nationalpark im Arnhem Land, Melville- und Bathurst Island, der Daly River und die Katherine Gorge.

Im Westen: die Kimberleys, die Pilbara-Schluchten, die Karri- und Jarrah-Wälder im Süden sowie die Wildblumenteppiche im Süden und Südwesten, die Perlenfarmen bei Broome und die Nullarbor Plain.

Inseln: Lord Howe (zum Schwimmen und Wandern), Norfolk Island und Macquarie (Pinguine).

Tierparks

Die schönsten Tierparks sind: Taronga Zoo Park (Sydney), Cleland Conservation Reserve (Adelaide), Royal Melbourne Zoo, Healesville Zoo (bei Melbourne), Currumbin Bird Sanctuary (Goldcoast), Lone Pine Koala Sanctuary (Brisbane), Australian Reptile Park (Gosford bei Sydney) und der Zoo in Dubbo.

Kulturelle Hauptsehenswürdigkeiten

Felsmalereien und Petroglyphen: Laura und Carnarvon Gorge (Queensland), Mootwingee und Ku-ring-gai-Chase (New South Wales), Flinders Ranges und Port Augusta (Südaustralien), Kakadu National Park und Arnhem Land (Nordterritorium) sowie die Depuch Island, das Pilbara, die Kimberleys (Westaustralien) und der Mt. Cameron (Tasmanien).

Museen und Goldgräbersiedlungen: Swan Hill, Ballarat, Bendigo (Victoria), Old Sydney Town (New South Wales), Naturhistorisches Museum Adelaide, Kalgoorlie und Coolgardie (Westaustralien).

Historische Bauten: deutsche Siedlungen Hahndorf und Barossa Valley (Südaustralien), die Sydneyer Stadtviertel The Rocks, Chinatown und Paddington, die Kolonialbauten in Hobart.

Moderne Bauten: Opera House in Sydney, Art Gallery in Melbourne, National Art Gallery in Canberra, Festival Centre in Adelaide.

Urlaubsaktivitäten

Wassersport

Bademöglichkeiten: An der 20 000 km langen australischen Küste gibt es zahllose ausgezeichnete Strände. Die besten liegen an der Nord- und Südküste von New South

(für Haie und Thunfisch) sowie im Gebiet um Port Hedland, in der Shark Bay und um Dampier (Abrolhos Islands) in Westaustralien. Forellen kann man vor allem in den australischen Alpen und in Tasmanien fangen, die wohlschmeckenden Barramundis im tropischen Norden.

Sportliche Betätigungen ›zu Lande‹

Australien zählt zu ›den‹ Sportländern der Erde. Der Sport ist hier keine Liebhaberei, sondern *die* Freizeitbetätigung überhaupt. Diejenigen, die keine Sportart betreiben (und das sind nur wenige), besuchen Sportveranstaltungen oder verfolgen sie vor dem Radio oder dem Fernsehgerät. Jeden Samstagnachmittag beherrschen Cricket, Fußball (vier verschiedene Arten), Tennis, Golf, Auto- und Pferderennen die Medien. Die Resultate der großen Spiele werden am Freitag vorhergesagt, am Samstag entschieden und am Sonntag diskutiert. Wer sich nicht für Sport interessiert, wird von den meisten Australiern links liegen gelassen. Die wichtigsten Sportarten:

Tennis: Zwischen Dezember und Januar werden in verschiedenen Orten Meisterschaften mit bekannten Spielern aus aller Welt ausgetragen. In den meisten größeren Orten kann man Tennisausrüstungen mieten und auf öffentlichen Anlagen spielen.

Golf: Man kann auf den zahlreichen öffentlichen Plätzen spielen oder als Gast bei den großen Golfclubs. Allerdings braucht man für den Eintritt in einen der führenden Clubs die Empfehlung eines Mitgliedes. Oft hilft auch ein Empfehlungsschreiben eines überseeischen Vereins.

Rasenbowling: Das Lawn Bowling gehört besonders bei älteren Männern und Frauen

Wales, südwestlich von Melbourne, auf der Eyre-Halbinsel (Südaustralien) und nördlich von Cairns (Queensland). Allerdings sollte man nur an den bewachten Strandabschnitten schwimmen, da an allen Küsten Haie und andere gefährliche Meerestiere vorkommen.

Tauchen: Vor den Küsten Australiens erstrecken sich einige der besten Tauchreviere der Erde. Neben Korallen und Fischen (Lizard Island, Heron Island, Whitsunday Passage) kann man hier auch zahlreiche Wracks (Abrolhos, Mackerel Islands, Kangaroo Island)›entdecken‹. Auskunft: Australian Underwater Federation, 24 Victoria St., New Lambton, N.S.W.

Wasserski: An fast allen Seen und in vielen Küstenbadeorten kann man Wasserski mieten. Auskunft: Australian Waterski Association, 6 Nyorie Court, Ivanhoe, Victoria.

Segeln: Die besten Segelreviere sind in Queensland die Whitsunday Passage, in New South Wales der Port Jackson und das Pittwater mit der Broken Bay (bei Sydney), in Victoria der Westernport , die Port Phillip Bay und der Lake Eildon, in Südaustralien das Gebiet um die Känguruh-Insel und in Tasmanien die Küstengewässer vor Hobart (D'Entrecasteaux Channel).

Angeln: Australien ist ein Paradies für Hochsee- und Forellenangler. Die besten Hochsee-Angelreviere liegen bei Cairns und Lizard Island in Queensland (Marlin-Saison: September bis Dezember), im südlichen New South Wales um Bermagui, in der Bass Strait und bei der Kangaroo Island

Klimatabelle

Ort		Temperaturen in °C (Langjähriger Durchschnitt)												Regen pro Jahr	
		Januar	Febr.	März	April	Mai	Juni	Juli	August	Sept.	Okt.	Nov.	Dez.	mm	Tage
Adelaide	Maximum	30,1	29	27	23	19	16	15	16	19	22	25	28		
	Absolutes Maximum	47,8													
	Minimum	15	17	15	13	10	8	7	8	9	11	13	15		
	Absolutes Minimum							-7,2							
	Regenfall (mm)	21	20	24	44	69	72	66	62	51	44	31	27	536	122
	Wassertemperatur	19	20	20	18	16	15	14	14	14	15	16	17		
Alice Springs	Maximum	36,1	36	33	29	23	20	19,4	22	26	31	34	35		
	Absolutes Maximum	43,8													
	Minimum	22	21	18	14	9	6	4	7	10	15	18	20		
	Absolutes Minimum														
	Regenfall (mm)	43	39	22	12	17	16	8	12	6	20	23	32	251	31
Brisbane	Maximum	29,3	29	28	26	23	21	20,1	22	24	26	28	29		
	Absolutes Maximum	43,3													
	Minimum	27	20	19	16	13	11	9	10	13	16	18	17		
	Absolutes Minimum							-4,9							
	Regenfall (mm)	163	164	145	87	69	69	56	47	48	75	95	130	1135	126
	Wassertemperatur	25	25	25	24	22	20	20	19	20	21	22	24		
Cairns	Maximum	31	31	30	29	27	26	26,1	27	28	29	31	31		
	Absolutes Maximum	31,7													
	Minimum	24	24	22	22	20	18	17	18	19	21	22	23		
	Absolutes Minimum														
	Regenfall (mm)	399	441	464	177	91	51	30	26	36	35	84	167	1773	120
Canberra	Maximum	27,8	27	24	20	15	12	11,2	13	16	19	23	26		
	Absolutes Maximum	42,8													
	Minimum	13	13	10	6	3	1	0	1	3	5	9	11		
	Absolutes Minimum								-12,8						
	Regenfall (mm)	48	57	52	47	52	38	46	45	48	69	64	58	584	101

Darwin

Messwert	1	2	3	4	5	6	7	8	9	10	11	12	Jahr
Maximum	32,2	32	32	33	32	31	30,5	31	33	34	34	33	
Absolutes Maximum										40,5			
Minimum	25	25	25	24	22	20	20	21	23	25	25	25	
Absolutes Minimum							10,4						
Regenfall (mm)	391	330	260	103	14	3	1	2	13	50	126	243	1491 / 95
Wassertemperatur	29	29	29	28	28	26	26	24	27	27	29	29	

Hobart

Messwert	1	2	3	4	5	6	7	8	9	10	11	12	Jahr
Maximum	22	22	20	17	14	12	11	13	15	17	19	20	
Absolutes Maximum												40,7	
Minimum	12	12	11	9	7	5	4	5	6	8	9	11	
Absolutes Minimum									-7,6				
Regenfall (mm)	45	41	44	52	50	57	54	49	53	61	61	56	
Wassertemperatur	15	15	15	14	13	12	12	11	11	12	12	13	

Melbourne

Messwert	1	2	3	4	5	6	7	8	9	10	11	12	Jahr
Maximum	25,4	26	24	20	17	14	13,5	15	17	20	22	24	
Absolutes Maximum	45,6												
Minimum	14	14	13	11	9	7	6	6	8	9	11	13	
Absolutes Minimum						-6,7							
Regenfall (mm)	48	50	54	59	57	50	48	49	58	67	59	58	653 / 156
Wassertemperatur	18	18	17	16	15	14	13	13	13	14	15	16	

Perth

Messwert	1	2	3	4	5	6	7	8	9	10	11	12	Jahr
Maximum	29,4	30	28	24	21	18	17,2	18	19	21	25	27	
Absolutes Maximum	44,6												
Minimum	18	18	17	14	12	10	9	9	10	11	14	16	
Absolutes Minimum							-3,8						
Regenfall (mm)	8	11	20	40	124	186	174	139	81	55	21	14	882 / 128
Wassertemperatur	20	20	21	21	20	19	18	18	18	18	19	20	

Sydney

Messwert	1	2	3	4	5	6	7	8	9	10	11	12	Jahr
Maximum	25,6	25	25	22	19	17	15,6	17	20	22	24	25	
Absolutes Maximum	45,5												
Minimum	18	18	17	15	11	9	8	9	11	13	15	17	
Absolutes Minimum							-4,4						
Regenfall (mm)	98	113	128	127	124	131	105	81	70	75	78	80	
Wassertemperatur	22	22	22	21	20	19	16	18	18	17	19	20	

zu den beliebtesten Freizeitbeschäftigungen. Überall sieht man die weißgekleideten Bowler auf den grünen Rasenflächen, selbst in den Wüstengebieten, wo es kaum Grün gibt. Überseeische Besucher sind willkommen, doch müssen sie die richtige Uniform tragen.

Wintersport: Die Skisaison dauert von Juni bis September, manchmal auch bis November. Genügend Schnee gibt es in den Australischen Alpen (Victoria und New South Wales) und in Tasmanien. Die bekanntesten Skizentren (mit Verleih von Ausrüstungen) sind Thredbo Village, Perisher Valley und Smiggin's Holes in den Snowy Mountains (New South Wales) sowie Mt. Buller, Fall's Creek, Mt. Hotham und Mt. Buffalo in Victoria. In Tasmanien kann man u. a. im Ben Lomond National Park Ski laufen.

Cricket: Dieser aus England importierte Sport hat seine Hauptsaison zwischen Oktober und März.

Fußball: Australien ist wohl das einzige Land der Erde, in dem vier verschiedene Arten von Fußball (›Footy‹) gespielt werden: Australian Rules Football (das dem amerikanischen Football ähnelt) dominiert im Süden des Kontinents (in Melbourne kann man bei den Endspielen im September häufig mehr als 100 000 Besucher zählen), in Sydney und Brisbane dagegen Rugby League und Rugby Union-Fußball. Durch die Einwanderung vieler Mittel- und Osteuropäer hat in den letzten Jahren auch der Soccer (die in Europa bekannte Fußballart) an Boden gewonnen.

Pferderennen: Jeden Samstag und an vielen öffentlichen Feiertagen, aber auch am Mittwoch, kann man in vielen Städten Pferderennen (Horse Racing) beobachten. Die Rennbahnen und die Wettbüros sind meistens von Schaulustigen überfüllt, die zum Teil hohe Wetteinsätze wagen. Irgendwo gibt es immer einen ›Racing Carnival‹. Der erste Dienstag im November ist Melbourne

Cup Day. In ganz Australien ruht dann die Arbeit. Im Outback werden häufig ›Picnic Races‹ veranstaltet, die meist zwei bis drei Tage dauern. Das bekannteste (und berüchtigtste) findet im September in Birdsville am Rande der Arunta-(Simpson-)Wüste in Queensland statt. Nicht das Siegerpferd trägt die Palme davon, sondern der Bierkönig. In vielen Städten gibt es – meist abends – auch Trabrennen (Trotting oder Harness Racing).

Hunderennen: Abends kann man in den größeren Städten ›Greyhound Races‹ (Windhundrennen) sehen. Auch hier steht das Wetten im Vordergrund.

Autorennen: Der Australian Grand Prix wird von internationalen Rennfahrern besucht. Die wichtigsten ›Motor Racing Circuits‹ sind Lakeside bei Brisbane, Surfer's Paradise (Queensland), Amaroo und Oran Park bei Sydney, Bathurst (New South Wales), Sandown und Calder bei Melbourne, Longford und Symmon's Plains (Tasmanien).

Reiten: Pferde kann man in fast allen Regionen tage- oder wochenweise mieten. Es gibt eine ganze Reihe von Urlaubsfarmen, die Reitpferde besitzen. Im Outback (besonders bei Alice Springs und im Norden von Südaustralien) werden auch Dromedarritte angeboten.

Wandern: Australien verfügt über zahlreiche ausgezeichnete Wandergebiete, vor allem in den 487 Nationalparks. Die schönsten Wandergebiete sind: in New South Wales die Blue Mountains, die Snowy Mountains und die Warrumbungle Mountains, in Victoria die Victorian Alps und die Grampians, in Tasmanien der Gradle Mountain-Lake St. Clair National Park und der South West National Park; in Südaustralien die Flinders Chase auf der Kangaroo Island sowie die Flinders Ranges; in Westaustralien die Stirling Ranges und die Porongurups sowie die Wildblumenfelder von Geraldton, die Kimberleys und die Pilbara-Schluchten (Hamersley National Park); im Nordterritorium der Kakadu National Park, die Schluchten westlich und östlich von Alice Springs (Mbunta) sowie der Uluru-Katatjuta National Park.

Bergsteigen: Trotz der geringen Höhe der meisten australischen Gebirge gibt es einige sehr gute Gebiete für Bergsteiger. Die besten sind in Queensland die Glasshouse Mountains und die Carnarvon Gorge, in New South Wales die Blue Mountains, die Warrumbungles und die Snowy Mountains, in Victoria die Grampians, in Tasmanien der Cradle Mountain-Lake St. Clair National Park, in Südaustralien die Flinders Ranges, in Westaustralien die Porongurups und die Stirling Ranges sowie die Kimberleys, im Nordterritorium die ›Escarpments‹ des Arnhem Land und der Katatjuta (Mt. Olga).

Unterkunft und Essen

Unterkunft

Die Hotels, Motels, Pensionen und Ferienwohnungen in Australien entsprechen – zumindest in den Großstädten und den Urlaubszentren – dem internationalen Standard. Am preiswertesten sind die Private Hotels, Guest Houses und Jugendherbergen, am teuersten nach den Luxushotels die Motels. In den Haupttouristengebieten gibt es zahlreiche stationäre Wohnwagen (Mietcaravans), die zu recht günstigen Preisen gemietet werden können. Auch Campingplätze finden sich in großer Zahl. Bei längerem Aufenthalt lohnt sich das Mieten eines Apartments (Ferienwohnung), in einigen Gebieten auch eines Hausbootes. Hotelführer erhält man im Buchhandel, bei den Automobil-Clubs und in den Verkehrsbüros.

Vorausbuchungen empfehlen sich während der Hauptreisezeit (Mai, Juli/August und Dezember/Januar). Viele Hotel- und Motelkonzerne unterhalten in den Hauptstädten der Bundesstaaten zentrale Büros, die Buchungen für ganz Australien entgegennehmen. Reservierungen können auch über Reisebüros vorgenommen werden. Die Zeit, bis zu der die Zimmer zu räumen sind, wird in jedem Hotel- und Motelzimmer durch Aushang bekanntgegeben (normalerweise 11 Uhr, gelegentlich aber auch 10 oder sogar 9 Uhr). Die meisten Hotels gewähren bei längerem Aufenthalt einen Rabatt. Frühstück ist im allgemeinen im Tarif nicht enthalten.

Ausschank alkoholischer Getränke: Im allgemeinen werden in den australischen Hotels alkoholische Getränke in der Bar, im Restaurant und in der Halle ausgeschenkt, Hausgäste bekommen die Getränke auch auf dem Zimmer serviert. In den meisten Motels erhält man zu den Mahlzeiten Wein und Bier, viele ›Guest Houses‹ dagegen besitzen keine Schankerlaubnis, manche legen jedoch alkoholische Getränke bei Vorbestellung in den Kühlschrank des Zimmers.

Hotel-Höchstpreise (in A$) – Stand Anfang 1983

Kategorie	EZ	DZ	Bemerkungen
*	9–12	10–23	einfach eingerichtet
*A	16	29	einige Räume mit Waschbecken
**	16	39	Warm- und Kaltwasser sowie Kochgelegenheit in den Räumen
**A	15–17	24–32	wie **, aber mit besserer Ausstattung
***	27	33–34	Qualitätsausstattung; die meisten Räume haben Privatbäder
***A	33–40	48	Alle Räume haben Privatbäder
****	50 und mehr	60 und mehr	Sehr gute Hotels in bester Lage mit Qualitätsausstattung, Privat-Suiten, Restaurants (Alkoholausschank), Room-Service von 7–23 Uhr, Gepäckträger, Parkmöglichkeiten, Wäscherei und Reinigung im Hause
*****	60 und mehr	70 und mehr	Große Häuser internationalen Standards mit Luxusausstattung, Suiten, Bars, Restaurants, 24stündigem Room-Service sowie Läden und zahlreichen anderen Einrichtungen im Haus

Klassifizierte Hotels

In den meisten Staaten Australiens gibt es bestimmte Hotelkategorien, die von den Automobilclubs eingeführt wurden. Die Qualität variiert allerdings zwischen den Großstädten und bekannten Ferienzentren einerseits und den Landstädten andererseits erheblich, auch bei den Preisen gibt es innerhalb einer Kategorie erhebliche Differenzen. Die höchste Kategorie ist mit ***** bezeichnet, die niedrigste mit *.

Motels

In den Städten, aber auch an Hauptstraßen, findet man mehr Motels als Hotels. Sie bestehen aus abgeschlossenen Einzimmer- oder Familieneinheiten mit moderner Einrichtung (Teppichboden, Kühlschrank, Fernsehgerät, Kaffeemaschine u. ä.) und Parkplatz vor der Tür. Den meisten Motels ist ein Restaurant angeschlossen, jedoch wird das Frühstück zumeist auf dem Zimmer serviert. Viele Motels verfügen auch über einen Swimming Pool. Die Klassifikation der Motels entspricht in etwa der von Hotels, doch sind sie im Outback noch teurer.

Einfache Hotels

In den Groß- und Mittelstädten gibt es – meist in der Nähe der Bus- oder Eisenbahnstationen – zahlreiche preiswerte Hotels, die zwar einfach eingerichtet sind (häufig keine Air Condition und kein privates Bad), aber den Ansprüchen der meisten durchreisenden Touristen völlig genügen. Besonders preiswert sind die People's Palaces, die Private Hotels und Guest Houses sowie die YMCA- und YWCA-Häuser (in den Ortsbeschreibungen unter Jugendherbergen aufgeführt). Hier kann man zumeist Zimmer für 10 bis 12 A$ (oft mit Frühstück) erhalten. Höhere Preise werden gewöhnlich in den Ferienzentren und im Outback verlangt. Bei den meisten einfachen Häusern im Outback handelt es sich eher um Kneipen, die auch einige Zimmer vermieten.

Jugendherbergen

In Australien gibt es über 100 Jugendherbergen, die meisten davon in New South Wales, im südlichen Queensland, in Victoria, Tasmanien und in Südaustralien. Ein Verzeichnis aller Jugendherbergen des Landes erhält man von der Youth Hostels Association (Y.H.A.; Mitglied des internationalen Jugendherbergsverbandes), 118 Alfred Street, Milson's Point, N.S.W. 2061 (Tel. 02/9 29 34 07). Es enthält Lagepläne sämtlicher Häuser und Hinweise auf Transportmöglichkeiten. Auch im Internationalen Jugendherbergsverzeichnis (erhältlich bei den europäischen Jugendherbergsorganisationen) sind die australischen Hostels aufgeführt. In Sydney, 355 Kent Street (Tel. 29 80 72), gibt es ein Reisebüro, wo man Hostels buchen kann. Jede Staatshauptstadt besitzt daneben ein Zentralbüro, wo Reservierungen für isoliert gelegene Jugendherbergen entgegengenommen werden. Die Übernachtungsgebühr beträgt A$ 4–5.

Camping

In den meisten Orten gibt es gutausgestattete Camping- und Caravanplätze, wo man häufig auch Caravans und Kabinen zum Übernachten mieten kann. Mit einem Permit der Nationalparkverwaltungen (Adressen in den Ortskapiteln) ist außerdem Zelten in den meisten Nationalparks möglich (kostenlos oder gegen geringe Gebühr).

Privatunterkünfte

Australian Homestay and Ranchstay (18 Oxford St., Sydney) und andere Organisationen vermitteln Privatzimmer in Städten, auf Farmen und auf Schaf- und Rinderstationen (Verzeichnisse bei den Verkehrsbüros oder von der Australian Tourist Commission, Frankfurt). Auch bei Eingeborenen kann man (u. a. in Townsville) wohnen (Auskunft beim National Aboriginal Council, Canberra).

Ferienhäuser und -wohnungen

In den Großstädten, in den Ferienzentren des ›Bikini Belt‹ an der Küste und in den Bergen findet man zahlreiche Angebote an Ferienhäusern und -wohnungen (Verzeichnisse bei der Australian Tourist Commission). Die Preise (inklusive Bettwäsche) lagen 1983 zwischen 15 und 20 A$ ohne Service bzw. zwischen 21 und 30 A$ mit Service. Bei ›Experiment in International Living‹ (Ostertorstr. 15, 4990 Lübbecke 1, Tel. 0 57 41/52 80) kann man Familienaufenthalte buchen. Auskunft über Haustausch bei Holiday Service, c/o Manfred Lypold, 8640 Fischbach bei Kronach, Tel. 0 92 61/2 03 63.

Hausboote

Auf dem Hawkesbury River, an der Broken Bay und auf den Gewässern nördlich von Newcastle in New South Wales, auf dem Lake Eildon, auf dem Murray River und im Gippsland in Victoria sowie in Südaustralien (Murray River) und Queensland (Noosa River) kann man Hausboote mieten. Die meisten Boote sind mit Gasherden, Kühlschränken, Toiletten, Duschen, Geschirr und Bestecken ausgerüstet; Bettwäsche und Decken kann man zusätzlich mieten (Adressen der Vermieter über Australian Tourist Commission, Frankfurt, oder bei den Verkehrsämtern in Australien). Pro Woche muß man zwischen 200 und 450 A$ rechnen.

Essen und Trinken

Restaurants, Cafés und Bars

Während sich in den Großstädten ein breit-
gefächertes Angebot an Bars, Imbißstuben und Restaurants findet (darunter auch
Cafés in europäischem Sinne), bietet das
flache Land oft ein recht tristes Bild. Bei
den hiesigen ›Cafés‹ handelt es sich zumeist um einfache Imbißhallen, wo die Qualität zumeist bei weitem nicht dem verlang-
ten Preis entspricht, weswegen man sich in
diesen Gegenden in Supermärkten versor-
gen sollte. Das Preisniveau in den meisten
australischen Restaurants (auch in der
unteren Kategorie) liegt wesentlich höher
als in Mitteleuropa, besonders auf dem flachen Land im tropischen Norden. Nur in den
Spitzenrestaurants von Sydney, Melbourne
und Adelaide kann sich die Küche mit der
europäischer Häuser messen (empfehlenswert bei längerem Aufenthalt: das Studium
der Restaurantkolumnen in Zeitungen wie
›Bulletin‹, ›Sidney Morning Herald‹ und
›Australian‹). Recht preiswert sind die (oft
einfachen) ›Counter Lunches‹ in kleineren
Hotels und die asiatischen (chinesischen
und vietnamesischen) Restaurants in den
Städten (besonders günstig: die ›Dim Sum‹-
und ›Youm Char‹-Restaurants in Sydney,
Melbourne und Darwin). Frühstück wird
zwischen 8 und 9 Uhr, Mittagessen zwischen 12 und 13 Uhr, Abendessen zwischen 18 und 20 Uhr serviert.

Bars: Die meisten australischen Bars – im
allgemeinen von Bierfirmen betrieben –
würde man bei uns eher als Kneipen be-
zeichnen, nur in einigen Luxushotels gibt es
›bessere‹ Etablissements europäischen Zu-
schnitts. Sieht man an einem Restaurant
das Schild ›BYO‹ (Bring Your Own), so bedeutet dies, daß hier keine alkoholischen
Getränke ausgeschenkt werden, man aber
seine eigenen Alkoholika mitbringen und

diese im Restaurant gegen eine ›Korkenge-
bühr‹ trinken kann.

Die australische Küche

Die Küche der weißen Australier ähnelt der
englischen. Das Frühstück ist zumeist sehr
reichhaltig; Obst, Porridge, Milch, Eier und
Speck bilden die Grundlage. Zum Lunch ißt
der ›Normal-Australier‹ entweder ›Meat
Pies‹ oder Weißbrot-Sandwiches (mit Käse,
Wurst, Ketchup oder ›Vegemite‹, einer von
einem Besucher als ›flüssiger Teer‹ bezeich-
neten Gemüsepaste). Beliebt sind auch
›Floater‹ (in Erbsensuppe schwimmendes
Fleisch) sowie Fish and Chips. In besseren
Restaurants erhält man zum Teil sehr gute
Steaks. Känguruh- und Kaninchenfleisch
wird ebenfalls serviert (wenn auch häufig
unter anderem Namen). Zahlreiche Health
Food Stores bieten Gesundheitskost an;
allerdings ist der Standard wegen der vielen zugesetzten Chemikalien (die auf dem
Etikett nicht angegeben werden, da es
keine Kontrolle gibt) zumeist nicht sehr
hoch.

Getränke: Die Australier sind in erster Linie
Biertrinker (der Bierkonsum liegt im allgemeinen recht hoch!), Genießer aber wenden sich den ausgezeichneten australischen Weinen zu. An alkoholfreien Geträn-
ken werden vor allem Tee, Kaffee, Frucht-
säfte und zumeist sehr gute und nahrhafte
Milk Shakes angeboten. Die größten australischen Weinbaugebiete liegen in New
South Wales (Hunter Valley, Riverina),
Victoria (Great Western und Rutherglen),
Südaustralien (Mc Laren Vale, Barossa-Tal,
Clare Valley und Coonawarra) und Westaustralien (Swan River Valley). Lese ist zwischen April und Mai. Neben Tischweinen
(vor allem trockene und süße Weißweine
sowie trockene Rotweine) gibt es Sherries,
Wermut, Sekt (Sparkling Wine) und Port-
wein.

Praktische Informationen von A–Z

Apotheken

In Australien heißen sie ›Chemist‹. Benötigt man ein Rezept, muß man sich an einen australischen Arzt wenden, da die hiesigen Apotheken keine Rezepte ausländischer Ärzte annehmen dürfen. In den Großstädten gibt es einige Chemists, die 24 Stunden lang geöffnet haben.

Ärztliche Betreuung

Der ärztliche Standard in Australien ist – zumindest für Weiße – mit dem in Mitteleuropa vergleichbar. Da Besucher nicht unter das australische Gesundheitssystem fallen, sollten sie sich vorher versichern – Ärzte und Krankenhäuser sind teuer! Kleinere Beträge sind an Ort und Stelle zu zahlen (Rückerstattung durch die Versicherung gegen Vorlage entsprechender Bescheinigungen). Krankenhäuser gibt es in den meisten größeren Orten, Ambulanzen kann man ebenfalls fast überall anfordern.

Vgl. auch Gesundheitsvorsorge S. 331f.

Auskunftbüros für Touristen

Die nationale Australian Tourist Commission hat ihr Hauptbüro in Melbourne (Tel. 03/2 67 12 33) und unterhält eine Zweigstelle in Sydney (5 Elizabeth St., Tel. 02/2 33 72 33). Jeder Staat verfügt daneben über seine eigene Tourismusorganisation, die jeweils durch Büros auch in den Hauptstädten der anderen Staaten vertreten ist. Dort erhält man Broschüren, Stadtpläne und Auskünfte über alle touristisch interessanten Orte des betreffenden Staates. Außerdem gibt es in einigen Städten ›Visitor's Centres‹, die sich spezieller Wünsche annehmen.

Adressen von diplomatischen Vertretungen der Bundesrepublik Deutschland, Österreichs und der Schweiz vgl. Ortskapitel von Canberra und den Staatshauptstädten.

Diebstähle, Betrug, Gewaltdelikte

Auch wenn sich die Kriminalitätsraten in Australien nicht wesentlich von den europäischen unterscheiden, sollten Besucher eine gewisse Vorsicht walten lassen, vor allem in den Vergnügungsvierteln der Großstädte (insbesondere in Sydney). Tragen Sie Geld, Wertgegenstände und Papiere immer gut verwahrt am Körper bzw. deponieren Sie diese im Safe des Hotels. Meiden Sie des Nachts die Seitenstraßen ›verrufener‹ Viertel, fahren Sie in den Städten nachts nicht alleine in Vorortzügen (das gilt insbesondere für Frauen). Betrügereien kommen vor allem in Touristen- und Vergnügungszentren vor. Man sollte alle Preise vergleichen und nachprüfen. In vielen Ferienhotels sind Aushilfskräfte beschäftigt, die sich gerne etwas ›dazuverdienen‹ möchten. Im allgemeinen jedoch sind die Australier ehrlich. Bus- und Taxifahrer etwa geben sich große Mühe, vergessenes Gepäck dem Besitzer zuzustellen.

Einkauf und Souvenirs

In den Großstädten gibt es ein breites Angebot von Mitbringseln aller Art, jede der Staatshauptstädte besitzt mehrere Warenhäuser und Arkaden sowie zahlreiche Supermärkte, in denen man alle benötigten Dinge erhält. Das Preisniveau liegt allerdings zumeist höher als in Mitteleuropa, vor allem Elektrogeräte, Radios, Kameras, Filme und Kassetten sind teurer als in Europa. Man sollte sich diese Dinge deshalb schon zu Hause oder, noch besser, bei einem Zwischenaufenthalt in Singapur oder Hongkong besorgen. Neben Edelsteinen (vor allem Opale) sind Kunstgegenstände der Eingeborenen die typischsten Souvenirs vom Fünften Kontinent, so etwa Bumerangs, Digeridoos (Musikinstrumente), holzgeschnitzte Tiere, Rindenmalereien (Bark Paintings) und Basttaschen. Man sollte allerdings darauf achten, echte Kunstwerke und keine nachgemachte Fabrikware zu kaufen. Die besten Eingeborenenarbeiten erhält man in Sydney, Adelaide, Darwin und Melbourne in Läden, die von Eingeborenen geleitet werden (Auskunft bei den in den im jeweiligen Ortskapitel vermerkten Adressen von Eingeborenenorganisationen). Missionsgesellschaften wie die Bush Church in Sydney und Adelaide bieten ebenfalls gute Kunstwerke der Aborigines an (der Erlös kommt der Missionsarbeit zugute). Weitere Souvenirs vom ›Land Down Under‹ sind hochwertige Woll- und Lederwaren (allerdings nicht billig), Spielzeug-Koalas und -Känguruhs, Samen von Wildblumen, Mineralien, Muscheln, Schaffelle, Gum Nut-Schmuck, Huon Pine-Schnitzereien, Wein, Digger-Hüte.

Feste und Feiertage

Staatsfeiertage

1. 1.	New Year's Day (Neujahr)
letzter Montag im Januar	Australia Day (die Eingeborenen begehen ihn als ›Day of Mour-

ning‹, als Tag der Trauer um ihr
gestohlenes Land)

Karfreitag
Ostersamstag (außer Tasmanien)
Ostermontag
Osterdienstag (Victoria)

25. 4.   ANZAC Day (Tag der Kriegerver-
eine)

16. 6.   Queen's Birthday (außer Westaustralien)

25. 12.   Weihnachten (außer Südaustralien)

26. 12.   Boxing Day

29. 12.   Proclamation Day (Südaustralien)

Dazu kommt der vom Staat zu Staat unterschied-
liche Labour Day. Die Aboriginal Australians feiern
am ersten Sonntag im Juli ihre Aboriginal National
Week. Wenn ein Staatsfeiertag auf einen Sonntag
fällt, dann ist der folgende Montag Feiertag.

Schulferien

Die australischen Schulferien liegen Mitte
Mai, zwischen August und September und
von Mitte Dezember bis zur ersten Februarwoche. In dieser Zeit und an den Staats-
feiertagen sind die meisten Ferienzentren
überlaufen, die Vorausbuchung von Zügen,
Flugzeugen, Hotels etc. ist dann sehr zu
empfehlen.

Landwirtschaftsausstellungen

Country Fairs, Field Days und Agricultural
Expositions sind in Australien sehr populär.
Die größten Landwirtschaftsausstellungen
werden Royal Shows genannt. Neben Tieren und Agrarprodukten kann man Wett-

Lokale Veranstaltungen (zum Teil sind öffentliche Gebäude dann geschlossen)

Januar

Perth Cup	bedeutendes Pferderennen
Cricket Matches	an Wochenenden
Surf Carnivals	Karneval der Lebensrettungsgesellschaft
Festival of Sydney	Kunst- und Kulturfestival
Sunbury Pop Festival	in Sunbury bei Melbourne
Schützenfest	in Hahndorf bei Adelaide

Februar

Royal Hobart Regatta	zweitägiges Wassersportfest
Snowy Mountains Festival	Schneefest in Cooma
Festival of Perth	Kulturfestival

März

Blue Gum Festival	in Tasmanien
Adelaide Festival of Art	Kulturfestival (in geraden Jahren)
Barossa Valley Vintage Festival	Weinfest bei Adelaide (in ungeraden Jahren)
Stawell Gift	Fußrennen in Stawell, Victoria
Begonia Festival	Blumenshow in Ballarat, Victoria
Vintage Festival	Weinfest im Hunter River Valley
Canberra Festival	Sport- und Kulturfest in Canberra
Melbourne's Moomba	Volksfest (10 Tage) in Melbourne
Labour Day	(3. 3. in Tasmanien, 8. 3. in Victoria)
Canberra Day	Fest am 17. 3.

INFORMATIONEN VON A–Z (FESTE–GELD)

April

Sydney Cup   Pferderennen am Osterwochenende

Mai

Bangtail Muster   Rodeo in Alice Springs (Mbunta)
May Day   Tag der Arbeit (5. 5. im Nordterritorium, 1. 5. in Queensland)
Adelaide Cup Day   in Adelaide (am 17. 5.)

Juni

Pacific Festival   Kulturfest der Eingeborenen und Pazifikinsulaner in Townsville
Beer Can Regatta   Bierdosenregatta in Darwin
Foundation Day   Gründungstag in Westaustralien (7. 6.)

Juli

Diver's Rallye   Taucherfest auf Heron Island/Queensland
Doomben Ten Thousand   Pferderennen in Brisbane
Show Day   am 11. 7. in Alice Springs, am 25. 7. in Darwin

August

Ski Championships   internationale Ski-Meisterschaften in Thredbo
Camel Cup   Dromedarrennen in Alice Springs
Henley-on-Todd-Regatta   ›Trocken-Regatta‹ in Alice Springs
Trout Season   Eröffnung der Forellenfang-Saison in Tasmanien
Bank Holiday   öffentlicher Feiertag (4. 8.) in New South Wales und Canberra

September

Birdsville Races   Pferderennen in Birdsville, Queensland
Carnival of Flowers   Blumenshow in Toowoomba, Queensland
Australian Rules Football   Endspiele in Melbourne
Shinju Matsuri   ›Fest der Perlen‹ in Broome, Westaustralien
Show Day   am 24. 9. in Perth, am 25. 9. in Melbourne

Oktober

Fun in the Sun Festival   in Cairns
Horse Racing Carnivals   Pferderennen in Melbourne und Sydney
Bushing Festival   Weinfest im Mc Laren Vale bei Adelaide
Trout Season   Eröffnung der Forellenfang-Saison in den Snowy Mountains
Jacaranda Festival   Blumenfest in Grafton, New South Wales
Labour Day   Tag der Arbeit in New South Wales und Canberra (6. 10.) und in Süd-
                                    australien (13. 10.)
Celebration Day   am 13. 10. in Perth

November

Queen's Street Festival   Volksfest im Sydneyer Vorort Paddington
Melbourne Cup Week   einwöchiges Festival um den 1. Dienstag, im Mittelpunkt steht das
                                    größte Pferderennen des Kontinents

Dezember

Carols by Candlelight   Weihnachtslieder im Kerzenschein in Adelaide, Melbourne, Sydney
Sydney to Hobart Yacht Race   Yachtrennen am 26. 12.
Open Tennis   Nationale Tennis-Meisterschaften
Mardi Gras   Karneval in Hobart

kämpfe, Pferderennen und eine ›Grand Parade‹ der preisgekrönten Tiere beobachten. Den Auftakt bildet die Royal Easter Show in Sydney (April), es folgen die Shows von Brisbane (August), Melbourne, Adelaide, Perth (September) und Hobart (Oktober).

fer recht unfreundlich, sie empfinden es oft geradezu als Zumutung, wenn man sie um etwas bittet. Seit der Sträflingszeit sieht der einfache weiße Australier in seinem Boß einen Feind, er arbeitet nur sehr widerwillig für ihn und läßt dies auch die Kunden spüren. Dieselben Personen können aber sehr hilfsbereit sein, wenn man ihnen auf der Straße begegnet.

Fremdenführer

Über die Fremdenverkehrsämter können Fremdenführer gemietet werden. Darüber hinaus stellen die National Parks and Wildlife Services bei Bedarf Ranger zur Verfügung, die ein fundiertes Wissen über Flora, Fauna und Archäologie besitzen. Auf Safaris und Busausflügen fungiert zumeist der Busfahrer oder eine Hosteß als Führer. In Gebieten mit Eingeborenenkunst und -Kultstätten sollte man versuchen, eingeborene Führer zu bekommen (Auskunft bei den jeweiligen Community Councils oder bei der ADE, Adressen von Eingeborenenorganisationen in den Ortsbeschreibungen).

Geld und Geldwechsel

Nationale Währung ist der Australische Dollar (A$), der in 100 Cents unterteilt ist. Im Umlauf sind Banknoten zu A$ 1, 2, 5, 10, 20 und 50 sowie Münzen zu 1, 2, 5, 10, 20 und 50 Cents. Die Inflationsrate lag 1983 bei fast 10% mit steigender Tendenz. Der Wechselkurs in Relation zu DM, Schweizer Franken und österreichischen Schillingen ist allerdings seit der zehnprozentigen Abwertung von Anfang 1983 günstiger geworden. Die im vorliegenden Buch angegebenen Preise entsprechen im allgemeinen dem Stand von Mitte 1982/Anfang 1983.

> **Wechselkurs** (Stand 1. 12. 1983):
> **1 A$ = 2,48 DM**

Gastfreundschaft

Die Australier sind Fremden gegenüber im allgemeinen sehr aufgeschlossen. Hat man sich verlaufen oder verfahren, so helfen sie sehr gerne und scheuen auch keine Umwege, um jemanden an sein Ziel zu bringen. Man wird allerdings nur selten in das Heim eines Australiers eingeladen, denn das eigene Haus gilt als eine Art Festung, in die man nur ungern einen Fremden hineinläßt. Mit anderen trifft man sich lieber im Pub oder auf dem Sportplatz. In den meisten Geschäften sind die Angestellten und Verkäu-

Banken, die Devisen zu offiziell festgelegten Kursen tauschen, gibt es in allen größeren Orten. Es ist ratsam, sich auf australische Dollars lautende Reiseschecks zu beschaffen, wenn man ins Landesinnere fährt. Auch sollte man genügend Bargeld in kleinen Noten mitführen, da Reiseschecks in kleinen Orten häufig nicht eingelöst werden. In Hotels kann man zumeist Geld wechseln, wenn man dort Gast ist (im allgemeinen schlechterer Kurs). Wechselstellen gibt es auch auf den größeren Flughäfen (außer in Darwin), allerdings sind diese (außer in Sydney und Melbourne) nicht immer geöffnet oder machen (wie in Cairns und Townsville) Schwierigkeiten beim Wechsel ausländischer Währungen. Man sollte also bereits bei der Einreise einen gewissen Betrag in australischen Dollars mitführen.

Will man Geld aus Europa überweisen lassen, so empfiehlt sich der Postweg oder die Einzahlung auf einer Bank, die eine Korrespondenzbank in Australien hat. Anderenfalls kann die Überweisung bis zu zwei und mehr Monate dauern.

mer zwischen Dezember und Februar, Herbst zwischen März und Mai, Winter zwischen Juni und August. Von November bis März ist es überall warm bis heiß (durchschnittlich maximal 30 °C). Im tropischen Norden herrscht von Dezember bis März Regenzeit. Nord- und Zentralaustralien haben von April bis September ideales Wetter mit warmen, sonnigen Tagen und kühlen Nächten. In den südlichen Regionen bringt der Winter im höheren Bergland Schnee, und es ist im allgemeinen kühl (durchschnittlich zwischen 4 ° und 15 °C) mit gelegentlichen Regenschauern und viel Sonnenschein.

Vgl. Klimatabelle S. 346 f.

Gewichte und Maße

Metrisches System. Häufig werden jedoch auch heute noch Entfernungsangaben in Meilen (1 Meile = ca. 1,6 km, 1 km = ⅝ Meile) und Klimaangaben in Fahrenheit angegeben.

Goethe-Institute

Deutsche Kulturinstitute gibt es in Sydney, Melbourne und Canberra. Dort kann man u. a. deutsche Bücher und Zeitungen lesen und kulturelle Veranstaltungen besuchen.

Jahreszeiten

Die Größe Australiens bringt es mit sich, daß immer irgendwo gerade ›Saison‹ ist. Die Jahreszeiten liegen umgekehrt wie auf der nördlichen Halbkugel: Frühling herrscht zwischen September und November, Som-

›Jobben‹

Mit einem Besuchervisum ist Jobben streng untersagt. Da es jedoch keine Formalitäten (Lohnsteuerkarte, Krankenversicherung) wie bei uns gibt, findet man leicht Arbeit, besonders im Landesinneren. Das Lohnniveau liegt relativ hoch.

Nachtleben

In allen Großstädten gibt es Clubs, Kabaretts, Theaterrestaurants, Tanzlokale, Jazz- und Folklorelokale sowie Discos. Das bekannteste Vergnügungszentrum des Kontinents ist das King's Cross-Viertel in Sydney. Nachtclubs in den Großstädten entsprechen internationalem Standard und sind dementsprechend teuer. Einzelheiten über Veranstaltungen kann man den Tageszeitungen oder dem Magazin ›This Week in . . .‹ entnehmen, das in jeder Großstadt erhältlich ist. Auf dem flachen Lande gibt es dagegen kein Nachtleben (es sei denn man bezeichnet Bierorgien als solches).

Nationalparks

In Australien gab es 1982 1210 Nationalparks und Naturschutzgebiete. Hier kann man noch die unberührte Flora und Fauna des Fünften Kontinents bewundern. Einige befinden sich am Rande der Großstädte, andere in abgelegenen Gebieten. Sie werden von hochqualifizierten Rangers kontrolliert. In vielen der Naturschutzgebiete darf man mit einem Permit des nächsten ›National Parks and Wildlife Service‹ (die Hauptbüros befinden sich in den Staatshauptstädten) kostenlos oder gegen eine geringe Gebühr zelten. Diese Büros erteilen auch weitergehende Auskünfte.

Öffentliche Bibliotheken

In den meisten Städten gibt es öffentliche Bibliotheken, wo man zumeist Bücher in mehreren Sprachen findet. Die besten sind die Mitchell Library in Sydney, die State Library of Victoria in Melbourne, die National Library in Canberra, die State Library of South Australia in Adelaide und die Oxley Library in Brisbane. Die großen Bibliotheken sind z. T. auch samstags und sonntags geöffnet.

Öffnungszeiten

Geschäfte: montags bis freitags von 9–17.30 Uhr und samstags von 9–12 Uhr, außerdem freitags in Melbourne, Adelaide, Brisbane, Hobart und Darwin sowie donnerstags in Sydney, Canberra und Perth bis 21 Uhr. Kleinere Läden schließen oft erst am späten Abend (nicht jedoch in den Touristengebieten von Queensland und im Nord-

territorium). *Banken:* montags bis donnerstags von 10 bis 15 Uhr (in einigen Großstädten einige ab 9 Uhr) und freitags von 10 bis 17 Uhr, samstags ebenso wie die meisten Postämter geschlossen, Wechselstube am Flughafen Kingsford Smith (Sydney) täglich von 6 bis 22.30 Uhr. *Büros:* montags bis freitags von 9 bis 17 Uhr. *Fremdenverkehrsämter:* montags bis freitags von 9 bis 17 Uhr, samstags nur in Sydney, Melbourne, Adelaide und einigen anderen Städten (nicht jedoch in Orten wie Cairns, Townsville und Darwin).

Photographieren

Man kann in Australien Filme aller internationalen Marken kaufen, doch sind diese ebenso wie Kameras teurer als in Europa oder Asien. Das Entwickeln dauert zumeist länger als bei uns. Wollen Sie Eingeborene fotografieren, sollten Sie vorher deren Erlaubnis einholen.

Britisch anmutende Telefonzelle bei Casterton

Polizei

Die Polizeihoheit liegt in Australien bei den Bundesstaaten. In mehreren Staaten sind die Beamten verpflichtet, Namens- oder Nummernschilder zu tragen. Besonders in Queensland und im Nordterritorium gelten die Beamten als ziemlich rücksichtslos. Bei eventuellen Konflikten sollte man sich nicht einschüchtern lassen und auch nicht davor zurückscheuen, bei den jeweiligen Vorgesetzten Protest einzulegen. Polizeinotruf: 000 (kostenlos)

Post

Die Hauptpostämter heißen General Post Office (G.P.O.). Die meisten Postämter sind wochentags von 9 oder 10 bis 18 Uhr geöffnet, samstags haben u. a. die Postämter in den meisten queensländischen Städten (auch in Fremdenverkehrsorten wie Cairns) und das Hauptpostamt in Darwin geschlossen. Luftpostbriefe und -karten nach Europa brauchen je nach Absendeort 1–2 Wochen. Postlagernde Sendungen muß man mit dem Vermerk ›Poste Restante‹ versehen; beim Abholen ist der Reisepaß vorzulegen. Briefmarken erhält man auch an Automaten sowie in den Ferienzentren in Hotels, Aerogramme (Luftpostleichtbriefe zu besonders günstigem Tarif) dagegen nur in den Postämtern.

Pakete sollte man möglichst nur in den bei größeren Postämtern erhältlichen Spezialkartons absenden (Klebstoff und anderes Verpackungsmaterial vorher kaufen!).

Postleitzahlen wichtiger Orte: Sydney (N.S.W.) 2000, Melbourne (Vic.) 3000, Brisbane (Qld.) 4000, Adelaide (S.A.) 5000, Perth (W.A.) 6000, Hobart (Tas.) 7000, Darwin (N.T.) 5790, Canberra (A.C.T.) 2600, Alice Springs (N.T.) 5750, Cairns (Qld.) 4870, Newcastle (N.S.W.) 2300, Wollongong (N.S.W.) 2500, Townsville (Qld.) 4810, Mt. Isa (Qld.) 4825.

Radio und Fernsehen

In Australien gibt es neben dem staatlichen Rundfunk- und Fernsehprogramm der A.B.C. (Australian Broadcasting Commission) 155 private Fernseh- und 141 Rundfunkstationen. Dazu kommen in Sydney und Melbourne die ›Ethnischen Programme‹ in mehr als 40 Sprachen (darunter auch in Deutsch). Viele Fernsehanstalten senden zwischen Freitag und Montag rund um die Uhr. Die Deutsche Welle Köln kann man in Australien zwischen 6 und 9.50 GMT im 49-, 41-, 31-, 25-, 16- und 13-Meter-Band hören.

Strom

220–250 Volt Wechselstrom, 50 Hertz, dreipolige Flachstecker. In größeren Hotels kann man Zwischenstecker für 110-Volt-Geräte wie Rasierer erhalten. Es empfiehlt sich die Mitnahme eines handlichen Adapters.

Survival

Auf Reisen in die Wüsten im Inneren Australiens sollte man sich gründlich vorbereiten. Insbesondere sind ausreichende Wasser-, Lebensmittel- und Benzinvorräte mitzunehmen. Wasser ist das kostbarste und lebenswichtigste Gut im ›Outback‹. Der Wasserbedarf pro Person und Tag liegt in der Wüste bei mindestens 4 l (im Winter weniger, aber mindestens noch 1,5 l); 12 Stunden in der Wüste ohne Trinken bedeuten zumeist den Tod! Bleibt man im Outback mit dem Wagen liegen, sollte man im Schatten des Fahrzeuges auf Hilfe warten. Hat man sich vor der Fahrt bei der letzten Polizeistation abgemeldet, wird nach einer gewissen Zeit eine Suchaktion gestartet.

Telegramme

Telegramme (Cable) kann man per Telefon (Rufnummer 0 15) oder in den meisten Postämtern aufgeben. Es gibt Blitztelegramme (Zustellung innerhalb von 2–4 Stunden) und Brieftelegramme (24 Stunden). Ein Telegramm innerhalb Australiens kostete Anfang 1983 etwa 1 A$ für 12 Wörter.

Telefonieren

In allen Orten findet man öffentliche Telefonzellen (rot), auch die meisten Hotelzimmer haben einen Fernsprecher. Von allen Privattelefonen und einigen öffentlichen Telefonzellen kann man die meisten australischen Orte direkt anwählen (Subscriber Trunk Dialing, STD), man kann sich aber auch über die Vermittlung verbinden lassen. Ein Gespräch innerhalb Australiens kostete 1982 20 Cents für drei Minuten. Nach 18 Uhr und sonntags sind Anrufe billiger. Internationale Verbindungen kann man über Direct Dial Calls oder über die Vermittlung herstellen. Ein einminütiges Gespräch nach Deutschland kostete 1982 2 A$

Wörterverzeichnis
(Australian English)

abo	Eingeborener (= Aboriginal)
airy-Plane	Flugzeug
all wet	dumm
amber	Bier
aussie	Australier
barcoo slute	das Wegscheuchen von Fliegen im Outback
barrack (to . . .)	Beifall klatschen, anfeuern
bastard	freundliche Anrede

Vorwahlnummern einiger australischer Städte:

Ort	von australischen Orten	von der Bundesrepublik Deutschland
Adelaide	08	00 61 8
Alice Springs	089	00 61 89
Brisbane	07	00 61 7
Canberra	062	00 61 62
Darwin	089	00 61 89
Hobart	082	00 61 82
Melbourne	03	00 61 3
Perth	09	00 61 9
Sydney	02	00 61 2

Weitere Vorwahlnummern auf den Anfangsseiten der australischen Telefonbücher. Vorwahl von Australien nach der Bundesrepublik Deutschland 00 11 49, nach der Schweiz 00 11 41, nach Österreich 00 11 43.

beaut	sehr gut (von beautiful)
beg yours!	Entschuldigung
bell (to . . .)	telefonieren
belt up!	Mund halten!
billy	Teekessel
big drink	Überschwemmung
blackfellow	Eingeborener
blithered (to be . . .)	betrunken sein
bloke	Kumpel
bloody	beliebter Ausdruck für alle Gelegenheiten
blowies	große Fliegen
bludger	Schmarotzer
bonzer	gut
booze	alkoholisches Getränk
bull dust	Staub auf Outback-Straßen
bullshit	Blödsinn
Buckley's chance	einzige Chance
BYO (für: bring your own)	Alkohol mitbringen (Schild an Restaurants ohne Lizenz)
coupla	mehrere Drinks
crock	schwierig
cuppa	eine Tasse Tee
dinkie die	ehrlich, die ganze Wahrheit
dirt road	nicht asphaltierte Straße
don't come the raw prawn	Erzähl' keine Märchen
down under	Australien
dunny	Toilette
'egg nisher	Luftkühlung (von air conditioner)
facilities	Toiletten
fair dinkum	wie ›dinkie die‹
fair enough	gut, okay, einverstanden
fair go (give him a . . .)	gib ihm eine Chance
fill-up station	Tankstelle
girl	alle Frauen (inklusive der Ehefrau)
gissa!	gib' mir, von Frauen gesprochen
good on ya, goodonyer!	gut gemacht!
grog	Alkohol
handle	Bierglas (in Alice Springs)
hard case	lustige Person
hide (you have a . . .)	du bist unverschämt!
jumbuck	Schaf
lady's waist	Bierglas (fünf Unzen)
licensed	Restaurant, das eine Alkohollizenz hat
loo	Waschraum
love (waddy a want, . . .?)	Anrede in Geschäften
mate (mite ausgesprochen)	Kumpel, Anrede für jedermann
me trouble and strife	Ehefrau
middy	Bierglas (10 Unzen) in New South Wales
mob	mehrere Personen, Vieh, viel
mozzie	Moskito
no worries!	okay!
not bad	sehr gut, passabel
ocker	der einfache Australier, Tölpel, bigotter Mensch
outback	Hinterland, Busch
owergoin', mate orright?	Wie geht's, Kumpel?
oz	ironisch für die Kultur der weißen Australier
petrol	Benzin
pig's ear	Bier
plonk	Wein oder Fusel (von französisch vin blanc)
plonkie	Betrunkener
pommie	abwertend für Engländer
pony	Bierglas (4 Unzen) in Victoria
pot	großer Bierkrug (20 Unzen in New South Wales, 10 Unzen in Victoria)
rubbish	Quatsch
school	Trinkergruppe (jeder spendiert eine Runde; vgl. auch Yankee shout)
schooner	Bierglas (15 Unzen in New South Wales, 7 Unzen in Südaustralien)
scuse II!	Entschuldigung
second best ist best	das Zweitbeste ist gut genug (australische Lebensphilosophie)
sheila	junge Frau
she'll be right, mate	okay (vielfach auch aus Bequemlichkeit oder Faulheit gesagt, wenn jemand keine Lust hat, etwas zu tun oder zu reparieren)
shout	eine Runde Getränke spendieren (it's your shout)
small glass	Bierglas (4 Unzen) in Victoria
squatter	großer Landbesitzer (Landdieb)
station	Vieh- oder Schafbetrieb

stockman	Cowboy (die Bezeichnung Cowboy in Australien beinhaltet etwas anderes)
stubby	Bierglas in Darwin
surfing	Wellenreiten
surfies	Jugendliche, die bevorzugt Wellenreiten
ta-ta	auf Wiedersehen
too right!	wahr, richtig
track	Piste
tucker	Essen
ute	kleiner Lieferwagen (utility truck)
walkabout	Urlaub nehmen, ohne sich abzumelden
Yankee shout	Trinkergruppe (jeder zahlt für sich, Gegensatz: school)
yeah	ja

Zeitungen

In jeder Stadt gibt es wenigstens eine Tageszeitung. In Deutsch erscheinen ›Die Woche‹ (Sydney) und ›German Times‹ (Melbourne). In den größeren Städten findet man neben der Pazifikausgabe von Newsweek in verschiedenen Kiosken auch deutsche Zeitungen und Zeitschriften (nicht billig).

Zeitunterschied

Es gibt in Australien drei Zeitzonen, nämlich Eastern Standard Time (Mitteleuropäische Zeit + 9 Stunden), Central Australian Time (MEZ + 8½ Stunden) und Western Time (MEZ + 7 Stunden). Die Eastern Standard Time (EST) gilt in Queensland, New South Wales (außer Broken Hill), Victoria und Tasmanien, die Central Australian Time (CCT) im Nordterritorium, Südaustralien und Broken Hill, die Western Time (WST) in Westaustralien. Alle Bundesstaaten außer Queensland, Nordterritorium und Westaustralien haben eine Sommerzeit (Daylight Saving), deren Geltungsdauer überall bekanntgegeben wird. Vormittagsstunden werden wie in Großbritannien und den USA mit a.m., Nachmittagsstunden mit p.m. gekennzeichnet (keine fortlaufende 24-Stunden-Einteilung).

Zigaretten

Zigaretten und andere Tabakwaren erhält man u.a. in Spezialläden, in Warenhäusern, Supermärkten, Restaurants und Hotels. Es gibt alle international bekannten Marken. Die Preise liegen etwas über den mitteleuropäischen.

Zollbestimmungen für die Rückreise

Die Wertgrenze für die zollfreie Einfuhr von Souvenirs liegt in der Bundesrepublik Deutschland bei 100 DM, in Österreich bei 650 Ö.S. und in der Schweiz bei 200 Franken. Zollfrei dürfen in diese drei Länder außerdem 200 Zigaretten, 1 l Spirituosen, 2 l Wein, 250 g Kaffee und 100 g Tee mitgenommen werden.

Weiterreise von Australien

Bei allen Flügen ab Australien wird für Personen ab 12 Jahre eine Flughafensteuer von 20 A$ erhoben.

... nach Papua Neuguinea

Das vorgeschriebene Visum muß man sich vor der Abreise in Europa bei einer dortigen australischen Botschaft besorgen, außerdem wird ein Weiterreiseticket verlangt. Einreise per Flugzeug von Brisbane, Cairns oder Sydney nach Port Moresby (Qantas und Air Niugini), von wo aus man auch in den indonesischen Westteil der Insel (Irian Jaya) gelangt. Zwischen Cairns und Port Moresby gibt es verbilligte Apex-Tarife (35 Tage Vorausbuchung, dann auch 20% Rabatt auf allen Strecken von Air Niugini in Neuguinea). Manchmal fahren auch Schiffe von Cairns oder Thursday Island nach Daru, Port Moresby und Rabaul/Kieta.

... nach Vanuatu
(Neue Hebriden)

Deutsche und Schweizer benötigen kein Visum, aber ein Rück- bzw. Weiterreiseticket. Österreicher wenden sich an die britische oder französische Botschaft. Flüge von Sydney und Brisbane nach Port Vila (Air Melanesia). Manchmal fahren von Sydney auch Schiffe via Lord Howe Island, Norfolk Island und Nouméa nach Port Vila

... nach Neu-Kaledonien

Deutsche, Schweizer und Österreicher benötigen kein Visum, aber ein Weiterreiseticket. Flüge von Sydney und Brisbane.

... zu den Salomonen

Deutsche und Österreicher benötigen ein Visum (erhältlich bei britischen Konsulaten), Schweizer nicht. Ein Weiterreiseticket wird verlangt. Flüge von Brisbane nach Honiara.

... nach Neuseeland

Deutsche und Schweizer benötigen kein Visum, Österreicher erhalten es von der neuseeländischen Botschaft (1020 Wien XII, Hollandstr. 2). Flüge von Sydney, Melbourne, Brisbane und Hobart nach Auckland, Wellington und Christchurch (verbilligte Apex- und Economy-Tarife). Manchmal fahren auch Kombifrachter und Kreuzfahrtschiffe von Australien nach Neuseeland. Mit Flugzeug oder Schiff kann man ferner von Sydney über die Lord Howe Island und die Norfolk Island nach Neuseeland gelangen. Von Neuseeland gibt es günstige Verbindungen nach Tonga, Fidschi und Samoa.

... nach Indonesien

Seit Anfang 1983 Visum für Deutsche, Schweizer und Österreicher nicht mehr erforderlich. Verlangt wird offiziell ein Weiterreiseticket. Flüge von Darwin, Perth, Port Hedland, Sydney und Melbourne nach Denpasar (Bali) und Jakarta. Einreise auch über Papua Neuguinea möglich.

... nach Singapur

Für Deutsche, Schweizer und Österreicher kein Visum erforderlich. Flüge von Darwin, Perth, Sydney und Melbourne; von Singapur günstige Flüge nach Europa und Nordamerika (Tickets sollte man in Singapur kaufen, da sie in Australien wesentlich teurer sind).

Bitte schicken Sie Ergänzungen, Korrekturen und Änderungsvorschläge an:

Johannes Schultz-Tesmar
c.o. DuMont Buchverlag (Lektorat)
Mittelstraße 12–14
5000 Köln 1

Vielen Dank im voraus!

Register

(Begriffe, die über die Inhaltsverzeichnisse S. 5ff. und 329 erschlossen werden können, sind nicht erfaßt.)

DuMont Kunst-Reiseführer

Frankreich für Pferdefreunde
Kulturgeschichte des Pferdes von der Höhlenmalerei bis zur Gegenwart. Camargue, Pyrenäen-Vorland, Périgord, Burgund, Loiretal, Bretagne, Normandie, Lothringen. Von Gerhard Kapitzke (DuMont Landschaftsführer)

Frankreichs gotische Kathedralen
Eine Reise zu den Höhepunkten mittelalterlicher Architektur in Frankreich. Von Werner Schäfke

Korsika
Natur und Kultur auf der ›Insel der Schönheit‹. Menhirstatuen, pisanische Kirchen und genuesische Zitadellen. Von Almut und Frank Rother

Languedoc – Roussillon
Von der Rhône zu den Pyrenäen. Von Rolf Legler

Das Tal der Loire
Schlösser, Kirchen und Städte im ›Garten Frankreichs‹. Von Wilfried Hansmann

Die Normandie
Vom Seine-Tal zum Mont St. Michel. Von Werner Schäfke

Paris und die Ile de France
Die Metropole und das Herzland Frankreichs. Von der antiken Lutetia bis zur Millionenstadt. Von Klaus Bußmann

Périgord und Atlantikküste
Kunst und Natur im Lande der Dordogne und an der Côte d'Argent von Bordeaux bis Biarritz. Von Thorsten Droste

Die Provence
Ein Reisebegleiter durch eine der schönsten Kulturlandschaften Europas. Von Ingeborg Tetzlaff

Savoyen
Vom Genfer See zum Montblanc – Natur und Kunst in den französischen Alpen. Von Ruth und Jean-Yves Mariotte

Südwest-Frankreich
Vom Zentralmassiv zu den Pyrenäen – Kunst, Kultur und Geschichte. Von Rolf Legler

---

Griechenland

Athen
Geschichte, Kunst und Leben der ältesten europäischen Großstadt von der Antike bis zur Gegenwart. Von Evi Melas

Die griechischen Inseln
Ein Reisebegleiter zu den Inseln des Lichts. Kultur und Geschichte. Hrsg. von Evi Melas

Kreta – Kunst aus fünf Jahrtausenden
Minoische Paläste – Byzantinische Kirchen – Venezianische Kastelle. Von Klaus Gallas

Alte Kirchen und Klöster Griechenlands
Ein Begleiter zu den byzantinischen Stätten. Hrsg. von Evi Melas

Tempel und Stätten der Götter Griechenlands
Ein Reisebegleiter zu den antiken Kultzentren der Griechen. Hrsg. von Evi Melas

---

Großbritannien

Englische Kathedralen
Eine Reise zu den Höhepunkten englischer Architektur von 1066 bis heute. Von Werner Schäfke

Die Kanalinseln und die Insel Wight
Kunst, Geschichte und Landschaft. Die britischen Inseln zwischen Normandie und Süd-England. Von Bernd Rink

Schottland
Geschichte und Literatur. Architektur und Landschaft. Von Peter Sager

Süd-England
Von Kent bis Cornwall. Architektur und Landschaft, Literatur und Geschichte. Von Peter Sager

---

Guatemala
Honduras – Belize. Die versunkene Welt der Maya. Von Hans Helfritz

---

Holland
Kunst, Kultur und Landschaft. Ein Reisebegleiter durch Städte und Provinzen der Niederlande. Von Jutka Rona

---

Indien

Indien
Von den Klöstern im Himalaya zu den Tempelstätten Südindiens. Von Niels Gutschow und Jan Pieper

Ladakh und Zanskar
Lamaistische Klosterkultur im Land zwischen Indien und Tibet. Von Anneliese und Peter Keilhauer

---

Indonesien

Indonesien
Ein Reisebegleiter nach Java, Sumatra, Bali und Sulawesi (Celebes). Von Hans Helfritz

Bali
Tempel, Mythen und Volkskunst auf der tropischen Insel zwischen Indischem und Pazifischem Ozean. Von Günter Spitzing

---

Iran
Kulturstätten Persiens zwischen Wüsten, Steppen und Bergen. Von Klaus Gallas

---

Irland – Kunst, Kultur und Landschaft
Entdeckungsfahrten zu den Kunststätten der ›Grünen Insel‹. Von Wolfgang Ziegler

---

Italien

Apulien – Kathedralen und Kastelle
Ein Reisebegleiter durch das normannisch-staufische Apulien. Von Carl Arnold Willemsen

Elba
Ferieninsel im Tyrrhenischen Meer. Macchienwildnis, Kulturstätten, Dörfer, Mineralienfundorte. Von Almut und Frank Rother (DuMont Landschaftsführer)

Das etruskische Italien
Entdeckungsfahrten zu den Kunststätten und Nekropolen der Etrusker. Von Robert Hess und Elfriede Paschinger

Florenz und die Medici
Ein Begleiter durch das Florenz der Renaissance. Von My Heilmann

Ober-Italien
Kunst, Kultur und Landschaft zwischen den Oberitalienischen Seen und der Adria. Von Fritz Baumgart

Von Pavia nach Rom
Ein Reisebegleiter entlang der mittelalterlichen Kaiserstraße Italiens. Von Werner Goez

Rom
Kunst und Kultur der ›Ewigen Stadt‹ in mehr als 1000 Bildern. Von Leonard von Matt und Franco Barelli

Das antike Rom
Die Stadt der sieben Hügel: Plätze, Monumente und Kunstwerke. Geschichte und Leben im alten Rom. Von Herbert Alexander Stützer

Sardinien
Geschichte, Kultur und Landschaft – Entdeckungsreisen auf einer der schönsten Inseln im Mittelmeer. Von Rainer Pauli

»Richtig reisen«